“十二五”国家重点图书出版规划项目

突发事件应急决策支持的理论与方法

张辉　刘奕　刘艺◎著

国家自然科学基金“非常规突发事件应急管理研究”重大研究计划
集成项目(No.91224008和No.91024032)及培育项目(No.91324022)　资　助
国家自然科学基金项目(No.71673158、No.91646201和No.91646101)

科学出版社
北京

内 容 简 介

本书介绍突发事件应急面临的问题和挑战、关键科学问题、前沿理论和方法，包括数据集成与管理方法、模型集成的理论与方法、紧急状态下的心理行为、面向应急的案例推理方法等。在深入分析复杂灾害应急决策问题的基础上，以油罐火灾、三峡区域综合防洪、网络舆情、群体性事件等问题为例，探讨上述多种理论和方法在解决实际应急问题中的应用，并讨论大数据背景下的应急管理与决策模式的发展趋势。

本书可供公共安全领域的研究人员作为学术参考，也可供政府部门及大型企业的相关工作人员作为工作参考，亦可作为公共安全领域的研究生学习参考。

图书在版编目(CIP)数据

突发事件应急决策支持的理论与方法 / 张辉，刘奕，刘艺著. --北京：科学出版社，2017.8

（公共安全应急管理丛书）

"十二五"国家重点图书出版规划项目

ISBN 978-7-03-054153-6

Ⅰ. ①突… Ⅱ. ①张… ②刘… ③刘… Ⅲ. ①突发事件—应急对策 Ⅳ. ①D035.34

中国版本图书馆 CIP 数据核字(2017)第 196250 号

责任编辑：方小丽 / 责任校对：赵桂芬
责任印制：霍 兵 / 封面设计：无极书装

科学出版社 出版

北京东黄城根北街 16 号
邮政编码：100717
http://www.sciencep.com

中国科学院印刷厂 印刷

科学出版社发行 各地新华书店经销

*

2017 年 8 月第 一 版 开本：720×1000 1/16
2017 年 8 月第一次印刷 印张：27 3/4
字数：559 000

定价：198.00 元

（如有印装质量问题，我社负责调换）

丛书编委会

总　序

自美国“9·11事件”以来，国际社会对公共安全与应急管理的重视度迅速提升，各国政府、公众和专家学者都在重新思考如何应对突发事件的问题。当今世界，各种各样的突发事件越来越呈现出频繁发生、程度加剧、复杂复合等特点，给人类的安全和社会的稳定带来更大挑战。美国政府已将单纯的反恐战略提升到针对更广泛的突发事件应急管理的公共安全战略层面，美国国土安全部2002年发布的《国土安全国家战略》中将突发事件应对作为六个关键任务之一。欧盟委员会2006年通过了主题为“更好的世界，安全的欧洲”的欧盟安全战略并制订和实施了“欧洲安全研究计划”。我国的公共安全与应急管理自2003年抗击“非典”后受到从未有过的关注和重视。2005年和2007年，我国相继颁布实施了《国家突发公共事件总体应急预案》和《中华人民共和国突发事件应对法》，并在各个领域颁布了一系列有关公共安全与应急管理的政策性文件。2014年，我国正式成立“中央国家安全委员会”，习近平总书记担任委员会主席。2015年5月29日中共中央政治局就健全公共安全体系进行第二十三次集体学习。中共中央总书记习近平在主持学习时强调，公共安全连着千家万户，确保公共安全事关人民群众生命财产安全，事关改革发展稳定大局。这一系列举措，标志着我国对安全问题的重视程度提升到一个新的战略高度。

在科学研究领域，公共安全与应急管理研究的广度和深度迅速拓展，并在世界范围内得到高度重视。美国国家科学基金会（National Science Foundation，NSF）资助的跨学科计划中，有五个与公共安全和应急管理有关，包括：①社会行为动力学；②人与自然耦合系统动力学；③爆炸探测预测前沿方法；④核探测技术；⑤ 支持国家安全的信息技术。欧盟框架计划第5～7期中均设有公共安全与应急管理的项目研究计划，如第5期（FP5）——人为与自然灾害的安全与应急管理，第6期（FP6）——开放型应急管理系统、面向风险管理的开放型空间数据系统、欧洲应急管理信息体系，第7期（FP7）——把安全作为一个独立领域。我国在《国家中长期科学和技术发展规划纲要（2006—2020年）》中首次把公共安全列为科技发展的11个重点领域之一；《国家自然科学基金“十一五”发展规划》把“社会系统与重大工程系统的危机/灾害控制”纳入优先发展领域；国务院办公厅先后出台了《“十一五”期间国家突发公共事件应急体系建设规划》、《国家突发事件应急体系建设“十二五”规划》、《国家综合防灾减灾规划（2011—2015年）》和《关于加快应急产业发展的意见》等。在863、973等相关科技计划中也设立了一批公共安全领域的重大项目和优先资助方向。

针对国家公共安全与应急管理的重大需求和前沿基础科学研究的需求，国家自然科学基金委员会于2009年启动了“非常规突发事件应急管理研究”重大研究计划，遵循“有限目标、稳定支持、集成升华、跨越发展”的总体思路，围绕应急管理中的重大战略领域和方向开展创新性研究，通过顶层设计，着力凝练科学目标，积极促进学科交叉，培养创新人才。针对应急管理科学问题的多学科交叉特点，如应急决策研究中的信息融合、传播、分析处理等，以及应急决策和执行中的知识发现、非理性问题、行为偏差等涉及管理科学、信息科学、心理科学等多个学科的研究领域，重大研究计划在项目组织上加强若干关键问题的深入研究和集成，致力于实现应急管理若干重点领域和重要方向的跨域发展，提升我国应急管理基础研究原始创新能力，为我国应急管理实践提供科学支撑。重大研究计划自启动以来，已立项支持各类项目八十余项，稳定支持了一批来自不同学科、具有创新意识、思维活跃并立足于我国公共安全核应急管理领域的优秀科研队伍。百余所高校和科研院所参与了项目研究，培养了一批高水平研究力量，十余位科研人员获得国家自然科学基金“国家杰出青年科学基金”的资助及教育部“长江学者”特聘教授称号。在重大研究计划支持下，百余篇优秀学术论文发表在SCI/SSCI收录的管理、信息、心理领域的顶尖期刊上，在国内外知名出版社出版学术专著数十部，申请专利、软件著作权、制定标准规范等共计几十项。研究成果获得多项国家级和省部级科技奖。依托项目研究成果提出的十余项政策建议得到包括国务院总理等国家领导人的批示和多个政府部门的重视。研究成果直接应用于国家、部门、省市近十个“十二五”应急体系规划的制定。公共安全和应急管理基础研究的成果也直接推动了相关技术的研发，科技部在“十三五”重点专项中设立了公共安全方向，基础研究的相关成果为其提供了坚实的基础。

重大研究计划的启动和持续资助推动了我国公共安全与应急管理的学科建设，推动了“安全科学与工程”一级学科的设立，该一级学科下设有“安全与应急管理”二级学科。2012年公共安全领域的一级学会“（中国）公共安全科学技术学会”正式成立，为公共安全领域的科研和教育提供了更广阔的平台。在重大研究计划执行期间，还组织了多次大型国际学术会议，积极参与国际事务。在世界卫生组织的应急系统规划设计的招标中，我国学者组成的团队在与英、美等国家的技术团队的竞争中胜出，与世卫组织在应急系统的标准、设计等方面开展了密切合作。我国学者在应急平台方面的研究成果还应用于多个国家，取得了良好的国际声誉。各类国际学术活动的开展，极大地提高了我国公共安全与应急管理在国际学术界的声望。

为了更广泛地和广大科研人员、应急管理工作者以及关心、关注公共安全与应急管理问题的公众分享重大研究计划的研究成果，在国家自然科学基金委员会管理科学部的支持下，由科学出版社将优秀研究成果以丛书的方式汇集出版，希望能为公共安全与应急管理领域的研究和探索提供更有力的支持，并能广泛应用到实际工作中。

为了更好地汇集公共安全与应急管理的最新研究成果，本套丛书将以滚动的方式出版，紧跟研究前沿，力争把不同学科领域的学者在公共安全与应急管理研究上的集体智慧以最高效的方式呈现给读者。

重大研究计划指导专家组

前　　言

突发事件及其应对过程具有典型的复杂系统特征，应急决策支持需要跨学科方法的交互集成，如需要跨领域、跨尺度、跨时空的复杂数据、模型、知识的支持；需要对复杂应急"情景"进行构建和推演；需要考虑灾害演化与公众心理行为的复杂耦合效应；需要对历史经验-灾情实况-未来发展做出合理的综合分析；需要多学科、多部门、多环节的复杂交互与协同；需要多类型科学方法和技术手段的协作，需要不同地域和学科领域的研究成果的高度集成。

本书重点讨论应急决策的理论和方法，包括突发事件应急场景下的数据集成、组织、存储和共享，面向应急决策的案例分析与集成管理，网络分布式环境下的智能化应急决策模型集成，以及个体和群体在紧急状态下的心理反应与行为规律。作者希望借此书与关注公共安全和应急管理的各领域专家、学者、管理人员等交流分享在应急决策理论与方法前沿发展方面的探索和思考。

本书内容分为3篇共12章，第1篇理论篇，包括第1章和第2章；第2篇方法篇，包括第3～7章；第3篇应用篇，包括第8～12章。第1篇重点介绍突发事件面临的问题、挑战和需要解决的关键科学问题；第2篇重点介绍突发事件应急中的若干理论与方法，包括数据集成、模型集成、心理行为规律和案例分析等；第3篇重点介绍几种理论方法在实际应急问题中的应用。全书在编排上注重需求导向、理论方法与实践应用并重。从突发事件的应急实践出发，提出存在的问题和亟待开展的科学研究，介绍跨学科的理论与方法，结合实际应急问题对理论方法的应用给予说明示例，使读者更容易理解。

本书由清华大学公共安全研究院张辉、刘奕，中国人民公安大学治安学院刘艺共同完成。张辉、刘奕对本书进行总体构思，刘奕、刘艺共同负责全书统稿。清华大学刘奕、张辉共同撰写第1章和第2章；中国人民大学孟小峰、许伟、马友忠、马如霞、李勇、杜治娟共同撰写第3章；清华大学张辉、王欣芝、黄弘、杨盼，中国人民大学许伟，武汉大学罗年学、赵前胜、李杰共同撰写第4章；北京大学陆昌勤、施俊琦、方方、韩世辉共同撰写第 5 章；中国人民武装警察部队学院卢立红、李玉共同撰写第 6 章；中国人民武装警察部队学院康青春、卢立红共同撰写第 7 章；华中科技大学祁超、王红卫共同撰写第 8 章；清华大学王刚桥、苑盛成、钱静共同撰写第 9 章；清华大学马晔风、张辉共同撰写第 10 章；中国人民公安大学刘艺、清华大学邓青共同撰写第 11 章；北京行政学院杨旎撰写第 12 章。

本书的构思和完成得到国家自然科学基金“非常规突发事件应急管理研究”重大研究计划集成项目（No. 91224008 和 No. 91024032）及培育项目（No. 91324022）的支持，也是作者在相关方向的国家自然科学基金项目（No. 71673158、No. 91646201 和 No. 91646101）的研究基础上的延续和拓展。

书中或有不妥之处，恳请广大读者批评指正。愿本书为我国公共安全应急管理的发展做出微薄贡献！

作　者

2017 年 1 月

目　录

第1篇　理　论　篇

第2篇　方　法　篇

第3篇　应　用　篇

第1篇　理　论　篇

第1章

突发事件应急面临的问题和挑战

1.1 引言

公共安全保障是关系国计民生的战略问题，突发事件应急平台的体系建设是实现公共安全保障的重要支撑，对其基础科学问题和基础研究平台的研究是国家应急管理的重大需求。突发事件应急平台的基础科学研究是跨学科、跨领域的复杂科学问题，是处于国际前沿的学术难题。开展突发事件应急平台体系的基础科学问题研究，致力于提高国家应急平台体系的科学性，为国家高效有序地应对非常规突发事件提供决策参考，符合“非常规突发事件应急管理研究”重大研究计划面向国家应急管理宏观需求确定的科学目标，也与重大研究计划面向国际学术前沿，实现应急管理研究持续创新的宗旨高度吻合。

突发事件应急平台体系的研究自美国纽约的“9·11”事件以来已经受到世界各国的高度重视。近年来，发达国家持续加大投入，大力加强跨领域、跨部门的突发公共事件应急技术的研发和一体化应急平台的架构研究。

(1)美国根据“国家突发事件管理系统”(national incident management system，NIMS)确立的框架和“国家应急预案”(national response plan，NRP)的总体要求，大力强化应急技术研发并将成熟技术集成到国家级应急平台上，确保在危机发生后能迅速提供优化决策与快速救援。在美国“下一代应急平台”的设想和研发中，更加重视和加强整体性应急系统的体系工作，要求建立“system of systems”(即大系统集成)。

(2)英国政府于2001年出台《国内突发事件应急计划》，2004年英国各地方政府开始建立集成应急管理(integrated emergency management)系统。英国建立集成应急管理系统的战略目标是通过有效识别和处置各种突发公共事件，确保国土和国民安全，使英国拥有并保持一流的突发事件应对能力。

(3)德国内政部门于 2001 年夏天决定建立“危机预防信息系统”(German emergency planning information system，deNIS)。在 deNIS 的基础上开发的 deNIS Ⅱ 致力于巨灾管理的信息支持，评估灾难现状形势和面临的问题。deNIS Ⅱ 连接了联邦政府和各州成员，目标是建立一个网络，为突发事件援救提供信息服务。deNIS Ⅱ 存储的数据包括静态数据和动态数据。

(4)日本的灾害应急系统包括灾害信息系统、灾害评价系统及应急对策支持系统等，其应急系统的信息获取和传输覆盖了从首相官邸、内阁府→都道府县的行政机关和消防本部→基层的村庄。

中国的应急平台体系的研发和建设也已初见成效。根据《中共中央关于构建社会主义和谐社会若干重大问题的决定》、《国务院关于全面加强应急管理工作的意见》(国办发〔2006〕24 号)和《“十一五”期间国家突发公共事件应急体系建设规划》(国办发〔2006〕106 号)，国家启动了应急平台体系建设，包括国务院应急平台，31 个省(自治区、直辖市，不包括港澳台地区)、新疆生产建设兵团、5 个计划单列市应急平台，若干有应急职能的部门及应急平台和部门值班系统。国务院应急平台已基本建成，构建了以国务院应急平台为中心，以省级和部门应急平台为节点，上下互通、左右衔接、互联互通、信息共享、互有侧重、互为支撑、安全畅通的国家应急平台体系，实现对突发事件的监测监控、预测预警、信息报告、综合研判、辅助决策、指挥调度等主要功能。

在世界各国的应急平台研发和建设过程中，应急平台体系的基础科学问题日渐受到重视。对应急平台体系基础科学问题的研究，已经成为世界发达国家在初步建成应急平台体系后的战略性研究计划和目标，具体体现在以下两方面。

(1)综合应急的基础科学问题研究。由于突发事件的复杂性、多样性、不确定性等特点，特别是对于前兆不充分，具有明显的复杂性特征和潜在次生衍生危害，破坏性严重，采用常规管理方式难以应对处置的非常规突发事件，其应急过程往往需要跨领域、跨尺度、跨时空的复杂数据、模型、知识的支持，需要对复杂应急“情景”进行构建和推演，需要考虑灾害演化与公众心理行为的复杂耦合效应，需要对历史经验-灾情实况-未来发展做出合理的综合分析。

(2)面向应急平台体系的开放集成的基础研究平台研究。突发事件及其应对具有典型的复杂系统特征，其科学问题研究与实际应急决策都需要多学科、多部门、多环节的复杂交互与协同，需要多种类型的科学方法和技术手段的协作，需要不同地域和学科领域的研究成果的高度集成。

1.2 问题和挑战

1.2.1 复杂异构数据的数据集成、数据组织与存储和数据共享

突发事件应急平台体系的基础平台是一个开放复杂的系统，具有突发性、多变性、动态性等特征，涉及多主体、多因素、多尺度的信息。信息是一种重要资源，应急状态下的信息资源主要包括三个方面：①现有相关行业、部门的关键业务信息系统中的数据源；②存在于互联网上大量与应急处理相关的数据；③通过应急网络和设备收集的突发事件现场的数据。在应急状态下，突发事件的内在特征给数据的集成、处理、分析和共享等方面提出了新的挑战，主要表现在以下几个方面。

1. 突发事件场景下数据源的新特性

在突发事件应急管理中，数据管理技术面临很多常规条件下没有的新挑战。对应急管理中的数据集成应用来说，需要集成的数据源具有以下传统场景所不具有的新特性。

(1)多样性。应急状态下的信息资源通常是基于动态配置的多组织网络，临时松散耦合、动态整合的信息。现有相关行业、部门的关键业务信息系统中的数据源通常跨越各种数据模型，是属于自治组织的异构数据库，需要对数据进行快速、有效的数据集成，以支持数据的有效共享和科学决策；存在于互联网上大量与应急处理相关的数据，通常是半结构化或非结构化的数据，我们需要将这些数据从互联网中抽取出来，并且将其进行结构化处理，为科学决策提供更为丰富的数据支持；通过应急网络和设备收集的突发事件现场的数据，通常包括现场视频数据、重要岗位应急工作提供的音频数据、卫星遥感数据、现场传感器数据流等，本质上是多模态的数据，具有半结构化和非结构化等特征，需要进行快速、精确的数据融合和分析；同时还要注重这三大类数据之间的相互关联分析，从而支持突发事件的发展趋势分析。

(2)不确定性。应急状态下的信息，尤其是突发事件现场的数据具有很大的不确定性，很多信息存在缺失、不完整、错误的情形，部分数据甚至是以自然语言的形式表达的，难以对信息进行完整、精确的描述，需要对异构的信息进行有效的清洗和数据融合，以支持科学决策。

(3)分布性。在突发事件应急状态下，数据源是高度分散的。对于任何灾害来说都将存在大量相关的信息源，由于与灾害相关的信息可能分布在成百上千不同的机构中，因此确定这些信息源将是一个巨大的挑战。

(4)实时性。突发事件的应对强调信息的实时性，数据集成平台必须满足决

策层对于数据时效性的要求，需要能够实时、准确地集成多数据源的信息。此外，应急状态下的信息资源会随着突发事件的进展，动态增加或者减少，这也对系统的可扩展性和鲁棒性提出了更高的要求。

突发事件应急管理中的数据源的上述特性给数据集成技术在应急管理中的应用带来了新的问题和挑战，数据的集成需要针对应急管理平台的具体需求进行更深入的研究。

2. 跨行业、跨部门的数据融合需求

突发事件应急处理中，信息资源具有跨行业、跨部门的特征，需要对不同领域、不同部门(如气象、交通、医疗、电力、地质等)的信息进行融合，因此对数据集成技术提出了极高的要求。由于相同领域知识的数据模型便于统一，因此，同领域的数据集成技术得到了很大的发展。如何将不同领域的数据进行融合仍然是数据管理领域的一个难题。

3. 数据集成需求的动态演进

对所有可能发生的灾害都预先计划是不可行的，并且应对灾害所需的潜在资源也不可预测。另外，随着灾害的发展，在灾害响应处理的不同阶段，数据资源的需求也会发生变化。因此需要建立一个灵活的应急响应平台，该平台应该支持动态信息集成。

综上所述，如何在突发事件应急状态下，基于动态配置、多组织的应急网络，面向跨行业、跨部门、多层次的应急组织，针对海量、异构的信息，实现实时收集、快速处理、精确分析和有效共享，形成应对突发事件的关键信息处理理论和技术体系，已经成为突发事件应急处理过程中急需解决的难题之一。

1.2.2　面向应急辅助决策的定量和定性相结合的案例分析与集成管理方法

由于实际情况的纷繁复杂，各个案例的具体环节、过程、细节等千差万别。基于现代信息技术的应急平台存储的案例数目众多，并且随着时间发展的持续累积，如何快速、准确、智能化地搜索到具有高度相关性或相似度的案例，需要基于科学合理的案例分类分级方法和管理方法。

突发事件具有破坏性强、影响范围大、相关因素多的特点，因此我们很难通过回溯、再现或者常规的实验和分析手段进行研究。因此，对于案例的统计和分析就成为认知突发事件规律和应对方法的必要手段。同时，由于突发事件的突发性、偶发性、多样性、多变性及不确定性，特别是对于非常规突发事件，很难找到可以直接“照搬”历史经验的案例，因此，只能通过大量案例的“模块”或“组件”的拼接去重构类似的案例情景，从而为应急决策提供辅助支持。因此，案例的结构化和案例要素的相关性研究至关重要。

通过案例研究探寻突发事件及其应对的规律是案例统计分析的重要目的之一。然而，案例虽然记录和再现了实际突发事件应对的全部或部分过程，但通常是非常表象化的记录，并不能直接体现其内在规律。因此，研究案例的量化方法，建立案例分析的模型和手段，探索隐藏在大量案例之下的内在规律，从而为突发事件应急提供参考和依据，是案例研究的重要目标和作用。

1.2.3 网络分布式多模型环境下的智能化应急处置决策模型库构建方法

面对分布在网络上的各种突发事件的应对模型，如何高效集成多种模型构建智能化模型库是突发事件应急平台体系的基础平台研究的重要内容。

非常规突发事件越来越呈现出突发性、复杂性、多样性的特点。随着国家应急平台体系的初步建设，应急平台已成为应对突发事件的首要工具。突发公共事件应急处置的成败，在很大程度上取决于应急平台是否具备了健全的“眼”“脑”“手”。事件信息的监测监控与上传接报是应急平台的眼睛，应急指挥和应急处置是应急平台的手脚，脑是应急平台的核心。要使“眼”看得见和“手”摸得着的作用能充分发挥出来，一个强大的“脑”是至关重要的。应急智能决策系统就是应急平台的“脑”，是进行科学合理应急决策，使系统具有智能化的关键部分，而应急决策模型就是实现应急指挥智能化的保证。

突发事件应急平台体系的基础平台的有效运行离不开模型库的支持。模型库中存放着各类突发事件监测预警与应急决策模型，这些模型能够对突发事件应急处置问题进行分析、预测、评价和优化，因此模型库及其管理系统是基础平台系统的核心，高效集成多种模型，构建智能化模型库就是构建一个功能强大的应急指挥的“脑”，是突发事件应急平台体系的基础平台研究的重要内容。

突发事件应急平台体系的基础平台是一个开放复杂的系统，所涉及和处理的应急决策模型具有如下特点。

(1)涵盖领域广泛，应用对象众多，包含自然灾害、事故灾难、公共卫生和社会安全四大领域。

(2)模型种类繁多，复杂程度和颗粒度也不一致。其既包括不同尺度、不同分辨率的模型，也包括多学科、多目标的模型等。

(3)模型是离散分布在网络上的，模型源是高度分散的。对任何突发事件的应急处置来说都将存在大量相关的模型源。

这些模型大多是各自开发、相对独立的。由于突发事件模型包含广泛，所以突发事件模型库也应是一个开放的系统，对不同研究人员开发的各类模型都能够存储，对海量模型都能够快速查询、快速生成及运用，并能够科学合理地管理和运用其领域知识进行相关模型选择和优化组合的推理，从而进行异地模型的在线协同推演，实现系统的集成升华。

模型库针对不同突发事件选择模型库中的合适模型进行组合，生成针对不同突发事件应急决策的模型链。模型链的运算结果就是应急智能决策系统针对不同突发事件进行科学合理决策的重要依据。同时，目前趋向于将模型简单化，减小模型颗粒度，采用模型-数据交叉组合的方式完成任务。数据不仅包括模型输出结果数据，还包括实时监测数据，用来弥补模型产生的误差。因此，突发事件模型-数据链的构建就成了必然的需求，然而随着模型的增多，如何选择合适的模型进行组合，并基于结果数据和实时数据形成突发事件模型-数据链就成为构建智能化模型库的核心内容。

研究突发事件模型-数据链的构建方法，对应急模型库系统进行深入研究，建立智能化模型库，是突发事件应急处理过程中急需解决的问题，将有助于更加科学地认识各种模型在突发事件应急决策中的领域知识，能够为应急人员提供更全面的决策信息。对于进一步提升监测预警与应急决策的能力，具有十分重要的意义。

1.2.4　个体和群体在紧急状态下的心理反应与行为规律

突发事件发生或即将发生，必然会涌现出大量的危机信息，从而对事件相关个体和群体的生理、心理、行为造成严重的冲击。如果不能科学地分析、梳理、总结个体和群体在突发事件下心理与行为演化的基本规律，一方面可能会衍生出次生灾害或事件，另一方面会使突发事件应急预警与应对失效，甚至适得其反。因此，研究个体和群体在紧急状态下的心理反应与行为规律，从而为突发事件应急预警和管理应对提供心理与行为指征库，是基于应急平台的应急决策的重要依据。为了实现这一目标，须开展以下四个方面的研究。

1. 突发事件下个体的心理和行为的神经机理

个体在突发事件中，首先对单个个体的生理产生多方面的影响。与之相对应的生理反应和情绪反应，及其神经机制的探讨，是首先需要解决的问题，进而可以考察单个个体的生理和情绪反应对个体决策的影响。

2. 突发事件下人群的心理和行为指标测量及标准化

在突发事件中，人群的生理、情绪反应，必然会体现在可观察、测量的心理与行为指标上。人群的心理和行为有效指标的确立、测量及标准化，既是前面神经机理研究的效标，又为后面两个研究提供有效的测量工具。

3. 突发事件下个体的心理与行为演化规律

突发事件中，危机信息发布、传播的量与质，决定着人们对事件的了解程度、风险/危害认知、归因与评价。突发事件必然会改变人们的工作、生活环境，导致情绪的波动，而情绪的变化又反过来影响人们对信息的选取、认知与评价等。最终，将会影响个体的选择应对方式，以及具体的行为倾向，其体现出非常规的、一般的特性。同时，突发事件的应急管理又会涉及受威胁的人群、应急管理的政府决策者、专家、救援人员、媒体工作人员、普通民众、支援人员等。由于对突发事件的认知、情绪体验不同，他们会体验到明显的心理冲突，影响彼此之间的信任与合作。因此，突发事件中个体的信息寻求(认知的)和情感寻求(情感的)是危机信息传播的动力基础，也是个体、群体及机构之间交换危机信息的沟通过程，还是能否建立信任与合作的重要基础。

4. 突发事件下群体的心理与行为演化规律

在突发事件中，虽然对单个的个体影响较大，但对个体的影响往往会扩散到其他的人群，因此需要考察不同的人群在突发事件中的心理和行为特点。需要对四大类的人群——直接受害者、一般公众、医务或救援人员及社会中易受打击型群体的特质情绪和行为反应进行深入的分析，探讨这些群体互动的动力学因素。此外，我国是个多民族的国家，经济发展的不平衡，以及特殊的地理位置，使突发事件在民族地区的发生频率有明显的上升势头，所造成的危害性程度有扩大之势。发生在民族地区的突发事件具有“突发性”和“民族性”的特点，这在一定程度上加剧了应急管理的难度。因此需要弄清楚我国各民族(主要民族或处于多发事件地区的民族)地区的环境特点、典型的个体特点、宗教习俗等，以及主要民族对突发事件的危害/风险认知、态度、情绪反应、行为倾向的基本特点，以及彼此之间的演化规律。

1.2.5 面向与国家应急平台体系相融合的开放式基础科学问题集成研究平台

构建面向与国家应急平台体系相融合的开放式基础科学问题集成研究平台，主要考虑以下两个方面的核心需求。

(1)重大研究计划跨地域、跨领域、分布式研究形成的成果，需要一个集成试验、检验、推演等的开放式的研究平台。

在重大研究计划已经开展的各项应急模型与应急方法研究，虽然各有关联但缺乏整体集成研究的平台，急需建立面向应急模型与应急方法的整合与集成研究平台。在重大研究计划的预期成果中，有的模型与方法只解决应急过程或应急环节中的某一项具体问题，在实际应用时需要大量的时序、因果等关系，或与相关模型配合才能全面发挥作用。有的模型与方法则可以解决一个相对完整的应急问题或者形成一个较为完整的应急过程，在实际应用时需要突发事件的情景或场景信息，可以不依赖于其他模型。把两类模型综合起来看，研究平台在模型和软件方面必须具备以下能力：模拟构建事件情景的能力、上下文信息模拟的能力、模型结果集成能力、模型组合推演能力和复杂情景与态势的时空可视化能力；另外，从基础硬件条件来说，应具备基于网络的集成能力、大型服务与计算能力、大型数据存储处理能力及较好的可视化展示环境等。

(2)国家应急平台体系中跨平台协同和应用系统集成研究与仿真模拟的需要。

实际的国家应急平台体系中，国务院应急平台与各地方政府、各有关部门应急平台之间存在着协同应急的必然需求。非常规突发事件的应对中，这种协同应急的需求大大加强。在应急平台建设中，虽然有相关的一系列建设标准和技术要求做规定，但是，各级应急平台建设的需求是不同的，功能的侧重点、数据颗粒度、计算能力是大不相同的，同时，各级应急平台根据其自身特点有不同的突发事件模拟预测模型、专业应急决策模型和应急资源。各级应急平台的功能是相对完整的，有其自身的应用系统，尤其是部门应急平台，在其专业领域内完成一个应急的过程可以不依赖其他应急平台而独立完成。因此，在这种情况下，各级应急平台/分布式应用系统的集成应用是国家应急平台体系协同的核心内容之一，需要建立面向国家应急平台体系的跨平台集成方法与原型平台，仿真国家应急平台体系的网络环境，模拟各个独立的应急平台及其独立的应用系统服务与计算能力，形成协同应对能力并优化非常规突发事件应对流程与过程。

因此，研究构建面向与国家应急平台体系相融合的开放式集成研究平台，不仅是重大研究计划实现总体目标的重要支撑，而且是未来将重大研究计划的研究成果用于实际应急管理和国家应急平台体系中的重要纽带和桥梁。同时，在开放式集成研究平台的构建中存在着大量的方法问题、技术路线问题和实际技术问题，都需要进行研究和解决。

1.3 相关研究进展

当前世界各国普遍重视应急平台体系核心科学问题的研究，相关研究总体上可以概括为两大类：一类以应急平台涉及的具体问题为研究对象，如应急场景下的特殊数据需求与海量异构数据分析和管理方法，基于应急平台案例库的案例推演和知识推理方法，复杂任务的多模型协同模式，应急状态下的心理行为特征及其对应急决策过程与实施效果的影响等。另一类以应急平台的复杂集成、共享、协作模式等为主要研究对象，包括服务于同一应急目标的多学科、多领域、跨时空研究成果的在线集成与协作模式。多类型、多功能、规模差异的任务模块的集中或远程调用与配合方法等，具体如下。

1.3.1 在突发事件应急场景下的数据集成、组织与存储、数据共享方法研究

近年来，国内外数据管理领域的学者对突发事件应急管理中的数据集成、处理和分析给予了极大的关注。清华大学公共安全研究中心在突发事件应急处理方面有较高层次的研究，对该领域的现状、存在的问题、关键技术等方面均展开了深入的研究，并取得了一定的进展[1~5]。国外研究者在突发事件的应急管理研究尤其是应急管理场景下的数据管理方面提出了很多有建设意义的方法。文献[6～8]基于突发事件的特点详细分析了在应急管理场景下数据源的异质性及其数据的特点，并提出了这种特殊性给数据管理、信息通信等方面带来的挑战。文献[6，9]详细阐述了突发事件应急管理中的实际需求，指出在应急管理的数据集成中应当考虑"情景意识"的重要性。

突发事件应急管理平台是一个跨领域、跨行业的综合信息系统，为正确应对突发事件提供数据和信息支持，本质上是一个应急管理领域的决策支持系统(decision support system，DSS)。文献[10，11]提出设计合理的决策支持系统是一个可交互的用于辅助决策者获得来自多样化数据源的有用信息，进而帮助决策者解决问题或做出决策的软件系统。在决策支持系统中，数据是最核心的内容，因此，在突发事件应急管理平台中的数据集成、清理、分析和共享显得尤为重要，国内外的研究者在这些方面也做了很多的研究。

数据集成是指将来自多个数据源的数据集成到一个统一的模式下的过程，学术界已有较多的研究成果[12]。由于突发事件数据的特殊性，突发事件应急管理平台的数据集成也面临着新的挑战。在突然事件应急管理平台中，需要集成的突发事件相关数据包括事件状况报告、损失情况、地理信息、资源信息、气象信息等多类别、多格式的数据，也对数据集成的时效性和准确性有更高的要求，传统的数据集成方法需要根据应急管理场景的具体需求进行调整[13,14]。模式匹配和数据抽取是数据集成中两个核心的研究问题。模式匹配是数据模式与多源异构数据相互匹配的过程，传统的模式匹配采用手动或半自动的方式，但在应急管理场景下手工或半自动模式匹配，不能满足突发事件应对中数据量的需求，需要有高度自动化的模式匹配方法。文献[15]将已有模式匹配方法按匹配对象、自动化程度等多个标准进行了分类和比较。数据抽取是指从非结构化或半结构化的数据中抽取出结构化的数据并保存的处理过程，Web数据抽取是学术界有较多研究和应用的领域。Web数据抽取主要是利用网页的结构特征或视觉特征从Web页面中提取用户所需数据的过程，基于模板的抽取方法利用网页的结构特征定位抽取内容，而基于视觉的抽取方法根据用户浏览网页的视觉习惯发现和抽取数据，两种方法适用于不同类型的页面或应用类型，文献[16，17]详细介绍并比较了已有

的 Web 数据抽取系统和工具。

数据清理是指从数据中去除错误或不一致的部分从而提高数据质量的过程。在对多个数据源的集成过程中，由于数据源可能含有重复或冲突的数据，因此需要对数据集成的结果进行数据清理。文献[18]对数据清理的方法和存在的问题进行了总结，从单数据源/多数据源及模式/实例两个层面分析了相应的研究问题。在清理过程中，数据去重和冲突处理是两个关键问题。在现实世界中，一个实体在多个数据源中可能有多种不同的表示形式，数据去重需要将数据集成结果中代表同一实体的重复记录去除，如何检测发现重复的数据记录是数据去重面临的主要挑战，已有的研究工作大部分都是基于相似度计算对数据记录是否重复进行判断，文献[19]从原理、算法和效率等方面总结了已有的重复数据记录探测方法。除了数据记录的冗余外，集成结果中还会存在来自不同数据源的数据互相冲突的情况，如何将来自多个数据源冲突的或不完整的数据融合到统一的模式下是数据融合研究要解决的主要问题。文献[20]从数据冲突处理的角度讨论了数据融合的方法和挑战，给数据集成结果的融合提供了很好的借鉴。文献[21～26]从传感器的空间定位、应急管理场景中的不确定性及上下文相关等多个方面提出数据采集和数据融合中面临的新问题和处理方法，文献[27～30]针对突发事件的特点和应急管理的实时性需求对数据集成和融合的时效性展开了研究，提出了几种实时的数据集成和融合方法。

在突发事件应急管理应用背景下，数据是应急管理最宝贵的资源之一，在收集来自多个数据源的数据并完成数据清理之后，如何对这些数据进行分析和处理，从而为应急管理决策提供数据支持是关系应急决策正确与否的关键。数据分析和挖掘是指从大量数据中发现并抽取出隐含的未知并且可能有用的信息的过程[31,32]，Li 等通过数据管理、数据预处理、数据挖掘算法、后处理四个阶段[33]迭代进行从大量数据中抽取有用信息。在突发事件应急管理平台中，我们还需要监控和分析网络舆情的变化情况，从而为心理干预提供预警和建议。舆情监控工作中的难点问题是突发事件相关主题的发现方法，文献[34]总结了国内网络舆情研究的相关工作，并讨论了基于事件、主题关系网络的突发事件相关主题发现方法和相应的案例，较好地阐述了网络舆情分析的研究需求。

应急管理相关数据的共享和展示也是突发事件应急管理平台能否有效辅助决策的关键因素，只有与突发事件相关的数据及时、准确地传递到应急管理相关人员手中并且以友好、直观的方式展示时才能更好地支持态势评估和应急调度。地理信息系统(geography information system，GIS)就是一种很好的应急管理数据展示平台，地理信息系统整合了突发事件相关的时空数据并且能够提供交互、协同、实时的数据展现方式，文献[35，36]介绍了地理信息系统在应急管理决策支持中的成功应用案例。

由于突发事件应急状态下的数据集成、处理和分析的研究还处于起步状态，针对其海量、异构信息实现实时、快速、精确和高效分析与处理的需求仍有许多问题需要进一步研究。本书拟以构建突发事件应急平台体系的基础平台为目标，研究突发事件应急状态下的数据收集、清洗、模式匹配等信息处理关键技术、过程评估、综合研判和辅助决策等基础功能。建立基于云计算的突发事件应急平台体系的基础平台，该平台可以集成、验证相关基础研究成果，形成应急辅助决策综合平台，为突发事件应急管理的基础研究提供共享平台。

1.3.2 面向应急辅助决策的定量与定性相结合的案例分析与集成管理方法研究

发达国家的应急管理研究与实践都非常重视案例研究，美国、英国等国家的应急部门都建有案例库，案例已应用到处置突发事件中。例如，美国纽约的“9·11”事件、英国伦敦的炸弹恐怖袭击等典型案例均被收录。发达国家普遍重视案例研究，如美国纽约的“9·11”事件发生后，美国集中很多领域的机构、专家对整个事件进行长期调查，形成调查报告和案例。类似这样的案例不但可以处置突发事件时应用，也可以为国家制定法律、设置机构、内政外交等提供参照。

案例推理（case-based reasoning，CBR)是案例研究的重要方向之一，基于案例推理也是突发事件应急的重要支持方法之一。案例推理的常见模式是根据过去处理类似事件的经验和获取的知识，再针对新旧事件的情况差异做相应的调整来处理新的突发事件。这也是案例推理的本质。基于案例的推理就是针对新事件在案例库(casebase）中检索出旧案例，并进行调整匹配，从而为新事件提供求解的推理模式。通过对各种案例的收集整理分析，并进行形式化描述，形成计算机可以操作的案例，构建案例库。因此，根据过往突发事件的发生、发展过程及其应急方案所建立的案例库是非常宝贵的知识和数据资源，能够给应急处置者提供经验、方法和程序等的借鉴，充分利用案例能给突发事件应急处置带来一定的启示和先机。

最早的案例推理应用系统是CYRUS(computerized yale retrieval and update system，即耶鲁大学计算机检索与更新系统)，由Janet Kolodner在耶鲁大学开发。该系统是基于Roger Schank的动态存储器模型(认知模型)，主要用于处理对活动安排的查询，如各种旅行和会议等。这成为后来许多案例推理系统的基础。另一个重要基础是，得克萨斯州立大学Bruce Poter发展的机器分类学习的概念。他提出把领域知识和特殊的案例综合成为一个统一的表达方式，这种表达方式在GREBE系统中得到了进一步的发展。20世纪80年代后期，美国ReMind系统的产生，被认为是案例推理从认知科学向人工智能方向转变的标志。另一个对案例推理做出重要贡献的系统是HYPO，它是由马萨诸塞州立大学的Edwina

Rissland 小组开发的一个案例系统。在这个系统中案例不仅用来得出结论，而且用来解释和评估结论。HYPO 系统的成功开发，丰富了案例推理的应用范围。

目前国内外学者对基于案例推理的应急辅助决策方法进行了一定的研究。例如，汪季玉和王金桃[37]给出了一个基于案例推理的应急决策支持系统的理论体系框架；Zhang 等[38]给出了一个集成了案例推理方法的灾难救助辅助决策支持的理论知识管理框架；刘浠[39]把案例推理方法应用到城市火灾事故的决策指挥中进行了探讨。有学者将案例推理应用到应急管理上来。陈德华[40]、胡小鹏[41]应用案例推理技术分别进行了突发案件辅助决策系统研究。有学者研究了一种基于范例推理与逻辑推理的突发危机事件应急决策模型并应用于洪涝灾害应急决策。廖振良等将基于案例推理的人工智能技术引入到突发性环境污染事件应急预案系统(CBR-EERPS)设计中[42]，吕宗平等设计了基于案例推理的机场应急预案管理模式[43]。

在案例分类方法、案例检索速率和准确度方面，中国科技大学的武民民等提出，迭代自组织聚类方法对案例库中的案例在整体架构上进行聚类，将各个典型案例归为一类形成子案例库，大大提高了以往案例的检索利用效率[44]；Patterson 等根据案例库的紧凑程度，分别提出了三种知识发现技术，并将其应用于案例推理中[45]。一些学者还研究了案例推理的索引策略，如 Jeng 和 Liang 将模糊集理论应用于案例索引和检索过程中，以提高检索速率[46]；还有学者致力于把模糊聚类技术融入案例推理中，使系统具有模糊推理的性能，较好地仿真专家经验推理。此外，也有不少学者研究了案例表示与组织方法、案例改写机制、案例库的构建方法和维护策略等[47~49]。

在案例结构化和量化方面，国外已展开了一些研究，并根据某些具体事故案例建立了相应的模型。国内相关研究开展较少，2009 年天津大学王文俊等[50]研究的《应急案例本体模型的研究及应用》，针对以网页形式存储的应急案例数据量呈指数趋势上升，但是网页的开放性特点决定数据异构性强，导致应急案例信息理解和利用困难，提出了应急案例本体模型(emergency case ontology model，ECOM)，构建应急案例知识模型；温立等研究的《基于辅助决策的应急事件本体模型研究》[51]，张英菊等研究的《基于案例推理的应急辅助决策方法研究》等已经初步涉及案例模型的结构化和量化[52]。邵荃等在对城市火灾事故案例进行全面调查、统计和分类分析的基础上，提出了一种城市火灾案例特征属性的表示框架，对特征属性进行了层次化和结构化[53]；在此基础上利用混合相似度量方法和粗糙-模糊集方法提炼案例中蕴涵的灭火救援知识，提出了城市火灾案例库的灭火救援辅助决策过程模型。

中国在案例库方面的研究主要集中在工商管理与经济领域。例如，北京大学管理案例研究中心出版了《中国企业管理教学案例》《中国管理教学案例使用说明》

等六本中国企业管理案例库丛书，收录案例共151个；建立了包含A、B、C三个层次的案例库体系和视听资料库；建立了案例库网络查询系统，在案例库网站可以通过分类检索、关键词检索、二次检索等方式进行查询。清华大学经济管理学院和教育部共同建立了中国工商管理案例库网站和案例库数据，拥有正式入库的案例近三百个。

在突发事件应急领域，中国的案例库研究与建设尚处在起步阶段，现有案例库主要以专业领域案例为主，如《中国森林火灾典型案例库》由国家森林防火指挥部办公室委托黑龙江省森林保护研究所研究建立，案例库共录入22个省(区、市)的1953～2005年的典型案例335个，并已经挂接在国家林业局森林防火信息系统上，供有权限的用户查询和使用。案例库中的典型案例可为各级政府制订森林火灾的预防、扑救方案，总结经验提供依据，为培训各级扑火指挥人员提供教学素材，为开展森林防火科研工作提供大量的数据，还可以作为进一步研究探索森林火灾发生、发展规律的主要依据。有效地统一和规范了中国森林火灾统计和火灾档案管理工作，对实现森林防火数字化管理具有典型示范和样板作用。《矿井火灾救灾案例库系统》由山东科技大学研制，是在对矿井火灾处理事故进行全面调查、统计和分类分析的基础上建立的。该系统包含有反映通风系统的图形库、火灾事故处理案例的数据库及矿井火灾时期的风流方向与烟侵范围判定模型，集救灾案例管理和救护信息分析处理于一体，图文并茂地展示了不同类型火灾事故的救护方法和措施、经验和教训等，对完善矿井火灾救灾工作具有重要意义。

1.3.3 网络分布式多模型环境下的智能化应急处置决策模型库构建方法研究

突发事件应急处置模型是实现突发事件科学预测预警和智能辅助决策的基础。目前，对突发事件应急处置模型的研究和开发逐渐受到重视，模型的种类和数量也在不断增加。由于公共安全领域涉及的内容广泛，包括自然灾害、事故灾难、公共卫生、社会安全四大领域，因而突发事件应急处置模型种类繁多，对应的应急决策阶段也不尽相同。近年来发展得最多最快的还是预测预警和风险评估类模型。例如，FEMA开发的有害大气区域定位(area locations of hazardous atmospheres，ALOHA)[54,55]，飓风预测预警模型(sea，lake，and overland surges from hurricanes，SLOSH)[56,57]等；国内突发事件应对模型在原有灾害预测预警的基础上得到了一定的提高，如洪灾预测预警模型[58,59]、核与辐射恐怖事件综合预测预警与智能决策模型[60,61]、典型重大气象灾害预测预警模型[62,63]、煤矿重大事故预测预警与智能决策模型[64,65]、城市供水管网的风险评估模型[66]，刘韵提出了高校群体性突发事件成因与治理的演化博弈模型[67]等。应急处置模型、损失评价、物资调配模型相对较少，其中以突发事件人员疏散模型[68,69]居多。在损失评价和物资调配模型方面，如地震应急物资需求模型[70]、基于案例推理的非常规突发事件资源需求预测模型[71]、基于偏好序的多事故应急资源调配博弈模型[72]、应急系统调度问题的最优决策模型[73,74]等。

模型表示是指模型在计算机内的存储结构，使模型便于管理、连接并参加推理。目前模型表示主要有三种方法，即基于程序的、基于数据的和基于知识的模型表示法。程序表示是最典型的方法。每一个模型就是一个程序段，包括输入、输出格式和算法，可以由主程序或其他程序调用，也可以独立运行。数据表示是把模型描述为由方程、元素和解程序组成的数据抽象[75,76]。基于知识的表示法是寻找能和模型的生成、运行和管理相结合的知识表示和推理方法，把人工智能技术应用于模型管理上。此外，Blanning 在实体关系模型提出一种基于虚关系的模型表示方法，通过模型查询语言对关系表进行操作来完成模型的选择和集成[77]。Geoffrion 制定了结构化模型语言(structured modeling language，SML)，该语言通过引入基本实体、复合实体、属性实体、变量实体、函数实体和测试实体表示模型，表明了实体间的依赖关系，通过转换生成可以运行的模型[78]。Jian[79]对面向对象的模型表示法进行了较为深入的研究，一定程度上完善了面向对象的模型表示方法。邵荃提出了突发事件模型的层次网络表示方法[80]，该方法基于模型面对的对象和决策阶段的不同对模型进行分类，既能反映模型之间的偏好连接关系，又能对突发事件模型的求解和组合知识进行组织、分类。陈海燕等考虑到不少工作流采用事件-条件-动作(event-condition-action，ECA)规则驱动，通过分析将(XML process Definition language，XPDL)表示的模型导入、转换并保存于关系数据库中，形成基于 ECA 规则的模型表示，并提出了基于事件驱动执行机制到 XPDL 之间的自动映射转换算法[81]。Christophe 基于概念设计理论对知识模型的表示和构建进行了研究，并通过系统建模语言(systems modeling language，SysML)编程实现了 Gero's FBS 模型[82]。

模型组合是将一个模型的输出作为另一个模型的输入的连接操作，模型组合方法基本可以分为关系型、基于图型、基于知识型、基于脚本型[83,84]。Liang 提出一种与或图的方法用于模型组合[85]。一个基本模型被描述为由两个节点和一条连接这两个节点的边组成，两个节点分别是指基本模型的输入和输出。在这种方法中，一个基本模型的输入和输出表示为单一型的一个节点，因而与或图难以展现模型间的复杂关系，无法形成复杂的组合模型。Basu 和 Blanning 提出了元图概念，利用连接输入参数和输出参数的一条边来展现一个模型[86]。这种模型表示方法克服了与或图无法表现单一模型拥有多个输入参数和输出参数的缺点。但在元图用于进行模型组合时假定了所有可以连接在一起的变量具有相同的变量名，这在突发事件模型库中基本上是不可能实现的，因为模型库中的大量模型都是由不同的人在不同的时间里建立的，建立起完全相同变量名是不可能的。Muhanna 基于系统框架理论建立了原型模型管理系统(software prototype model management system，SYMMS)[87]。在这种方法中，模型被视为一个有输入/输出端口的系统。模型和外界使用环境的相互作用是仅仅通过一个详细的定义界面(输入/输出端口界面)来表现的。这种方法的一个缺点就是不支持单个端口的模型和多个端口的模型进行连接。Chari 使用一种基于知识的架构的筛选器来帮助模型选择和组合。该方法以筛选器空间为基础，筛选器空间是一个 n 维空间，在空间上给出制约 n 个模型组合的属性值，同时给出一个推理机制来确定收集到的数据或模型资源是否满足约束属性。筛选器空间使一体化的部分解决方案变为多个复合模合的自动组合和运行[88]。这种动态组合方法虽然自动化程度很高，但是效率并不是很好，对于复杂的模型组合过程将造成大量的时间消耗。根据以上描述的不同模型组合方法，基本可以分为两类，即动态模型组合、静态模型组合。动态模型组合在模型搜索的同时完成模型组合方案的生成。Qi 和 Sun 提出了一种静态的有向的模型连接网络用来反映模型库中模型静态结构，对网络中各个节点进行了定义和流向，同时提出了一种以信息源信息为输入量，以决策目标为输出量，从静态模型网络中选择模型链和模型组合的算法框架[83]。这种静态网络的优点在于模型之间的关系清晰，同时通过数据格式转换节点解决了模型之间信息格式不匹配的问题。但这种静态网络适用于模型组合相对固定，决策过程为静态且相对简单的模型决策。van Tol[89] 及 van Tol 和 AbouRizk[90] 将 Agent(即智能体)引入模型组合中，模型的领域知识经由信任网络提供给 Agent，Agent 被视为一群智能观察员放入模型组合的每个模型之中，提供实时的模型评价，实时的评价模型链的整体性能，从而从信任网络中实时的选择出合适的模型链进行决策。这种方法相当于在模型静态网络的基础上引入了 Agent 用于在网络中动态选择合适的模型链。这种方法同样有着静态模型组合方法固有的缺点，模型组合的空间被静态网络所束缚，不能做出超出网络设定的模型组合的决策空间，因而不能用于复杂的决策过程。邵荃等提出了基于动态网络组合方法的模型链构建方法，根据突发事件阶段任务的层次关系及任务分解框架模型进行任务分解，大大提高了模型链的生成速度[91]。Niu 等利用可重复使用算法和多智能体技术建立了作业安排调度的模型，此方法构建的模型能有效地处理作业调度过程中的复杂问题[92]。李藐等依据突发事件发生后可能会引发一系列的次生、衍生事件从而形成事件链式效应的事实，提出了突发事件的事件链概率模型[93]。王铎提出了突发事件网络模型的构建方法，设计了关联度算法判断连锁反应的可能性，丰富了跟李藐等相似的事件连锁反应的理论[94]。

综上所述，国内外在突发事件应急处置模型、模型表示和模型组合方法等方面都积累了不少研究成果。但是，针对高度分散在网络或云上的模型组合方法研究有所欠缺。同时，模型使用的发展趋势是将模型分解成多个基本单元，基于实时的事件信息和数据，构建动态“模型-数据”链，实现模型与数据混合驱动的非常规突发事件“情景-应对型”应急决策方法。这方面的研究还不是很多，这将是本书的研究重点。

1.3.4 个体和群体在紧急状态下的心理反应与行为规律

1. 突发事件下个体的心理和行为的神经机理

与突发事件相关的个体可以分为五类：①灾害的直接受害者，包括伤者和死者；②灾害中伤者和死者的家属、亲人；③灾害中直接参与救援的人员；④灾害救援和灾后重建的决策者；⑤与灾害的直接受害者无关但关注受害者的其他社会成员。

突发事件对人在生理和心理上产生多方面的影响，灾害中的伤者早期最直接的反应是生理上的痛，除此之外，突发性、威胁性或灾难性生活事件导致个体延迟出现和长期持续存在的精神障碍，即创伤后应急障碍(post-traumatic stress disorder，PTSD)。PTSD患者会再度体验创伤，并伴有情绪敏感性增加和行为回避。以往研究表明，大部分儿童在突发性灾害事件后患有急性PTSD，少数患有延迟发作型PTSD。PTSD具有一定性别差异，女性PTSD症状发生率更高，程度更重[95]。

突发事件受害者的家属、亲人在情感上与受害者分享类似的情感，如痛，并同时伴有悲伤情绪(即共情)，共情在救援者和决策者中也会出现。另外，突发事件中人群会容易产生愤怒情绪，突发事件中受害者的心理和情绪反应会影响决策者的心理和生理反应，并影响决策过程和后果。共情的神经机理目前已有研究[96~98]，但突发事件中共情等情绪反应的神经机理还不清楚。

2. 突发事件下人群的心理和行为指标及其测量

文献研究发现，目前国外研究者已经开发了一些信效度较高的突发事件下针对普通人群心理和行为指标的测量工具[99]。但是在国内，相关工作尚未展开，这些国外量表没有经过“中国化”，因此，适合于中国人群的心理和行为指标的测量工具相当匮乏。另外，国内尚未有系统研究探讨在面临突发事件时，一般人群所特有的心理和行为指标及其相应的临界标准。从心理学经典理论的视角来看，在经历了重大突发事件后，普通人群在认知、情感、态度和行为层面都会发生变化[100]，因此，需要系统地、综合地考虑这些不同层面的影响，建立起一个针对突发事件后人群各类反应的指标库。

在不同的突发事件下，不同人群受影响、受冲击的程度是不同的。例如，地震灾难后，受灾人群、受灾人群亲属、救援人员和普通群众所表现出来的心理与行为存在着较大的差异，因此需要有不同的测量指标和标准对此进行科学的衡量，以判定此事件的真实影响程度。这项工作在国内也尚未开展。

3. 突发事件下个体的心理与行为演化过程

1)突发事件中个体认知加工的基本特点

突发事件传播是一个大系统，主要由危机信息本身、发布者、传播媒体或载体、接受者或受众等子系统构成。从来源来划分，包括官方信息，也包括非官方信息，如谣言、舆论等。从性质来划分，包括有益信息、有害信息、不确定信息等。在突发事件中，信息的传播具有传播速度快、信息传播的影响大、信息的真伪难辨等特点[101]。突发事件的经历者、参与者、普通民众等处于自身的需求，都会渴望通过种种方式来了解与突发事件相关的信息，并且实际参与信息的传播。

诺贝尔经济学奖获得者Kahneman和Tversky的研究表明，个体在进行认知与判断时，所采用的认知策略会显著地影响个体的认知结果[102]。Friester和Petty的研究表明[103]，那些信赖度高的人或组织传达的信息则会被人们不假思索地接受，反之，则需要被细致地检测。在突发事件中，个体出于生理与心理上的需求，会急迫地去寻求信息。有关卡特里娜飓风的调查发现，如果常规的沟通渠道被中断，不确定性会促使人们去寻找新的路线和渠道[104]。因此，准确地梳理个体在突发事件中的认知加工特点，特别是在不同性质突发事件中的特点，将会为突发事件应急管理提供重要的决策数据。

2)突发事件中信息呈现方式与个体及风险/危机认知、态度形成的关系

说服性信息在影响人群的态度及其行为倾向中扮演着重要的角色。已有的研究表明，论据的说服力、信息源的特征、专家的评价、吸引力和可信性、个人与信息的相关性、对事件事先的了解程度等都会影响说服性信息的有效性和影响程度[105]。

说服的详尽可能性模型(elaboration likelihood model)提供了解释信息和态度改变的一种方法[106]。该模型强调，对于说服性信息在决定态度改变的模式和程度上，特殊反应的重要性。信息透明程度(正性与负性)也会影响信息本身的说服力。例如，单方面的信息对不清楚事件的个体来说是有显著影响的．而两方面的信息对熟悉事件的个体是有影响效果的。其中，图片信息对态度的形成与改变有显著的影响[107]。

危机信息的传递依赖于渠道，渠道是指信息的呈现方式。信息传递渠道包括杂志、电台、电视、报纸、会议、手册、政府文件及互联网等，它们在危机传播中发挥着重要作用[108,109]。采用不同的沟通渠道(如电视或报纸)，将会达到不同的沟通效果[110,111]。随着社会计算技术的发展，不同渠道信息的作用大小可以进行量化、比较。

随着通信技术的发展及多样化，如博客、网络即时聊天工具、网络视频、手

机短信、论坛等，危机信息传播具有多样、开源的特点[112]，突发事件的相关个体和群体，既是信息的接受者，也是信息的传播者。他们参与信息互动，一定程度上会增加信息的透明度，降低认知的偏差，如美国政府在“9·11”事件后建立的网站“119. gov. cn”、中国地震政务网等。但也不可否认，在突发事件中，焦虑状态会促使人们主动寻求相关信息，增加公共信息平台的超载[104]，而且这些条件也使谣言的产生、传播和发酵有了方便的通道。任何个体对危机信息都是有选择的，并经过自己的认知加工，而多数人更倾向于选择、加工和传播对自己有利的信息，或者倾向于选择和传播符合自己心理期望的信息，却不管这种信息是真是假。这便是谣言发酵的社会心理根源。因此，如何实现有效的趋利避害，就成为突发事件应急管理实践研究中的重要课题。

3)关于情绪对非常规突发事件的应对的影响

认知和情绪是互倚和整合的关系。情绪的认知理论普遍认为，认知评价在情绪的产生中起到非常重要的作用，同时，情绪会唤起对社会判断和评价产生实质性的影响。正常的危机情绪反应包括害怕、无助、悲伤、罪疚、惭愧和愤怒等[113]。有研究表明，个体对某一事件的情绪反应基于个体对此事件的认知，但更多地受到周围人情绪反应的影响[114]。

在危机状态下，个体的情绪体验会有波动，而且不同的情绪体验会相互作用，进而影响后续的行为选择。例如，通过 LIWC(linguistic inquiry and word count，即语言质询和词汇计数)技术，Bake 等分析了美国民众在“9·11”事件发生一天内情绪的变换，结果发现悲伤、焦虑情绪逐渐恢复，但愤怒情绪显著上升[115]。Skitka 等的研究发现，这种愤怒情绪会导致人们表现出打击外团体(其他民族)、触犯众怒等行为，而恐惧则更多地导致人们提升内群体的聚合力，并表现出效应的行为；相比愤怒情绪而言，恐惧情绪加剧了人们的受威胁感[116]。

个体的悲观、失落、无奈、愤怒等情感又会传染给身边的群体，当群体都被某一情感控制后，人群很容易受到来自外界暗示并受其指挥参加一些激烈的行动，酿成情绪主导型群体事件。事件参与者或受损者，由于经历或见证了复杂的情绪体验，他会改变自己对事件的情绪与行为反应[117]。也有研究表明，事件相关者恰当的情绪表达，能站在别人的立场上考虑问题，会增强沟通有效性[118,119]。

此外，突发事件受损者、政府部门的领导、救援人员、媒体人员和公众是危机传播的重要来源，也是应急管理的主要参与者，几者相互联系与配合，构成了一个协作的系统。这些人员都会直接或间接地影响危机传播效果、应急管理的成败。Augsburger 提出，价值观不同的个体所体验到的冲突存在着差异[120]。可见，应急管理中的各主体的心理冲突也必然不同，那么，他们对待危机的行为方式也会不尽相同。弄清楚这些关系，将会有利于消除彼此之间的心理隔阂，建立高质量的信任关系[121,122]，也会促进应急管理中的相互协作。

4. 突发事件下群体的心理与行为演化过程

个体在灾后的各种心理反应十分容易在群体中体现，从而使群体的灾后心理变化造成一系列波动。而群体的灾后情绪、行为反应对于整个灾后心理重建过程是十分重要的关注对象。因此，从科学的角度探讨灾后群体心理变化就成了非常必要而且紧迫的研究内容。

在灾难发生之后，群体层面上会发生一些情绪上的变化，从而导致一些行为上的发生，如谣言的生成和传播。以下三个理论或现象可以帮助我们理解这一过程。

首先，认知失调理论。在灾难发生后，会有一些预测更可怕的灾难将会发生的谣言产生。产生这种引发群体焦虑的谣言的原因可能是认知失调。一方面，这是因为灾难会导致人们产生极大的恐慌；另一方面，没有明显的证据证明灾难还会继续发生。因此，继续的恐慌就显得“证据不足”。其次，从众心理理论。从众心理在谣言的传播过程中往往起到推波助澜的作用。最后，群体性骚乱现象。第一，因为沟通不畅所产生的群体骚乱。在灾难发生之后，由于人们的情绪、认知受到了巨大的冲击，人们不能理性地处理信息。如果此时人们聚在一起进行情绪的分享、讨论，加上外界救助时信息不畅所造成的潜在的归因偏差，可能会导致群体的非理性行为。第二，去个体化现象。在个体化的情况下，人们总是不断地对自己的行为和形象进行调整，以维护自身良好的社会形象，避免与社会规范相冲突，从而也会避免因违反社会规范带来的惩罚。然而，在去个体化的情境下，由于自我监控和评价的减弱，个体对自我行为的监控也就减弱了，这就可能导致情绪化、冲动性行为的产生。

一个描述灾难后群体情绪特点较相关的理论是群际接触(intergroup contact)理论。群际接触理论被认为是心理学中促进群集关系最有效的策略之一。众多研究证明，群际接触的确可以减少群际偏见、促进群际关系。减小群际偏见的主要方法是与外群体(自己所不属于的、由他人属于的群体)在最佳条件下进行接触，而最佳的群际接触要符合以下几个关键条件。

(1)平等的地位。在群际接触中，接触的群体双方都希望能够拥有平等的地位[123]，在平等的氛围下与外群体进行的接触会更有成效[124]。同时，接触也有助于平等地位的形成[125]，二者互相促进。

(2) 共同的目标。通过接触来减少偏见，需要接触的群体双方共同努力，且态度积极、目标明确。例如，在由不同种族的运动员组成的队伍中，要完成取得胜利这一共同目标，队伍成员必须互相配合、友好协作；而这一共同目标的实现也进一步强化了成员间团结协作的过程[126]。

(3) 群际合作。共同目标的作用只在群体间存在合作关系而非竞争关系时才发生作用[127]。

(4) 权威、法律的支持。群体双方更容易接受得到权威、法律支持的群际接触，这样的接触也更有成效[128]。

当代的群际接触理论的发展趋势是研究对象范围的扩大、群际接触类型的扩展、不同偏见类型的研究和最佳接触条件的探索等。

另一个与灾后群体情绪体验相关的理论是群际情绪理论(intergroup emotion theory，IET)。群际情绪理论认为，群际情绪是指当个体认同某一社会群体，群体成为自我心理的一部分时，个体对内群体和外群体的情绪体验。群际情绪理论，吸收了社会认同的方法(social identity approach)和情绪评价理论(appraisal theories of emotion)，其指出当自我分类和社会认同出现时，基于内群体与其他群体的比较评价，人们从群体的视角评价所发生的一切。群际情绪理论假设情绪是群际或群体现象，认知、情感、个人和群际现象是一个整合的有机体，群际情绪可以调节个体和群体的行为，当个体认同某一群体时，内群体变为自我的一部分，获得了社会和情绪意义，那么评价与内群体有关的事物都会带有情绪的色彩，好像这些事情是发生在个人身上一样，把情绪从个人水平拓展到群体水平[129,130]。其主要假设是：①认同某一社会群体的成员会评价和解释与他们群体相关的事件；②群体评价产生指向内群体和外群体的群体情绪；③反过来，群体情绪又作为刺激条件，激发指向内群体和外群体的行为[131]。

我国是个多民族的国家，经济发展的不平衡，以及特殊的地理位置，使突发事件在民族地区的发生频率有明显的上升势头，所造成的危害性程度有扩大之势。发生在民族地区的突发事件具有突发性和民族性的特点，这在一定程度上加剧了应急管理的难度。这就需要政府部门的领导、救援人员、媒体人员和公众了解不同民族的个性特点、宗教习俗，以及他们在突发事件中心理与行为演化的基本规律[132]。各个民族由于宗教习俗、受教育程度的差异，其风险认知会存在着明显的亚文化差异[133～137]。不同的宗教人士面对突发事件，尤其是危机事件，也会采取不同的应对行为[138]，并表现出恰当的亲社会行为。当然，其亲社会行为也会受到具体情境因素的影响[139]。因此，应急管理中应该充分考虑各类群体的认知特点、心理与行为反应的差异，尽力避免社会冲突，降低次生灾害发生的可能性，提高应急管理的效率。

5. 基于“情景应对”的国家应急平台体系基础科学问题与集成平台

非常规突发事件一般具有前兆缺失，发生和演变机理复杂，直接及次生衍生灾害严重，且具有“情景依赖”的特点。为此，非常规突发事件应急管理必须从传统的“预测-应对”模式向“情景-应对”模式转化[140]。针对非常规突发事件应急决策问题，情景无疑是决策者赖以决策的基础和依据。因此，如何构建非常规突发事件中的情景，从而更为逼真地模拟决策者可能面对的决策环境对于保证决策的有效性至关重要。

在突发事件情景构建和推演方面，Chang 等针对应急资源布局、配置和调度问题，将突发事件情景定义为是事件发生时或发生后有关情形的一种简单假设[141]。姜卉和黄钧以罕见重大突发事件应急决策中有关情景的一些基本问题为研究对象，探讨了情景在罕见重大突发事件应急决策中的定义、情景演变的一些基本问题、情景演变的网络表达及情景演变的分析流程等问题[142]。裘江南等从突发事件机理出发，通过对突发事件共性要素的抽象和提炼及其要素间关系进行分析，建立了突发事件及其链式关系知识表示模型，并进行了模型的初期设计和实现[143]。季学伟等针对突发事件链定量风险分析问题，提出了针对突发事件链场景发生概率和后果的定量风险分析方法，并以地震引发蒸汽云爆炸和火灾的事件链为例进行计算分析[144]。李藐等针对突发事件的发生规律，提出了突发事件由四个要素组成，即致灾因子、承灾体、孕灾环境和相互作用形式，以及一种描述事件链式效应的方法，并以地震事件链为例对该方法进行了实例验证[93]。此外，针对地震、洪水等具体的自然灾害突发事件，国内外研究者针对灾害演化的物理过程，建立了各种具体类型的突发事件及其灾害演化情景[145～147]。

然而，目前所提出的情景构建模型和方法主要以事件链的形式，描述具体灾害物理演变过程。未将突发事件的应急决策、指挥与行动细节引入至情景的描述中。然而，"决策—指挥—行动"的循环过程是构建逼真的决策情景的关键要素之一。同时，针对突发事件情景推演问题的研究较少，尤其是针对"事件—决策—指挥—行动"这样一种复杂情景如何进行推演更是缺乏必要的研究。

应急过程模拟仿真是实现非常规突发事件有效应对的重要手段。其应急处置过程常涉及不同部门、不同地域、不同阶段，具有多目标性、复杂性和时变性等特点。近年来，随着计算机技术的不断发展，应急管理领域大量地运用各种计算机模拟仿真技术，用于各类突发事件或灾害的演化特征研究，以及解决应急响应环节中的规划、决策、评估和训练等问题。Ren 等开发一种基于虚拟现实的地铁站人员疏散模拟系统，用于人员疏散过程的分析[148]。Shendarkar 等开发一种基于虚拟现实的人群模拟系统，用于公共区域恐怖袭击突发事件人群疏散管理[149]。许多学者对地震灾害进行了应急模拟方面的研究，主要包括地震过程仿真、城市建筑与地震行为模拟、地震次生衍生事件分析、地震损失评估、地震中人的行为分析、地震人员疏散方法等[150～158]。Granlund 针对远程应急队伍训练问题，开发一种基于 Web 的分布式交互仿真系统，用于在突发事件应急响应环境下，团队成员协调与协作过程训练[159]。Mendonça 等提出一种基于游戏模拟的应急响应群决策支持系统，用于应急响应操作训练和评估[160]。Hu 等针对灾害响应过程模拟训练问题，提出一种基于网格和高级体系结构(hige level architecture，HLA)的分布式仿真训练系统框架[161]。Shao 和 Charles 将仿真技术与游戏技术相结合，提出一种分布式仿真训练原型系统，用于应急响应训练[162]。赵策和陈国友基于 HLA 框架，将多人在线游戏与分布式仿真系统相结合，定义了系统的交互机制，从而构建了综合应急模拟训练系统框架[163]。Wu 等将一种基于 Agent、离散事件仿真器、地理信息系统，以及灾害应急响应政策和法案规则库的应急响应模拟系统，应用于应急资源的配置和操作有效性的评估，以加强区域应急资源和操作管理[164]。Ahmed 和 Alkhamis 将仿真技术与优化方法相结合，开发应急医疗响应模拟工具，用于政府医疗救护应急决策，以提高医疗应急响应的效果[165]。Nóbrega 等利用多人三维游戏引擎技术和地理信息系统技术，开发洪水灾害和救援人员干预过程模拟系统，用于检验洪水应急响应计划的有效性[166]。Coolahan 等开发一种基于 HLA 的分布式仿真平台，用于对化学灾害响应中的资源分配和配送方案、灾害干预效果，以及灾害响应后的长期性影响进行分析评估[167]。张欣和钟耳顺应用基于地理信息系统的应急预案过程动态推演，采用图形标绘的方法表达应急预案中的相关要素[168]。目前，该方法已被应用于城市居民防空疏散预案的应急模拟[169]。贾传亮等采用定性因果推理法和定性模拟算法，对突发事件应急处置过程进行了模拟研究，并得到了与实际结果较为一致的结果[170]。

然而，上述研究大多是针对某一具体灾害或事故开展的应急过程仿真，面向国家层面的非常规突发事件综合应急的研究较少，其系统架构也大多仅局限于利用系统自身的资源，较少考虑对更广泛的研究成果的集成应用。

面向国家应急平台的实际需求，能够集成不同地域、不同学科领域、不同尺度与颗粒度、不同表达方式的应急研究成果，从而实现非常规突发事件情景推演与决策过程模拟仿真的研究尚未见有报道。

应急管理的集成分为两个层面。一个层面是紧密集成(tight integration)，在实现一个具体模型和方法时，因其模型运行环境、初始条件、边界条件和可视化展现而需要的数学物理模型与公共安全数据、空间信息的融合集成需要，这种集成主要通过模型与数据库、地理信息系统的集成实现；另一个层面是松散集成(loose integration)，模型和方法在实现后成为一个相对独立的系统，在应急过程中进行使用时，以及与其他相关应急模型、方法联合使用时，在相对具有独立性的系统之间进行集成，以应对复杂的突发事件。在第一个层面中，主要以本地集成为主，在第二个层面中，主要以分布式的系统集成为主。这两个层面的集成，形成总体的分布式应急管理的基础研究平台的集成框架。

20 世纪 90 年代以来，模拟人类思维过程解决复杂决策问题这一构思与现代信息技术这一成就结合起来，将人的智慧与高性能计算机有机结合起来，从定性到定量相结合的综合集成研究方法应运而生。钱学森等科学家根据多年积累的在系统科学、思维科学和人工智能等学科的研究成果，首先提出了开放的复杂巨系统的概念，并从方法论高度系统化地阐述了这一新学科的目标和意义。明确指出，从定性到定量的综合集成方法(meta synthesis)是研究和处理开放的复杂巨系统问题的唯一可行且有效的方法[171,172]。戴汝为等从人工智能和知识工程原理出发，认为综合各种模型的知识系统可为从定性到定量的综合集成方法提供强有力的支持[173]。

国家应急平台体系各节点和重大研究计划各个子研究平台之间都存在着分布式系统整合与集成需求，最终表现为分布式系统集成架构和集成研究平台问题。分布应用集成则是要解决地域上分布的、同构的或异构的应用系统间交互的问题。造成分布应用集成的困难的主要原因是应用系统间的不匹配，而这种不匹配问题分布在应用系统的多个方面。应用系统的这种不匹配性在某种程度上来说是不可避免的。由于各个应急平台和各种信息系统建设的技术架构不同，可能有B/S(Browser/Server，浏览器/服务器)、C/S(Client/Server，客户机/服务器)或者混合架构，已有和新建的各个信息系统采用的技术和平台也存在差别，因此一定程度上形成了信息孤岛和协作的困难。由于多个组件标准并存，如 CORBA (common object request broker architecture，即公共对象请求代理体系结构)、EJB(enterprise Java Bean，即 Java 企业 Bean，Java 的核心代码)、COM+(COM 的新发展，component object model，即组件对象模型)、JCL(java class library，即 Java 类库)等，遵循一种标准的组件很难实现与遵循另一标准的系统相集成，同样，各个系统设计开发时均选择最适合自身的体系风格和技术路线，因此也很难实现互相操作。

分布式应用集成技术中主要存在着四个方面的问题，即数据多样性问题、应用系统通信问题、应用系统访问问题和应用集成协同管理。20 世纪 90 年代提出了企业应用集成(enterprise application integration，EAI)的概念，传统的企业应用集成解决方案按采用的方法学分为：点对点集成方法，是通过少数不同应用系统之间的直接硬代码集成；面向消息的中间件集成方法，是利用高效可靠的消息传递机制进行与平台无关的数据交流，并基于数据通信来进行网络应用系统的集成；基于业务流程的集成方法，通过过程集成模型定如何进行交互及业务的处理，并对企业业务过程的状态和性能进行实时监控，通过流程可视化工具，对企业业务流程进行配置和管理。以上的实现技术，一定程度上满足了企业信息系统的集成需求，但是，这些技术所解决的问题更多地集中在数据层面。传统的企业应用集成解决方案在一定程度上满足了企业信息系统的集成需求。但是，所解决的问题更多地集中在技术层面，企业应用集成平台与原有的应用系统之间是紧密耦合的，是自定义集成的，可见系统集成的重用性非常有限[174]。

随后，在不改变应用底层架构的基础上，基于面向服务架构(service oriented architecture，SOA)的应用集成开发方案可以很好地解决上述问题[175]。

它支持在中间层以服务模块方式实现解决方案，当多个运行在不同平台和技术上的应用程序必须互相通信时，这种体系结构尤其适用。SOA 来源于早期的基于构件的分布式计算方式，在对象管理组织(Object Management Group，OMG)和 IONA 科技公司的推动下，成为人们所广泛认可的规范。20 世纪 90 年代，CORBA 和微软的 COM 编程模式，促进了 SOA 的发展。随着 Java 编程语言、EJB 构件模式的发布及 J2EE(java E E，java 2 platform，enterprise edition，为大型企业主机级的计算设计的 Java 平台)应用服务市场的成熟，SOA 得到了进一步的发展。

当前，基于 SOA 的应用集成是分布式集成的主要架构思想。基于 SOA 的应用集成开发方案可以很好地解决这些问题，尤其是针对多个不同技术开发，运行在不同平台的应用程序的相互通信。SOA 是一个组件模型，它将应用程序的不同功能单元(称为服务)通过其间定义良好的接口和契约联系起来。接口是采用中立的方式进行定义的，它应该独立于实现服务的硬件平台、操作系统和编程语言。这使构建在各种各样的系统中的服务可以以一种统一和通用的方式进行交互。SOA 既不是一种语言，也不是一种具体的技术，更不是一种产品，而是一种方法，不仅是设计方法，还是涉及服务的整个生命周期——服务的设计、部署、维护和最后停止使用的方法，它尝试给出在特定环境下指导人们采用一种新的软件系统架构模型。文献[176]提出将 SOA 模型和 Web Sevriec 技术应用于水库防洪调度系统的集成研究，文献[177]分析了分布式应用集成的基本概念、特征、集成层次及基本问题，结合 SOA 给出了一种分层体系结构及其 J2EE 实现框架，文献[178]在构建系统的应用架构，确定 Web Service 的实现环境和安全保障策略的基础上，将 Java 的 JAX-RPC 技术、XML 技术和 SOAP 技术有效结合起来，实现在异构平台下面向服务的应用集成。

目前，关于应急管理的开放式集成研究平台方面的研究还不多见。美国的科研人员开展了面向改进现有应急平台的研究工作，着手“下一代应急平台”的设想和研发。在其应急平台研究中，集成式的技术原型研究方法发挥了重要的作用，如突发事件统一决策指挥系统的原型设计[179,180]，对突发事件应急状态下的信息管理和信息共享系统进行研究，以确保突发事件第一响应的安全和有效性，旨在建立鲁棒性好、功能齐全、可操作性高的统一决策指挥系统，在开放式集成平台架构设计过程中，其原型的设计、实施和试操作主要围绕系统在多种突发事件场景下的关键能力展示和测试开展，采用模拟环境下的多个范例操作评估系统架构的性能参数。美国 Texas A&M 大学在应急管理方面建成了应急培训中心(Emergency Operations Training Center)，应急培训中心集成了多种应急的模型和数据，但其架构上并非是分布式的。在其他研究方面，有一些分布式的研究网格瓶体，如澳大利亚的临床管理研究网格采用了基于 Web 的服务技术提供数据处理和信息服务(a grid based e-research platform for clinical management in the human respiratory and vascular system)；美国和法国一些研究者建立的有关肾脏研究的计算网格，提供数据服务和计算服务。

综上所述，现有的一些研究平台主要以共享数据为主，提供的服务比较简单，面向分布式的研究环境，无论在总体集成架构、实现方法和集成后的综合推演和模型关联方面的研究都比较缺乏。面向"情景-应对"型应急决策需求，能够集成不同地域、不同学科领域、不同尺度与颗粒度、不同表达方式的应急研究成果，与国家应急平台体系相融合的应急管理开放式集成研究平台尚未见有报道。

参考文献

[1] 范维澄．国家突发公共事件应急管理中科学问题的思考和建议．中国科学基金，2007，(2)：71-76.

[2] 范维澄，刘奕．城市公共安全与应急管理的思考．城市管理与科技，2008，(5)：32-34.

[3] 季学伟，翁文国，倪顺江，等．突发公共事件预警分级模型．清华大学学报，2008，48(8)：1253-1255.

[4] 范维澄，刘奕，翁文国．公共安全科技的"三角形"框架与"4＋1"方法学．科技导报，2009，(6)：3.

[5] 范维澄，袁宏永．我国应急平台建设现状分析及对策．信息化建设，2006，(9)：14-17.

[6] Mehrotra S，Butts C，Kalashnikov D，et al. Project rescue：challenges in responding to the unexpected. IS&T/SPIE 16th Annual Symposium on Electronic Imaging，Displays，& Medical Imaging，Volume 5304，2004.

[7] Raschid L. Information integration and dissemination for disaster data management. Proceedings of the 8th Annual International Conference on Digital Government Research：Bridging Disciplines & Domains，Philadelphia，Pennsylvania，2007.

[8] Careem M，Silva C D，Silva R D，et al. Overview of a disaster management system. In IEEE International Conference on Information and Automation，2006.

[9] Mehrotra S，Butts C，Kalashnikov D，et al. CAMAS：a citizen awareness system for crisis mitigation. ACM Conference on Special Interest Group on Management of Data (SIGMOD 2004)，Paris，France，2004.

[10] Sprague R H，Watson H J. Decision Support Systems：Putting Theory into Practice. Englewood Cliffs：Prentice Hall，1993.

[11] Turban E，Aronson J E，Liang T P. Decision Support Systems and Intelligent Systems. Englewood Cliffs：Prentice Hall，2008.

[12] Lenzerini M. Data integration：a theoretical perspective. PODS 2002：Proceedings of the 21th ACM Sigmod-Sigact-Sigart Symposium on Principles of Database Systems，Madison，2002.

[13] Naumann F, Raschid L. Information integration and disaster data management (DisDM). Workshop on Information Integration, Philadelphia, USA, 2006.

[14] Saleem K, Luis S, Deng Y, et al. Towards a business continuity information network for rapid disaster recovery. Proceedings of the 9th Annual International Conference on Digital Government Research, Montreal, Canada, 2008.

[15] Rahm E, Bernstein P A. A survey of approaches to automatic schema matching. The International Journal on very Large Data Bases, 2001, 10(4): 334-350.

[16] Chang C H, Kayed M, Girgis M R, et al. A survey of web information extraction systems. IEEE Transactions on Knowledge and Data Engineering, 2006, 18(10): 1411-1428.

[17] Laender A H F, Ribeiro-Neto B A, da Silva A S, et al. A brief survey of web data extraction tools. ACM Sigmod Record, 2002, 31(2): 84-93.

[18] Rahm E, Hong H D. Data cleaning: problems and current approaches. In Bulletin of the IEEE Computer Society Technical Committee on Data Engineering, 2000.

[19] Elmagarmid A K, Ipeirotis P G, Verykio V S, et al. Duplicate record detection: a survey. IEEE Transaction on Knowledge and Data Engineering, 2007, 19(1): 1-16.

[20] Dong X L, Naumann F. Data fusion: resolving data conflicts for integration. In Proceeding of Very Large Database Endowment, 2009.

[21] Cheng R, Kalashnikov D V, Prabhakar S. Evaluating probabilistic queries over imprecise data. Proceedings of the 2003 ACM Sigmod international conference on Management of data, San Diego, California, 2003.

[22] Cheng R, Kalashnikov D V, Prabhakar S. Querying imprecise data in moving object environments. IEEE Transactions on Knowledge and Data Engineering, 2004, 16 (9): 1112-1127.

[23] Trivedi M, Huang K, Mikic I. Dynamic context capture and distributed video arrays for intelligent spaces. IEEE Transactions on Systems, Man, and Cybernetics-Part A: Systems and Humans, 2005, 35(1): 145-163.

[24] Kalashnikov D V, Ma Y, Mehrotra S, et al. Index for fast retrieval of uncertain spatial point data. Proceedings of the 14th Annual ACM International Symposium on Advances in Geographic Information Systems, Arlington, Virginia, USA, 2006.

[25] Kalashnikov D V, Ma Y, Mehrotra S, et al. Modeling and querying uncertain spatial information for situational awareness applications. Proceedings of the 14th Annual ACM International Symposium on Advances in Geographic Information Systems, Arlington, Virginia, USA, 2006.

[26] Han Q, Venkatasubramanian N. Timeliness-accuracy balanced collection of dynamic context data. IEEE Transactions on Parallel & Distribution System, 2007, 18(2): 158-171.

[27] Halevy A Y. Answering queries using views: a survey. The International Journal on Very Large Data Bases, 2001, 10(4): 270-294.

[28] Ives Z G, Khandelwal N, Kapur A, et al. Orchestra: rapid, collaborative sharing of dy-

namic data. Proceedings of the 3th Innovative Data Systems Research Conference，2005.

[29] Halevy A Y，Ashish N，Bitton D，et al. Enterprise information integration：successes，challenges and controversies. In SIGMOD'05：Proceedings of the 2005 ACM SIGMOD International Conference on Management of Data，2005：778-787.

[30] Raschid L，Knoblock C，Naumann F. On-the-fly information integration for disaster data management. In Technical Report，University of Maryland，2006.

[31] Han J，Kamber M. Data Mining：Concepts and Techniques. 2nd ed. San Francisco：Morgan Kaufmann，2006.

[32] Tan P N，Steinbach M，Kumar V. Introduction to Data Mining. Beijing：Machine Press，2005.

[33] Li T，Li Q，Zhu S，et al. A survey on wavelet applications in data mining. Acm Sigkdd Explorations Newsletter，1931，4(2)：49-68.

[34] 许鑫，章成志，李雯静．国内网络舆情研究的回顾与展望．情报理论与实践，2009，32(3)：115-120.

[35] Andrienko N，Andrienko G. A concept of an intelligent decision support for crisis management in the OASIS project //van Oosterom P，Zlatanova S，Elfriede M. Geo-Information for Disaster Management. Berlin，Heidelberg：Springer，2005.

[36] Best C，van der Goot E，Blackler K，et al. Mapping world events //van Oosterom P，Zlatanova S，Elfriede M. Geo-Information for Disaster Management. Berlin，Heidelberg：Springer.

[37] 汪季玉，王金桃．基于案例推理的应急决策支持系统研究．管理科学，2003，16(6)：46-51.

[38]Zhang D S，Zhou L N，Nunamaker J F. A knowledge management framework for the support of decision making in humanitarian assistance /disaster relief. Know Ledge and Information Systems，2002，4(3)：370-385.

[39]刘浠．面向城市应急指挥的智能决策系统的研究与实现．广东工业大学硕士学位论文，2007.

[40]陈德华．基于案例推理的突发案件辅助决策系统研究．上海交通大学硕士学位论文，2007.

[41]胡小鹏．基于案例推理的刑事案件审判决策支持系统．上海海事大学硕士学位论文，2007.

[42]廖振良，刘宴辉，徐祖信．基于案例推理的突发性环境污染事件应急预案系统．环境污染与防治，2009，31(1)：86-89.

[43]吕宗平，胡欣，杨宏宇．基于案例推理的机场应急预案管理．中国民航大学学报，2010，28(2)：1-5.

[44]武民民，宋良图，黄伟，等．基于替代算法的案例推理灾害救助系统．计算机系统应用，2009，18(4)：11-13.

[45]Patterson D，Rooney N，Galushka M. Efficient similarity determination and case construc-

tion techniques for case-based reasoning. Advances in Case-Based Reasoning，2002，2416：177-186.

[46]Jeng B C，Liang T P. Fuzzy indexing and retrieval in case-based systems. Expert Systems with Applications，1995，8(1)：135-142.

[47]李海林，柳炳祥．一种基于模糊集的案例推理方法．中国控制与决策学术年会，2007.

[48]赫永霞，孙海宁，张吉平．基于案例推理的海上搜救决策支持系统的研究．http：//www. paper. edu. cn/html/releasepaper/2007/09/269/，2007-09-13.

[49]张茉莉，袁鹏，宋永会，等．基于案例推理的突发环境事件应急管理案例库构建技术研究．环境工程技术学报，2015，5(5)：386-392.

[50]王文俊，杨鹏，董存祥．应急案例本体模型的研究及应用．计算机应用，2009，29(5)：1437-1440.

[51]温立，周书民，王延章．基于辅助决策的应急事件本体模型研究．情报杂志，2010，29(2)：131-134.

[52]张英菊，仲秋雁，叶鑫，等．基于案例推理的应急辅助决策方法研究．计算机应用，2009，26(4)：1412-1415.

[53]邵荃，翁文国，郑雄，等．城市火灾案例库辅助决策方法的研究．中国安全科学学报，2009，19(1)：113-117.

[54] Thoman D C，Kula K R O，Laul J C，et al. Comparison of ALOHA and EPIcode for safety analysis applications. Journal of Chemical Health & Safety，2006，(11)：20-33.

[55] NOAA，EPA. ALOHA 5. 2. 3 user's manual. Office of Response and Restoration of the National Oceanic and Atmosphetic Administration (NOAA) and Chemical Emergency Preparedness and Prevention Office (CEPPO) of the U. S. Environmental (EPA)：Seattle，WA，1999.

[56] Houston S H，Shaffer W A，Powell M D，et al. Comparisons of HRD and SLOSH surface wind fields in hurricanes implications for storm surge modeling. Weather and Forecasting，1999，14(5)：671-686.

[57] Jarvinen B R，Lawrence M B. An evaluation of the SLOSH storm surge model. Bulletin of the American Meteorological Society，1985，66(11)：1408-1411.

[58] 田俊峰，吴丽．洪水灾情 SVM 评估模型．水文，2009，29(1)：66-68.

[59] 周玉良，金菊良，吴成国，等．洪水灾害等级评价的遗传神经网络组合模型．水电能源科学，2008，26(5)：37-39.

[60] 杨东，刘森林，於凡．北京核与辐射恐怖事件风险分析．中国安全科学学报，2008，18(6)：127-133.

[61] 张松柏，田东风，伍钧．核恐怖事件相对风险评估的简易概率方法．核动力工程，2006，27(6)：74-81.

[62] 陈佩燕，杨玉华，雷小途，等．我国台风灾害成因分析及灾情预估．自然灾害学报，2009，18(1)：64-73.

[63] 钱燕珍，何彩芬，杨元琴，等．热带气旋灾害指数的估算与应用方法．气象，2001，

27(1)：14-18.

[64] 邵良杉．基于粗糙集理论的煤矿瓦斯预测技术．煤炭学报，2009，34(3)：371-375.

[65] 邵良杉，付贵祥．基于数据融合理论的煤矿瓦斯动态预测技术．煤炭学报，2008，33(5)：551-555.

[66] 韩丽，来海亮，杨淑慧，等．采用AHP模型的北京城市供水管网的风险评估．北京水务，2009，(6)：36-38.

[67] 刘韵．高校群体性突发事件成因与治理的演化博弈模型．闽江学院学报，2009，30(5)：13-18.

[68] Henein C M，Tony W. A gent-based modelling of forces in crowds. Mutli-Agent and Mutli-Agent-Based Simulation，2005，(3415)：173-184.

[69] 唐方勤，史文中，任爱珠．基于多层协作机制的人员疏散模拟研究．清华大学学报，2008，48(3)：325-332.

[70] 聂高众，高建国，苏桂武，等．地震应急救助需求的模型化处理．资源科学，2001，23(1)：69-76.

[71] 王晓，庄亚明．基于案例推理的非常规突发事件资源需求预测．西安电子科技大学学报(社会科学版)，2010，20(4)：22-26.

[72] 张婧，申世飞，杨锐．基于偏好序的多事故应急资源调配博弈模型．清华大学学报，2007，47(12)：2172-2175.

[73] 戴更新，达庆利．多资源组合应急调度问题的研究．系统工程理论与实践，2000，(9)：52-55.

[74] 陈雷雷，王海燕．大规模突发事件中基于满意度的应急物资优化调度模型．中国安全科学学报，2010，20(5)：46-52.

[75] Lenard M L. Representing models as data. Nineteenth Hawaii International Conference on System Science，Western Periodicals Company，1986.

[76] Dolk D R. Model management and structured modeling：the role of an information resource dictionary system. Communications of ACM，1988，31(6)：704-718.

[77] Blanning K W. An entity-relationship approach to model management. Decision Support Systems，1986，2：65-72.

[78] Geoffrion A M. The SML language for structured modeling：level1 and 2. Operations Research，1992，40(1)：38-57.

[79] Jian M. An object-oriented framework for model management. Decision Support Systems，1995，13：133-139.

[80] 邵荃．突发事件应急平台模型库中模型链构建方法的研究．清华大学博士学位论文，2009.

[81] 陈海燕，刘珍，刘建勋．基于XML的工作流模型表示及映射算法研究．计算机工程与科学，2010，32(7)：147-150.

[82] Christophe F. KFBS：a model for knowledge representation of conceptual design. CIRP-Annals Manufacturing Technology，2010，(59)：155-158.

[83] Qi C S, Sun J G. Model net: a representation of the static structure of model base. International Journal of Pattern Recognition and Artificial Intelligence, 2007, 21(4): 791-807.

[84] Krishnan R, Chari K. Model management: survey, future research directions and a bibliography. Informs Interative Transactions of Orms, 2000, 3: 399-413.

[85] Liang T P. Development of a knowledge-based model management system. Operations Research, 1998, 36(6): 849-863.

[86] Basu A, Blanning R W. The analysis of assumptions in model bases using metagraphs. Management Science, 1998, 44(7): 982-995.

[87] Muhanna W A. SYMMS: a model management system that supports model reuse, sharing, and integration. European Journal of Operational Research, 1994, 72(2): 214-242.

[88] Chari K. Model composition in a distributed environment. Decision Support Systems, 2003, 35: 399-413.

[89] van Tol A A. Descriptive simulation modeling with resource allocation using belief networks. Master's Thesis, Department of Civil and Environmental, Edmonton, University of Alberta, 2000.

[90] van Tol A A, AbouRizk S M. Simulation modeling decision support through belief networks. Simulation Modelling Practice and Theory, 2006, 14: 614-640.

[91] 邵荃，翁文国，袁宏永．突发事件模型库中模型的动态网络组合方法．清华大学学报(自然科学版)，2010，50(2)：170-173．

[92] Niu L, Zhou H, Han X T, et al. Dynamic Integration Mechanism for Job-shop Scheduling Model Base Using Multi-agent. Los Alamitos: IEEE Computer SOC Press, 2009.

[93] 李藐，陈建国，陈涛，等．突发事件的事件链概率模型．清华大学学报(自然科学版)，2010，50(8)：1173-1177.

[94] 王铎．基于关联度的突发事件网络模型研究．大连理工大学硕士学位论文，2010.

[95] John P B, Russell S, Russell P S. The prevalence of posttraumatic stress disorder among children and adolescents affected by tsunami disaster in Tamil Nadu. Disaster Management and Response, 2007, 5(1): 3-7.

[96] Gu X, Han S. Attention and reality constraints on the neural processes of empathy for pain. Neuroimage, 2007, 36: 256-267.

[97] Han S, Gao X, Humphreys G W, et al. Neural processing of threat cues in social environments. Human Brain Mapping, 2008, 29: 945-957.

[98] Xu X, Zuo X, Wang X, et al. Do you feel my pain? Racial group membership modulates empathic neural responses. The Journal of Neuroscience, 2009, 29: 8525-8529.

[99] Fredrickson B L, Tugade M M, Waugh C E, et al. What good are positive emotions in crises? A prospective study of resilience and emotions following the terrorist attacks on the united states on September 11th, 2001. Journal of Personality and Social Psychology, 2003, 84: 365-376.

[100] Dolan R J. Emotion, cognition, and behavior. Science, 2002, 298(5596): 1191-1194.

[101] Simard A J, Eenigenburg J E. An executive information system to support wildfire

disaster declarations. Interfaces，1990，20：53-66.

[102] Kahneman D，Tversky A. Choices，Values，and Frames. Cambridge：Cambridge University Press，2000.

[103] Priester J R，Petty R E. Source attribution and persuasion：perceived honesty as a determinant of message scrutiny. Personality and Social Psychology Bulletin，1995，21：637-654.

[104] Eriksson M. Conceptions of emergency calls：emergency communication in an age of mobile communication and prevalence of anxiety. Journal of Contingencies and Crisis Management，2010，18：165-174.

[105] Priester J R，Petty R E. The influence of spokesperson trustworthiness on message elaboration，attitude strength，and advertising effectiveness. Journal of Consumer Psychology，2003，13：408-421.

[106] Petty R E，Wegener D T. The elaboration likelihood model：current status and controversies. //Chaiken S，Trope Y. Dual-Process Theories in Social Psychology. New York：Guilford，1999.

[107] Miniard P W，Bhatla S，Lord K R，et al. Picture-based persuasion processes and the moderating role of involvement. Journal of Consumer Research，1991，18：92-107.

[108] Covello V T，Wojtecki J G. Risk communication，the west Nile virus epidemic，and bioterrorism：responding to the communication challenges posed by the international release of a pathogen in an urban setting. Journal of Urban Health：Bulletin of the New York Academy of Medicine，2001，78(2)：382-391.

[109] 王飞跃．万维社会媒体在防灾应急中的作用．科技导报，2008，26(10)：30-31.

[110] Gariffin R J，Dunwoody S，Zabala F. Public reliance on risk communication channels in the wake of a cryptosporidium outbreak. Risk Analysis，1998，18：367-375.

[111] 于清源．环境风险认知与风险沟通影响因素效果研究及实例分析．北京大学硕士学位论文，2005.

[112] 曾大军，王飞跃，曹志冬．开源信息在突发事件应急管理中的应用．科技导报，2008，26(16)：27-33.

[113] Irving P，Long A. Critical incident stress debriefing following traumatic life experiences. Journal of Psychiatric and Mental Health Nursing，2001，8：307-314.

[114] Gilbert D，Killingsworth M A，Eyre R N，et al. The surprising power of neighborly advice. Science，2009，323：1617-1619.

[115] Bake M D，Kufner A C P，Egloff B. The emotional timeline of September 11，2001. Psychological Science，2010，21(10)：1417-1419.

[116] Skitka L J，Bauman C W，Mullen E. Political tolerance and coming to psychological closure following the September 11，2001，terrorist attacks：an integrative approach. Personality and Social Psychology Bulletin，2004，30：743-756.

[117] Kawakami K，Dunn E，Karmali F，et al. Mispredicting affective and behavioral responses to

racism. Science, 2009, 323: 276-278.

[118] Niedenthal P M. Embodying emotion. Science, 2009, 316: 1002-1005.

[119] Smith E R, Mackie D M. Surprising emotions. Science, 2009, 323: 215-216.

[120] Augsburger D W. Conflict Mediation Across Cultures: Pathways and Patterns. Louisville: Westminster/John Knox, 1992.

[121] Bronfman N C, Vazquez E L, Dorantes G. An empirical study for the direct and indirect links between trust in regulatory institutions and acceptability of hazards. Safety Science, 2009, 47: 686-692.

[122] Earle T C. Trust in risk management: a model-based review of empirical research. Risk Analysis, 2010, 30: 541-574.

[123] Cohen E G, Lotan R A. Producing equal-status interaction in the heterogeneous classroom. American Educational Research Journal, 1995, 32: 99-120.

[124] Brewer M B, Kramer R M. The psychology of intergroup attitudes and behavior. Annual Review of Psychology, 1985, 36: 219-243.

[125] Moody J. Race, school integration, and friendship segregation in America. American Journal of Sociology, 2001, 107: 679-716.

[126] Chu D, Griffey D. The contact theory of racial integration: the case of sport. Sociology of Sport Journal, 1985, 2: 323-333.

[127] Gaertner S L, Dovidio J F, Rust M C, et al. Reducing intergroup bias: elements of intergroup cooperation. Journal of Personality and Social Psychology, 1999, 76: 388-402.

[128] Pettigrew T F. Intergroup contact theory. Annual Review of Psychology, 1998, 49: 65-85.

[129] Smith E R, Henry S. An in-group becomes part of the self: responses time evidence. Personality and Social Psychology Bulletin, 1996, 22: 635-642.

[130] 张婍，冯江平，王二平．群际威胁的分类及其对群体偏见的影响．心理科学进展，2009，17(2)：473-480.

[131] Garcia-Prieto P, Scherer K. Connecting social identity theory to cognitive appraisal theory of emotions //Brown R, Capozza D. Social Identities: Motivational, Emotional, Cultural Influences. Hove: Psychology Press, 2006.

[132] 云健，刘勇奎，王德高，等．基于复杂系统的民族地区非常规突发事件应急管理研究．中国安全科学学报，2010，20(3)：172-175.

[133] Gierlach E, Belsher B E, Beutler L E. Cross-cultural differences in risk perceptions of disasters. Risk Analysis, 2010, 30: 1539-1549.

[134] Shiloh S, Guvenc G, Onkal D. Cognitive and emotional representations of terror attacks: a cross-cultural exploration. Risk Analysis, 2007, 27: 397-409.

[135] Han S, Northoff G. Culture-sensitive neural substrates of human cognition: a transcultural neuroimaging approach. Nature Review Neuroscience, 2008, 9: 646-654.

[136] Han S, Mao L, Gu X, et al. Neural consequences of religious belief on self-referential processing. Social Neuroscience, 2008, 3: 1-15.

[137] Han S, Gu X, Mao L, et al. Neural substrates of self-referential processing in Chinese buddhists. Social Cognitive and Affective Neuroscience, 2010, 5: 332-339.

[138] Fischer P, Greitemeyer T, Kastenmuller A, et al. Coping with terrorism: the impact of increased salience of terrorism on mood and self-efficacy of intrinsically religious and nonreligious people. Personality and Social Psychology Bulletin, 2006, 32: 365-377.

[139] Norenzayan A, Shariff A F. The origin and evolution of religious prosociality Science, 2008, 322: 58-62.

[140] 李仕明，刘娟娟，王博，等．基于情景的非常规突发事件应急管理研究．电子科技大学学报(社会科学版)，2010 ，12(1)：1-3，14.

[141] Chang M S, Tseng Y L, Chen J G. A scenario planning approach for the flood emergency logistics preparation problem under uncertainty. Transportation Research Part E: Logistics and Transportation Review, 2007, 43(6): 737-754.

[142] 姜卉，黄钧．罕见重大突发事件应急实时决策中的情景演变．华中科技大学学报(社会科学版)，2009，23(1)：104-108.

[143] 裘江南，师花艳，叶鑫，等．基于事件的定性知识表示模型．系统工程，2009，27(10)：1-8.

[144] 季学伟，翁文国，赵前胜．突发事件链的定量风险分析方法．清华大学学报(自然科学版)，2009，49(11)：1749-1752，1756.

[145] Wang H B, Sassa K, Xu W Y. Analysis of a spatial distribution of landslides triggered by the 2004 Chuetsu, earthquakes of Niigata prefecture, Japan. Natural Hazards, 2007, 41: 43-60.

[146] 王艳艳，梅青，程晓陶．流域洪水风险情景分析技术简介及其应用．水利水电科技进展，2009，29(2)：56-60，65.

[147] 贾群林，周柏贾．地震灾害场景仿真模拟的研究与应用．计算机研究与发展，2010，47(6)：1038-1043.

[148] Ren A Z, Chen C, Shi J Y, et al. Application of virtual reality technology to evacuation simulation in fire disaster. Proceedings of the 2006 International Conference on Computer Graphics & Virtual Reality, Las Vegas, Nevada, USA, 2006.

[149] Shendarkar A, Vasudevan K, Lee S, et al. Crowd simulation for emergency response using BDI agents based on immersive virtual reality. Simulation Modeling Practice and Theory, 2008, 16(9): 1415-1429.

[150] Takeuchi I, Kakumoto S, Goto Y. Towards an integrated earthquake disaster simulation system. 1st International Workshop on Synthetic Simulation and Robotics to Mitigate Earthquake Disaster, Padova, Italy, 2003.

[151] Tang A P, Wen A H. An intelligent simulation system for earthquake disaster assessment. Computers & Geosciences, 2009, 35(5): 871-879.

[152] Xu F, Chen X P, Ren A Z, et al. Earthquake disaster simulation for an urban area, with GIS, CAD, FEA, and VR integration. Tsinghua Science & Technology, 2008, 13(S1):

311-316.

[153] Hori M，Ichimura T，Oguni K. Development of integrated earthquake simulation for estimation of strong ground motion，structural response and human actions in urban areas. Asian Journal of Civil Engineering (Building and Housing)，2006，7(4)：381-392.

[154] 徐昊，翁韬，陈磊，等．灾害模拟和后果分析软件架构．火灾科学，2007，16(3)：170-174.

[155] Uno K，Kashiyama K. Development of simulation system for the disaster evacuation based on multi-agent model using GIS. Tsinghua Science and Technology，2008，13(S1)：348-353.

[156] 危福泉，刘高焕，姚新．地震灾害预测和应急模拟系统的设计与应用．地理研究，2005，24(5)：749-756.

[157] 颜锋，冯启民，张晓康．城市地震灾害模拟可视化信息管理系统开发．山西建筑，2008，34(13)：5-6.

[158] 汤皓，陈国兴．用ANN模型扩展COMGIS系统的地震灾害模拟仿真功能．系统仿真学报，2006，18(2)：287-590，594.

[159] Granlund R. Web-based micro-world simulation for emergency management training. Future Generation Computer Systems，2001，17(5)：561-572.

[160] Mendonça D，Beroggi G E G，van Gent D，et al. Designing gaming simulations for the assessment of group decision support systems in emergency response. Safety Science，2006，44(6)：523-535.

[161] Hu W，Qing Y，Yu M H，et al. Grid-based platform for disaster response plan simulation over internet. Simulation Modeling Practice and Theory，2008，16(3)：379-386.

[162] Shao G G，Charles M. Simulation prototypes for incident management training. Proceedings of the Brooks Automation's 13th Annual Worldwide Symposium，2006.

[163] 赵策，陈国友．引入MMOG技术的综合应急模拟训练系统框架．计算机应用，2006，26：284-286.

[164] Wu S N，Shuman L，Bidanda B，et al. Disaster policy optimization：a simulation based approach. Industrial Engineering Research Conference，Nashville，Tennessee，2007.

[165] Ahmed M A，Alkhamis T M. Simulation optimization for an emergency department healthcare unit in Kuwait. European Journal of Operational Research，2009，198(3)：936-942.

[166] Nóbrega R，Sabino A，Rodrigues A，et al. Flood emergency interaction and visualization system. Lecture Notes In Computer Science，2008，5188：68-79.

[167] Coolahan J E，Kane M T，Schloman J F. Design of an urban chemical disaster simulation federation for preparedness and response. In Press，Spring Simulation Interoperability Workshop，2007.

[168] 张欣，钟耳顺．基于GIS的应急预案过程动态推演模拟技术研究．武汉大学学报(信息科学版)，2008，33(3)：281-284.

[169] Shendarkar A, Vasudevan K, Lee S, et al. Crowd simulation for emergency response using BDI agents based on immersive virtual reality. Simulation Modelling Practice and Theory, 2008, 16: 1415-1429.

[170] 贾传亮，池宏，孙颖，等．基于 QSIM 算法的突发事件应急处置过程模拟研究．中国管理科学，2007，15：740-744.

[171] 钱学森，于景元，戴汝为．一个科学新区域开放的复杂巨系统及其方法论．自然杂志，1990，13 (1)：3-10.

[172]钱学森．再谈开放的复杂巨系统．模式识别与人工智能，1991，14(1)：1-4.

[173] 戴汝为，王任，田捷．智能系统的综合集成．杭州：浙江科学技术出版社，1995.

[174] 谢小轩，张浩，夏敬华，等．企业应用集成综述．计算机工程与应用，2002，22：1-5.

[175] 凌晓东．SOA 综述．计算机应用与软件，2007，24(10)：122-125.

[176] 蓝家万．基于面向服务架构(SAO)的水库防洪调度系统研究．武汉大学硕士学位论文，2005.

[177] 丁兆青，董传良．基于 SOA 的分布式应用集成研究．计算机工程，2007，33(10)：246-248.

[178] 张宝珠．基于面向服务架构的应用集成研究．大连理工大学硕士学位论文，2008.

[179] McGrath D, Hill A, Hunt A. IC2020: embedded simulation for next generation incident command software. Proceedings of the 2006 Huntsville Simulation Conference, Huntsville, 2006.

[180] Morentz J M. Unified incident command and decision support (UICDS): a department of homeland security initiative in information sharing. Technologies for Homeland Security, 2008 IEEE Conference on, 2008.

第2章

突发事件应急的若干关键科学问题

2.1 引言

在突发事件的应对中有很多科学问题需要加以研究。例如，突发事件应急，特别是非常规突发事件应急，由于问题的复杂性，对各类数据有极高的需求和依赖，所需数据来源不一、结构各异、精细度差异大，面对如此复杂多样的数据源，现有应急平台体系还缺乏足够的分析能力；非常规突发事件的应急，由于其复杂性，难以依靠既有经验和规律，是典型的“情景-应对”型。其“情景”的构建，既需要依靠信息获取和数据分析，又需要依靠模型-数据集成的计算分析，还需要依靠对相关案例“片段”的高效获取与综合匹配分析，并且需要考虑个体和群体的心理行为特征及其对事件发展和应急处置的影响。跨学科、跨地域研究的共享与综合集成，为突发事件应急相关研究提供持续改进与提升的必要平台。综合集成大致上可以分为系统集成、网络集成、计算集成三个层次的集成研究，如图2.1所示。

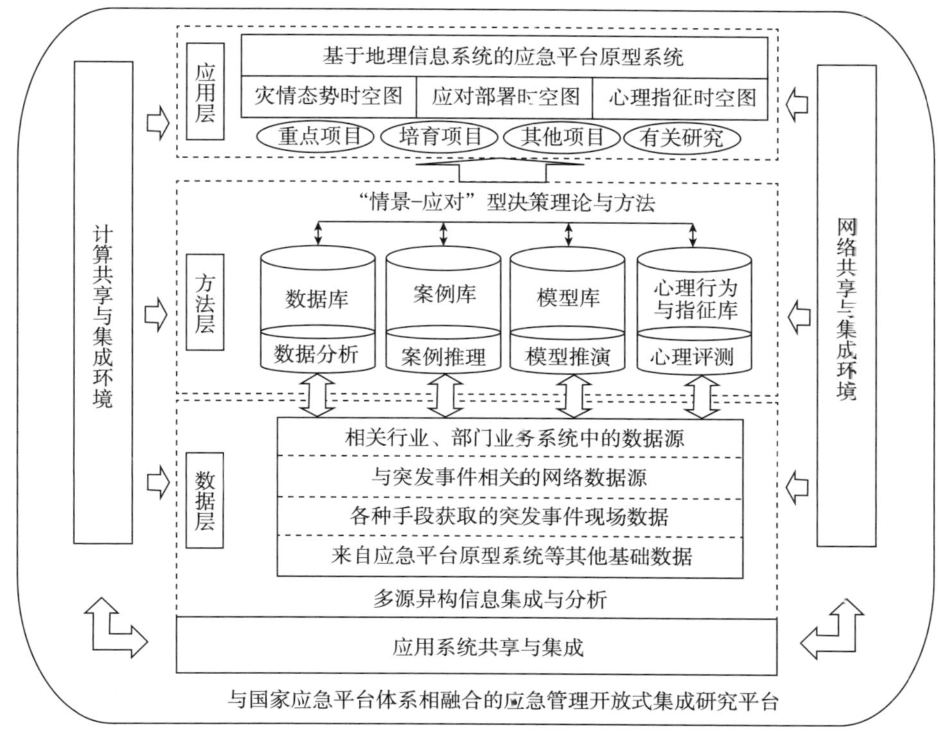

图 2.1　跨学科、跨领域综合集成框图

2.2　关键科学问题与研究探索

2.2.1　突发事件应急场景下的数据集成、组织与存储、数据共享方法研究

非常规突发事件应急管理是一个跨学科、跨领域的复杂问题，在应急管理过程中数据的管理是其重要组成部分之一。随着网络技术、数据管理、数据集成等技术的迅速发展和广泛应用，信息技术在非常规突发事件应急管理领域也获得了越来越多的关注。如何准确、高质量地获取来自多个异质数据来源的信息，并以合理的组织方式迅速高效地传递给应急处理中各层次的相关人员，是信息技术在突发事件应急管理中的核心问题，数据的集成、处理和共享是其中最关键的环节。数据管理技术在非常规突发事件中的应用将获得及时、准确和完整的事件相关信息，是有效提升突发事件应急处理能力所迫切需要的。根据应急管理场景中对数据管理技术的具体需求，我们可以把研究内容分为应急管理场景下的数据集

成、数据组织与存储、数据共享三个方面。

突发事件应急管理中的数据集成需要有效管理来自相关部门、互联网及现场采集等的多源数据，本书将突发事件中需要集成的数据源分为三个大类。

(1)突发事件应急管理相关行业、部门业务系统中的数据源。由于行业、部门具有定义良好的数据标准及业务规程，数据以结构化和半结构化组织为主，并且可向集成平台提供数据获取的标准接口。

(2)互联网中的与突发事件相关的网页数据源。在应急管理场景下，当突发事件出现时，互联网中关于事件的新闻报道、论坛帖子、博客文章、搜索引擎记录等数据对全面客观了解突发事件的最新情况、事件消息的传播机制、事件对网络舆情的影响及受众心理分析都具有不可或缺的作用。互联网以非结构化和半结构化为主，互联网数据给集成技术和非结构化数据管理带来了更多的挑战。

(3)突发事件现场数据。在突发事件应急处置过程中，事件现场的数据对掌握事件最新动态从而正确决策具有关键性的作用，因此，在事件现场，处置人员实时采集现场图片、声音、视频等数据，这些数据以非结构化、多模态的组织形式为主，并且具有相应的采集标准。集成平台需要将现场数据与来自行业、部门的数据及来自互联网的数据整合为一体，为事件决策提供技术支撑。

根据突发事件应急管理场景多种数据源具有的特性及集成平台其他模块的具体数据需求，突发事件应急平台的数据管理技术研究的具体内容如下。

1. 非常规突发事件应急场景下的数据集成研究

突发事件应急管理中三类数据源的组织方式各异，其数据集成方法也各不相同。行业、部门关键业务的信息存放在各行业的信息系统中，以半结构化和结构化数据为主，因此需要在获得各行业和部门的信息系统提供的数据访问接口后，研究如何建立有效的大规模、动态增量数据集成模式。事件现场的数据采集之后，如何标准化并实时进入集成平台及如何建立高效的检索、分析机制也是集成中需要研究的问题。Web 数据集成已有较多的研究成果，但突发事件应急管理场景下的集成的动态性和实时性要求，给 Web 数据集成带来了全新的挑战。对突发事件相关的 Web 数据源(包括新闻、论坛、博客、搜索引擎等)的集成方法也需要更深入的研究，如 Web 数据实时动态集成、海量 Web 数据的快速清洗等。

2. 非常规突发事件应急场景下的数据融合方法研究

应急平台需要集成多部门、多领域的数据，为决策提供数据支持，并支持部门间的数据交互和共享，因此应急管理中的数据融合和存储是集成平台中数据部分的核心内容。应急管理中的数据源具有跨领域、异构的特性，它们多是相对较独立和自治的，因此集成平台在整合来自多个数据源时经常会出现模式不一致、数据语义冲突等情况，这对数据融合技术的应用提供了用武之地，本书主要关注模式匹配及数据冲突处理技术。

3. 非常规突发事件应急管理数据共享平台研究

突发事件应急管理集成平台是一个跨学科、跨领域的综合性平台。应急决策、心理行为分析、案例分析等多学科的知识都将在集成平台中得到体现。为了保证各学科间的有效沟通，本书将建立应急管理数据共享平台。一方面，共享平台将基于互联网建立类维基百科的多学科、多领域知识共享站点，由各项目参与方将本学科、本领域的相关知识及研究成果发布到站点中，供其他参与者深入了解该领域的研究进展；另一方面，共享平台还将基于行业内部网络建立各部门间的数据共享和调用机制，实现多个应急管理相关部门(如国土部门、气象部门等)的内部模型和数据共享，同时支持跨部门的数据调用。

2.2.2　面向应急辅助决策的定量与定性相结合的案例分析与集成管理方法

突发事件具有破坏性强、影响范围大、相关因素多的特点，加之其偶发和突发性强，导致对其规律认知和应对经验积累的困难。因此，案例统计和分析是认知突发事件规律和应对方法的必要手段。由于实际情况的纷繁复杂，即使同类问题的各个案例的具体情况也有很大不同。如何找到关键的影响因素并分析其共性规律，需要通过对大量案例的系统分析来得到。不同类型的突发事件有不同的特点与规律，处置不同类型的事件需要不同的方法，需要对不同类型的案例进行合理分类，确定其具体的构成要素，建立基于案例的推理方法和方便查询与辅助决策应用的案例库系统。具体研究内容包括如下三个方面。

1. 案例分类分级与结构化的模型和方法研究

研究突发事件应急处置案例的属性和特征、案例分类分级的原则和方法，建立突发事件应急处置案例分类体系。研究分析突发事件应急处置案例的构成要素及结构框架，案例的个性化和通用化描述方法、生产方法与存储模式，复杂异构案例的自集成方法。基于国内外突发事件应急处置案例研究，以突发事件的发展特点为依据，综合运用案例研究法和结构性数据分析法，分析突发事件应急处置案例的构成要素及各要素之间的相互作用。在此基础上，运用层次结构方法，确定案例的特征要素，在每一个特征要素的维度上制定相应的参考标准。

2. 案例量化与知识化模型和基于案例的辅助决策方法研究

研究以数据元和知识元两类模式为基础的案例量化模型。基于案例的小样本统计与分析方法，研究面向复杂案例样本群的知识和规律挖掘方法。研究基于案例的知识智能导引方法与推理方法，辅助决策过程中的案例再现和情景推演。

3. 面向应急辅助决策与科学研究相融合的案例库架构方法研究

研究面向政府部门应急辅助决策的有限权限型案例管理与案例库架构方法，基于网络地理信息系统（Web geographic information system，Web GIS）的自由权限共享型案例库系统设计方法，案例分析的算子库与元数据库设计方法，外部数据与决策情景抽取及其与案例自动集成的方法，多类型远程用户的智能化人-机交互方法。构建突发事件案例库系统，方便远程用户进行案例上传、修改、完善，完成最新案例的末端多用户添加，实现突发事件案例库管理和应用的多种功能。

2.2.3 网络分布式多模型环境下的智能化应急处置决策模型库构建方法

基础平台需要集成的各类突发事件监测预警与应急决策模型是高度分散在网络中的。这些模型多是各自开发、相对独立的。由于突发事件监测预警与应急决策模型包含广泛，所以突发事件监测预警与应急决策模型库理应是一个开放的系统，对不同研究人员开发的各类模型都能够存储、运用，并能够科学合理地管理和运用其领域知识进行相关模型选择和组合的推理。对上述网络分布式模型群进行集成、运行并实现在线协同推演，采用统一的模型表示方法、选择合适的模型进行组合，形成模型-数据链是构建智能化应急处置决策模型库的关键。

1. 网络分布式模型的表示方法研究

在本书中的突发事件应急模型库系统中，首先要考虑模型在计算机中的表示方法和存储形式，进行模型规范化，使模型便于管理，能灵活地组合、连接，并能够参加推理。模型表示方法是模型库建设和实现模型链构建的基础问题，建立良好的模型表示方法是模型链构建的前提。模型的表示趋向于将模型简单化、减小模型颗粒度，采用模型-数据交叉组合的方式完成任务。这部分的主要研究内容包括研究突发事件应急决策模型的分类方法和特征参数，理解模型类别及所需参数和数据特性；研究适用于突发事件应急处置多阶段任务组织结构的模型-数据交叉组合表示方法；研究模型数据类型与结构，建立数据类型匹配函数，从而便于进行模型连接；构建模型规范化方法。

2. 模型信用值的评价方法研究

模型信用值是表征模型在规定条件和规定时间内，完成预定功能的能力，是模型在参与任务竞争中的一系列性能指标。信用值低的模型，说明其很难完成任务。因此模型的信用值是阶段任务中进行模型选择的基础，是实现突发事件模型根据不同突发事件环境动态组合的关键参量之一。这部分的主要研究内容包括基于云计算的网络平台，以模型的运算耗时为例，研究网络分布式模型的适用性评价方法；基于云计算的网络平台，以模型结果可信度为例，研究网络分布式模型的可信度评价方法；构建“情景-应对”型突发事件应对模型选择标准。

3. 基于多智能体技术的模型-数据链构建方法研究

突发事件应急处置是复杂和多层次的，科学地处置往往需要多种模型组合和链接来实现。同时，当前的发展趋势是将模型“扁平”化，采用模型-数据交叉组合的方式来完成任务。数据不仅包括模型输出结果数据，也包括实时监测数据，用来弥补模型运算产生的误差。因此，突发事件模型-数据链构建方法是应急平台决策支持系统实现智能决策的关键方法。模型-数据链的生成是通过与事件决策相关的多个模型采用相应的模型组合方法组合形成模型链，并与相应数据连接而成。主要内容包括：研究突发事件多阶段任务分解方法；研究基于多目标优化算法的模型选择方法；研究基于多智能体(multi-agent)技术的并联、串联、串并联耦合等的动态模型-数据组合和模型-数据链生成方法。

4. 网络分布式模型-数据驱动的应急决策智能化模型库设计方法研究

应急决策智能化模型库的设计主要研究模型-数据链的生成和运行。其主要内容包括：研究基于模型-数据链的模型库系统架构设计；研究基于网络分布式模型-数据驱动的模型-数据链生成和运行方法及在线协同推演方法；研究模型库与地理信息系统的集成方法；单一灾害以三峡区域的洪水灾害为例，复合灾害以地震-干旱-暴雨-泥石流事件链为例，构建动态模型-数据链，验证模型库的实际性能，并实施动态反馈，对模型-数据链生成方法进行改进与优化。

2.2.4　个体和群体在紧急状态下的心理反应与行为规律

1. 突发事件下个体的心理和行为的神经机理

主要内容包括三个方面：第一，与突发事件相关的个体的生理反应。神经科学表明，当机体处于畏惧、严重焦虑、剧痛、失血、脱水等特殊紧急情况时，中枢神经系统会产生一系列反应，如提高交感——肾上腺髓质系统兴奋性，使机体警觉性提高。伴随的生理反应包括呼吸频率增加、心律加速、心输出量增加、血压升高、内脏血管收缩，致使肌肉血流量多、血液重新分配。在这方面已经有相当多的生理学和神经科学研究，但缺乏系统的知识整理和集成。第二，与突发事件相关的个体的情绪反应及神经基础。在突发事件中，个体的情绪反应会有什么特点？其相关的神经机制是什么？悲伤和愤怒等情绪之间是如何转化的？其神经基础是什么？PTSD 的神经基础是什么？确定一些参与情绪加工的神经结构，如杏仁核、眶额叶、脑岛等脑区，在突发事件情绪反应中的作用及这些脑区的活动与主观感受的关系。第三，突发事件中个体的情绪和生理反应如何影响人的社会认知和决策？这包括不同情绪反应与决策的关系及其神经机制，突发事件中决策如何受社会信息的影响及相关的神经基础。

2. 突发事件下人群的心理和行为指标测量及标准化

结合心理学理论和方法学进展，以及国内外的实证研究和实践结果，编制一套突发事件下人群心理与行为指标测量的工具库。在借鉴国内外已有测量工具的基础上，修订并开发有效的心理与行为反应测量工具。为了保障测量的信度和效度，所筛选的测量条目具有一定的代表性和区分度；结构清楚、稳定。在多个人群样本中施测，进行项目分析和结构分析。另外，再抽取目标职业样本进行施测，对测量工具结构进行验证性分析，确立测量工具的结构。

检验和交互验证问卷的概念关系网络。用多质多法(multitrait-multimethod，MTMM)模型，从多个来源、使用多种方法收集数据，评估测量工具所测得的心理与行为指标的相关系数和区分度，建立测量工具的效度证据。

3. 突发事件下个体的心理与行为演化规律

研究包括三个方面：第一，突发事件中信息传播、发布对个体的风险/危害认知、态度形成的影响及基本规律。通过文献研究与分析，一方面，总结出突发事件中各类各样信息传播对个体认知、态度形成的影响，以及不同信息的相互作用，另一方面，发现危机传播中个体信息寻求的特点。同时，把两者有机结合起来，探讨它们之间的相互作用，并采用准实验的研究方法或计算机模拟，检验或验证定性分析的结果。第二，突发事件中情绪体验与个体应对方式、行为选择倾向的关系。突发事件中，信息传播对人们情绪的影响至关重要。而情绪又会影响到个体对事件的认知，会对人们的决策产生重要的影响。此外，情绪在群体中会相互传染，一个人的情绪会影响到他人。这里主要探讨在突发事件中，个体认知与情绪的关系、情绪发生和变化的规律，以及情绪与不同应对方式和行为选择的关系。第三，突发事件中不同角色的心理冲突与融合，以及信任建立的基本规律。特别关注危机传播中不同人群所面临的心理冲突，了解冲突之间的共性和差异性，以及彼此间的相互作用。分析、探索影响不同人群彼此之间冲突的缘由，以及信任建立的基础与平台。

4. 突发事件下群体的心理与行为演化规律

Smith[1]提出，群际情绪是认知-情绪-行为的三件套，依照他的观点，认知评估内群体-外群体关系的相关特征(不同的权利、地位、目标的不相容)，会唤醒具体的群体情绪(害怕、厌恶等)，结果激发指向外群体成员的具体行为倾向(躲避、反对等行为)。不同的群际情绪激发不同的群际行为倾向，群际愤怒预测伤害外群体的倾向；群际害怕情绪导致躲避外群体和支持内群体的倾向；集体内疚促使补偿受伤害外群体的倾向。

第一个过程是认知评价(cognitive appraisals)过程。群际情绪理论整合社会认同理论和情绪评价理论认为，不同的认知评价产生不同的情绪。认知评价是与具体情绪相联系的认知结构。例如，当一个群体被评价为对其他群体产生威胁时，消极的群际情绪，如愤怒和害怕就会产生。下面列举不同的认知评估类型：①一致性评估(consistency appraisal)，即评估情景是否和内群体的需求一致，情景和内群体需要一致产生积极情绪，反之，产生消极情绪。②合理性评估(legitimacy appraisal)，意指评估情景是否公平合理。③对象评价(agency appraisal)，即评估何人为情景负责，有三种对象水平，即内群体负责、外群体负责和外部环境负责。④实力评估(strength appraisal)，评估群体是否相信他们在情景中可以获得利益。⑤确定评估(certainty appraisal)，评估认知者对事件结果是否可以确定[2]。

第二个过程是情绪过程。群体水平情绪与个体水平情绪之间的区别是群际情绪理论的基本法则，它基于这样一个假设，当社会群体之间的差异性凸显时，人们会根据他们的群体成员身份思考自己和他人。很多研究业已证明，去个性化(depersonalization)有重要的效应，人们会依据共识性的群体刻板印象感知自己、感知内群体和外群体成员，对内群体产生更多的积极评价；去个性化过程，导致人们对与群体有关的境遇和事件产生情绪体验，即使这些事件与自己并没有直接关系。研究表明，指向外群体的情绪包括群际敌对、群际威胁、群际厌恶、群际焦虑等。

第三个过程是行为倾向过程。群际情绪理论认为，情绪与具体的行为倾向相关联，如害怕的情绪包括对内群体弱小的评估，导致内群体的躲避行为(即躲开外群体，避免接触)。反之，如愤怒的情绪包含对内群体强势的评估，导致侵犯行为(即反对或攻击外群体)。同时，对外群体的愤怒情绪调节对外群体的反对行为，当以下评估出现时，愤怒的情绪会被唤起：①低水平的一致性评估；②低水平的合理性评估；③外群体对内群体的遭遇负责；④高水平的实力评估；⑤高水平的预测性。同样，人们对外群体也会产生害怕的情绪体验，产生的条件包括：①低水平的一致性；②低水平的合理性；③外群体负责；④低水平的实力；⑤低水平的预测性。害怕的情绪与躲避外群体的行为倾向相联系，因而，愤怒和害怕都是对负面情景的情绪反应。

2.2.5　面向“情景-应对”型决策，与国家应急平台体系相融合的应急管理开放式集成研究平台设计与构建

集成研究平台的共享框架与平台总体设计，分别如图 2.2 和图 2.3 所示。面向“情景-应对”型决策，与国家应急平台体系相融合的应急管理开放式集成研究平台应具有两方面的功能：一是为我国已经初步建成的应急平台体系提供持续发展的核心科学支持；二是为突发事件应急管理研究提供具有时空广度和领域深度的共享型研究平台。面向其功能需求开展如下研究。

风险分析
统计分析
综合预测
应用系统集成
智能方案
知识
信息分析模型
灾情预测模型
网络共享集成
计算共享集成
事件链
案例
心理分析模型
态势分析模型
培育项目
培育项目
重点项目
重点项目
重点项目
培育项目
…

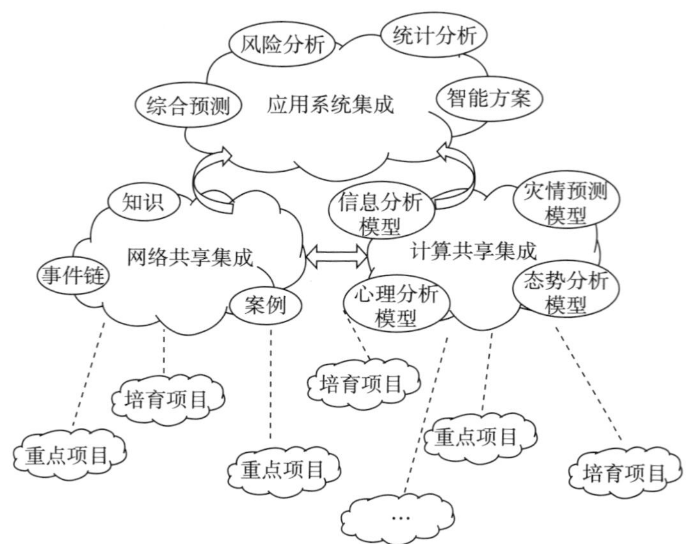

图 2.2　应急管理开放式集成研究平台的共享集成架构

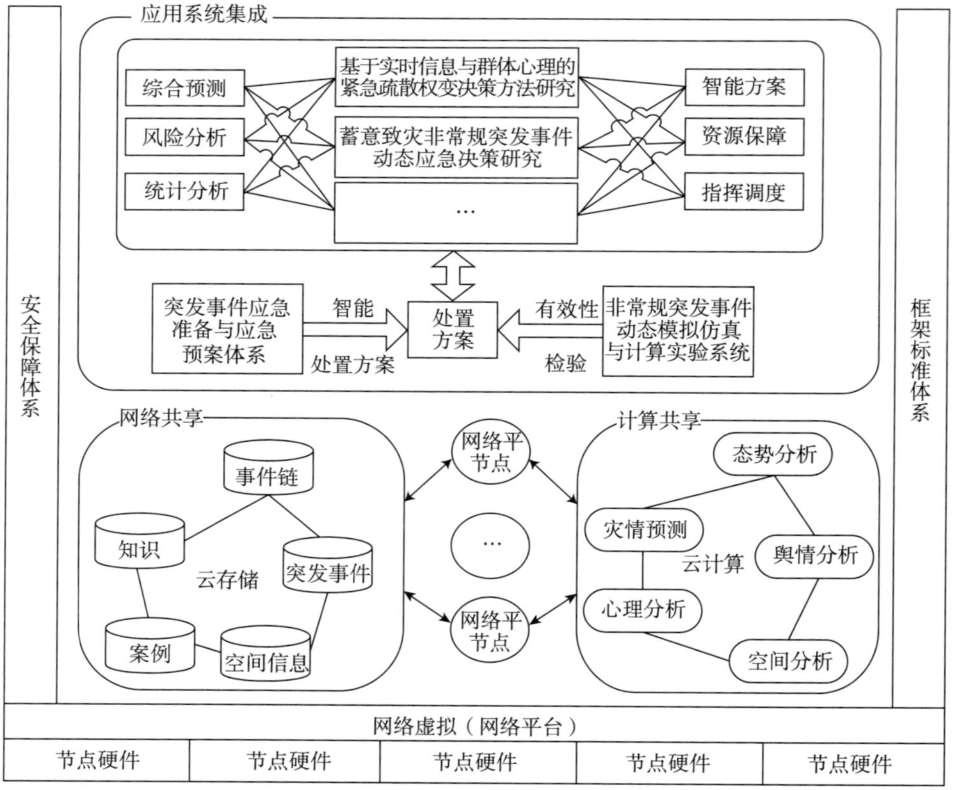

应用系统集成
综合预测
风险分析
统计分析
基于实时信息与群体心理的紧急疏散权变决策方法研究
蓄意致灾非常规突发事件动态应急决策研究
…
智能方案
资源保障
指挥调度
突发事件应急准备与应急预案体系
智能
处置方案
处置方案
有效性
检验
非常规突发事件动态模拟仿真与计算实验系统
安全保障体系
框架标准体系
网络共享
事件链
知识
云存储
突发事件
案例
空间信息
网络平节点
…
网络平节点
计算共享
态势分析
灾情预测
云计算
舆情分析
心理分析
空间分析
网络虚拟（网络平台）
节点硬件
节点硬件
节点硬件
节点硬件
节点硬件

图 2.3　应急管理开放式集成研究平台的总体架构

1. 突发事件应急平台体系基础平台的总体架构设计

随着应急体系的不断演进，相关学科、相关理论的不断丰富，各地区也不断推出有地方特色的应急系统，为进一步结合地方实践和应急理论，真正做到实践→理论→实践的科学发展道路，逐步从单一应急支撑系统发展到多地区系统应对突发事件，本书将针对应急体系的基础架构和标准化方面做出分析，从根源上使跨地域应急处置变为可能。

整个基础平台围绕网络共享集成、计算共享集成、应用系统集成三个方面来进行搭建，利用信息的自组织模式搭建开放式的网络共享集成平台，实现跨学科、跨地域研究人员和跨领域地方应急系统的信息数据的收集、共享，作为整个应急服务的数据支撑；采用云计算、云存储等技术，搭建计算共享集成平台，以满足跨学科、跨地域、日益复杂的突发事件处置分析要求，提供更智能、更高效的模拟分析服务；云应用技术，为跨地域和跨平台的应用系统提供集成平台，以达到跨区域的应急处置的目的。

系统总体架构重点考虑基础共享服务框架研究、应急管理开放式服务平台研究和相关标准化研究。应急基础共享服务框架体现了软件即服务(software as a service，SaaS)的思想，其在模型、数据、案例、心理行为指征的研究基础上提供应急通用服务，如突发事件趋势预测、案例参考等应用。应急管理开放式服务平台研究体现了平台即服务(platform as a service，PaaS)的思想，其通过相关标准及应用程序编程接口(application programming interface，API)实现了与应急平台体系原型系统(包括地方政府及部门)的双向交互。应急平台可以访问基础平台的基础共享服务(如案例)等，也可以遵循标准对自有的功能(如模型运算)等进行扩展，并将其发布到基础平台上，从而实现功能级的应用集成与共享。

2. 面向服务的开放式应急模型集成方法与研究平台构建

重大研究计划分布式的研究成果及国家应急平台体系具有多层级、多领域的特点，资源集成面临着分布式、跨平台、异构性、不确定性、互操作等方面的诸多困难，必须建立一种合适的、具有弹性的方法和系统架构加以实现，并解决实际研究平台构建中应用系统集成、分布式计算、协同管理等一系列关键问题，构建面向服务的开放式应急模型集成方法与研究平台。

(1)建立面向服务的、松耦合的模型集成和应用集成的方法与技术架构，包括：研究适用于复杂应急场景中的多模型集成、多应用集成的面向服务的集成方法，研究基于 XML、Web Service 的本地模型、异地模型等统一进行标准化并表示为服务的软件实现方法；研究面向服务的模型库、数据库与地理信息系统平台相融合的综合集成方法；研究模型库中各模型的坐标系、三维边界条件等与地理信息系统的接口表达与实现形式；研究建立基于地理信息系统的开放式空间信息服务与可视化服务，通过标准服务接口实现与时空分析相关的多模型计算结果与数据的集成可视化展现；研究建立模型与数据库的接口表达与实现形式，建立计算结果数据的传输与解析模型。

(2)研究模型推演和情景推演相结合的人机交互推演模式在基础平台上的集成应用方法。研究建立集成研究平台用于突发事件应对推演模式，研究分布式服务和分布式系统的集成应用方法，研究建立基于面向服务的体系架构的工作流定制方法，通过工作流的定制等，研究适于非常规突发事件应急过程的模型推演过程定义、基于情景推演方法的集成应用方式，研究模型结果数据与情景推演态势表达的时空叠加与综合分析，并为推演提供标准化的数据服务、时空可视化展现服务。总体而言，研究基于服务体系架构的设计集成模式，基本框架如图 2.4 所示。

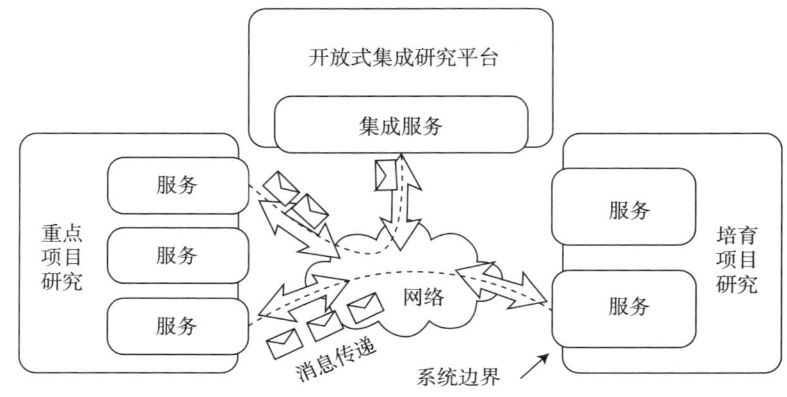

图 2.4　面向服务的体系架构与集成模式

3. 基于云技术理念的非常规突发事件应急辅助决策计算集成环境

突发事件应急管理涉及海量数据，包括历史数据、行业和部门数据、突发事件现场的数据。其中大量数据是实时、动态的，因此需要对这些数据进行快速、及时的收集、集成、分析和处理；此外还有一些突发事件的预测模型由于计算量巨大，采用应急现场的小型计算机不能胜任的实时计算任务，从而对系统的运算能力提出了极高的要求。云计算作为一种新兴的共享基础架构的方法，可以将巨大的系统池连接在一起以提供各种服务，从而使超级计算能力通过互联网自由流通成为可能。基于云计算与网络共享理念，危机应对过程将具有新的功能，能够完成更加复杂、精细化的决策分析任务。而这正是非常规突发事件应急支持所需要实现的功能。本章给出一个一般化的应急管理框架及突发事件应对过程的框架，供读者参考，如图 2.5、图 2.6 所示。

第一，建立一个可支持不同领域突发事件应急响应服务的高效云计算网络集成平台。通过研究建立一个“私有云”模拟环境和研究平台，为有关模型的云计算

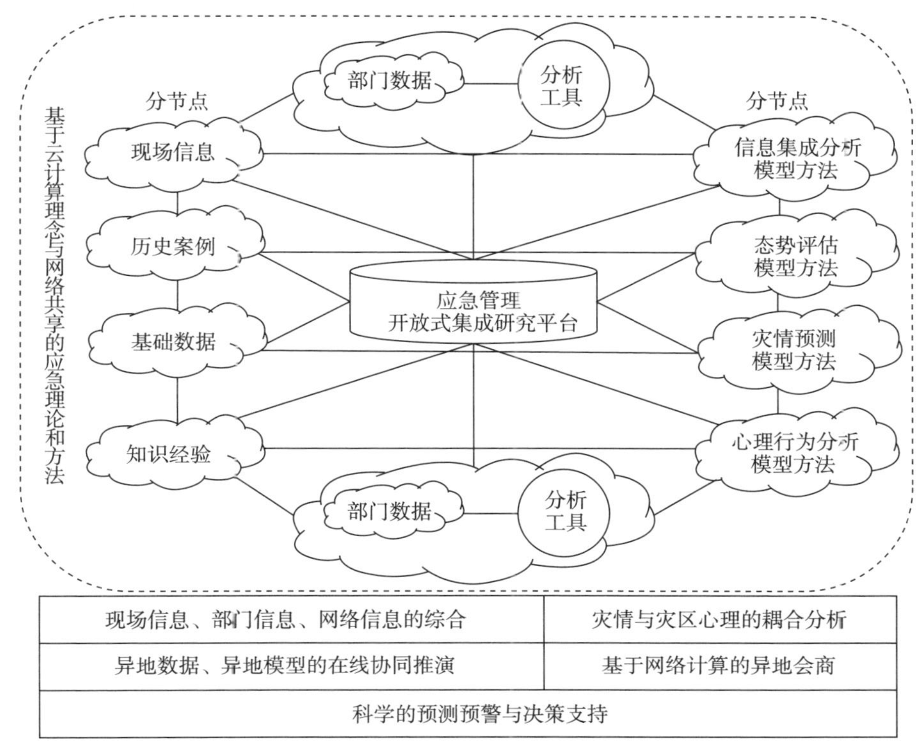

图 2.5　综合集成平台功能架构

集成提供一个支持 IaaS(infrastructure as a service)服务和 Paas 服务的实验环境，模型由各项目研究单位自行维护并集成到该平台上，研究基于云服务平台的模型集成方法，开展云计算应用研究。

第二，建立适用于非常规突发事件应急的“平台即服务”(PaaS)和“软件即服务”(SaaS)的云计算服务模式，研究有关在云计算平台上集成的模型之间的关联和交互方式。该平台可以集成、验证相关基础研究成果，同时还可以作为突发事件应急决策者演练培训的技术工具，从而为跨行业、跨部门、多层次的信息用户提供不同的应急服务，提供更加快速、高效的应急响应支持。研究运行在公有云和私有云平台上的模型服务间的交互方式。

4. 面向应急管理的科技共享、集成与协作网络平台环境

面向跨时间、跨地域、跨学科的非常规突发事件应急管理研究的共享、集成与协作，建立基于互联网的研究共享平台，实现如下内容。

(1)共享。各课题组需要能够将其模型、知识、案例、数据等以标准化方式上传到网络共享平台。

(2)集成。具有相同或类似功能的模型、知识、案例、数据等需要能够在各

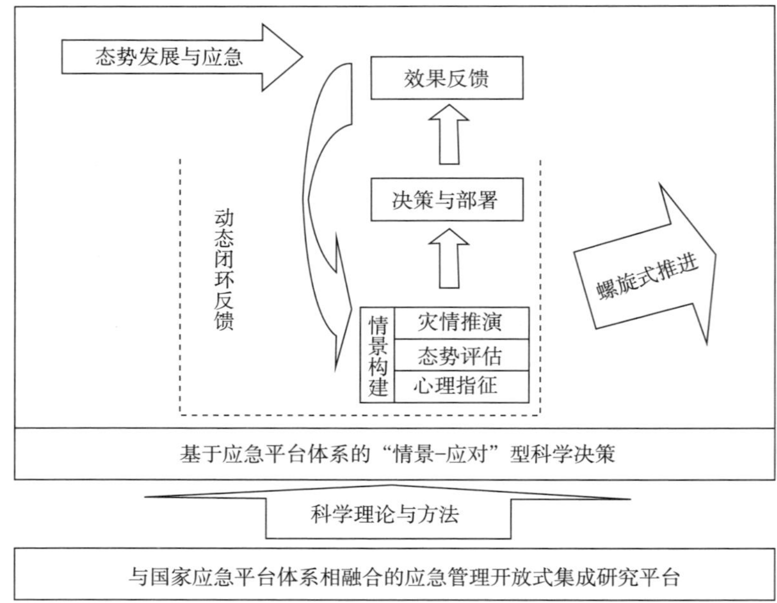

图 2.6 基于综合集成平台的突发事件应对

单位提供的原始素材上得到高品质的提升。

(3)协作。需要能够针对应急管理中的某一特定问题，尽各相关单位所能快速协商出解决之道，需要有常态和应急状态下的协作。

(4)开放性和扩展性。应急管理的范畴非常宽广，仅仅依靠重大研究计划的项目承担单位去达到领域和知识的完全覆盖是不可能的，因此，网络共享平台需要一个对外开放的接口，随时随地地吸纳外部资源，扩展网络平台的功能和应用范围。

(5)权限。各项目承担单位或外部访客均具有不同的权限，对每个参与项目的科技工作者建立实名档案，每次在平台上的访问和操作均被存储，并能够在档案资料中追踪。

(6)与国务院应急平台的对接。所有资源均需要能够映射到与国务院应急平台对应的中国行政区划地理信息系统地图上，从而使网络平台上的资源能够在底层被国务院应急平台随时查询、调用和可视化显示。

2.2.6 基于集成平台的突发事件情景推演与决策过程模拟仿真和集成应用示例

选择典型单一灾害和复合型灾害，在非常规突发事件发生、演化、发展、转化的情景中，集成应急管理的相关研究成果，研究对非常规突发事件演化过程的描述、灾情评估、多部门协同综合应对的情景推演与决策过程模拟仿真，研究各类要素并存且相互影响情况下的态势评估的综合集成。

1. 单一和复合型非常规突发事件情景构建与推演

非常规突发事件情景构建与推演是为应急决策者提供更为逼真的应急决策环境的关键所在，其研究内容试图在充分掌握两类具体灾害演化机理和应急响应特点的基础上，提出非常规突发事件情景构建与推演方法和实现技术，从而实现突发事件应急平台体系下的单一和复合型灾害情景描述、生成和演化过程驱动。

(1)针对“三峡区域洪水”单一灾害和“地震-干旱-暴雨-泥石流”复合型灾害应急环境(自然和人工环境)、组织机构(结构和功能)、突发事件(事件和事件链)、应急业务流程(指挥-决策-执行)的突发事件应急响应需求和特点进行深入和全面的分析，研究非常规突发事件情景的知识建模、自动生成、智能检索和知识库存储方法。

(2)针对“三峡区域洪水”和“地震-干旱-暴雨-泥石流”灾害实例，建立非常规突发事件情景知识模型及知识库。“三峡区域洪水”灾害情景侧重水情预报、水库和分蓄洪区调度、大坝和堤防工程抢险、分蓄洪区转移安置等环节中预测预警，应急决策、指挥和行动过程衔接。“地震-干旱-暴雨-泥石流”灾害情景侧重多灾害发生导致网络舆情、风险认知、演化传播、心理行为等多要素叠加。

(3)针对突发事件应急平台体系的架构、标准和技术方案，研究如何将数据信息库、案例知识库、模型库、心理行为特征库与情景知识库进行对接的方法和实现技术。针对非常规突发事件应对的各个环节和情景要素，提出基于层次任务网络(hierarchical task network，HTN)的情景驱动方法。在此基础上，研究“任务”驱动下的，基于“事件-决策-指挥-行动”循环迭代的非常规突发事件情景的推演方法和实现技术。

2. 非常规突发事件集成化应急决策方法

数据集成处理方法和心理行为分析方法为非常规突发事件应对提供了更高的决策平台，也提出了更高的挑战。在分别针对应急过程中分解出来的各类决策问题所开展的研究工作的基础上，需要充分认识各个应急环节的相互作用，分析应急过程中各类应急决策问题与数据集成处理和心理行为分析之间的相互关系，以此为基础，研究非常规突发事件的集成化应急决策方法，并在“三峡区域洪水”单一灾害和“地震-干旱-暴雨-泥石流”复合型灾害的具体情景下得以应用和验证。

(1)研究应急决策过程中各因素间的相互关系。其包括政府和决策者的决策心理与行为对应急决策方案制订的影响、受灾群众对灾害的认知和心理对大规模应急疏散决策的影响、救援队伍与人员的心理行为对对应方案执行过程的影响，并以“三峡区域洪水”为示例进行分析和验证。另外，研究在非常规突发事件发生和演化过程中，网络舆情、风险认知、心理行为、应急疏散、演化传播的相互作用和影响。

(2)与心理行为分析和数据集成处理相结合的集成化应急决策方法。研究考虑政府和决策者心理的应急决策协调机制和多部门协作任务规划方法；研究考虑大规模疏散人群心理和救援人员心理的应急疏散策略；研究态势信息动态变化的情况下的动态协作应急任务规划和应急资源调度。并将集成化的应急决策方法应用于“三峡区域洪水”应急的具体背景下，解决包括大坝洪水调度、荆江分蓄洪区洪水调度、大坝工程险情处置、堤防工程险情处置、荆江分蓄洪区疏散安置转移等具体应急决策问题(图 2.7)。

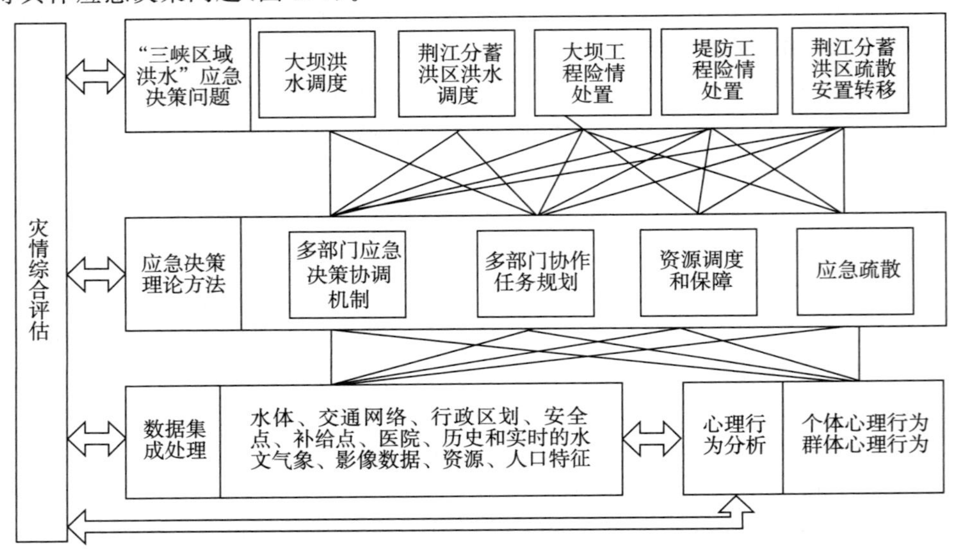

图 2.7　“三峡区域洪水”应急决策过程中应急决策方法的集成

(3)“5·12”特大地震致使山体松垮，半年多长期干旱，瞬间性强降暴雨，加之地形地貌特征等，多种因素叠加于一个链条上，结果便导致了甘肃舟曲特大山洪泥石流灾害，是一次典型的“地震-干旱-暴雨-泥石流”的复合型灾害。这类复合型灾害具有时空跨度大、过程复杂、社会影响面广等特点，与单一灾害的应急管理相比，难度明显加大。相对于以“三峡区域洪水”灾害为实例的单一灾害，在针对复合型灾害的研究中将涉及“事前”“事中”“事后”整个应急管理生命周期内的一些关键问题，并且强调灾害的发生发展演化及应对过程对整个社会的影响。

具体来说，将在数据集成处理和心理行为分析的基础上，研究灾害的监测预测和预警、事件演化过程、风险认知、考虑个体群体心理行为的大规模紧急疏散、网络舆情和信息传播、心理干预等问题，并在“地震-干旱-暴雨-泥石流”的具体复合型灾害背景下应用和验证研究成果。以此为基础，分析复合型灾害中的突发事件及各类因素间的耦合关系，以及由此带来的应对措施之间相互影响相互交织的复杂关系，研究各环节如何全盘考虑，以免顾此失彼，实现集成化的应急管理(图 2.8)。

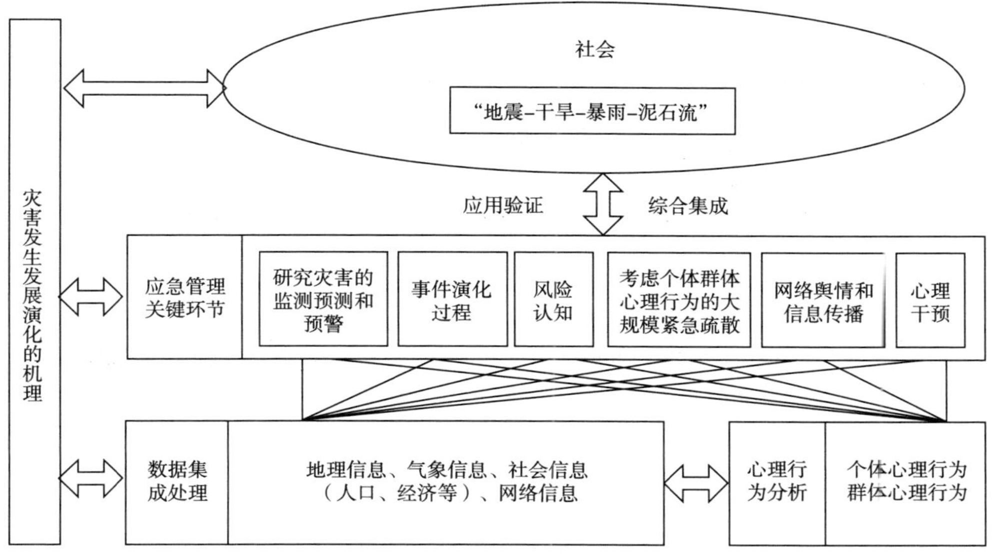

图 2.8　复合型灾害中多种要素的综合集成

2.3　研究方法与技术

2.3.1　复杂异构数据的数据集成、数据组织与存储和数据共享研究

1. 应急管理场景下的数据集成研究

根据应急管理场景数据集成的需求，我们将采用多源数据集成技术路线，通过对各数据源的分析和总结建立针对数据源的配置说明文件，在此基础上使用面向领域的 Web 数据集成技术将半结构化和无结构化的数据源集成为结构化的数据集，如图 2.9 所示。

在对应急管理场景中数据的集成中，针对各部门数据源的信息获取，主要由各部门提供数据访问接口来实现部门数据的获取。针对 Web 上的信息获取：首先，研究基于模式导航的、半自动化的包装器生成技术，解决 Web 页面信息抽取的关键技术问题；其次，根据突发事件应急平台数据动态性和实时性的特点，针对 Web 数据源的页面格式发生变化时，包装器就会失效的问题，研究包装器的自动维护技术；再次，分析非自动包装器所存在的问题，根据 Web 页面的特征，按照不同粒度对 Web 页面进行抽取，从而将半自动化的包装技术转变成全自动包装器生成技术；最后，针对 Web 页面日趋复杂且结构化程度低的特点，

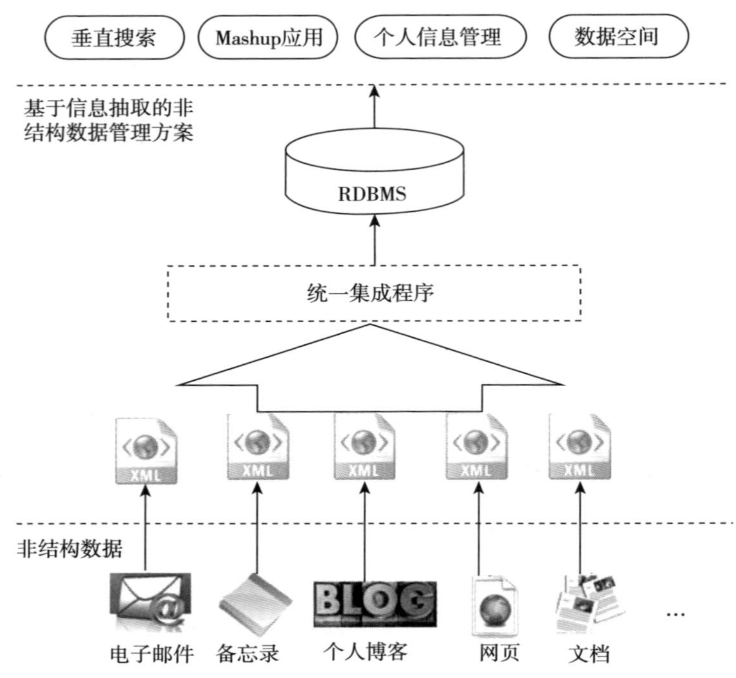

图 2.9　多源数据集成示例

利用 Web 页面的一般视觉特征，研究基于视觉的 Web 数据抽取方法。

技术路线：通过对大量 Web 页面的观察，分析与信息抽取相关的特征信息（如结构、视觉等特征）；对特征信息进行特征化描述，根据描述来完成数据的抽取；进而通过抽取的数据生成包装器，最终实现 Web 页面的自动抽取和包装器的自动生成和维护。

2. 应急管理场景下的数据融合方法研究

(1)应急管理场景下的数据融合技术核心问题是建立跨领域的自动模式匹配方法，将来自多个数据源的数据融合到统一的模式中，其研究方案如下。

根据领域专家的知识，来获得该领域上一般的数据模式；然后，随着新数据源的不断加入，不断发现新的属性，通过概率和统计的方法来计算新属性成为一般数据模式中属性的可能性，从而实现领域数据模式的自动维护。

通过数据类型、结构等的相似性的定义，研究相似性的算法，提高匹配算法的效率和准确率。

模式匹配的最终目的是辅助生成映射关系，以便于查询或数据转换，因此在生成匹配结果后，研究数据映射的表示方法和映射操作，从而给出相应的数据转换机制。

技术路线：首先，针对相同领域的数据源研究自动模式匹配的方法，实现同领域数据源之间的数据集成；其次，对不同领域中共享数据部分的数据模式进行匹配，从而实现跨领域、异构数据源的数据集成。

(2)突发事件场景下的数据冲突也是数据融合中需要重点关注的问题，本书对解决数据冲突有如下研究方案。

对突发事件应急响应管理中数据不一致的成因进行分析、归纳和总结，根据其不同的特点对数据不一致进行分类。

设计数据不一致的自动发现算法。由于数据描述的是现实世界的实体，首先要从实体的角度找到描述同一实体的相同属性的数据；其次再根据这些数据通过相似性等算法进行属性值之间的比较，找出不一致的数据。

基于自动发现算法找出的不一致数据，以及对不一致数据的分类，根据不同类别不一致性数据的特点，设计针对不同类别不一致性数据的清洗算法。

技术路线：分析数据集成领域现有的数据一致性处理技术的特点和不足，根据突发事件应急管理数据的自身特点和实际需求，利用实体识别、相似性比较等方法，面向跨领域、异构、动态、海量的实时数据，研究自动发现和清洗不一致数据的技术手段。

3. 应急管理数据共享平台

数据共享平台是支持集成平台学科交叉需求的重要支持，应急数据共享旨在实现跨学科、分布式知识、模型与数据站点的共享与集成。各项目参与方将主动参与到集成过程中。因此，共享平台必须具备足够的开放性、兼容性以及分布式资源管理的能力。

技术路线：调研应急管理相关部门的数据调用接口，建立基于部门数据调用接口的共享平台数据存取 API，在此基础上支持部门间的数据交互的调用。

2.3.2　面向应急辅助决策的定量与定性相结合的案例分析与集成管理方法研究

第一，获取资料，文献分析。通过到国内外应急管理部门的调查研究，运用各种信息媒体手段获取项目研究所需要的相关文献资料，对获取的材料进行综合的分析、整理，建立突发事件应急处置案例分类体系。研究国内外突发事件应急处置案例，以突发事件应急救援行动的特点和规律为依据，综合运用案例研究法和结构性数据分析法，分析突发事件应急处置案例的构成要素；运用层次结构方法，分析突发事件应急处置案例的理论结构框架，形成阶段性研究报告。

第二，基于 Web GIS 平台，利用云技术，构建突发事件应急处置案例库系统，实现突发事件应急处置案例库管理和应用的多种功能。

第三，综合应急各部门应用研究成果，并征求专家意见和建议。将最终研究报告提供给相关专家，进行广泛的征询意见和建议，并根据专家的建议和意见，对研究报告进行修改、充实和完善。

2.3.3 网络分布式多模型环境下的智能化应急处置决策模型库构建方法研究

1. 网络分布式模型的表示方法研究

为使模型易于管理、组合和应用，需要进行模型规范化。模型表示是模型规范化的核心内容。模型表示涉及表达关于模型的知识，这些知识包括模型参数的定义、模型结构的定义、模型的文档、模型的目的、边界、假设及与其他模型的关系和数据等。考察用于集成的分布在网络上的突发事件应急处置决策模型的特点，将模型群进行基础分类，如监测预警模型和应对决策模型两大类。并在此基础上基于处置内容、任务和流程等将两类模型进行进一步细化分类。分析每类模型的特征参数，如参数定义、结构定义、输入输出数据等，建立模型分类库。以典型灾害，如洪水灾害为例，研究突发事件应急处置多阶段任务组织结构。基于多阶段任务组织结构，构建突发事件应急处置模型-数据交叉关系模型。基于此关系模型，研究模型规范化文件定义与封装方法，完成模型-数据交叉组合的模型表示方法；模型组合是将独立模型的输出作为另一个或多个独立模型输入的连接操作，当然在这个过程中它们的数据类型必须是相匹配的。因此，在模型组合的过程中数据类型至关重要。研究模型数据类型与结构，建立数据类型匹配函数，从而便于进行模型连接；构建模型规范化方法。

2. 模型信用值的评价方法研究

模型的信用值是阶段任务中进行模型选择的基础，模型的信用值通常是与某些突发事件环境参数有关的一组可信概率函数。以洪水灾害为例，对洪水灾害应急处置过程按时间、任务等进行多阶段任务分解，收集各阶段应急决策模型。分析模型的输入参数，建立蒙特卡洛法、支持向量机方法和云计算方法耦合的网络分布式模型运算耗时评价模型，构建网络分布式模型的适用性评价方法。同样以洪水灾害为例，将案例库中适合模型模拟运算的案例组成该模型的评价案例集合，建立案例集。研究案例数据挖掘、支持向量机方法和云计算方法耦合的网络分布式模型运算结果可信度评价模型，构建网络分布式模型的可信度评价方法。针对不同的地区和部门，不同环境参数下，对模型的表现能力进行参数敏感性分析，研究模型误差和不确定性对信用值的影响，构建“情景-应对”型突发事件应对模型选择标准。

3. 基于多智能体技术的模型-数据链构建方法研究

模型-数据链的生成是通过与事件决策相关的多个模型采用相应的模型组合方法组合形成模型链，并与相应数据连接而成。首先基于对突发事件的过程和状态的分析，研究突发事件应急处置模型求解过程，对突发事件应急处置过程进行多阶段任务分解，如灾情模拟、风险分析、应急处置、损失评价、物资调配等任务，从而建立阶段任务序列、任务组合规则及任务约束条件。基于多目标优化算法，在阶段任务对应的模型群中根据事件信息、模型的信用值、阶段任务的约束条件选择出最适合该阶段任务的模型，构建阶段任务模型选择方法。以往的模型组合多为固定连接，导致模型链对实时应急处置能力较弱。“情景-应对”型突发事件应对需要动态的模型组合方式。引入多智能体技术，建立多个 Agent。例如，Agent-1 负责依据阶段任务序列、阶段任务约束条件等利用多目标优化的方法进行阶段任务模型选择，Agent-2 负责根据 Agent-1 选择的阶段任务模型，并与数据库进行连接，构建模型-数据链。这里考虑模型的并联、串联、串并联耦合等形式，并将实时反映突发事件信息和用户需求进行动态组合，最终构建动态模型-数据组合和模型-数据链生成方法。模型-数据链是将独立模型的输出数据作为下一个或多个独立模型输入数据。这里的输入数据不仅只使用上一个模型的输出数据，还同时利用实时监测数据，减少模型运算带来的误差。

4. 网络分布式模型-数据驱动的应急决策智能化模型库设计方法研究

这里重点研究应急决策智能化模型库中模型-数据链的生成和运行，对于模型的删减和增加、模型库的管理和维护等内容不进行具体研究。模型库一般包括信息系统、模型组合及运行系统、运行记录库、模型数据库和空间数据库（地理信息系统）五个部分，基于模型-数据链进行模型库系统架构设计，系统可以以模型-数据为驱动，根据规则和知识以正向推理的方式完成事件推理，完成突发事件应急决策，也可以以案例为驱动、以反向推理的方式测试规则和假设是否合理。建立基于网络分布式模型-数据驱动的模型-数据链生成和运行方法及在线协同推演方法。不同阶段任务的 Agent-1 依据信息系统提供的阶段任务序列、阶段任务约束条件和可信概率等利用多目标优化的方法进行阶段任务模型选择，系统中的 Agent-2 根据 Agent-1 选择的阶段任务模型、将适合整个突发事件任务的模型组合成模型链，并与数据库进行连接，利用实时监测数据，构建模型-数据链。在模型-数据链生成后，选取合适的数据转换器，完成在模型运算时数据在模型-数据链中的传输，从而完成模型-数据链中所有模型的运算，实现异地模型的在线协同推演，得到模型决策结果。充分利用地理信息系统的二维、三维可视化技术，研究事件数据和模型结果的可视化表达方法，研究模型库与地理信息系统的集成方法；单一灾害以三峡区域的洪水灾害为例，复合灾害以地震-干旱-暴雨-

泥石流事件链为例，构建动态模型-数据链，验证模型库的实际性能，并实施动态反馈，对模型-数据链生成方法进行改进与优化。模型管理相关的研究内容及其技术路线详情如图 2.10 所示。

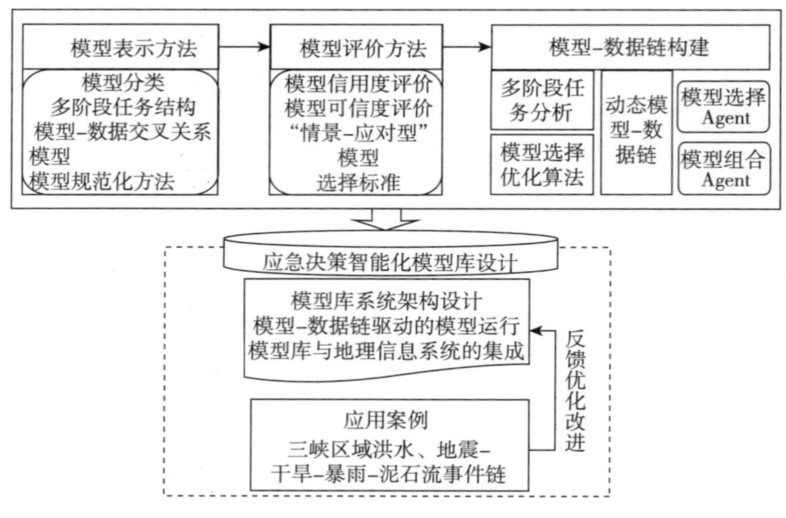

图 2.10　模型库构建技术路线图

2.3.4　个体和群体在紧急状态下的心理反应与行为规律研究

结合文献分析、定性研究和实验研究，并结合准实验室研究或模拟研究，以及纵向追踪研究。考虑到是集成平台类课题，计划以文献分析、定性研究为基础，着重文献的搜集、整理、分析与研究，总结、提炼个体和群体在紧急状态下的心理反应与行为规律、神经机理。同时，针对具体类型的突发事件或模拟事件，进行实验室研究或模拟研究、纵向追踪研究，验证或拓展定性分析的结果，建立心理与行为反应。而实验室研究也是社会科学重要的研究方法，能进行类似的因果推论。实验研究主要使用脑功能成像技术，如功能磁共振技术、事件相关电位技术，并结合心理学的实验设计，记录在模拟突发事件中大脑的电神经活动和血氧变化，比较这些神经活动指标在模拟突发事件后不同时间过程中的变化，并研究这些神经活动与主观感受之间的相关性。追踪研究是事后对经历突发事件中的部分个体进行追踪调查，收集心理与行为反应数据，而后采用统计分析方法对数据进行处理与分析，建立数学模型。

技术路线及实验方案，具体如下。

(1)文献分析与知识集成。突发事件相关的个体生理反应已经有较多的研究，通过分析这些文献，我们可以把不同研究获得的结论系统化，建立突发事件中个体生理反应的知识体系，作为突发事件应对决策的参考依据。初步理清个体和群体在突发事件中的认知、态度、情绪反应、行为反应之间的动态变化过程，以及它们之间的相互作用，初步建立相关知识的认知模型。

(2)功能磁共振技术研究将结合认知心理学和实验社会心理学的方法，通过比较对照条件(非突发事件条件)和实验条件(模拟突发事件条件)下对情绪刺激的反应，以及对选择反应任务的决策，从而确定突发事件中特定的情绪反应机制和反应决策机制。

(3)事件相关电位技术研究。事件相关电位技术的特点在于准确地确定心理活动的时间过程(可以准确到毫秒级)，通过该技术，我们将准确地测量大脑在突发事件后不同时间阶段的参与情绪反应、共情反应及决策中的活动过程，为理解突发事件中特殊的心理活动的神经机制提供认知神经科学依据，并建立相关的心理机制模型。

(4)通过收集与整理、修订与开发，建构所需心理与行为变量测量的标准化测量工具。

(5)利用以上的结果资料，对已发生过的突发事件进行对照性分析，验证所总结规律的有效性与可行性，就某一具体类型的突发事件或模拟事件，进行准实验室研究或模拟研究，以建立个体心理与行为演化的数学模型。

(6)对灾区进行实地考察，从各个方面评估灾难的特点(如主要经济指标、人际网络密度、治安情况、当地教育水平、政府在突发事件应对上可调配的资源等)，并采用结构化问卷对灾难发生地直接受害者进行调查，调查内容包括基本人口统计学因素和灾难后的认知评价、情绪反应和行为倾向等。

(7)对于灾难救助的领导或领导团体进行个体访谈和结构性问卷调查，包括对于灾难的知觉和采取的具体措施，以及人口统计学变量。

(8)对重大研究计划心理行为方面的相关项目的研究进展进行集成研究，与本书的研究融合，并在项目研发的开放式集成平台上实现基于地理信息系统的动态心理态势图及相关分析。

2.3.5　面向“情景-应对”型决策、与国家应急平台体系相融合的应急管理开放式集成研究平台设计与构建

面向“情景-应对”型决策、与国家应急平台体系相融合的应急管理开放式集成研究平台将采用网络集成-计算集成-应用系统集成三层交互式的立体架构，网络共享集成依托教育网开展，计算共享集成采用云技术理念开展，应用系统集成依托国家应急平台体系原型系统开展。

1. 网络共享集成

本书将基于教育网架构应急管理网络共享与集成平台。通过网络集成门户，

各类型用户(研究人员和应急管理人员)可以通过该平台上传模型、知识、案例、数据等，寻找与自己当前课题研究中类似的模型、知识、案例、数据等资源，并在时空域上拓展网络平台的资源。

实现集成平台上所有模型、知识、案例、数据等在领域知识和时空范围上的定位和唯一性标记，方便查询、调用和缺失资源的补充，从而为实际的突发事件应急提供有效支持。

发生突发事件时，平台可以立即进入应急状态，定向追踪相关资源和相关研究人员，呼叫和征集与应急决策“对接”的资源(模型、知识、案例、数据等)，并基于集成平台提供的广域网络协作不断对突发事件的灾情演化-决策效果-心理态势进行综合分析和辅助决策支持。

2. 计算共享集成

基于清华大学正在研发的“清华云”云技术实验环境，在其上搭载本书的计算共享集成。

(1)从网络节点的配置和控制入手，将突发事件应急平台部署在云基础设施上，实现资源的虚拟化和弹性伸缩。

(2)采用分布式存储和分布式计算技术，实现对海量数据的分析处理，以满足突发事件应急管理中数据量大且实时性要求非常高的数据处理要求。

(3)利用构建的云计算网络集成平台提供在软件层面与相关项目双向交互的网络环境，提供相关基础研究成果的验证服务和为突发事件应急管理的基础研究提供共享平台。

基于云计算的共享集成由客户端、软件层、平台层和基础架构层四部分构成，如图 2.11 所示。

客户端是平台与用户的接口，用户可以通过浏览器或者移动设备来访问软件层提供的应急响应软件服务。

软件层是用户获取软件服务的途径。软件层主要提供突发事件应对各关键环节所需的分析、预测、评估等功能，以及开展相关研究所需的模拟计算和分析功能。其他研究项目的成果也可以作为软件服务集成到平台中供实际用户使用，从而使该平台成为相关研究成果的验证平台。

平台层主要将服务器平台或者开发环境作为服务，平台层主要包括身份认证、访问控制、数据挖掘和数据检索等功能服务。

基础架构层使组织或个人可以使用云计算技术来远程访问计算资源，这包括计算、存储及应用虚拟化技术所提供的相关功能。基础架构层主要提供基础设施和基础服务。由于云计算是一种分布式结构，所以需要处理节点之间的计算、存储服务、负载管理和备份等功能，基础服务主要是完成这些功能，并确保云的基础设施正常运转。

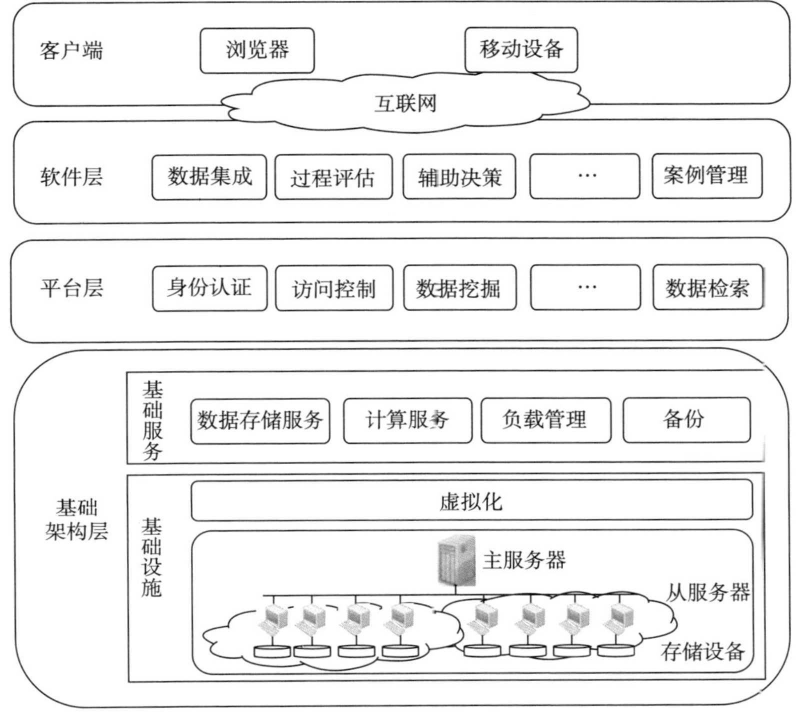

图 2.11　基于云技术的计算共享集成平台架构

3. 应用系统集成

在功能实现方面，系统集成考虑面向服务的开放式应急模型集成、基于本地集成的紧密集成模式、基于分布式系统的松散集成模式和面向分布式系统的开发研究平台构建。

在系统实现方面，系统整体基于云计算技术构建，为了满足应急领域多学科交织的复杂应用场景，将系统分为领域集成平台、应急业务服务、应急平台原型系统三部分。这三部分本质上都是一种云服务，但互相之间有比较紧密的、分层的关联关系。

应急领域集成平台是一个基础的应急云服务，它特别约定了集成平台中各种专项服务需要共同遵守的数据集成、业务逻辑交互规则和标准，提供了相应的应用开发接口(集成 API)。它提供将不同来源、不同形式的数据进行集成的能力；提供对这些整合数据进行分类检索、数据挖掘的能力；它也提供各种专项服务互相查找、定位和交互的能力。

专项应急业务服务主要有模型服务、案例服务、预案服务及心理指征和规律服务等。它们都是遵循了集成平台的规则、能够被集成和互相使用的业务服务组件。从某些角度来看，它们类似于应急业务中间件，但与中间件相比一个显著的不同是，它们除为上层应用程序提供各种专项数据和功能外，同时也直接面向最终用户，为这个专项的工作人员提供了辅助他们工作的功能和交互界面。随着应急领域技术研究的不断深入，我们可以根据需要在集成平台基础上增加和扩展更多、更丰富的专项应急业务服务。

应急平台原型系统利用应急集成平台查找、定位和引用相关的专项业务服务，综合运用专项服务的数据和功能，为突发应急事件提供风险隐患监测、预测预警、应急处置、指挥调度等综合功能。并且，还能够依照集成平台约定的数据集成、业务逻辑交互规则和标准将自身的功能发布出来供其他系统使用，或与其他系统(如省市级应急系统)集成。

开放式集成研究平台的总体架构如图 2.12 所示。

2.3.6　基于集成平台的突发事件情景推演与决策过程模拟仿真与集成应用示例

选择典型单一灾害和复合型灾害，在非常规突发事件发生、演化、发展、转化的情景中，集成应急管理的相关研究成果，实现对非常规突发事件演化过程的描述、灾情评估、多部门协同综合应对的情景推演与决策过程模拟仿真，实现各类要素并存且相互影响情况下的态势评估的综合集成。

单一灾害以三峡区域洪水灾害为对象，研究应急过程中各环节方法的衔接、配合与综合集成。针对各个环节，以及重大研究计划中可能集成的培育项目和重点支持项目，研究与实用应急平台系统的对接方法。具体体现在监测预警的环节，如应急准备与应急预案、信息备灾、数据挖掘、知识推理、实时态势评估、灾情预测分析、决策情景推演等；决策应对的环节，如资源调度与保障、救援力量部署、疏散转移策略、组织机制、决策模式、任务规划等。

复合型灾害以地震-干旱-暴雨-泥石流耦合灾害为源头的事件链为研究对象，针对重大研究计划中可能集成的培育项目和重点支持项目，重点研究相应的预测预警、网络舆情、风险认知、紧急疏散、心理行为等方面的问题，进而研究与实用应急平台系统的对接方法。

针对单一灾害与复合型灾害的研究成果集成应用示例如图 2.13 所示。

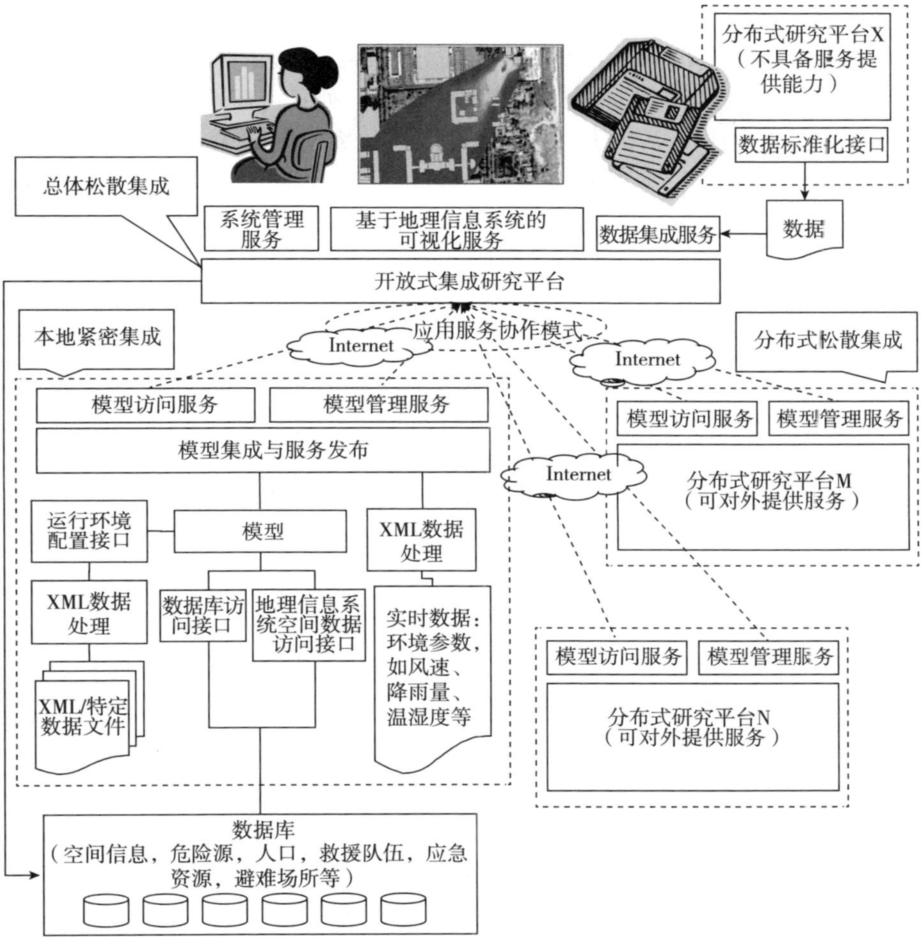

分布式研究平台X
（不具备服务提供能力）
数据标准化接口
总体松散集成
数据
系统管理服务
基于地理信息系统的可视化服务
数据集成服务
开放式集成研究平台
本地紧密集成
Internet
应用服务协作模式
Internet
分布式松散集成
模型访问服务
模型管理服务
模型集成与服务发布
运行环境配置接口
模型
XML数据处理
XML数据处理
数据库访问接口
地理信息系统空间数据访问接口
实时数据：环境参数，如风速、降雨量、温湿度等
XML/特定数据文件
模型访问服务
模型管理服务
Internet
分布式研究平台M
（可对外提供服务）
模型访问服务
模型管理服务
分布式研究平台N
（可对外提供服务）
数据库
（空间信息，危险源，人口，救援队伍，应急资源，避难场所等）

图 2.12　开放式集成研究平台总体架构图

应急准备与应急预案
信息备灾
数据挖掘
知识推理
实时态势评估
实情预测分析
决策情景推演
监测预警
突发事件
决策应对
资源调度与保障
救援力量部署
疏散转移策略
组织机制
决策模式
任务规划
地震-干旱-暴雨-泥石流
网络舆情
风险认知
演化传播
紧急疏散
心理行为

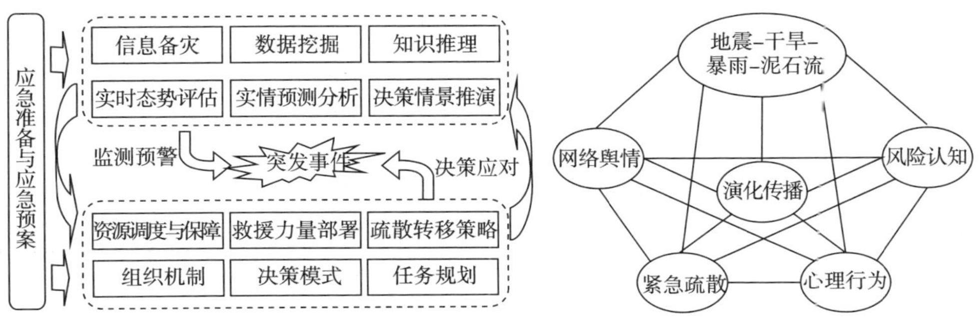

图 2.13　单一灾害与复合型灾害示意图

具体研究方案如下。

(1)基于 OWL DL(web ontology language-description logic，即网络本体语言描述逻辑)描述方法，建立基于“事件-演变规律-处置目标-处置措施”的突发事件本体知识描述方法，基于“层次-因果-时序”的突发事件关系本体知识描述方法，以及基于“环境-组织-事件-决策-指挥-执行”的灾害情景本体知识描述方法，设计分布式知识库检索、更新和存储方案。同时，针对复合型灾害情景构建，提出基于“事件关系搜索和匹配”的复合型灾害综合应对情景叠加、约减和检验方法。在此基础上，提出基于 DORRSW(domain ontology representation and reasoning for the semantic web，即面向语义网的领域本体表示和推理)语义推理的灾害情景逻辑和时序关系动态分析和自动生成方法。

(2)通过整理国内外有关洪水和地震等重大自然灾害应急管理相关法律、法规、应急预案、标准操作程序及处置案例的基础上，对应急响应过程所涉及的领域和背景进行分析，确定应急领域知识范围。建立“三峡区域洪水”灾害和“地震-干旱-暴雨-泥石流”灾害应急环境、组织机构、突发事件和应急业务流程领域知识模型和知识库。利用 Protégé 2000 模型对“三峡区域洪水”灾害和“地震-干旱-暴雨-泥石流”灾害情景要素进行建模，实现基于 RDF(resource description framework，即资源描述框架)或 OWL 格式的本体知识存储。

(3)对数据信息库、案例知识库、模型库、心理行为特征库涉及的数据结构、接口规范，以及存储模式进行分析，设计基于 OWL DL 的情景知识库的外部知识接口和转换方法。将简单时态网络(simple time net)、PERT(program/project evaluation and review technique，即计划评审技术)图与 HTN 集成，提出基于时态 HTN 规划的情景驱动方法。在此基础上，基于 JSHOP2(JSHOP2 是其 java 版本，SHOP2 是人工智能中关于任务分解与规划的系统)，提出情景推演的智能 Agent 推理方法和通信机制，并提出情景智能 Agent 软件设计方法和实现技术。

(4)基于集成平台开展目标规划与任务设计，定制工作流，实现服务的发现、匹配、计划、组合。基于数据信息、模型推演、案例推理、心理行为规律的综合分析，实现灾情-决策-心理态势的综合演化分析与过程仿真，并通过综合研判实施辅助决策。

基于情景推演的突发事件决策过程集成应用示例的总体技术框架如图 2.14 所示。

上述研究中通过网络集成、计算集成、应用系统集成三层次交互的集成平台实现对相关重点项目和培育项目的研究成果的集成，并通过单一灾害与复合型灾害的情景推演与决策过程模拟仿真体现跨学科、跨地域研究成果的集成升华。

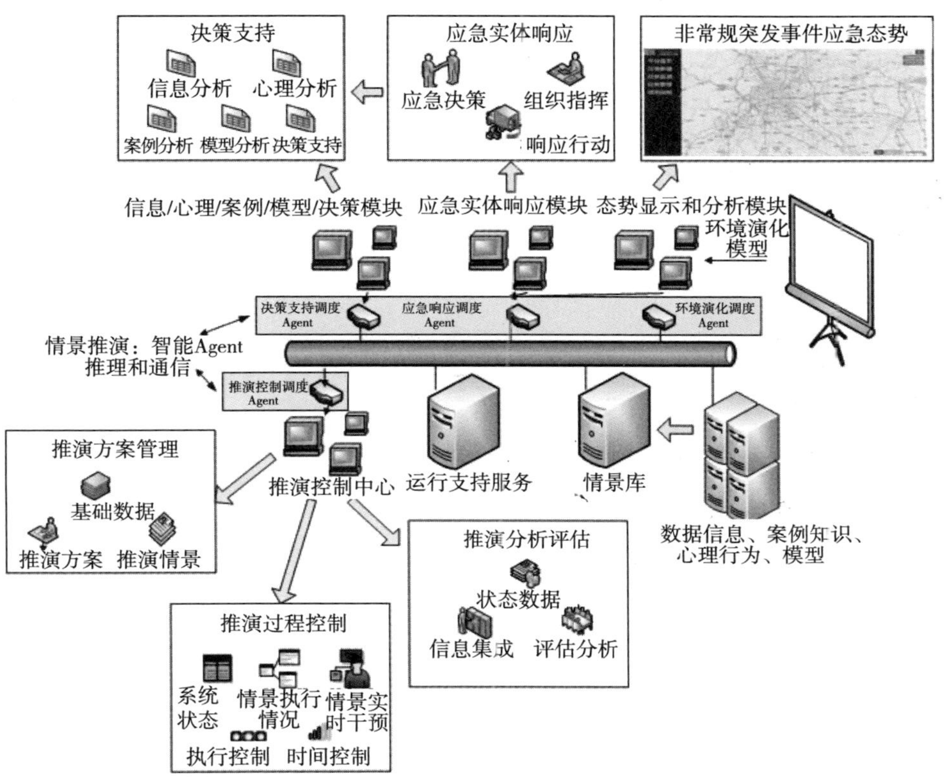

图 2.14　基于情景推演的应急决策

参考文献

[1] Smith E R. Chapter B. Social identity and social emotions: towards new conceptualizations of prejudice//Mackie D M, Hamilton D L. Affect Cognition & stereotyping. San Diego: Academic Press, 1993.

[2] Roseman I J. Cognitive determinants of emotions: a structural theory. Personality & social Psychology Review, 1984, 5: 11-36.

第2篇　方　法　篇

第3章

面向突发事件的应急数据集成与管理

3.1 引言

近年来，我国相继出现一些极端破坏性的灾害，如严重急性呼吸综合征(SARS)、雨雪冰冻灾害、汶川地震、大连海上溢油、禽流感等，已经引起政府管理部门和研究领域的普遍高度关注。从发生的灾害情况来看，这些灾害呈现出可预见性差、破坏性强、应对缺乏经验等特点，是应急管理实践和研究领域面临的共同挑战。

由于非常规突发事件应对的特殊困难性，其理论方法、组织机制、决策支持平台等各方面研究都很不足，深入研究非常规突发事件的演进过程，构建应急管理本体模型，提炼支撑应急管理所需的最小时空数据信息集，实现时空数据的集成与共享，可以为非常规突发事件应急管理提供有效的分析工具和决策支持。

随着万维网(world wide web，Web)的快速发展，Web信息已经成为全球信息传递与共享日益重要和极具潜力的资源[1]，而且这些资源的数量每天都在快速地增长，Web已经成为一个巨大的信息库，但是Web中信息资源的价值还远没有得到充分利用。如何有效地管理Web上的大量信息，以满足应急管理需要，成为学术界和产业界共同关注并致力解决的问题。

综上所述，面对突发事件，如何有效地进行应急数据集成与管理，为非常规突发事件的应急管理提供有效的分析工具和数据支持，具有重要的理论意义和实践价值。

3.2 应急数据管理系统整体框架

Web 数据管理的目的最终要靠构建有效的 Web 数据管理系统来实现。不管是构造面向学术领域的静态 Web 应用系统，还是面向招聘领域的动态 Web 应用系统，首先都需要将 Web 上分散的与所给主题相关的信息抽取并集成起来，并对这些信息进行有效地存储和索引，从而为用户提供更加有效地信息服务。

应急数据管理系统所示的体系结构包括三个部分，即数据源层、数据处理层和应用层。

(1)数据源层。突发事件应急管理中的数据集成需要有效管理来自相关部门、互联网及现场采集等多源数据，本书研究将突发事件中需集成的数据源分为三个大类，即突发事件应急管理相关行业和部门业务系统中的数据源、互联网中与突发事件相关的网页数据源、突发事件现场数据。

第一，突发事件应急管理相关行业和部门业务系统中的数据源。由于行业、部门具有定义良好的数据标准及业务规程，数据以结构化和半结构化组织为主，并且可向集成平台提供数据获取的标准接口。

第二，互联网中与突发事件相关的网页数据源。在应急管理场景下，当突发事件出现时，互联网中关于事件的新闻报道、论坛帖子、博客文章、搜索引擎记录等数据对全面客观了解突发事件的最新情况、事件消息的传播机制、事件对网络舆情的影响及受众心理分析都具有不可或缺的作用。但互联网信息以半结构化和非结构化信息为主，给突发事件应急管理中的数据管理带来了更多的挑战。

第三，突发事件现场数据。在突发事件应急处置过程中，事件现场的数据对掌握事件最新动态进行正确决策具有关键性作用，因此在现场的事件处置人员实时采集现场图片、声音、视频等数据，这些数据以非结构化、多模态的组织形式为主，并且具有相应的采集标准。集成平台需要将现场数据与行业、部门的数据以及互联网的数据整合为一体，为事件决策提供技术支撑。

这三类数据中，互联网中与突发事件相关的网页数据源类型众多，包括数据库、网页、邮件、文档、手机应用软件等，是数据集成的关键技术和核心内容。

(2)数据处理层。这一层是数据管理系统的核心，包括数据抽取、数据集成、实体及关联关系的存储三项关键技术[2~6]。对于浅层网络中的网页，需要利用数据抽取技术，从这些网页中识别出实体及其关联信息；对于深层网络中的信息，需要利用深层网络信息集成技术[7~10]将隐含在各数据库中的同类信息集成在一起，并形成统一的模式。在此基础上，通过聚合和关联技术，自动识别出 Web 实体之间的各种关系，并对这些实体及其关联关系进行存储。针对 Web 数据的动态可变性，系统支持关联关系的演化，如删除、更新等。同时由于数据抽取技术的局限性和Web数据自身的不确定性，系统需要对抽取出的实体及其关联关系进行清洗和处理，最终形成一个高质量的关联数据库。

(3)应用层。基于数据处理层获得的实体及其关联数据库，可以根据需要构建各种应用，以满足人们使用Web数据的需要，为人们提供各类高质量、便捷的服务，并有效提高Web的应用开发效率、降低维护成本。

根据上述分析可以看出，Web数据管理系统涉及了数据抽取及数据集成等方面的关键技术。下面将介绍这些技术及此体系结构所构建的静态集成案例与动态集成案例。

3.3 数据抽取方法

众所周知，以HTML页面为主要形式存在的Web服务，是互联网上最流行、使用最广泛的服务形式。因为基于HTML语言所编写的页面具有简单、容易传输、标准开放、查看与编写工具广泛存在等一系列特点，所以互联网上的数据主要以HTML页面的形式存储和传播。因此，如何利用存在于Web上的数据，很大程度上就是如何利用嵌入在HTML页面形式中的数据的问题；而利用存在于HTML页面中的数据，首先要通过一定的技术将它们抽取出来，即本书所关注的Web数据抽取问题。

通常来说，从一个特定文档中抽取部分数据，是一个语义相关的问题。只有在了解文本的语义信息之后，才可能从文档中将需要的数据剥离出来(文本的语义识别本身即是一个复杂的研究问题)。然而，因为HTML页面是一种半结构化的数据，即HTML页面实际上同时包含了文本信息和结构信息，所以对Web数据抽取问题而言，可以寻找一些不依赖于语义分析的方法。近年来的研究也表明，这种主要不依赖于语义分析的Web数据抽取方法是切实可行的。

Web数据抽取的需求在20世纪90年代就已经存在了。一方面，Web上大量存在的数据驱动人们去探索利用它们的方法，在实践了多种耗时费力的人工方法之后，编写Web数据抽取程序的程序员迫切需要系统化的指导。另一方面，发展信息检索技术同样也需要解决Web数据抽取问题。Web搜索引擎(如Google、Yahoo、百度等)在应用了链接分析的技术之后，希望能在更加细的粒度上进一步提升索引结果，产生了将页面中的结构化内容抽取出来再进行索引的需求。

综上所述，主要面向HTML页面的Web数据抽取，具有非常实际的应用价值，需求上也十分紧迫。

3.3.1　数据分类

Web页面从结构上呈现多种形式，按照页面承载内容的不同主要可分为数据型页面(页面展示的是带有属性标签和数据值的信息，如产品价格页面等)和文档性页面(页面展示的是文本型信息，如新闻网站等)；同时按照页面内数据组织形式的不同可分为单记录页面(页面内只出现一条记录结构的数据)和多记录页面(同结构的记录在页面内重复排列出现)。两者组合起来共有四种页面类型，即多记录数据型页面、单记录数据型页面、多记录文档型页面与单记录文档型页面。图3.1给出了四种页面的例子。下面逐一给出它们的定义，然后通过例子做进一步说明。

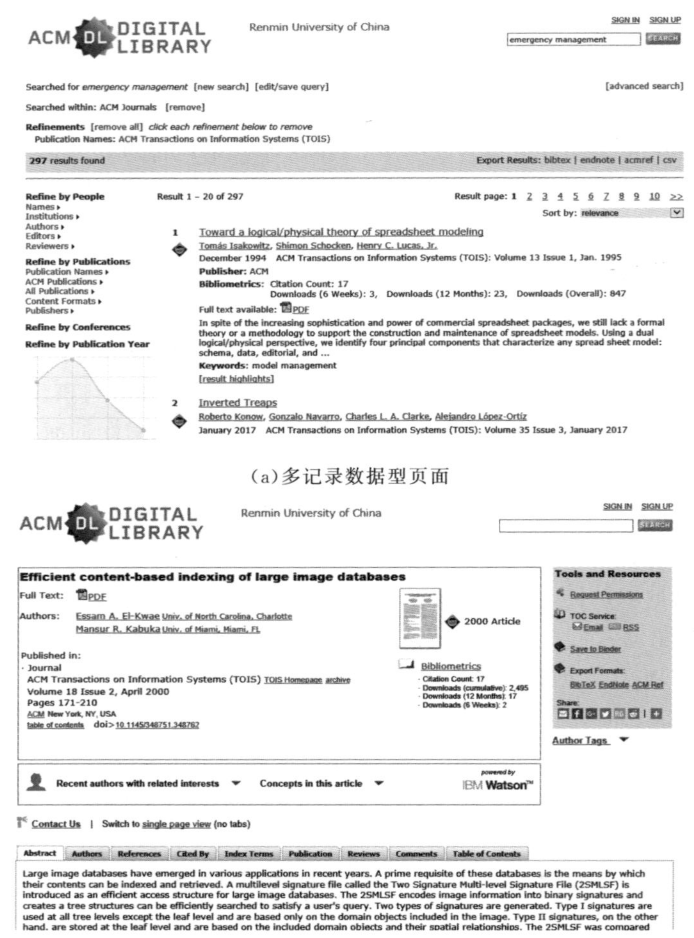

(a)多记录数据型页面

(b)单记录数据型页面

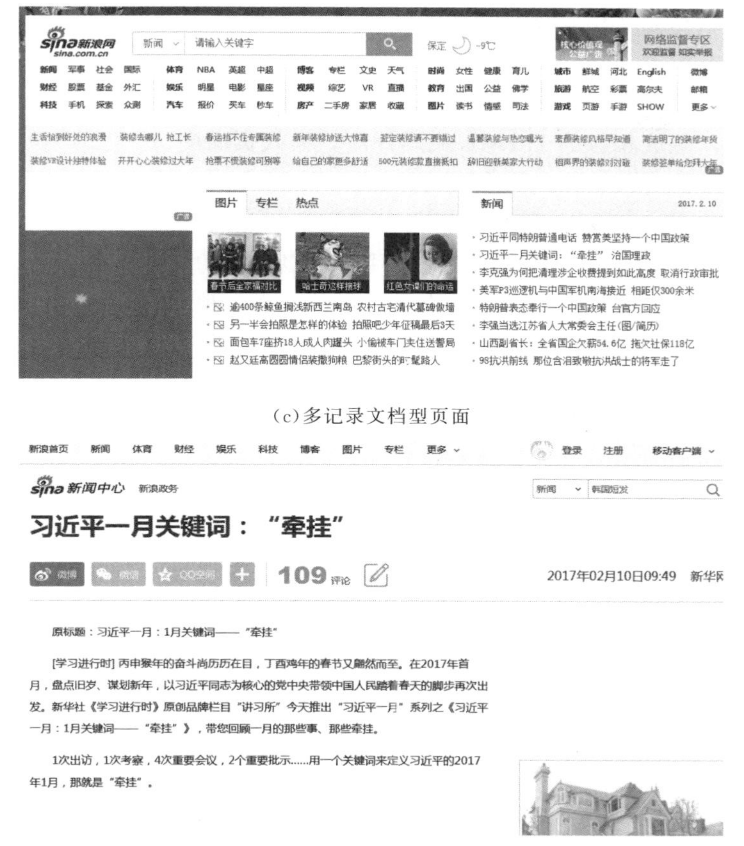

(c)多记录文档型页面

(d)单记录文档型页面

图 3.1　不同类型 Web 页面示例

定义 3.1　(数据型页面)页面中嵌入了一个或多个结构化的数据记录，这些数据记录一般存储于 Web 服务后台的关系数据库中，数据记录按照一定的格式规范和属性次序被嵌入在页面中，部分属性名称出现在页面中。

例 3.1　在图 3.1(a)和图 3.1(b)给出的例子中，属性所遵循的格式规范显而易见，如一定的连接词("by""from"等)，或者一定的字体样式(加粗、倾斜等)，它们的目的是使数据记录更具有易读性。图 3.1(a)中，数据记录总是以书名、作者相同的顺序列出所有的属性值。图 3.1(b)中，出现了"Author""Publisher"这样的属性名称，它们实际上是数据库中存储的数据记录的元数据信息。

定义 3.2　(文档型页面)这类页面嵌入的是半结构化的文档内容或文档标题，这些信息通常存储于 Web 应用后台的文档数据库中。相对于结构化的数据，半结构化文档更加复杂，但在嵌入页面中时却仍要遵循一定的格式约束，按照一定的格式规范和一定的排列顺序嵌入页面中。

尽管半结构化文档并没有严格的模式约束和属性定义，然而为了提高文档的易读性，具有需要与结构化数据类似的特征。简单地讲，这是生成页面的网站后台程序造成的。后台程序在生成页面时，总是按照一定的排列顺序，如标题、时间、内容等，生成相应的 HTML 代码片断，插入页面中。

例 3.2　图 3.1(c)中的新闻标题列表按照列表的格式，以超链接的格式出现，图 3.1(d)中，新闻内容被包围在页面导航与相关链接之间。一定的格式规范，不仅是为了便于自动生成，也是使用户可以辨认的必要条件。

数据型页面和文档型页面都是由预定义的页面模板动态生成的，页面模板的差异使它们表现出各自不同的特征，但都可以进一步划分为单记录页面和多记录页面两种。

定义 3.3　(单记录页面)页面中只嵌入唯一的记录，通常该记录存储于 Web 应用后台的数据库中，并对应现实世界的一个实体，在页面中占据一个独立且相对重要的区域位置，按照某种格式和次序来展现实体的全部或部分的属性信息。

定义 3.4　(多记录页面)页面中嵌入数量不等的、由相同模板生成的记录，记录之间按照单列或多列的布局整齐排列。多记录页面的记录与单记录页面中的记录类似，但包含的信息更加概要，一般是作为单记录页面的入口。

单记录页面和多记录页面的差别是由它们的页面模板决定的。单记录页面的模板中，嵌入记录的区域大小取决于单个记录的大小，因此是相对固定的，Web 应用在生成页面时，只需要在相应的语义位置填写数据即可，但模板中记录的边界和完整的语义结构通常无法仅凭一个页面就能够推测出来。多记录页面的模板中，嵌入记录的区域大小除了取决于记录的大小，还取决于记录的数量，Web 应用在生成页面时，需要根据模板循环生成每一个记录，并按照一定的次序对这些记录进行排列，记录之间的比较，使识别记录的边界和记录内部的完整的语义结构成为可能。

例 3.3　如图 3.1(b)和图 3.1(d)给出的例子，页面分别为数据型的单记录页面和文档型的单记录页面。图 3.1(b)页面中嵌入的是一篇学术论文的记录，包含了这篇论文的标题、来源、作者等相关属性；图 3.1(d)页面中嵌入的是一篇新闻的记录，包含了这篇新闻的标题、正文等相关属性。这两个记录并不能保证覆盖论文和新闻所有的属性，因此无法推导出生成它们的完整模板，这就需要多个相同模板的页面才能完成。

例 3.4　如图 3.1(a)和图 3.1(c)给出的例子，页面分别为数据型的多记录页面和文档型的多记录页面。图 3.1(a)页面中嵌入的是多个商品的记录，每个记录包含了商品相关的属性；图 3.1(c)页面中嵌入的是多个新闻链接的记录，每个记录包含了这篇新闻的标题属性。这两个页面中，单独观察每个记录可能无法推导出完整的模板，但将多个记录比较就可以使模板的推导成为可能。

3.3.2　Web 数据抽取定义

Web 数据抽取是指从页面中将用户感兴趣的数据利用程序自动抽取到本地的过程。为了保证抽取的准确性，必须要能够识别页面模板。页面模板由一定的格式规范、一定的属性/排列顺序，以及一些共同的页面内容(属性名称)构成。具体定义如下。

定义 3.5　(页面模板)页面模板 $T=\langle C, L, S\rangle$是不完全的页面，它是相似页面之间不变的部分，按照结构化数据生成供用户浏览的页面。它包含了一些共同的页面内容 C、严格定义的格式 L 和既定的页面数据模式 S。

按照定义 3.5，通常所能观察到的共同的页面内容 C 包含了导航、版权声明、固定页面修饰等这些不变的内容；严格定义的格式 L 包含了页面数据的格式规范；既定的页面数据模式 S 则是能够从页面数据中观察到的模式。

有了页面模板的定义，便可以在由模板生成的页面上定义什么是 Web 数据抽取。

定义 3.6　(Web 数据抽取)给定页面集合 $W=\{w_i\}$，它通过页面模板 T 生成，包含数据 $D=\{d_i\}$，即 $W=\{w_i \mid w_i=T(d_i)\}$，Web 数据抽取问题则可以定义为通过一定的技术手段，从 W 中逆向推导出 T，还原数据 D。

从定义 3.6 中可以知道，Web 数据抽取被定义为其逆过程，即反向获取页面中数据的过程。解决该问题的关键在于逆向推导页面模板，即找到大量页面中的共同部分、格式约定和页面数据模式。

需要注意的是，这里存在一个假设前提，即假设所指的页面集合 W 已经是通过同一页面模板所生成的页面集合。通常来说，要保证这个假设成立还需要做一些额外的处理，因为机器从页面本身难以判断它们是否遵循着同样的模板。通常来说，这个额外过程表现为页面聚类或者记录边界测定问题。

3.3.3　Web 数据抽取方法

Web 数据抽取的目的是获得页面中的数据，需要借助一个或多个页面逆向推导出页面模板。在人们研究 Web 数据抽取的过程中，从自动化程度来区分，形成了人工抽取、半自动抽取和自动抽取的三种解决途径[11,12]。

首先，人工抽取。这种途径通过程序员人工分析出页面模板，借助一定的编程语言(如 Java、Perl 这样的适合处理 HTML 文件的程序编写语言)，来针对具体的问题生成具体的包装器。人工抽取的解决途径容易采纳，在具体问题上可以取得满意的结果。然而其一个问题一个解决方案的特性决定了这种途径只适合小规模的、即时的数据抽取，并不适合大规模的、持续性的数据抽取。因此随着应用的发展，人工抽取方面的研究已经被半自动抽取和自动抽取取代。

其次，半自动抽取。在半自动抽取中，由计算机应用页面模板抽取数据生成具体包装器，而页面模板的分析仍需要人工参与。一般来说，典型的半自动抽取手段，如SG-Wrap，会设计一个描述页面模板的概念模型和一套用来描述抽取意图的规则语言，用户通过一定的辅助工具利用该概念模型分析页面推导出页面模板，并使用规则语言表明其抽取意图。计算机系统根据用户描述的页面模板和抽取意图，生成包装器，完成抽取任务。这种途径相比手工包装而言更加系统化，半自动抽取的方式也能大大减少工作量，因而出现了不少的研究成果，是早期研究 Web 抽取问题的热点。

最后，自动抽取。相比于半自动抽取，自动抽取中页面模板的分析部分也交给了计算机进行，其目的是实现仅仅需要很少的人工参与(如检查结果进行校准)或者完全不需要人工参与，因而更加适合大规模、系统化、持续性的 Web 数据抽取。自动抽取的工作中，页面模板的分析通过序列匹配、树匹配或者利用可视化信息来完成，并且直接给出抽取的结果。自动抽取是当前 Web 数据抽取研究和应用的主流。

3.3.4　Web 数据抽取评价标准

评估 Web 数据抽取方法的性能或者优劣，一般从以下几个方面进行。

(1)准确率(precision)也称查准率。其是指抽取到的正确结果与抽取到的全部结果的比。准确率是用来衡量一项抽取技术抽取出的数据是否符合预期的指标。

(2)召回率 (recall)也称查全率。其是指抽取到的正确结果与要抽取页面的全部结果的比。召回率是用来衡量一项抽取技术能否将所有要抽取出的数据都抽取出来的指标。

(3)抽取自动化程度。这项标准用来衡量用户在抽取过程中的参与程度，分为手工抽取、半自动抽取和自动抽取三类。当前，自动抽取的方法已经逐步取代了手工抽取和半自动抽取的方法。不过，通常而言，这些抽取方法仍然需要用户提供一些样本页面或者是训练集。完全不用人工参与的抽取技术用在特定领域的特定数据源中。

(4)弹性。其是指在页面的内容和结构发生较小变化的情况下，该抽取方法或工具具有自适应的能力，仍然能够继续正常工作。

(5)适应性。其是指某项抽取技术不仅仅是针对某一特定领域的数据抽取，而是能够普遍适用于各个领域，这对高度动态化的 Web 而言，显得尤为重要。

本小节对 Web 数据抽取技术做了一个基本的介绍。Web 页面分类和结构特点是数据抽取的基础，不同的页面结构需要有不同的抽取对策，这将会在第 4 章中进行介绍。Web 数据抽取方法一般分为手工抽取、半自动抽取和自动抽取三种，后面介绍的抽取方法都是当前在研究和应用中人们所关注的半自动抽取和自动抽取方法。

3.4 数据集成方法

如3.2节所述，Web中包含成百上千的数据，基于Web数据访问形式不同，Web分为浅层网络(surface Web)和深层网络(deep Web)[13]。

深层网络无论在信息的总量上还是质量上都要远远超过浅层网络。对于深层网络，由于信息存储在Web数据库中，且隐藏在Web数据库提供的查询接口后面，因而对只能爬取静态页面的传统搜索引擎而言，其已无能为力。本节将主要针对深层网络中结构化数据，给出深层网络数据集成的一般框架，并对其中的若干关键问题展开讨论。

3.4.1 集成框架

定义3.7 Web数据库(以下简称Web DB)是指在互联网中以Web查询接口方式访问的数据库，后台采用数据库管理系统存储数据信息，对外提供包含表单的Web页面作为访问接口，查询结果以包含数据列表的Web页面形式返回给用户。

深层网络的信息主要来自通过填写表单形成对后台在线数据库的查询而得到的动态页面，即Web数据库中的信息。虽然整个深层网络中包含了大量用户所需的各类信息，但要想以手工抽取的方式对其加以有效的利用却是一件非常困难的事情，而对深层网络数据的集成正是为了以尽可能自动抽取的方式来完成对深层网络信息的有效利用[13~16]。

深层网络数据集成的框架[1]如图3.2所示，该框架分为查询接口集成模块(interface integration module)、查询处理模块(query process module)和查询结果处理模块(result process module)三个主要模块。每个模块又分为若干子模块，对应着具体的研究问题并分别完成特定的功能。

(1)查询接口集成模块。为用户提供一个统一的查询接口，使之可以同时向多个同一领域内Web数据库的查询接口提交查询，即达到同时访问属于同一领域的多个Web数据库的目的。该部分共有四个主要的子模块，即Web数据库发现、接口模式匹配、Web数据库聚类、接口集成。

(2)查询处理模块。将用户在集成的查询接口上填写的查询转化到对各个Web数据库本地查询接口的查询。该部分包含三个子模块，即Web数据库的选择、查询转换和查询提交。

(3)查询结果处理模块。将各个Web数据库返回的查询结果抽取并合并到一个统一的结构化的模式下。该部分包括结果的抽取、结果的注释和结果的合并。

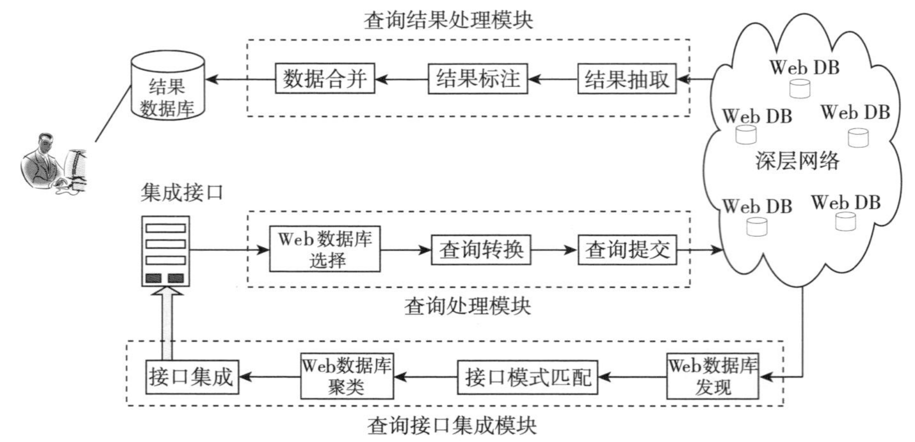

图 3.2　深层网络数据集成框架

下面将依据深层网络数据集成框架对其中的关键问题和主要的解决方法进行介绍。

3.4.2　集成查询接口的生成

为了能够同时访问多个 Web 数据库中的数据，在深层网络数据集成系统中必须要为用户提供一个统一的访问途径。Web 数据库提供了特定的查询接口，需要把每个 Web 数据库的查询接口进行集成并得到一个统一的接口，该接口称为集成接口。在集成接口上提交查询，就达到了同时在多个 Web 数据库的查询接口提交查询的目的。集成接口的生成过程包括：①发现 Web 数据库查询接口；②对查询接口进行解析，获取模式信息；③对 Web 数据库按不同的领域分类；④把属于同一个领域的查询接口集成为一个统一的查询接口。

1. Web 数据库的发现

Web 数据库的发现是指在 Web 中发现可访问的 Web 数据库，完成这个功能主要分为找到 Web 数据库所在的网站、从中发现能够对 Web 数据库查询的查询接口两个步骤。

第一步是找到 Web 数据库所在的网站。目前找到 Web 数据库所在的网站途经有以下三种。

(1) 从 completeplanet. com 和 invisible-web. net 这样的网站中获取，虽然不能找到所有的 Web 数据库，但这些 Web 数据库都已经按领域做了分类，对于小规模的集成仍然是一个有效的方案。

(2) 遍历 Web 中所有 IP，这种方案在理论上可以把所有的 Web 数据库完整地找出来，但在 2015 年大约有 22.3 亿个有效的 IP，逐个遍历显然代价过高，因此只能作为一种研究统计手段，如估计整个深层网络的规模、Web 数据库在各个领域上的比例分布等。

（3）利用搜索引擎进行搜索，虽然搜索引擎不能获取 Web 数据库中的内容，但可以用来找到 Web 数据库的所在网站，因为 Web 数据库的查询接口通常存在于静态页面上。由于必须向搜索引擎提交关键字才能查询，因此这种方案可以用于某个领域的 Web 数据库的发现，更加具有实际应用意义。其关键在于如何向搜索引擎提交有效的关键字，使含有 Web 数据库的网站尽可能多地出现在查询结果中，并使其排名尽量靠前。

第二步是从网站中找到可以向 Web 数据库提交查询的查询接口。由于查询接口和搜索引擎、元搜索引擎及用户注册等都是以 HTML 语言的 Form 标签表示，因此有两个问题需要解决：首先通常一个网站包含上千甚至更多的页面，遍历所有页面才能找出结果，显然代价太大；其次需要从所有表单中将查询接口准确地区分出来。一个巧妙的办法是，从网站的主页开始以宽度优先遍历所形成的树，查询接口在这棵树中的深度不会超过 5，这样搜索空间就会大大减小。而对于第二个问题可以基于查询接口的特征，利用分类算法得到一棵决策树，利用决策树实现对查询接口的识别。

2. 查询接口模式的抽取

查询接口的模式是一组领域相关的属性集合，通过对其中若干属性的赋值形成一个对该查询接口所代表 Web 数据库的查询。对查询接口模式的抽取可以获得一个查询接口的查询能力。查询接口的模式可以被看做建立在对应 Web 数据库上的一个视图。对查询接口模式的抽取是指对查询接口属性的获取与分析。对查询接口模式抽取的主要目的是下一步的 Web 数据库分类和查询接口集成，其关键是把查询接口所包含的各个属性准确地抽取出来。

完成属性抽取后，需要把查询接口形式化地表现出来，以便为下一步的工作介绍模型化的解决方案。查询接口形式化地表达方式与应用目的相关，如果是为了对 Web 数据库分类，则关注的是查询接口的整体信息，即可以查询哪个域的信息；如果是为了查询接口集成，则是关注查询接口内各个属性的细节信息，即找到不同查询接口之间属性的最佳的匹配关系。最直观的方法是将查询接口看做一个属性的集合。可以看出，包含查询接口所有有关的细节信息，可以为下一步 Web 数据库的分类和查询接口的集成提供足够的模式信息。

3. Web 数据库的分类

为了有效地利用这些 Web 数据库中的信息，需要将其按领域进行分类。手工抽取来完成对所有 Web 数据库的分类是个庞大而费时的工程，因此需要以尽可能自动抽取的方式来完成对 Web 数据库的分类。对 Web 数据库按领域进行分类才有实际的应用意义，因此目前所介绍的分类方法也都是基于领域的。在查询接口上提交查询是获取 Web 数据库信息的主要途径，对 Web 数据库的分类实质上是对查询接口的分类。

Web 数据库的分类方法共分为非指导方式和指导方式两种。非指导方式[3]主要是利用 Web 数据库的查询接口所在的页面上可用的特征信息，包括接口中出现的频繁词等特征。指导方式[4]将查询接口的模式信息作为对 Web 数据库分类的依据。基于这样的统计结论，建立概率模型来表示所有可能出现的属性在每个领域中出现的可能性。对于一个给定的查询接口，考察其属性集合在这个模型上计算出这个查询接口与每个领域的相似性。另外还有利用提交样本查询来实现分类的方法，从返回查询结果数量或返回文本的内容来分析一个 Web 数据库属于哪个领域。

4. 查询接口的集成

查询接口的集成是为了给用户提供一个对属于同一个领域的 Web 数据库统一的访问途径，而对 Web 数据库的访问方式主要是通过查询接口，因此对 Web 数据库集成重要的一步就是查询接口的集成。集成的查询接口合并了同一领域的查询接口集合中表示同一语义的属性，保留了一些查询接口中特定的属性，并尽可能地保持该领域查询接口的结构特征和属性的顺序性。如果把各个被集成的查询接口看做 Web 数据库的一个本地视图的话，那么集成的查询接口就是建立在这些本地视图之上的全局视图。

属性分析是查询接口集成最主要的途径。这种方式主要发掘给定查询接口的模式信息和语义信息，利用这些语义信息来识别不同查询接口上属性之间的匹配关系，在这些具体的查询接口之上获得一个集成的查询接口，达到同时访问多个 Web 数据库的目的。模式匹配与集成是实现这一方式及后面进行数据合并的一个关键技术，但主要是对已有技术的应用，所以不做过多叙述。目前对查询接口的集成主要是手工抽取的方式，这样虽然可以达到比较高的准确性，但是在大规模集成查询接口的情况下效率很难得到保证，因此需要以自动抽取的方式来完成这个集成的过程。过去对查询接口自动集成的实现方式上可分为两大类，一类属于局部方式，是基于给定的要进行集成的查询接口集合，分析属性的隐含信息，特别是语义信息，在它们之间做属性的匹配，得到一个新的全局接口，另一类属于整体方式，是基于某个确定的领域通过对这个领域范围内大量接口的处理，发现这个领域上一般的查询接口。

3.4.3　查询处理

当用户在集成查询接口上填写查询并提交查询时，其是为了同时得到从多个 Web 数据库中获取符合该查询的结果，并把这些异构的数据以统一的模式存储或展现，这就是对深层网络数据查询的处理。为了能达到这个目的，需要完成若干步骤。首先能够为用户选择合适的 Web 数据库，其次把查询近似等价地转化到在这些具体 Web 数据库查询接口上的查询，再次从返回的结果页面中抽取查询结果并添加语义注释，最后将这些结果合并在一起。下面对这些步骤做逐一介绍。

1. Web 数据库的选择

当完成对一个领域的查询接口的集成后，Web 数据库集成系统的用户在集成的查询接口上提交查询，这样从属于这个领域的 Web 数据库中获得所需的信息。在对 Web 数据库按领域进行分类后，每一个领域中 Web 数据库的数量仍然十分巨大。根据 Complete Planet 的统计，商业和教育这两个领域，就存在上千个 Web 数据库，而且 Complete Planet 只是发现了整个深层网络中大约 7% 的 Web 数据库，所以实际上这两个领域中所包含的 Web 数据库要远远大于 Complete Planet 所给出的统计数字。

当在集成的查询接口上对某一个领域进行查询时，如果只是简单地把集成接口上的查询转换为对该领域每个 Web 数据库的查询，还并不是一个可行的方案，主要原因有三方面：首先是由于一个领域中存在大量可访问的 Web 数据库，虽然在理论上来说可以获得足够丰富的查询结果，但随之而来的是，因访问大量的 Web 数据库造成的网络上的访问代价也是难以承受的；其次并不是每一个 Web 数据库都能够满足一个特定的查询，显然任何一个 Web 数据库不可能包含这个领域中的所有信息，因此也不可能满足这个领域的任意查询；最后是一个领域中大部分的 Web 数据库之间存在着冗余的信息，因此对一个查询而言，访问的 Web 数据库越多，返回信息的冗余度也会越大，使冗余信息的处理难度大大增加。因此，在 Web 数据库的选择这一步要达到的目标是从一个领域中大量的 Web 数据库选择出合适的部分[5]，使在满足一个特定查询的前提下尽可能地减少所访问的 Web 数据库的数量和使查询结果中冗余度足够小。

对于一个特定的查询，为了能够知道每个可访问的 Web 数据库对这个查询的满足程度，即每个可访问的 Web 数据库中符合该查询的信息量，要事先获取 Web 数据库的有用特征。由于 Web 数据库分为结构化和非结构化两类，结构化的 Web 数据库的特征是指其模式中各个属性上值的分布特征，而非结构化的 Web 数据库主要是指文本数据库，对文本数据库的查询主要使用信息检索的技术，其特征是指所存储的文档集合与相关的关键词的相似性关系，目前对 Web 数据库特征获取的唯一途径是通过对提交查询而得到的查询结果进行分析，非结构化的 Web 数据库主要关注一个特定查询返回结果的数量，而结构化的 Web 数据库除了返回结果的数量外，更主要的是关注各个属性上值的分布特征。

2. 查询转换

Web数据库的自治性，使用户的查询受限于其给定的查询接口的表达能力，这也造成了集成查询接口和Web数据库本地查询接口之间无法进行等价的查询转换，进而造成了所返回的查询结果包含不满足用户查询的记录。而查询转换的目的就是通过查询近似的转换将不满足的记录减少到最少，即用户所应得到查询结果的最小超集。

一种解决方案[6]是在属性、谓词和查询三个层次上实现查询的转换。在属性层次上的转换实质上是模式匹配，是指将两个查询接口上表示同一语义的两个属性进行匹配。在谓词层次上的转换是该工作的核心，是为了解决不同查询接口上同一语义属性由于属性值的差异所带来查询转换上的挑战。通过对Web数据库的查询接口进行观察统计，从中得到谓词模板之间的映射关系。由于任何属性都属于文本、数字或时间日期中的数据类型之一，因此它把所有的谓词模板的映射问题都遵循着数据类型的约束，这样就大大提高了映射的准确性。

3. 查询结果的处理

当用户在集成查询接口上填写并提交查询时，其是为了同时得到从多个Web数据库中获取符合该查询的结果，并把这些异构的数据以统一的模式存储或展现，这就是对深层网络数据查询的处理。为了能达到这个目的，需要完成若干步骤。首先能够为用户选择合适的Web数据库，其次把查询近似等价地转化到在这些具体Web数据库查询接口上的查询，再次从返回的结果页面中抽取查询结果并添加语义注释，最后将这些结果合并在一起。

通过包装器把查询结果从Web页面中抽取出来后，如果是以自动抽取的方式进行抽取获得的数据，因此需要在抽取的同时对这些抽取结果添加语义信息来对这些数据进行解释，这样才使抽取得到的信息变得有利用意义。语义Web(semantic Web)被认为是下一代的信息网络，语义Web的文档包含表达其发布内容的元数据，因此信息提供者可以定义和分享Web上计算机可处理的信息，使在Web中进行信息集成变得更加现实。但目前在Web中信息的发布仍然是以HTML页面为主，而且在未来相当一段时间内这种情况也不会有根本性的改变，所以这里主要是针对HTML页面中所抽取的结果进行语义注释。

通过页面发布的数据最终是为了被人们浏览并理解，因此页面中通常包含一些文本来对这些数据做语义的解释。基于这种观察，可以利用被抽取页面存在的与数据关联的语义信息来完成对抽取数据的注释。为了能够获得数据可能存在的语义信息，原型系统LABELLER认为数据与它的语义在浏览器中存在位置上的关系，并以此介绍若干启发式规则，其中利用了数据和语义的距离及它们之间的角度关系。这种方法可以达到82%的准确性。与LABELLER类似，原型系统

Arocena 和 Mendelzon[7]也是利用启发式规则在要抽取的页面中发现与数据匹配的语义，相对于 LABELLER，DeLa 还利用了查询接口的语义信息，这样就可以对结果页面的 title 数据做语义注释，另外 DeLa 还通过对数据格式的分析来判断数据的语义，如日期、电子邮箱信息等，其在实验中的准确性也在 80%左右。这种启发式规则的方法虽然可以把页面中存在对应关系的数据和语义匹配起来，但在实际当中有相当比例的数据不存在对应的语义，因此只能对数据做部分的语义注释，还无法从根本上解决对全部抽取结果进行语义注释的问题。

随着 Web 数据库数量和其蕴含数据量飞速的增长，对 Web 数据库的集成越来越成为研究领域关注的问题，目前人们已经在这个方面做了大量的工作，本章对最近几年来国际上在该领域的主要研究成果进行了回顾与总结，综述了 Web 数据库集成系统中各个主要的子领域的现状，包括 Web 数据库的发现、Web 数据库模式的抽取、Web 数据库的分类、查询接口的集成、Web 数据库的选择、结果数据的抽取等，同时指出仍然存在的问题和将来可能的解决办法。但总的来说，对 Web 数据库集成的研究离应用阶段还有很长的路要走，仍然有大量关键的问题还需要做深入细致的研究。

3.5　架构设计

Web 数据管理的本质上提供了将多源异构非结构化数据加以结构化管理的途径，进而为解决特定领域的 Web 数据集成问题提供了技术和方法。传统的数据库技术为企业应用系统的开发提供了有利的支撑，缩短了应用开发周期，降低了系统维护成本。本书介绍的 Web 数据管理技术与传统的数据库技术一脉相承，它为 Web 应用系统的开发提供了有利的支撑，大大降低了 Web 应用系统开发的难度，同样缩短了应用开发周期，降低了系统维护成本。类似 DBLP(digital bibliography & library project，即电子图书馆文献项目)的文献集成系统、网络舆情系统、价格比对系统、工作查找系统等，利用 Web 数据管理技术可以方便快捷地加以开发，实现日常的自动增量维护[17～30]。

3.5.1　应用系统开发模式

本章 3.3 节和 3.4 节分别对 Web 数据抽取关键技术与 Web 数据集成关键技术进行了详细介绍。依据这些技术可以有效地进行 Web 应用系统的开发。在系统开发中，有两类典型的集成方法，即静态数据集成方法和动态数据集成方法。

1. 静态数据集成

静态数据集成也称查询结果集成，是一种类数据仓库式的集成。这种集成方式，将同一领域不同数据源上的数据抽取出来，存储在本地数据库中。当用户提交查询时，只需在本地数据库中进行集成数据的检索，无须再提交到各个数据源上进行查询。

这种数据集成方式的优点在于能够快速响应用户查询。由于数据已经预先抽取存储在本地，系统可以根据需要进行离线优化，从而达到较快的查询速度。同时，相比动态数据集成系统，这种方式的集成系统不会受到各个数据源查询速度及服务器与数据源之间网络传输速度的制约，因而也更适合于在实际系统中使用。不过，静态数据集成方式也面临着难以克服的问题，那就是由于数据是预先处理的，因此有可能用户从此集成系统中查询到的数据，并不是被集成数据源中的最新数据，从而导致用户获得错误信息。

静态数据集成已有大量研究工作。传统方法主要是针对返回结果的 HTML 页面编写特定抽取程序，即包装器，将信息抽取并结构化存储下来[2~4]。包装器主要具备两个功能，即提交查询并抽取出特定数据、将数据以适当方式存储下来，如保存为 XML 文件或者是存储在数据库中。

静态数据集成中的关键技术为各种数据抽取技术，本书已在前面相关章节做了相应介绍。在 3.5.2 小节中，将具体介绍静态数据集成案例，即学术空间集成系统 Scholar Space。

2. 动态数据集成

动态数据集成，也称查询接口集成，它能够给用户提供一个针对同一领域的统一查询接口[5~8]，这个查询接口代表的是该领域下不同查询接口的模式集成，从而方便用户提交查询并得到返回结果。当用户提交一个查询给这个统一查询接口后，集成接口会根据接口的模式匹配，将此查询动态提交到所集成的各个查询接口上，再集成取回各个数据源返回的结果。

这种数据集成方式的优点在于得到的返回结果都是实时的、最新的结果，适合用在价格比对、图书、机票查询等领域，因为这些领域的数据记录通常而言变化较大，其数据记录本身的某些属性，如价格等，也是在不断变化中的。利用动态数据集成方式，能够保证集成数据的实时性、正确性。不过，动态数据集成方式也面临着响应时间久，数据源集成规模受到限制等问题。

因此，在构建系统时，常采用本地数据缓存加上动态实时查询的策略。在 3.5.3 小节中，将具体介绍动态数据集成案例，即工作通集成系统 Jobtong。

3.5.2　静态集成案例

在 Web 上，与一个学者相关的学术信息都已经存在，但并未有效关联起来科技领域的实体及其关联，如图 3.3 所示。Web 数据管理可以将存在于 Web 中的学术信息抽取和集成起来，得到实体及其关联关系。实体包含学者，也包含会议、期刊、论文等。实体之间有各种关系，包括学者之间的合作关系，导师与学生之间的指导关系，学者和论文之间的作者关系，论文和期刊、会议之间的发表关系等。显然，基于这样的一个信息空间，可以为用户提供更多、更加有效的信息服务。

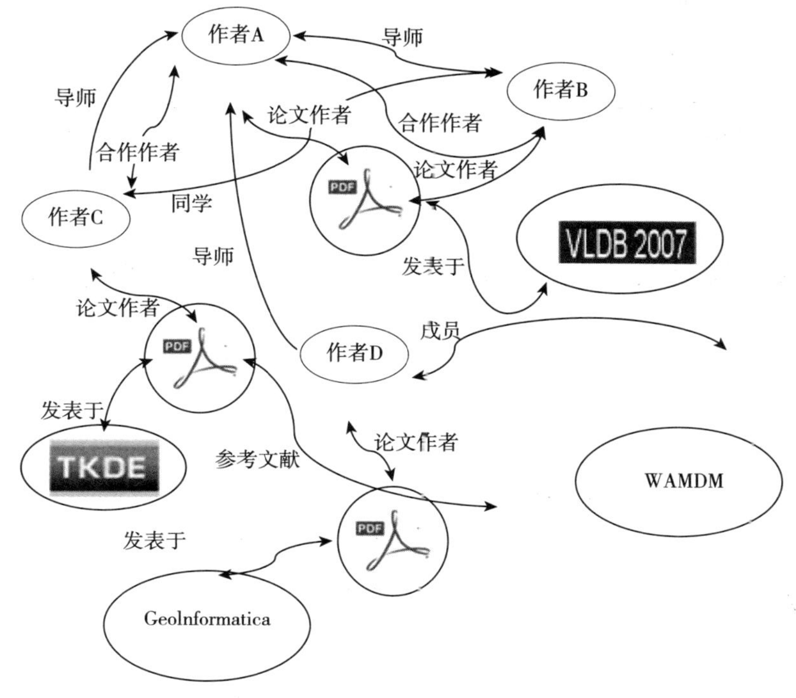

图3.3　科研领域的实体及其关联

为了构建如图3.3所示的关联数据库，需要利用抽取技术将与学术相关的实体信息及实体之间的关联信息抽取出来，并利用实体识别技术对抽取出来的实体及其关联信息进行清洗和处理，最终形成一个高质量的关联数据库。

1. 静态集成框架

依照3.2节的应急数据管理系统整体框架，具体处理如下。

(1)数据源层。其对应的数据源众多，如一些研究者的个人网页，这类网页多是静态网页，包含了作者的个人信息、研究兴趣等，以及各期刊的主页。基于此可以获取已发表的学术论文信息，论文信息大多存放在深层网络的数据库里。此外还有众多其他的数据源，如学术会议网站、期刊编辑部的网站、专利检索网站等。

(2)数据处理层。对于研究者个人网站的静态网页，需要利用数据抽取技术识别出个人信息；对于存放在深层网络数据库中的论文信息，需要通过数据集成技术将不同网站的信息聚集在一起。进一步抽取数据关联信息，包括不同研究者之间的合作关系，研究者与期刊之间的发表关系等。由于数据抽取技术的局限性和 Web 数据自身的不确定性，抽取的不同数据记录可能标记同一个实体，因此需要利用实体识别技术对抽取出的实体及其关联关系进行清洗和处理，最终形成一个高质量的关联数据库。

(3)应用层。基于集成的科研信息，可以提供多种应用服务，如学术信息的精确查询、学者个人主页的自动生成、学术机构的评价、学术期刊的分析、论文或项目评阅专家的自动推荐等。

2. 系统架构与实现

ScholarSpace(即学术空间)数据集成系统最初是依照 DBLP 系统为计算机领域研究人员所属的社区构建的中文文献信息集成系统，在已集成的数据集合基础上，尝试为用户提供基于个人数据的服务。通过访问 Web 上期刊、会议的论文页面及研究机构、研究人员的网站信息，收集了研究人员发表的文献情况，建立了一个包含文献及作者信息的数据集合。在 ScholarSpace 的数据集上，通过实体抽取获得了作者、文献、期刊、会议等实体，通过关联挖掘获得合作者关系、文献-作者关系等常见的实体之间的关联。在此基础上，将数据按各实体之间的关系进行了重构，形成了以作者为中心的信息组织形式，为用户提供了基于作者的文献检索、文献关键字查询、文献详细信息浏览、研究者关系挖掘等服务。ScholarSpace 系统构建的整体流程如图 3.4 所示。

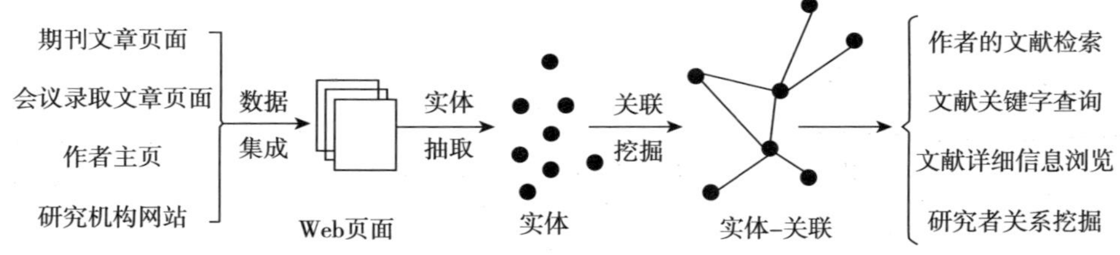

图 3.4　ScholarSpace 系统构建的整体流程

ScholarSpace 成功地构建了一个基于中文文献信息的计算机领域研究人员的学术空间集成系统。通过扩展数据源集成 Web 上更多的计算机领域研究者的相关数据，能够挖掘出更加丰富的实体和关联信息(如学生-导师关系，同事关系等)。

在 ScholarSpace 系统的开发中，采用了模块化设计确保系统的稳定性和可扩展性。以 3.2 节的应急数据管理系统整体框架为基础，根据业务流程实现的需要，将系统划分为三个模块，包括数据集成模块、数据处理模块和服务提供模块，分别完成对 Web 数据的集成、对原始数据的处理及提供文献检索服务的功能。ScholarSpace 系统的整体架构如图 3.5 所示。

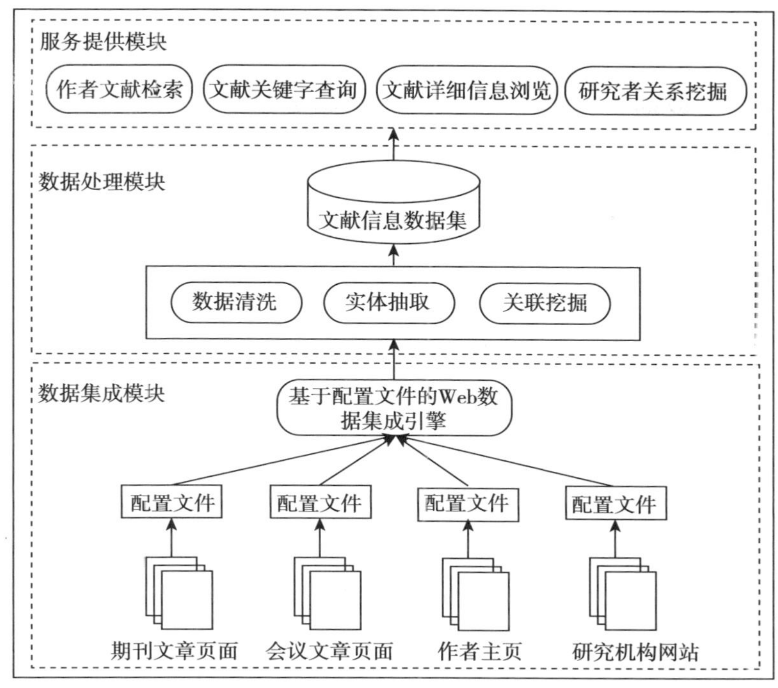

图 3.5　ScholarSpace 系统的整体架构

(1)数据集成模块。ScholarSpace 的数据集成模块是该框架图 3.5 中的关键部分。它采用了面向领域的深层网络数据集成方案，该方案采用了基于配置文件的集成系统和统一的基于配置文件的 Web 数据集成引擎，利用针对每个目标数据源网站的配置文件对 Web 上的数据进行集成。

面向领域的深层网络数据集成方案既能够在某个具体领域快速地构造出一个大规模的数据集成系统，继而实现垂直搜索引擎，也能够将各个不同的数据源的模式抽象出来构造聚合应用(mashup application)。

(2)数据处理模块。由于 Web 数据的高度异质性，数据集成模块获得的原始数据并不能直接支持顶层应用的需求，因此引入了数据处理过程。数据处理包括三部分：①数据清洗功能。从集成到的数据中去掉与文献内容不相关的信息(如期刊中的征文信息)及重复的记录。②实体抽取功能。通过对原始数据的格式的分析抽取出每条信息中包含的实体，如文献作者、期刊名等。③关联挖掘功能。根据经过清洗的数据集及抽取到的实体集建立实体之间的关联关系，在ScholarSpace 中已建立了文献作者之间的合作关系(co-author)及其他常见关系。数据处理部分还将文献信息以作者为中心进行了重新组织。

(3)服务提供模块。建立了向用户提供以文献作者为中心的检索和浏览服务的网站，即 ScholarSpace 网站。向用户提供基于作者名的精确匹配检索及基于关键字、时间等信息的模糊查询。此外，系统还支持对文献详细信息的浏览及对合作者信息的查询，力求将系统中所有有关文献作者的信息展示给用户。

3. 系统自动维护

在实际应用中，由于集成的数据源众多，并且被集成网站的模板通常每隔数月就会更新一次，因此 Web 数据管理系统还面临着自动维护的问题：①对于新增数据源，能否快速地生成配置文件；②对于失效的配置文件，能否自动生成新的配置文件。

数据驱动的配置文件自动生成与维护方法[11]是一种有效的方法。这种方法利用同一领域不同网站之间，以及同一网站不同版本之间的语义关系，通过数据项的匹配来生成和维护配置文件。

该方法基于如下的观察，发现在许多领域里，不同数据源之间的数据记录存在着大量重叠的情况。利用这些重叠的数据记录，可以进行抽取规则的推导。

对于新增数据源，可以利用已经存在的一个或多个具有非常高的查全率与查准率的配置文件作为种子点。利用种子点配置文件抽取的数据项，来匹配其他网站上具有相同语义的数据项，从而为这些网站自动生成配置文件。

对于失效的配置文件，可以利用该网站已经抽取的数据，尤其是近期抽取的数据进行新的配置文件生成。通常该网站模板虽然发生了变化，但是网站数据并未发生变化，这些数据只是以一种新的形式来呈现。通过这些数据的匹配，我们可以进行配置文件的修复，使其完全适应新的页面结构。

因此，通过配置文件的自动生成与维护，基于 Web 数据管理系统开发的应用系统可以极大地减少人工介入程度，方便快捷地实现日常维护。

3.5.3 动态集成案例

工作通（Jobtong）（http://www.jobtong.cn）系统是一个面向工作领域的动态信息集成系统。

如图 3.6 所示，在工作领域，存在众多招聘网站，每个网站都有一个查询接口。为了查询到合适的招聘信息，用户需要访问每个网站，通过它们的查询接口来提交查询，再逐条阅读挑选，这不仅费时费力，用户也未必有足够的知识找到相应的招聘网站。

另一种更加便捷的方式是用户通过工作通网站的查询界面，可以从已经集成好的数百个高质量招聘信息数据源里查询自己想要申请的职位信息。用户提交的查询关键字会被提交到各个网站中的查询接口上进行处理，然后系统将查询结果合并处理后返回给用户。这样用户就可以方便高效地查询自己想要的招聘信息。

工作通原型系统于 2007 年 1 月 1 日向中国人民大学学生内部开放，得到了

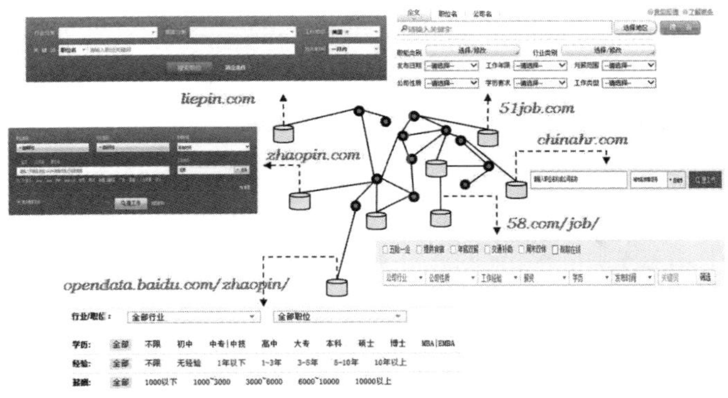

图 3.6　工作领域各个招聘网站查询接口

中国人民大学应届毕业生的热烈响应，成为毕业生了解职位招聘信息的一个重要渠道。2007 年 3 月 28 日，工作通系统向公网发布 BETA 版。发布之后，工作通网站每天为上千人提供近万次的招聘信息查询服务。

1. 动态集成框架

工作通系统面向领域的动态集成方法的核心是将深层网络上的查询进行抽象，使用统一的集成程序与分散式的抽取规则配置文件构成配置文件系统。同时，作为对配置文件系统的有力补充，构建一个具有更大规模集成能力的，但是精确度略低的分布式爬取集成系统。两个系统合并使用，构成整套集成解决方案。

基于以上思想，依托 3.4 节的通用集成系统体系结构，构建了一个四层的深层网络数据集成系统框架图，如图 3.7 所示。底层面向的领域是要进行处理的深层网络数据源，将其按照领域进行分类，可以分为图书信息领域、工作信息领域、政府新闻领域等。采用的方法是将所有数据进行有效抽取与集成，再做进一步处理。由于不同领域的数据结构大不相同，因此选用面向领域的数据集成策略。工作通数据集成系统主要包括两部分：一是基于配置文件的数据集成系统(config system)，用于比较精确地对深层网络上的数据进行抽取与集成；二是普通检索引擎(search system)，用于搭建大规模的、快速的、全自动的但准确率稍低的集成系统。基于配置文件的数据集成系统将在下文进行详细介绍。由于基于配置文件的数据集成系统的特殊性，它更关注的是获取精确的数据，以及深层网络上那些普通搜索引擎无法爬取到的数据。作为对基于配置文件的数据集成系统的有力补充，工作通系统采用普通检索引擎作为另一种数据集成途径。

在数据集成到本地之后，需要采用数据处理模块(data process)对数据进行处理。该数据处理模块包括：①数据存储单元。用于缓存抽取出来的各个网站的数据。②索引单元。用于对集成数据按属性进行索引，以方便建立各项查询检索。③全文索引单元。用于对集成的全部数据建立全文索引，以处理大规模数据

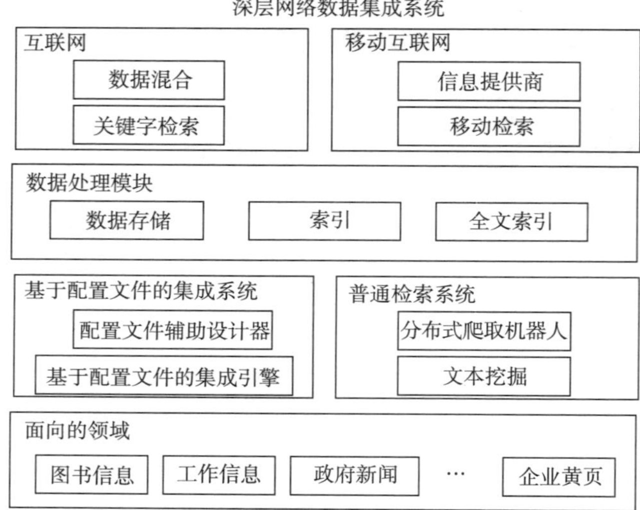

图 3.7 深层网络数据集成系统框架图

集成后的关键字检索问题。

在系统框架的最顶层，就是基于集成系统之上的应用，包括互联网和移动互联网上的应用。在互联网上，可以基于集成数据组织为用户提供垂直搜索，也可以整合多个数据源生成数据混合(Mashup)应用。在移动互联网上，可以将集成数据以简单的形式提供给用户，也可以将数据提供给手机用户进行移动检索。

四层架构构成了深层网络上动态集成应用的一整套解决方案。其中，整个项目最核心的部分是面向领域的基于抽取规则配置文件的数据集成系统。工作通系统以模拟用户在某个网站上实际点击行为的方式，通过针对此网站的抽取规则配置文件，实现对这个网站所有信息的集成及对每条记录各个属性段的精确抽取，并实现数据的动态更新。

2. 基于抽取规则配置文件的集成系统

工作通基于抽取规则配置文件的集成系统的核心思想，是以统一的集成程序，针对每一个网站的配置文件，对深层网络进行数据抽取和集成。它的基本工作机制类似于基于一般的包装器数据集成系统。但是有两点不同：第一，工作通基于配置文件的集成系统将对多个不同的具体网站的数据集成过程抽象出来，形成统一的集成程序，而针对不同的网站只需要写不同的抽取规则配置文件；第二，工作通系统的工作机制比基于包装器集成系统要节省内存，同时能够使用多线程进行爬取。

工作通基于抽取规则配置文件集成系统的整体框架图如图 3.8 所示。

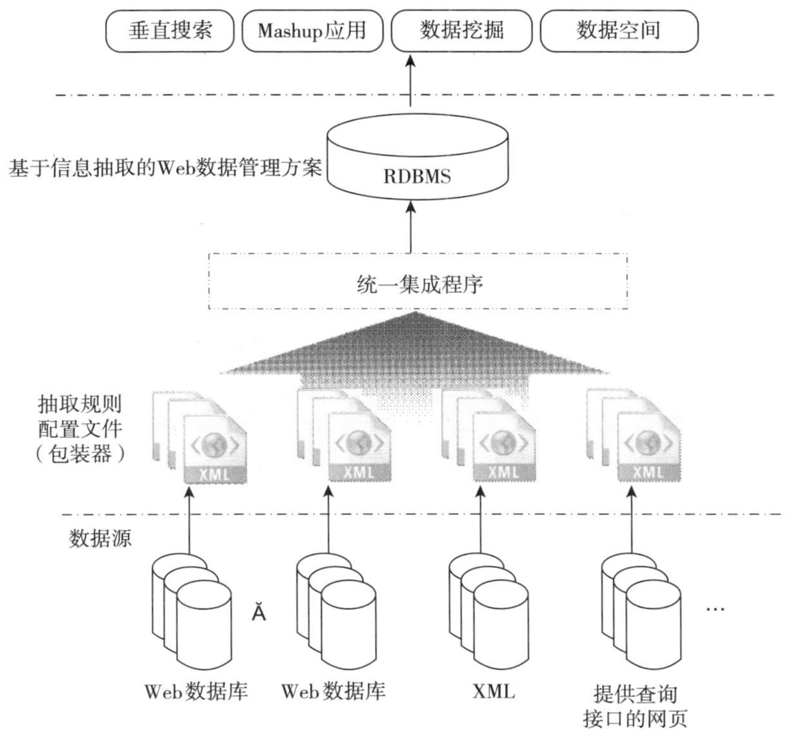

图 3.8　工作通基于抽取规则配置文件集成系统的整体框架图

工作通基于抽取规则配置文件的集成系统主要包括不同数据源。例如，Web 数据库、XML 数据，以及任意提供查询接口的网页数据；多个规则抽取配置文件单元，配置文件对应于一个数据源；统一的集成程序，用于集成底层的各个数据源，它利用数据源所对应的配置文件，统一对数据源中的数据进行抽取；本地服务器，用于缓存集成的数据，以提高查询效率。

在每一个深层网络数据源背后，虽然都有一个 Web 数据库，但是对于用户来说，是无法直接访问这些数据库的，只能通过深层网络网站所提供的接口进行访问。通过这些接口，用户可以查询自己感兴趣的信息。网站会以统一的形式生成 HTML 页面，将查询结果呈现给用户。在此过程中，需要进行参数传递，网页是动态生成的，返回的结果数据也是不断变化的。

查询结果一般是以列表的形式返回给用户，可将其定义为 List 页面(列表页面)。在查询结果页面中，记录以规范的形式展现，每一条记录又是由多个属性项组成的。而这些属性项，一般是用户提交此次查询时最为关注的内容。其中一些属性项，又能够链接到更深一层的页面。这个页面，是关于这条记录的包含更多详细信息的页面，可将这个页面定义为 Detail 页面(详细页面)。

对深层网络进行数据集成时，首先需要对 List 页面与 Detail 页面的信息进行抽取集成。为了给用户提供更好的检索服务，需要将这些数据进行结构化处理。这一点也正是面向领域的数据集成与通用集成的重要区别。由于 HTML 页面数据是非结构化数据，进行进一步处理的难度较大，为了能够精确地从 List 页面和 Detail 页面中抽取出记录的属性项，应预先将 HTML 页面转换为 XML 页面进行处理。

将网站动态生成的 HTML 页面转为 XML 页面之后，就可以使用 XPath 来进行数据抽取。XPath 是用于在 XML 文件中查找信息的一种语言工具，它可以通过 XML 文档中的路径索引，操纵 XML 文件上的元素和属性。为此，需要针对网站的 List 页面和 Detail 页面分别生成配置文件，通过这些配置文件获得属性项的 XPath，然后从转换生成的 XML 文件中将记录属性值抽取出来。

这种方法的优势在于以下几个方面。

(1)能够快速搭建一个面向领域的数据集成系统。

(2)非常容易商业化。目前，此集成系统框架已在多个领域进行成功验证。

(3)与其他自动方法比较，抽取准确度更高，粒度更细。

(4)面向大规模数据。该方法能够处理实际的、海量的深层网络数据。

(5)模拟用户点击行为。这就使集成方法既不会获取冗余数据，也不会遗漏数据。

在面向领域的数据集成解决方案中，系统建设者需要针对每个被集成的网站生成一组抽取规则配置文件。通过解析配置文件，统一集成程序能够动态获得该网站的入口，并发送不同的参数请求，取回不同的结果数据。这样就实现了动态访问该网站的数据库，并取回集成系统需要的数据。因此，配置文件在整个数据集成系统中充当了封装网站的作用。

统一数据集成系统需要的配置文件共有三类：Config. xml，即被集成网站基本信息配置文件；Detail. xml，即查询结果详细信息配置文件；List. xml，即多个查询入口配置文件。

其中，Detail. xml 这类配置文件可能包含一个或多个，其他两类有且只能有一个配置文件。在配置文件中，只有 Config. xml 是必需的，该文件中指定了如何通过 GET 或 POST 方式获取记录集的列表，以及如何获取记录等最重要的配置信息。Detail. xml 是网站详细页面的配置文件，其内容是详细页面上各个属性值的 XPath，由于一个网站包含的网页可能有多个模板，因此有可能会有多个 Detail. xml，将其分别命名为 Detail1. xml、Detail2. xml 等。List. xml 是该数据源的多个入口，包含了不同查询“关键字”，其主要内容包括两部分，一部分是“关键字”的中文名称，另一部分是用来替换 Config. xml 中的“ $ querykeyword

$"(查询关键字)。在进行动态集成时，查询“关键字”可以是用户动态输入的关键字。

为了使集成系统能够模拟用户点击行为，将深层网络上的所有数据查询请求抽象为以下三类。

第一类是查询变量。这类变量体现了深层网络的动态特性，当查询发送不同的变量值时，网站将返回不同的数据给查询请求提交者。

第二类是查询常量。查询常量是相对于查询变量而言的。在整个查询过程中，提交的查询参数是不变的。当然，查询变量和查询常量之间没有固定的界限，在一个查询方案中的查询常量可能是另一个查询方案中的查询变量。

第三类是翻页过程。为了遍历某一个查询的所有数据，集成程序必须能够自动翻页。在此过程中，需要发送查询变量。由于翻页的特殊性，这一过程具有可归纳性。例如，翻页所发送的查询变量一般为页码值，或者是页码值的线性变换。

以程序来模拟浏览器中的这种翻页过程。该过程具体如下。

首先，如果查询接口的请求发送方式是 GET 方式，则使用 GET 方式发送查询参数；如果是 POST 方式，则使用 POST 方式发送查询参数。其次，统一集成模块取回采样页，并根据配置文件提取出总页数 TotalPages。最后，统一集成模块依据此网站的翻页策略，在 GET 参数或者 POST 参数中动态修改页码信息，并重新发送请求参数，来获取指定页的查询结果页面。这个过程从第一页开始，到最后一页(即 TotalPages)结束，实现了浏览器中的翻页，因而称为翻页过程。

根据抽象出来的三类查询，集成程序使用统一的方式动态获取网站入口，如图 3.9 所示，首先从 config.xml 中读取出这个网站的统一咨询定位符(uniform resource locator，URL)模式(URLPattern)，其次替换其中的查询变量，保留查询常量，根据上述翻页过程设置页码，再次请求发送方式(GET 方式或 POST 方式)，发送查询请求与参数，最后取回查询结果。

实现动态访问网站之后，能够利用配置文件中的信息向网站提交查询，取回查询结果的页数。然后利用翻页机制，将所有的查询结果逐页取回，再根据配置文件中的 XPath，获得想要抽取的数据。

综上所述，抽象归纳出了深层网络中的数据查询条件及过程，即查询变量、查询常量、翻页过程，并由此构建了一套基于抽取规则配置文件系统的深层网络上的数据集成系统。

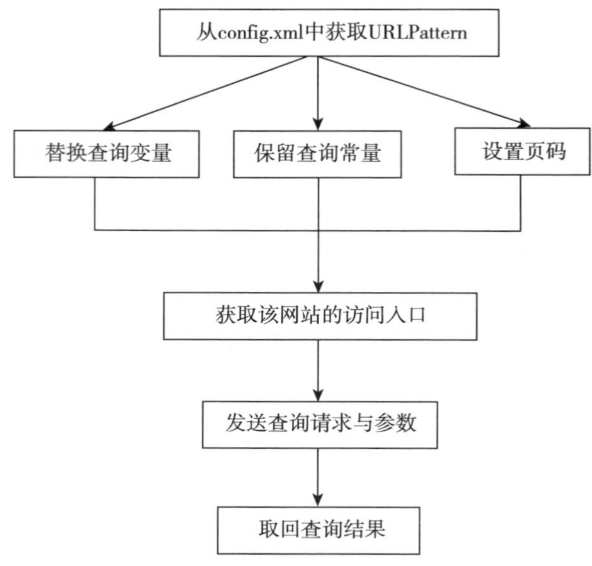

图 3.9 动态获取网站入口的流程图

3.6 本章小结

Web 数据管理系统为 Web 应用开发提供了便利的途径。本章在给出的 Web 数据管理体系结构的基础上，介绍了静态集成案例和动态集成案例。这些方法在应急管理的数据抽取、集成和应用中将发挥重要作用，为应急事件分析、处理，提供持续、可靠的数据来源。

参考文献

[1] 孟小峰 . Web 数据管理研究综述 . 计算机研究与发展，2001，38(4)：385-395.

[2] Laender A，Ribeiro-Neto B A，Silva S，et al. A brief survey of web data extraction tools. ACM Sigmod Record，2002，31(2)：84-93.

[3] Chang C H，Kayed M，Girgis M R，et al. A survey of web information extraction systems. IEEE Transactions on Knowledge and Data Engineering，2006，18(10)：1411-1428.

[4] Meng X，Lu H，Wang H，et al. Data extraction from the web based on predefined schema. Journal of Computer Science and Technology，2002，17(4)：377-388.

[5] Meng X，Lu H，Wang H，et al. SG-WRAP：a schema-guided wrapper generator. In Proceedings of the 18th International Conference on Data Engineering （ICDE2002），

IEEE，2002.

[6] Meng X, Wang H, Hu D, et al. A supervised visual wrapper generator for web-data extraction. In Proceedings of Computer Software and Applications Conference, IEEE, 2003: 657-662.

[7] Arocena G O, Mendelzon A O. Web OQL: restructuring documents, databases, and webs. In Proceedings of the 14th International Conference on Data Engineering (ICDE), IEEE, 1998: 24-33.

[8] Arnaud S, Fabien A. Building light-weight wrappers for legacy web data-sources using W4F. In Proceedings of the 25th International Conference on Very Large Data Bases (VLDB), ACM, 1999: 738-741.

[9] Meng X, Wang H, Hu D, et al. SG -WRAM schema guided wrapper maintenance: a demonstration. In Proceedings of the 19th International Conference on Data Engineering (ICDE), IEEE, 2003: 750-752.

[10] Crescenzi V, Mecca G, Merialdo P. Roadrunner: towards automatic data extraction from large web sites. In Proceedings of the 27th International Conference on Very Large Data Bases(VLDB), ACM, 2001: 109-118.

[11] Liu B, Grossman R L, Zhai Y. Mining data records in web pages. In Proceedings of the Ninth ACM SIGKDD International Conference on Knowledge Discovery and Data Mining, ACM, 2003: 601-606.

[12] Zhai Y, Liu B. Web data extraction based on partial tree alignment. In Proceedings of the 14th International Conference on World Wide Web, ACM, 2005: 76-85.

[13] 刘伟，孟小峰，孟卫一. DeepWeb 数据集成研究综述. 计算机学报，30：1475-1483.

[14] Chang K C, He B, Li C, et al. Structured databases on the web: observations and implications. SIGMOD Record, 2004, 33(3): 61-70.

[15] Peng Q, Meng W, He H, et al. WISE-cluster: clustering e-commerce search engines automatically. In Proceedings of the 6th ACM International Workshop on Web Information and Data Management (WIDM), 2004: 104-111.

[16] He H, Meng W, Yu C T, et al. WISE-integrator: an automatic integrator of web search interfaces for e-commerce. In Proceedings of the 29th International Conference on Very Large Data Bases (VLDB), Berlin, 2003: 357-368.

[17] 刘伟，孟小峰，林妍妍. 一种基于图模型的 Web 数据库采样方法. 软件学报，2008，19(2)：179-193.

[18] Zhang Z, He B, Chang K C. Light-weight domain-based form assistant: querying web databases on the fly. In Proceedings of the 31th International Conference on Very Large Data Bases (VLDB), Trondheim, Norway, 2005: 97-108.

[19] Wang J, Lochovsky F H. Data extraction and label assignment for web databases. In Proceedings of the 12th International World Wide Web Conference (WWW), Budapest, 2003: 187-196.

[20] 王仲远．面向领域的 Web 数据集成技术研究．中国人民大学硕士学位论文，2010.

[21] Chuang S，Chang K，Zhai C. Context-aware wrapping：synchronized data extraction. In Proceedings of the 23th International Conference on Very Large Data Bases(VLDB)，ACM，2007：699-710.

[22] Zhai Y，Liu B. Web data extraction based on partial tree alignment. In Proceedings of the 14th international conference on World Wide Web：ACM，2005：76-85.

[23] Liu W，Meng X，Meng W. Vision-based web data records extraction. In Proceedings of the 9th SIGMOD International Workshop on Web and Databases (SIGMOD-WebDB2006)，June 30，2006.

[24] Wu W，Yu C，Doan A，et al. An interactive clustering-based approach to integrating source query interfaces on the deep web. In Proceedings of the 23th ACM SIGMOD International Conference on Management of Data，Paris，2004：95-106.

[25] He H，Meng W，Yu C，et al. Constructing interface schemas for search interfaces of Web databases. In Proceedings of the 6th International Conference on Web Information Systems Engineering，2005：29-42.

[26] He H，Meng W，Yu C，et al. Automatic integration of web search interfaces with WISE-integrator. VLDB Journal，2004，13(3)：256-273.

[27] Wu Z，Raghavan V，Du C，et al. SE-LEGO：creating metasearch engines on demand. In Proceedings of the 26th Annual International ACM SIGIR Conference on Research and Development in Information Retrieval，2003：464-464.

[28] 刘伟，孟小峰，孟卫一．Deep Web 数据集成研究综述．计算机学报，2007，30(9)：1475-1489.

[29] Chang K，He B，Zhang Z. Toward large scale integration：building a metaquerier over databases on the web. In Proceedings of the Second Biennial Conference on Innovative Data Systems Research(CIDR)，2005：44-55.

[30] 王仲远，艾静，孟小峰．一种数据驱动的 Wrapper 自动生成与维护方法．计算机研究与发展，2008，45：37-42.

第4章

应急管理中的模型及其集成方法

4.1 引言

复杂突发事件的决策支持大量依赖事件预测与评估，由于事件复杂度高，综合预测与评估需要大量跨领域的模型或工具的协同计算。然而，当前大部分的决策模型或仿真工具大都基于开发者的领域知识，即针对某一个或某一类特定问题，模型之间的异构性使模型的跨领域应用非常困难，多模型集成要求多个模型实现跨领域的协同工作，这更是一个富有挑战性的问题。

目前，大量模型已经被开发并应用于社会各领域，如ALOHA、地理信息系统。一般而言，这些模型是固化的，其模型内部的数据交互规则、输入/输出通常无法随意改变，因此，模型集成系统必须基于这类固化规则与接口的模型进行。下一代模型集成系统需要考虑模型之间的关系定义，以及为“模型-数据”之间的交互关系进行建模，赋予系统识别、选择模型和数据的能力。

总体而言，面向复杂事件的模型集成面临的难题主要集中在两个方面：①模型之间存在巨大差异及模型数据交互规则难以定义；②复杂事件应对要求动态模型组合。这要求模型组合方案中的模型要具有相对独立性，且能够进行动态调用。本章旨在已有研究的基础上，根据复杂事件的动态性、不确定性等特点，介绍模型集成决策支持的相关研究概念、内容及主流方法，动态地支持事件分析、应对，并构建、优化模型组合以进行决策评估。

通过情景构建模型和方法或者是以事件链的形式，或者是以具体灾害物理演变过程，分析突发事件的应急决策、指挥和行动过程，形成“事件-决策-指挥-行动”的复杂情景，通过为每个阶段的情景搜索合适的仿真模型或系统，并对这些系统进行合理的组合，模型集成系统则能够综合不同地域、不同学科领域、不同尺度与颗粒度、不同表达方式的应急模型，从而推演整个突发事件的复杂应对过程，为决策者呈现逼真的决策环境。

4.2 应急管理平台中模型集成的理论基础

在实际问题的解决过程中，各种内部要素的交互作用和外部因素的相互影响，使实际问题所处的环境具有突现性、不稳定性、非线性和不确定性等特征。这样，由实际环境所构成的系统就成了复杂系统，因此，传统的分析方法就不能满足复杂系统研究的需要。

到目前为止，很多学者关注于复杂系统和复杂巨系统，并进行了相关领域的研究。早在 1992 年年初，钱学森[1]教授在从定性到定量的综合集成方法论的基础上，将国内外科技发展中的成功经验加以总结，进一步把从定性到定量综合集成法加以拓展，提出了从定性到定量综合集成研讨厅(the hall for workshop of metasynthetic engineering，HWME)。从定性到定量综合集成研讨厅体系是专家们同计算机和信息资料情报系统一起工作的“厅”，包括专家体系、机器体系和知识体系，这三者本身也构成了一个系统，即人机结合以人为主的智能系统。而这个方法的成功应用就在于发挥了系统的综合优势和整体优势。这是关于复杂系统和复杂巨系统理论的一般方法论。同时，在解决实际复杂系统问题中，国内外还提出了其他的综合集成方法。其中，澳大利亚学者[2]从 1992 年起就对分布式专家系统如何综合应用其结果进行了研究，对可能的综合情况、方法论和解的综合策略都做了系统的研究。Sandelowski 等[3,4]从 2000 年起开始从事由美国国家护理研究所资助项目——定性综合集成解析方法。顾基发等[5]提出 WSR 方法论[WSR 方法论是“物理(wuli)-事理(shili)-人理(renli)方法论”的简称]，是一种解决复杂问题的工具。汪寿阳等[6]针对复杂系统，提出了 TEI@I 方法论，并取得了很好的实际效果。

本书在前人已有研究成果的基础上，针对应急管理中在模型选择方面存在的不足，提出了模型集成的研究框架。下面将具体介绍模型集成的理论基础。

总体来讲，系统分析方法集成的研究框架是一种以数据库、模型库、知识库及案例库为基础的，包括模型和方法选择、定量方法与专家经验相融合、模型和方法的评估及发挥各种方法的优势，将各种方法进行集成的研究框架。在这个研究框架中，系统地融合了选择模型、求解模型、评估模型和集成模型。首先，针对研究问题，利用模型和方法选择技术确定一组适合求解的模型和方法，包括定量方法和专家经验方法。其次，将各个方法应用到复杂系统或复杂子系统中，对问题进行求解。再次，对问题的求解结果进行评估。最后，利用集成方法和技术，把评估后的结果进行集成，形成对复杂系统总体的分析与建模，达到满意的结果。

基于系统分析方法集成的理论基础，下面对系统分析方法集成的研究框架进行形式化的描述，并提出了系统分析方法集成的基本构造方式。

4.2.1　模型集成的形式化描述

系统分析方法集成的研究框架是在解决复杂系统的过程中，融合了模型和方法的选择技术、定量模型、专家经验及集成方法和技术，从而克服了单个技术的缺陷，使不同的方法可以发挥各自的优势，从而获得的知识表达能力和推理能力更强，运行效率更高，可以达到满意的问题求解效果。

系统分析方法集成的研究框架可以用下面的形式表示：

$$O=I_Q(D,M,K,C) \tag{4.1}$$

其中，Q 为所研究的问题；O 为所研究问题的结果；I 为一个集成函数。而 D、M、K 和 C 构成了系统分析方法集成的四个要素，即 D 为数据库，表示数据资料的集合；M 为模型库，表示定量模型的集合，模型库分为四部分，包括了定量选择模型(quantitative selection model，QSM)、定量求解模型(quantitative model，QM)、定量评估模型(quantitative evaluation model，QEM)和定量集成模型(quantitative integration model，QIM)；K 为知识库，表示知识模型的集合，用来得到专家经验，同样分为四部分，包括知识选择模型(knowledge selection model，KSM)、知识求解模型(knowledge model，KM)、知识评估模型(knowledge evaluation model，KEM)与知识集成模型(knowledge integration model，KIM)；C 为案例库，表示已有解决方案的集合。

系统分析方法集成的形式化描述可以用图 4.1 来表示。

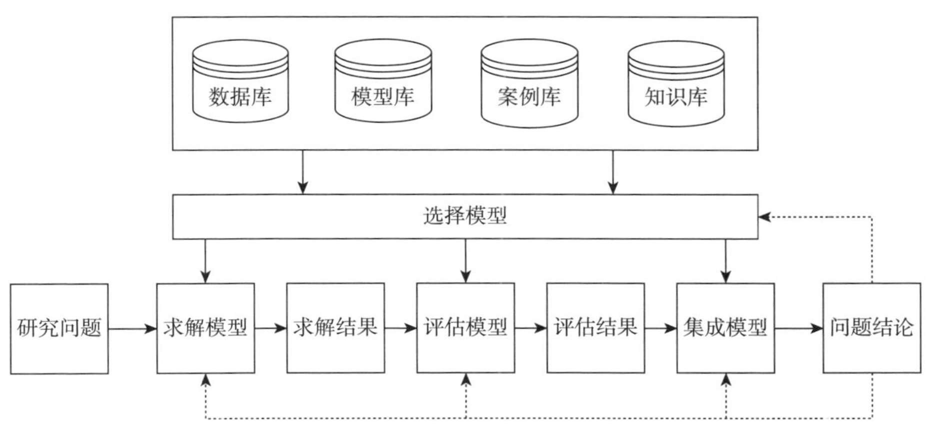

图 4.1　系统分析方法集成的形式化描述示意图

从图 4.1 中可以看出，当研究问题确定后，首先，利用模型库和知识库中的选择模型(QSM、KSM)，通过案例库，选择出适合问题的求解模型(QM、

KM)，同时，选择数据库中的数据资料进行问题求解，得到不同方法的求解结果。其次，通过选择模型，选择出适合的评估模型(QEM、KEM)，对问题的结果进行评估，确定可行的求解结果。最后，通过选择模型，确定出适合的集成模型(QIM、KIM)，进行不同模型结果的集成，得到满意的结论。

以上给出了系统分析方法集成的形式化定义，下面来讨论系统分析方法的基本构造方式。

4.2.2 模型集成的基本构造方式

系统分析方法集成的研究框架是不同方法组成的混合体，各种模型和方法是如何联结在一起的，对于系统分析方法集成的构造来说至关重要。下面就借用系统科学中的对系统联结方式的理论，来对系统分析方法集成的构造方式进行讨论。

在系统科学中，对系统的联结方式进行了详细定义。系统互联是指若干个较简单的系统通过一定的方式互相联结起来而构成一个复杂系统。联结方式在系统分析和综合中是一个很重要的概念，因为通过互联，使用基本单元构造一个系统，或从较简单的系统构成新的更复杂的系统。在系统科学中给出了三种基本互联方式，即串联型、并联型、反馈型。通过这三种基本互联方式，可以组成更为复杂的混联型。

下面将详细地讨论系统分析方法集成的四种基本构造方式。假设数据集 X_1，$X_2 \subseteq D$，M_1，$M_2 \in M \cup K$，$IM_1 \in IM = QIM \cup KIM$，则有以下结论。

串联型集成：集成模型由模型 M_1、模型 M_2 组成，模型 M_1 的输出是模型 M_2 的输入，若模型 M_1 的输入为 $X_1 \subseteq D$，则串联型集成的构造方式为 $O = M_2(M_1(X_1))$，如图 4.2 所示。

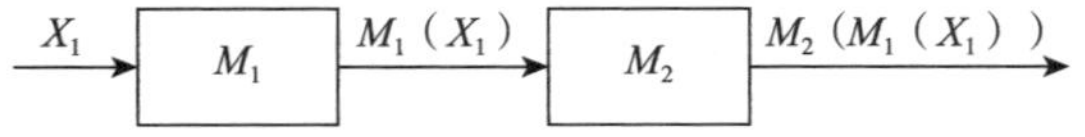

图 4.2 串联型集成的构造方式示意图

并联型集成：集成模型由模型 M_1、模型 M_2 组成，模型 M_1 的输入为 $X_1 \subseteq D$，模型 M_2 的输入为 $X_2 \subseteq D$，集成模型为 $I_1 \in IM$，则并联型集成的构造方式为 $O = I_1(M_1(X_1), M_2(X_2))$，如图 4.3 所示。

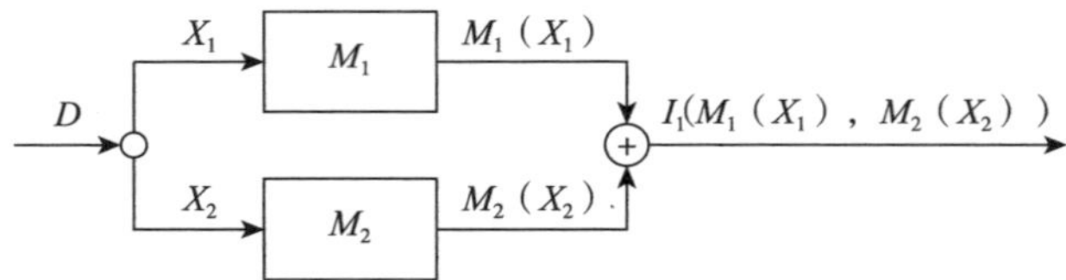

图 4.3 并联型集成的构造方式示意图

反馈型集成：集成模型由模型 M_1、M_2 组成，模型 M_1 的输入为 $X_1 \subseteq D$，模型 M_2 的输入为模型 M_1 的输出，集成模型为 $I_1 \in \mathrm{IM}$，则反馈型集成的构造方式为 $O=M_1(X_1)$，但同时输出 O 对模型 M_1 的初始输入 $X_1 \subseteq D$ 产生影响，如图 4.4所示。

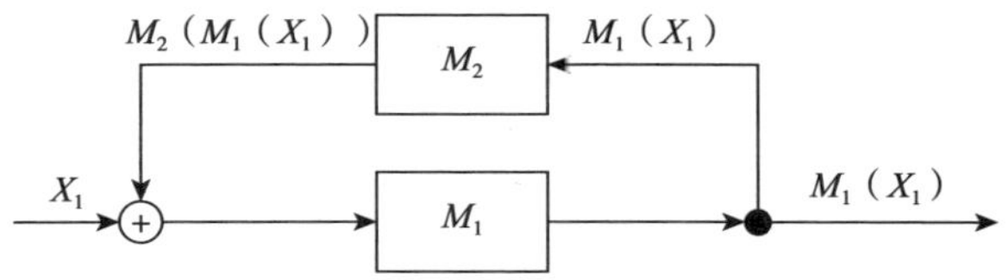

图 4.4　反馈型集成的构造方式示意图

混联型集成：集成模型由串联型集成、并联型集成及反馈型集成中的两种或两种以上混合而成的构造方式。混联型集成可以分解为上述三种基本构造方式。

一般而言，在系统分析方法集成的研究框架下构造具体方法的过程中，常用的构造方式为串联型、并联型，以及由串联型、并联型组成的混联型构造方式。

根据上述对系统分析方法集成的形式化定义，可以更好地把握系统分析方法集成的内涵和外延。

4.3　应急管理平台中基于云 GIS 的应急模型服务

4.3.1　云计算与云 GIS

地理信息技术的发展总是紧随计算机和网络技术的发展的，近二十年来，地理信息系统技术广泛应用于资源调查、环境评估、灾害预测、国土管理、城市规划、邮电通信、交通运输、军事公安、水利水电、公共设施管理、农林牧业、统计、商业金融等几乎所有领域。20 世纪 90 年代出现了基于 Web 的 Web GIS，它以其适应性强、应用面广、现实性强、共享方便和使用简单等优点，得到迅速发展。越来越多的个人、组织和政府部门通过互联网，使用 Web GIS 应用系统来获取地理信息、共享资源。

随着基于 Web 应用的互联网技术不断丰富，特别是并行计算、分布式储存与计算、虚拟化、云计算等技术的成熟与广泛应用，开放地理空间信息联盟(open geo-spatial consortium，OGC)的地理信息标记语言(geographical markup language，GML)、Web 地图服务(web map server，WMS)、Web 要素服务(web feature server，WFS)、Web 地理覆盖服务(web coverage server，WCS)等国际标准规范的推出和被众多地理信息系统厂商的承认与大力使用，使我们有能力来解决传统地理信息系统存在的种种问题。OGC 标准服务模型借助云计算技术为上述问题提供了一个恰当的解决方案。

云计算环境下，通过 Web Service 将信息资源包装成统一的形式，通过 GML 等作为空间数据传输和存储的标准格式，实现了分布式异构环境下空间信息资源标准化、同构化，从而为进一步异构资源的集成与互操作奠定了基础。通过对分布环境下资源的统一管理和调度，云地理信息系统真正实现了跨平台、跨系统、跨硬件设施的异构整合。通过采用虚拟化技术来实现大范围内的基础信息资源的集成，具有高性能、高吞吐能力，可以完成海量空间数据及复杂地学计算模型的处理。云地理信息系统为云端用户提供了一个统一、高效、快捷、低成本的地理信息系统平台，用户无须关心云的部署，只需要关注自己的业务。云地理信息系统是未来网络地理信息系统的发展方向。

在地理信息系统领域运用云计算技术表现在两个方面；第一，利用云计算技术对地理信息系统技术本身进行改造升级，使地理信息系统的各项服务都能在云端提供，云地理信息系统逐渐拥有桌面地理信息系统的全部功能。另外，利用云计算技术对地理信息系统软件的各种功能进行重新包装，在网络上实现按需购买使用。第二，地理信息系统软件与现有商业云计算平台进行对接，使地理信息系统的数据可以存储在商业云计算平台里，地理信息系统的各种功能在商业云计算平台支持下，优化升级①。

1. 基于云 GIS 的应急管理技术

近年来，人们早已将突发公共事件应急与地理信息系统结合用来辅助政府综合了解事件态势并及时解决问题。很多政府单位均建立了公共安全应急地理信息系统平台。事实也证明，地理信息系统与应急决策相结合能很好地辅助政府部门科学地应对突发公共安全事件。

然而，目前的应急地理信息系统平台还都是分行业、分单位针对某一类型或某一地区的公共安全事件独立建设，虽然可以很好地满足特定的突发公共安全事件，但整体的智能化水平尚有待提高，分散在各部门的数据价值没有充分发挥。事实上，上文已经提到，突发事件的影响和解决都要涉及很多行业和很多单位，需要各个行业的业务部门提供最新的专业数据和专业分析，很多决策需要将不同部门的分析数据和决策相结合来统筹。

另外，在公共安全和灾害应急领域，很多问题的解决涉及跨学科、跨专业等问题，会用到不同行业的专业应用分析模型。往往某一灾害的发生会引起一系列的其他灾害和次生灾害的发生，即形成一个灾害链，如台风过境会引起降雨、洪水、内涝、城市交通、地质滑坡等灾害；地震会引发交通和通信设施中断、堰塞湖及溃坝等。灾害的应急和处理并不是对单个问题的解决，灾害应急管理系统也

① ArcGIS 与云计算技术 . ESRI 中国，2011。

不应是针对某一个灾害的解决方案，而应该是一个集成系统。每一个灾害链都会对应一个模型链，模型链的每一个单个模型对应某一灾害，这一单个模型也会是多个子模型的集成。这样一个集成平台，必然会涉及大量的专业模型，以及模型间的复杂集成与统一管理，而且模型链的组合与集成应该是动态可变的，而且模型的信息流输入大多是时空变化的信息，对数据及时性要求比较高，而且模型的计算大都是时空密集型，对计算性能要求较高。基于以上要求，基于地理信息系统技术、面向Web服务和云计算三者的结合为这一问题提供了恰当的解决方案。

总体来说，当前突发公共安全应急地理信息系统存在如下问题。

(1)应急地理信息系统分单位分行业建设，重复建设成本高，系统紧密耦合，复用性差。

(2)应急地理信息系统一般针对特定公共安全事故，不同系统间难以共享与集成，不同系统间互操作性差。

(3)各行业协作困难，数据共享很不方便，往往导致空间数据采集和处理成本高，费时费力。

(4)硬件基础设施重复采购、利用率低，维护困难的问题。

(5)地理信息系统软件成本过高的问题，后期维护与升级投入高。

(6)很多系统是时空计算密集型，需要高效率的运算来保证实时性。

云计算提供了一个统一的平台，可以在一定程度上很好地解决上述问题，将云计算和应急地理信息系统相结合，符合公共安全应急救援与处置的客观需求，为政府部门和大众提供最快捷的应急预案服务与应急云决策。基于云计算的公共安全应急地理信息系统云平台能够做到以下几点。

(1)通过租用方式，形成一种新的应急地理信息系统资源共享模式。在硬件、软件、应用模型、数据等方面实现多级共享，提供多层次的服务。硬件基础设施共享服务可使业务部门无须关注底层硬件的建设，按需向云计算服务提供商租用即可。数据共享服务，尤其是地理信息数据的共享，各行业将专题数据共享至云平台，行业间可互相使用地理数据服务，节省时间、节约成本。Web应用共享服务，各行业可将数据处理工具、流程、应用程序等托管或发布为标准的地理信息系统服务，其他部门无须重复构建即可使用服务。应用模型共享，将专业地理处理模型共享为标准服务，不同单位可以像使用软件一样，直接使用单个模型或模型组合来完成特定计算，或者可以直接引用模型服务进行重新包装开发，大大降低开发难度，提高模型服用程度，节约成本，提高效率，既是地理信息系统资源共享同时也是服务协作[7]。

(2)灵活易获取。通过虚拟化、自动化等技术，建立共享的资源池，整体架构能够快速、灵活地响应业务发展的需求。创建一种方便快捷的访问方式，授权用户只需通过台式机、笔记本、平板电脑、手机等终端接入政府专网(私有云)或者互联网(公有云)即可访问所需的各种服务，一切高性能的处理、海量存储、强大的计算都交由云端完成。

(3)保障服务高可靠性和安全性。新的云计算平台可能会要求各部门将自己的业务数据上传至云中，数据离开了所有者的管辖范围，被托管到第三方，将引发安全问题。因为其既要考虑信息资源的共享，又要保护和隔离信息资源；同时硬件损坏、网络中断、系统崩溃等异常都会引起服务中断，云计算利用集群技术、数据多副本容错技术等保证服务的高可用性。

(4)统一应急地理信息系统资源管理与信息门户。真正将参与应急救援与处置的各部门统一到一个强大的云平台。方便各部门协作调度、地理信息系统资源管理、用户管理，也极大地方便了政府组织调度和统一指挥。

(5)充分发挥地理信息系统功能，构建应急仿真平台。应急仿真是对突发公共安全事件的模拟仿真，充分准确且接近真实的模拟仿真可有效地找到应急救援处置时的规划最佳方案。有效利用地理信息系统建立地理三维模型与人工智能仿真平台，利用强大的云计算资源，可模拟多种情景，对不同的突发事件进行仿真。

2. 公共安全应急云 GIS 应用模式

公共安全应急云地理信息系统平台是一个特殊的政府云平台。它涉及各行各业，多源、多尺度、多时相的大量数据，是跨行业、跨专业的结合与协作的结果。从云地理信息系统服务提供的类型可将公共安全应急云地理信息系统应用模式分为公共安全应急数据即服务、公共安全应急专业模型即服务、软件即服务、平台即服务、基础设施即服务。与普通云地理信息系统的区别在于数据和模型的特殊性。从云平台面向的用户群体来分，公共安全应急云地理信息系统平台可分为应急公有云、应急私有云和应急混合云。公共安全应急云地理信息系统架构设计如图 4.5 所示。

公共安全事件的发生会引起全国民众的关注，及时透明的消息是稳定人民情绪，增加民众对政府信任度的重要因素。应急公有云平台不仅是一个部门数据交换与模型共享服务的平台，更是一个向全社会展现应急救援与处置全过程的信息发布平台，同时应急公有云平台又是一个公众参与的平台，很多时候民众也是救援的重要力量与支撑，在公有云平台上，民众可以实时在线制图，利用数据在线分析，上传现场照片，提供辅助决策建议等。此外，应急云平台也可以是一个舆论发布、监控、管理的平台。

应急私有云是在政府内网部署的私有云平台，这里主要是各参与部门协作，专业数据整合分析、计算、模拟、监测、预警预测、辅助决策的综合平台。

应急混合云就是将以上两者相结合，既有政府等业务部门参与也有民众参与的一个开放性的平台。

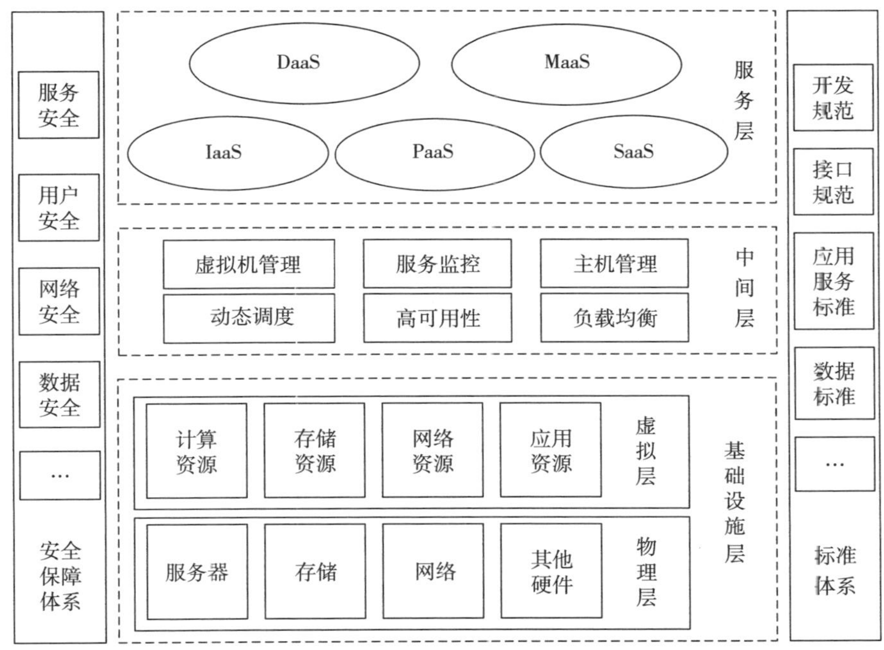

图 4.5　公共安全应急云地理信息系统架构设计

4.3.2　基于云 GIS 的应急模型服务组织框架

构建应急平台基础平台，为非常规突发事件应急辅助决策提供支撑环境。应急平台、基础平台为构建“情景-应对”型应急决策理论方法，在基础科学研究方面，对数据集成、模型集成和心理行为集成进行了研究，并围绕网络集成、计算集成、应用系统集成三个方面研究基础平台的搭建。数据集成方面拟对前期重大研究计划中的舆情分析、数据流监控、传播机制分析及数据流挖掘类项目的研究成果进行集成，为应急管理决策平台提供面向多突发事件的全程多维度数据获取与数据分析支持。模型集成方面，应急平台基于本地集成的紧密集成模式和基于分布式系统的松散集成模式对各自开发相对独立且具有分布式、跨平台、异构性、不确定性等特点的各类突发事件监测预警与应急决策模型进行集成。研究采用主动模拟建立异构环境的方式，模拟各种集成过程中可能遇到的环境，并结合 SOA、Web Service、服务链等技术确定解决问题的办法。对于现有应急平台、应急应用系统及其他项目将要形成的成果进行细粒度功能划分，对每个需要集成的功能使用 Web Service 技术进行封装，使之成为最基础的服务单元暴露在整个框架当中，然后根据具体的应急业务通过企业服务总线(enterprise service bus, ESB)和业务过程管理(business process management, BPM)实现基础服务单元的动态集成和动态调用，最后通过 Web 和 Dashboard 等界面封装技术实现最终用户所得应急功能。

应用层在云端可通过服务接口按需访问平台提供的服务链，通过服务链即可实现对复合灾害链模型的调度、执行及计算集成(包括态势分析、舆情分析、行为分析、时空分析和灾情预测等)。该层还包括地理信息系统运行环境，用于支持地理信息系统服务组件，面向服务的软件架构(service oriented architecture，SOA)构建层以各种基础服务的形式部署各种应急事件模型、算法，以及基于地理信息系统的开放式的自适应空间信息服务与可视化服务，与时空分析相关的多模型计算结果和数据的集成可视化服务，最终提供应用集成服务。

其中应用信息管理提供各应急信息(包括知识、案例、模型、预案、数据、心理指征等)、分布式网络存储接口、虚拟资源管理接口等；服务链层为各种应急应用提供服务链目录，将服务层的不同基础服务进行集成与组合，形成应对不同非常规突发事件的“情景-应对”综合研判系统。在服务集成组合过程中，抽象服务关注所要实现的灾害链的功能和灾害链流程，由抽象服务组成的服务链是不可执行的超服务链。当超服务链中的服务全部映射为基础服务时，超服务链变成执行服务链。服务集成与组合机制负责将抽象服务根据服务类型和灾害链参数映射为各种基础服务，并通过查找 UDDI 注册中心，选择所有已实现抽象服务接口定义的基础服务。总集成平台框架如图 4.6 所示。

1. 基于云 GIS 的开放式空间数据与服务集成框架

国家各级应急平台中使用了大量的空间数据、空间处理服务和空间分析服务等，目前采用的是集中式存储和部署模式，该模式无法适应空间数据和空间模型本身具有分散性和动态性的事实，因此需要建立一个开放式的空间数据与服务集成框架，为各级应急平台提供开放式空间数据共享服务、开放式应用集成框架、开放式空间数据处理和分析服务。该开放式集成框架将空间数据和服务及模型从应急平台烦琐的业务当中剥离出来，从而使应急平台更好地专注于各种应急业务的处理。

该开放式集成框架利用现有的云计算和存储技术，采用地理信息系统为应急平台提供开放式的空间数据共享和模型服务。具体集成框架如图 4.7 所示。

(1)基础设施层主要包括网络、服务器集群、存储备份、计算机机房环境等，由一定规模同构或异构的基础设施资源组成。资源不仅包括主机、存储、网络及其他硬件设备，同时也包括操作系统、数据库、中间件、ArcGIS 平台等软件。

基础设施通过第三方成熟的虚拟化技术解决方案将资源池化，建立空间数据存储资源池、空间数据计算资源池、网络资源池。通过虚拟化技术将基础设施层的各种资源进行整合，形成一个整体，并通过云地理信息系统管理平台，对外提供空间数据存储、空间数据计算等地理信息系统基础设施服务。

根据具体需求及数据中心的硬件规划，也可以创建多种不同类型的地理信息

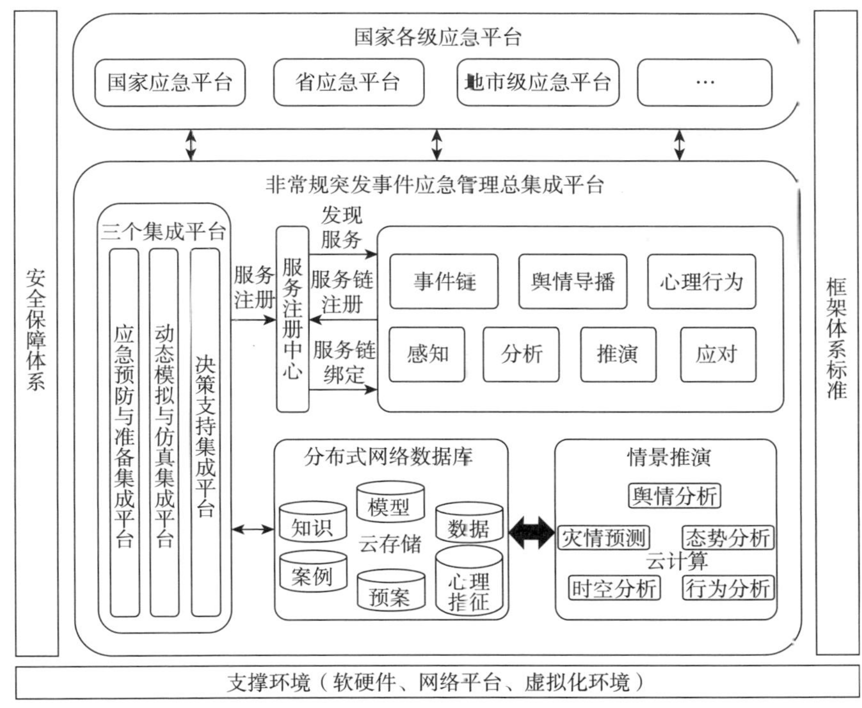

图 4.6　总集成框架

系统资源池，以满足用户不同的应用需求，如高性能资源池(用于地理信息系统模型分析)、高并发资源池(用于用户并发访问)。

资源池层在对基础设施资源进行有效监控、管理的基础上，结合自动化的管理技术，对外提供对资源的池化管理，并且通过对服务模型的抽取，提供自动化部署的功能。

(2)平台服务层主要负责向用户交付一个支撑地理信息系统应用运行的地理信息系统服务平台、为用户提供所需的地理信息系统软件映像库、提供快速构建应用运行环境的能力、提供定义应用需求的接口。

应急部门用户通过云端自服务门户子系统，以自服务的方式选择所需的基础设置资源配置、所需的地理信息系统软件映像库快速构建所需地理信息系统应用运行平台，并选择配置地理信息系统应用运行平台性能监控、资源调整、资源度量的功能及方式。

用户构建的以地理信息服务为核心的地理信息系统应用运行平台，可以向用户及其部门人员提供空间数据类服务，如矢量数据服务、影像数据服务、三维数据服务等；空间分析类服务，如搜索服务、地理编码服务、空间分析服务、网络分析服务等，为地理信息系统提供核心地理信息系统资源及服务。

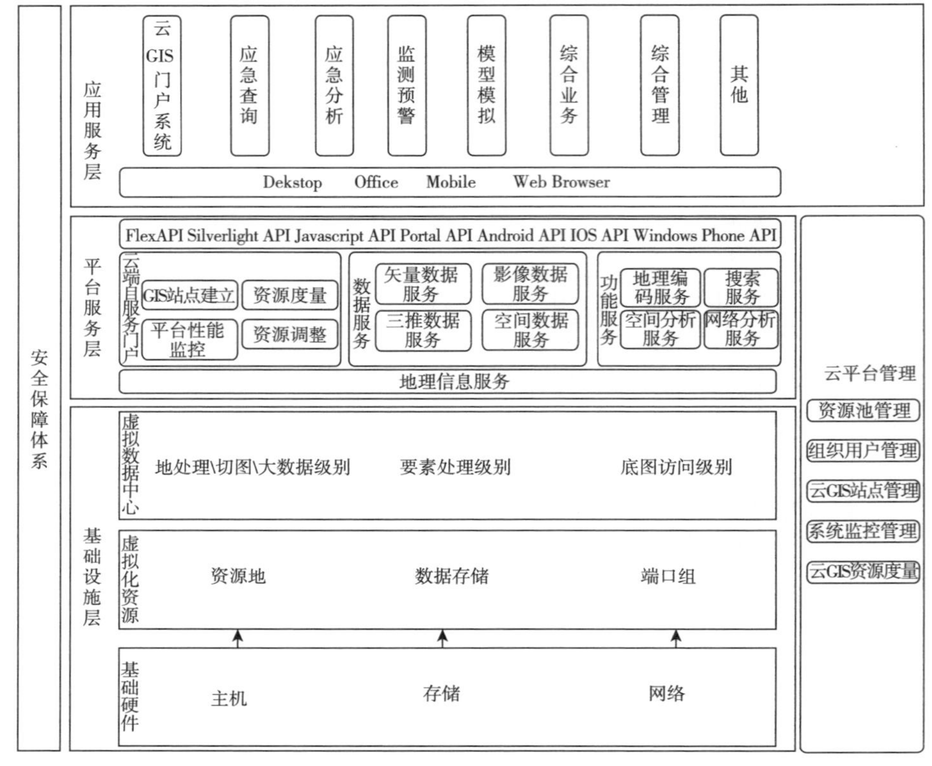

图 4.7 基于云地理信息系统的集成框架

(3)应用服务层是通过建立多种业务应用系统对云中地理信息系统资源的使用和消费，实现了云地理信息系统的终极价值。云地理信息系统平台自带云地理信息系统共享门户系统，作为云地理信息系统平台的唯一入口及资源管理、协同共享的平台。从而满足各级应急平台业务对空间数据、空间分析服务的需求(图 4.8)。

2. 基于服务链的灾害模型集成

当前，Web 服务已经成为分布式互操作技术的主流，随着 Web 技术的发展，越来越多的用户将特定功能或者数据通过 Web 服务的方式发布到互联网上供大众使用。为了完成某一项功能或者任务，用户往往不需要一整套软件系统，只需要找到实现该功能的 Web 服务，通过引用 Web 服务来实现特定功能，这样用户就不需要维护和升级一整套软件了，这些维护和升级具体工作由服务提供商来完成。用户只需要通过一个 Web 服务或是多个 Web 服务的组合来达到自己的应用任务。为了满足特定需求而将多个 Web 服务组合起来使用，这种链式服务称为服务链。在灾害应急管理领域，服务链的使用将使模型和数据共享变得方

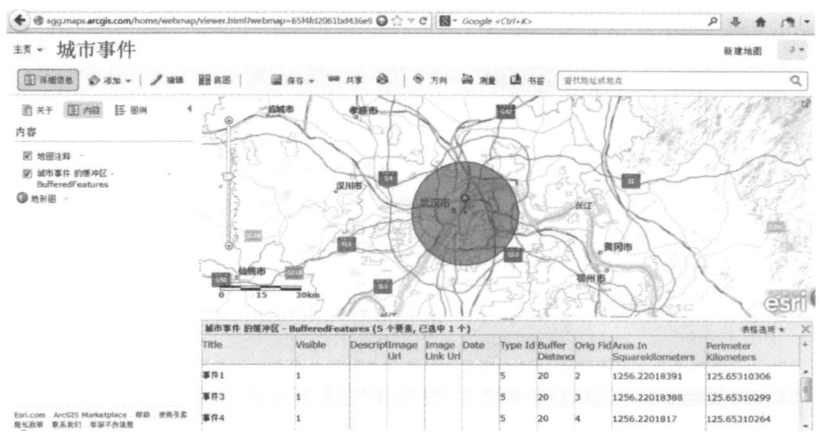

图 4.8　空间服务集成示例

便，如用户需要分析地震灾害对某地区的影响，可能需要不同类型的数据和不同的模型，采用服务链技术可以将不同的数据和模型联系起来，从而方便地实现地震灾害影响分析。

服务链实际上是工作流技术和 Web 服务技术相结合的产物，也是 Web 服务技术发展到一定阶段的一种要求。一方面自 Web 服务兴起以来，互联网上已经存在大量的只能完成单一功能的 Web 服务，为了实现更为复杂的应用需要将这些服务集成在一起共同完成任务；另一方面，随着工作流技术的发展，市场上出现了很多工作流产品，但由于缺乏一个统一的规范，不同厂商所提供的工作流产品的模型、定义语言和 API 函数等均不相同，产品之间很难相互过渡，工作流之间不能进行互操作，主要表现在以下几个方面。

(1) 企业应用环境的异构性。现有的工作流系统难以在异构环境下运行，然而工作流系统本身可能分布在不同的软件平台中进行流程协作，需要具备在异构环境中运行的功能。

(2) 对异构已有软件系统的支持。企业应用所包含的很多已有软件应用可能基于不同的开发环境、分布在不同的软件平台、只能集成某一类结构和平台的软件系统，具有很大的局限性。

(3) 企业应用的规模型和分布性。现有工作流系统一般只是适用于小群体间业务的协作工具，体系结构上的缺陷使其无法满足跨企业集成所带来的跨地域、跨应用系统的需求。

在突发事件应急管理平台中，利用服务链技术，一方面可以将不同地点、不同功能的数据共享服务组合在一起，为最终用户提供统一的、透明的数据获取方法；另一方面可以将模型服务动态灵活地组合在一起完成复杂的应用任务。例如，数据共享服务和地理信息系统服务结合完成复杂的灾害风险和制图功能，将各类关联模型服务组合起来完成复杂风险评估服务；同时，可以将组合后的服务链本身也发布到 Web 上去形成 Web 服务，供其他服务调用，形成更为复杂的应用集成。

参照工作流程管理联盟对工作流概念模型的定义，服务链集成一般框架包括六个主要组成部分，如图 4.9 所示。

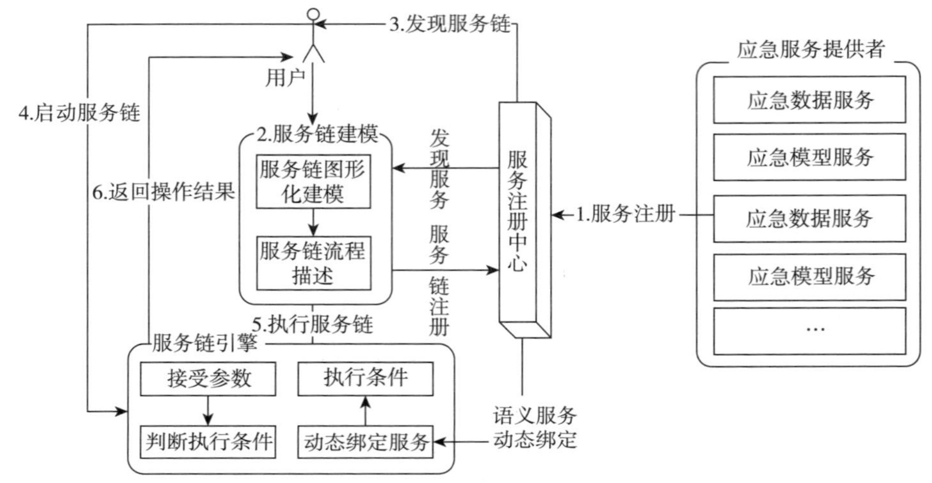

图 4.9　应急管理服务工作流集成概念

根据业务流程，利用服务链建模工具用户可以按照业务流程构建工作流模型。工作流模型主要包括活动节点和路由，在模型中需要配置活动节点及路由属性。其中活动节点的属性包括处理该节点需要的权限、完成该节点的 Web 服务。指定节点 Web 服务可以通过静态指定(即直接指定 Web 服务的 URL)，也可以动态绑定，不需要预先设置 Web 服务的 URL，还是在运行过程中通过语义匹配实现动态查找和绑定。

服务链引擎是服务链的核心，主要推动服务节点的执行工作，即对消息的接收、组合服务处理和调用服务，根据服务链模型接收工作流运行需要按数据流判断执行条件，如果满足执行条件，则调用对应 Web 服务执行具体任务，如果不满足条件则挂起该服务。

服务提供者是指拥有具体 Web 功能的服务商、政府部门机构或者个人等，负责 Web 服务的管理和维护，并将 Web 服务发布到网络上去，供服务使用者查找和使用等。

注册服务中心是 Web 服务中介，向服务提供者提供 Web 服务的注册和查找。服务提供者在 Web 服务注册中心发布 Web 服务，服务使用者在 Web 注册中心查找自己所需要的 Web 服务。

用户可分普通用户和专业用户，普通用户不需要太多专业知识，可以对Web服务不了解，这类用户可以直接使用颗粒度较粗的服务链，直接使用服务链为他们服务；专业用户一般要具备一定的专业知识和较高的计算机水平，可以利用颗粒度较细的服务链为自己定制特定的服务链。

基于服务链集成框架，完成应用集成的基本流程如下。

(1)服务提供者将实现特定功能的Web服务发布到注册中心。

(2)用户或者集成人员利用服务链建模工具进行复杂业务流程的建模。

(3)用户想要完成某一项复杂的应用，从注册中心查找获取满足要求的服务链，获得服务链后再根据服务链执行条件启动服务链，从而产生一个服务链实例。

(4)根据服务链实例，服务链引擎接受用户输入参数，经过检查后按照业务流程判断是否满足下一步的执行条件，如果满足则执行，如果不满足则不执行。

(5)服务链的执行过程当中用户可以对服务链的执行情况进行监控。

(6)服务链执行结果返回给最终用户，完成一次服务链的构建和运行。

服务链集成框架体系具有下面几个特点。

(1)服务链是一系列Web服务的组合，以服务为中心，服务链上每个节点都依靠具体的服务来实现。

(2)按需服务，用户可以根据自身需求动态地查找和组合服务完成特定应用。

(3)服务链具有开放性，数据共享服务和专业应用服务采用完全相同的发现和访问机制，因此可以很好地实现功能共享，同时可以将数据共享与其他已有系统，如电子商务、电子政务办公系统等实现无缝集成，为已有系统提供数据服务特别是空间信息服务。

(4)服务链具有分布式特性，Web服务本身具有分布式特性，各种数据服务和功能服务分布在网络中，由服务提供商负责维护和更新；服务链引擎也是基于网络的，分布在网络上，用户只需要查询服务，然后将服务组合成服务链，将服务链描述文档提交给服务链的工作引擎执行，就可以得到服务链运行结果。

应急平台中对于具体应急业务的分析往往需要使用各种模型和数据，如何将各种灾害模型和数据链接起来形成最终的分析，需要采用灾害链集成思路，灾害链集成思路如图4.10所示(以台风灾害链风险评估为例)。

(1)数据访问。分布式数据源通过开放地理信息联盟(open geospatial consortium，OGC)服务WFS和WCS访问，矢量数据采用GML格式，栅格数据采用TIFF格式。

(2)基本地理处理服务(web processing server，WPS)，主要包括常见通用的地理处理服务，如重分类、叠置分析、缓冲区分析等，基本地理处理服务以Web处理服务(WPS)的形式出现。

(3)风险评估服务，主要是各类灾害领域的通用服务模型，此类服务模型可

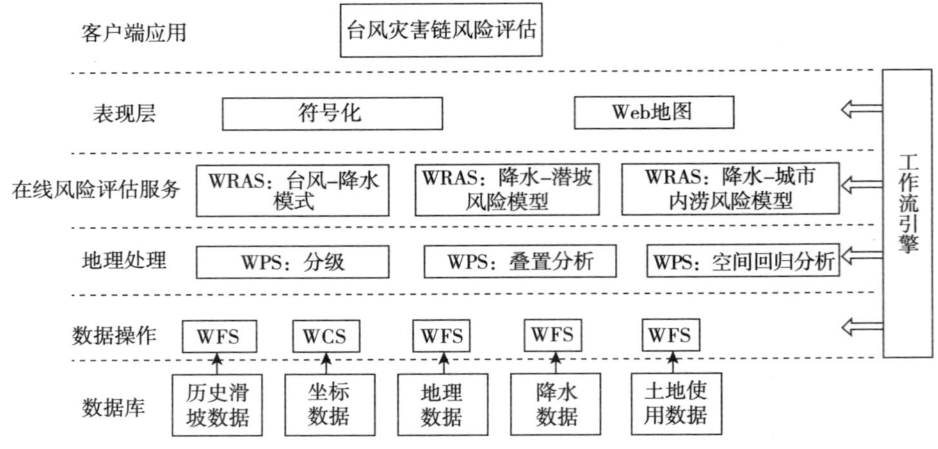

图 4.10　灾害链模型集成

以直接为最终开发客户端所使用。

(4)表示层，对各类灾害应用模型生成的结果进行表达展现，栅格数据可以通过 WMS 接口表达，GML 可以通过客户端 SVG 接口表达。

(5)客户端。使用 Web 服务的开发人员，可以直接使用灾害风险评估应用模型，也可以组合更多的模型为自己的特定应用服务。

(6)工作流控制。通过工作流建模后通过工作流控制实现整个应用的运行。

以台风灾害链为例的集成实例如图 4.11 所示。

3. 服务链工作流控制模式

1)集中式工作流控制模式

集中式控制方式是每个服务被调用完后工作流控制点回到起始位置再进行下一步服务的调用，这种方式意味着所有的工作流控制可以被一个单一的组件实现，因此对于工作流控制本身来说无须进行分布式部署。

业务流程执行语言(business process execution language，BPEL)和 XLANG① 就是这种工作流控制模式的实例，通过这种语言进行描述的工作流被工作流引擎统一执行。当然，集中式控制方式也有两种实现方式，一种是基于客户端程序控制的工作流模式；另一种是基于工作流引擎集中控制模式。

在基于客户端程序控制工作流模式下，客户端程序通过和用户的交互直接控制工作流进程，对于工作流的控制通过客户端硬编码来实现。客户端程序是一个基于 Web 浏览器的插件程序，服务器端是 Web Server，支持客户端编程。在这种工作流模式下，客服端应用程序(如台风灾害链风险评估程序)和工作流控制代

① 一种由专门的控制构件构成的结构化的流程建模语言。

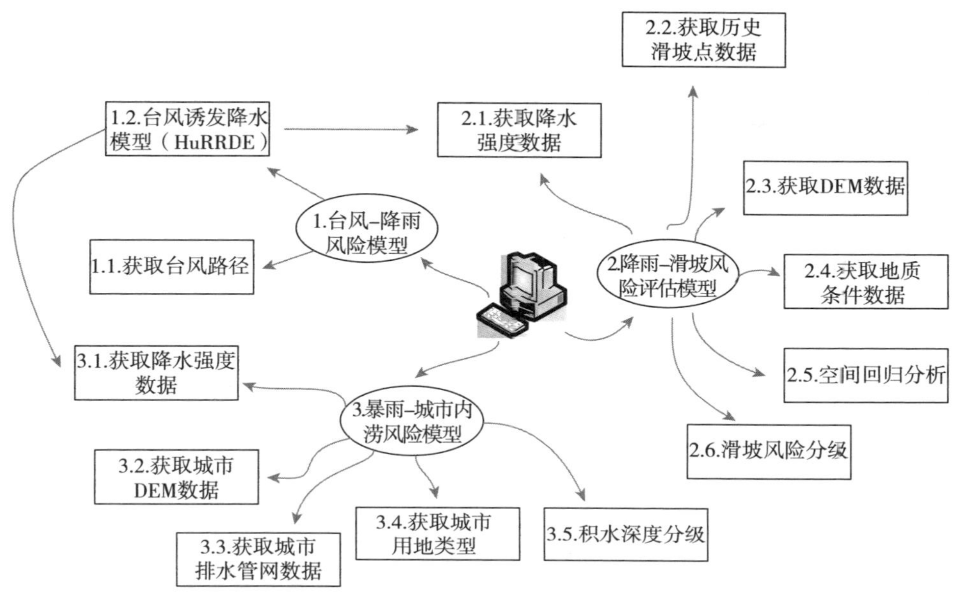

图 4.11　灾害链模型集成实例

码位于同一应用当中。这种模式最大的缺点是任何工作流的变动都将导致客户端应用程序代码级的变动，维护起来非常不便。

在基于工作流引擎集中控制模式下，通过工作流建模语言建立工作流模型，工作流引擎负责数据请求和服务节点的处理操作，客户端应用程序仅仅调用一个叫做“台风灾害链风险评估”的服务和完成对返回结果的可视化操作。台风灾害链风险评估服务是通过工作流引擎建立的，该服务暴露一个使用网络服务描述语言（Web services description language，WSDL）描述的接口，它包含对 WPS（WPS_1、WPS_2 和 WPS_3）、WFS（WFS_1、WFS_2 和 WFS_3）和 WCS（WCS_1 和 WCS_2）的调用和创建 WMS（WMS_1）所需要的渲染符号描述。这种模式有以下两个优点：①客服端应用程序可以根据自身需要灵活应用服务，如可以对结果进行不同方式的可视化操作，但不需要对服务链进行更改；②工作流返回的处理结果可以被其他的程序或者服务引用，从而增强了数据和服务的可重用性。

总结基于工作流引擎集中式控制有以下优点，即服务链实例（如台风灾害链风险评估服务）可以被不同的应用程序使用、服务链处理逻辑流程的更改不会导致客户端应用程序的变动。

2）级联式工作流控制模式

级联控制模式对服务链采用回溯表述方式，这种方式以请求最终结果作为服务链的起始请求节点，然后对这个节点的请求进行回溯分解，进一步调用其他服务请求，直到整个请求不能够再分解，如图 4.12。服务链起点请求表达式为

req_1：overlay(req_2(req_3(req_4)，req_5，req_6，req_7))，通过对表达式的分解完成下一步请求。这种模式的最大特点是工作流控制本身是分布式的，通过分解请求来分布式环境下完成服务的工作流控制。

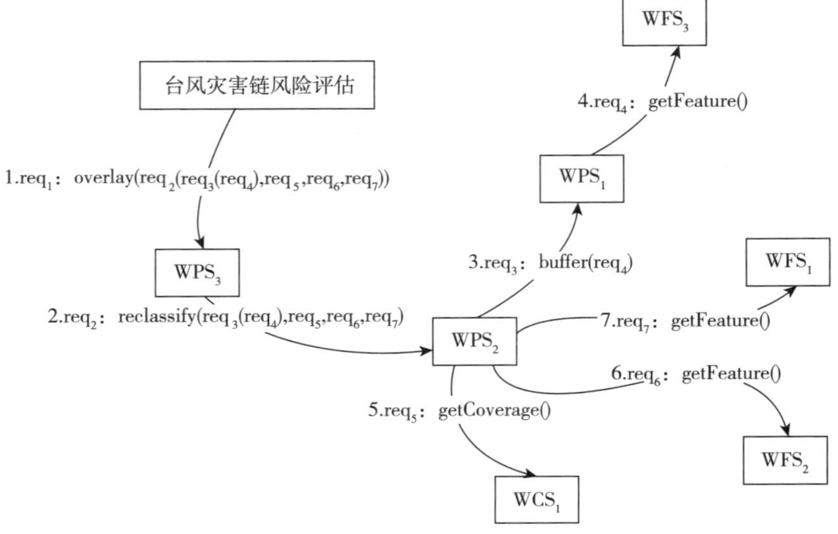

图 4.12　级联式工作流控制模式

3)两种模式的比较

对于集中式工作流控制模式和级联式工作流控制模式优劣的比较，本章只考虑基于工作流引擎的集中式控制模式。前面已经讨论过关于基于工作流引擎的集中式控制方式和基于客户端应用程序的控制模式，因为基于工作流引擎的集中式控制方式比基于客户端应用程序的集中式控制方式优势非常明显。基于引擎的集中式控制方式对于服务链和客户应用程序的重用性来说非常方便。

基于工作流引擎的集中式控制方式有成熟的工作流描述语言，该语言基于标准的 WSDL，对语法提供了严格的检查方法，便于用户建模；而对于级联式的工作流控制模式，目前还没有成熟的建模语言，需要开发者自己制定特定的建模程序。另外在服务链执行状态的监控方面，由于集中式控制模式采用工作引擎控制方式，所有的服务调度都在一个地方发生，这使对于服务链状态的控制变得容易；而由于级联式工作流控制模式中工作流控制本身是分布式的，工作流本身分布在不同的服务节点上，因此对于服务状态的监控变得比较困难。另外对于服务链错误的跟踪来说，基于工作流引擎的集中式控制方式也比级联式控制方式简单。关于两种模式的比较如表 4.1 所示。

表 4.1　集中式控制模式和级联式控制模式的比较

比较项	集中式控制方式	级联式控制方式
建模语言	有成熟的工作流建模工具和建模语言	没有成熟的工作流建模工具和语言，对用户的工作流表达有一定的限制
错误及异常处理	相对简单和实时	相对复杂和延迟
动态控制的支持	简单的程序即可实现动态服务链	复杂
数据传输	有潜在的数据冗余传输	完全根据需要进行数据传输

4)服务链空间数据流控制模式

空间数据具有大数据量特性，因此数据流控制对于服务链执行效率来说非常重要，服务链中数据的传输有两种：一种是值传递，另一种是引用传递。在服务链中，值传递意味着数据的传输，数据直接传递到处理节点，对于服务节点和应用来说，数据不是共享的，因此不需要数据标识符；引用传递意味着数据共享，对于服务链节点来说需要确切地知道数据的位置和标志，并可以访问数据存储。对于数据流的控制和工作流的控制类似，也可以分为两种模式，一种是集中式控制模式，另一种是级联式控制模式。

如图 4.13 所示，本章根据台风灾害链风险评估应用案例给出服务链数据流控制模式，这里便于讨论，图 4.13 中简化了部分数据流。在图 4.13(a)中所有的数据都通过值传递方式传输到台风灾害链风险评估服务，存储在该节点上，如通过 getFeature()申请 GML 数据，通过 getCoverage()申请 TIFF(tag image file format，即标签图像文件格式)数据，然后将 GML_3 传输到 WPS_1 节点，完成缓冲区分析后再将数据 GML_4 传输回来；再将获取到的 GML 数据和 TIFF 数据提交到 WPS_2 服务节点，完成分类分级服务；最后将数据传给 WPS_3 节点，完成叠加服务，整个过程都是高密度数据传递服务。考虑到数据的发布性特征和网络数据传输特征，这种值传递的高密度数据效率是低下的。

在图 4.13(b)中，数据值传递被引用传递取代，如对于申请 WFS3，此时返回的是一个指向 GML_3 的 url_4，调用 WPS1 时再将 GML_3 数据传递给它，从而省略了一次数据传递，减少了数据的冗余传输，提高了数据传输效率，相比图 4.13(a)的传输方式，从值传递的次数上来说，第二种传输方式比第一种传输方式少了 8 次数据传输，大大提高了数据传输效率，减少了冗余数据传输。而这种传输方式通过服务链引擎可以比较容易控制和实现。

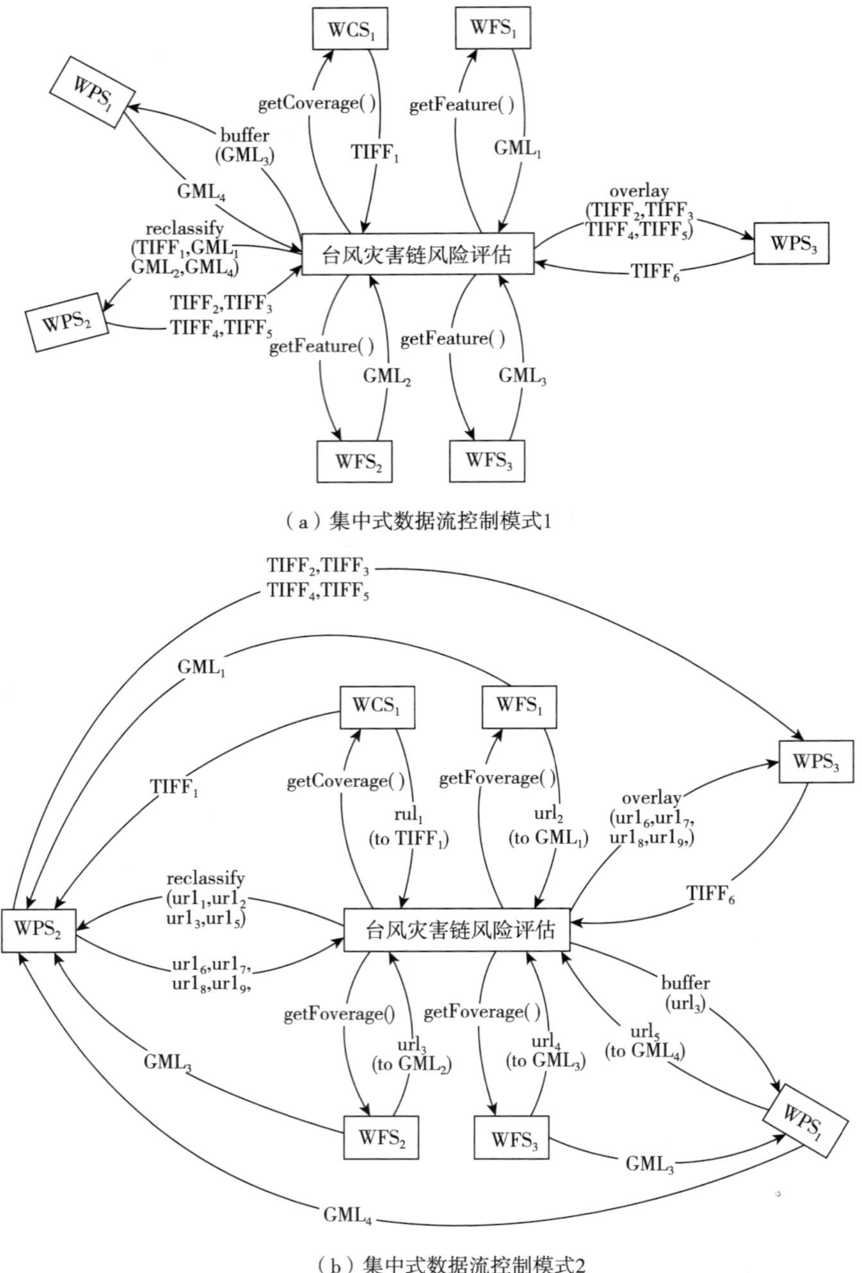

（a）集中式数据流控制模式1

（b）集中式数据流控制模式2

图 4.13　集中式数据流控制模式

图 4.14 描述了级联式传输方式，类似工作流级联控制方式，数据的传输不

是由单一的中央控制中心控制，而是每个服务节点自己控制数据的传输，和集中式控制中的第二种方式一样，最大限度地减少了冗余数据的传输，提高了数据的传输效率。

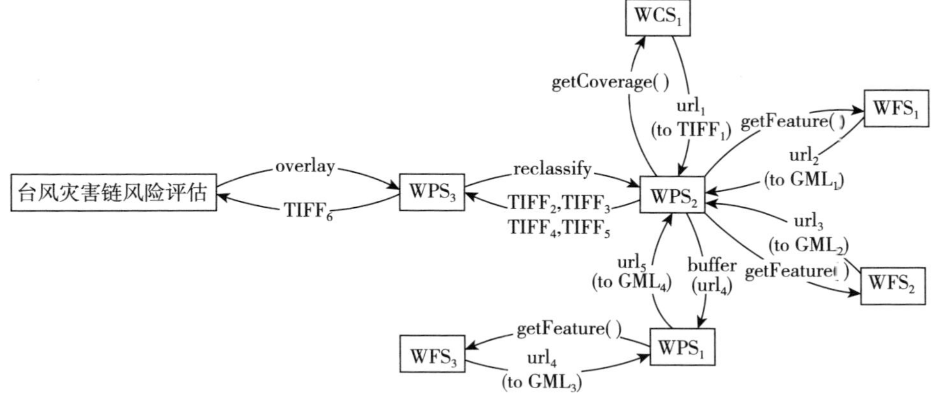

图 4.14　级联式数据流控制模式

4.4　应急管理平台中突发事件模型集成基础工作

模型集成的基本方法包括基础的应急模型、在应急模型基础上的模型组合及针对不同情境的模型推演。与传统商业领域模型集成不同，受到危机环境的影响，面向突发事件的模型集成面临着许多新的挑战。

4.4.1　应急管理基础模型的差异性

突发事件应急处置模型是实现突发事件科学预测预警和智能辅助决策的基础。目前，对突发事件应急处置模型的研究和开发越来越受到重视，模型的种类和数量也在不断增加。由于公共安全领域涉及的内容广泛，包括自然灾害、事故灾难、公共卫生、社会安全四大领域，因而突发事件应急处置模型的种类繁多，对应的应急决策阶段也不尽相同。近年来发展得最多最快的还是预测预警和风险评估类模型。例如，美国联邦危机管理局(Federal Crisis Management Agency，FEMA)开发的 ALOHA[8,9]，飓风预测预警模型 SLOSH[10,11]等；国内突发事件应对模型在原有灾害预测预警的基础上得到了一定的提高。又如，洪灾预测预警模型[12,13]，核与辐射恐怖事件综合预测预警与智能决策模型[14,15]、典型重大气象灾害预测预警模型[16,17]，煤矿重大事故预测预警与智能决策模型[17,18]、城市供水管网的风险评估模型[19,20]、刘韵提出的高校群体性突发事件成因与治理的演化博弈模型[20,21]等。应急处置模型及损失评价、物资调配模型相对较少，其中以突发事件人员疏散模型[21,22]居多。在损失评价和物资调配模型方面，如地震应急物资需求模型[23]，基于案例推理的非常规突发事件资源需求预测模型[24]、基于偏好序的多事故应急资源调配博弈模型[25]、应急系统调度问题的最优决策模型[26,27]等。应急模型类型与数量的增加，丰富了基础模型库，同时也对模型的集成提出了新的挑战。

一方面，由于大量模型针对性较强，用户所处领域、需求、开发环境的不同，造成模型功能、输入、输出及运行环境存在巨大差异，异构性极大地限制了模型的组合应用。部分学者研究集成建模环境下的模型集成，利用统一的编程语言建立模型描述及交互协议支持用户建模，它克服了模型异构性导致的模型不兼容，但在突发事件应急处置中，模型涉及领域广泛，受成本、技术和产权等因素的制约，实际应用中只能利用统一的语言、协议，重复开发少量的跨领域模型。因此，模型集成要在尽量避免改变模型的前提下，实现异构模型的兼容组合与运行。

另一方面，大量模型、数据都分布在异地，并通过网络进行连接与重复利用。信息网络的发展极大地促进了模型的共享，模型或数据的拥有者和使用者可能分布在世界各地。模型、数据资源的分布式特征是不可逆转的。模型集成要使用大量的模型，必须考虑分布式环境下的模型调用、共享与运行机制。

分布式模型集成是要解决地域上分布的、同构的或异构的应用系统间交互的问题，主要包括四个方面的问题，即数据多样性问题、应用系统通信问题、应用系统访问问题和应用集成协同管理。20 世纪 90 年代提出了企业应用集成的概念，传统的企业应用的集成解决方案按采用的方法学分为：①点对点集成方法，是通过少数不同应用系统之间的直接硬代码集成；②面向消息的中间件集成方法，利用高效可靠的消息传递机制进行与平台无关的数据交流，并基于数据通信来进行网络应用系统的集成；③基于业务流程的集成方法，通过过程集成模型如何进行交互及业务的处理，并对企业业务过程的状态和性能进行实时监控，通过流程可视化工具，对企业业务流程进行配置和管理。以上的实现技术，一定程度上满足了企业信息系统的集成需求，但是，这些技术所解决的问题更多地集中在数据层面。传统的企业应用集成解决方案在一定程度上满足了企业信息系统的集成需求。但是所解决的问题更多集中在技术层次，企业应用集成平台与原有的应用系统之间是紧密耦合的，是自定义集成的，可见系统集成的重用性非常有限[28]。

4.4.2 应急管理模型组合

模型组合是将一个模型的输出作为另一个模型的输入的连接操作，模型组合方法基本上可以分为关系型、基于图型、基于知识型、基于脚本型[28,29]。Liang

提出一种与或图的方法用于模型组合[30]。一个基本模型被描述为由两个节点和一条连接这两个节点的边组成，两个节点分别是指基本模型的输入和输出。在这种方法中，一个基本模型的输入和输出表示为单一型的一个节点，因而与或图难以展现模型间的复杂关系，无法形成复杂的组合模型。Basu 和 Blanning 提出了元图概念，利用连接输入参数和输出参数的一条边来展现一个模型[31]。这种模型表示方法克服了与或图无法表现单一模型拥有多个输入参数和输出参数的缺点。但在元图用于进行模型组合时假定了所有可以连接在一起的变量具有相同的变量名，这在突发事件模型库中基本上是不可能实现的，因为模型库中的大量模型都是由不同的人在不同的时间里建立的，建立起完全相同的变量名是不可能的。Muhanna 基于系统框架理论建立了一个名叫 SYMMS 的原型模型管理系统[32]。在这种方法中，模型被视为一个有输入/输出端口的系统。模型和外界使用环境的相互作用是仅仅通过一个详细的定义界面(输入/输出端口界面)表现。这种方法的一个缺点就是不支持单个端口的模型和多个端口的模型进行连接。Chari 使用一种基于知识架构的筛选器来帮助模型选择和组合。该方法以筛选器空间为基础，筛选器空间是一个 n 维空间，在空间上给出制约 n 个模型组合的属性值，同时给出支持一个推理机制来确定是否收集数据库和模型资源满足指出制约数据属性值。筛选器空间使一体化的部分解决方案变为多个复合模合的自动组合和运行[33]。这种动态组合方法虽然自动化程度很高，但是效率并不是很好，对于复杂的模型组合过程将造成大量的时间消耗。根据以上描述的不同模型组合方法，基本可以分为两类，即动态模型组合和静态模型组合。动态模型组合在模型搜索的同时完成模型组合方案的生成。Qi 和 Sun 提出了一种静态的有向的模型连接网络用来反映模型库中的模型静态结构，对网络中各个节点进行了定义和流向，同时提出了一种以信息源数据为输入量，以决策目标为输出量，从静态模型网络中选择模型链和模型组合的算法框架[34]。这种静态网络的优点在于模型之间的关系清晰，同时通过数据格式转换节点解决了模型之间信息格式不匹配的问题。但这种静态网络适用的模型组合相对固定，决策过程为静态且相对简单的模型决策。van Tol[35]与 van Tol 和 Abourizk[36]将Agent引入模型组合中，模型的领域知识经由信任网络提供给 Agent，Agent 被视为一群智能观察员放入模型组合的每个模型之中，提供实时的模型评价、实时的评价模型链的整体性能，从而从信任网络中实时的选择出合适的模型链进行决策。这种方法相当于在模型静态网络的基础上引入了 Agent 用于在网络中动态选择合适的模型链。这种方法同样有着静态模型组合方法固有的缺点，模型组合的空间被静态网络所束缚，不能做出超出网络设定的模型组合的决策空间，因而不能用于复杂的决策过程。邵荃等提出了基于动态网络组合方法的模型链构建方法，根据突发事件阶段任务的层次关系、根据任务分解框架模型进行任务分解，大大提高了模型链的生成速度[37]。Li等利用可重复使用算法和多智能体技术建立了作业安排调度的模型，此方法构建的模型能有效地处理作业调度过程中的复杂问题[38]。李藐等依据突发事件发生后可能会引发一系列的次生、衍生事件从而形成事件链式效应的事实，提出了突发事件的事件链概率模型[39]。王铎提出了基于关联度的突发事件网络模型构建方法，设计了关联度算法判断连锁反应的可能性，丰富了跟李藐等相似事件连锁反应的理论[40]。

总的来看，国内外在突发事件应急处置模型、模型表示和模型组合方法等方面都积累了不少研究成果。模型使用的发展趋势是将模型分解成多个基本单元，基于实时的事件信息和数据，构建动态模型-数据链，实现模型-数据驱动的突发事件“情景-应对”型应急决策。模型集成方法要能够利用高度分散在网络或云端的异构模型、数据进行有效组合。

4.4.3 应急管理集成模型推演

突发事件一般具有前兆缺失，发生和演变机理复杂，直接及次生衍生灾害严重[41]的特点。针对突发事件应急决策问题，情景无疑是决策者赖以决策的基础和依据。因此，通过构建非常规突发事件中的情景，利用模型集成系统逼真地模拟决策者可能面对的决策环境对于保证决策的有效性至关重要。

在突发事件情景构建和推演方面，Chang等针对应急资源布局、配置和调度问题，将突发事件情景定义为事件发生时或发生后有关情形的一种简单假设[42]。姜卉和黄钧[43]以罕见重大突发事件应急实时决策中有关情景的一些基本问题为研究对象，探讨了情景在罕见重大突发事件应急决策中的定义、情景演变的一些基本问题、情景演变的网络表达及情景演变的分析流程等问题。裘江南等从突发事件机理出发，通过对突发事件共性要素的抽象和提炼及其要素间关系进行分析，建立了突发事件及其链式关系知识表示模型，并进行了模型的初期设计和实现[44]。季学伟等针对突发事件链定量风险分析问题，提出了针对突发事件链场景发生概率和后果的定量风险分析方法，并以地震引发蒸汽云爆炸和火灾的事件链为例进行计算分析[45]。此外，针对灾害演化的物理过程，地震、洪水等具体的自然灾害突发事件的演化情景也已经建立[46~48]。

应急过程模拟仿真是实现突发事件有效应对的重要手段。应急处置过程常涉及不同部门、不同地域、不同阶段，具有多目标性、复杂性和时变性等特点。计算机模拟仿真技术，用于各类突发事件或灾害的演化特征研究，以及解决应急响应环节中的规划、决策、评估和训练等问题。Ren等[49]开发一种基于虚拟现实的地铁站人员疏散模拟系统，用于人员疏散过程分析。Shendarkar等[50]开发一种基于虚拟现实的人群模拟系统，用于公共区域恐怖袭击突发事件人群疏散管理。许多学者对地震灾害进行了应急模拟方面的研究，主要包括地震过程仿真、城市建筑与地震行为模拟、地震次生衍生事件分析、地震损失评估、地震中人的行为分析、地震人员疏散方法等[51～59]。Granlund[60]针对远程应急队伍训练问题，开发一种基于 Web 的分布式交互仿真系统，用于在突发事件应急响应环境下，团队成员协调与协作过程训练[60]。Mendonça 等[61]提出一种基于游戏模拟的应急响应群决策支持系统，用于应急响应操作训练和评估。Hu 等针对灾害响应过程模拟训练问题，提出一种基于 Grid 和 HLA 的分布式仿真训练系统框架[62]。Shao 和 Charles 将仿真技术与游戏技术相结合，提出一种分布式仿真训练原型系统，用于应急响应训练[63]。赵策和陈国友基于 HLA 框架，将多人在线游戏与分布式仿真系统相结合，定义了系统的交互机制，从而构建了综合应急模拟训练系统框架[64]。Wu 等[65]将一种基于 Agent、离散事件仿真器、地理信息系统，以及灾害应急响应政策和法案规则库的应急响应模拟系统，应用于应急资源的配置和操作有效性的评估，以加强区域应急资源和操作管理。Ahmed 和 Alkhamis 将仿真技术与优化方法相结合，开发应急医疗响应模拟工具，用于政府医疗救护应急决策，以提高医疗应急响应的效果[66]。Rui 等利用多人三维游戏引擎技术和地理信息系统技术，开发洪水灾害和救援人员干预过程模拟系统，用于检验洪水应急响应计划的有效性[67]。Coolahan 等开发一种基于 HLA 的分布式仿真平台，用于对化学灾害响应中的资源分配和配送方案、灾害干预效果，以及灾害响应后的长期性影响进行分析评估[68]。张欣和钟耳顺应用基于地理信息系统的应急预案过程动态推演，采用图形标绘的方法表达应急预案中的相关要素[69]。目前，该方法已被应用于城市居民防空疏散预案的应急模拟[70]。贾传亮等采用定性因果推理法和定性模拟算法，对突发事件应急处置过程进行了模拟研究，并得到了与实际结果较为一致的结果[71]。

在其应急平台研究中，集成式的技术原型研究方法发挥了重要的作用，如突发事件统一决策指挥系统的原型设计[72,73]，对突发事件应急状态下的信息管理和信息共享系统进行研究，以确保突发事件第一响应的安全性和有效性，旨在建立鲁棒性好、功能齐全、可操作性高的统一决策指挥系统. 在 UICDS 架构设计过程，其原型的设计、实施和操作主要围绕系统在多种突发事件场景下的关键能力展示和测试开展，采用模拟环境下的多个范例操作评估系统架构的性能参数。美国 Texas A&M 大学的应急管理方面建成的应急培训中心(Emergency Operations Training Center)，其中集成了多种应急的模型和数据，但其架构上并非是分布式的。在其他研究方面，有一些分布式的研究网格处理，如澳大利亚的临床管理研究网格采用了基于 Web 的服务技术提供数据处理和信息服务[74～79]。

4.4.4　基于网络服务的模型集成方法

紧密集成针对本地模型或系统，通过建立统一的标准建模环境，重构系统结构即可实现模型融合，这种方法可靠程度高，但建模成本巨大，现在一般很少被应用，本小节主要介绍分布式环境下的松散集成。考虑突发事件的基本特征，面向突发事件的模型集成需要解决三个基础问题：①如何收集、描述分布式的模型与数据；②如何构建模型和数据组合链；③如何在线实现多模型推演。本小节将介绍一种目前主流的基于 Web Service 模型的集成方法，分别阐述解决上述问题的理念和详细过程。

面向服务体系结构的一个主要原理是把任务过程分解为可重复使用的，可以作为服务实现的实体。这里的服务是显露的、独立的软件实体，它通过明确定义采用同步或异步通信模型的接口与外部交流，可以通过应用程序的代码调用这些服务去利用它们。设计时，开发人员可以在服务的知识库中查询与目标功能相匹配的服务。查询出来的几个相匹配的服务一般满足目标服务的部分功能。基于某些设计原理、域策略、内容、参数选择等，开发人员使用某些组合机理、组合部分或者全部查询处理的服务。因此，提供了一种用于实施和部署的类工作流说明书。这种工作流说明书叫做组合服务，形成组合服务的过程叫做服务组合。值得注意的是，组合服务是典型的用一个服务的输出作为另一个服务的输入的链式过程。这种方法具有功能重复少、可重复使用和弹性设计等优点。其最大的特点是可以被充分地开发和利用，也就是说匹配服务的组合过程可以完全地自动化处理。本小节将着重讨论这种自动化处理的特征。

在面向服务的环境中，服务是持续增加和移动的。正如前面提到的，在这种环境下的应用开发的基础是发现、选择和组合匹配服务。这里所谓的服务是指一个假定的接口、典型的信号和基于网页的服务可以唤醒任意功能。这些服务既可以是简单的无动作状态，也可以是复杂的服务状态。该系统简洁的结构和服务引擎，还无法实现高水平的复杂的服务。在组合过程被定义的前提下，我们假设能够捕捉到服务所需的必要的语义，并且能够充分利用服务属性。因此，我们唯一的假设就是服务组合可以实现和提供所有的服务。同时，用某些可以反映服务属性的语义元数据来注释该服务。该服务揭示了描述调用操作的语义属性的接口，如输入、输出和目标等，它们从知识库中查找和提取，语义知识库的概念采用本体的方法去捕捉。

4.4.5 应急管理平台服务组合框架

本书的组合框架主要集中在服务知识库中的服务语义描述。通过描述组合服务的语义的组合需求来激发组合过程。在服务知识库中查询了可能匹配的服务后，组合框架采用增量接近的方法来产生备选组合。产生的过程是自动的，而且产生的选项会根据排名输出。所谓的增量接近意味着备选组合的图形产生、筛选和解释过程中会有增量。

1. 概念方法

如前所述，在设计时，我们把抽象水平的服务组合作为目标。自动服务组合的输出是一系列备选组合的排名，但这些备选组合并没有在形成的过程中执行。这种抽象服务和具体服务的松耦合极大地减少了细节，从而提升了组合算法的计算能力。为了去采用组合服务的结果，我们需要某些具有中介功能的平台用于联系虚拟的筹划到真正执行的环境，如捆绑、多样性、连接、安全问题等。从概念上来讲，我们的问题可以描述为："假设有一系列存在/可用的服务，我们的目的是自动去组合它们，然后用组合需求的描述去提供一个全方位的功能。"

针对这个，我们提出了以下问题。

(1)组合需求的内容是什么？

(2)怎样捕捉已存在的/可用的语义？怎样公布？

(3)怎样发现和选择潜在的服务？我们需要查询哪种类型的服务？

(4)怎样排列组合的结果？

(5)怎样筛选？理由是什么？怎么验证？

图 4.15 采用的是概念方法草图，它主要包括自动服务组合和验证部分两个部分。

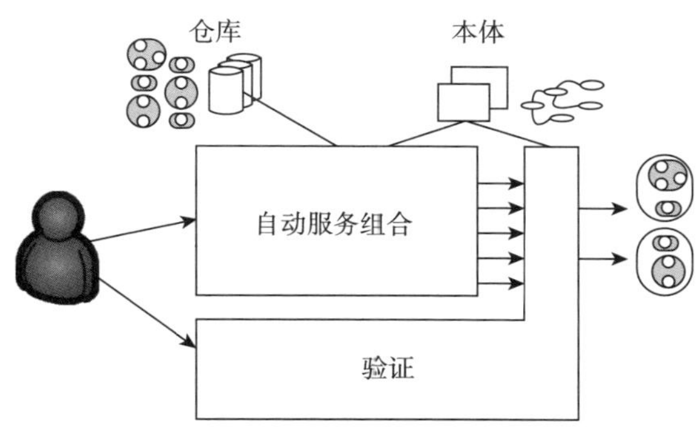

图 4.15　概念方法草图

在概念方法草图中展示了我们采用的知识库，它包括语义注释的服务描述和包含概念的本体两部分。使用者提供两个输入，即组合需求输入和验证标准。我们用有特定语法的常规的复合需求去描述组合服务。自动服务组合通过基于图形的查询算法来实现。验证模型会根据用户输入的验证标准筛选和推导这些备选组合。例如，用户可以推导是否某个组合完成了某个目标；也可以检查是否某个组合满足了某个非功能的需求。

在上述框架中，服务发现和组合算法的基础是所谓的语义相似性。这种相似性代表了概念之间的相似程度。例如，我们发现潜在的服务形成知识库，只要它们完全或部分达到描述组合需要的某个目标(这将是目标语义相似性)。当然，如果一个服务的输出和另外一个服务的输入具有语义相似性，我们就组合这两个服务(这将是输入/输出语义相似性)。当前语义相似性的基础是计算这些概念与单个本体的语义距离。I/O(input/output，即输入/输出)依赖就是一个类似的概念，这在文献[2]和文献[12]中有相应的介绍。语义相似性在比较异质知识库中的任意种类的客体时有重要的作用。

2. 基于图形的搜索算法

自动组合搜索算法的设计基于图论的思想，采用改进的广度优先搜索算法，这种方法简单有效，是一种较好的可拓展的服务组合算法。

图 4.16 中详细定义了一系列属性，这些参数将用于搜索算法的设计。其中包括三个基本的功能属性，即 Goal(G)、Input(I)、Output(O)及一个非功能性属性(non-functional properties，$NF=\langle k_i, v_i\rangle$，其中，$k$ 为种类；v 为数值)。这些属性对描述 Web Service 服务进行描述。该算法的图形是由点和边构成的，其中节点代表从模型存储库中发现的模型服务，边代表节点之间可能的关联。当对图形中的节点进行关联或连接时，需根据模型 I/O 接口的语义相似性。

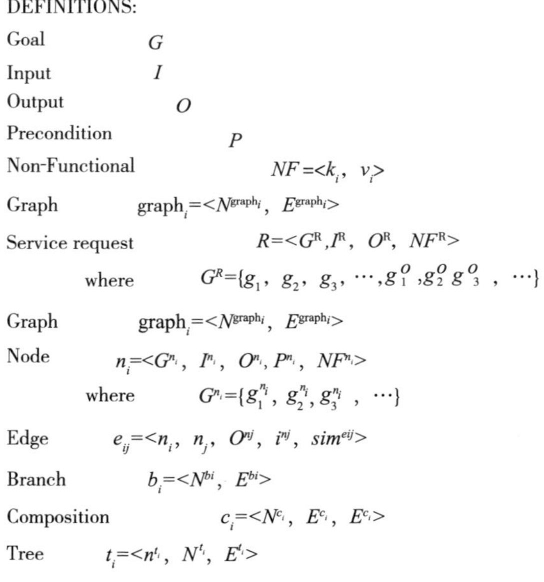

图 4.16　搜索算法属性定义表

设用户要求的模型服务组合为 $\boldsymbol{R}$，它是一个向量，其中分别包含了上述的(Goals，Inputs，Outputs)属性，以及非功能性属性集(G，I，O，NF)。$\boldsymbol{R}$ 的属性可以采用语义描述语言，如 OWL-S 进行详细描述。服务的 goals 属性分为两类：强制性目标(g_1，g_2，g_3，…)及可选择目标(g_1^o，g_2^o，g_3^o，…)。该搜索算法进行服务匹配，并在构建模型服务组合图的过程中，将同时考虑两类目标。不同的搜索是算法在验证可能组合节点是否匹配用户要求的服务组合时，仅考虑强制性目标(利用语义相似性)。由于一系列前提条件的存在，节点与组合服务的要求有相似的结构，它是算法图形中的可调用的基础模型服务操作器。而这些前提条件则描述了对给定模型服务进行操作的约束条件，如对服务操作的调用顺序进行限制。每一个节点都有索引，因此它在确定的图形中是被唯一标记的。此外，由于服务注释是用来标记用户调用服务的意图，因此，该节点的目标必须全部设定为强制性的。图形中的边是某一节点的输出，到另一个节点的输入之间的有向弧，它同样存在语义相似性函数。该函数能够揭示边所在的输入、输出之间的匹配度，换言之，即两者之间的概念距离。在实际使用中，应用了文献[11]所提出的所谓完美匹配、插件、包含和不匹配四种指标来表示节点和边的相似度函数，并由对应的符号简化表示。其中，Branch 与 Composition 是整个图形的子图，它也由清晰标记的节点和边表示。Tree 是一种类似于树状的图形结构，它由指定的起始节点到终止节点。

算法初始阶段需要构建所有服务的组合图。根据用户的服务组合要求，提起其中的语义属性，并利用语义匹配的服务发现机制从服务存储库中检索匹配的服务。功能属性将作为基础查询的属性(非功能属性在后续将用于组合方案的排序)，图 4.17 解释了在构建所有服务的组合图中，组合要求与匹配服务之间的一般关系。首先，系统查询服务存储库中，判断其中是否存在服务满足用户组合请求所需要的任意一个输入(起始节点，N^{start})；是否存在服务能够满足组合请求所要求的任意一个输出(终止节点，N^{end})；以及是否存在服务能够满足组合请求所要求的任意目标(目标节点，N^{goal})，则所有的节点集合为 $N^{\mathrm{all}}=N^{\mathrm{start}}\cup N^{\mathrm{end}}\cup N^{\mathrm{goal}}$。第一阶段完成以后，若起始节点、终止节点和目标节点都搜索到了相应的服务集合，则每个节点的目标都存在与用户请求的目标之间的语义相似性。图 4.18 刻画了该搜索算法的基本过程，由于只用简单的数学符号和推理公式表达，它并非是实际编程所用的程序，不能用于实际中的分析，它旨在让读者能够对该算法的功能和特点有一般性的理解。

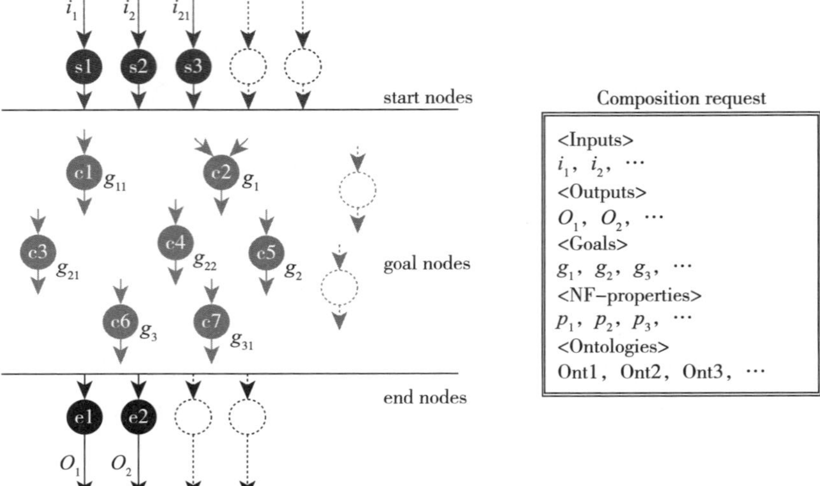

图 4.17 用户组合请求与组合图形的节点

ALGORITHM:

$\forall n_i \in N^{all}\{$

$k=1$

$\forall i_m \in i^{n_i}\{$

$\forall n_j \in N^{all}\{$ $//j \neq i$

$\forall o^n \in o^{n_j}\{$

if (sim(i_m, o_n)>0)then create

$e_{ij}^m=<n_i, n_j, i_m, o_n>$

$\}$

$\}$

$\}$

$\}$

$\forall n_i \in N^{end}\{$

include $\begin{pmatrix} e^{n_i} \\ n^{e^{n_i}} \end{pmatrix} \rightarrow t_i$:Tree$|N^{Tree}$

until$n^{e^{n_i}} \in N^{start}ORe^{n^{e^{n_i}}}=\{\}$*OR*$n^{e^{n_i}} \in N^{Tree}$

$\}$

$T=\{t_i\}$ //set of all trees

$\forall t_i|_{i^{n^{t_i}} \in N^{end}}\{$

include $\begin{pmatrix} e^{n^{t_i}} \\ n^{e^{n^{t_i}}} \end{pmatrix} \rightarrow b_i$:Branch

until $n^{e^{n_i}} \in N^{start}$ OR $e^{n^{e^{n_i}}}=\{\}$

$\}$

$B=\{b_i\}$ //set of all branches

图 4.18 搜索算法形式化表达

上述算法首先进行节点之间的关联与连接。基于节点输入、输出之间的语义相似性，如若一个节点的输出在语义上与另一个节点的输入相似，即[$\mathrm{sim}(i_m, o_n)>0$]，则将两节点进行连接。然后，通过不断地遍历与某一个终止节点相连接的其他节点，可以建立所有终止节点的无循环树。这种构建结构树的方法是递归地搜索组合图形中的节点和边(实际中应用 Include 模块去收集节点和边，同时用 Tree 模块建立树状结构)，直到所有的起始节点都被涵盖且没有循环结构的存在：

$$n^{e^{n_i}} \in N^{\text{start}} \text{ OR } n^{e^{n_i}} = \{\quad\} \text{ OR } n^{e^{n_i}} \in N^{\text{subgraph}}$$

利用相似的方法，下一步则是在无循环树中生成所有可能的分支(branches)，即从所有终止节点到所有可能的起始节点。

图 4.19 解释了一部分的算法内容，其中分支(branches)可以组合构建成为模型服务组合方案，并在后续对这些方案进行排序。分支的组合过程由深度参数(depth parameter)控制，其数值大小决定某一组合的分支数量。有效的组合方案，必须满足用户在目标、输入、输出方面的需求，即用户要求的模型组合目标全部实现，输出所有要求的结果，并且要遵守部分或所有的模型组合输入要求。

$\text{branch}_{\text{count}}=0$

$\forall b_i \in B\{$

$\quad \forall b_j \in B/b_i\{$

$\quad\quad \text{branch}_{\text{count}}++$

$\quad\quad \text{if } \text{branch}_{\text{count}} \geqslant \text{Branching Depth EXIT}$

$\quad\quad sg_k = B^{b_i}_{\text{comp}} = B^{b_i}_{\text{comp}} \cup \{b_j\} \text{ if and only if:}$

$\quad\quad\quad 1. G^{sgk} \supseteq G^R \text{ with } G^{sgk} = g^{n \in N^{\text{all}}_{sgk}}$

$\quad\quad\quad 2. O^{sgk} \supseteq O^R \text{ with } o^{sgk} = o^{n \in N^{\text{and}}_{sgk}}$

$\quad\quad\quad 3. I^R \supseteq I^{sgk} \text{ with } I^{sgk} = i^{n \in N^{\text{leqf}}_{sgk}}$

$\quad \}$

$\}$

$C = \{c_i:\ B^{b_i}_{\text{comp}}|_{bi \in B}\}$

RANKING:

$\text{Ran}^{\text{overall}} = w_1\text{Ran}^{\text{sim}} + w_2\text{Ran}^{\text{goal}} + w_3\text{Ran}^{NC} + w_4\text{Ran}^{NF}$

$\quad \text{where } \sum_i w_i = 1$

$\text{Ran}^{\text{sim}} = \text{sim}^{e^{sgk}}$

$\text{Ran}^{\text{goal}} = \text{Max}(g^{n^{sgk}})$

图 4.19　模型服务组合与排序

组合方案的排序由四个部分的权重函数决定，包括所有边的 I/O 语义相似性(Ran^{sim})、节点目标的语义相似性(Ran^{goal})、服务的数量(Ran^{NC})及组合方案中非功能属性的聚集体(Ran^{NF})，这些不同的权重系数将以不同的方式被配置，如认为各种属性的权重都是相等的。

上述组合算法能够在一定程度上拓展组合图的节点。一般而言，若在组合方案中，无法搜索到有效的组合，则允许节点进行拓展。拓展的实现需要从模型服务存储库中发现更多新的服务，并将其加入到组合图 4.19 中。发现过程需要使用与初始不同的参数进行查询。算法同时允许系统发现图 4.19 中的不可连接性，如组合方案要求的目标节点，可能从所有的终止节点出发都不可达。同时，算法可以不断地拓展潜在的服务内容，为模型服务组合方案的计算与排序提供可量化的解决方案。

3. 模型服务组合的验证

验证的过程是为了确保建立的体系可用，即证明方案能够满足指定的要求与预期。模型服务组合的验证算法主要利用对组合方案的过滤与目标推理，以判断服务目标的语义标注是否满足要求。在验证过程中，服务目标的表达式就可以作为筛选准则，如表达式为“组合方案必须实现确定顺序的服务目标”。验证过程的结果则反映了模型服务组合是否能够满足筛选准则。实际上，验证算法要求服务开发人员与系统进行反复的交互，并输入基于目标的表达式；这些表达式也可以转换为配置文件导入至系统，如领域文件或服务开发人员的配置文件。这些文件实际上包含了大量用户请求的目标表达式，如某一领域文件说明了需求位置服务时，必须采用全球定位系统(global positioning system，GPS)定位；相似的，一个开发人员的配置文件也要包含大量经验或实例的表达式，并能够被输入至验证工具中。

验证阶段是十分必要的，因为并不是所有的用户要求都可以在最初的服务要求中被导入或表达出来，模型服务运行中的突发请求或用户的额外要求都有可能产生，因此以表达式的方式将用户请求表征出来并输入至验证过程是十分必要的。

利用简单的布尔代数与伪代码表达式，建模人员就能够使用该验证方法，下面给出一个实例进行简单说明：

- @goal=GoalA
- @goal=GoalA AND @goal=GoalB
- @goal=GoalA OR @goal=GoalB
- NOT @goal=GoalA
- @goal=GoalA THEN @goal=GoalB
- @goal=GoalA MAXIMUM n TIMES

上述表达式中，@goal=GoalA 是基础表达式，若它为 true，则模型组合中的任意服务的目标等于 GoalA；而且，利用普通的布尔算子，如 AND、OR、NOT 等，上述基础表达式就可以进行新的拓展。

目标的执行顺序是模型服务集成控制的关键之一，利用算子，如 THEN、BEFORE 和 AFTER 等，目标顺序即能被表征。例如，制定一个规则：一个目标必须在另一个指定的目标之后或之前执行。“MAXIMUM n TIMES”被用来制定某一目标在组合方案中最多能被实现的次数。

其他表达式类型是为验证工具而定义的。利用标准的词法分析器和解析器，验证工具可以分析并使用目标相关的表达式。详细而言，词法分析器和解析器搜索关键词和基础的表达式元素，并基于关键词和原子表达式 @goal=GoalA，生成抽象语法树。语法树可用于验证阶段中组合方案及其内部个体的目标识别。总体而言，利用关键词和表达式，验证过程可分为如下两个步骤。

步骤 1：在组合图中识别目标及目标顺序。

步骤 2：构建目标之间的逻辑关系并排序。

识别组合方案中的基本元素，必须考虑目标本体，并进行组合方案中目标的基础语义分析。在之前的问题研究中，这个推理分析过程主要局限对目标本体中简单关系的分析，如 subClassOf 或 EqualsTo。每一个目标相关的表运式都将反馈 true 或 false 值。在验证过程中，步骤 2 采用表达式的布尔逻辑，包括 AND、OR 和 NOT，以评估完整的表达式。

4.5 应急管理平台模型示例

4.5.1 集成平台中的平面地图设计

集成平台中的地图成为 EM-map，EM-map 主要分为地图服务、数据可视化、数据共享及客户方调用交互四个部分。

(1)地图服务。地图服务采用流行的 mapserver 来实现，通过 python 封装 mapscript 及动态生成 mapfile 发布地图瓦片服务及矢量服务请求。

(2)数据可视化。数据可视化模块采用前端 javascript 工具库 OpenLayers 2.13 及 echarts 2.0，实现数据的分布、足迹、区域、热图、趋势图等可视化分析效果。

EM-map 可视化分析部分分为散点分布、运动轨迹、区域分析、密度分析、时间动画分析、趋势分析等。

第一，散点分布。通过用户共享的空间数据在 EM-map 系统中根据经纬度绘制数据，用户可以分析数据相关的散点分布情况。

第二，运动轨迹。通过用户共享的空间数据在 EM-map 系统中根据不同时间的数据经纬度绘制，用户可以分析数据在某个时刻的状态及某个时间段内的运动轨迹。

第三，区域分析。用户通过区域选取工具选择某个区域内的数据分布，从而对某些区域做出相应措施。

第四，密度分析。密度分析采用热度的方式为用户提供可视化分析，用户可以从中分析出哪些区域数据的相对密度大小。

第五，时间动画分析。时间动画分析采用针对数据部分到整体的生成过程，同时可以采取相应解决方案。

第六，趋势分析。采用数据趋势提供给用户在不同时间的数据的情况。

(3)数据共享。用户还可以把自己的数据通过上传和数据接口的方式共享给 EM-map 来实现数据的可视化分析。

(4)用户调用及交互。用户调用及交互模块存在一个问题难点(不同服务器之间数据交换)，即没采用通过服务器与服务器的数据交换方式，如数据推送，而是采用页面与页面的数据交换方式，不需要再到两个服务器上去取数据，从而提高了交互效率。

系统时序图，如图 4.20 所示。

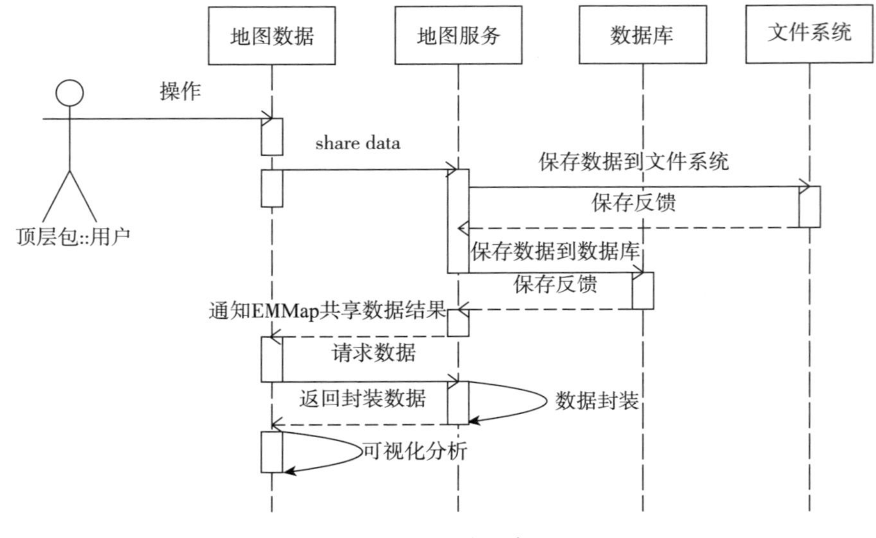

图 4.20　系统时序图

系统中地图端、服务端、用户端、数据端相互交互，协同完成地图的功能，为平台中其他的模型提供基础功能，并提供相关地理数据。

4.5.2　燃气泄漏实时平台设计

燃气泄漏实时监测云平台用于实时展示各监测点监测到的浓度数据、GPS 位置信息和时间信息，同时可以根据高斯模型初步计算出泄漏源位置信息，所有的这些位置信息都可以在我们开发的 EM-map 地图上展示出来，用于协助燃气公司和相关政府职能部门的应急决策。

整个燃气泄漏实时监测云平台包括后端服务器支持和前端网站服务。其中后端服务器提供了 MySQL 数据库支持、EM-map 地图支持和搭建 Linux 网页服务器，MySQL 数据库用于实现传感器终端设备采集的数据的存储、备份和操作；

EM-map 地图用于展示 GPS 位置信息，并支持简单的用户操作；Linux 网页服务器用于架设前端的网址服务。前端的网址服务包括系统简介(主界面)、浓度监测、泄漏源定位三个板块。其中浓度监测用于实时展示各传感器终端收集到的现场数据；泄漏源定位用于展示分析得到的疑似泄漏源数据(图 4.21)。

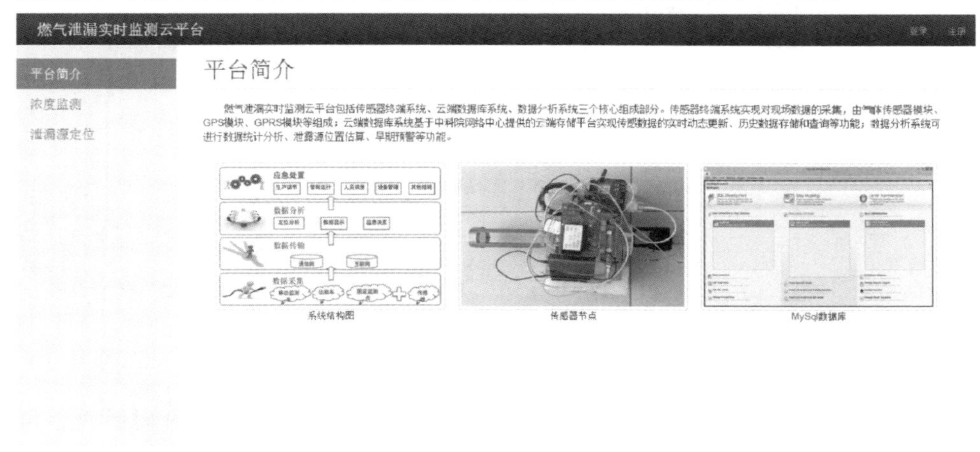

图 4.21　燃气泄漏应急监测平台主界面

浓度监测板块实时、动态地展示传感器终端收集到的最新的 GPS 信息与浓度数据，并在地图上进行对应标记。

浓度监测数据直接调用后台服务器中的数据，刷新方式为自动刷新。显示的内容包括两个下拉菜单，第一个是选择显示数据的时间，包括实时浓度和历史浓度；第二个是选择监测点的类型，包括固定监测点和移动监测点。

下面将分别介绍在不同的选项条件下网页所展示的内容。

1. 实时浓度＋固定传感器

在实时浓度条件下，固定监测点每页默认显示 20 个传感器的最新数据(也可以自由输入用户希望每页显示的传感器个数)，这 20 个传感器为最新接收数据的传感器。点击每一条数据都会在地图上让对应传感器高亮，并在地图上弹出浓度、编号、时间和位置信息。同时，点击地图上任意位置的传感器标志，都会在左边的表格中高亮对应的数据条(图 4.22)。

(1)每一固定传感器监测点都有三位数的固定编号，编号从 100 开始。

(2)页面左侧为表格。表格中显示的数据有“编号”、“时间”、“经度”、“纬度”及“浓度”五项，可以选择按照任意一项信息排序，默认按“浓度”大小排序。

(3)每一固定传感器始终仅在表格中占用一行，“编号”、“经度”及“纬度”信息固定不变，“时间”及“浓度”信息显示该传感器最新一次发送信息的时间及其浓度。

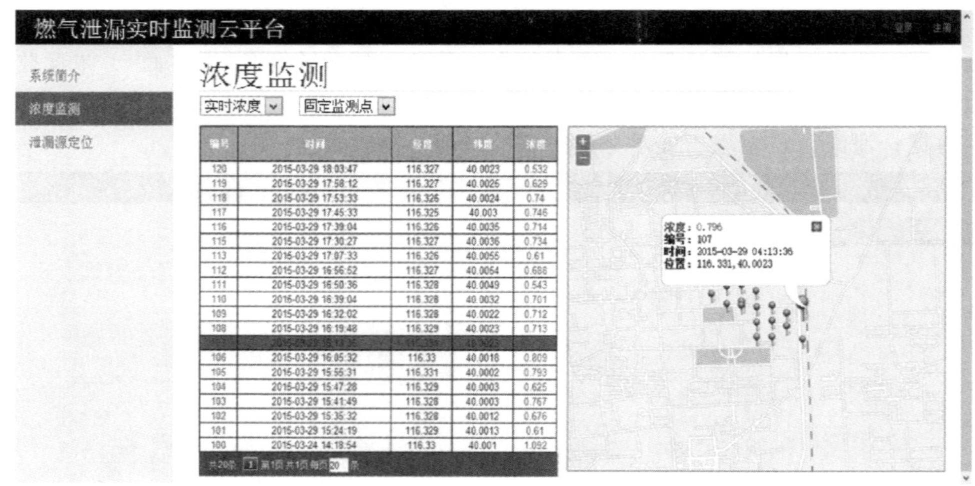

图 4.22　浓度监测实时浓度固定监测点

(4)表格下方可以通过“▶▶”“◀◀”翻页，也可以通过手动输入页码跳页。可自行设置每页显示行数，最多为 100 行，默认为 20 行。表格中只显示一周内的数据，在此之前的数据可以在“历史数据”内查看。

(5)页面右侧调用 EM-map 地图，会显示表格当前页面上所有的固定传感器，每一个固定传感器在地图上均有标记，其中对于当前高浓度(＞0.001％)对应传感器在地图上会有特殊警示标志。地图显示区域根据表格当前页面传感器分布进行自动调整与缩放。

(6)在表格与地图之间形成直观的对应。点击表格中任一行的“编号”，会在地图上的对应标志处弹出含有“编号”、“时间”、“位置”及“浓度”信息的窗口；点击地图上的任一固定传感器标志，表格中对应行高亮显示。

此外，表格中的浓度与该点的“浓度与时间曲线”超链接，鼠标移动到表格上任一行的“浓度”时，可查看各固定传感器的动态变化，如图 4.23 所示。拖动曲线图下方滚动条可调节时间显示范围及间隔，点击右上角的按钮可存储该图像。

2. 实时浓度＋移动传感器

在实时浓度条件下，移动传感器显示所有移动传感器传回来的最新的 20 条数据，点击每一条数据都会在地图上让对应传感器高亮，并在地图上弹出“浓度”、“编号”、“时间”和“位置”信息。同时，点击地图上任意位置的传感器标志，都会在左边的表格中高亮其相对应的数据条。地图区域与缩放根据最新活跃的传感器位置进行自动调整与缩放。

移动传感器显示所有移动传感器传回来的最新的 20 条数据，同样在表格与地图之间形成对应，点击实现双向高亮显示。每一移动传感器监测点都有四位数

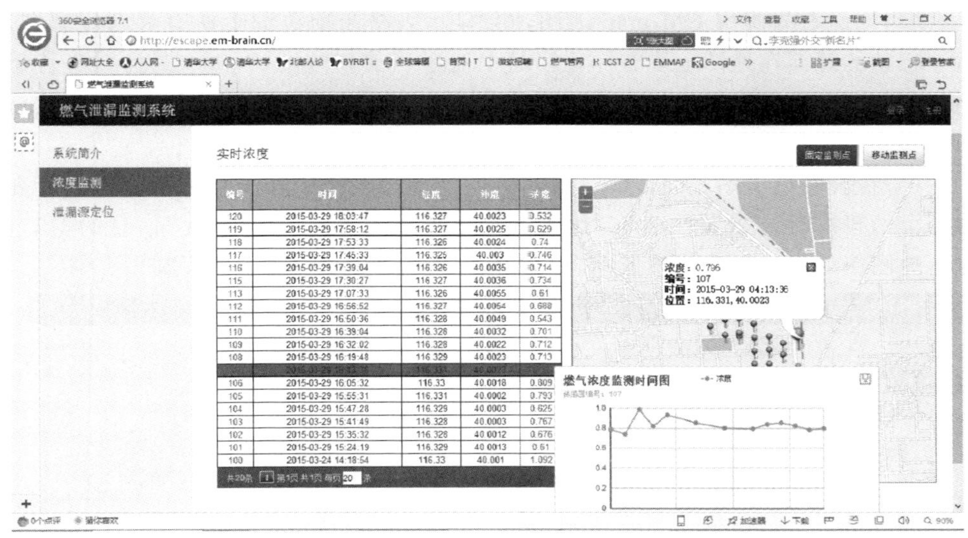

图 4.23　浓度与时间曲线界面

的固定编号，编号从 1 000 开始(图 4.24)。

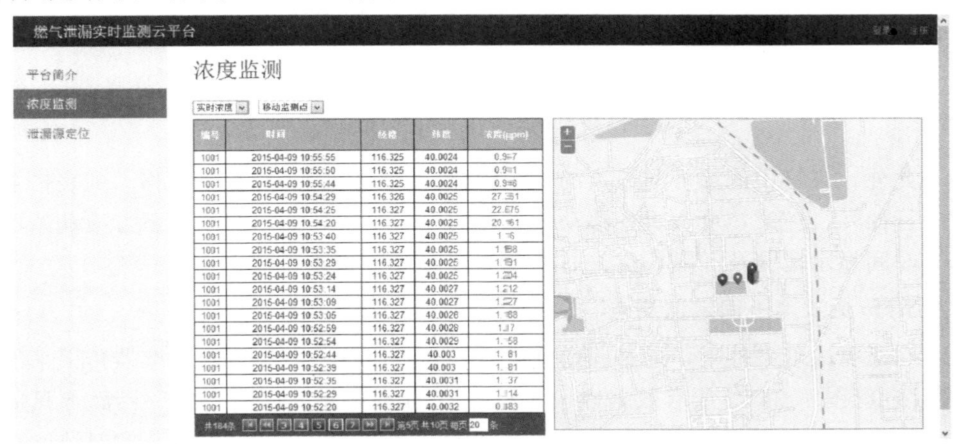

图 4.24　实时浓度移动传感器监测点

(1)页面左侧为表格。表格中显示的数据有“编号”、“时间”、“经度”、“纬度”及“浓度”五项，固定按时间排序，最新者靠前。

(2)每一移动测试点可能同时在表格中占据多行，每一次接受新的信息都会新开一行显示。

(3)表格下方可以通过“▶▶”“◀◀”翻页，也可以通过手动输入页码跳页。可自行设置每页显示行数，最多为 100 行，默认为 20 行。表格中只显示一周内的数据，在此之前的数据可以在“历史数据”内查看。

(4)页面右侧调用 EM-map 地图，会显示表格当前页面上所有移动传感器，每一移动传感器在地图上均有标记，其中对于当前高浓度(>0.001%)对应传感器在地图上会有特殊警示标志。地图显示区域根据表格当前页面传感器分布进行自动调整与缩放。

(5)在表格与地图之间形成直观的对应。点击表格中任一行的“编号”，会在地图上的对应标志处弹出含有“编号”、“时间”、“位置”及“浓度”信息的窗口；点击地图上的任一移动传感器标志，表格中对应行高亮显示(图 4.25)。

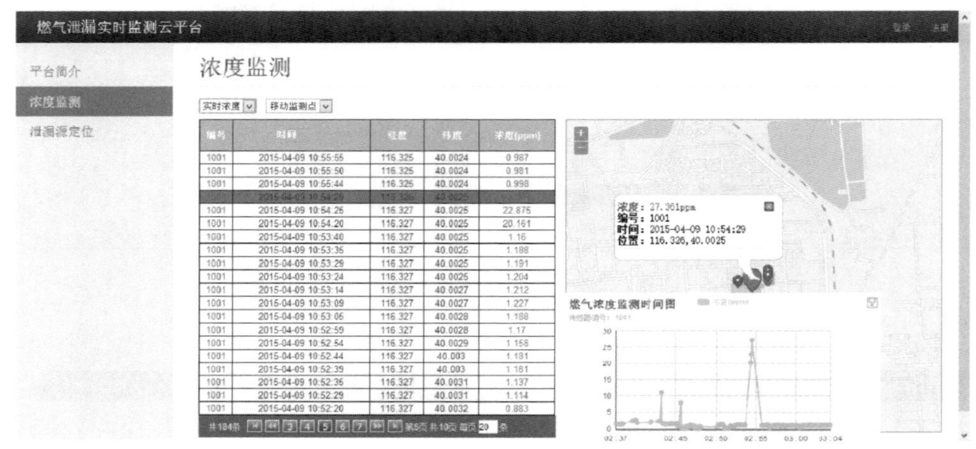

图 4.25　移动监测点浓度与时间曲线界面

此外，表格中的浓度与该点的“浓度与时间曲线”超链接，鼠标移动到表格上任一行的“浓度”时，可查看各移动传感器的动态变化。拖动曲线图下方滚动条可调节时间显示范围及间隔，点击右上角的按钮可存储该图像。

3. 历史浓度＋固定监测点

在历史浓度条件下，通过固定监测点选项可以查看所有固定传感器传回来的所有浓度(图 4.26)。所有数据以固定监测点的编号分类查阅，同一界面上只能显示一个固定监测点的历史数据。页面布局、信息内容与链接方式与实时浓度页面类似。

(1)页面左侧为表格。表格中显示的数据有“编号”、“时间”、“经度”、“纬度”及“浓度”五项。其中“编号”框内有选择项，可以选择任一固定监测点进行查看，默认选择为 101 号固定传感器，点击选项时表格内容立即更新。按照时间逆序排列。

(2)表格下方可以通过“▶▶”“◀◀”翻页，也可以通过手动输入页码跳页。可自行设置每页显示行数，最多为 100 行，默认为 20 行。

(3)页面右侧调用 EM-map 地图，显示表格当前页面上固定传感器所在位

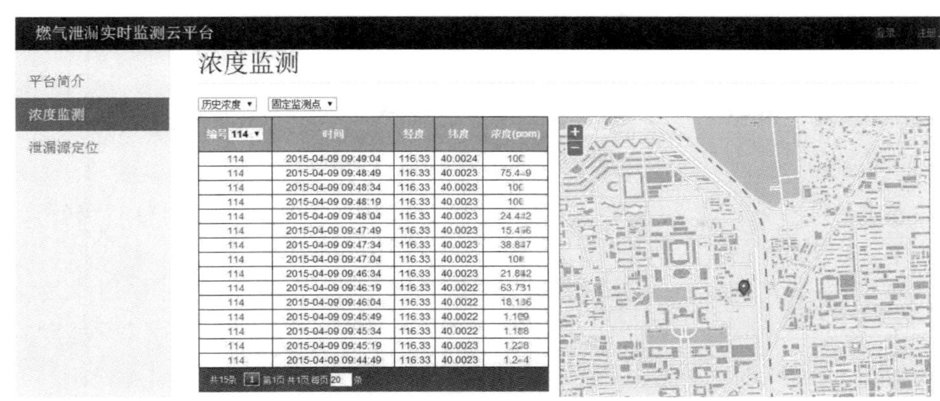

图 4.26　历史浓度＋固定监测点

置。地图显示区域根据表格当前页面传感器分布进行自动调整与缩放。

(4)在表格与地图之间形成直观的对应。点击表格中任一行的“编号”，会在地图上的对应标志处弹出含有“编号”、“时间”、“位置”及“浓度”信息的窗口；点击地图上固定的传感器标志，表格中相应行高亮显示。其实，对于单一固定传感器而言，这个对应功能没有什么实际用途，不过为了整体效果的呈现及以备不时之需，开发团队还是将这个功能设计了出来。

此外，表格中的浓度与该点的“浓度与时间曲线”超链接，鼠标移动到表格上任一行的“浓度”时，可查看该固定传感器的动态变化。拖动曲线图下方滚动条可调节时间显示范围及间隔，点击右上角的按钮可存储该图像。

4. 历史浓度＋移动监测点

在历史浓度条件下，通过移动监测点选项可以查看所有移动传感器传回来的所有浓度(图 4.27)。移动监测点历史浓度数据过多，可以根据时间进行分类来筛选展示的数据。页面布局、信息内容与链接方式与实时浓度页面类似。

(1)页面左侧为表格。表格中显示的数据有“编号”、“时间”、“经度”、“纬度”及“浓度”五项。其中“时间”框内有选择项，可以选择“一天内”、“一周内”、“两周内”、“30 天内”、“60 天内”、“半年内”、“一年内”或“全部”，对该期间内全部数据进行查阅，默认为“30 天内”，点击选项时表格内容立即更新，按照时间逆序排列。

(2)表格下方可以通过“▶▶”“◀◀”翻页，也可以通过手动输入页码跳页。可自行设置每页显示行数，最多为 100 行，默认为 20 行。

(3)页面右侧调用 EM-map 地图，会显示表格当前页面上所有移动传感器，每一移动传感器在地图上均有标记，其中对于当前高浓度(＞0.001％)对应传感器在地图上会有特殊警示标志。地图显示区域根据表格当前页面传感器分布进行

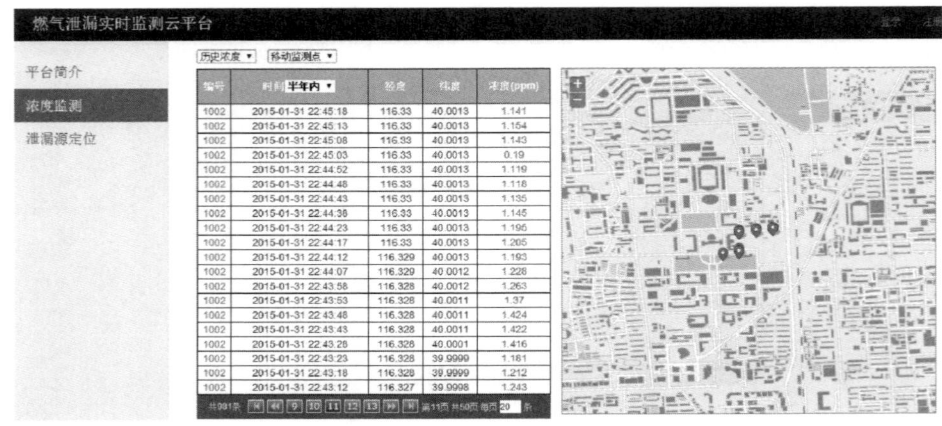

编号	时间 半年内	经度	纬度	浓度(ppm)
1002	2015-01-31 22:45:18	116.33	40.0013	1.141
1002	2015-01-31 22:45:13	116.33	40.0013	1.154
1002	2015-01-31 22:45:08	116.33	40.0013	1.143
1002	2015-01-31 22:45:03	116.33	40.0013	0.19
1002	2015-01-31 22:44:52	116.33	40.0013	1.119
1002	2015-01-31 22:44:48	116.33	40.0013	1.118
1002	2015-01-31 22:44:43	116.33	40.0013	1.135
1002	2015-01-31 22:44:38	116.33	40.0013	1.145
1002	2015-01-31 22:44:23	116.33	40.0013	1.196
1002	2015-01-31 22:44:17	116.33	40.0013	1.205
1002	2015-01-31 22:44:12	116.329	40.0013	1.193
1002	2015-01-31 22:44:07	116.329	40.0012	1.228
1002	2015-01-31 22:43:58	116.328	40.0012	1.263
1002	2015-01-31 22:43:53	116.328	40.0011	1.37
1002	2015-01-31 22:43:48	116.328	40.0011	1.424
1002	2015-01-31 22:43:43	116.328	40.0011	1.422
1002	2015-01-31 22:43:28	116.328	40.0001	1.416
1002	2015-01-31 22:43:23	116.328	39.9999	1.181
1002	2015-01-31 22:43:18	116.328	39.9999	1.212
1002	2015-01-31 22:43:12	116.327	39.9998	1.243

共981条 9 10 11 12 13 第11页 共50页 每页 20 条

图 4.27　历史浓度＋移动监测点

自动调整与缩放。

(4)在表格与地图之间形成直观的对应。点击表格中任一行的“编号”，会在地图上的对应标志处弹出含有“编号”、“时间”、“位置”及“浓度”信息的窗口；点击地图上的任一移动传感器标志，表格中对应行高亮显示。

此外，表格中的浓度与该点的“浓度与时间曲线”超链接，鼠标移动到表格上任一行的“浓度”时，可查看该移动传感器的动态变化。拖动曲线图下方滚动条可调节时间显示范围及间隔，点击右上角的按钮可存储该图像。

4.5.3　泄漏源定位

首先需要进行泄漏点的判定，对实时监测到的异常高浓度数据进行分析。对固定传感器与移动传感器，判定算法分别为以下两种方式。

1. 固定传感器

记当前浓度为 C_i，当有连续三次浓度大于 0.001%时(既 $C_{i-2}>0.001\%$、$C_{i-1}>0.001\%$、$C_i>0.001\%$时)，判定 C_i 对应的行为泄漏源。若某一泄漏源连续三次 C_i 浓度小于 0.001%时(既 $C_{i-2}<0.001\%$、$C_{i-1}<0.001\%$、$C_i<0.001\%$时)，判定 C_i 对应的监测点泄漏源解除。

2. 移动传感器

记当前浓度为 C_i，一段时间内，每个传感器采集的数据浓度大于 0.001%的极大值($C_{i-1}<C_i>C_{i+1}$，且 $C_i>0.001\%$时)，判定 C_i 对应的监测点为泄漏源。无泄漏源解除机制。

定位的固定及移动泄漏源，均显示在同一张表格之内。每一固定监测点最多对应显示一行数据，每一移动监测点可能提供多行数据。表格数据固定为自动刷新，发现新泄漏点时给予警示提醒。

表格可翻页，可自行设置每页显示行数，默认为 20。由于数据量庞大，页面只支持展示最新的 1 000 条数据，历史记录可在数据库中查阅。

表格与地图的双向高亮对应显示及“浓度-时间”图的显示，均与浓度监测板块相同(图 4.28)。

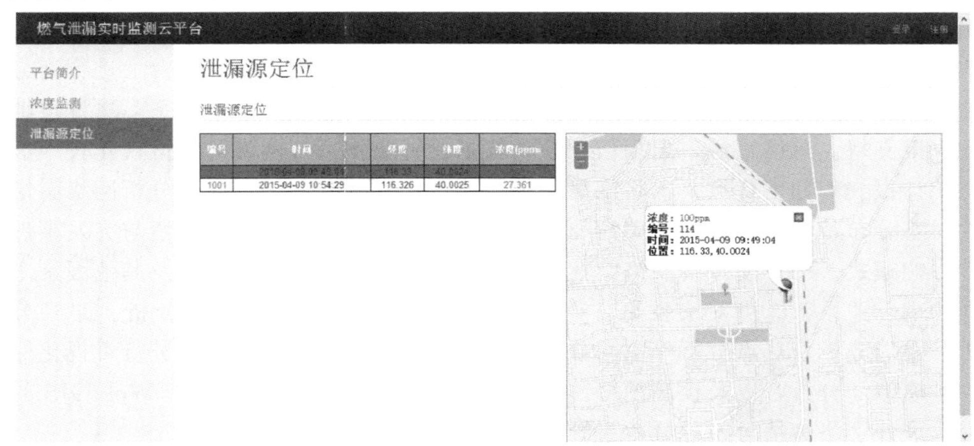

图 4.28　泄漏源定位

4.5.4　突发事件网络舆情传播模型应用为例

基于地理信息系统技术进行网络舆情的可视化、统计分析和空间分析，必须对突发事件网路舆情的传播特点进行探讨研究。网络舆情具有扩散快、传播广、强度大、偏差性等特点。从突发事件的发生到平息，网络舆情的传播大致可分为舆论膨胀期、高峰平稳期、下降期及平淡期四个阶段。各阶段持续时间与特定事件类型相关。随着网络覆盖及普及程度的迅猛增长，网络空间俨然是一个地球村，舆情传播借助网络特性，呈放射性快速传播。同一事件短时间均出现在各大新闻媒体、网站、微博、微信、博客、论坛等。随后，广大网民或多或少会对事件做出回应，如新闻评论、微博转发、博客编辑、QQ 群发等。从表面上看，似乎因为网络的空间一致性，掩盖了舆情的传播路径及传播规律模型。

基于 Web GIS 的网络舆情可视化分析如下。

目前网络舆情表达仅有图形报表、专题文档等形式，与位置相关的信息表现不足，难以将潜在信息发掘出来。地理可视化以图形图像的形式直观、形象地表现、解释地理信息的结构特征，并揭示其内在规律，使人们更易理解和接受知识，其重要作用主要表现在可视化通过空间对象的几何特征和拓扑关系的展现使空间数据易于理解；可视化作为空间数据分析的一种方法和工具被用于空间数据的知识发现过程；可视化作为空间信息和知识的展现方式被利用展现空间数据分析的结果。更重要的是可视化具备一种空间认知能力，它在提高空间数据的复杂分析的洞察能力、多维与多时相数据的显示方面，将有效地改善和增强地理环境信息的传输能力，有助于理解现象、发现规律和传播知识。

将突发事件网络舆情以地理信息系统平台可视化的方式建立，可充分利用以上优点，并借助地理信息系统空间分析优势，不仅能够将网络空间的舆情信息与地理空间完备结合，展现网络舆情的时空分布特征，还可以在此平台上进行充分地知识发现，更加深刻地表达和揭示网络舆情与现实世界的深层关系，更好地辅助决策支持。具体来说，地理信息系统技术进行突发事件网络舆情可视化较一般的统计报表有如下优点：①将网络舆情与地理位置结合起来，便于分析网络舆情的时空分布特性，挖掘网络舆情与地理空间的关联性，探究网络舆情与突发事件的影响模式。②方便分析网络舆情与地理、经济、政治、人口密度及其他因素之间的耦合关系。③可对突发事件网络舆情进行源头判断、缓冲区分析、路径分析、叠加分析、热点分析等空间分析。④可对网络舆情的发展态势进行可视化标绘、模拟、分析，以及预测预警。基于此，作者研究并设计了基于 Web GIS 的突发事件网络舆情可视化分析系统，系统设计结构如图 4.29 所示。

1)可视化模块

(1)舆情实时可视化。突发事件网络传播的及时快速要求对舆情进行实时监控分析，舆情实时可视化就是将短时间内统计的舆情值以阶梯颜色带结合数值的形式实时反映在地图上。针对突发事件的分类性，系统在时间上采用按天和按小时两种颗粒进行数据统计，在地域上提供省、市、县三级地图。可满足对不同类型突发事件的分析。此外，研究表明，不同的突发事件引起的网络舆情在不同的地域会有较大的差异，单纯按等级间隔划分舆情等级有时会有不妥，因此系统添加了多种舆情热度等级划分模型。

(2)动态演变可视化。突发事件会在短时间内引起社会的广泛关注，动态演变可视化，即利用时间变量，展现连续时间段内网络舆情的变化情况，掌握舆情趋势，直观准确了解群众态势。

(3)专题地图可视化。基于突发事件的各种可视化展现，均可制作专题地图的形式，方便存档、打印输出或者提交决策者掌控舆情状况做出准确应对措施。

(4)舆情统计可视化。单纯的渲染可视化可能并不能很好地表现舆情统计情况，所以有必要进行多种统计分析，将统计分析视图在地图上表现出来，具体可统计舆情变化趋势、舆情关注度、舆情倾向度、分时间段分地区舆情比较分析等。

2)空间分析模块

(1)舆情热点分析。进行基于面数据的空间统计分析，找出关注度比较大，

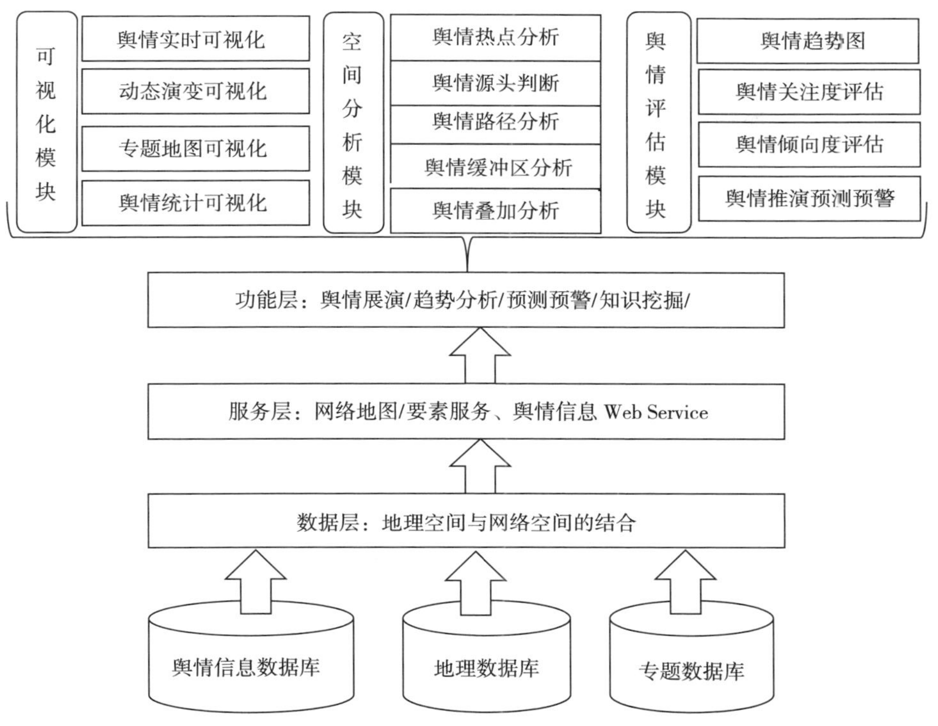

图 4.29　突发事件网络舆情可视化系统设计结构图

态度倾向比较极端的地区，以方便寻找主要矛盾，综合考虑，及时应对。

(2)舆情源头判断。查询某一突发事件网络舆情传播的源头，还可对突发事件发生地理位置与网络舆情的传播源头之间潜在的关系进行统计分析。

(3)舆情路径分析。有些突发公共安全事件具有传播性，如禽流感。基于这样的事件，会形成具有多源头的传播路径，由此引发的网络舆情的关注度、倾向性也会产生路径。可将地理空间和网络空间两者的传播路径进行比较分析，挖掘潜在的关系。

(4)舆情缓冲区分析。根据网络舆情传播态势，预测舆情传播影响范围，对舆情热点区域、舆情热点路径进行缓冲区分析，建立缓冲区视图。

(5)舆情叠加分析。有时会有几件突发事件同时爆发，同时引起民众的关注，共同影响民众的心理态势，这时就不能单纯基于单个事件进行分析，需要将两个或者更多事件引起的网络舆情进行叠加分析。

3)舆情评估模块

(1)舆情趋势图。突发事件网络舆情的处理不仅仅要知道当前值和历史值，还要对未来走势进行有效预测，这就需要建立准确的预测模型，基于预测模型生成舆情趋势图。

(2)舆情关注度评估。不同的事件，群众的关注度是不一样的，基于某一确定类型突发事件，到底怎样的关注度应该进行怎样的应对措施是需要明确的，这就要建立关注度与应对机制之间的对应关系。舆情关注度评估就是要对变化的关注度进行分析匹配，计算相应的处理措施建议。

(3)舆情倾向度评估。突发事件必然会引起关注者心理态度的变化，态度的差异与个人的职业、民族、年龄、学历、地域、心理等相关，还与距离突发事件发生地的远近、突发事件的类型和周围人的态度等息息相关。因此，在对关注度进行评估的同时，更重要的是对倾向度的计算分析，确定各倾向等级人数及比例，还要综合考虑当地人口、经济、网络等情况，做出综合评估。

(4)舆情推演预测预警。对突发事件网络舆情进行监控检测、可视化分析、统计评估都是为更准确地判断群众心理态势，及时预测预警，以最恰当的方式解决问题。预测预警需要针对不同类型的突发事件建立不同的模型，需要综合考虑多种因素。及时有效地预测预警对提高科学决策和处置水平具有重大意义。

4)系统实现

目前，Web GIS 架构方法和实现技术日趋成熟，基于 RIA(rich internet application，即富互联网应用)的 Web GIS 开发已成为地理信息系统开发应用的热点和潮流。Silverlight 是微软推出的 RIA 应用插件，具有跨平台、跨浏览器的特性，丰富的用户体验和强大的功能，ArcGIS Server 是优秀的 Web GIS 软件。基于 Silverlight 的 ArcGIS Server 开发既具有 Silverlight 和 ArcGIS 平台功能强大的优势，又有轻量级的表述性状态转移(representational state transfer，REST)服务调用优势，这种方式开发的系统具有界面绚丽美观、操作反应快、部署简单和开发效率高等优点，发展潜力巨大。因此，系统选择基于 REST 架构和 Silverlight 技术的开发方法，基于 ArcGIS API For Silverlight 进行系统开发。整体设计架构如图 4.30所示。

(1)数据层。数据层，即将数据组织为空间数据、属性数据和文件数据存储在数据库中组成空间数据服务器，借助空间数据引擎将空间数据服务器与地理信息系统服务器挂接，将数据以地图数据服务的形式提供，系统客户端通过互联网访问。系统设有地理数据库、专题数据库、舆情信息数据库。基础地理信息数据库基于省、市、县三级尺度数据，均发布为网络地图服务，系统中可自由切换。

(2)业务逻辑层。系统选用 ESRI 公司的 ArcGIS Server 作为地理信息系统应用服务器，通过直接连接的方式将空间数据库中的数据集按设计的专题图要求制作成地图服务定义文件(map service definition，MSD)，并通过 ArcCatalog 或 ArcGIS Server 以相应的服务类型发布到地理信息系统服务器。使用的地理信息系统服务类型有地图服务、影像服务、要素服务、几何服务和地理处理服务，这

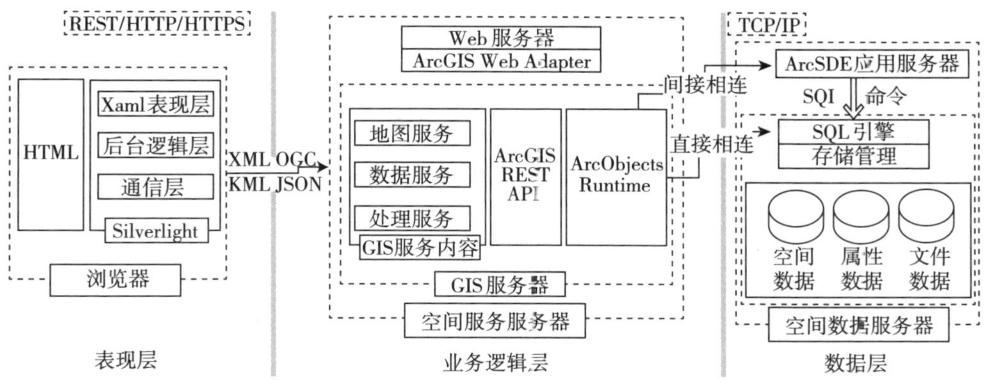

图 4.30 富网络地理信息系统整体架构图

些服务均以 REST 架构风格创建，客户端可以通过 URLs 来访问相应服务类型所暴露出来的资源和操作，舆情数据也发布成 Web 服务。Web 服务器用于托管 Web 应用程序和服务，系统使用 IIS 7.0 作为 Web 服务器，承担地理信息系统服务器资源管理程序托管和表现层使用的 Silverlight 应用程序托管。

功能层，即表现层，是用户与系统直接交互的窗口，也是整个系统核心功能的体现入口。表现层利用 Silverlight 技术和 MVVM(model-view-view model)设计模式来设计和实现，为提高系统开发效率将其分为前端用户界面和后台逻辑两部分。系统已经实现前文讨论的大部分功能，此外还包括地图基本操作、距离面积量算、属性查询、图例、鹰眼视图、局部放大、书签等额外功能。

5)实例分析

以 2013 年发生的重大网络舆情事件“H7N9 禽流感”为例，验证平台的准确性及实用性，首先用专业舆情统计分析软件系统实时抓取网络舆情将分析结果及时发布到 Web 服务器，程序即可检测已有的数据，根据用户选择实时调取数据并进行显示和分析，图 4.31 为系统自动生成的折线图。从图 4.31 可以看出，此次疫情引起的湖北省的网络舆情经历了一个膨胀期、高峰平稳期、下降期及平淡期过程。图 4.32 分析说明，疫情引起的网络舆情具有强烈的地域分布特征，疫情发生地(江苏、浙江、上海、北京)的网络舆情更加强烈，舆情整体态势呈距离递减趋势。

4.5.5 城市内涝模拟系统应用为例

城市内涝是由于城市系统的排水能力不能满足发生强降雨时的排水需求而形成的积水灾害，不能及时输送到河流和湖泊等受纳水体的雨水在地表的低洼处形成积水。

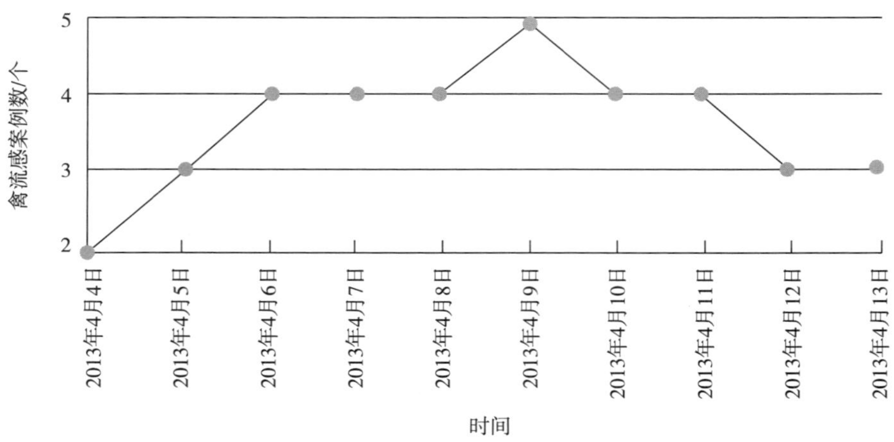

图 4.31 中国舆情动态演示及趋势统计

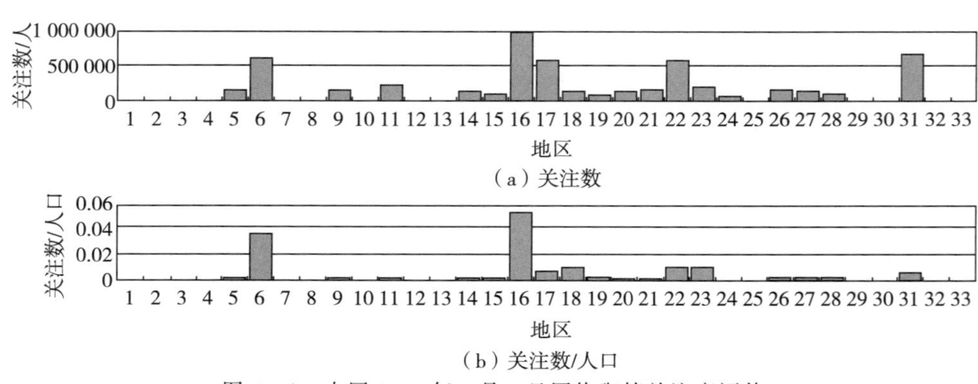

图 4.32 中国 2013 年 4 月 6 日网络舆情关注度评估

1：黑龙江 2：内蒙古 3：新疆 4：吉林 5：辽宁 6：北京 7：山西 8：甘肃 9：河北 10：宁夏 11：山东 12：西藏 13：青海 14：安徽 15：陕西 16：上海 17：江苏 18：天津 19：重庆 20：四川 21：河南 22：浙江 23：湖北 24：广西 25：贵州 26：福建 27：湖南 28：江西 29：云南 30：台湾 31：广东 32：香港 33：海南

1. 城市内涝模型链

强降雨是城市内涝的致灾因子，雨水的运动过程直接影响到城市内涝的形成和分布情况。降雨形成以后以雨水的形式降落到地球表面，部分雨水经过植物截留、地表下渗和蒸发作用等形成损失，余下的雨水就在地表形成径流，受重力作用从高处往低处流动。城区内铺设的排水系统通过雨水口将地表上的雨水径流引入，再通过排水管道和泵站等人工设施将雨水径流输送到受纳水体。于是，城市内涝模型由降雨模型、产流模型、地表汇流模型和管网汇流模型组成。其中降雨模型描述降雨强度的时空分布，产流模型描述地表径流量，地表汇流模型描述雨水径流从地表各处汇聚到雨水口的过程，管网汇流模型则描述雨水在排水系统内的运动过程。

1)降雨模型

降雨模型需要给出一场降雨的强度在时间和空间上的分布，暴雨强度公式和雨型是其主要研究内容。暴雨强度公式用于描述一个地区在指定降雨历时和重现期条件下的平均降雨强度，我国的暴雨强度公式多采用如下形式表达：

$$i=\frac{A(1+C\lg T)}{(t+b)^n}$$

其中，i 为降雨强度；t 为降雨历时；T 为重现期；A、b、C、n 为参数，根据不同地区的情况采用统计方法确定。

在一次降雨过程中，实时降雨强度是随时间变化的，通常为研究方便，采取平均降雨强度来表示，即实时降雨强度不随时间变化而变化；为了模拟更加精确，通过对多种雨型过程线进行研究后，增加了芝加哥暴雨模型这种对城市内涝影响比较大的单峰过程线降雨模型(图 4.33)。

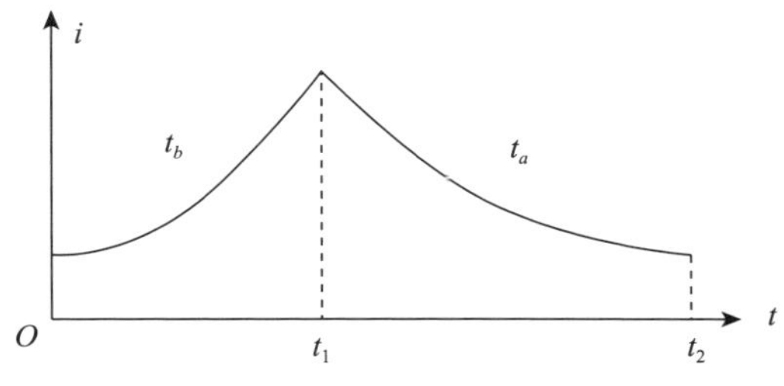

图 4.33　暴雨模型曲线

2)产流模型

产流模型研究的是雨水到达地面后有多少形成地表径流。用于产流计算的方法主要有径流系数法、超渗产流法、蓄满产流法和 SCS(soil conservation service)径流曲线法。最常用的是径流系数法，将城市区域分为几种不同的地表类型，并对每一种地表类型赋以一个系数，用该系数乘以降雨量就可以得到产流量。在城市规划设计中多采用平均径流系数，即各种地表类型的面积与径流系数的加权平均值。

3)地表汇流模型

模拟雨水径流在城市地表的运动过程，直到从雨水口进入排水系统，也就是说地表汇流过程以雨水口为计算单元，需要划分每一个雨水口的上游汇水区域并计算在暴雨情景下雨水口的入流量。地表汇流过程受地形、植被、土地利用类型、土壤水分条件和下渗特性等因素的影响，其中地形决定了雨水径流的运动方向，是影响地表汇流过程的根本性因素。

基于数字高程模型(digital elevation model，DEM)数据模拟地表汇流过程，首先运用 D8 算法计算每个格网的水流方向和在下游格网间的水流分配，其次确定每个雨水口的上游汇水区域，最后计算雨水口汇水区内每一个格网到雨水口的汇流时间，也就是雨水从指定格网流动到雨水口所花费的时间。获得每个格网的汇流时间后即可借鉴等流时线法计算雨水口的入流过程线，完成地表汇流过程的模拟。

4)管网汇流模型

描述雨水在排水系统中的运动过程，这是一个三维问题，建模时出于简化考虑都将其看做一维的运动过程，依据质量守恒原则、动量守恒原则、能量守恒原则和净水压力假设可以导出水流运动的数学模型。水流运动分为重力流和压力流两种状态，使用重力流模型模拟管道水流的不同状态，避免了定义两种水流状态的边界，不需要在重力流和压力流的控制方程之间切换。当模型计算精度要求不高或者资料条件较差时可以采用简化模型模拟管道中的水流运动，简化模型有马斯京根法、扩散波法和运动波法。

2. 案例应用

城市内涝模拟系统是具有多源数据、大计算量的模型链系统，是典型的计算密集型模拟系统。为提高模型的复用性，减少客户端运算压力，将数据和模型以服务形式架构在云平台上，既有利于不同部门之间的共享数据，又能减少模型的重复开发。鉴于此，我们设计了面向服务的松散耦合的云地理信息系统城市内涝模拟系统，整体架构图如图 4.34 所示。

系统模拟运行包括数据准备、数据预处理、参数设置和内涝淹没模拟四个过程，具体如下。

1)数据准备

要模拟城市内涝过程，用户需要获取待分析地区的数据，包括：①DEM 数据。②土地利用类型数据。③排水管点、管线数据。根据需要，管点应包含坐标、井深、接入管数等属性；管线应包含起止点坐标、起止点埋深、水流方向、材质、管径等属性。④径流系数表、曼宁系数表等数据。

2)数据预处理

数据预处理包括建立管线拓扑、建立管点拓扑和划分排水子区三个过程。其中，建立管线拓扑的主要目的是根据所提供的原始数据来确定管线的正确流向，并根据系统对数据的要求提取原始管线表中的部分属性数据和原始管点表中的某些属性数据；建立管点拓扑的主要目的是确定与这个管点直接相连的上游管道与下游管道，根据系统对数据的要求提取原始管点表中的数据及管线表中的部分数据；划分排水子区的目的是将大范围的管线数据根据其相互之间的连接关系，将相互连接在一起的管线、管点划分为一个排水子区，图 4.35 展示了 2 个排水子区的情况。

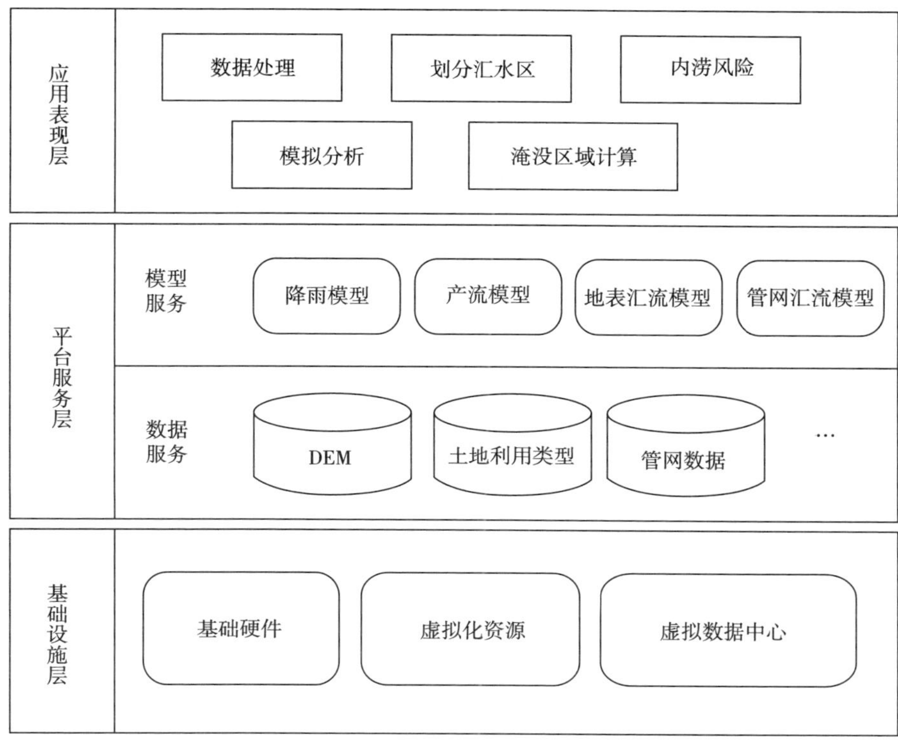

图 4.34　基于云地理信息系统的内涝模拟系统架构设计

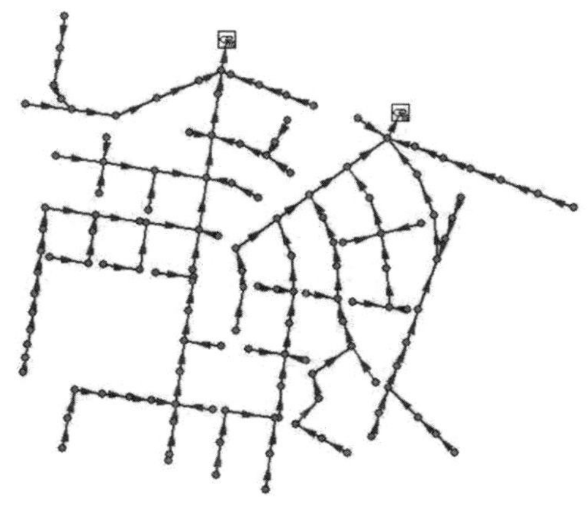

图 4.35　排水子区示意图

划分汇水区是依据 DEM、土地利用类型栅格数据、管点数据表，对雨落口、立管、进出房点进行汇水区划分的。考虑点表中雨落口空间位置，计算每个栅格水流方向，按水流方向从雨落口广度优先搜索流向该雨落口的栅格，将完成汇水区划分后的栅格转化为矢量数据。

3)参数设置

降雨模型设置包括选择降雨模型、设置降雨量及降雨的起止时间(降雨历时)、产流模型、汇流模型中计算方法的设置。与此同时，用户可以选择特定的几个子区，而不必进行整个区域的分析(图 4.36)。

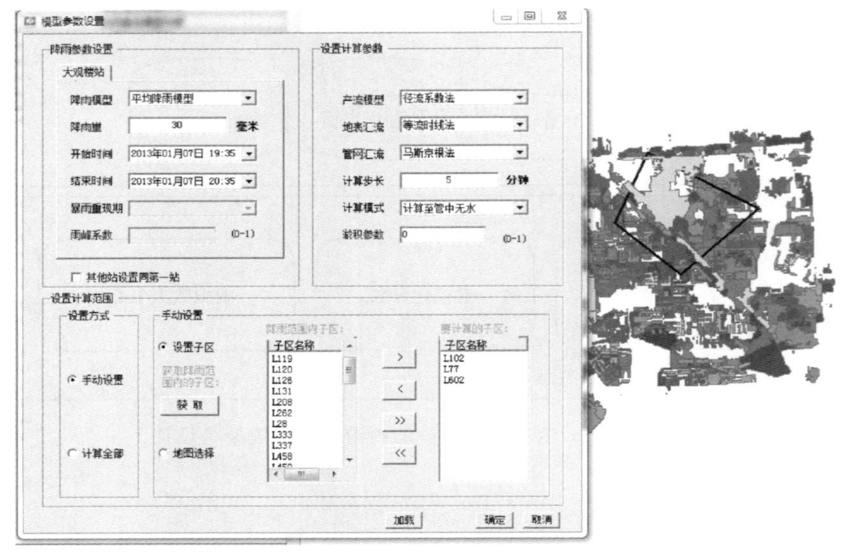

图 4.36　参数设置窗口

4)内涝淹没模拟

根据用户设置的分析时间步长，系统模拟生成不同时刻的模拟范围及积水深度。图 4.37 演示了积水蔓延的过程，不同颜色的图例表示不同的积水深度，至此模拟过程结束，积水深度和风险等级如图 4.38 和图 4.39 所示。

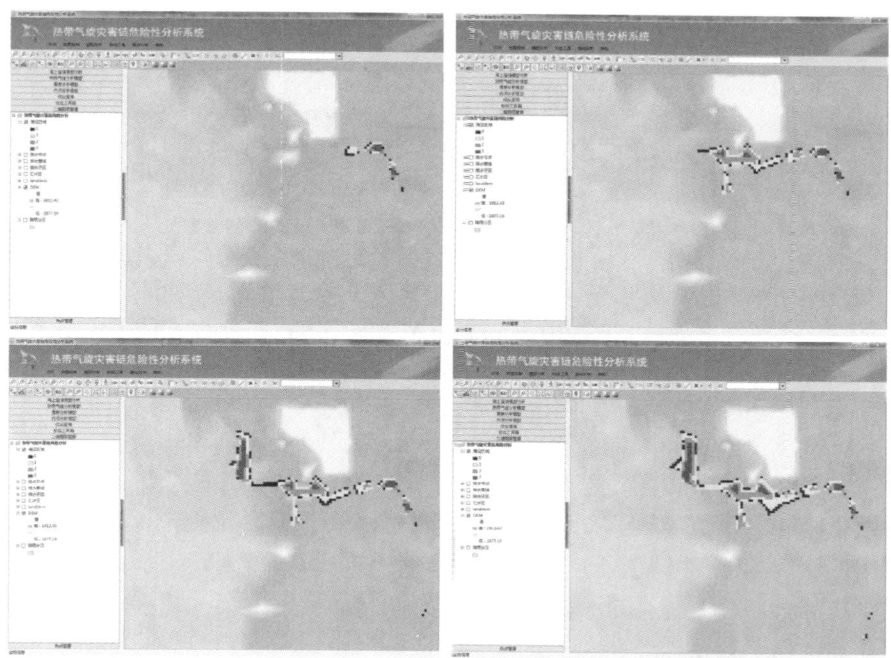

图 4.37　内涝过程模拟

图 4.38　积水深度

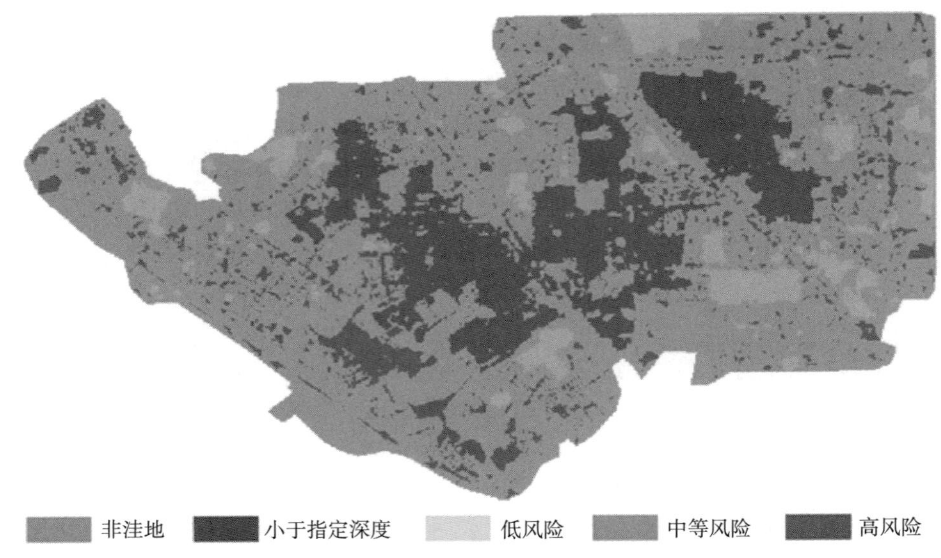

图 4.39　积水风险等级图

4.6　本章小结

本章主要介绍了模型集成的基本概念和模型集成方法，包括模型的表达、模型集成的形式化描述、模型集成的基本构造方式及在将模型集成技术应用到应急管理领域中存在的基本困难与挑战，并介绍了当前的主流集成方式，即基于 Web Service 的模型集成方法。最后以燃气泄漏实时监测云平台设计应用为例，说明了基于 Web Service 服务的模型及系统集成。

目前，应急管理的开放式集成研究平台方面的研究在中国还不多见。美国的科研人员开展了面向改进现有应急平台的研究工作，着手"下一代应急平台"的设想和研发。中国的研究人员也应该尽快建立面向复杂突发事件的综合模型集成推演系统，通过集成已有的多个模块，如案例库、情景库、模型库和数据库，实现对知识、模型和信息数据的综合集成。

参考文献

[1] 于景元．钱学森关于开放的复杂巨系统的研究．系统工程理论与实践，1992，(5)：8-12.

[2] Zhang M, Zhang C. Potential cases, methodologies, and strategies of synthesis of solutions in distributed expert systems. IEEE Transactions on Knowledge & Data Engineering, 1999, 11(3): 498-503.

[3] Sandelowski M. Combining qualitative and quantitative sampling, data collection, and analysis techniques in mixed-method studies. Research in Nursing & Health, 2000, 23(3): 246-55.

[4] Sandelowski M, Barroso J. Reading qualitative studies. International Journal of Qualitative Methods, 2002, 1(1): 74-108.

[5] 顾基发，唐锡晋，朱正祥，等．物理-事理-人理系统方法论综述．交通运输系统工程与信息，2006，7(6)：51-60.

[6] 汪寿阳，余乐安，黎建强．TEI@I 方法论及其在外汇汇率预测中的应用．管理学报，2007，1：21-27.

[7] 贾晨微．政务地理空间私有云技术研究．电子科技大学硕士学位论文，2012.

[8] Thoman D C, O'Kula K R, Laul J C, et al. Comparison of ALOHA and EPIcode for safety analysis applications. Journal of Chemical Health & Safety, 2006, (11): 20-33.

[9] NOAA, EPA. ALOHA 5.2.3 user's manual. Office of Response and Restoration of the National Oceanic and Atmospheric Administration (NOAA) and Chemical Emergency Preparedness and Prevention Office (CEPPO) of the U.S. Environmental (EPA): Seattle, WA, 1999.

[10] Houston S H, Shaffer W A, Powell M D, et al. Comparisons of HRD and SLOSH surface wind fields in hurricanes implications for storm surge modeling. Weather and Forecasting, 1999, 14(5): 671-686.

[11] Jarvinen B R, Lawrence M B. An evaluation of the SLOSH storm surge model. Bulletin of the American Meteorological Society, 1985, 66: 1408-1411.

[12] 田俊峰，吴丽．洪水灾情 SVM 评估模型．水文，2009，29(1)：66-68.

[13] 周玉良，金菊良，吴成国，等．洪水灾害等级评价的遗传神经网络组合模型．水电能源科学，2008，26(5)：37-39.

[14] 杨东，刘森林，於凡．北京核与辐射恐怖事件风险分析．中国安全科学学报，2008，18(6)：127-133.

[15] 张松柏，田东风，伍钧．核恐怖事件相对风险评估的简易概率方法．核动力工程，2006，27(6)：74-81.

[16] 陈佩燕，杨玉华，雷小途，等．我国台风灾害成因分析及灾情预估．自然灾害学报，2009，18(1)：64-73.

[17] 钱燕珍，何彩芬，杨元琴，等．热带气旋灾害指数的估算与应用方法．气象，2001，27(1)：14-18.

[18] 邵良彬．基于粗糙集理论的煤矿瓦斯预测技术．煤炭学报，2009，34(3)：371-375.

[19] 邵良杉，付贵祥．基于数据融合理论的煤矿瓦斯动态预测技术．煤炭学报，2008，33(5)：551-555.

[20] 韩丽，来海亮，杨淑慧，等．采用 AHP 模型的北京城市供水管网的风险评估．北京水务，2009，(6)：36-38.

[21] 刘韵．高校群体性突发事件成因与治理的演化博弈模型．闽江学院学报，2009，30(5)：

13-18.

[22] Henein C M, Tony W. A gent-based modelling of forces in crowds. Mutli-Agent and Mutli-Agent-Based Simulation, 2005, (3415): 173-184.

[23] 唐方勤，史文中，任爱珠．基于多层协作机制的人员疏散模拟研究．清华大学学报，2008，48(3)：325-332.

[24] 聂高众，高建国，苏桂武，等．地震应急救助需求的模型化处理．资源科学，2001，23(1)：69-76.

[25] 王晓，庄亚明．建立了基于案例推理的非常规突发事件资源需求预测模型．西安电子科技大学学报(社会科学版)，2010，20(4)：22-26.

[26] 张婧，申世飞，杨锐．基于偏好序的多事故应急资源调配博弈模型．清华大学学报，2007，47(12)：2172-2175.

[27] 戴更新，达庆利．多资源组合应急调度问题的研究．系统工程理论与实践，2000，(9)：52-55.

[28] Qi S, Sun J G. Model net: a representation of the static structure of model base. International Journal of Pattern Recognition and Artificial Intelligence, 2007, 21(4): 791-807.

[29] Krishnan R, Chari K. Model management: survey, future research directions and a bibliography. Informs Interactive Transactions of Orms, 2000, (1): 399-413.

[30] Liang T P. Development of a knowledge-based model management system. Operations Research, 1998, 36(6): 849-863.

[31] Basu A, Blanning R W. The analysis of assumptions in model bases using metagraphs. Management Science, 1998, 44(7): 982-995.

[32] Muhanna W A. SYMMS: a model management system that supports model reuse, sharing, and integration. European Journal of Operational Research, 1994, 72(2): 214-242.

[33] Chari K. Model composition in a distributed environment. Decision Support Systems, 2003, 35: 399-413.

[34] Qi C S, Sun J G. Model net: a representation of the static structure of model base. International Journal of Pattern Recognition and Artificial Intelligence, 2007, 21(4): 791-807.

[35] van Tol A A. Descriptive simulation modeling with resource allocation using belief networks. Master's Thesis, Department of Civil and Environmental Engineering, University of Alberta, 2000.

[36] van Tol A A, Abourizk S M. Simulation modeling decision support through belief networks. Simulation Modelling Practice and Theory, 2006, 14: 614-640.

[37] 邵荃，翁文国，袁宏永．突发事件模型库中模型的动态网络组合方法．清华大学学报(自然科学版)，2010，50(2)：170-173．

[38] Li N, Hong Z, Han X. Dynamic Integration Mechanism for Job-shop Scheduling Model Base Using Multi-agent. Conference. Information Management, Innovation Management and Industrial Engineering. Los Alamitos: IEEE Computer SOC Press, 2009.

[39] 李藐，陈建国，陈涛，等．突发事件的事件链概率模型．清华大学学报(自然科学版)，

2010，50(8)：1173-1177.

[40] 王铎．基于关联度的突发事件网络模型研究．大连理工大学硕士学位论文，2010.

[41] 李仕明，刘娟娟，王博，等．基于情景的非常规突发事件应急管理研究．电子科技大学学报(社会科学版)，2010 ，12(1)：1-3，14.

[42] Chang M S，Tseng Y L，Chen J W. A scenario planning approach for the flood emergency logistics preparation problem under uncertainty. Transportation Research Part E：Logistics and Transportation Review，2007，43(6)：737-754.

[43] 姜卉，黄钧．罕见重大突发事件应急实时决策中的情景演变．华中科技大学学报(社会科学版)，2009，23(1)：104-108.

[44] 裘江南，师花艳，叶鑫，等．基于事件的定性知识表示模型．系统工程，2009，27(10)：1-8.

[45] 季学伟，翁文国，赵前胜．突发事件链的定量风险分析方法．清华大学学报(自然科学版)，2009，49(11)：1749-1752，1756.

[46] Wang H B，Sassa K，Xu W Y. Analysis of a spatial distribution of landslides triggered by the 2004 Chuetsu，earthquakes of Niigata prefecture，Japan. Natural Hazards，2007，41：43-60.

[47] 王艳艳，梅青，程晓陶．流域洪水风险情景分析技术简介及其应用．水利水电科技进展，2009，29(2)：56-60，65.

[48] 贾群林，周柏贾．地震灾害场景仿真模拟的研究与应用．计算机研究与发展，2010，47(6)：1038-1043.

[49] Ren A Z，Chen C，Shi J Y，et al. Application of virtual reality technology to evacuation simulation in fire disaster. Proceedings of the 2006 International Conference on Computer Graphics & Virtual Reality，Las Vegas，Nevada，USA，2006.

[50] Shendarkar A，Vasudevan K，Lee S，et al. Crowd simulation for emergency response using BDI agents based on immersive virtual reality. Simulation Modeling Practice and Theory，2008，16(9)：1415-1429.

[51] Takeuchi I，Kakumoto S，Goto Y. Towards an integrated earthquake disaster simulation system. 1st International Workshop on Synthetic Simulation and Robotics to Mitigate Earthquake Disaster，Padova，Italy，2003.

[52] Tang A P，Wen A H. An intelligent simulation system for earthquake disaster assessment. Computers & Geosciences，In Press，Corrected Proof，Available online 20 June，2008.

[53] Xu F，Xu P，Chen X P，et al. Earthquake disaster simulation for an urban area，with GIS，CAD，FEA，and VR integration. Tsinghua Science & Technology，2008，13(S1)：311-316.

[54] Hori M，Ichimura T，Oguni K. Development of integrated earthquake simulation for estimation of strong ground motion，structural response and human actions in urban areas. Asian Journal of Civil Engineering (Building and Housing)，2006，7(4)：381-392.

[55] 徐昊，翁韬，陈磊，等．灾害模拟和后果分析软件架构．火灾科学，2007，16(3)：

170-174.

[56] Uno K, Kashiyama K. Development of simulation system for the disaster evacuation based on multi-agent model using GIS. Tsinghua Science and Technology, 2008, 13(S1): 348-353.

[57] 危福泉，刘高焕，姚新，等．地震灾害预测和应急模拟系统的设计与应用．地理研究，2005，24(5)：749-756.

[58] 颜锋，冯启民，张晓康．城市地震灾害模拟可视化信息管理系统开发．山西建筑，2008，34(13)：5-6.

[59] 汤皓，陈国兴．用 ANN 模型扩展 COMGIS 系统的地震灾害模拟仿真功能．系统仿真学报，2006，18(2)：287-590，594.

[60] Granlund R. Web-based micro-world simulation for emergency management training. Future Generation Computer Systems, 2001, 17(5): 561-572.

[61] Mendonça D, Beroggi G E G, van Gent D, et al. Designing gaming simulations for the assessment of group decision support systems in emergency response. Safety Science, 2006, 44(6): 523-535.

[62] Hu W, Yang Q, Yu M H, et al. Grid-based platform for disaster response plan simulation over internet. Simulation Modeling Practice and Theory, 2008, 16(3): 379-386.

[63] Shao G G, Charles M. Simulation prototypes for incident management training. Proceedings of the Brooks Automation's 13th Annual Worldwide Symposium, 2006.

[64] 赵策，陈国友．引入 MMOG 技术的综合应急模拟训练系统框架．计算机应用，2006，26：284-286.

[65] Wu S N, Shuman L, Bidanda B, et al. Disaster policy optimization: a simulation based approach. Industrial Engineering Research Conference, Nashville, Tennessee, May 21, 2007.

[66] Ahmed M A, Alkhamis T M. Simulation optimization for an emergency department healthcare unit in Kuwait. European Journal of Operational Research, In Press, Corrected Proof, Available online 6 November, 2008.

[67] Rui N, Sabino A, Rodrigues A. Flood Emergency Interaction and Visualization System. Visual Information Systems. Web-Based Visual Information Search and Management. Berlin, Heidelberg: Springer, 2008.

[68] Coolahan J E, Kane M T, Schloman J F. Design of an urban chemical disaster simulation federation for preparedness and response. In Press, Spring Simulation Interoperability Workshop, 2007.

[69] 张欣，钟耳顺．基于 GIS 的应急预案过程动态推演模拟技术研究．武汉大学学报(信息科学版)，2008，33(3)：281-284.

[70] Shendarkar A, Vasudevan K, Lee S, et al. Crowd simulation for emergency response using BDI agents based on immersive virtual reality. Simulation Modelling Practice and Theory, 2008, 16: 1415-1429.

[71] 贾传亮，池宏，孙颖，等．基于 QSIM 算法的突发事件应急处置过程模拟研究．中国管理科学，2007，15：740-744.

[72] 钱学森，于景元，戴汝为．一个科学新区域开放的复杂巨系统及其方法论．自然杂志，1990，13(1)：3-10.

[73] 钱学森．再谈开放的复杂巨系统．模式识别与人工智能，1991，14(1)：1-4.

[74] 戴汝为，王珏．智能系统的综合集成．杭州：浙江科学技术出版社，1995.

[75] McGrath D，Hill D，Hunt A. IC2020：embedded simulation for next generation incident command software. Proceedings of the 2006 Huntsville Simulation Conference，Huntsville，2006.

[76] Morentz J W. Unified incident command and decision support (UICDS)：a department of homeland Security inititative in information sharing. Technologies for Homeland Security，2008 IEEE Conference on. IEEE，2008.

[77] Cheung S，Chu X，Xu S，et al. A grid based e-research platform for clinical management in the human respiratory and vascular system. Proceedings of the Fifth Australasian Symposium on Grid Computing and E-Research，2007.

[78] Seyyed Vahid Hashemian Farhad Mavaddat. A graph-based approach to web services composition. Proceedings of the 2005 Symposium on Applications and the Internet(SAINT'05) 0-7695-2262-9/05，2005.

[79] de Alfaro L，Henzinger T A. Interface theories for component-based design. Proceedings of the First International Workshop on Embedded Software (EMSOFT)，Lecture Notes in Computer Science，Springer-Verlag，2001，2211：148-165.

第 5 章

突发事件中人群的心理与行为特征

5.1 引言

面临突发事件时，人们的心理与行为会出现某些特定的变化。为了帮助人们更好地应对突发事件，并在突发事件发生后及时采取有效的措施，了解突发事件对个体及群体的心理与行为的影响就显得相当重要。因此，本章将对突发事件中人群的心理与行为反应及演化进行介绍，希望能够给突发事件的应对与管理提供一些有益的参考。

本章的 5.2 节介绍了突发事件中个体心理与行为的神经生理基础。随着事件相关电位和功能磁共振等脑功能成像技术的发展，研究者们能够对处于紧急状态下个体的认知和情绪反应的神经机制进行考察，从而有助于理解个体在突发事件中的信息加工过程、情绪演化过程。本章介绍了选择性注意、死亡信息加工的神经机制、共情与亲社会行为的神经机制，以及文化、基因影响自我认知的神经生理机制等。

本章的 5.3 节介绍了突发事件中个体心理与行为的演化规律。这一部分主要从三个方面对面临突发事件时个体心理与行为特点进行介绍，包括个体认知加工的基本特点、突发事件信息与态度的关系、情绪对突发事件应对的影响等。通过了解突发事件中个体的认知特点、态度变化以及情绪变化，从而有助于制定有效的干预措施。

在突发事件中，除了个体的心理与行为变化会表现出某些特点、规律之外，群体的心理与行为也会呈现一定的演化规律。因此，本章的 5.4 节介绍了突发事件中群体心理与行为的演化规律。这一部分针对群体对突发事件的认知评价、情绪反应和行为反应倾向进行了介绍，并从认知失调理论、群体接触理论和群际情绪理论三个角度对群体的心理与行为特点、演化过程做了分析与说明；介绍了信息传播、情绪、决策者行为如何影响群体的心理与行为，并报告了课题组所开展的居民社会安全感调查的初步分析结果。由于突发事件的影响程度和波及规模较大，因此，了解群体心理与行为演化规律在突发事件应对与管理中具有重要意义。

在总结了突发事件对个体和群体心理与行为的影响机制和影响后果之后，本章的 5.5 节从实际应用的角度，重点介绍了与突发事件中心理与行为相关的评估方法与评估工具。具体而言，这一部分介绍了突发事件中心理与行为评估的关键主题(确定目标群体、确定心理需要、确定社会环境信息)、目前面临的主要问题、Reyes 和 Jacobs[1] 提出的突发事件评估与干预方案，以及几种常见的评估工具。

5.2　突发事件中个体心理与行为的神经生理基础

突发事件主要包括自然灾害、事故灾难、公共卫生事件、社会安全事件等。这些突发事件都具有突发性、难以遇见性、不确定性、破坏性等特点，从而成为人群的主要应激源，导致人们产生一系列的应激反应。应激是指机体在各种内外环境因素及社会、心理因素刺激时所出现的全身性非特异性适应反应，又称为应激反应[2]。

根据 Weiten 提出的应激综合模型[3]，在遇到应激源时，人们会分析这些应激源的威胁性、熟悉性、可预测性等，从而形成自己的主观认知评价，进而会表现出一系列的反应，包括生理反应、情绪反应和行为反应。人们遭遇各种强烈的、有危险的突发事件，如洪水、地震、车祸、恐怖袭击等外在客观性的刺激因素时，这些突发事件就成为压力事件或应激源。这些事件会通过人们的主观认知评价，进而引起个体产生情绪、生理和行为的反应。个体机体的交感神经会兴奋，并导致垂体和肾上腺皮质激素分泌增多，引起血糖升高、血压上升、心率加快、呼吸加促等各种功能及代谢的异常等。由此引起的机体产生各种适应性、抵抗性变化的状态，都是对突发事件的应激反应。

突发事件引发的个体心理与行为反应及强度，是与个体对事件本身的应激反应密切相关的。为了解个体在突发事件中的应激反应，我们需要探讨突发事件发生后，人们在认知评价方面，以及情感、生理、行为的反应是如何发生与演化的。而认知、情感反应或者应激反应，都涉及相应的神经生理基础。研究发现，应激源会导致个体产生应激反应，包括神经内分泌、神经生化、免疫反应行为等。关于这种应激源引起应激反应的生理神经基础，研究者已提出三种经典的学说。一是 Cannon 在 1932 年提出的“搏斗或逃跑”(fight or flight)效应学说[4]。他从动物在遭遇紧急情况时所表现出的"搏斗或逃跑"反应中发现，这种机制涉及同化(副交感，胆碱能)功能的抑制和异化(交感、肾上腺能)功能的激活。这两个过程的结合保证了动物在遭遇紧急情况时对能量的需求。二是由应激学说的奠基者Selye所提出的一般适应综合征学说(general adaptation syndrome，GAS)[2]。这个学说指出了应激可以分为三个时期：警觉期(交感-肾上腺髓质系统兴奋)、抵抗期(肾上腺皮质激素分泌增多)和衰竭期(糖皮质激素受体的数量和亲和力下降)。在一般的情况下，应激只引起第一、第二期的变化，只有严重应激反应才进入第三期。三是Felker和Hubbard提出了大脑-身体通路学说[5]。他们指出在应激状态下大脑和身体有两条回路。第一条通路(回路Ⅰ)是从下丘脑到肾上腺髓质，增加儿茶酚胺的分泌，从而增强活动(心血管、呼吸、运动系统激活)。第二条通路(回路Ⅱ)是通过脑垂体刺激分泌肾上腺皮质激素，继而分泌皮质类固醇素，从而增强能量消耗。在这两个回路中，回路Ⅰ是交感神经激活增强，这样，躯体和内脏心血管活动增强，躯体被激活了。回路Ⅱ的作用在于支取体内的能量进入身体的循环，从而使交感神经激活有充足的能量供应。

在面对突发事件时，除了直接受影响者或受害者产生应激反应，相关的人群也会受到或多或少的影响，从而发生相互影响、互相作用(参见5.4节的内容)。突发事件发生时，涉及的人群主要包括五类：①突发事件的直接受害者，包括身体受伤害和死亡的个体；②突发事件中受害者的家属、亲人；③突发事件中直接参与救援的人员；④突发事件救援和灾后重建的决策者；⑤与突发事件的直接受害者无直接的关系，但关注受害者的其他社会成员。

个体的应激反应，以及与相关人群的互动，都会对个体的认知、情感、行为产生影响，比如，灾害中的伤者，早期最直接的反应是生理上的痛。除此之外，突发性、威胁性或灾难性事件还导致个体出现延迟性的、长期持续存在的精神障碍，即PTSD。突发事件受害者的家属、亲人在情感上会与受害者经历类似的情感，如悲痛，并同时伴有悲伤情绪(即共情的产生)。此外，共情在救援者和决策者中也会出现。突发事件中受害者的共情会影响决策者的生理和心理反应，并影响到决策过程和决策后果。共情的神经机理目前已有研究，但突发事件中共情等情绪反应的神经生理机理还不清楚，需要进行深入细致的探索。

无论是个体对突发事件的应激反应本身，还是突发事件中相关人群互动产生的认知、情感、行为过程，都具有复杂的神经生理基础。近些年来，随着事件相关电位和功能磁共振等脑功能成像手段的成熟，认知神经学科迅速发展。而关于个体认知、情感和行为倾向的基因学基础、认知神经机制的相关研究也都有了新的进展。本节主要总结了近年来的一些相关研究成果，探讨突发事件中个体的认知、情感和行为倾向的神经机制，并探索基因类型在其中的作用。

5.2.1　个体注意的神经基础

在突发性事件的发生、发展过程中，必然会产生海量的信息，准确的、正面的信息与谣言、消极信息交织在一起。那么，个体的“选择性注意”(selective attention)就显得尤为重要。同样面对突发性事件，理智、乐观的人会选择事件中积极的、正面的信息，而缺乏理智和判断或悲观的人就很容易注意到消极的、负面的信息，也因此容易产生悲观和恐慌心理。选择性注意是指在外界诸多刺激中仅仅注意到某些刺激或刺激的某些方面，而忽略了来自其他方面的刺激。人类每时每刻都处于“信息轰炸”状态中，有限的神经和心理资源不可能同时处理如此浩瀚的信息，只能选择性处理具有高优先性的信息而忽视低优先性的信息。选择性注意会使个体的心理资源选择性地被分配给某些认知加工过程，从而使这些认知加工过程简单化。

选择性注意是一个非常复杂的认知过程，会时刻影响着大脑的信息加工过程。自 20 世纪 80 年代以来，对选择性注意的研究一直是认知神经科学的热点。选择性注意研究的核心问题是“注意选择的是什么”。关于此问题，基于空间的注意理论一直占据主导地位[6]。但近年来，大量采用空间线索范式(spatial-cueing paradigm)的研究支持了基于客体的注意理论。自上而下的加工使人们有能力去关注跟自身任务相关的刺激而忽略无关的干扰信息。然而，前人研究均为阈上研究，无法回答基于客体注意与自上而下、自下而上注意之间的关系，即基于客体注意是否依赖于自上而下的注意控制的问题。基于客体的注意理论，Zhang 和 Fang 的研究利用阈下范式(最大程度上减小自上而下的注意控制)，考察伴随靶子呈现的客体对基于客体注意的影响[7]。结果发现，阈下客体依然影响注意的分布，且基于客体的注意依赖伴随靶子而非线索呈现的客体[7]。

5.2.2　死亡信息加工的神经基础

死亡恐惧是人类动机产生的主要来源。恐惧管理理论(terror management theory，TMT)认为，在人类进化史上，死亡恐惧为人类发展提出了新的适应性问题。死亡恐惧会摧毁个体正常的心理功能，只有那些成功进行管理恐惧，并获得心理平衡的个体，才能生存并繁衍下来[8]。突发事件往往都带有破坏性和威胁性。所以，在突发事件发生的过程中，人们往往不得不面对死亡恐惧，对这些破坏性和威胁性的死亡信息进行认知的加工。

目前，有研究发现，个体对死亡信息的加工具有一定的神经活动特征[9]。个体对死亡信息的加工使脑岛和扣带回的持续性神经活动降低，而这些脑区的瞬态神经活动不受加工死亡信息的调控。此外，死亡信息加工是一种动态神经活动。在研究与死亡和生命相关词的神经活动时发现，死亡相关词在刺激呈现 100 毫秒左右引起额叶电活动的增强，而生命相关词则引起同一个神经电活动的增强。这项研究结果提示了早期对死亡和生命相关信息有反方向的神经编码。

5.2.3　个体情感的神经基础

突发事件会引发个体的情感、情绪反应，包括直接受害者所产生的焦虑、痛苦、伤心等负性情绪，也包括其他人对受害者产生的共情。

突发事件带来的死亡信息可以让受害者陷入负性情绪中。Liu 等通过 Stroop 任务考察个体对死亡词汇和负性词汇的神经电联系，结果发现，死亡词汇和负性情绪的词汇都会就激活前额叶中央皮层的 P2 和 P3 电位。这表明早期负性情绪就是和死亡相关的信息相关联的[10]。

当非受难者知觉到其他人的苦难时，会产生共情的反应。而知觉者和目标人物的群际关系影响了对他人苦难的共情神经反应，对同种族的人会有更强的共情神经反应。Sheng 等的研究发现，催产素(一种神经肽)在这种效应中起到了关键作用[11]。他们的研究将中国成年男性参与者分为了两组，一组参与者鼻内吸入了催产素，而另外一组吸入了安慰剂(控制组)，并记录了这两组参与者在判断图片人物(包括有亚洲人和高加索人痛苦或中性的脸部图片)种族时的事件关联大脑电位。结果发现，出现本族人痛苦表情时比本族人中性表情的 P2 电位振幅要大，但在看外国人图片时却没有这种反应。吸入催产素的参与者表现出更强的这种种族偏见。这说明了催产素增加了神经反应上的组内偏见，使人们对组内成员的内隐态度更为积极，即说明了催产素影响了组内关系，调节了对他人痛苦的共情神经反应[11]。

此外，这种种族的共情偏见并非不可避免的，可以通过认知策略和生成内群关系来减少相关的共情神经反应偏见。Sheng 和 Han 的研究发现，将外族人纳入自己的某一个社会群体中也可以提高对该个体共情神经反应的种族偏见[12]。随后，Sheng 等又发现，强调受害者个体的疼痛感觉可以提高前扣带回和前脑岛的活跃性，从而减少共情神经反应的种族偏见[13]。

5.2.4　突发事件中个体亲社会行为的神经基础

突发事件不仅会对相关人群的心理产生即时性的巨大冲击，而且在其后相当长一段时期内都会持续性地影响人们的行为决策，从而对社会、经济产生长远的影响。

2008 年的汶川地震无疑给灾区人民造成了巨大的物质和精神损失。在汶川地震发生 1 个月(2008 年 6 月到 7 月)、4 个月(2008 年 9 月到 10 月)和 11 个月(2009 年 4 月到 5 月)后，研究者分三次调查了灾区(四川、甘肃)和非灾区(河北、北京、福建)近 8 500 名居民的亲社会行为水平。调查结果显示，随着居住地灾情严重程度的增加(从非受灾、轻度受灾、中度受灾到重度受灾)，居民的亲社会行为(捐款)水平也随之增加[14]。研究者也通过动物实验发现，共情是亲社会行为的基础。Bartal 等对老鼠的亲社会行为进行研究，结果发现，老鼠对同种族的不幸和悲伤表现出亲社会行为(帮助其他老鼠脱离牢笼)，为“共情的生物学基础会激发帮助行为”这一理论提供了强有力的证据[15]。de Waal 随后的研究进一步证明了这一结论在高级动物中的适用性。他对倭黑猩猩和普通猩猩的共情和亲社会行为进行研究。结果发现，无论是观察或是实验结果都表明共情可能是亲社会行为的主要动机。de Waal 认为，对高级动物而言，共情是一种多层现象。它们会在镜像神经元附近生成并与基底神经核共同作用，加工成更进一步的认知知觉[16]。

除了动物实验之外，Ma 等在一个以人类为对象的功能磁共振实验中发现，对他人的痛觉共情神经活动可以预测人的亲社会行为，即捐赠的多少。但是这种预测行为在不同社会经济地位的被试有显著差别。在社会经济地位较高的被试，痛觉共情神经活动与捐款数目正相关，但是，在社会经济地位较低的被试，痛觉共情神经活动与捐款数目负相关，说明了共情与亲社会行为之间的关系受到社会经济地位的调控[9]。

5.2.5　个体神经生理机制的文化差异

研究已经证明，在知觉、记忆、推理等方面都存在着跨文化的差异。因此，在突发事件中，个体的心理、生理和行为上也会存在着跨文化的差异。近期，研究者们发现了一些文化差异的神经基础。这就提醒我们在处理突发事件的过程中要考虑从文化差异的视角来分析与处理问题。

与个人主义文化相比，集体主义文化更强调“和谐”这一价值观，重视人与人之间的关系。这两种文化对“愤怒”这一不利社会和谐的情绪的看法也有很大差别。de Greck 等通过功能磁共振实验手段，研究了个人主义和集体主义两种文化环境是否会形成不同的对他人愤怒情绪共情的神经机制。研究者扫描了性别、年龄和教育程度匹配的中国被试和德国被试，要求他们观看亚裔和白种人具有愤怒和中性表情的面孔，并努力去理解和分享这种情绪。结果发现，在两组文化的被试中，对愤怒情绪的共情都激活了下额叶、辅助运动皮层和脑岛。但是，在中国被试的左侧背外侧额叶还发现了比德国被试更强的激活，而德国被试则在右侧颞顶联合区和右侧颞上回等发现了更强的激活，并且这些脑区的神经活动与互依型自我评分相关。这些结果表明，中国被试的共情活动中可能有更强的情绪控制活动，而在德国被试的共情活动中可能包含更多的他人心理理解活动[17]。

跨文化的研究发现，西方人更倾向于注意突出的对象，而东方人更倾向于对事件进行广泛的、概念上的知觉。研究者扫描了中国人和美国人在知觉“背景叠加焦点物体”的合成图片时脑部的活动。这种合成图片分为两类：一类是背景和物体一致的图片(灌木丛中的鹿)，另外一类是不一致的图片(沙漠中的电视机)，目标物体会出现在各种奇怪的背景之中或是出现在重复的背景中。研究结果发现，中国参与者在左右枕叶外侧的神经活动在知觉不一致图片时比知觉一致图片表现出了更显著的适应，暗示了枕叶的活动与背景线索有关。但是，这种情况在美国参与者中并没有出现[18]。

突发事件发生时，与个体反应密切相关的社会文化价值观、情绪等都被发现与基因相关。基因有控制遗传性状和活性调节的功能。Ma 等的研究采用了脑功能成像和基因测试的方法，发现五羟色胺转运体基因调控自我加工相关神经活动与文化价值观的关联性，其中长等位体基因携带者有更强的关联[19]。Ma 等还结合脑功能成像和基因测试进行研究，探索了五羟色胺转运体基因对自我加工影响的神经机制，发现该基因调控脑岛等与情绪有关的脑区[20]。

跨文化的差异不仅仅体现在国家之间，也体现在民族之间、地区之间、个体之间，如即使在集体主义文化特点突出的中国社会，有些个体的个人主义文化特点也较为突出。这需要后续的研究关注民族层面、地区层面、个体层面的文化差异。

5.3　突发事件中个体心理与行为演化规律探讨

突发事件是指突然发生，造成或者可能造成严重社会危害，需要采取应急处置措施予以应对的四大类事件——自然灾害、事故灾难、公共卫生事件和社会安全事件(《中华人民共和国突发事件应对法》，2007 年 11 月 1 日起施行)。

从宏观来看，突发事件作为一个信息源，其具有独特的结构以及传播方式。突发事件的传播是一个大的系统，主要由危机信息本身、发布者、传播媒体或载体、接受者或受众等子系统构成。从来源来划分，包括官方信息，也包括非官方信息，如谣言、舆论等。从性质来划分，包括有益信息、有害信息、不确定信息等。在突发事件中，信息的传播具有传播速度快、信息传播的影响大、信息的真伪难辨等特点。突发事件的经历者、参与者、普通民众等处于自身的需求，都会渴望通过种种方式来了解与突发事件相关的信息，并且实际参与信息的传播。

要对突发事件中个体认知加工基本特点进行分析，就离不开具体的突发事件情境，这是因为个体心理与行为特征的形成是个体与环境交互的结果。在考察个体心理与行为特征时，我们必须结合危机事件情境来综合考虑。基于这样的前提，Myer 和 Moore 提出了危机情境理论 (crisis in context theory，CCT) 来解释突发事件中个体认知加工的基本特点[21]。危机情境理论认为，如果把突发事件传播看成一个宏观系统，那么该系统中就会包含以下几个元素：①个体与系统 1

(individual and system 1)；②事件波及范围(community)；③系统 2，即个体最接近的系统(system 2，system that is most immediate to the individual)；④利益相关方 A(stakeholders A)，即与危机情境中个体有关的其他个体，如家人、朋友等；⑤子系统(subsystems)，即系统 1 中的子系统；⑥利益相关方 B(stakeholders B)，即与系统 1 相关但不包含在系统 1 中的其他系统。危机情境理论的各个元素相互联系，相互影响，如图 5.1 所示。

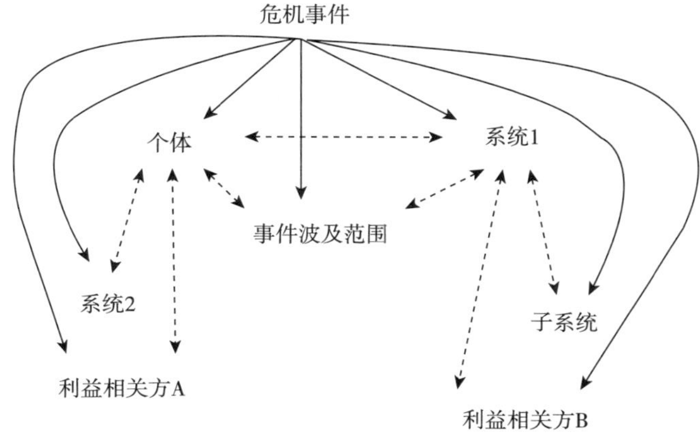

图 5.1　危机情境理论中各个元素之间的关系

以汶川“5·12”地震为例，“个体与系统 1”中的“个体”是指汶川地区的地震直接受害者，包括身体受伤害和死亡的个体，系统 1 是指当地的企事业单位，“事件波及范围”是指整个世界，“系统 2”可以是指个体在汶川地区的家人以及个体在汶川地区的社交圈，“利益相关方 A”可以是指个体的朋友、所在公司或所在学校，“子系统”是指发生危机事件组织中的各个部门，包括市场部、公共关系部、生产部、客户服务部等，“利益相关方 B”可以是指发生危机事件组织所面向的客户、组织的股份持有者、供应商等。

如果将这些元素与突发事件的距离按照由近至远的顺序分为几个层次，其中“个体与系统 1”处于突发事件的核心，“利益相关方 B”处于事件的最外围，其他几个元素处于中间的层级。每个层级中的人受到突发事件的影响程度不同，因此，会呈现出各自独特的心理特征。而理解他们各自的心理特征对于干预是至关重要的。

Myer 和 Moore 认为危机情境理论具有三个重要的特征[21]。第一个特征是个体和系统具有较近的物理距离（physical proximity）。物理距离越近，事件对个体的影响越大，并且个体通过系列的知觉以及归因过程，将某一事件归类为危机事件，并产生情绪反应，做出一系列应对措施。具体来说，个体作为信息的接收者，会被突发事件中的种种信息影响——突发事件必然会改变人们的工作、生活环境，导致情绪的波动，而情绪的变化又反过来会影响人们对信息的选取、认知与评价等，最终将会影响到个体选择应对方式，以及具体的行为倾向。虽然处于不同波及面的个体拥有不同的行为倾向，可是又具有一定的共性。

第二个特征是个体与环境、个体与系统间具有双向互动的关系，即个体对系统施加影响，而系统以及文化反过来对个体的认知和行为产生影响，如图 5.1 中的虚线所示。在理解个体心理特征时，我们需要考虑个体与系统以及不同个体间的互动关系。

第三个特征是危机对个体的影响会随时间的流逝而发生变化。虽然影响在总体上呈现削弱的趋势，但是复原所用时间具有个体差异。Callahan 认为个体在经历危机事件后，平均需要 6～8 周时间重新获得心理平衡[22]。如果在 8 周仍然没有获得平衡，则可能罹患各种精神疾病，对心理造成更为持久的伤害，需要进行干预[22]。因此，我们有必要探讨部分异常个体的心理特征，以及干预措施。

危机情境理论为未来的研究指明了方向，研究者需要兼顾危机事件波及个体的心理特征共性与特性，综合个体与系统的双向影响，兼顾危机事件对个体的即时影响以及长久影响，通过筛查异常个体并对其进行干预。基于这样的框架和思路，我们在下文中会结合突发事件的情境，从微观以及动态变化的角度对突发事件下个体的心理与行为特征进行全面的介绍。具体来说，我们首先从微观的角度，利用相关的心理学理论介绍突发事件中个体的基本心理与行为特征，包括个体情绪反应特点、信息加工简单化、记忆编码特点、对各信息渠道信任程度变化的一些基本特点。然后，我们利用相关的心理学理论对事件中受到波及的个体的认知、行为随时间的动态演化规律进行剖析，从而更深入了解突发事件中个体的心理与行为的产生及演化规律。在介绍完基本的心理特征之后，我们将讨论突发性事件中不同个体的心理与行为特征，以及造成心理与行为特征差异的原因。

5.3.1　突发事件中个体的基本心理与行为特征

1. 个体的情绪特征

情绪是重要的心理特征，而认知和情绪又是互倚和整合的关系。情绪的认知理论普遍认为，认知评价在情绪的产生中起到重要的作用。一般来说，认知评价是所有情绪状态的构成基础和组成特征。一方面，情绪反应的三个方面都需要认知评价作为必要的先决条件，即认知评价先于情绪唤醒，但另一方面，情绪可唤起注意，并具有分配注意的作用，并对社会判断和评价产生实质性的影响。

1)情绪与应激反应以及过度应激

突发事件引起的应激状态对人们的活动有明显的影响。维持一定的紧张度，保持高度警觉，有助于认知功能的发挥，使人做出平时所不能做出的大胆判断和动作。正常的危机反应包括害怕、无助、悲伤、罪疚、惭愧和愤怒，还有对过去灾难的记忆的回忆等。但有时应激所造成的高度紧张又会阻碍认知功能的恢复。紧张和惊恐也会导致人们感知、注意产生局限，思维迟滞，行动刻板，正常处理事件的能力大大削弱，严重者可导致 PTSD。PTSD 是突发性、威胁性或灾难性生活事件导致个体延迟出现和长期持续存在的精神障碍。PTSD 患者会再度体验创伤，并伴有情绪的激怒和回避行为。以往的研究表明，大部分儿童在突发性灾害事件后患有急性 PTSD，少数患有延迟发作型 PTSD。PTSD 具有一定性别差异，女性 PTSD 症状发生率更高，程度也更为严重。

2)共情

尽管个体对某一事件的情绪反应是基于个体对此事件的认知，但也会受到周围人群的情绪反应的影响。灾害中伤者和死者的家属、亲人最直接的心理反应是共情，主要是在情感上与受害者分享类似的情感，如痛，并同时伴有悲伤情绪，也会容易产生愤怒情绪。类似的痛和悲伤情绪在救援者和决策者中也会出现。突发事件中受害者的心理和情绪反应也会影响到决策者的心理和生理反应，并影响到决策过程和后果。

3)情绪与行为

危机中状态下，个体的情绪体验会有波动，而且不同情绪体验会相互作用，进而影响后续的行为选择，影响个体应对突发事件的方式。例如，通过语言获得和词汇计数技术，Back 等分析了美国民众在“9·11”事件发生一天内情绪的变换。研究结果显示，悲伤、焦虑逐渐恢复，但愤怒情绪显著上升[23]。Skitka 的研究发现，这种愤怒情绪会导致人们表现出打击外团体(其他民族)、触犯众怒等行为，而恐惧则更多地导致人们提升内群体的聚合力[24]。

如果个体或群体对救援行为或政府工作失望，缺乏有效的信息沟通，个体的情感会发生很大的变化。个体的悲观、失落、无奈、愤怒等情感又会传染给身边的群体，当群体都被某一情感控制后，人群很容易受到来自外界的暗示并受某些人的指挥而参加一些过激的行动，酿成情绪主导型群体事件。事件参与者或受损者，由于经历或见证了复杂的情绪体验，会改变自己对事件的情绪与行为反应。有研究表明，危机中受死亡威胁的人们可能会进行更多的危险行为。但也有研究发现，危险行为或许可以产生积极情感，从而消除危机中的消极情感。因此，了解危机事件中个体的情绪反应与波动，加强对个体的情绪疏导，避免次生灾害事件的发生，便成为突发事件的应急管理需要考虑的重要内容。情绪疏导与管理，也有利于突发事件相关群体的心理康复。

2. 个体的认知加工简单化

面对突发事件，人们的即时认知、随机应变的能力尤为重要。传统的认知加工包括计划以及问题解决等过程，然而突发事件中个体没有充裕的时间进行计划，因此，如何在最短时间内通过一系列认知策略达到对环境的最大程度的适应显得非常关键。个体在突发事件中表现出独特的信息加工策略，以及记忆编码方式。然而这些策略并非在任何时候都能带来良好的适应结果，适应不良的情况会频繁发生。

在有限的时间中，个体对突发事件的信息加工趋向于过度简单化，甚至会产生偏差。通常，个体是通过收集信息来进行认知与决策的。在接受信息时，个体往往会根据已有的知识和经验体系来进行筛选，接受感兴趣的，并认为是有价值的信息。特别地，在焦虑的情境下，个体对信息加工更容易产生认知上的偏差。在突发事件加工的过程中个体更容易产生焦虑，因此，更容易轻信于获得的信息，而且更加倾向基于部分信息对突发事件的整体进行判断，表现出读取信息简单化、单纯化的倾向。

这种简单化的倾向可以使用说服的详尽可能性模型来进行解释[25]。面对突发事件，个体会通过各种渠道来接收各方面的信息。其中，说服性信息在影响人群的态度及其行为倾向中扮演着重要的角色。已有的研究表明，论据的说服力、信息源的特征，如专家的评价、吸引力和可信性等，个人与信息的相关性，对事件事先的了解程度，个人不同的认知过程，情绪状态等，都会影响到说服性信息的有效性和影响程度。说服的详尽可能性模型提供了解释信息和态度改变的一种方法。该模型强调了，说服性信息在决定态度改变的模式和程度上的重要性。根据详尽可能性模型以及类似的双过程模型(如启发式-系统模型)，说服具有两个路径：中央路径以及周边路径。中央路径对应启发式的信息加工。当个体具有高度的动机和能力时，便会使用“中央路径”，将较多的注意力放在事件的相关信息上，并仔细评估与理解信息。

Trumbo认为，个体信息加工是启发式信息加工(heuristic processing) 还是系统式信息加工 (systematic processing)会受到四个因素的影响，即进行判断的自我效能感，进行判断的动机，寻找信息，信息不足[26]。进行判断的自我效能感越高，动机越强，有效信息数量越多，个体越倾向于使用系统式的信息加工。而当个体认为自己无法进行判断，或缺乏动机，信息不足时，他们便更倾向于进行启发式的信息加工。

处于突发事件中的个体，其心理资源和注意资源在很大程度上被剥夺，这直接导致他们进行判断的自我效能感水平降低，并且没有足够的心理资源对信息进行深度加工，同时注意力资源的有限导致他们无法从多种渠道获得信息，因此，他们更倾向于使用周边路径，进行启发式的信息加工，对外围信息更加依赖。

3. 突发事件中个体对各个信息渠道信任程度的变化

诺贝尔经济学奖获得者、认知心理学家 Kahneman 的研究表明[27]，个体在进行认知与判断时，所采用的认知策略会显著地影响到个体的认知结果。有研究表明，在突发事件危机情境中，那些拥有高权威度的人或组织所传达的信息容易被个体不假思索地接受，而反之，那些权威度较低的信息源所传达的信息则会被个体更为谨慎地对待。Griffin 等认为个体主要通过两种渠道获得危机信息，一是大众媒体(电视、报纸和电台)、专业媒体(专家和政府)，二是人际关系渠道(家庭和朋友)[28]。进一步的研究发现，个体特征会明显影响个体对信息渠道的信任程度。其中，风险焦虑高的个体对所有渠道的信任程度都很高，且最信任的是专业媒体。在突发事件中，出于生理与心理上的紧急需求，个体会迫切寻求信息，对所有渠道的媒体信任度皆处于较高水平。除此之外，有关卡特里娜飓风的调查发现，如果常规的沟通渠道被中断，不确定性会促使人们去寻找新的路线和渠道。

4. 个体对突发性事件的记忆编码特点

Ehlers 和 Clark 的研究表明，个体对突发性的创伤事件的记忆具有不连贯、无序、缺少细节以及时间顺序错乱的特点[29]。除此之外，经历突发性事件的个体也会频繁地出现不自觉的创伤情境闪回，闪回的内容多伴随强烈的感觉与情感体验，甚至让个体无法分清这究竟是回忆还是现实，因为闪回缺乏一般自传体记忆特点：自我意识。Ehlers 等随后的研究进一步表明，突发性事件情境的闪回可由多种外部线索激发，并且激发常常不受个体的意识控制[30]，如其位目睹丈夫被枪击全过程的女性在看到海报上的大面积蓝色图形时，会经历枪击情境的闪回，这是因为凶手车的颜色与海报的颜色相同，均为同色调的蓝色，故海报颜色会作为“提取线索”，促进创伤性记忆的自动性提取与激发。

之所以创伤记忆具有上述特点，是由于个体对创伤性事件的独特编码方式。通常自传体记忆的编码包含两个过程，即概念加工与知觉加工。概念加工是自上而下的加工，也就是说，使用知识储备将场景信息通过修饰与组织，整合为有意义的整体；知觉加工是对感觉印象与诸如刺激形状、结构等知觉特性自下而上地加工。Ehlers 和 Clark 认为，个体对突发性事件的记忆编码很大程度上仅仅局限于知觉编码，而少有概念编码，因此，那些与创伤性事件相关的知觉刺激很容易自动激发个体对该事件的回忆，表现为“不由自主的闪回”，也称为知觉启动(perceptual priming)[29]。但同一刺激的概念加工与知觉加工存在对抗关系，也就是说，过多的知觉加工会抑制概念加工的进行，故经历突发事件个体的概念加工更可能远低于正常水平。Conway 和 Pleydell-Pearce 的研究进一步表明，当个体对某事件的记忆被整合入自传体记忆的时候，或当记忆经过了深层的概念加工以后，知觉线索对事件回忆的提取促进程度会降低，更难引起自动性激发，严重可导致 PTSD[31]。创伤后应激障碍患者正是缺乏对创伤事件的概念编码，因此，他们更有可能体验到反复的闪回。

5.3.2　个体的心理特征随时间的动态演化规律

Taylor认为，人类最为重要的心理能力便是从沉痛的打击中成功自愈，恢复自尊，并进行不断自我提升的能力[32]。大部分个体能够恢复到原有的生活满意度以及幸福感水平上，甚至超越原有的水平，这得益于他们具备良好的认知适应能力（cognitive adaptation）以及恰当的应对策略（coping strategy）。而对社会网络（social network）以及个人资源（individual resources）的使用在其中起到重要的作用。

1. 认知动态演化规律

个体经历突发性事件后的认知适应主要围绕着三个主题：①为突发性事件赋予意义；②重新获得对突发性事件的掌控感，以及对生活的掌控感；③努力提升自尊水平[32]。

第一，为突发性事件赋予意义是理解事件的重要方法，包括从事件发生原因、事件的影响、事件的重要性方面进行理解。理解事件也有助于个体理解人生的意义。赋予意义的一个最重要的方法便是因果归因。根据归因理论，在一个威胁性事件发生后，个体会通过归因来理解、预测以及控制环境。理解事件的起源能够帮助个体更好地找到这个事件在人生中的象征意义。

第二，重新获得对事件，以及人生的掌控感。这方面主要针对以下问题，包括反思如何避免类似的事件发生，如何应对这个事件等。突发性事件会让个体失去对于生活的掌控感，而重新获得掌控感则需要一些心理控制技术，包括冥想（meditation）、想象（imaging）、自我催眠（self-hypnosis）和积极思考（positive thinking）等。另外，如果个体所知觉到的引发的危机事件原因不复存在，那么因果归因也能促进个体重获掌控感。除此之外，时间知觉的不连续性（perceived temporal discontinuity），即认为危机后脆弱的自己与如今完全康复的自己是截然不同的，对于重获掌控感也是至关重要的。

第三，危机事件通常会直接威胁个人的自尊，即使对那些无须为突发性事件承担责任的人也是如此，因此，事件发生后的自尊水平提升是自我恢复的重要过程。提升自尊的常见方法包括社会比较（social comparison）、投入工作中、提升工作表现等。其中，最重要的方法是社会比较。通常，与社会上其他的适应不良个体进行下行社会比较，这会使个体获得更高的自我评价。而Festinger却认为，人们会将自己与略好于自己的他人进行上行的社会比较，以学习更加有效的应对策略[33]。而Taylor的研究发现，下行社会比较更为普遍[32]。另外，选择恰当的维度进行比较也是至关重要的，因为无论与谁比较，只要选对比较点，个体总能发现自己身上的“闪光点”。而关于个体如何选择恰当的维度，以便在突发性事件影响下进行自我提升，目前缺乏相应的研究，亟待未来的研究进行深入探讨。

2. 异常演化——创伤后应激障碍

经历突发性事件后，若个体持续处于适应不良的状态，无法重新获得心理平衡，则会出现各种精神症状，其中最为常见的两种精神症状是 PTSD 与急性应激障碍（acute stress disorder，ASD）。PTSD 是指，经历异乎寻常的威胁性或灾难性应激事件或情境后引起精神障碍的延迟出现或长期持续存在，其特点是时过境迁后的痛苦体验仍然驱之不去，持续回避与事件有关的刺激，并长期处于警觉焦虑状态[34]。PTSD 患者具有明显的适应不良性心理特征，包括反复体验创伤性事件，回避与创伤性事件有关的刺激或情感麻木，警觉性增高，并伴有内疚、自责的情绪。在美国的《精神障碍诊断与统计手册》(第 4 版)中，如果创伤后的精神障碍持续时间不足 4 周，并且在创伤事件之后 4 周内发病者，均属于 ASD 范畴[34]。ASD 的症状与 PTSD 类似，然而二者主要的区别在于 ASD 的分离性症状更加突出。

在《精神障碍诊断与统计手册》(第 3 版和第 4 版)中，PTSD 都归属焦虑障碍类别之中。以往支持"焦虑障碍说"的研究者认为，从症状学上说，PTSD 的症状在焦虑障碍中也会经常出现，包括失眠、注意力不集中、惊跳反应、解离、闪回等，因此，PTSD 可以被看做一种"焦虑障碍"。然而，在《精神障碍诊断与统计手册》(第 4 版)中，适应障碍(adjustment disorder，AD)、PTSD、ASD 和分离障碍(dissociative disorders，DD)被划分在不同的类别之中，而《精神障碍诊断与统计手册》(第 5 版)将这四种障碍归为一个名为创伤和应激相关障碍（trauma and stressor-related disorders)的类别之中。这类障碍是个体对于不同类型应激源的不适应性反应，严重程度或轻或重。但这样的归类还存在着争论。支持方与反对方在以下三个方面有意见分歧：

一是，症状学方面。Friedman 指出，PTSD 中的一些症状，如麻木(numbing)、异化(alienation)和疏离(detachment) 等症状，在抑郁症中也经常出现，实际上，PTSD 与抑郁症并存的情况也经常发生[35]。这些症状学现象表明：PTSD 不能被简单看做一种焦虑障碍。然而，也有一些学者认为 PTSD 是一种焦虑障碍。Zoellner 等认为，即使 PTSD 也会出现抑郁症状，然而焦虑才是 PTSD 患病的重要原因[36]。创伤性事件的反复暴露会导致后续 PTSD 症状不断出现。而焦虑障碍患者不断暴露于恐惧刺激中，也会不断发病，因此，PTSD 与焦虑障碍的发病机制是相同的。此外，Zoellner 等还发现，PTSD 患者的很多症状与焦虑障碍症状高度相似[36]，如二者都涉及对恐惧刺激的过度唤起与应激、杏仁核对恐怖刺激的反应增强等。这些证据都表明 PTSD 是一种焦虑障碍。

二是，发病机制方面。支持 PTSD 是一种焦虑障碍的研究者，如 Zoellner 等，他们认为，PTSD 与很多焦虑障碍的发病机制相同——患者都会形成恐惧条件反射，无法消除[36]。其实，PTSD的一些重要症状可以看做巴甫洛夫恐惧条件反射，PTSD患者在看到与创伤性经历有关的线索，即中性刺激时，也会有过度反应(如心跳、皮肤电反应)，与经历恐怖场景的反应类似。最近的研究表明，PTSD患者在编码恐惧刺激时，杏仁核因为缺少前额叶皮层以及其他边缘系统的调控(抑制)而过度激活，这种特殊的"神经环路反应模式"使这些患者更容易形成恐惧条件反射，产生PTSD的种种症状表现。基于同样的发病机制，PTSD的治疗方式也与很多焦虑障碍类似，如二者都涉及暴露疗法以及认知疗法，其中认知疗法假定，患者认为条件刺激与非条件刺激具有一定的联结，治疗的目标是消除这种联结。然而，Friedman认为，除了恐惧以外，PTSD还包括许多情绪反应，如自责、羞耻、愤怒，这些情绪不能被简单的学习模型解释[35]。因此，将PTSD看做一种简单的恐惧条件反射似乎过于片面。

三是，实用性方面。Friedman认为，将适应障碍、急性应激障碍、创伤后应激障碍和分离障碍划分到同一个类别会有助于诊断，同时，这四种障碍的发病机理类似，都是一种对环境应激源的不适应性反应，将它们划分到同一个类别有助于人们理解病因，比较症状的相似点与不同点[37]。而Zoellner等却认为，新的分类对创伤后应激障碍诊断造成了困难。新的分类产生了几十万种可能被诊断为创伤后应激障碍的症状组合方式。与《精神障碍诊断与统计手册》(第4版)中的抑郁症的256种症状组合，PTSD的数目简直是天文数字[36]。由此来看，这样的分类不但不利于诊断，而且会使人们对于创伤后应激障碍的认识退化。

尽管创伤后应激障碍与急性应激障碍两种划分方法究竟孰优孰劣，目前还没有达成一致意见，但是，这些争论与最新研究进展会帮助人们更深入地理解创伤后应激障碍的症状表现，以及发病机制。

5.3.3 突发性事件中不同个体的心理特征差异

同一个突发性事件对每个人生活造成的影响不尽相同，而不同个体也具有不同的心理与行为特征，原因主要有两点：一是从外源角度看，个体和突发性事件的物理距离越近，事件对个体的影响越大，而且事件对个体的影响会因个体在突发性事件中扮演的角色不同而不同；二是从内源角度看，突发性事件的心理承受能力具有很大的个体差异。心理承受能力会受到个体的个性特点、生活经历、对突发性事件的认知评价、社会支持水平、个体健康状况等多种因素的影响。我们将从外源和内源两个角度来介绍突发性事件中不同个体的心理特征有哪些差异，以及这些差异的影响因素。

1. 由外源因素(社会角色)所导致的心理特征差异

突发性事件中的个体大致可以分为受害者、政府部门的领导、救援人员、媒体人员、公众等角色。这些人的角色既是危机事件的受众，也参与了危机的传播，他们相互联系与配合，构成了一个系统，系统中的每一个元素都会直接或间接影响危机传播效果、应急管理的成败。价值观不同的个体，其认知、情绪和态度反应也存在着差异。因此，应急管理中的个体对待危机的行为方式也会不尽相同。下面，我们将逐一分析突发事件中扮演不同角色的个体的心理与行为特征。

突发事件受害者是弱势群体，需要物质的、心理的援助。任何一次危机最直接的影响对象都是直接受到影响或伤害的普通民众，可以说，他们是危机传播中比较特殊的一个群体，危机情景下，他们可能陷入一种脆弱的状态，无法理智地应对危机事件。他们需要借助外界的力量来走出心理冲突。

政府作为公共服务的提供者、公共政策的制定者、公共事物的管理者、公共权力的行使者，在应急管理中居于主导作用[38]。国外对政府危机管理研究开始得比较早，并建立了相关的理论模型。其中，对危机事件阶段划分影响较大的模型有基本的三阶段模型、Fink 的四阶段生命周期模型、Mitroff 的五阶段模型。基本的三阶段模型认为，危机事件包括危机前阶段、危机阶段、危机后阶段；Fink 的四阶段生命周期模型指出，危机事件包括潜伏期、发生期、蔓延期、衰退期；Mitroff 的五阶段模型指出，危机事件包括酝酿期、暴发期、扩散期、处理期、善后处理期。根据危机事件发生阶段的特点，也有学者提出了 4R 模式的危机管理，即缩减管理(reduction management)、预备管理(readiness management)、反应管理(response management)、恢复管理(recovery management)[38]。政府部门的官员代表政府进行应急管理决策，承担决策等方面的压力，而救援人员则面临着巨大的任务压力。情绪会影响到他们对与事件相关的信息的判断和决策。在应对非常规突发事件的过程中，无论是对救灾的工作人员、救灾指挥人员，还是对政府官员而言，都面临着在有限的时间内进行决定重要策略的压力。他们的言论、情绪表达都会直接影响公众对应急管理的评价。例如，菲律宾人质事件中，菲总统不恰当的“笑”，引发受害人家属和公众的强烈不满情绪，不利于危机处理。研究也表明，事件相关者恰当的情绪表达，如能站在别人立场上考虑，会增强沟通有效性。

媒体在应急管理中的引导作用也非常重要。媒体在危机中的舆论引导要从以下几个方面着手：第一，引导信息型舆论，以准确的信息代替模糊的信息；第二，面对情绪性舆论，放大正面情绪；第三，引导行为舆论，树立正面行为以抑制负面行为[39]。英国危机公关专家里杰斯曾提出著名的危机沟通 3T 原则，即主动沟通(tell your own tale)、充分沟通(tell it all)和及时沟通(tell it fast)。媒体在面对危机时，也应该尽量采用这三个原则来进行积极引导。

尽管对不同角色的心理特征研究取得了一些有意义的结果，但关于它们之间的相互作用，相关的实证研究却比较缺乏。而弄清楚这些关系，将会有利于消除彼此之间的心理隔阂，建立高质量的信任关系，也会促进应急管理中的相互协作。

2. 由内源因素所导致的心理特征差异

心理承受能力是指个体的适应能力，以及避免行为偏差过大或失常的能力。事件的强度和性质很大程度上取决于个体对事件的知觉、解释和评估，即使在同样性质、同样强度的压力下，不同个体也会有不同的心理感受与行为表现。许多心理因素在其中起到缓冲的作用，包括对突发性事件的知觉解释、社会支持、应对方式、人格特质以及先前的生活经验。下面我们将一一进行介绍。

第一，个体对突发性事件的知觉解释能够影响个体的心理感受。一些人对突发事件的威胁性知觉水平更高，因此会产生更高水平的紧张、应激和焦虑。而另一些人倾向于将突发性事件知觉为不可预测与不可控制的，因此更容易陷入无助和绝望中，更容易导致心理的失常甚至心理障碍。

第二，感知到的社会支持也能够影响个体在突发事件中的心理反应。感知到的社会支持是指个体所感知到的来自包括家庭、朋友、组织和团体等社会各个方面的物质，以及精神上的帮助和支持。感知到的社会支持可以通过影响个体的应对能力来影响个体对于应激源的反应，具体来说，感受到更多社会支持就意味着个体拥有更多的应对压力的资源，在面对突发事件时更加从容，避免陷入无助和抑郁的状态或产生心理失常。然而社会支持水平并非越高越好，过多的社会支持(如家人和朋友的过度保护)有时反而不利于突发事件应对能力的培养。

第三，个体在突发事件中的心理反应与其所选择的应对方式以及其所拥有的应对资源数量有关。应对方式是指个体通过行为努力以及改变认知来对付应激源的负面影响，而应对资源是指个体所拥有的用来对付应激源的金钱、精力、时间等。应对方式可以分为问题取向应对(problem-focused coping)及情绪取向应对(emotion-focused coping)。问题取向应对的关键在于通过积极计划来解决问题。情绪取向的应对分为积极的情绪应对及逃避的情绪应对两种类型。积极的情绪应对的关键在于通过调节自身情绪与自我状态来减弱心理应激的反应，经常被看做一种重要的情绪调节方式[40]，而逃避的情绪应对则通过逃避问题来减弱心理应激的反应。研究表明，使用逃避情绪应对的个体表现出最差的适应性，使用积极情绪应对的个体在短期内呈现较好的适应性，然而长期来看，问题取向应对能够带来更好的适应性。在突发性事件发生后，在所有的应对策略中，个体对逃避情绪应对策略的使用能够最为有效地预测个体创伤后应激障碍的发病情况。

第四，人格特质也能够影响突发事件中个体的心理反应。倾向于逃避应激源的个体、悲观的个体及对克服困境具有较低自我效能感的个体，更容易在应激过程中产生适应不良的现象，也更容易罹患创伤后应激障碍。

第五，个体先前的生活经验也会影响突发事件中个体的心理反应。丰富的人生阅历能够让个体对突发事件进行更加客观的认知和评价，保持较强的耐受能力；心理韧性强、自我效能感水平高的个体会及时采取恰当的应对策略，并在最短时间内重新达到心理平衡。

5.4 突发事件中群体心理与行为演化规律探讨

5.4.1 突发事件中群体心理与行为的相关理论

突发事件中，直接受害者会出现心理与行为的应激反应，这种反应也会相互影响，形成群体层面的心理与行为特点、表现形式。此外，这种互动还会涉及与突发事件相关的利益群体。这种群体心理与行为的演化处于不断变化的动态之中，群体与个体、不同群体之间始终发生着相互作用。突发事件会引发群体心理与行为反应，而群体心理与行为又反作用于突发事件。一旦把握不准或处理不当，又会将突发事件复杂化，甚至引发次生的灾害或伤害。因此，突发事件中群体的情绪、行为反应，及其演化的基本规律，是突发事件应急管理需要特别关注的内容。

在突发事件发生之后，群体层面上会发生一些认知、情绪上的变化，从而导致一些行为的发生，如谣言的生成和传播。以下三个理论可以帮助我们理解这一过程。

(1)认知失调理论(cognitive dissonance theory)。认知失调是指人们认识到自己不同的态度之间，或者态度和行为之间存在矛盾[36]。认知失调会导致心理紧张。这就促使人们努力去消除存在的失调，以消除紧张情绪，重新恢复平衡。在突发事件发生后，会有一些预测更可怕的灾害和危险即将发生的谣言产生，引发群体性的焦虑。这种现象的产生主要缘于认知失调。一方面，突发事件会导致人群产生极大的心理恐慌，另一方面，又没有明显的证据证明伤害不会继续发生，因此，持续的恐慌就显得认知方面的“证据不足”。认知失调之后就容易产生从众心理。从众心理在谣言的传播过程中起到推波助澜的作用，进而引起群体性骚乱现象。群体性骚乱现象又分为两类。一类是因为沟通不畅所产生的群体骚乱。在突发事件发生之后，人们的情绪、认知受到了巨大的冲击，使人们不能理性地处理信息。如果此时人群聚集，并进行相互之间的情绪渲染和传递，加上此时与外界信息沟通不畅所造成的归因偏差，就很容易导致群体的非理性行为，如2011 年广州陆丰的乌坎事件。另一类是“去个体化”(depersonalization)现象。“去个体化”现象指的是，人们总是不断地对自己的行为和形象进行调整，以维护自身良好的社会形象，避免与社会规范相冲突，从而规避因违反规范所带来的惩罚。然而，在突发的危机情境下，“去个体化”现象会使得群体成员的自我监控和评价的减弱，很容易导致情绪化、冲动性行为的产生，如 2008 年贵州的瓮安事件。

(2)群际接触理论(intergroup contact theory)。群际接触理论认为，群际之间的接触是促进群际关系的最有效的行为策略之一。研究表明，群际接触确实可以减少群际偏见、促进群际关系的改善与提升。减小群际偏见的主要方法是与外群体进行接触。为了使群际接触产生积极的效果，需要建设适宜的环境。适宜的环境须具备四个关键条件，即平等的地位，共同的目标，群际合作，权威支持、规范或习俗的许可[41]。高质量的群际接触的确可以减少偏见，增进群际之间的信任关系。群际接触理论突破了以往主要以个体、人际、群体为考察对象的传统研究范式，拓展到了以群际、群集对象的更加宏观社会经济领域。突发事件中，不同利益群体之间的互动就是一个典型的例证。

(3)群际情绪理论(intergroup emotion theory)。群际情绪理论提出，群际情绪是指当个体认同某一社会群体，并把群体看做自我的一部分时，所体验到的对内群体和外群体的情绪。在这样的情境下，内群体就变为自我的一部分，获得了情绪和社会的意义，个体在评价与内群体有关的事物就会带有明显的情绪色彩，把这些事情看做发生在个人身上一样，因而，情绪就从个体水平被提升到群体水平[42]。群际情绪理论认为，群体成员通过社会认同所产生的情绪体验来理解、改善群际之间的关系。群际情绪一旦形成，群体中的成员就倾向于从群体的视角评价周围所发生的一切。群际情绪还可以改变个体和群体的行为，同时，群体情绪还可以成为刺激条件，激发指向内群体和外群体的行为。群际情绪理论对于剖析突发事件中的群际冲突或群体性事件具有重要的参考价值。

5.4.2　突发事件中的群体认知评价、情绪反应和行为倾向

群际情绪理论认为，群际互动包括认知评价、情绪反应、行为倾向三个过程，也是人们理解和处理社会事件的三种方式，且相互影响，相互促进。认知评价涉及评估内群体与外群体关系的相关特征，包括地位、权利、目标等是否一致，认知评价会引发具体的群体情绪，如害怕、厌恶、仇视等，而情绪反应会激发指向外群体成员的具体行为倾向，如躲避、反对、反抗等行为[42]。其中，群际情绪的形成和渲染是一个最为关键的过程。群体水平情绪与个体水平情绪之间具有明显的区别。在群际情绪形成或蔓延的情境下，一旦社会群体之间的差异性凸显时，人们会根据自己的群体成员身份去理解、评判自己和他人，表现出群体刻板印象，对内群体产生更多的积极评价和情绪体验，即使这些与群体有关的事件与自己并没有直接关系。而对外群体则产生更多的消极评价和情绪体验，包括群际敌对、群际威胁、群际厌恶、群际焦虑等。例如，2013 年发生在中国香港特别行政区的“占中”事件，不但导致香港社会各阶层的冲突，而且造成香港与内地居民的不信任，甚至出现不理性的行为。与常规的事件相比，非常规突发事件

的特异性会导致个体产生极度的恐惧与害怕，伴随突发事件的不可言状的心理恐慌反而成为比事件本身还要可怕的后果，导致次生伤害或灾害的发生。同时，这种恐慌会弥漫于人群或社会中，具有心理渲染性，形成难以控制的恐慌氛围。这种因为突发性事件而引起的应激或压力反应，不但会影响到个体生活的其他方面，如家庭生活、消费行为等，表现出溢出效应(spillover effect)，而且也会影响到与个体有密切联系的个体或群体，如爱人、工作同事等，表现出交叉传递效应(crossover effect)。大量的研究结果表明，不同的群际情绪会激发不同的群际行为或行为倾向。群际的愤怒情绪会导致伤害外群体的行为倾向；群际的害怕情绪会导致躲避外群体和支持内群体的行为倾向；群际的集体内疚感会促使群体表现出补偿受伤害外群体的行为倾向。

人们日常的行为规范是社会秩序维持的基础。突发事件后，恐慌行为在短时间内会导致原有规范暂时失效，形成暂时性的“无规范”局面。而且，在时间压力下，人群会加快行动的速度，不会遵循常态下的行为规范。这种群体行为有时会引起非理性的行动，加重公众恐慌，会造成更加混乱的局面。例如，2014年年底发生的上海外滩踩踏事故。处于应急的危机状态时，人们会积极寻求各类相关信息，并希望缩短人际距离，私下或非正式交往开始活跃，以消除和释放不安，但也常常伴随着流言的产生。流言的产生是一种社会现象，具有情绪性和渲染性，容易形成群体恐慌情绪的蔓延。因此，国家应急管理机构要加强对公众的危机心理训练，提高公众的危机意识，培养危机的应对能力。例如，2013年，几位知名学者在 *Nature* 和 *Since* 杂志上撰文呼吁：政府应该通过宣传让公众对地震这一灾难的可能后果做好充分的心理准备，而不仅仅是着眼于灾后重建[43～45]。这样的话，一旦在地震来临时，人群不至于过于慌张，从而降低地震对公众造成的恐慌情绪，减少损失，因此，在探测、总结突发事件下群体的心理与行为演化规律时，我们认为可以从认知评价、情绪反应和群体行为倾向三个角度进行分析、评估。

在中国当前的现实情境下，所发生的非常规突发事件多种多样，上至社会民族宗教矛盾，下至食品安全、饮用水污染事件，涵盖各个领域，需要政府、专业机构提升应对能力，不能以某一个或几个模型来做简单化处理。下面重点探讨信息传播、情绪、决策者或管理者行为对群体心理与行为的影响。

1)突发事件中的信息传播、情绪对人群心理与行为的影响

与常规事件一样，非常规突发事件也是以信息传播为载体。但由于突发事件中信息量大，来源多样、复杂，且存在着高度的不确定性，信息的准确、有效传播就显得尤为重要。信息传播起始于信息来源，采用何种传播渠道决定了信息内容、可信度、多样化程度以及人群理解与对待信息的态度。通常而言，信息发布者在发布信息时会根据新闻受众选择渠道。在印刷品占主导地位，以及广播普及

的时代，内容渠道媒体会更倾向于发布官方信息。然而，新媒体的广泛应用，使得信息来源越来越多源化、多样化，记者或专门的信息发布者作为信息源提供者的作用在削弱，人群中的每个人既是信息的受众也是信息的发布者和传播者。因此，人群如何看待官方信息和非官方信息是一个特别值得关注的问题，尤其是在非常规突发事件中。

Miller 和 David 开展了一项针对电视新闻的实验室行为研究，结果发现，对于电视新闻，人们会把电视上播出的新闻都视作真实的，但会更倾向于信任官方信息源；人们并没有表现出对同种族的人群发布的信息更高的信任度；相比无配图新闻，人们没有表现出对配图新闻更高的信任度[46]。电视、报刊、广播是较为传统的信息传播模式，随着互联网的飞速发展和普及，信息传播进入高度膨胀的时代。在基于 Web 2.0 的互联网技术的推动之下，博客、RSS(really simple syndication，即简易信息聚合)、微博、微信等使信息传播的终端用户出现个性化差异，信息的获得也更为及时。不同于传统的依赖官方信息发布源，突发事件之后，人们往往是通过互联网第一时间获取事件相关信息，信息源既可以是官方媒体，也可以是普通民众手中的相机、即时通信工具，每一个人既是事件传播的参与者，也是事件传播的创造者。例如，在 2008 年汶川地震时，网络论坛、博客比地震局官方网站更迅速地披露有关地震的重要信息。

在非常规突发事件发生时，互联网新媒体比传统媒体反应更迅速。此外，相较传统信息传播，新媒体的信息传播体现的重要的特征之一是：它能够充分体现人们的价值取向和真实意愿。若能实时收集并有效利用互联网上实时涌现的关于事件进展情况及网民反馈，将有助于政府制定进一步的政策与措施，以提高突发事件处理的效率和效果。

在 2007 年美国的加利福尼亚州南部火灾和弗吉尼亚理工学院枪击事件中，社交新媒体就发挥了非常重要的作用。学者对相关事件所做的追踪研究也表明，虽然事先没有计划，但人们依旧可以利用互联网新媒体去获取应急事件相关信息，并关注灾难的发生、进展、亲朋好友的状况、安全的位置、救援位置，还有医院、学校、商店和其他公共设施的损害和关闭情况等。一些传统渠道暂时无法提供或根本无从提供的重要信息，恰恰是这些碎片信息能够在突发事件中稳定人心，减少骚乱发生的概率，提高资源利用率。

Web 2.0 带来的博客、微博、微信、手机新闻客户端、视频网站等新媒体，不仅改变了信息传播渠道，同时也在改变整个社会和商业运作模式。社会新媒体还催生了一种类似于应急 2.0（Emergence 2.0）的系统模式出现，并将会革命性地改变现有的应急管理方式。目前，我国的许多机构也已设置了相关的应急网站、论坛等社会媒体工具，但在内容和动态方面还存在着明显的不足，无法做到及时性和互动性。

除了传播源，在突发事件发生之后，应该传播何种类型的信息也是值得关注的问题。虽然突发事件并非每个人都会遭遇到，但因为突发事件的信息往往是负面性的。即使不是事件的直接受害者，事件相关信息本身就会给受众带来不好的情感体验。这种影响辐射波及范围更广，不仅局限于受影响的地区，而且这种负面影响还会是持续的、长远的，在短期内不会消失。例如，接收恐怖袭击的相关信息，对个人而言，会降低人们的积极情感体验，增加人们的焦虑和抑郁水平；对群体而言，这种负面影响更为深远，恐怖袭击会降低群体在消费方面的购买意愿，政治观点变得更加保守，也会波及金融市场，引发恐慌和金融危机。

由此可知，突发事件所带来的负面消息会对社会中的个体和群体都带来负面的心理与行为影响。而这种负面影响不仅仅是局限于直接受影响地区的人群。所以，官方在发布信息时，可以采用一些技巧来尽可能降低这种负面影响。仍以恐怖袭击为例，已有研究结果发现，在发布恐怖袭击信息的同时，如果能够让受众了解恐怖袭击者的动机，如是出于宗教、文化、经济，还是历史原因，那么，就会有效地降低恐怖袭击信息对人群心理造成的冲击，同时也能适当缓解人群对恐怖袭击事件的恐惧感。

官方渠道在传递更多信息的同时，非官方渠道的信息传播也是值得关注的问题。这种伴随应急事件而生的情绪性信息的传播，会有助于帮助受害地区的居民在压力环境下缓解负面情绪，发挥积极作用。一是给事件贴上情绪标签可以起到缓解作用。具体来说，将一种情绪用一个准确的词语描述出来，可以缓解主观上的紧张感。二是情绪表达可以帮助人们加速对压力情景的认知处理。三是情绪表达能够帮助人们转变对事情的认知。看待外在世界的角度会发生变化，认识也会得以升华。例如，过去的人生目标只是赚钱养家，但遇到灾害事件之后，活着就成了一种更高的意义所在，如活着是为了有更多时间和家人相处，更好地活着。简而言之，遭受灾害之后的情绪或情感表达能帮助人们认清生命的意义。四是情绪表达一定程度上提高了身体对压力事件的适应程度，也就是愿意接受压力事件存在这种事实，从而降低了压力事件对身体的伤害。五是情绪表达的意愿能够加深与周围人的关系，获得更多的社会支持。此外，在不确定性的危机情境下，如果能够让个体和群体关注事件的积极面，体验并保持乐观的情绪状态，那么就有利于产生积极的心态，以及积极的主动性行为。

然而，这些情绪的表达和渲染也容易导致负面的群际情绪产生，从而带来消极或破坏性的作用。应急事件发生后，由人群的情感表达而产生的信息是往往通过非官方渠道散播开来，而且由于带有强烈的主观性，缺乏确凿的考证，在口口相传之间容易造成以讹传讹，变成谣言。谣言的散播不仅浪费人力、物力，还煽动了负面情绪，影响救灾工作的开展，甚至会产生次生灾害或其他的群体性事件。突发事件中谣言散播的心理机制主要表现出以下的特点。

第一，突发事件后，公众生活及心理状态致使流言传播速度快、范围广。突发事件发生后，人群往往会被统一安置到空旷安全的地带，如学校、广场、公园、体育馆等，从而形成一种群居状态。然而在集合状态下，人群陷入一种过度集中与非正常的生活状态之下，这种不稳定群居引发的心理状态使流言产生、流言散布成为可能。流言的散布大多以“演讲”的形式进行，一个人面对几个人、数十人乃至数百人进行传播，这使流言连同信息本身所携带的倾向性情绪同时迅速弥漫到人群中，并持续发酵。

第二，突发事件后，人群的恐慌情绪会推动谣言传播。突发事件后，虽然流言和官方渠道发布的信息同步散播，但流言并不会因此消散，有时，在受灾害影响的人群中享有比官方信息更高的传播度与可信度。这一现象出于两个原因：一是有些突发事件后可能会引起大面积停电、断网、交通阻断，影响信息传播的畅通性，影响人群对准确、可靠信息的及时获得；二是政府机构和专家也因为信息渠道的堵塞，无法保证获取完全准确的信息，而为了保证信息的准确性，需要对一些重要信息再三审查、核对，这就影响了信息发布的时效性，令谣言有了传播的可乘之机。此外，遭遇突发事件的人群已受到了心理创伤，对信息的理性判断能力受到影响，并且在高度不安全感的情况下，人群普遍怀有“宁可信其有，不可信其无”的心理状态，愿意去听信那些不可靠的谣言。

第三，突发事件后，谣言会逐渐沉寂，但难以彻底消失。突发事件之后的相当长一段时间内，人们都会沉浸在事件阴影中。尽管随着时间的推移，官方渠道的信息会逐渐占据主流，各种异常传播也会趋于平静，但谣言也会储存在人们记忆中，在下次类似相关事件发生时，会再次被唤醒。

2)突发事件中的决策者或管理者的心理与行为对群体的影响

公众对某种灾害信息的接受程度受到许多因素的影响，包括公众态度、个人态度、已感知到的风险和当地的社会文化。在突发应急事件中，政府作为管理机构将引导整个应急管理与应对的过程。在这个过程中，普通民众对政府、专门机构的社会信任程度就至关重要。研究表明，人群对管理机构的社会信任程度将会影响公众对灾难的风险的感知程度，特别是当公众欠缺对灾害的相关知识的情况下，这种影响会更大，并进一步影响公众对灾害的接受程度。所以，信任对群体接受灾害发生、发展、影响后果等方面的信息具有非常重要的作用。影响信任的因素很多，也很复杂，包括个人价值观、社会价值观、心理状态、政治偏好等方面影响。同时，信任是非常脆弱的，需要长时间才能建立起来，而且极容易被破坏。诚实、透明、真挚、执行力影响着公众对管理机构的信任。而建立信任，并维护信任关系的长久性的一个核心前提条件是建立公平的社会环境。不确定性管理理论(uncertainty management theory)认为，在面对不确定性情形时，人们会更加关注公平，公平可以提高人们的控制感和对结果的预测力[47]。非常规突发事件一个典型的特征就是不确定性。不确定管理理论假设人们对公平判断的过程是一种心理功能，当人们对环境感到不确定时，他们会通过对“公平”的判断来决定自己的态度和行为倾向。当判断结果或过程是公平时，即使面临高度的不确定性情境，人们也会保持积极的态度和行为，以期通过努力得到更好的结果。反之，人们会在不确定性情境下放弃积极的态度和行为，甚至出现消极的破坏行为或反社会行为。不确定性管理理论可以解释公平为什么可以帮助人们有效地应对不确定性，以缓解不确定性带来的负面效应，从而保持积极的情绪、态度和行为。

处于突发事件中的群体往往非常依赖于组织机构的领导者，包括政府机构、意见领袖等。危机处理中的领导力或领导行为是在突发应急事件应对中非常重要但却很少被关注到的一个点。在危机管理中反复被强调的是沟通策略与处理流程，但忽略了领导行为在其中所起到的重要作用。这需要特别关注，尤其是在中国这样一个强调权威、集体主义文化特点明显的社会中。

高效的、危机管理的领导者应该具有五项关键素质，即处理危机、高效决策、了解事态并能与事件利益相关者进行解释与沟通、合理止损以恢复组织常态、引领组织从事件中获取教训。James 和 Wotten 则提出危机领导力的六个关键要素，即建立信任、合作心态、找到组织弱点、快速做出明智决策、敢于冒风险、从危机中吸取教训推动变革[48]。尽管分类不尽相同，但他们都指出，最佳的组织危机管理者是很难从日常中发现并挑选的，因为大部分组织都处于平稳状态，一旦遇到危机，才会发现那些能够帮助组织减少损失的、合适的危机管理者。在选拔出合适的领导者之后，还需要注重培训与开发，以提高他们领导行为的有效性。此外，来自组织领导的情感、物质等方面的支持，以及主动性的领导行为等，都可以明显降低个体、群体负面情绪的强度，改善群际关系，建立高质量的信任关系。在综合以前学者观点的基础上，有人提出优秀的危机管理者应该具有以下特征：鼓励积极应对危机的社群文化、建立标准和流程、树立危机应对榜样、鼓励开放对话、恰当应对媒体、鼓励分享危机应对的经验。

5.4.3　中国居民社会安全感的调查与分析

中国幅员辽阔，不同的地域的人群受到民族、文化、历史等因素的影响，在情绪表达、体验和应对方式上会存在着明显的差异。政府、专业机构在处理应急突发事件时要考虑到这些特点，力争做到因地制宜。为此，应急课题集成项目组在这方面做了一些尝试。

应急课题集成项目组于 2012 年在全国范围内进行了社会安全感的调查，涵盖 20 个城市，8 个民族，旨在了解各地区人群的心理与行为的主要特点。调查最终回收样本 2 486 人，其中包括东北地区 309 人、华北地区 455 人、华东地区

300 人、华南地区 405 人、华中地区 200 人、西北地区 304 人、西南地区 513 人。如果按照民族来看，调查人群的民族除包括汉族 1 689 人外，还包括壮族 110 人、满族 137 人、回族 113 人、苗族 108 人、维吾尔族 106 人、蒙古族 109 人、藏族 111 人，以及其他民族 3 人。

调研结果表明(图 5.2)，总体来看，全国七个地区的安全感从高到低依次为华东、华中、华北、东北、华南、西南、西北地区。西北、西南地区居民安全感偏低可能与当地的经济与社会环境，以及复杂的地理环境有关。一是这些地区气候恶劣、生态环境脆弱，一旦发生自然灾害或安全生产事故，后果严重；二是这些地区边境线长、地广人稀，传染病、动植物疫病等防控难度较大；三是这些地区社会经济基础相对薄弱，基础设施建设不完备，导致救援能力严重不足，灾害或事故的伤害程度和持续性会增大；四是各民族之间交错居住，社会治安面临较大压力；五是反恐任务艰巨，发生在民族地区的突发事件因往往涉及民族、宗教问题，特殊且难以处理，演化规律难以把握，相关的应急管理工作更加艰难[49]。Harrington 和 Gelfand 于 2014 年在美国 50 个州的调查也发现，这些州的居民由于彼此之间的文化价值观差异，在偏见、不平等、犯罪监禁率、幸福感等方面表现出明显的不同。而文化的差异又与该地区的自然灾害发生频率、疾病流行情况、资源匮乏、外来威胁等因素有关联[50]。这也暗示了突发性或灾害性事件与地域文化价值观相互作用，共同影响着该地区居民的心理与行为反应。

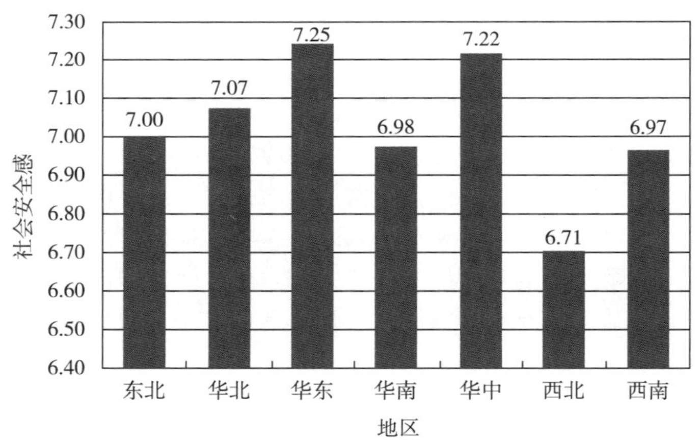

图 5.2　不同地域居民安全感情况

不同地域居民安全感情况：0 表示安全感最低，10 表示安全感最高

在本次调研中，我们考察了影响人群安全感的六个主要因素，即个人健康、经济收入、食品安全、社会治安、环境污染、社会公正。调查结果发现，各个地区的人群对影响安全感的主要因素的看法有相似之处(图 5.3)，其中有近四成居民将个人健康列为影响安全感的第一要素，两成的居民将经济收入列为影响安全

感的第一要素，还有近两成的居民将食品安全列为影响安全感的第一要素。当然，各地区居民在评估安全感影响因素中还存在一些差异。例如，在西北、西南地区，当地居民会比其他地区更关注社会治安对其造成的影响。相比经济欠发达地区，在经济相对发达的华南、华东、华中地区，经济收入更容易影响居民安全感。

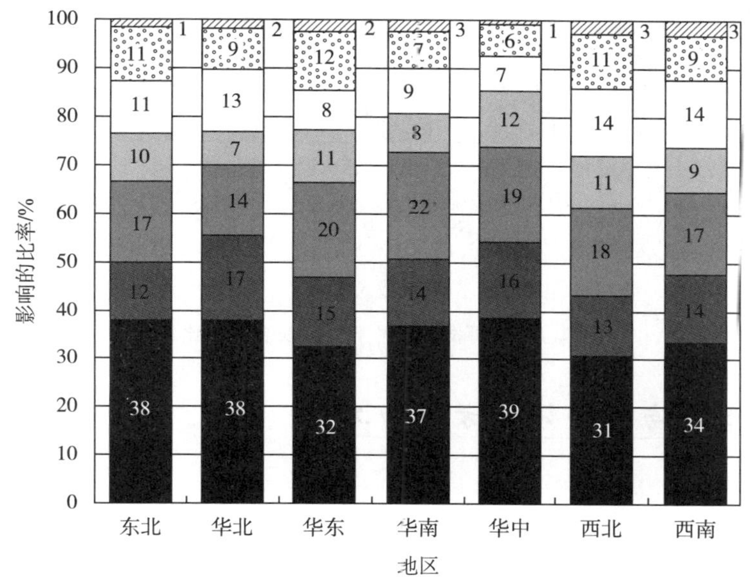

图 5.3　不同地域的居民安全感影响因素比较

本次调查结果还发现收入水平、年龄会影响居民的安全感。收入与安全感呈正相关，当居民收入越高时，其安全感也会更高，反之，则越低(图 5.4)。

不同年龄层人群的安全感状况也存在着差异。随着年龄的增长，居民的总体安全感也在不断攀升。40 岁以上的居民的安全感明显高于 30～40 岁的居民、30 岁以下的居民。处于 31～40 岁阶段的居民更多地将经济收入列为影响安全感的第一要素，其比例远超 30 岁以下和 40 岁以下的群体。我们由此推测，30～40 岁的人群所承受的压力最大，因而也是最易感知到不安全感的群体，需要重点关注。

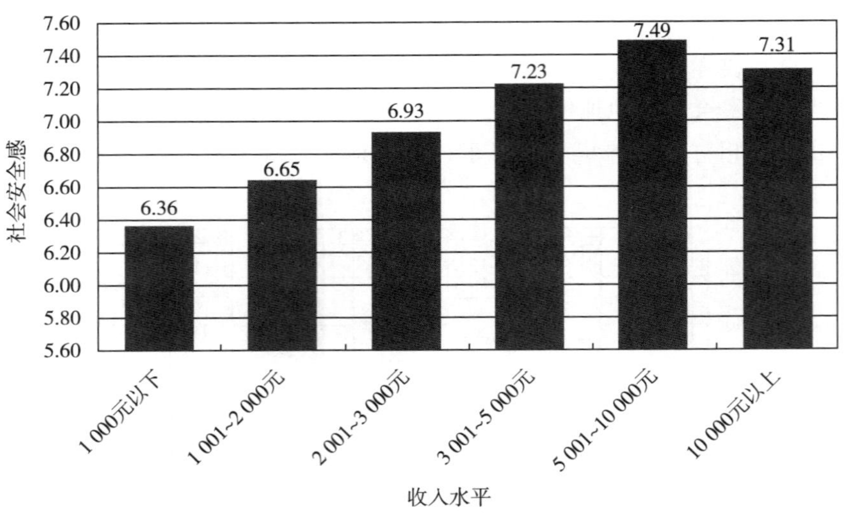

图 5.4 不同收入水平下居民安全感的比较

5.5 心理与行为评估方法和工具

5.5.1 突发事件心理与行为评估方法

由于突发事件往往是突然发生的、带有毁灭性或威胁性的事件，人们在面临这些事件时不仅会在情绪和行为上发生改变，甚至会开始怀疑自己的世界观、价值观，从而对正常的生活产生巨大影响。因此，对突发事件情境下个体的心理和行为进行评估十分重要。

1. 心理与行为评估的关键主题

在确定突发事件中个体的心理与行为评估方法时，需要强调几个关键问题。第一，如何确定哪些群体是容易暴露于突发事件中的高危群体？第二，如何确定目标群体的心理需要？第三，在对目标群体进行评估时，是否考虑了目标群体所处的社会环境信息？

为了确定那些容易暴露与突发事件中的高危群体，需要将突发事件分类，并针对不同类型的突发事件来界定相应的目标人群。突发事件主要包括自然灾害、事故灾难、公共卫生事件和社会安全事件等。其中，自然灾难受地理位置的影响最大。例如，红十字会的数据表明，由于地理环境的原因，亚洲是自然灾害发生最多的地域；那些处于地震带上的地区更容易发生地震或火山等自然突发事件；沿海地区可能会多发海啸或台风。因此，可以根据地理位置确定更容易发生自然灾难的地区，然后将这些地区的居民视作高危群体。事实上，为了减少自然灾害引发的生命财产损失和社会经济动荡，联合国开展了一系列预防和干预项目来减少自然灾难对高危地区居民的不利影响。除了自然灾难外，研究者和公共机构较为关注的另一类突发事件是事故灾难或者其他形式的人为性突发事件。例如，很多研究对"9・11"事件后纽约地区的居民进行了长期的追踪调查，将这些居民视作心理异常易发的群体；还有研究者关注以色列的犹太人和阿拉伯人在长期暴露于武装冲突、恐怖主义的情况下可能出现的心理健康问题。

除了突发事件类型外，人群本身的特点也会导致其成为突发事件高危群体。例如，没有人照看的儿童、妇女(尤其是成为母亲的妇女)等，通常被认为是容易受到突发事件影响而产生严重心理问题的群体；军人是另一个容易被突发事件影响的群体，这个群体更容易在突发事件中或之后出现偏离常态的暴力行为，因此得到了研究者的广泛关注。综上所述，对突发事件高危群体的界定需要首先考虑不同类型突发事件发生的可能性，然后根据人群特点进一步确定可能暴露于这些突发事件中的高危人群。

心理与行为评估的另一个关键主题是确定目标人群的心理需要。对遭遇突发事件的人群进行心理行为评估的最终目的是为他们提供必要的帮助，使他们尽快恢复正常生活，而确定目标群体的心理需要能够帮助专业人士提出更有效的干预方案，因而具有十分重要的意义。不过，应当关注目标群体的哪些心理需要？目前并没有统一的要求或指导方案。Reyes 和 Jacobs 强调，需要评估的主要内容包括目标个体的心理健康资源、态度、知识水平、价值观、先前的创伤经验和恢复状况等[1]。

每个人都处于一定的社会环境中，因此除了确定心理需要外，了解目标群体所处的社会环境对心理评估的准确性和有效性也有重要意义。考虑到对社会环境信息的收集在操作上较为复杂，一些专业人员仅仅关注个体某些可以测量的症状，并进行描述，但这种做法可能由于收集信息的局限性而造成错误的判断[1]。因此，一方面，研究者或专业人员需要试图了解目标个体所处的文化环境、家庭特点等，另一方面，为了从多方面了解关于目标个体的状况，还可以从其所处的环境中(如家庭、工作或社区)收集目标个体的相关信息。

2. Reyes 和 Jacobs 的突发事件评估与干预方案

目前，对突发事件心理与行为评估和干预的关键问题，大家的观点较为一致，Reyes 和 Jacobs 据此提出了一套突发事件的干预方案[1]。该方案主要包括三个部分，即基于推断的行为(presumptive actions)、评估与评价(assessment and appraisal)和可能采取的策略(potential strategic actions)。这三个部分既出现在突发事件的急性阶段(acute phase)，也出现在突发事件的后急性阶段(post-acute phase)。因此，在具体解释突发事件的评估与干预方案之前，先介绍突发事件的两个阶段——突发事件的急性阶段和后急性阶段。

急性阶段是指突发事件发生后需要采取紧急措施，但与目标群体接触或进行评估的条件受到限制的阶段。而当进入后急性阶段后，相关人员将获得更多与目标群体交流的机会，从而可以对目标群体的心理和行为进行更详细的评估。不过，这两个阶段的区别并不意味着在急性阶段不存在对目标群体的评估与积极干预，只是在这一阶段有些条件受到了客观限制(如刚刚经历过自然灾难的人群可能并不能清醒、有逻辑地回答问题)。在后急性阶段，由于研究者和专业人员有机会与目标群体进行深入的交流，因此，对准确地了解突发事件的影响有重要意义。结合早期的快速分析和这一阶段的深入评估，才能获得对目标群体全面、准确的评估结果。

Reyes 和 Jacobs 干预方案的三个步骤(基于推断的行为、评估与评价及可能采取的策略)，以及这三个步骤在急性阶段和后急性阶段的具体内容如下。

基于推断的行为是指在进行具体的评估之前采取的初步行为。例如，在突发事件急性阶段，基于推断的行为可能包括当冲突事件发生后，急救人员、登记人员等对目标群体的心理和行为状况做简报。在后急性阶段，基于推断的行为可能包括重新开展帮助、恢复核心文化的社会宗教活动等。由于这些行为的基础往往不是针对目标群体的评估，而是经验或假设，因此，往往需要后续的进一步干预。

评估与评价是指为了了解目标群体以便制订下一步干预计划而进行的数据收集过程。在突发事件的急性阶段，心理与社会评估往往是一个快速的、初步的过程，包括对人力资源、社会生态和文化价值等方面的评估。具体而言，对人力资源的评估就需要了解目标人群的受伤状况、能够提供帮助的人员；对社会生态的评估包括群体冲突、性别暴力的评估，对破坏人权的行为的评估；对文化价值的评估包括对受到影响的宗教、文化活动的评估。在后急性阶段，由于有机会获得更详细的信息，心理与社会评估会更加综合和复杂，主要包括流行病学评估、目标群体参与程度评估、目标群体心理危机评估等。

可能采取的策略是指根据目标群体的需要而做出的一系列干预措施。在突发事件的急性阶段，根据初步的评估结果，可采取的干预策略包括：联系已有的心理健康机构、改善群体关系、恢复主要的宗教或文化活动、防止人权破坏行为的发生等。在后急性阶段，根据更深入的评估结果，可采取的干预策略包括：增加群体活动(如互助小组活动)、增加当地的心理支持资源、建立合适的心理健康筛选标准、实施心理康复计划等。

尽管上述方案能够为突发事件的处理提供一定的指导，但由于该方案并没有涉及十分具体的措施以及实施方法，因此，应当将其视作指导性的大纲，而非行动手册。另外，该方案的重点在于突发事件中的心理与社会干预，对冲突事件中的心理与行为评估的介绍较为简略，而且也没有提供详细可操作的方法指导，这都需要后续的研究者将这一部分内容增加到干预方案中去。

3. 突发事件心理与行为评估内容与方式

针对突发事件心理行为评估的内容和流程，很多研究者根据经验提出了较一致的建议。例如，心理干预模型指出，专业人员对目标个体的心理与行为状况进行评估时，应当在收集了人口学变量并与目标个体建立起和谐人际关系后才可进行。评估过程应当是动态的、连续的、贯穿整个突发事件的，专业人员需要评估目标个体当前和过去所面临的危机，以及相应的应对能力，然后对目标个体的需求做出判断。评估内容应当包括以下四个部分：态度、行为和生活方式的改变；是否处于危机状态；是否出现心理病理学障碍；是否出现创伤后应激障碍。Young 提出了和这几项内容相似的评估内容——危机、病理学障碍和创伤后应激障碍。她认为评估应该主要关注突发事件对个体的独特影响[51]。根据 Young 的观点，在心理与行为评估过程中还需要考虑以下的内容：

(1)预警时间，即突发事件的准备时间(如飓风、台风这类突发事件，目标群体会有一定的准备应对时间)。这段准备时间能够帮助减弱突发事件的影响。而那些没有准备时间的突发事件(如突然袭击、谋杀、地震等)则会导致强烈的情绪(如害怕、愤怒)和高水平的唤醒程度，并很可能引发闪回，甚至导致心理障碍。

(2)空间维度。很多情况下，目标个体离突发事件的距离越近，受到的影响越大。例如，处于地震震中和只感受到余震的个体会有不同的心理与行为反应；经历至亲离世和一般朋友离世的个体也会体验到不同的心理与行为变化。

(3)主观时间知觉，即主观知觉到的突发事件持续时间长度。不同的时间知觉长度对目标的影响程度不同。而影响这一指标主要来自三个方面的因素：突发事件持续的实际长度(如地震持续时间)、感觉到突发事件的长度(如在火灾中感觉到灼热的时间)、社会对突发事件的关注时间长度(如媒体对恐怖袭击的报道时间)。

(4)重现。当目标个体认为突发事件再次发生的可能性很大时，他可能会一直处于危机状态，从而对正常的生活产生较长时间的影响。

目前，对突发事件心理与行为评估的主要方式有两种，分别是纸笔快速测验和结构化访谈。纸笔快速测验的优点在于测验长度较短、容易实施，而且标准化的测量工具能够抓住目标的主要心理状态或特征，还能够评价测量工具的信效度。不过由于标准化测量工具的有限性，很多需要评估的内容往往无法通过纸笔测验得到。第二种评估方法，也就是结构化访谈，在临床心理学中有较广泛的应用。结构化访谈是突发事件心理行为评估中最适合的方法，因为结构化访谈对目标个体的心理状态和教育水平要求程度较低，当目标个体正处于危机状态时，纸笔测验可能无法进行，但访谈却可以在专业人士的正确引导下顺利进行。

4. 突发事件心理与行为评估的主要问题和发展趋势

尽管突发事件心理与行为评估在近年来取得了较大的进展，但还是存在几个核心的问题没有得到有效的解决，如评估的文化适应性、心理病理学诊断与突发事件心理评估的关系、对群体进行大规模心理评估和干预的方法等。下面主要对这三个问题，以及心理行为评估的发展趋势进行介绍。

突发事件中人群心理与行为评估的核心问题之一是文化适应性。目前，对突发事件中个体心理与行为变化的理解，主要来自心理学和病理学领域的研究成果。而这些领域的主流模型、评估工具都是以西方文化中的人群为对象而获得的，因而有一定的地域和文化局限性。为了解决在突发事件干预过程中文化局限性所产生的不利影响，突发事件研究领域的学者需要探索能够普遍适用的方法，以便更好地理解和实施心理与社会干预过程，从而降低地域或文化局限性，同时，还需要结合本地区特点开展有针对性的研究，并探索有效的干预措施，尤其是在中国这样具有丰富的历史和文化、民族特性的国家里。

除了文化适应性外，心理病理学诊断与突发事件心理评估的关系也是需要解决的问题之一。尽管有很多证据表明，暴露于冲突或应激事件的确会增加人群心理病理学症状的报告频率，但是也有学者指出，不管从技术角度还是从人道主义的角度而言，将突发事件心理与行为评估等同于对心理病理症状的诊断是不合适的。从技术角度来讲，对心理病理症状的诊断标准是《精神障碍诊断与统计手册》，其目的是根据判断所报告症状的功能受损程度来进行疾病诊断。而对遭遇突发事件的个体或群体而言，对他们的评估并不是为了诊断其功能受损的程度，确定其属于哪种类型的心理疾病，而是为了针对这些症状表现提出恰当的、有效的干预方式，因此，将这个过程等同于心理疾病诊断很可能会导致过度诊断。从人道主义的角度来看，仅仅对遭遇突发事件的个人或群体进行心理疾病诊断，而会忽略他们所处的社会、文化和道德环境，以及突发事件所造成的特殊经历，也是有违伦理的。

突发事件中心理与行为评估的第三个问题表现在对群体进行大规模心理评估和干预的方法方面。由于很多突发事件会带来群体性的影响(如严重的自然灾难、大规模的战争等)，这时就需要在群体层面进行心理和行为评估或干预。而由于专业人员人数的有限性，目前最普遍也最常用的大规模心理评估和干预是利用没有专业背景的人士进行一些初步的评估与干预。但是这种方法由于缺乏专业人士的有效指导和监督，其评估与干预的有效性和合理性一直受到质疑。因此，开发出能够大规模使用，且有效的突发事件心理与行为评估方法显得尤为重要。

由于过去的评估存在上述问题，突发事件中人群心理和行为的评估方法和特点近年来已发生一些明显的变化。首先，在过去很长一段时间里，研究者对突发事件中人群的心理状况的关注重点是 PTSD，直到最近，研究者和专业人员逐渐开始关注复原力(resilience)等其他积极的适应性心理特征。评估的功能也从诊断异常转换为问题解决和能力培养。其次，相比于过去将突发事件中的个体所出现的、偏离常态的心理与行为特点看做精神病性或病理学症状，现在大部分专业人士，尤其是心理与行为领域的，都倾向于把对突发事件表现出的短期急性应激看做正常的适应过程。最后，以前对突发事件中的人群心理与行为的评估主要以西方文化中的个体为研究对象，使用的评估工具也更适用于西方文化。不少学者都建议，在进行心理与行为评估和干预过程时应当考虑人群的文化差异，因此，研究者们在近期开始关注评估工具和干预方法的跨文化适用性。

5.5.2　心理与行为评估工具

目前，并没有一个多维度的量表用来专门测量突发事件中个体或群体的心理和行为状况，因此，研究者和相关专业人员一般会同时使用多种测量工具来进行评估[52]。下面介绍几种常见的评估工具。

1. 目前几种常见的评估工具

(1)危机分类评价量表(crisis triage rating scale，CTRS)。它是由Bengelsdorf等编制的量表[53]。受访者在危险(dangerousness)、支持系统(support system)、合作能力(ability to ccoperate)三个类别的五个描述性陈述中各选择一个陈述，访谈者根据他们的选择打分，分数范围为3分到25分。如果受访者的分数低于10分，则需要接受住院治疗。

(2)危机干预分类评价表格(triage assessment form：crisis intervention，TAF)。它是由Myer和Ottens提出，用来帮助临床心理学家评估个体经历的危机事件的类型和严重程度[54]。该表格使用一个三维度模型，要评估目标个体对危机事件的情感反应、认知知觉和行为反应，具有较高的信度和效度。

(3)自杀评估表(suicide assessment checklist)。它是由Rogers编制[55]，该表格的第一部分用来收集人口统计学信息，第二部分则评估目标个体的心理、社会心理以及临床方面的因素。该工具的评价者一致性较好，在0.83到0.84之间，相隔4周的重测信度为0.82。

(4)自杀倾向量表(scale for suicide ideation)。它是由Beck等编制[56]，该量表有较好的信度和效度。该量表包括三个因素，即主动自杀的打算(10个条目)、被动自杀的打算(3个条目)和自杀准备(3个条目)。最高分为57分。该量表与Beck抑郁量表的自残条目有高度的相关，因此，有较高的效度。

(5)PTSD。它是突发事件心理评估中使用最频繁的量表之一。创伤后应激障碍在《精神障碍诊断和统计手册》(第4版)中被定义为在创伤事件发生后4天到4周内出现的、以四种症状为特点的应激障碍，症状主要包括回避、高唤醒水平、重复体验创伤事件和相关症状(如麻木、非现实知觉、人格解体、分离性遗忘等)。诊断创伤后应激障碍的工具很多，包括 Galea 等编制的自我报告量表[57]和 North 等编制的诊断访谈清单[58]。

(6)重度抑郁(major depression scale)。它是突发事件心理评估中经常关注的另一个症状。例如，有研究者发现，频繁暴露于火山爆发中的个体在重度抑郁量表上的得分显著高于较少暴露的个体。尽管重度抑郁受到基因的影响较大，但有时候突发事件是导火索，导致了重度抑郁的爆发。目前使用较多的自我报告量表是重度抑郁量表。它是由 Beck 等编制[59]。

(7)物质滥用。物质滥用是突发事件后可能发生的一种常见的行为改变，不过其改变方向是不确定的。目前对物质滥用的诊断主要依据《精神障碍诊断和统计手册》进行判断。

2. 不同阶段的评估

目前，研究者和专业人员比较关注突发事件后目标群体的心理和行为状态，上述工具基本上都可以使用。但事实上，突发事件的预警过程(如上文提到的台风准备阶段)和突发事件发生一段时间后(有干预过程或者无干预过程)目标群体的心理与行为特点同样也很重要。

1)突发事件发生前的评估

突发事件发生前的生理指标与突发事件发生后是否产生创伤后应激障碍有明显的相关性，因此，在突发事件预警阶段，测量某些生理指标能够帮助预测目标群体对突发事件的应对状况。例如，Yehuda 发现，正常的应激反应中皮质素反应会增强，而那些后来出现创伤后应激障碍的个体在应激反应中皮质素反应反而降低[60]。根据这些发现可以推断，那些对应激事件的皮质素反应较弱而肾上腺反应较强的个体，则更可能在遭遇突发事件后产生应激障碍。因此，在突发事件预警阶段测量目标群体的肾上腺应激水平和皮质素应激水平，可以帮助确定需要特殊关注的高危对象，从而对其后续的心理与行为评估和干预提供帮助。

除了生理指标外，精神病史也是突发事件适应状况的重要预测变量之一。例如，North 等的调查发现，在突发事件之前诊断有心理疾病的个体中，有 90%的会出现创伤后应激障碍，而那些被诊断为心理疾病的个体中，只有 25%的人会出现创伤后应激障碍[58]。根据这些研究结果可以推断，在突发事件发生前收集目标群体的精神病史，也能够帮助相关专业人员尽早地确定高危群体，从而在突发事件发生后对这些群体进行及时、有效的干预。

目前，关于突发事件心理与行为评估的研究中，突发事件复原力(disaster resilience)逐渐受到了关注。突发事件复原力是指个体或群体在对突发事件的预期、准备、反应和恢复过程中所表现出的能力。由于复原力高的个体或群体受到突发事件的不利影响的可能性更小，因此，在突发事件发生之前，对目标群体的复原力进行测量可以帮助相关人员筛选出需要重点关注的对象，并从那些复原力高的个体身上了解一些积极的应对方式，然后可以推广到其他群体中，帮助他们更好地应对突发事件。对复原力的测量可以采用 Windle 等建构的复原力量表[61]。

2)突发事件发生后的心理行为评估

在突发事件发生后，随着时间的变化，目标群体的心理与行为状况也会发生相应的改变，因此，在突发事件发生后不同的阶段，应当对目标群体进行不同的评估。

对突发事件短期影响的测量，可以使用创伤后症状量表(post-traumatic symptom scale)。Kato 等在地震后第三周，利用创伤后症状量表对地震灾区的青年和老年目标人群进行取样测量，评估他们的创伤后症状；然后在第八周利用同样的量表对同一批灾区群体进行取样测量[62]。结果发现，在第三周，青年和老年群体均出现睡眠障碍、抑郁、高敏感性和易怒的症状；而在第八周，老年群体的症状明显减轻，而青年群体的症状没有减轻。这一研究结果表明，时间对突发事件发生后不同目标人群的心理与行为状况的影响不同，从而暗示在今后对突发事件发生后的心理与行为的评估需要考虑评估时间的影响。

前文提到的对创伤后应激障碍、危机状态等的评估，通常是指对突发事件短期影响(一个月左右)的评估。而对突发事件的中期和长期影响的评估则应该使用不同的工具。例如，有研究采用一般健康状况量表(general health questionnaire, GHQ)的测量结果显示，灾区人群的一般健康状况比地震发生前反而有所提升。这些结果表明，突发事件可能对目标群体对待身体健康的态度和行为产生长期影响。因此，对突发事件中长期影响的评估，可以使用一般健康状况量表。

如果在突发事件发生后，目标群体获得了干预或治疗，那么一段时间后的心理与行为评估还可以反映干预的效果。根据干预的目的，预后评估的内容可能有所不同。例如，如果干预是针对创伤后应激障碍的，在干预进行一段时间后可以再次评估目标个体或群体的创伤后应激障碍，从而了解应激障碍水平是否有所改善。同样，如果对目标个体或群体进行了危机干预，那么可以在一段时间后评估目标个体或群体的危机状态，及时掌握干预效果。因此，对于不同干预的效果评估，可能需要使用不同的评估工具。

5.6　本章小结

本章主要介绍了突发事件中个体心理与行为的神经生理基础、心理与行为特点和基本的演化规律、群体心理与行为的基本特点和演化过程，以及相关的评估方法和工具。非常规突发事件的应急管理是一个非常复杂的系统工程，需要综合管理科学、信息科学、心理科学等多学科合作研究的优势，建立数据、心理与行为、决策、案例推演之间的互动模式，这都会涉及人的因素(human factor)这个重要的要素。而心理学恰恰就是一门探讨人类的心理与行为模式、规律的学科，并可以提供有效、可信的生理、心理、行为方面的指标和测量工具。但对个体与群体在非常规突发事件中的心理与行为特点、演化规律的认识与把握，往往又较为艰难，一是研究人员很难在事件发生的第一现场收集数据，多数是在事后收集数据，并进行分析与总结，真实性、客观性会受到影响，二是可以在实验室情境下进行模拟研究，但实验室情境毕竟不同于现场情境，人们的心理与行为反应还会有差异的。尽管如此，心理学的研究成果可以为突发事件中人群心理与行为评估提供可靠的观测指标，以及相应的标准化测量工具，从而为绘制全国性的心理地图提供了参数。如果能够与地理信息系统融合，综合考虑环境与人群心理的互动、演化，将为非常规突发事件的预警、评估和事后干预提供很有价值的平台。云技术、大数据、即时通信工具等新技术的发展和普及，为我们收集即时、动态的心理与行为数据提供了可能，从而能够更为有效地探索非常规突发事件中个体和群体心理与行为演化的规律。因此，作为心理学工作者，我们将与信息科学、管理科学等方面的研究者密切合作，以期能有新的发现与突破。

参考文献

[1] Reyes G, Jacobs G A. Handbook of International Disaster Psychology: Interventions with Special Needs Populations. Westport: Praeger, 2006.

[2] Selye H. Stress and the general adaptation syndrome. British Medical Journal, 1950, 1(4667): 1383-1392.

[3] Weiten W. Psychology: Themes and Variations. Belmont: Wadsworth/Thomson Learning, 2007.

[4] Cannon W B. The Wisdom of the Body. 2nd ed. New York: Norton, 1932.

[5] Felker B, Hubbard J R. Influence of mental stress on the endocrine system//Hubbard J R, Workman E A. Handbook of Stress Medicine: An Organ System Approach. New York: CRC, 1998.

[6] Posner M I. Orienting of attention. Quarterly Journal of Experimental Psychology, 1980, 32(1): 3-25.

[7] Zhang X, Fang F. Object-based attention guided by an invisible object. Experimental Brain Research, 2012, 223(3): 397-404.

[8] Greenberg J, Solomon S, Arndt J. A basic but uniquely human motivation//Shah J Y, Gardner W L. Handbook of Motivation Science. New York: Guilford, 2008.

[9] Ma Y, Wang C, Han S. Neural responses to perceived pain in others predict real-life monetary donations in different socioeconomic contexts. NeuroImage, 2011, 57(3): 1273-1280.

[10] Liu X, Shi Z, Ma Y, et al. Dynamic neural processing of linguistic cues related to

death. PloS One，2013，8(6)：e67905.

[11] Sheng F，Liu Y，Zhou B，et al. Oxytocin modulates the racial bias in neural responses to others' suffering. Biological Psychology，2013，92(2)：380-386.

[12] Sheng F，Han S. Manipulations of cognitive strategies and intergroup relationships reduce the racial bias in empathic neural responses. NeuroImage，2012，61(4)：786-797.

[13] Sheng F，Liu Q，Li H，et al. Task modulations of racial bias in neural responses to others' suffering. NeuroImage，2013，57(3)：263-270.

[14] 李金珍，李纾，许洁虹．灾难事件后继风险决策．中国安全科学学报，2008，18(4)：37-43.

[15] Bartal I B A，Decety J，Mason P. Empathy and pro-social behavior in rats. Science，2011，334(6061)：1427-1430.

[16] de Waal F B. The antiquity of empathy. Science，2012，336(6083)：874-876.

[17] de Greck M，Shi Z，Wang G，et al. Culture modulates brain activity during empathy with anger. NeuroImage，2012，59(3)：2871-2882.

[18] Jenkins L J，Yang Y J，Goh J，et al. Cultural differences in the lateral occipital complex while viewing incongruent scenes. Social Cognitive and Affective Neuroscience，2010，5(2～3)：236-241.

[19] Ma Y，Wang C，Li B，et al. Does self-construal predict activity in the social brain network? A genetic moderation effect. Social Cognitive and Affective Neuroscience，2014，9(9)：1360-1367.

[20] Ma Y，Li B，Wang C，et al. 5-HTTLPR polymorphism modulates neural mechanisms of negative self-reflection. Cerebral Cortex，2014，24(9)：2421-2429.

[21] Myer R A，Moore H B. Crisis in context theory：an ecological model. Journal of Counseling & Development，2006，84(2)：139-147.

[22] Callahan J. Crisis theory and crisis intervention in emergencies//Kleespies P M. Emergencies in Mental Health Practice：Evaluation and Management. New York：The Guilford Press，1998.

[23] Back M D，Küfner A C，Egloff B. The emotional timeline of September 11，2001. Psychological Science，2010，21(10)：1417-1419.

[24] Skitka L J，Bauman C W，Mullen E. Political tolerance and coming to psychological closure following the September 11，2001，terrorist attacks：an integrative approach. Personality and Social Psychology Bulletin，2004，30(6)：743-756.

[25] Petty R E，Wegener D T. The elaboration likelihood model：current status and controversies//Chaiken S，Trope Y. Dual-process Theories in Social Psychology. New York：Guilford，1999.

[26] Trumbo C W. Heuristic-systematic information processing and risk judgment. Risk Analysis，1999，19(3)：391-400.

[27] Kahneman D，Tversky A. Choices，Values，and Frames. Cambridge：Cambridge Univer-

sity Press，2000.
[28] Griffin R J，Dunwoody S，Zabala F. Public reliance on risk communication channels in the wake of a cryptosporidium outbreak. Risk Analysis，1998，18(4)：367-375.
[29] Ehlers A，Clark D M. A cognitive model of posttraumatic stress disorder. Behaviour Research and Therapy，2000，38(4)：319-345.
[30] Ehlers A，Hackmann A，Michael T. Intrusive re-experiencing in post-traumatic stress disorder：phenomenology，theory，and therapy. Memory，2004，12(4)：403-415.
[31] Conway M A，Pleydell-Pearce C W. The construction of autobiographical memories in the self-memory system. Psychological Review，2000，107(2)：261-288.
[32] Taylor S E. Adjustment to threatening events：a theory of cognitive adaptation. American Psychologist，1983，38(11)：1161-1173.
[33] Festinger L. A theory of social comparison processes. Human Relations，1954，7(2)：117-140.
[34] 钱铭怡．变态心理学．北京：北京大学出版社，2006.
[35] Friedman M J，Resick P A，Bryant R A，et al. Considering PTSD for DSM-5. Depression and Anxiety，2011，28(9)：750-769.
[36] Zoellner L A，Rothbaum B O，Feeny N C. PTSD not an anxiety disorder? DSM committee proposal turns back the hands of time. Depression and Anxiety，2011，28(10)：853-856.
[37] Friedman M J，Resick P A，Bryant R A，et al. Classification of trauma and stressor-related disorders in DSM-5. Depression and Anxiety，2011，28(9)：737-749.
[38] 薛澜，张强，钟开斌．危机管理．北京：清华大学出版社，2003.
[39] 李浩崴．危机事件中的大众传媒．南京师范大学硕士学位论文，2007.
[40] Folkman S，Lazarus R S. If it changes it must be a process：study of emotion and coping during three stages of a college examination. Journal of Personality and Social Psychology，1985，48(1)：150-170.
[41] 李森森，龙长权，陈庆飞，等．群际接触理论：一种改善群际关系的理论．心理科学进展，2010，18(5)：831-839.
[42] 刘峰，佐斌．群际情绪理论及其研究．心理科学进展，2010，18(6)：940-947.
[43] Brumfiel G. Fukushima：fallout of fear. Nature，2013，493：290-293.
[44] Rees M. Denial of catastrophic risks. Science，2013，339(6124)：1123.
[45] McNutt M，Leshner A. Preparing for disasters. Science，2013，341(6146)：592.
[46] Miller A，David K. A citizen-eye view of television news source credibility. American Behavioral Scientist，2001，54(2)：137-156.
[47] Lind E A，van den Bos K. When fairness works：toward a general theory of uncertainty management. Research in Organizational Behavior，2002，24：181-223.
[48] James E H，Wooten L P. Leadership as (un) usual：how to display competence in times of crisis. Organizational Dynamics，2005，34(2)：141-152.
[49] 云健，刘勇奎，王德高，等．基于复杂系统的民族地区非常规突发事件应急管理研究．

中国安全科学学报，2011，20(3)：172-175.

[50] Harrington J，Gelfand M. Tightness-looseness across the 50 united states. Proceedings of the National Academy of Sciences，2014，111(22)：7990-7995.

[51] Young M A. Crisis response teams in the aftermath of disasters//Roberts A R. Crisis Intervention and Time-limited Cognitive Treatment. Englewood Cliffs：Prentice-Hall，1995.

[52] Lewis S，Roberts A R. Crisis assessment tools：the good，the bad，and the available. Brief Treatment and Crisis Intervention，2001，1(1)：17-28.

[53] Bengelsdorf H，Levy L E，Emerson R L，et al. A crisis triage rating scale brief dispositional assessment of patients at risk for hospitalization. The Journal of Nervous and Mental Disease，1984，172(7)：424-430.

[54] Myer R A，Ottens A J. Assessment for crisis intervention on college campuses. Crisis Intervention，1994，1(1)：31-46.

[55] Rogers J R，Alexander R A，Subich L M. Development and psychometric analysis of the suicide assessment checklist. Journal of Mental Health Counseling，1994，16(3)：352-368.

[56] Beck A T，Kovacs M，Weissman A. Assessment of suicidal intention：the scale for suicide ideation. Journal of Consulting and Clinical Psychology，1979，47(2)：343-352.

[57] Galea S，Ahern J，Resnick H，et al. Psychological sequelae of the September 11 terrorist attacks in New York City. New England Journal of Medicine，2002，346(13)：982-987.

[58] North C S，Nixon S J，Shariat S，et al. Psychiatric disorders among survivors of the Oklahoma City bombing. Journal of the American Medical Association，1999，282(8)：755-762.

[59] Beck A T，Ward C，Mendelson M. Beck depression inventory (BDI). Archives of General Psychiatry，1961，4(6)：561-571.

[60] Yehuda R. Post-traumatic stress disorder. New England Journal of Medicine，2002，346(2)：108-114.

[61] Windle G，Bennett K M，Noyes J. A methodological review of resilience measurement scales. Health and Quality of Life Outcomes，2011，9(8)：1-18.

[62] Kato H，Asukai N，Miyake Y，et al. Post-traumatic symptoms among younger and elderly evacuees in the early stages following the 1995 Hanshin-Awaji earthquake in Japan. Acta Psychiatrica Scandinavica，1996，93(6)：477-481.

第6章

突发事件案例推理

6.1 引言

常规或非常规突发事件包含了大量有关事态发展和应急救援过程的数据信息，对于类似灾害事故的处置具有十分重要的借鉴意义。基于传统案例推理技术的应急决策系统案例的匹配阈值较低，导致案例的重复利用率差，造成了案例资源的极大浪费。情景分析法是一种灵活的、能应对不确定环境的动态战略规划思想，而突发事件的发展演化具有不同程度的不确定性和难预测性，因此构建突发事件“情景-应对”模式已经广泛被国内外应急学术领域认可[1~5]。“情景-应对”模式是案例推理的延伸与拓展，其基础理论的关键是情景分析、表达和相似度的计算方法。因此，本章着重探讨突发事件案例推理的基本理论与方法，为第7章“情景-应对”综合案例辅助决策平台的构建奠定基础。

6.2 案例推理理论与技术

6.2.1 案例推理技术

案例推理技术是人工智能领域较为新起的问题求解和学习方法，它起源于认知科学领域，和传统的规则推理和模型推理并列为三大推理方法。其核心思想是，通过已具有的经验和知识去解决相似问题或新问题。在许多情况下，我们使用经验来解决所面临的问题比其他方式要容易和简便，可以避免重新对规则进行推理或对模型进行推导。例如，当医生给病人看病时，他可以利用病人的症状和自己的行医经验给出处方，而不必要去重新查阅医学书；当维修工人对设备进行维修时，他可以通过对设备的检查和自己的经验制订出合适的维修方案，不必再去参考维修手册。

尽管众多学者对案例推理的定义不尽相同，但比较一致的是：案例推理是在进行求解时，使用以前求解类似问题的经验和获取的知识来进行推理，并针对新旧情况的差异做出相应的调整，从而得到新问题的解，并形成新的案例加入到案例库中去[6]。它将定量分析与定性分析相结合，具有动态知识库和增量学习的特点。随着案例库的增长，系统的“经验”将会越来越丰富。

6.2.2　案例推理技术的发展历程

案例推理技术起源于美国耶鲁大学认知科学和人工智能专家 Roger Schank 教授。在 1982 年，Roger Schank 研究了先前情境记忆(如案例)和情境类型或记忆组织包(memory organization Packets，MOPs)在问题解决和学习中所起的作用。随后他在学术著作《动态记忆：关于计算机与人的回忆与学习的理论》中对案例推理技术进行了全面的阐释，提出了以记忆组织包为核心的动态记忆(dynamic memory)理论[7]，这在业界被公认为是人工智能领域中最早的关于案例推理思想的描述。

第一个真正意义上的基于案例推理的专家系统是由 Janet Kolodner 教授领导开发的计算机化检索和更新系统，主要用于处理对活动安排的查询，如各种旅行和会议等。它以 Schank 的动态存储模型和问题求解的记忆组织包理论为基础，实现了 Schank 著作中的许多思想，并在 1985 年其文献中首次使用了案例推理这一术语[8]，后来逐渐成了许多案例推理系统的基础。

美国得克萨斯州立大学的 Bruce Porter 和他的小组研究了启发式分类和机器学习的概念，提出了基于典型事例的概念表示及处理分类任务的概念学习问题，并把领域知识和特殊的案例综合成为一个统一的表达方式。20 世纪 80 年代后期，美国 ReMind 系统的产生被认为是案例推理从认知科学向人工智能方向转变的标志。另一个经典案例系统是由马萨诸塞州立大学的 Edwina Rissland 小组开发的法律案例系统。在这个系统中案例不仅用来得出结论，而且还用来解释和评估结论。该系统的成功开发，丰富了案例推理的应用范围[9]。

我国在案例推理研究方面也取得了丰硕的成果。中国科学院计算技术研究所智能信息处理开放实验室在基于案例推理方面进行了一系列研究，1991 年提出了记忆网模型和案例检索算法；1994 年国家信息中心信息科学研究所，林闯和陆维明研究了基于案例推理系统的 Petri 网模型，使用网论中的线性技术解决基于案例的推演[10]；1999 年王国锋和张锡恩将基于案例推理的技术引入到导弹故障诊断专家系统的设计中[11]。2000 年以后，案例推理技术在各个领域中的应用得到了大量的研究，如周凯波等研发的基于案例推理的金融危机预警支持系统[12]；张丽娟研发的基于案例推理的人参病虫害专家系统[13]；赵明研发的基于案例推理的机车故障诊断专家系统[14]；常春光和汪定伟研发的钢铁生产动态调度系统[15]；李锋刚开发的基于案例推理技术的中医智能诊断系统等[16]。

在安全及应急救援领域，许多学者对案例推理技术也进行了深入的研究。北京市劳动保护科学研究所徐亚博借鉴案例推理模型的思想，将基于结构和属性的双重情景检索的事故案例推理应急决策方法应用到地铁火灾非常规突发事件应急决策中[17]。北京师范大学的马安安将案例推理技术引入重大环境事故应急响应领域，提出了基于案例推理的重大环境事故应急响应专家系统[18]。第二炮兵指挥学院的鲍伟研究了基于案例推理的军队抢险救灾行动指挥决策支持流程和指挥决策知识库[19]。西安科技大学的李玲玲采用面向知识表示法来表示群体性事件信息，利用贝叶斯修正的权重算法开发了基于案例推理的群体性事件智能决策支持系统[20]。清华大学的邵荃和翁文国在《城市火灾案例库辅助决策方法的研究》中给出了一种灭火救援辅助决策过程模型，通过查找最相似案例和案例库提炼出相关的灭火救援规则进行灭火救援辅助决策，并成功进行了实例验证[21]。西安科技大学的袁晓芳在《基于案例推理的煤矿瓦斯预警支持系统》中，建立了煤矿瓦斯爆炸事故树，并在此基础上构建了基于案例推理的煤矿瓦斯预警支持系统[22]。

除此之外，也有一些学者从消防部队指挥员辅助决策角度出发，对案例推理技术进行了研究。中国人民武装警察部队学院洪航在《基于推理技术的消防应急救援决策方法研究》中，在对突发灾害事故处置及应急救援决策理论进行深入研究的基础上，提出了一种基于推理技术的消防部队应急救援辅助决策模型，但在与实际战例的结合方面尚需要进一步完善[23]。

经过三十多年的发展，目前案例推理技术已经成为人工智能和专家系统领域一种非常具有生命力的推理技术，广泛应用于辅助决策、公共安全、医疗诊断、电子商务、规划设计等诸多领域。对基于案例推理方面的研究一方面从微观入手，研究深入案例推理过程的每一个环节，如特征值的抽取、相似度的计算等；另一方面走向复杂和综合，不断集成其他技术，如数据库技术、遗传算法、神经网络技术等。案例推理在社会各个领域正逐渐发挥越来越大的作用。

6.2.3 案例推理的分类

Kolondner 将案例推理分为解释型和问题求解型两种。解释型的案例推理是通过比较旧有案例和遇到的新问题，找出新问题的特殊性，从而将新问题分类和特征化。解释型的案例推理在法律和医疗诊断领域都有着广泛地应用，如在美国的法律系统中，解释法律条款和法律应用方面经常用到解释型的案例推理；在医疗诊断时，一个新的病例通过比较当前的症状和以往的病例，从而得到最好的诊断。

问题求解型案例推理是利用旧方案解决新问题，结合新问题的特征点进行修改，形成适用于新问题的新的解决方案。例如，基于案例的设计系统、计划系统都是通过检索相似案例，然后进行适应性匹配和修正，最终得到当前问题的解决方案。问题解决型案例推理的步骤主要包含环境评估、案例检索及相似度评估等。另外，为了适应复杂多变的新环境和问题，人们还经常根据新案例与案例库中已有的案例间的相似及不同之处来对已有案例的解决方案进行适时调整。

6.2.4　案例推理的基本原理

典型的案例推理过程可以归纳为“4R”[24]，即案例检索(retrieve)、案例重用(reuse)、案例修正(revise)和案例保存(retain)，推理过程如图 6.1 所示。

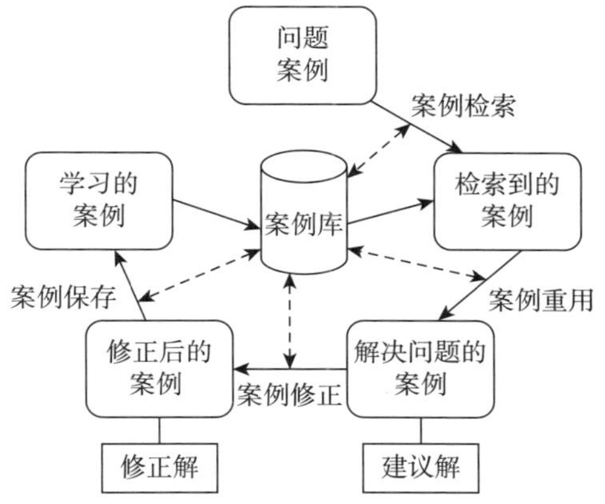

图 6.1　案例推理的过程

(1)提出或提取新问题作为目标案例，抽取新问题的特性或特征。

(2)以新问题的特性或特征作为检索条件，检索案例库，得到与目标案例相似的源案例，特别是找出对新问题的解决具有最大潜在启发价值的案例。

(3)对比目标案例与源案例的不同，依据修正规则对源案例的求解进行修正，并对目标案例进行计算求解，为成功解决问题提供参考。

(4)将有利用价值的新案例存储到案例库中，并根据需要对案例推理系统做出相应的调整，以完成案例推理的学习功能。

下面以一个车辆故障诊断系统的使用来说明案例推理的过程。

1. 问题描述

由用户输入装备车辆故障的信息：①关键特征名，即故障系统、故障部位、故障症状；②关键特征值，即燃油系、喷油泵、发动机启动困难。

2. 案例检索

通过对案例库进行检索，得到关键特征匹配的案例，如表 6.1 所示。

表 6.1　案例故障症状及值

源案例	启动困难	易熄火	功率不足	油耗过高	冒黑烟	冒白烟	转速不稳	加速不良	转速低	怠速不稳
AC001	0.76	0.54	0.33	0.27	0.5	0.55	0.25	0.3	0.38	0.2
AC002	0.22	0.23	0.41	0.4	0.25	0.37	0.72	0.34	0.37	0.59
AC003	0.36	0.34	0.74	0.5	0.54	0.2	0.35	0.58	0.69	0.2

新故障的故障症状信值为启动困难——0.9、易熄火——0.5、冒白烟——0.7、加速不良——0.3。

经过计算，得到新故障与三个源案例的相似度分别为 AC001——0.807 2、AC002——0.581 3、AC003——0.486 4。

3. 案例重用

将新故障与源案例 AC001 所代表的具体案例进行关键特征值比较，如果匹配度较好，可以重用案例 AC001 的解决方案。

4. 案例修正

如果新故障与源案例 AC001 所代表的具体案例存在关键特征值差异，可以依据维修规则或经验，对案例 AC001 的解决方案进行反复修正，直到故障排除。

5. 案例保存

选择将新案例及修正解决方案保存至案例库，完成案例推理自学习功能。

6.2.5　案例推理关键技术

1. 案例的表示

基于案例推理所依赖的知识主要存储在案例中，案例以一定的组织形式和结构存储在案例库中。案例表示就是对其所存储的知识的描述。一个案例可以是一座高楼大厦的设计图，也可以是一台机器设备的维修方案，甚至是一个法律案例、一个菜谱。同一个案例可以有不同的表示形式，而不同的表示形式可以产生不同的效果。合理的案例表示可以使问题求解变得容易、简单，使案例库的使用变得高效、快捷。

案例一般可以定义为能够导致特定结果的一组特征或属性的集合。从问题求解的角度来看，一个案例的内容主要由三部分组成：①问题或情境描述(situation)，对求解问题及周围世界或环境的所有特征描述；②解决方案描述(solution)，对问题的求解方案的描述；③结果描述(outcome)，描述解决方案后的结果情况。案例的知识表示可以表示为三元组：(问题或情境描述，解决方案描述，结果描述)[25]。

目前，较为常用的案例表示方法有十余种，如一阶谓词逻辑表示法、产生式表示法、语义网络表示法、框架表示法、过程表示法、面向对象表示法及一些不确定知识的表示法。在案例推理系统中没有通用的范例表示方法，往往需要在分析具体问题领域的基础上通过选择、综合或修改现有的各种知识表示方法来实现。

2. 案例的组织与索引

基于案例推理系统的案例库具有增量自学习功能，随着案例的增多，其运行效率会逐渐减慢。尽管这种趋势是难以避免和消除的，但为了延缓这种衰减，我们在建立案例库时应提前考虑采用什么样的结构来组织案例。当给定一个新问题时，如果案例库中有与该问题相关的案例，则可根据索引快速找到那些符合需要的相关案例。在案例库中，案例间的组织方法主要有线性组织、层状组织和网状组织三种。应当根据案例间的相关关系来判断具体采用哪种组织，然而实际应用时，时常选取几种组织方法组合使用。

一个案例的索引就是能够将这个案例同其他案例区分开来的重要属性的集合。索引问题的主要任务包括选择索引类型、定义索引词汇表、构建索引搜索空间等。

良好的案例索引能使案例提取快速而准确。只有对问题领域和问题目标充分理解才能实现良好的案例索引。索引问题就是能够将案例分门别类的特征性问题，在新问题出现时这些案例将成为新问题解法的推断依据。良好的索引具有四大品质：一是能够明确案例的问题解决目标的预测性；二是能够适应问题情境变化的抽象性；三是无须做进一步解释即可在将来问题情境中加以再认的具体性；四是能以一种有用的方式把案例区分开来，能够对面临的决策提供指导的有用性。

3. 案例检索

案例检索就是用户给出某一检索条件后，检索系统能自动地从案例库中寻找出与检索条件完全相同或部分相同的案例[26]。检索结果能依据匹配结果进行排序，符合检索条件高的优先输出。因为检索到的案例数量和质量直接关系到新问题的解决效果，案例检索是基于案例推理的中心环节。

从宏观上来说，基于案例推理系统的检索方法分为串行检索和并行检索两种检索策略[27]。串行检索，多是按照层次结构组织的案例，采用自上而下逐层求精的方式检索，检索相似程度越往下越高；并行检索策略则同时检索多个案例，弱化了案例间的层次性，最终保留一个相似程度最高的案例。

案例检索的实现需要三个步骤：第一步特征辨识，即分析新问题，提取有关特征；第二步初步匹配，是指从案例库中找到多个与当前问题相关的案例形成一组候选案例；第三步最佳选定，即从候选案例中选取一个或几个与当前问题最相关的案例。

检索算法是检索过程的核心之一。算法与数据结构密切相连，案例库组织结构不同，检索算法则不同。尽管案例推理中已经形成了一系列案例组织和检索的策略和算法，但检索算法并没有统一的标准或通用式。最邻近法、归纳法、模版检索是最常用的三种检索算法。最近邻法采用属性间的加权匹配来估计案例间的相似度，确定属性的权重是该算法的关键；归纳法能够确定区分案例的最好特征有哪些，通过生成一棵决策树来对案例进行有效的组织；模板检索能找出在一定参数值范围内的所有案例。

检索得到相似案例是案例推理成功应用的关键。由于案例检索是以相似比较为基础的，因此对相似度的定义直接影响到检索结果。案例表示是由许多属性组成的，根据属性间的相似度定义了案例间的相似度。相似性关系有表面相似性和结构相似性两种，表面相似性是指对确定问题的解不扮演因果角色的那些共性，而结构相似性是指影响问题目标的那些共性。

相似性的计算可分为，属性间相似性的计算和案例间相似性的计算两步。属性间相似性的计算根据数值类型的不同分为三种，即数值型属性的相似度、枚举型属性的相似度和顺序型属性的相似度。计算案例间相似度就是考虑把一个案例的各个属性相似度综合在一起形成的效应。

一般都是通过距离来定义案例间相似度的。绝对值距离、欧氏距离和麦考斯基距离等是最常用的典型距离。

4. 案例调整与修改

通过检索算法查找到与初始设计案例相似的案例后，要对最佳相似案例进行重用，修改案例中的相关内容，求解新问题的解。

检索到的源案例通常不会与新问题完全一致，因此案例推理系统一般都必须对旧的解决方案进行调整以得到适合新问题的较好的解决方案。常用的案例调整方法主要有替换法、转换法、特定目标驱动法、派生重演法。替换法，即替换旧解中的相关值来形成新解，如重新实例化(reinstantiaton)，重新实例化旧解决方案变为新对象；参数调整(parameter adjustment)，通过修改输入参数产生不同的输出结果，从而对旧解答的数值参数进行调整；局部搜索(local search)，为替换那些不适合新情况的值或结构而搜索辅助的知识结构的方法；查询(query)，在案例库或辅助知识结构中通过带条件的查询获得替换的内容；特定搜索(specialized search)，在案例库和辅助知识结构中同时进行查询，但使用辅助知识来启发式指导在案例库中的查询；基于案例的替换(case based substitution)，使用其他案例替换当前案例。转换法包括两种方法：一是常识转换法(commonsense transformation)，使用明白易懂的常识性启发式从旧解中替换、删除或添加某些组成成分；二是模型制导修补法(model-guided repair)，是利用因果模型来指导转换。特定目标驱动法(special purpose adaptation or repair)，是基于规则的产生式系统给出领域特定的适应性修改。派生重演法(derivation replay)，仿照推导旧解的方式和方法推导出新解，其重点是解是如何求出来的。

5. 案例学习机制

案例推理作为一种人工智能方法，其智能主要来自于可以不断更新的案例库。一次案例的增加表示系统完成一次自学习过程。基于增量式学习的案例推理系统运行过程中，不断积累新案例，这是案例推理系统解决问题的一个重要步骤。

案例推理的学习途径可分为成功驱动的学习与失败驱动的学习[28]。成功驱动的学习就是当问题得到解决时，案例推理系统获得了成功的经验，将新的成功范例添加到范例库中，系统问题领域的覆盖范围随之扩大。失败驱动的学习就是当问题解决失败时，吸取失败的教训，帮助案例推理系统注意到哪些问题是重要的，忽略了哪些要点，如何避免和减少将来的失败等。随着案例库的不断扩大，案例推理系统的知识不断丰富，其解决问题的能力也在不断增强。但如果一味保留新案例，必将造成案例库过于庞大，系统运行效率下降。因此，案例学习有两个关键点，一是需保留信息的选择；二是有效索引的建立，以便日后能对它做出有效的回忆。

学习案例推理系统的方法有以下几种：一是积累新案例，保存成功和失败的案例，学习案例推理所依赖的知识；二是建立、修改和撤销指向案例的索引路径，完善索引机制，学习如何检索案例推理系统中案例的元知识；三是归纳学习，学习具有某种共同特征或同属于某个分类的案例，并向这样的案例库中添加新案例，从某种意义上说，保存一个典型的案例可以被认为是归纳学习的一种形式。

6.2.6　案例推理的特点及不足

案例推理与其他推理方式相比具有如下特点。

(1)知识获取相对容易。案例推理的知识来源于源案例的收集和提炼，不需要对经验分解或抽象以形成用语言符号明确表述的规则，获取代价较低，解决了“知识获取瓶颈”的问题。

(2)求解效率高。基于案例推理直接利用过去积累的经验，不需要像基于规则推理那样提炼通用规则或像基于模型推理那样重新建立模型求解，避免了规则匹配和模型不适用问题，求解效率高。

(3)案例推理是一种增量式学习方法。基于案例推理具有自学习特性，通过适应性修改可以形成与源案例的解决方案不同的创新解答。随着案例的增多，案例库越来越丰富和完善，覆盖度(求解问题的范围)逐渐提高，逐步提高解决实际问题的能力，从而提高案例库的实用性和易用性。

(4)知识易于维护。随着案例推理系统的运行，知识系统需要经常更新。在基于规则推理的系统中增加新规则可能会与原有的规则产生冲突，甚至会造成非常大的系统变动。基于案例推理不存在这样的问题，它可以直接把缺少的案例添加到案例库中。

案例推理的优点很好地解决了推理过程中出现的知识储备不足、推理规则不清等问题，其可以充分利用源案例本身蕴含的显性推理规则和某些未被发现的隐性知识，最大限度地减少或避免由于决策者的主观臆断而导致的重大决策失误。但与其他推理方式相比，案例推理也有其不足之处。

(1)基于案例推理成败的关键在于案例库中源案例质量的好坏，当案例质量不好甚至没有相似源案例时，无法给出问题的解决方案。

(2)对问题内在的机理把握不强，给用户提供的只是初级感受下的方案，结论往往是不严格的。不像基于规则的推理系统，规则一旦提取出来，具有概括性，其正确性有保证。

(3)当新问题与相似案例存在差异时，案例的结论需要修正后才可以适用于当前的问题，这种修正需要专业领域的知识。目前基于案例推理的系统在这方面还缺少有效的方法。

(4)对于复杂问题的决策，由于因果关系复杂，并且信息具有随机性、模糊性、不确定性等特点，知识难以表达、因果关系难以把握。

因此，在应用案例推理时应根据其优势重点开发，而对其劣势则可以通过适当地调整进行减弱或避免。

6.3 基于情景分析的案例推理技术

6.3.1 情景的界定

“情景”一词最早出现在 Herman Kahn 和 Wiener 合著的《新世纪：未来三十三年的投机框架》中。书中提到：未来具有多样性和不确定性，多种可能的结果都有可能在未来出现，而且通向这种未来结果的途径和过程也不是唯一的。对可能出现的未来及实现这种未来的途径的描述就构成了一个情景。换句话说，“情景”就是对未来情形及能使事态由初始状态向未来状态发展的一系列事实的描述。

突发事件应急决策中的情景强调的是在事件发生后，应急决策主体所面对的随时间不断向前演变的真实情境，是对事件现在及所有可能的未来发展态势的描述。其中，态势的“态”是指事件当前所处的状态；“势”是指事件在当前状态的基础上，在未来的发展、演化的趋势。在突发事件应急决策中，决策主体必须对“态”充分认识，并通过科学的手段及个人或集体的洞察力在对未来的“势”充分预测、评估的基础上，做出决策[28]。

突发事件发生后，事件情景从发生后的初始状态依照事件发展、演化的规律及外界环境、人为的干扰程度，会伴随着一系列情景的动态演变，其中影响决策主体做出重要决策的情景是突发事件应急决策中的关键情景，也是基于情景分析案例推理的主要研究内容。

6.3.2 引入情景的优势

将“情景”这一概念引入突发事件应急决策领域是近几年研究的新热点。因为突发事件具有显著的罕见性，案例的可重复性差，有时很难有相似的案例可以借鉴，采用传统的案例推理的方式较难得到理想的决策方案。借鉴情景分析的优势，改进基于案例推理的辅助决策模式，可以大大缩小知识的存储单元，更好地适应突发事件的特点。

(1)可以适应突发事件应急决策紧迫性的要求。案例是宝贵的经验资源，是基于案例推理的根本。对于突发事件来说，案例的可重复性差，简单地依赖完整案例进行推理可能无法适应实际决策的需求。同时，突发事件具有突发性、时效性的特点，及时采取正确、合理的应对措施可以将事件损失后果降到最低；反之，则可能造成损失后果的扩大。将案例进行情景化设计和组织，有利于与相似的案例情景相匹配，提高推理的效率，适应突发事件应急决策紧迫性的要求。

(2)可以适应突发事件应急决策复杂性的要求。现场应急决策是一项复杂的系统性工作，一些大型的突发事件现场，险象环生，决策者要统筹全局，着眼主要方面，科学、及时地做出决策。同时，突发事件的应急决策涉及多方面、多程序、多过程的内容，试图一劳永逸地做出决策，让事件完全按照相似案例的过程发展是不现实的。将案例进行情景化设计和组织，以情景为单元进行推理，有利于抓住当前遇到问题的主要矛盾，有利于匹配到相似的情景单元，这样可以将复杂问题简化，适应突发事件应急决策复杂性的要求。

6.3.3 情景的分类

依据亓菁晶和陈安学者提出的突发事件应急管理的原理性机理，可将突发事件的情景分为发生情景、发展情景、演化情景和消失情景[29]，如图 6.2 所示。

发生情景是突发事件发生时所发生的态势，对于某一个具体的突发事件，发生情景一般是一定的。例如，某油库输油管线由于焊接工人操作不当造成爆炸起火。爆炸起火点距离最近油罐约 8 米、初始火场面积大约 2 平方米、管道直径

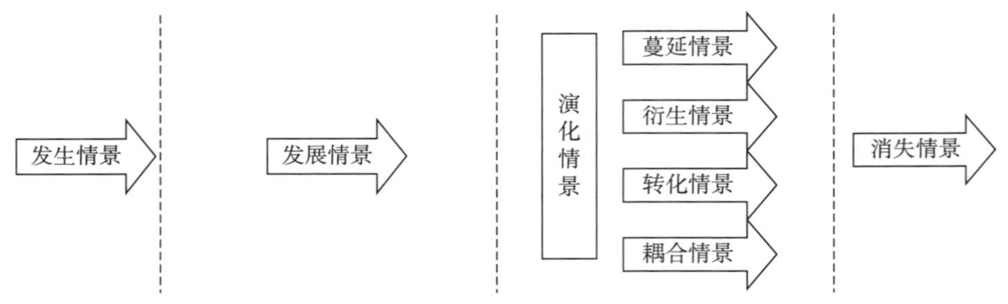

图 6.2　情景的分类

100 毫米、油品介质为原油。尚未有消防救援力量到达，如图 6.3 所示。

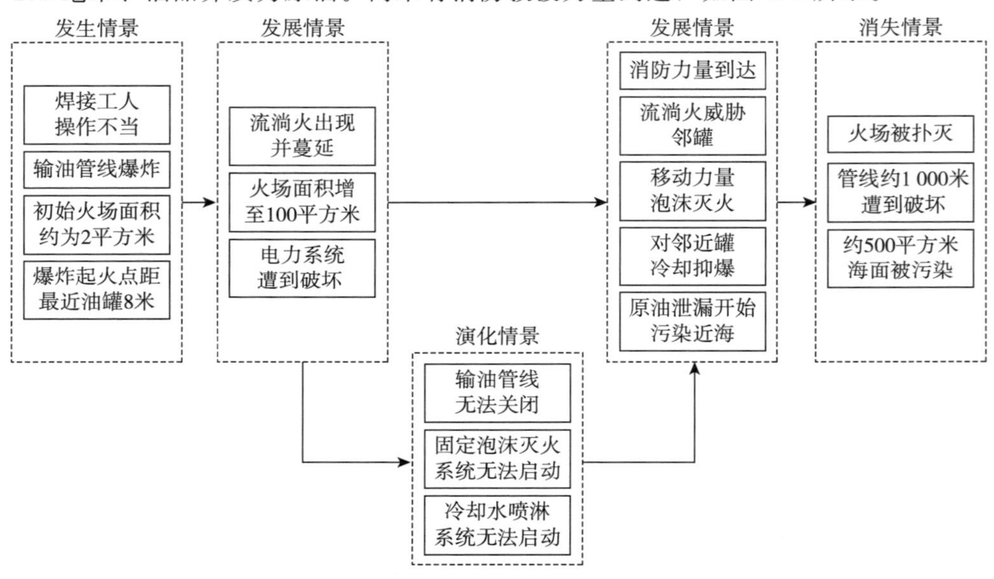

图 6.3　情景发展变化

发展情景是发生情景经过自身各种因素的影响及外界手段的干扰，随着能量的不断释放，规模在空间、强度上不断扩大而呈现出的态势。例如，在上述发生情景下，未能采取关阀断料和快速灭火等扑救措施，火场面积逐渐扩大，并造成流淌火的出现和快速蔓延，严重威胁着邻近十万立方米原油罐。同时，消防救援力量到达现场，对起火管线和地面流淌火进行泡沫灭火、沙土覆盖等，对邻近油罐进行冷却抑爆。

演化情景是事件在发展情景的基础上，由于各系统间的关联性，往往会引发其他次生突发事件的发生，且有时相互影响、相互作用，形成一连串的连锁反应。演化情景一般包括蔓延情景、衍生情景、转化情景、耦合情景。例如，在上述发展情景下，电力系统被破坏，导致输油管线阀门无法被关闭、固定泡沫灭火系统和冷却水喷淋系统无法正常启动。同时，大量原油泄漏造成近海污染。

消失情景是突发事件应急处理结束后系统所处的状态。火灾被扑灭后，长约 1 000 米管线被破坏，在冷却作用下周围邻近罐未能起火和坍塌，海面约有 500 平方米的被油面污染，无火灾复燃迹象。

6.3.4　情景分析法

基于“情景”的情景分析法（scenario analysis）是在推测的基础上，通过详细、严密的推理和描述来构想未来各种可能的方案，用来描述系统未来发展的图景。概括地说，情景分析法是假定某种现象或某种趋势将持续到未来的前提下，对预测对象可能出现的情况或引起的后果做出预测的方法[30]。

情景分析法最早出现在 20 世纪 40 年代末，源自美国兰德公司的国防分析员对核武器可能被敌对国家利用的各种情形加以描述，这是情景分析法的开始。随后，兰德公司在为美国国防部导弹防御计划做咨询时进一步发展了该方法。20 世纪 70 年代，壳牌公司应用情景分析法对经营战略进行了调整，及时、成功地应对了 70 年代的石油危机冲击[31]。随后，情景分析法得到了广泛的应用和发展，已深入企业管理、公共安全、交通运输和社会发展等各个领域。

情景分析法是利用关键情景来预测未来的不确定情况和结果的方法，其特点是创造性地思考未来的复杂性和不确定性。当所处的环境因素较复杂或存在高度不确定性时，情景分析法能体现出比其他方法更显著的优势。情景分析法的核心理念是充分考虑包含众多不确定因素的系统的各种未来发展的可能性，而不仅仅是关注某一结果的精确预测。运用情景分析法进行突发事件应急管理的优势在于[32]：①对关键不确定性因素的理解更加深入；②在应急管理战略计划中融合了可供选择的策略；③对突发事件具有极好的决策恢复能力。

根据国外一些学者的研究，情景分析具有以下本质特点[33]。

(1)承认未来的发展是多样化的，有多种可能发展的趋势，其预测结果也将是多维的。

(2)承认人在未来发展中的能动作用，把分析未来发展中决策者的群体意图和愿望作为情景分析中的一个重要方面，并在情景分析过程中与决策者之间保持畅通的信息交流。

(3)在情景分析中，特别注意对组织发展起重要作用的关键因素和协调一致性关系的分析。

(4)情景分析中的定量分析与传统趋势外推型的定量分析区别在于：情景分析在定量分析中嵌入了大量的定性分析，以指导定量分析的进行，所以是一种融定性分析与定量分析于一体的新预测方法。

(5)情景分析是一种对未来研究的思维方法，它所使用的技术方法与手段大都来源于其他相关学科，重点在于如何有效获取和处理专家的经验知识，这使情景分析具有心理学、未来学和统计学等学科的特征。

情景分析法最基本的观点应该是未来充满不确定性，但未来的部分内容是可以预测的，这是由不确定性的特征决定的。如果对不确定性进行分解，我们可以发现不确定性由以下两部分构成[30]。

(1)影响系统中本质上的不确定因素。其中"影响系统"是指影响某一事件的趋势或发展的，相互联系、相互影响的多种因素构成的体系。影响系统中本质上的不确定因素是无法预测的。

(2)缺乏信息和缺乏对影响系统的了解。如果采用比较科学、系统的方法来把可预测的东西同不确定的东西分离出来，通过对影响系统和其可预测的、规律性的因素的更多了解，就可以大幅度降低不确定性，从而预测未来的某些发展。

6.3.5 情景分析法的推理过程

情景分析开始于一个可识别的重要问题或事件，这个问题或事件是用于评估整个环境的监测器。其中，评估的实质是通过关键问题或关键事件来识别关键性的选择；而选择是被应用于实际情景中去。在决策制定之前，决策者通过多种途径对情景进行反复试验，这个过程并不是线性的，而是需要重复进行，直到得出满意的结果为止。在这个过程中，情景分析包括六个步骤[32]。

1. 识别关键问题或事件

情景分析的目的是提升我们对未来迅速且高效的反应能力，从而避免潜在危机或获取潜在机会。由于现实世界的极端复杂性，以及未来的无限可能性，情景分析必须聚焦于有效性，通过一系列特定的问题来预测未来的各种问题(如怎样的生态服务可以改变 20 年之后的澳大利亚的山脉土地)。识别关键问题或事件的首要任务是将未来环境中可知的问题或事件与不可知的问题或事件进行分离，同时对未来环境中的可控因素或可以被人们改变的因素加以区别。其次是对不可知的问题或事件的流程进行逐项分析，来发现和识别隐藏在不确定环境中的关键问题或事件。

2. 评估

关键问题或事件可以用于组织评估系统中人、机构、环境及它们之间的联系，并且对于识别系统环境的外部变化也是至关重要。基于情景分析的评估可以通过不同的视角对系统进行全面的分析。评估的一个重要内容就是识别对关键问题或事件有巨大影响的不确定因素，如气候变化可能是建造公园系统计划中至关重要的不确定因素——这些不确定因素的所有子集用于定义情景。评估过程的核心价值在于对关键问题或事件与复杂世界进行比较。换言之，评估要解决的那些关键问题或事件是否能够正确反映出系统存在的潜在问题或症状。例如，基于情景分析的评估发现，公园的优化配置问题对于整个系统构建过于狭隘，对于公园系统构建的关键问题应该是这个公园的管理是否产生一个生物多样性的区域性景观。

3. 识别替代性选择

内外部的确定性和不确定性因素形成了系统的驱动力结构。此时，情景分析的目标是识别系统发展过程的可替代的路径或方案。替代性选择既可以是原问题也可以是近似原问题，这些替代性选择的组合为情景构建提供了整体性的框架。在这个框架中，每一个相似的替代性选择代表一种路径或方案，且是通过已经发生的事件和可能发生的事件相互结合产生的。一组可替代的选择是由于在两到三个不确定的或者不可控的驱动力之间进行选择而产生的。例如，在一个区域内有两个非常重要的不确定驱动力是人口增长和政策模式，那么这两个驱动力所形成的一组可替代的选择包括城市化人口增加、乡村人口增加和一般人口下降三个方面。

4. 情景构建

情景构建是通过替代性选择的理解和积累而形成的，而这些替代性选择则是在评估过程中通过寻找关键的不确定驱动力来确定的。情景可以有效地扩展和改进系统目前的见解，且情景的数量一般认为三到四个较为合适。因为两个情景不足以充分扩展见解，而四个以上的情景又会增加决策者的困惑，限制其探索系统中不确定性的能力。情景通过添加可靠的外部驱动力及决策者的响应措施来将关键替代选择转变为生动的故事情节，因此，可以将情景视为一个连接着历史事件、现实情况及假象未来的简短故事情节。情景构建的方法有很多，如通过制表的形式来确定关键不确定因素。无论采取何种方法，每一个情景都必须包含那些紧扣原始问题的关键的指标性变量。为了便于接下来的情景讨论和交流，在这一步中必须对所构建的情景加以描述。另外，成功的情景必然是生动的、各有特色的，并且是简明扼要、关系分明的。

5. 情景检验

一旦情景构建完成，必须对情景的一致性进行检验，通过一致性检验可以发现制定策略的主要障碍。定量改变系统的期望必须通过多个相似的途径对情景进行检验，其中仿真模型可以用于进行动态情景的检验，但是仿真模型并不是情景发展的主要工具。目前的许多模型演练过于关注情景本身的情况，而忽略了系统中人的因素，然而情景分析最重要的部分是对系统中参与者和决策者行为的模仿。一个有力的检验应该包括情景分析过程中各种群体的所有参与者和决策者，人们所拥有的一定程度的经验可以用于检验决策者的模拟行为。通过检验可以反映情景中存在的问题，所以，情景在付诸实践前必须经过若干次反复的修正和检验。

6. 情景映射

情景构建完成后必然要经过不断的检验和论证，才能最终形成政策。情景分析最简单的应用就是评估已存在的政策在不同的情景中是否同样公平；而情景分析中较为成熟的应用是识别情景中执行良好的政策或行为的特性。在情景映射的过程中，其非常重要的内容就是识别目前状态下的风险和机会，这些风险和机会将有可能影响情景的特性。情景分析的结果将会通过讨论的方式映射到政策和评价中去，这个映射的过程可以模拟人们更加宽广地思考未来及发现内外部的驱动力，同时通过情景映射可以使参与者认识到他们的行为将如何改变系统的发展。情景映射常常可以发现新的问题、新的变量及新的不可知类型。情景映射的显著效果应该是参与者通过情景分析来提升自己处理未来变化的能力。无论未来多么变幻莫测，只要通过情景映射进行决策的制定、政策的改变、计划的执行都将系统的发展尽在掌握中。

情景分析应用于不同的领域将采取不同的方法，其既可以通过经验分析、案例论证的定性方法进行，也可以通过建立模型、仿真计算的方法进行。

6.3.6 情景分析的一般方法

情景分析的方法有很多，在突发事件决策领域主要有层次分析法(analytic hierarchy process，AHP)、压力状态响应模型法和贝叶斯网络法等。随着一些新理论和方法的发展成熟，国内外许多学者将前景理论、突变理论和模糊综合评价方法等应用到突发事件决策领域。

1. 基于层次分析法的情景构建方法

层次分析法是由美国运筹学家匹茨堡大学教授萨蒂于 20 世纪 70 年代初提出的一种层次权重决策分析方法。层次分析法是指将一个复杂的多目标决策问题作为一个系统，将目标分解为多个目标或准则，进而分解为多指标(或准则、约束)的若干层次，通过定性指标模糊量化方法算出层次单排序(权数)和总排序，以作为目标(多指标)、多方案优化决策的系统方法[33]。

层次分析法将决策问题按总目标、各层子目标、评价准则直至具体备选方案的顺序分解为不同的层次结构，然后用求解判断矩阵特征向量的办法，求得每一层次的各元素对上一层次某元素的优先权重，最后用再加权和的方法递阶归并各备择方案对总目标的最终权重，最终权重最大者即为最优方案。这里所谓“优先权重”是一种相对的量度，它表明各备选方案在某一特点的评价准则或子目标下优越程度的相对量度，以及各子目标对上一层目标而言重要程度的相对量度。层次分析法比较适合于具有分层交错评价指标的目标系统，而且目标值又难于定量描述的决策问题。

北京市水利科学研究所韩丽和来海亮采用层次分析法对北京市城市供水突发事件风险进行了评估，建立了由目标层 A、准则层 B、指标层 C 组成的递阶层次模型[34]，如图 6.4 所示。

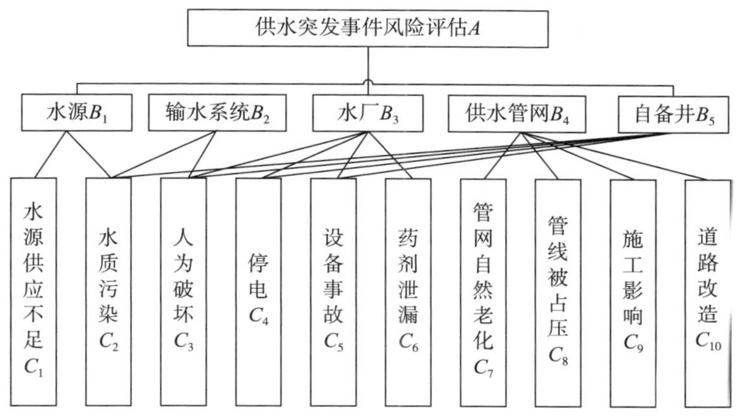

图 6.4 城市供水突发事件的层次分析

层次分析法作为继机理分析、统计分析之后发展起来的系统分析的重要方法，其优点[35]包括以下几个方面。

(1)把研究对象作为一个系统，按照分解、比较判断、综合的思维方式进行决策，尤其适用于对无结构特性的系统评价及多目标、多准则、多时期等系统的评价。

(2)层次分析法不单纯追求高深数学，又不片面地注重行为、逻辑、推理，而是把定性方法与定量方法有机结合起来，使复杂的系统分解，能将人们的思维过程数学化、系统化，便于人们接受，且能把多目标、多准则又难以全部量化处理的决策问题化为多层次单目标问题。

(3)层次分析法主要是从评价者对评价问题的本质、要素的理解出发，比一般的定量方法更讲求定性的分析和判断，能处理许多用传统的最优化技术无法着手的实际问题。

层次分析法只能从原有方案中进行选取，不能为决策者提供解决问题的新方案，且定量数据较少，定性成分多，不易令人信服。精确指标权重的确定也是限制其发展的重要瓶颈。

2. 基于压力-状态-响应模型的情景构建方法

“压力-状态-响应”(pressure-state-response，PSR)模型最初由加拿大统计学家 Rapport 和 Friend[36]于 1979 年提出，后由经济合作与发展组织(Organization for Economic Co-operation and Development，OECD）和联合国环境规划署（United Nations Environment Programme，UNEP）于20世纪八九十年代共同发展起来的用于研究环境问题的框架体系。经济合作与发展组织根据PSR模型，提出了国家层次的针对世界重要环境问题的指标体系，这些环境问题包括气候变化、臭氧层破坏、有毒污染、废物、土壤退化等13个方面。针对每个问题都提出了具体的压力、状态和响应指标。PSR模型中的压力指标用以表征那些引起环境变化的人类活动；状态指标用以表征自然界物理或生物变化及相应社会经济的发展趋势，主要用来衡量环境质量状态及人类活动引起环境变化对人类自身的影响；响应指标用以表征人类为促进可持续发展进程所采取的对策[37]。但是由于PSR模型是一个概念模型，体现着可持续发展的思想，该模型不仅仅适用于全球的环境问题，还可以将这种研究思维应用到其他社会问题的研究。

PSR模型的核心理念是将要表达的内容看做一个开放的系统，在这个系统中，存在来自内外部的压力；这些压力会对系统造成一定的影响，从而改变系统目前所处的状态，使系统发生质变或量变；此时，又有来自系统内外部的响应与压力形成抗衡，并逐步恢复系统的平衡状态[32]。

西安科技大学的袁晓芳和田水承等将PSR模型引入非常规突发事件决策中，利用“压力”“状态”“响应”三个要素通过符号化、网络化的方式来描述非常规突发事件中情景的演变过程[38]。“压力”指标用以表征事件目前所受到的来自系统内外部的各种负面影响因子，如灾害范围或破坏力的增强、环境恶化、资源不足、管理不善、社会恐慌等；“状态”指标用以表征系统当前的状态，如火势、人员伤亡、财产损失、环境等情况；“响应”指标用以表征为保持系统有效运转、化解“压力”指标而采取的各种应急处置措施，如建立危机防火墙、紧急疏散被困人员、转移受威胁物资、安抚群众恐慌等。建立的非常规突发事件情景演变路线图如图6.5所示。

3. 基于贝叶斯网络的情景推演方法

贝叶斯网络又称信度网络，是Bayes方法的扩展，是目前不确定知识表达和推理领域最有效的理论模型之一，典型的贝叶斯网络图如图6.6所示。从1988年由Judeal Pearl提出后，已经成为近几年来研究的热点。它适用于表达和分析具有不确定性的事物，应用于有条件地依赖多种控制因素的决策，可以从不完全、不精确或不确定的知识或信息中做出推理。

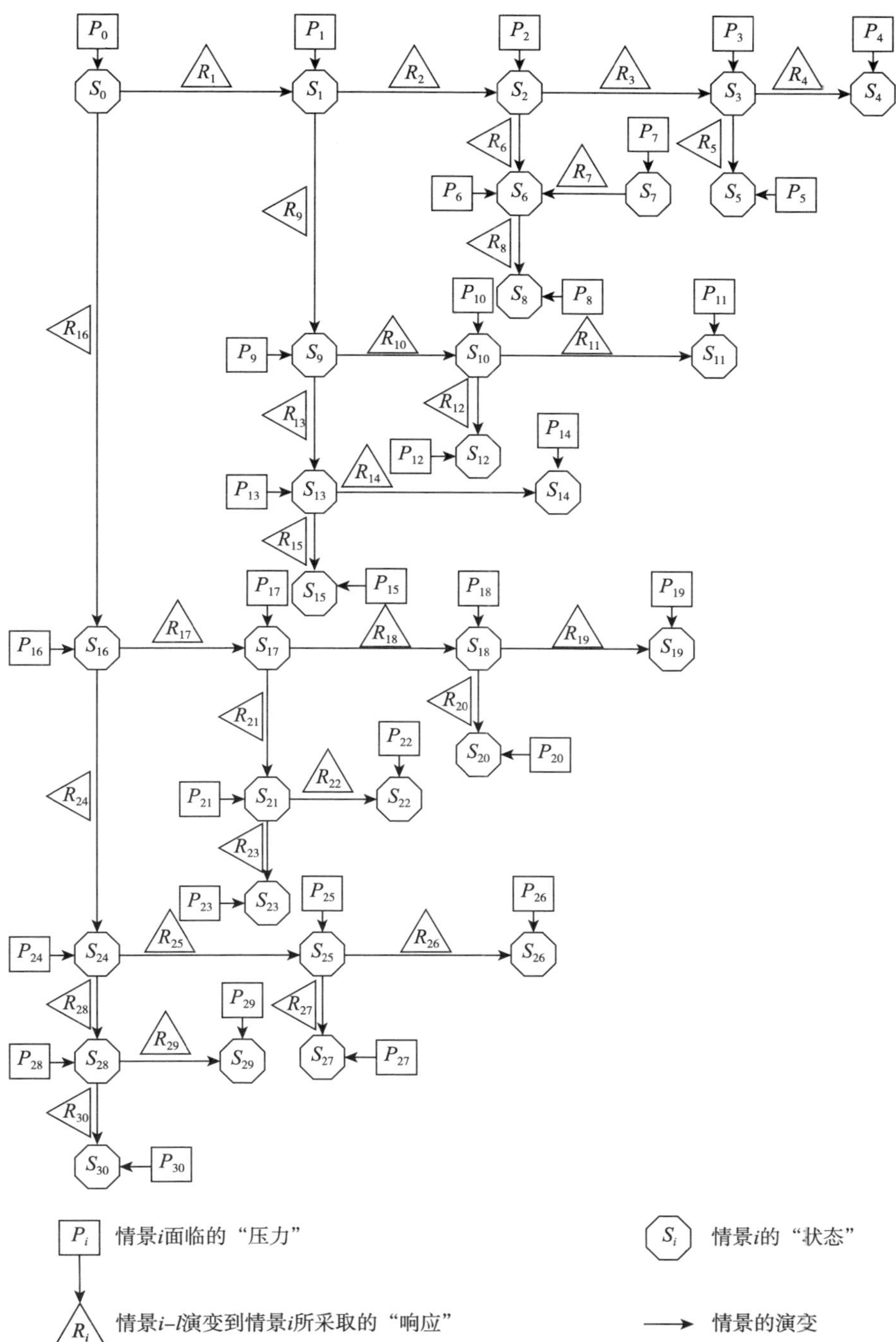

图 6.5　基于 PSR 建立的非常规突发事件情景演变路线示意图

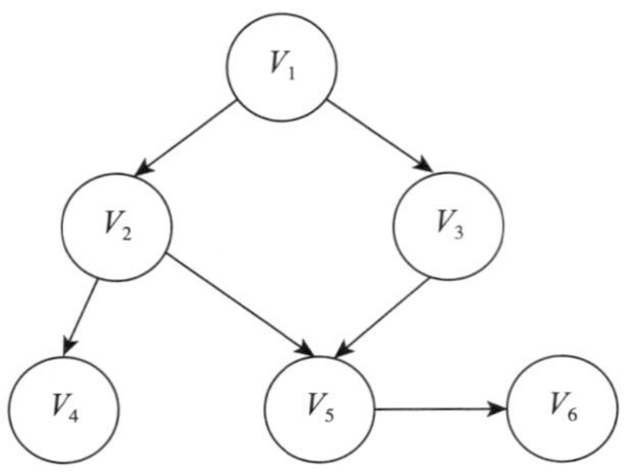

图 6.6 一个典型的贝叶斯网络

一个贝叶斯网络是一个二元组 $B = \langle G, P \rangle$[39]。其中，第一，网络结构 $G = \langle V, A \rangle$是一个有向无环图 DAG(directed acyclic graph)，其结点为 $V = \{V_1, V_2, \cdots, V_n\}$，$n > 0$。第二，网络参数 P 中每一个元素代表结点 V_i 的条件概率，即 $P = \{P(V_i \mid \text{parent}(V_i)); V_i \in V\}$是一组条件概率分布的集合，式中 $\text{parent}(V_i)$表示 V 在 V_i 所有父结点的集合；$P(V_i \mid \text{parent}(V_i))$表示结点 V_i 在其父结点某一取值状态下的条件概率分布(若 V_i 没有父结点，则 $P(V_i \mid \text{parent}(V_i)) = 0$)。贝叶斯网络具有条件独立性，即假定贝叶斯网络中的任一节点 V_i 在给定其父结点的情况下，条件独立于任何 V_i 的非子孙结点集合，即

$$\{P(V_i \mid A(V_i), \text{parent}(V_i))\} = P\{V_i \mid \text{parent}(V_i)\} \tag{6.1}$$

其中，$A(V_i)$为任一 V_i 的非子孙结点集合；$P\{V_i \mid \text{parent}(V_i)\}$为条件概率。

假设 $V_1, V_2, \cdots, V_n$ 是 Bayes 网络中的结点。由上述条件独立性的假设，其联合概率为

$$P(V_1, V_2, \cdots, V_N) = \prod_{i=1}^{N} P(V_i \mid \text{parent}(V_i)) \tag{6.2}$$

可以看出，贝叶斯网络是基于概率分析和图论的一种不确定性知识表达和推理的模型。从直观上讲，贝叶斯网络表现为一个赋值的复杂因果关系网络图，网络中的每一个结点表示一个变量，即一个事件，各变量之间的弧表示事件发生的直接因果关系。贝叶斯网络的结构表达了定性知识，即事件之间的因果联系；边缘概率和条件概率表达了定量知识，即原因对结果的影响程度。

贝叶斯网络结合图论和统计学方面的知识，提出了一种自然的表示因果信息的方法，与其他的知识发现方法和决策建模方法(如规则表示、决策树、人工神经网络等)相比具有以下优势[40]。

(1)贝叶斯网络具有强大的不确定性问题处理能力。从学习后的网络模型中能抽取出易于理解的显式知识，通过条件概率能表达各个信息要素之间的相关关系，能在有限的、不完整的、不确定的信息条件下进行学习和推理。

(2)贝叶斯网络本身是一种不确定性因果关联模型。与其他决策模型不同，贝叶斯网络本身就是将多元知识图解可视化的一种概率知识表达与推理模型，更为贴切地蕴涵了网络节点变量之间的因果关系及条件相关关系，能够在不确定性下做出规划和决策。

(3)贝叶斯网络能有效进行多源信息表达与融合。贝叶斯网络可以将决策相关的各种信息纳入网络结构中，按照节点的方式统一进行处理，能有效地按照信息的相关关系进行融合。

大连理工大学的裘江南和王延章将突发事件演化相关的变量划分为三类，构成贝叶斯网络中的结点，进而构建了突发事件预测的贝叶斯网络模型[41]，如图 6.7 所示。其中，输入变量 I 类，是对突发事件输入要素的描述，包括引发事件发生发展的主要危险因素——环境输入变量 EI 和用于控制该突发事件发生发展的应急措施——控制变量 AI；状态变量 S 类，是对突发事件状态要素的描述，包括表征事件行为特点的事件状态变量 MP、描述事件对各类承灾体影响程度的承灾体状态变量 IP 和描述事件发展不同阶段的事件生命周期变量 lc；输出变量 O，是对突发事件输出要素的描述，包括突发事件可能影响的外部环境变量 EO 和突发事件给承灾体带来的损失变量 LO。

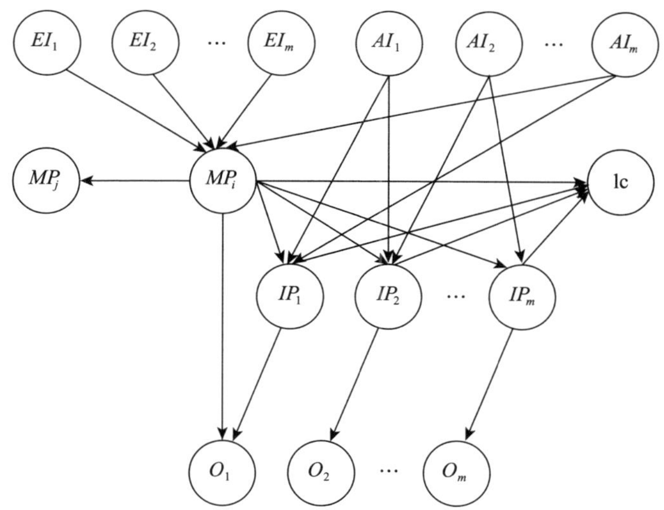

图 6.7　突发事件预测的贝叶斯网络模型

4. 突变理论

突变理论是法国数学家托姆于 1972 年建立起来的以奇点理论、稳定性理论等数学理论为基础，用于研究不连续变化现象的理论。客观世界存在两种不同的基本形式：一种是光滑、连续、不断的变化，如有机体的连续生长、地球绕太阳连续不断地旋转、江水连续地流动等，通常运用微积分的方法研究这类缓慢、连续变化的现象；另一种变化是不连续的飞跃（突然的跳跃），如岩石的破裂、桥梁的崩塌、地震、海啸、细胞的分裂、生物的变异、人的休克、情绪的波动、战争、市场变化、企业倒闭、经济危机等。这些事物从一种稳定组态突然跃迁到另一种稳定组态的现象和规律，可以用突变理论进行研究[42～44]。

突变评价法是在突变理论的基础上发展起来的一种综合评价方法。其主要步骤如下。

(1)建立评价指标体系，即按系统的内在作用机理，将其分解为由若干评价指标组成的多层系统。

(2)对底层指标（控制变量）进行原始数据规格化，即将突变理论与模糊数学相结合，产生一种多维的抽象目标。

(3)归一运算，即利用归一公式进行综合量化递归运算，求出评价系统的总突变隶属度值。常用的三种突变模型归一公式分别为

尖点突变　$$V(x) = x^4/4 + ax + bx^2/2 \tag{6.3}$$

燕尾突变　$$V(x) = x^5/5 + ax + bx^2/2 + cx^3/3 \tag{6.4}$$

蝴蝶突变　$$V(x) = x^6/6 + ax + bx^2/2 + cx^3/3 + dx^4/4 \tag{6.5}$$

尖点突变如图 6.8 所示。

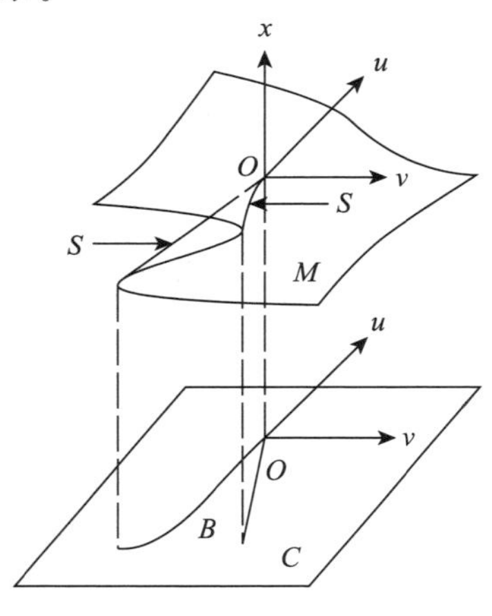

图 6.8　尖点突变

(4)重复上述步骤，分别计算出不同评价系统的总突变隶属函数值，从而据此进行不同系统间的综合评价。

6.4　案例情景的结构化与量化

案例知识表示方法是案例推理研究的基础和核心，目前也比较成熟。较为成

功的知识表示方法有十几种，如逻辑表示、产生式规则、语义网络、面向对象、框架结构、因果关系图、原型表示、状态图、关系数据库等。这些表示方法各自适用于表示某种类型的知识，从而被用于不同的应用领域。具体选择的表示方法应能充分表示领域知识、有利于对知识的利用、便于知识的组织与维护、便于理解和实现。目前比较常见的表示方法中，如产生式、框架、语义网、决策树、面向对象等，以框架和面向对象应用最为广泛[45~48]。而基于"情景-应对"的情景知识表示法目前仍处于探索阶段。案例情景的结构化与量化是案例情景表达的关键技术，是基于"情景-应对"综合案例推理方法实现的前提。目前，关于案例情景结构化与量化方法的研究还处于探索阶段，本小节在案例分级分类的基础上，提出了基于特征要素表达的情景通用结构化模型和基于数字化特征向量的特征要素量化表达方法，为后续相关章节的研究奠定基础。

6.4.1　案例的分级分类

案例的分级分类是案例结构化与量化的基础，分级是案例的纵向细化，分类是案例的横向划分。突发事件可以有不同的分类方法和标准，2007 年 11 月 1 日起施行的《中华人民共和国突发事件应对法》第 3 条规定："本法所称突发事件，是指突然发生，造成或可能造成严重社会危害，需要采取应急处置措施予以应对的自然灾害、事故灾难、公共卫生事件和社会安全事件。按照社会危害程度、影响范围等因素，自然灾害、事故灾难、公共卫生事件分为特别重大、重大、较大和一般四级。"该法首次将突发事件划分为四类[49]，如表 6.2 所示。

表 6.2　突发事件分类表

灾害事故类型	主要内容
自然灾害	气象灾害、海洋灾害、洪水灾害、地质灾害、地震灾害、森林灾害、农作物灾害等
事故灾难	安全生产事故、公共设施和设备事故、危险化学品事故、交通运输事故等
公共卫生事件	传染病疫情、群体性不明原因疾病、动物疫情、其他严重影响公众健康的事件等
社会安全事件	经济安全事件、涉外突发事件、恐怖袭击事件等

我国国家和各省的突发公共事件总体应急预案也是依据这四种类型而制定的，它符合突发公共事件的性质、机理和发生发展演化过程。因此，案例的分级分类也是以此四类突发事件为出发点进行延伸和拓展的。既然情景是"情景-应对"推演模式的关键，那么案例分级的终极目标也应该是情景，参照文献[1]，本小节建立了基于情景表达的案例多级分层索引组织结构，下面以灭火救援战例为例具体介绍。

2006 年 5 月 10 日，国务院下发的《国务院关于进一步加强消防工作的意见》(国发〔2006〕15 号)中，第 10 条首次明确了消防部队积极参加和参与配合处置的灾害种类[50]，如表 6.3 所示。

表 6.3　消防部队参与配合处置的灾害类型

消防部队发挥的作用	灾害类型
主体救援作用	火灾、危险化学品泄漏、道路交通事故、地震及其次生灾害、建筑坍塌、重大安全生产事故、空难、爆炸及恐怖事件和群众遇险事件
辅助救援作用	水旱灾害、气象灾害、地质灾害、森林、草原火灾等自然灾害，矿山、水上事故，重大环境污染，核与辐射事故和突发公共卫生事件

将表 6.3 与表 6.2 相结合，以油罐火灾为例，构建基于情景表达的战例多级分层索引组织结构，如图 6.9 所示。

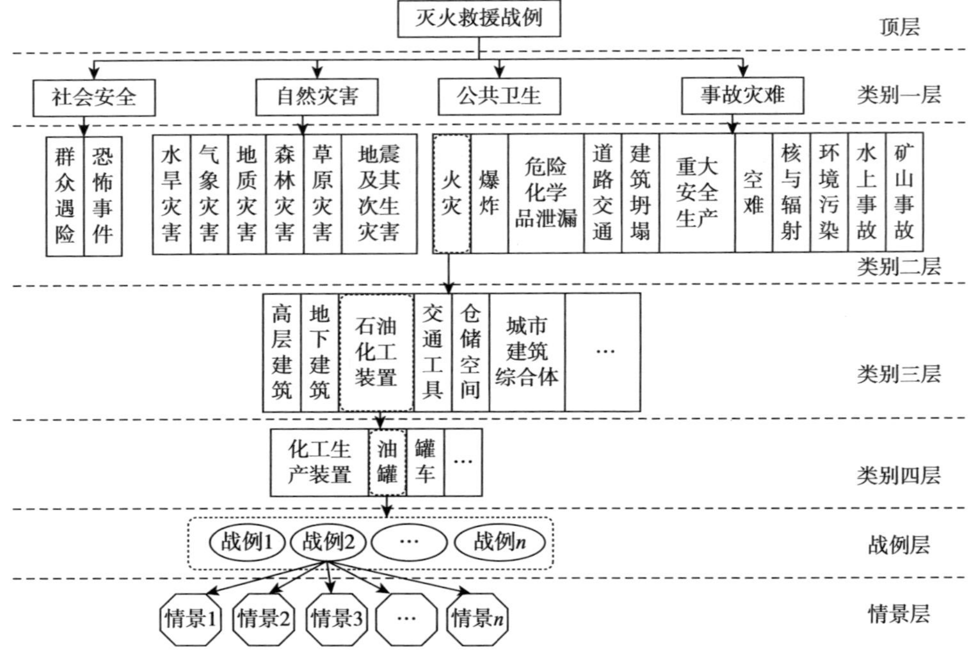

图 6.9　灭火救援战例的多级分层索引组织结构

从图 6.9 中可以看出，一个战例可划分为若干个情景，基于战例推演的灭火救援专家系统即可转化为基于情景推演的“情景-应对”专家系统。

6.4.2　案例情景的结构化表达方法

1. 案例情景特征要素的提取与描述

1)案例情景特征要素的内涵

特征情景特征要素是指最能表征事物内在性质的、固有的指标，如河流水文特征要素包括水量大小、汛期及水量季节变化、含沙量、流速、结冰期等。表征一个突发事件案例情景也需要多个特征要素，我们把用特征要素来表征突发事件案例情景的方法叫做情景的结构化。案例情景特征要素就是最能反映情景发生、发展及演化过程的内在、固有的指标。例如，重大煤矿瓦斯爆炸事故案例中，描述某一发生情景的特征要素，如表6.4所示。

表6.4　重大煤矿瓦斯爆炸事故案例发生情景中的主要特征要素

序号	特征要素	序号	特征要素
1	爆炸时间	9	其他设备破坏程度
2	爆炸地点	10	受威胁人员情况
3	事故起因	11	粉尘含量
4	瓦斯浓度	12	CO浓度
5	爆炸规模	13	CO_2 浓度
6	人员撤离情况	14	是否引起火灾
7	坍塌情况	15	设备损失情况
8	通风系统破坏程度	16	伤亡人数

2)特征要素的提取原则

描述突发事件案例情景的要素很多，特征要素提取时应把握以下三个原则。

(1)要能够反映现场状态中的主要矛盾。突发事件现场状态通常都很混杂、信息量繁多，但针对某一特定情景都有其特定的性质和特征，因此，应能够去除细枝末节，抓主要矛盾，提取最能够反映当时状态的特征要素对现场进行描述。

(2)要能够反映现场状态中的不同内容。同一现场状态往往包含若干不同内容，如火灾事故现场、承灾体、火情态势、救援力量、周围环境等都是该现场中存在的不同内容。特征要素提取时应根据描述内容的不同进行去重聚类，避免出现若干特征要素同时描述同一内容，而有些内容却未被描述的情况。

(3)要特别关注对指挥决策产生较大影响的重要因素。一般情况下，灾情的发展演化都或多或少存在一定的规律，但对突发事件而言，往往会出现一些不确定因素。这些不确定因素的突然出现，可能会导致灾情发生转折性的突变，直接影响指挥员现场决策。而影响指挥员现场决策的因素不只这些，还有一些其他的因素，一些因素带来的影响甚至可以忽略不计。因此，抽取对指挥员决策产生重大影响的特征要素对情景进行表达，可为同类灾害事故的处置提供很好的借鉴作用。

3)特征要素提取方法实例分析

针对具体的案例，根据特征要素提取原则，就能够确定某个案例情景的特征要素集合。下面，结合两个具体实例，演示特征要素的提取方法。

实例一：大连“7·16”中石油国际储运有限公司保税区油库火灾扑救战例。

2010 年 7 月 16 日 18 时 12 分，大连市公安消防支队接到报警，位于大连市大孤山新港码头的大连中石油国际储运有限公司保税区油库输油管线爆炸起火。下文是从战例中截取的大连支队到场时的现场情景片段。

2010 年 7 月 16 日 18 时 19 分，大连支队到场时，10 万立方米原油储罐 T103＃已经起火，现场多个原油储罐周边成组设置的直径为 700～900 毫米的输油管线被炸断，储罐周围形成大面积流淌火，直接威胁毗邻的南海储油区、液体化工原料仓储区及油火经过区域的油泵房、管线和阀组等设施，大连支队现场指挥部立即做出战斗部署。

一是派出灭火攻坚组，在单位技术人员指导下，深入罐区关阀断料。

二是利用 14 门车载水炮、3 门移动水炮对 T103＃罐和毗邻的 T106＃、T102＃罐及南海罐区的 T037＃、T042＃罐进行冷却抑爆。

三是利用 6 门车载、移动泡沫炮和 25 支泡沫管枪全力堵截消灭地面流淌火，压制输油管线火势，誓死保护液体化工仓储区的安全。

四是协调海事部门出动消防艇和拖消两用船，控制海面火势。大连支队初期控火得力，从而为全省增援力量的到达，成功扑救火灾赢得了宝贵时间。

通过实例一中情景的文字描述，依据特征要素提取的三个原则，可以提取出描述承载对象、火情状态、救援力量及采取技术措施等反映不同内容和主要矛盾的四类特征要素，如表 6.5 所示。

表 6.5　实例一情景特征要素一览表

类型	内容
对象	10 万立方米的原油储罐 直径 700～900 毫米的管线 罐区地面 输油泵房 阀组联箱
火情	油罐罐顶着火 输油管线炸断 罐区地面流淌火
救援力量	调集部署了消防艇和拖消两用船 14 门车载水炮 3 门移动水炮 6 门车载、移动泡沫炮 25 支泡沫管枪
技术措施	关阀断料 冷却抑爆

实例二：新疆乌鲁木齐市“1·2”德汇国际广场批发市场火灾扑救战例。

2008 年 1 月 2 日 20 时 25 分，乌鲁木齐市消防支队指挥中心接到新疆德汇国际广场批发市场火灾报警。下文是从该战例中截取的某一情景片段。

灭火战斗始终是在 −25 ℃ 左右的条件下进行，水枪、水炮射水后，洒落在消防车辆装备、作战人员、建筑结构及道路上迅速结冰，给灭火救援行动带来了极大的不便，装备应用遇阻，影响作战行动。由于温度低，火场温差大，因此形成火场温差效应，产生强风带，风向变化无常，风助火势，起到推波助澜的作用。火场水源缺乏，可用消火栓少，管网水压低，火场供水只能采取运水供水，灭火用水出现时断时续现象，致使正常供水的灭火线路冻结失效。二期 A、B 段中间消防车道被挤占做摊位，而且建筑周边的通道都设置了临时摊位，消防车道被占，导致消防车辆无法靠近着火建筑实施近距离的灭火作战。

通过实例二中的情景文字描述，我们可以提取出当时现场状态中的反映气象条件、外部环境、水源及消防设施等特征要素，如表 6.6 所示。

表 6.6 实例二情景特征要素一览表

类型	内容
气象	温度 −25 ℃ 风向变化无常
环境	消防车道被挤占 灭火线路冻结失效 喷射出水迅速结冰
水源	管网水压低 火场水源缺乏
消防设施	可用消火栓少

4)特征要素的特点

通过上述两个具体实例，我们提取出八类特征要素，这八类特征要素并不适用于所有的案例，也不能够涵盖所有特征要素的类型。但是，无论哪一类案例，哪一种特征要素，都具有以下三个特点。

(1)有些特征要素贯穿于灾情演变发展的全过程，而有些特征要素只存在于某一情景片段或某几个情景片段。例如，上述实例二中，气象类特征要素“温度”“风向”对整个灭火救援行动的影响是一直存在的，贯穿于整个火灾发展变化的各个阶段；而实例一中，火情类特征要素“罐区地面流淌火”“输油管线被炸”是火情发展蔓延到一定阶段而发生的，只存在于其一个情景或几个情景中，随着扑救措施的展开，火情得到控制，该特征要素在下一情景中可能就不复存在了。

(2)同一类型不同案例中，特征要素也不尽相同。随着案例资源的丰富，对于发生频率较高、决策活动较为类似的一类案例，可以归纳出其共有特征要素的类型。但对于发生频率低，仅存于特定情景中的特征要素，就不能够被很好地提炼和表达。例如，同是油罐火灾，在大连“7·16”中石油国际储运有限公司保税区油库火灾扑救战例中，描述火情的特征要素“海面火”在“9·1”沈阳大龙洋石油有限公司油库区爆炸火灾战例中就不存在，但对于发生于海港油库区的油罐火灾来说，“海面火”这一特征要素存在的概率较高。

(3)不同类型案例的特征要素差别较大。例如，泥石流灾害与火灾事故呈现出的现场状态就有很强的差异性，决策的内容差别也较大，因此特征要素就有很大的不同。

2. 基于特征要素表达的情景通用结构化模型的构建

为了更好地实现案例情景的结构化，应当对描述类似案例情景的特征要素进行归纳和分类，建立基于特征要素的通用情景结构化表达模型。但由于不同类型案例之间特征要素的差别很大，所以通用结构化模型的建立也只能局限于同一类案例中。下面以油罐火灾为例，具体阐述通用结构化模型的构建方法。

以油罐火灾战例集中的七个典型战例为研究对象，经过情景分解(具体分解方法见 7.2.1 小节)，得到 45 个情景，如表 6.7 所示。

表 6.7 战例研究对象及其情景一览表

序号	战例名称	分解情景的个数	情景数共计
1	“8·29”中石油大连石化分公司储运车间八七罐区火灾事故战例	7	45
2	“5·9”中石化上海分公司高桥炼油事业部储油罐爆燃事故战例	5	
3	大连“7·16”中石油国际储运有限公司保税区油库火灾扑救战例	7	
4	“9·1”沈阳大龙洋油库爆炸火灾扑救战例	7	
5	“10·21”南京炼油厂油罐火灾扑救战例	5	
6	“8·20”青岛市黄岛油库油罐火灾扑救战例	9	
7	“9·4”济南 9731 炼油厂重大火灾扑救战例	5	

从这 45 个情景中，可以提取出若干个特征要素，根据各特征要素在情景中出现的频率，对其进行去重聚类，并舍弃出现频率非常低的特征要素，可将描述油罐火灾情景的特征要素归纳为 10 类，即对象类(T_D)、灾情类(T_Z)、环境类(T_H)、气象类(T_Q)、水源类(T_S)、消防设施类(T_X)、灭火救援力量类(T_M)、技术措施类(T_C)、处置策略类(T_L)和经验教训类(T_J)。从而，构建出基于特征要素表达的油罐类火灾情景通用结构化模型为

$$QJ_g=\{T_D, T_Z, T_H, T_Q, T_S, T_X, T_M, T_C, T_L, T_J\} \quad (6.6)$$

对于式(6.6)中的每一类型特征要素，都可以进行嵌入式表达，具体如

表 6.8所示。

表 6.8　油罐火灾特征要素嵌入式表达方法一览表

序号	特征要素类型	一级嵌入式表达	二级嵌入式表达
1	对象类(T_D)	油罐	油品类型、油库容量、着火罐数量、邻近罐数量、着火罐单罐最大容积、结构形式、最大着火罐储油量、建造材料、罐体埋没深度
		输油管线	管道压力、管道直径、输油类型
		海面	污染海域、污染面积
		…	…
2	灾情类(T_Z)	流淌火	过火面积、发生位置
		爆炸	发生位置、爆炸罐数量、爆炸次数
		泄漏	泄漏油品类型、泄漏位置、泄漏口数量
		…	…
3	环境类(T_H)	防护堤	有无、高低
		消防车道	是否被占用
		障碍物	有无
		…	…
4	气象类(T_Q)	风	风力、风向
		雨	暴雨、大雨、中雨、小雨
		雪	暴雪、大雪、中雪、小雪
		雾	大雾、中雾、薄雾
		温度	极热、炎热、热、温暖、冷、寒、极寒
		湿度	干燥、适中、潮湿
		…	…
5	水源类(T_S)	市政管网	供水流量
		天然水源	面积、供水流量
		消防水池	储量
		…	…
6	消防设施类(T_X)	消火栓	数量、能否正常使用
		自动喷淋系统	能否正常使用
		泡沫灭火系统	能否正常使用
		…	…
7	灭火救援力量类(T_M)	水枪	数量
		水炮	数量
		泡沫炮	数量
		消防车	数量
		…	…

续表

序号	特征要素类型	一级嵌入式表达	二级嵌入式表达
8	技术措施类(T_C)	关阀断料	—
		冷却抑爆	—
		…	…
…			

6.4.3 案例情景的量化方法

1. 特征要素的赋值

案例情景的结构化仅是对案例表达的一种粗略方法，要想对案例情景实现精准表达，还需要对其结构化中的特征要素进行赋值，赋值是案例情景量化的关键，只有对其进行赋值以后，该特征要素才具有实际意义。赋值就是从性质和规模两个方面对特征要素描述内容的进一步表示。不同的规模、不同的性质可以区别不同的现场状态，从而采取不同的战术措施，这是特征要素量化的理论基础。

仍以油罐类火灾情景通用结构化模型为例，式(6.6)中的每一类特征要素都可以按照表 6.8 的方法进行二级嵌入式表达，在二级嵌入式表达的过程中，有些特征要素已经实现对其进行的赋值，如气象类特征要素中对“雨”的二级嵌入式表达，“暴雨、大雨、中雨、小雨”就是对该类特征要素的具体赋值。而有些特征要素还需要在二级嵌入式表达的基础上，进一步进行赋值，如表 6.8 中对“油罐”的二级嵌入式表达，可进一步对其进行赋值，如表 6.9 所示。

表 6.9　油罐二级嵌入式特征要素表达赋值情况表

二级嵌入式表达	赋值
油品类型	原油、汽油、柴油、渣油、沥青油、煤油、重油、渣油
油库容量	特级≥10 万立方米、一级 5 万～10 万立方米(含 5 万立方米)、二级 1 万～5 万立方米(含 1 万立方米)、三级 2 500～1 万立方米(含 2 500 立方米)、四级 500～2 500 立方米(含 500 立方米)、五级＜500 立方米
着火罐数量/个	实际值
邻近罐数量/个	实际值
着火罐单罐最大容积	≥10 万立方米、5 万～10 万立方米(含 5 万立方米)、1 万～5 万立方米(含 1 万立方米)、2 500～1 万立方米(含 2 500 立方米)、500～2 500 立方米(含 500 立方米)、＜500 立方米
结构形式	拱顶罐、内浮顶罐、外浮顶罐、卧式罐、油池
最大着火罐储油量	空罐、1/3 罐、半罐、3/4 罐、满罐
建造材料	金属、非金属
罐体埋设深度	地上式、半地上式、地下式、半地下式

2. 特征要素的向量表示

经过赋值以后，每一类特征要素都能够非常简明精确地再现某一情景中的某缩微片段，通过特征要素通用结构化模型[式(6.6)]，即可再现某一情景。但上述表达方式较为烦琐，不利于计算机匹配识别，还需对式(6.6)中每一类特征要素的表达方式加以规范，以便利于计算机程序化应用。相对于文字描述性语言，数学语言更容易被计算机识别，因此，本小节提出了用向量对每一类特征要素进行表达的方法，即特征要素的向量表示。

以油罐火灾为例，特征要素的向量表示分为两种情况，一种是对象类特征要素的向量表示，另一种是其他类型特征要素的向量表示。

1)对象类特征要素的向量表示方法

将表 6.8 中一级嵌入式表达内容作为该向量的第一个元素，如对象为“油罐”，则“油罐”作为第一个向量元素，对象为“输油管线”，则“输油管线”作为第一个向量元素。将与对象相对应的二级嵌入式表达内容依次作为向量的第二个元素、第三个元素……例如，当油罐对象发生火灾时，与之相对应的对象类特征要素向量表达式为

$$\boldsymbol{T}_D=(\text{油罐、油品类型、油库容量、着火罐数量、邻近罐数量、着火罐单罐最大容积、结构形式、最大着火罐储油量、建造材料、罐体埋设深度}) \tag{6.7}$$

若用字母可简化表达为

$$\boldsymbol{T}_D=(g,\ y_p,\ k_r,\ n_z,\ n_l,\ r_j,\ j_g,\ c_z,\ j_c,\ m_s) \tag{6.8}$$

其中，g 为油罐；y_p 为油品类型；k_r 为油库容量；n_z 为着火罐数量；n_l 为邻近罐数量；r_j 为着火罐单罐最大容积；j_g 为结构形式；c_z 为最大着火罐储油量；j_c 为建造材料；m_s 为罐体埋设深度。

2)其他类型特征要素的向量表示方法

其他类型特征向量与对象类型特征向量表示的区别在于，直接把表 6.8 中一级嵌入式表达内容依次作为该向量的第一个元素、第二个元素……如果某个元素涉及表 6.8 中二级嵌入式表达内容，则直接将其分解为两个元素。例如，气象类特征要素的向量表示，其第一个向量元素“风”，其二级嵌入表达为“风力”和“风向”，则直接将其分解为两个向量元素，“雨”顺延为第三个向量元素，其他依次顺延，该类特征要素的向量可表达为

$$\boldsymbol{T}_Q=(f_l,\ f_x,\ y,\ x,\ w,\ l,\ d,\ b,\ t,\ s) \tag{6.9}$$

其中，f_l 为风力；f_x 为风向；y 为雨；x 为雪；w 为雾；l 为雷；d 为闪电；b 为冰雹；t 为温度；s 为湿度。

3. 特征要素向量的数字化重构

向量表示方法较好地实现了特征要素的数学表达，规范了案例情景的表达方

式，但由式(6.8)和式(6.9)可以看出，向量表达的特征要素仍然停留在文字性语言描述阶段，不能很好地被计算机所识别，导致决策系统匹配过程较为复杂，运算量较大，因此必须将其转化为数字化语言，才能够很方便地被计算机识别。文字描述的向量向数字表达的向量转化的过程，我们称为数字化重构。

以油罐火灾为例(表 6.9)，数字化重构就是将表 6.9 中用文字描述的赋值转换为用数字描述的赋值，即实现赋值的量化。该量化值可能为数值型的，如表 6.8 中的“着火罐数量”和“邻近罐数量”，实际数量是多少其量化值就是多少；也可能是字符型的，如表中“油品类型”没有实际值，其量化后虽然用不同的数字表达了不同的内涵，但该值就是字符型的。如果将情景通用结构化模型应用到某个具体情景中，模型中某一特征向量元素在该情景中不存在或未被描述，则该元素为缺失值，将其量化为 0。下面，以油罐火灾为例，分别说明对象类型特征要素向量和其他类型特征要素向量的数字化重构方法。

1)对象类特征要素向量的数字化重构

结合表 6.8、表 6.9 和式(6.8)，对油罐火灾对象类型特征要素进行数字化重构，结果如表 6.10 所示。

表 6.10　对象类型特征向量元素数字化重构一览表

元素位置	元素类型	元素名称	值
1	字符型(CS)	对象类型	1. 油罐 2. 管线 3. 罐区地面 4. 库区内的操作间、车库、办公楼等建筑物 5. 邻近罐区或危险品化工区 6. 配电室 7. 输油泵房 8. 阀组联箱 9. 海面 10. 地下排污井
2	字符型(CS)	油品类型	1. 原油 2. 汽油 3. 柴油 4. 渣油 5. 沥青油 6. 煤油 7. 重油 8. 渣油
3	字符型(CS)	油库容量	1. 特级≥10 万立方米 2. 一级 5 万～10 万立方米(含 5 万立方米) 3. 二级 1 万～5 万立方米(含 1 万立方米) 4. 三级 2 500～1 万立方米(含 2 500 立方米) 5. 四级 500～2 500 立方米(含 500 立方米) 6. 五级＜500 立方米

续表

元素位置	元素类型	元素名称	值
4	数值型(CN)	着火罐数量/个	实际值(1～20)
5	数值型(CN)	邻近罐数量/个	实际值(1～25)
6	字符型(CS)	着火罐单罐最大容积	1. ≥10 万立方米 2. 5 万～10 万立方米(含 5 万立方米) 3. 1 万～5 万立方米(含 1 万立方米) 4. 2 500～1 万立方米(含 2 500 立方米) 5. 500～2 500 立方米(含 500 立方米) 6. <500 立方米
7	字符型(CS)	结构形式	1. 拱顶罐 2. 内浮顶罐 3. 外浮顶罐 4. 卧式罐 5. 油池
8	字符型(CS)	最大着火罐储油量	1. ≤1/3 罐 2. 1/3 罐～半罐(含) 3. 半罐～3/4 罐(含) 4. 3/4 罐～满罐(含)
9	字符型(CS)	建造材料	0. 非金属 1. 金属
10	字符型(CS)	罐体埋设深度	1. 地上式 2. 半地上式 3. 地下式 4. 半地下式

例如，两个地上式金属外浮顶原油储罐发生火灾，容积 50 000 立方米、满罐、邻近罐数量为 6 个，其他情况未知，根据表 6.10，其对象类型特征要素向量($\boldsymbol{T}_D$)，即式(6.8)的数字表达形式为

$$\boldsymbol{T}_D=(1,\ 1,\ 0,\ 2,\ 6,\ 2,\ 3,\ 4,\ 1,\ 1)$$

2)其他类型特征要素向量的数字化重构

结合表 6.8、表 6.9 和式(6.9)，对油罐火灾其他类型特征要素进行数字化重构，如气象类型特征向量元素数字化重构的结果，如表 6.11 所示。

表 6.11　气象类型特征向量元素数字化重构一览表

元素位置	元素类型	元素	值
1	字符型(CS)	风力	1. ≤3 级 2. 3～6 级 3. 6～8 级 4. 8～10 级 5. ＞10 级
2	字符型(CS)	风向	1. 东风 2. 南风 3. 西风 4. 北风 5. 东南风 6. 东北风 7. 西南风 8. 西北风
3	字符型(CS)	雨	1. 无雨 2. 小雨 3. 中雨 4. 大雨 5. 暴雨
4	字符型(CS)	雪	1. 无雪 2. 雨夹雪 3. 小雪 4. 中雪 5. 大雪 6. 暴雪
5	字符型(CS)	雾	1. 无雾 2. 小雾 3. 中雾 4. 大雾 5. 雾霾
6	字符型(CS)	雷	0. 无雷 1. 有雷
7	字符型(CS)	闪电	0. 无闪电 1. 有闪电
8	字符型(CS)	冰雹	0. 无冰雹 1. 有冰雹

续表

元素位置	元素类型	元素	值
9	字符型(CS)	温度	1. >40℃ 2. 30～40℃(含 40℃) 3. 20～30℃(含 30℃) 4. 0～20℃(含 20℃) 5. −15～0℃(含 0℃) 6. −30 ～−15℃(含−15℃) 7. ≤−30℃
10	字符型(CS)	湿度	1. <20% 2. 20%～40%(含 40%) 3. 40%～50%(含 50%) 4. 50%～60%(含 60%) 5. 60%～70%(含 70%) 6. >70%

例如，某油罐火灾发生当天晴，东风 3 级，温度 27℃，湿度 30%，根据表 6.11，其气象类型特征要素向量($\boldsymbol{T}_Q$)即式(6.9)的数字化重构结果为

$$\boldsymbol{T}_Q=(1,\ 1,\ 1,\ 1,\ 1,\ 1,\ 1,\ 1,\ 3,\ 2)$$

通过情景的结构化与量化，可以将案例情景表达为由多个数字化特征向量构成的数字库，根据案例的分级分类方法(见 6.4.1 小节)，文本案例即可转化为由多个情景数字库构成的数字化案例。本节的研究为第 7 章数字化情景矩阵的构建与基于情景推理技术的研究奠定了基础。

6.5　情景推理相似度的计算方法

6.5.1　相似度计算方法简介

设矩阵 $\boldsymbol{U}=\{u_1,\ u_2,\ \cdots,\ u_n\}$，其中每个元素为一个样本，可由 m 个数据表示，对第 i 个元素有

$$u_i=(x_{i1},\ x_{i2},\ \cdots,\ x_{im}),\quad i=1,\ 2,\ \cdots,\ n \tag{6.10}$$

建立 $\boldsymbol{U}$ 上的相似关系$\underline{\boldsymbol{R}}$，$\underline{\boldsymbol{R}}$表示相似矩阵，$r_{ij}=\underline{\boldsymbol{R}}(u_i,\ u_j)(i,\ j=1,\ 2,\ \cdots,\ n)$为相似矩阵$\underline{\boldsymbol{R}}$与矩阵 $\boldsymbol{U}$ 间相似度的统计量(以下简称相似度)，$r_{ij}\in[0,\ 1]$。

根据模糊数学的定义，相似度计算方法可分为相似系数法、距离法和主观评分法[51]。相似系数法又包括数量积法、夹角余弦法、相关系数法、指数相似系数法、最大最小法、算术平均最小法和几何平均最小法；距离法包括绝对值倒数

法、绝对值指数法和直接距离法；主观评分法是请专家直接对 u_i 和 u_j 的相似程度打分，包括百分制、相似度与自信度。

根据研究分析，我们发现，相似系数法计算公式较为复杂，计算量较大，而主观评分法又存在较大的主观性，相比之下，采用距离法计算相似度较为便捷，而且距离法是最邻近算法的关键技术，下面着重介绍一下距离法。

1. 绝对值倒数法

$$r_{ij}=\begin{cases}1, & i=j\\ \dfrac{M}{\sum_{k=1}^{m}|x_{ik}-x_{jk}|}, & i\neq j\end{cases} \tag{6.11}$$

其中，M 需要适当选取，使 $0\leqslant r_{ij}\leqslant 1$。

2. 绝对值指数法

$$r_{ij}=\exp\left\{-\sum_{k=1}^{m}|x_{ik}-x_{jk}|\right\} \tag{6.12}$$

3. 直接距离法

$$r_{ij}=1-cd(u_i,\ u_j) \tag{6.13}$$

其中，c 为适当选取的系数，使 $0\leqslant r_{ij}\leqslant 1$。$d(u_i,\ u_j)$为距离，经常使用的距离有以下几种。

(1)海明距离：

$$d(u_i,\ u_j)=\sum_{k=1}^{m}|x_{ik}-x_{jk}| \tag{6.14}$$

(2)欧氏距离：

$$d(u_i,\ u_j)=\sqrt{\sum_{k=1}^{m}(x_{ik}-x_{jk})^2} \tag{6.15}$$

(3)切比雪夫距离：

$$d(u_i,\ u_j)=\max|x_{ik}-x_{jk}|,\quad 1\leqslant k\leqslant m \tag{6.16}$$

6.5.2 数字化特征向量相似度计算方法

本书第 7 章(综合案例的辅助指挥决策)提出了基于数字化情景矩阵的四种驱动推理模式，这四种驱动推理模式的基础是数字化特征向量。数字化特征向量最大的特点就是，经数字化重构以后，向量中的每一个元素值均为确定的数，不存在区间数(需用模糊属性计算方法)和字符属性描述，所以，直接可用确定数相似度的算法来对其进行相似度计算。本小节主要应用直接距离法的海明距离法公式，来介绍数字化特征向量相似度的计算方法。

1. 特征向量中某单个元素相似度的计算

特征向量中的某单个元素，在它的特征空间里就是一个点，同一类特征的元素会密集分布在一个区域，不同类特征的元素会远离，点与点之间的距离就反映了相应特征向量元素值之间的差异，因此，可以用距离法计算来自两个特征向量相同位置元素之间的相似度。

设特征向量 $\boldsymbol{X}=\{x_1, x_2, \cdots, x_n\}$，特征向量 $\boldsymbol{X}'=\{x_1', x_2', \cdots, x_n'\}$，计算 $\boldsymbol{X}$ 和 $\boldsymbol{X}'$ 中第 i 个元素的相似度，方法如下：

$$r_i = 1-\frac{|x_i'-x_i|}{Z_i},\quad i=1, 2, \cdots, n \tag{6.17}$$

其中，Z_i 为第 i 个元素的取值范围。

以油罐火灾的气象类特征要素为例，在当前情景与历史情景(被检索情景)中，特征向量元素“雾”的取值情况分别为 2 和 3，而“雾”的取值范围为 1～5(表 6.11)，则根据式(6.17)，当前情景与历史情景中该元素的相似度计算结果为

$$r_{雾}=1-\frac{3-2}{5-1}=0.75$$

对于布尔型数据，如表 6.11 中特征向量元素“雷”的取值，无雷为 0，有雷为 1，其取值范围为 1－0＝1，则根据式(6.17)，其相似度计算结果为

$$r_{雷}=\begin{cases}1 & x_i=x_i' \\ 0 & x_i\neq x_i'\end{cases}$$

该计算结果与通用布尔型数据相似度的计算结果一致。

2. 特征向量相似度的计算

在特征向量单个元素相似度计算的基础上，即可实现整个特征向量相似度的计算。但由于当前情景中特征向量元素的非空属性(即赋值不为 0)集合 Q 与历史情景的非空属性集合 C 包含的元素个数可能不尽相同，只有根据 Q 与 C 中共有(交集)的特征元素个数来计算相似度，才能够实现较为精确的匹配。例如，某特征向量 $\boldsymbol{X}=(4, 5, 3, 80, 6, 9, 0, 0, 0)$，$\boldsymbol{X}'=(5, 5, 4, 79, 0, 0, 0, 0, 0)$，其共有特征元素的个数为 4 个，因此计算这两个特征向量相似度的时候，应仅考虑这 4 个元素的相似度情况，即在推理的过程中，仅考虑该 4 个元素的匹配情况。此外，特征向量相似度的计算并不是每个元素的相似度的简单加和，还应结合实际情况，采取适当的权重分析法，对每个元素的权重进行分配，根据分配的权重及各元素的相似度，计算所有元素的加权相似度，即获得特征向量的相似度。计算方法如下：

$$r_{(Q,C)}=\sum_{i=1}^{m}\left(\frac{w_i}{W_{Q\cap C}}r_i\right) \tag{6.18}$$

其中，$r_{(Q,C)}$ 为 Q 和 C 的属性加权相似度，即特征向量 $\boldsymbol{X}$ 与 $\boldsymbol{X}'$ 的相似度；$W_{Q\cap C}$ 为 Q 与 C 交集的权重之和；w_i 为 Q 与 C 交集中的第 i 个元素的权重；m 为 Q 与 C 交集中元素的个数；r_i 为当前情景数字化特征向量中某元素与历史情景数字化特征向量对应元素的相似度。

以油罐火灾对象类型特征要素为例，当前情景中数字特征向量($\boldsymbol{T}_{D0}$)与历史情景中数字特征向量($\boldsymbol{T}_{D1}$)元素值的情况、元素的取值范围(表 6.10)、元素的权重分配以及根据式(6.17)计算元素相似度的结果，如表 6.12 所示。

表 6.12　特征向量 $\boldsymbol{T}_{D0}$ 和 $\boldsymbol{T}_{D1}$ 的元素取值及相似度计算结果

元素位置及名称	$\boldsymbol{T}_{D0}$ 元素取值	$\boldsymbol{T}_{D1}$ 元素取值	取值范围	权重 w_i	元素相似度 r_i
1. 对象类型	1	1	1～10	0.162	1
2. 油品类型	2	2	1～8	0.146	1
3. 油库容量	1	2	1～6	0.132	0.8
4. 着火罐数量	2	0	1～20	0.116	0
5. 邻近罐数量	5	2	1～25	0.103	0.875
6. 着火罐单罐最大容积	2	3	1～6	0.095	0.8
7. 结构形式	1	3	1～5	0.083	0.5
8. 最大着火罐储油量	1	2	1～4	0.074	0.667
9. 建造材料	0	1	0～1	0.058	0
10. 罐体埋设深度	1	1	1～4	0.031	1

根据表 6.12 和式(6.18)，计算特征向量 $\boldsymbol{T}_{D0}$ 与 $\boldsymbol{T}_{D1}$ 的相似度如下：

$$r_{(\boldsymbol{T}_{D0},\boldsymbol{T}_{D1})}=\frac{0.162\times1+0.146\times1+0.132\times0.8+0.103\times0.875+0.095\times0.8+0.083\times0.5+0.074\times0.667+0.031\times1}{1-0.116-0.058}$$

$$=0.8494$$

基于数字化情景矩阵推理的相似度计算，可在特征向量相似度计算的基础上，再对每一类特征向量的权重进行赋值，然后按照式(6.18)的方法计算矩阵的相似度。可以比较矩阵的前几个行向量，也可以对整个矩阵的全局相似度进行比较。

6.6　本章小结

本章在详细介绍案例推理的理论与技术的基础上，探讨了基于情景分析的推理过程和一般方法。

本章结合《中华人民共和国突发事件应对法》中对突发事件的分级分类方法和《国务院关于进一步加强消防工作的意见》所规定的消防部队积极参加和参与配合处置的灾害种类，以油罐火灾为例，研究了突发事件案例的分级分类，提出了基于情景表达的战例多级分层索引组织结构。在此基础上，着重研究了案例情景的结构化表达方法，以油罐火灾为例，提取关键特征要素，构建了基于特征要素表达的情景通用结构化模型，并通过对特征要素的赋值、向量表示和数字化重构，给出了案例情景的量化方法。

本章在传统相似度计算方法简介的基础上，着重研究了数字化特征向量相似度的计算方法。

本章研究内容作为突发事件“情景-应对”推理模式的基础理论与技术，是第 7 章研究的基础。

参考文献

[1] 袁晓芳．基于情景分析与 CBR 的非常规突发事件应急决策关键技术研究．西安科技大学博士学位论文，2011.

[2] 李建伟．基于知识元的突发事件情景研究．大连理工大学硕士学位论文，2012.

[3] 张辉，刘奕．基于“情景-应对”的国家应急平台体系基础科学问题与集成平台．系统工程理论与实践，2012，32(5)：947-953.

[4] 郭艳敏．基于知识元的非常规突发事件情景模型及生成．大连理工大学硕士学位论文，2012.

[5] 王颜新．非常规突发事件情境重构模型研究．哈尔滨工业大学博士学位论文，2011.

[6] 王晓，庄亚明．基于案例推理的非常规突发事件资源需求预测．华东经济管理，2011，25(1)：115-117.

[7] 冯锐．基于案例推理的经验学习．上海：华东师范大学出版社，2012.

[8] 吴锋．基于 AHP 与 CBR 技术的注射模智能报价方法研究．浙江大学硕士学位论文，2008.

[9] 冯锐．基于案例推理的经验学习研究．华东师范大学博士学位论文，2011.

[10] 林闯，陆维明．推理维护系统的 Petri 网模型．软件学报，1994，5(11)：23-30.

[11] 王国锋，张锡恩．基于案例推理的导弹故障诊断专家系统研究．系统工程与电子技术，1999，21(8)：32-34.

[12] 周凯波，魏莹，冯珊．基于案例推理的金融危机预警支持系统．计算机工程与应用，2001，37(14)：18-21.

[13] 张丽娟．基于案例推理技术(CBR)在人参病虫害专家系统中的应用．长春理工大学硕士学位论文，2003.

[14] 赵明．基于案例推理的机车故障诊断专家系统研究．中南大学硕士学位论文，2004.

[15] 常春光，汪定伟．基于两级 CBR 的钢铁企业动态调度系统研究．控制与决策，2004，

19(10)：1109-1112.
[16] 李锋刚．基于案例推理的智能决策技术．合肥：安徽大学出版社，2011.
[17] 徐亚博．基于案例推理的地铁非常规突发事件应急决策方法研究．中国安全生产科学技术，2013，9(8)：44-48.
[18] 马安安．基于 CBR 的重大环境事故应急响应专家系统研究进展与展望．安全与环境学报，2010，10(2)：206-209.
[19] 鲍伟．基于案例推理的军队抢险救灾行动指挥决策支持研究．第 14 届中国系统仿真技术及其应用学术年会，2012.
[20] 李玲玲．基于案例推理的群体性事件智能决策支持系统．西安科技大学硕士学位论文，2012.
[21] 邵荃，翁文国．城市火灾案例库辅助决策方法的研究．中国安全科学学报，2009，19(1)：113-117.
[22] 袁晓芳．基于案例推理的煤矿瓦斯预警支持系统．西安科技大学硕士学位论文，2009.
[23] 洪航．基于推理技术的消防应急救援决策方法研究．中国人民武装警察部队学院硕士学位论文，2009.
[24] Aamodt A，Plaza E. Case-based reasoning：foundational issue，methodological variation，and system approaches. AI Communications，1994，7(1)：39-59.
[25] 黄河．基于案例推理的航次决策方法及应用研究．南京航空航天大学硕士学位论文，2011.
[26] 姚志强，余嘉元．基于范例推理：原理、研究及应用．宁波大学学报，2004，26(4)：13-18.
[27] 王津津．案例推理在决策支持系统中的应用研究．合肥工业大学硕士学位论文，2010.
[28] 姜卉，黄钧．罕见重大突发事件应急实时决策中的情景演变．华中科技大学学报，2009，23(1)：104-108.
[29] 亓菁晶，陈安．突发事件与应急管理的机理体系．中国科学院院刊，2009，24(5)：496-503.
[30] 岳珍，赖茂生．国外“情景分析”方法的进展．情报杂志，2006，(7)：59-64.
[31] 娄伟．情景分析方法研究．未来与发展，2012，(9)：17-26.
[32] 李慧佳．基于情景分析的群体性突发事件预警研究．兰州大学硕士学位论文，2012.
[33] 伍仪保，李艳玲．基于改进层次分析法的大断面斜井群施工风险综合评价．中国农村水利水电，2011，(2)：88-90.
[34] 韩丽，来海亮．采用 AHP 模型的北京城市供水突发事件风险评估．北京水务，2009，(6)：36-38.
[35] 刘敏．基于层次分析法的特种设备安全监察风险评价的研究．华南理工大学硕士学位论文，2010.
[36] Rapport D，Friend A. Towards a comprehesive framework for environmental statistics：a stress-response approach. Catalogue NO. 11-510. Ottawa：Statistics Canada，1979.
[37] 王志强．基于 PSR 模型农村居民点整理研究．新疆农业大学硕士学位论文，2009.

[38] 袁晓芳，田水承．基于 PSR 与贝叶斯网络的非常规突发事件情景分析．中国安全科学学报，2011，21(1)：169-175.
[39] 鞠彦兵，王爱华．基于贝叶斯网络的突发事件影响度研究．自然灾害学报，2011，20(5)：40-46.
[40] 李俭川．贝叶斯网络故障诊断与维修决策方法及应用研究．国防科学技术大学硕士学位论文，2002.
[41] 裘江南，王延章．基于贝叶斯网络的突发事件预测模型．系统管理学报，2011，20(1)：98-103.
[42] 李士勇．非线性科学与复杂性科学．哈尔滨：哈尔滨工业大学出版社，2006.
[43] 王娟．基于突变理论的火灾事故预测研究．西安建筑科技大学硕士学位论文，2009.
[44] 洪亮，王会萍．基于突变理论的煤矿突发事件应急管理水平评价．煤矿安全，2009，(11)：111-113.
[45] 戚志如，陈莺．群体性事件突变理论模型的建立与分析．江苏警官学院学报，2012，27(2)：147-149.
[46] 王凯．基于案例推理的应急管理案例库构建方法研究．上海交通大学硕士学位论文，2009.
[47] 李赟．基于实例推理的城市公共设施应急管理决策支持系统的研究．北京交通大学硕士学位论文，2009.
[48] 杨斌宇．基于案例的推理在智能决策支持系统中的应用．吉林大学硕士学位论文，2003.
[49] 公安部消防局．中国消防手册．第十卷．上海：上海科学技术出版社，2006.
[50] 云南日报．公安部负责人就《国务院关于进一步加强消防工作的意见》答记者问．http://news.sina.com.cn/c/2006-06-04/18499116181s.shtml，2006-06-04.
[51] 李鸿吉．模糊数学基础及使用算法．北京：科学出版社，2005.

第 7 章

大型火灾综合案例应急救援辅助决策

7.1 引言

基于“情景-应对”的案例推理方法，首先要对案例进行情景化处理。一个非常规突发事件的救援案例，往往规模浩大、内容庞杂，从不同的角度划分，可以划分为无数个情景。为对应急救援辅助决策提供帮助，可按事件发展的时间维度，选取对救援起关键影响的节点，作为关键情景，即将案例划分为一组情景。为在计算机上实现专家推理系统，则必须对情景进行数字化处理，即数字化矩阵。一组数字化矩阵就构成一个数字化案例；反之，一个案例可分解为若干个关键情景矩阵。本章中所介绍的辅助决策系统，是模拟一名经验丰富的指挥员在应急救援现场的思维方式，构建相应的推理机制和知识库。当遇到较为简单或以前处理过的问题时，指挥员往往可以直接给出方案，与此相对应的就是常数库；需要复杂计算才能完成的决策，对应的知识库是算法库；需要大量经验和计算交织在一起的复杂决策过程，对应的是规则库和情景库。本章还介绍了与情景库相对应的创新推理机制：“类型-过程”、“类型-对策”、“类型-问题”和“类型-教训”推理机制。最后，通过案例说明，如何使用 BS 构架，实现了基于“情景-应对”的辅助决策系统。

7.2 综合案例的情景化处理

案例的情景化处理是基于“情景-应对”的综合案例推理方法研究和基于数字化情景矩阵的“情景-应对”型辅助决策平台构建的基础，其中，数字化情景矩阵的构建是关键技术。本节应用 6.4 节案例情景的结构化与量化的研究方法，以油罐火灾为例，重点研究情景的分解、情景知识的表达和数字化情景矩阵的构建，为后续章节的研究奠定基础。

7.2.1 案例的情景分解

1. 情景分解的依据

情景分解是案例情景化处理的前提，案例进行情景化分解后即可用情景集进行表示。任何一个灾害事故的发生、发展和演化过程，都是时间的因变量，是随时间变化的连续函数，但并不是每一个时间节点所对应的情景片段都是关键要素，只有对整个灾害事故发展演化起决定性作用的情景片段，抽取出来才能完整再现整个灾害事故的发生、发展和演化过程。因此情景分解的主要依据就是某一段时间内的主要矛盾或关键要素。

一般来说，现有的文本化案例资料按照描述内容的不同分成四个方面，即基本情况、事故情况、抢险救援经过及经验教训。基本情况一般为发生灾害事故的对象及相关情况，如油库区的规模、建筑的结构特点、生产储存物质的特性、存放方法、水源交通道路、周围环境、消防设施等；事故情况是发生事故的时间、部位、原因，事故特点，对人员、物资设备等的威胁程度，灾情变化等。例如，现场发生爆炸，爆炸的部位、原因、后果、事故现场出现的复杂情况、倒塌的范围、造成的后果等；抢险救援经过包括救援力量的种类、数量，指挥方式(报警、出动、到场、展开、控制灾情与消灭灾情)的技术和战术措施等；经验教训是事故结束后，经全面分析归纳的经验和不足。其中，经验教训是案例后期分析时人为加工的，不能反映现场灾情的发展变化，暂不列入情景分解考虑的范围。因此，将其他三个方面内容融合在一起，按照时间逻辑进行表达就能实现对现场状态的还原。

2. 情景分解的方法

案例情景分解的方法就是以时间轴为横坐标，以时间推演为进程，划分关键时间点，并以该关键点为核心，抽取与之相关时间段内的关键场景。以油罐火灾为例，其关键时间点的划分和关键场景的选取主要包括以下三个方面。

(1)灾情扩大或承灾体发生转变的突变点。灾情的发展是从量变到质变的过程，灾害因子经过一段时间的数量积累，达到某个临界的爆发值，就会进入一个新的状态。灾情扩大突变点既包括灾情状态的突变，如油罐火灾稳定燃烧突发沸溢；也包括灾情规模的突变，如流淌火面积瞬时扩大等；承灾体发生转变是指某一对象(不是承灾体)经过一定时间危险因子量的积累最终发生质的转变，成为新生的承灾体。例如，燃烧油罐的热辐射作用，导致邻近罐发生爆炸，则邻近爆炸油罐就发展为一个新的承载体。

例如，某次灾害事故中，载体1是灾害发生时的第一承灾对象，随着危险因子量的积累，灾情发生了质变，进入灾情状态 2，灾情继续蔓延或者新的灾情爆发导致载体 2 也出现险情，规定其为灾情状态 3，成为灾害发展过程中的第二承灾对象，其后，载体 1 和载体 2 的灾情状态又经历了几次状态或者规模的变化，最终结束，其情景分解点如图 7.1 所示。

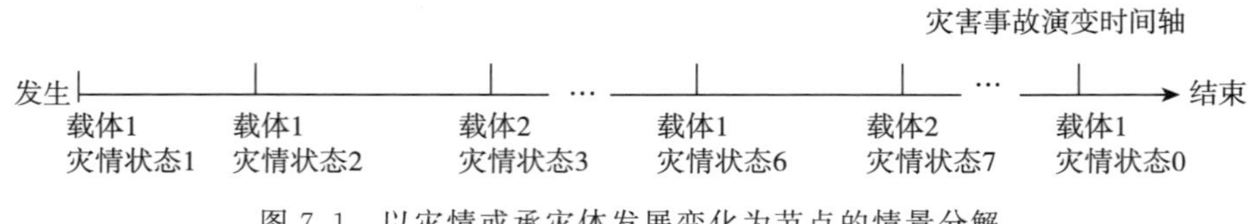

图 7.1 以灾情或承灾体发展变化为节点的情景分解

(2)由于环境或灭火救援设施发生变化对救援造成严重影响的时间点，包括水源、消防设施、气象条件的变化等。例如，危险化学品泄漏事故处置中，由于风向突然转变对处置措施产生较大影响，或油罐火灾处置中，其固定泡沫灭火系统炸毁，现场用水量极大，消防水池的水耗光等情况。

例如，某起油罐火灾，初起时，位于砖墙钢屋架石棉瓦盖建筑物内的油罐发生了爆炸燃烧，建筑物围墙被推到一半，造成了地面流淌火，随后，建筑物内的其他油罐在大火的炙烤下发生了第二次物理性爆炸，围墙被全部推到，流淌火面积瞬时扩散；不久，原本处在着火罐群上风向的邻近油罐因风向突变而置于下风向强烈的热辐射中，导致邻近罐发生了现场的第三次物理性爆炸，其固定泡沫灭火系统炸毁，现场用水量极大，消防水池的水耗光，其情景分解点如图 7.2 所示。

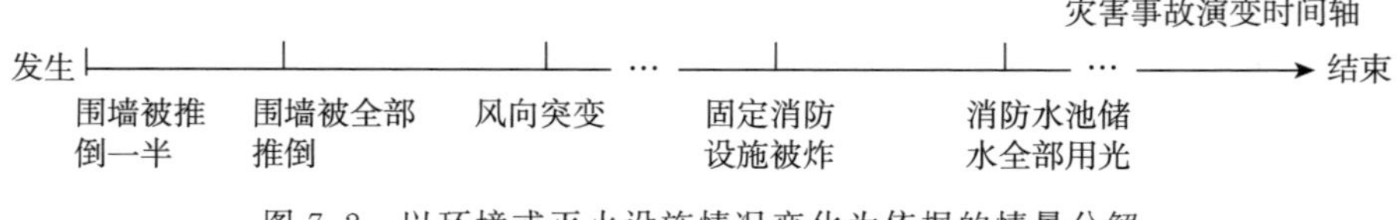

图 7.2 以环境或灭火设施情况变化为依据的情景分解

(3)决策方案下达、调整的关键点。指挥决策下达是突发事件案例中的关键环节，决策方案的实施会使当前情景发生演变，推演产生下一情景。一般情况下，相似案例决策的关键点是相同的，因此以这些关键点为节点对案例情景进行划分是符合现实辅助决策需要的。

指挥决策下达取决于现场灾情发展变化、基本情况变化及现场救援力量部署调整等关键环节。现场灾情发展变化、基本情况变化关键点划分前面已经具体分析过，现场救援力量部署调整的关键点主要包括第一出动到场展开、增援力量到场展开、全面总攻、清理移交等。根据救援力量部署调整的关键点进行情景划分如图 7.3 所示。

通过上述三种方法，即可找到情景划分的关键时间节点，一般情况下，相邻

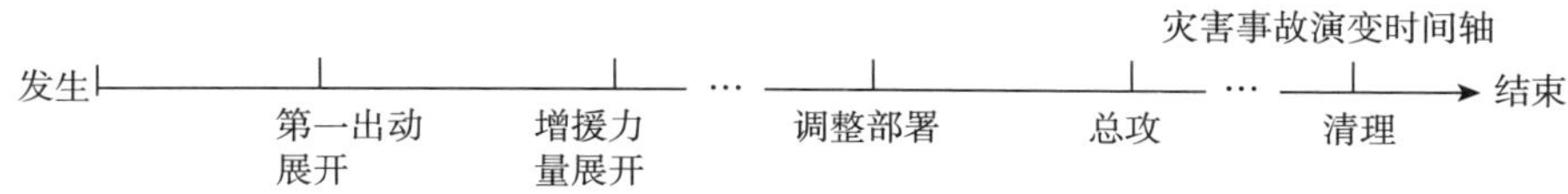

图 7.3 以救援力量部署调整的关键点为依据的情景分解

时间点内现场状态反映出的主要矛盾是一定的，因此，相邻动态变化时间点内对应的现场状态就是一个情景。仍以油罐火灾为例，综合以上三种方法，沿时间轴对案例进行情景划分的综合示意图，如图 7.4 所示，据此，一个案例就可以划分为若干个情景。

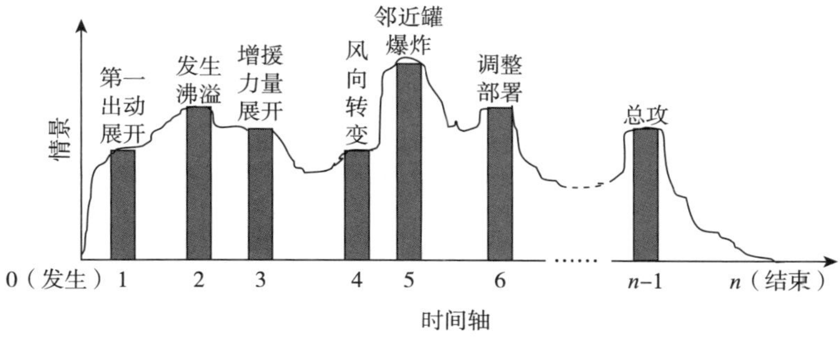

图 7.4 沿时间轴划分油罐火灾情景方法示意图

3. 情景分解实例分析

实例：大连“7·16”中石油国际储运有限公司保税区油库火灾扑救战例。

2010 年 7 月 16 日 18 时 12 分，大连市公安消防支队接到报警，位于大连市大孤山新港码头的大连中石油国际储运有限公司保税区油库输油管线爆炸起火。

火灾发生当天，大连市多云，温度 22℃～27℃，东南风 4～5 级。这一气象特征要素贯穿于整个战例的始终，在每个情景中都存在，在此不再赘述了。

依据情景分解方法，对该战例进行情景分解，具体如下。

(1)火灾发生后，救援力量到场前，根据承灾对象，将初始情景划分为两个。

情景一：直径为 700～900 毫米的原油输油管线爆炸，罐区入口处控制输油管线阀门的多个阀组联箱被烧毁，不能及时关闭阀门，大量原油从管道破裂处喷涌燃烧，流淌火沿输油管线、管沟、排污渠、坡地面迅速扩散，造成相邻的输油泵房、原油计量房、管线和阀组联箱相继起火，并迅速向地势较低的南海罐区和液体化工原料仓储区蔓延，同时由下水井、排污井进入地下空间燃烧的原油沿排水、排污管道进入码头海域，造成万余平方米的海面流淌火，严重威胁停靠在码头的船舶和油轮。整个现场在短时间内形成了一个总面积约 6 万平方米的巨大火海。

随着流淌火的蔓延，出现第二个情景。

情景二：10 万立方米原油外浮顶金属储罐(T103＃罐)着火，诸油量为 1/3

罐。在大火长时间的熏烤下，罐壁北侧上部受热变形，向内塌陷，致使罐内浮船挤压变形，加之燃烧液面处在浮船下方，且着火液面有 5 000 平方米之大。

(2)16 日 18 时 19 分，大连支队到场，根据处置情况可将现场状态划分为三个情景。

情景三：控制着火罐及邻近罐。大面积流淌火直接威胁毗邻的 T102＃、T106＃油罐和邻近的南海储油区、液体化工原料仓储区及油火经过区域的油泵房、管线和阀组等设施。大连支队现场指挥部立即做出战斗部署。一是派出灭火攻坚组，在单位技术人员指导下，深入罐区关阀断料；二是利用 14 门车载水炮、3 门移动水炮对 T103＃罐和毗邻的 T106＃、T102＃罐及南海罐区的 T037＃、T042＃罐进行冷却抑爆。

情景四：控制地面流淌火。利用 6 门车载、移动泡沫炮和 25 支泡沫管枪全力堵截消灭地面流淌火，压制输油管线火势，誓死保护液体化工仓储区的安全。

情景五：控制海面火。协调海事部门出动消防艇和拖消两用船，控制海面火火势。

(3)经过 5 个小时的艰苦奋战，火势得到初期控火，但此时，大连消防支队官兵体力和灭火剂近乎消耗殆尽，阵地有得而复失的危险，正在此时(21 时 30 分许)，省厅、总队领导到场，总队组织的增援力量及时到达，扭转了被动局面。

当时现场输油管线、泵房、明沟暗渠、污油池等处连续发生爆炸，原油从破裂管道、阀组处带压喷涌燃烧，巨大火柱照耀如同白昼，地面原油流淌火顺坡向四面八方急剧扩散，库区及毗邻的南海原油罐区、液体化工仓储区等 6 大储罐区受到大火严重威胁，危在旦夕。特别是 T103＃罐，火势异常猛烈，火焰高达几十米。根据现场状态，成立以总队长为总指挥的现场指挥部，对力量部署进行了调整，形成 4 个战斗区域。根据方案调整情况，将现场状态划分两个情景。

情景六：在第一战斗区域，命令本溪支队、锦州支队和大连石化消防队、大连机场消防队在先期力量部署的基础上，出 3 门车载水炮、2 门移动泡沫炮和 4 支泡沫管枪对 T106＃ 、T102＃罐进行冷却；压制 T103＃罐东侧泵房及邻近管线的大火，堵截地面流淌火向东侧蔓延，消灭罐区阀组火势。

情景七：针对流淌火，在第二战斗区域，命令营口支队、沈阳支队和辽阳支队在先期力量部署的基础上，出 1 门车载水炮、2 门移动水炮、1 门移动泡沫炮和 9 支泡沫管枪对 T037＃原油储罐进行冷却；压制 T037＃、T042＃罐邻近输油管线、阀组的火势，全力消灭地面流淌火。同时利用 2 台铲车，采取沙土筑堤、覆盖的措施配合泡沫管枪，全力堵截、消灭地面流淌火势。在第三战斗区域，命令鞍山支队、抚顺支队和抚顺石化消防队在先期力量部署的基础上，出 2 门车载水炮、10 支泡沫管枪对 T042＃罐进行冷却；堵截向 T048＃、T043＃罐蔓延的流淌火火势；消灭 T042＃罐邻近输油管线和地下沟渠内的火势。在第四战斗区域，命令丹东支队和盘锦支队在先期力量部署的基础上，出 8 支泡沫管枪、2 门移动水炮堵截火势向液体化工原料仓储区和输油管线蔓延；冷却码头区域南侧输油管线，消灭船舶燃料供应公司院内的地面流淌火，堵截火势向成品油桶区域蔓延。

(4)总攻阶段划分为一个情景。

情景八：17 日 8 时 20 分，4 个战斗区域的火势基本得到控制，现场车辆装备人员就位，泡沫灭火剂准备充足，后方供水线已全部形成。在现场各种条件都已具备、时机成熟的情况下，总队长发出总攻命令。4 个战斗区域利月车载泡沫炮、移动泡沫炮和泡沫管枪全力扑灭罐体、阀组、沟渠的大火，采取水流切封法彻底扑灭管线火灾，利用消防艇及拖消两用船，扑灭海面浮油火。经过 1 小时 35 分钟的艰苦奋战，9 时 55 分，大火被全部扑灭(T103＃罐仍有残火，但已在掌控之中)，灭火战斗取得了决定性的胜利。

(5)彻底消灭残火，实施现场监护，划分为一个情景。

情景九：总攻结束后，现场指挥部命令 4 个战斗区域继续加强火场重点部位的冷却，并消灭残火。各战斗区域采取地毯式排查，不留任何死角，对发现的残火组织力量及时扑灭。对重点部位持续冷却，防止复燃复爆。T103＃罐因为燃烧时间较长，罐体向内塌陷，塌陷状燃烧。对 T103＃罐保持冷却的同时，利用远程供水线强行注水，然后利用泡沫消防车连接油罐固定管线向罐内灌注泡沫实施灭火。

(6)战斗结束，现场状态可作为结束情景。

情景十：20 日 8 时 20 分，T103＃罐内残火彻底消灭，至此，整个灭火战斗行动圆满结束。

7.2.2 案例情景的知识表示

通过案例的情景分解，可以将一个案例划分为若干个情景，应用 6.4 节构建的基于特征向量表达的情景通用结构化模型，可对每个情景进行规范表达，而该模型中的每一类特征向量元素的个数是随机的，若进一步对特征向量元素的个数加以规范，并将每一类特征向量作为行向量，则每一个情景即可表达为一个由若干特征向量为行向量组成的矩阵，进而实现案例情景的矩阵表达。情景的矩阵表达，是基于“情景-应对”推理模式的基础。下面以油罐火灾情景为例，阐述构建情景矩阵的过程。

1. 情景矩阵行向量及向量元素的确定

利用 6.4 节中建立的油罐火灾情景通用结构化模型[式(6.6)]，提取 10 类特征要素，将该 10 类特征要素转变为特征向量后，分别作为情景矩阵的行向量，规定描述每一行向量元素的个数为 10，即可建立 10×10 的情景矩阵。情景矩阵行向量与特征向量对照表，如表 7.1 所示。

表 7.1　特征要素类型一览表

矩阵的行数	特征向量类型	编号
第 1 行	对象类	D
第 2 行	灾情类	Z
第 3 行	环境类	H
第 4 行	气象类	Q
第 5 行	水源类	S
第 6 行	消防设施类	X
第 7 行	灭火救援力量类	M
第 8 行	技术措施	C
第 9 行	处置策略	L
第 10 行	经验教训	J

2. 情景矩阵的赋值

按照表 6.8 和表 6.9 的方法，对上述 10 类特征向量(行向量)进行赋值，若描述某一特征向量的元素个数不足 10 个，则其赋值为空，用“—”表示。具体赋值情况见表 7.2。

根据表 7.2，该情景矩阵可表达为如下 10×10 的矩阵：

$$\mathbf{QJ}_g=\begin{bmatrix}\boldsymbol{T}_D\\\boldsymbol{T}_Z\\\boldsymbol{T}_H\\\boldsymbol{T}_Q\\\boldsymbol{T}_S\\\boldsymbol{T}_X\\\boldsymbol{T}_M\\\boldsymbol{T}_C\\\boldsymbol{T}_L\\\boldsymbol{T}_J\end{bmatrix}=\begin{bmatrix}D_1 & D_2 & D_3 & D_4 & D_5 & D_6 & D_7 & D_8 & D_9 & D_{10}\\Z_1 & Z_2 & Z_3 & Z_4 & Z_5 & Z_6 & Z_7 & Z_8 & Z_9 & Z_{10}\\H_1 & H_2 & H_3 & H_4 & H_5 & H_6 & H_7 & H_8 & H_9 & H_{10}\\Q_1 & Q_2 & Q_3 & Q_4 & Q_5 & Q_6 & Q_7 & Q_8 & Q_9 & Q_{10}\\S_1 & S_2 & S_3 & S_4 & S_5 & S_6 & S_7 & S_8 & S_9 & S_{10}\\X_1 & X_2 & X_3 & X_4 & X_5 & X_6 & X_7 & X_8 & X_9 & X_{10}\\M_1 & M_2 & M_3 & M_4 & M_5 & M_6 & M_7 & M_8 & M_9 & M_{10}\\C_1 & C_2 & C_3 & C_4 & C_5 & C_6 & C_7 & C_8 & C_9 & C_{10}\\L_1 & L_2 & L_3 & L_4 & L_5 & L_6 & L_7 & L_8 & L_9 & L_{10}\\J_1 & J_2 & J_3 & J_4 & J_5 & J_6 & J_7 & J_8 & J_9 & J_{10}\end{bmatrix} \tag{7.1}$$

7.2.3　数字化情景矩阵的构建

情景矩阵构建以后，运用 6.4 节中介绍的特征向量数字化重构方法，按照表 6.10和表 6.11 的方式，分别对表 7.2 中的向量元素进行数字化重构，则式(7.1)即可转化为数字化情景矩阵。

表 7.2　油罐火灾情景的矩阵向量元素描述表

行号	向量元素 1	向量元素 2	向量元素 3	向量元素 4	向量元素 5	向量元素 6	向量元素 7	向量元素 8	向量元素 9	向量元素 10
1（*D*）	油罐	油品类型	油库容量	着火罐数量	邻近罐数量	着火罐单罐最大容积	结构形式	最大着火罐储油量	建造材料	罐体埋设深度
2（*Z*）	灾情类型	燃烧面积	位置	泄漏口数量	爆炸次数	—	—	—	—	—
3（*H*）	地形	防护堤	障碍物	消防车道	作战面	毗邻场所	—	—	—	—
4（*Q*）	风力	风向	雨	雪	雾	雷	闪电	冰雹	温度	湿度
5（*S*）	市政管网供水流量	消防水池容积	消防水池供水流量	天然水源	—	—	—	—	—	—
6（*X*）	消火栓数量	消火栓是否能够正常使用	自动喷水系统是否能够正常使用	泡沫灭火系统是否能够正常使用	—	—	—	—	—	—
7（*M*）	力量调集方式	载水量	载泡沫量	人员数量	消防车数量	泡沫枪数量	泡沫炮数量	水炮数量	水枪数量	—
8（*C*）	关阀断料	冷却抑爆	调集供电车	调集拖消两用船	—	—	—	—	—	—
9（*L*）	处置策略	—	—	—	—	—	—	—	—	—
10（*J*）	经验教训	—	—	—	—	—	—	—	—	—

1. 情景矩阵中向量元素的数字化重构

表 7.2 中，对象类型和气象类型特征向量的数字化重构分别见表 6.10 和表 6.11，其他类型特征向量的数字化重构情况见表 7.3。在数字化重构过程中，情景中未提及的向量元素或向量元素不足 10 个的情况，均赋值为 0。

表 7.3　与表 7.2 相对应的特征向量元素赋值一览表

元素位置	元素类型	元素名称	值
Z_1	字符型(CS)	灾情类型	1. 着火罐罐顶敞开式燃烧，邻近罐受热辐射；2. 罐顶变形、形成塌陷状燃烧，邻近罐受热辐射；3. 罐顶非敞开式燃烧，邻近罐受热辐射；4. 罐顶溢油燃烧，形成火幕，罐底出油管火炬型燃烧，邻近罐受热辐射；5. 罐顶死角小火；6. 罐顶浮船周围环形面积燃烧；7. 立体式燃烧；8. 流淌火；9. 管道多处炸断，油品喷涌燃烧；10. 管道泄漏，油品喷涌燃烧连续爆炸；11. 沸溢；12. 喷溅；13. 着火，烧损
Z_2	数值型(CN)	燃烧面积/平方米	实际值
Z_3	字符型(CS)	位置	1. 罐区地面；2. 海面；3. 罐顶
Z_4	字符型(CS)	泄漏口数量	1. 一处；2. 多处
Z_5	字符型(CS)	次数	1. 一次；2. 多次
H_1	字符型(CS)	地形	1. 平坦；2. 轻微坡度；3. 陡峭
H_2	字符型(CS)	防护堤	1. 有；2. 无
H_3	字符型(CS)	障碍物	1. 有；2. 无
H_4	字符型(CS)	消防车道	1. 有；2. 狭窄或堵塞；3. 无
H_5	字符型(CS)	作战面	1. 有；2. 无
H_6	字符型(CS)	毗邻场所	1. 无；2. 人员密集场所；3. 危险品区
S_1	数值型(CN)	市政管网供水流量/(升/秒)	实际值
S_2	数值型(CN)	消防水池容积/立方米	实际值
S_3	数值型(CN)	消防水池供水流量/(升/秒)	实际值
S_4	字符型(CS)	天然水源	1. 无；2. 河流；3. 池塘；4. 水库；5. 大海
X_1	数值型(CN)	消火栓数量/个	实际值
X_2	字符型(CS)	消火栓是否能够正常使用	1. 能；2. 否
X_3	字符型(CS)	自动喷水系统是否能够正常使用	1. 能；2. 否
X_4	字符型(CS)	泡沫灭火系统是否能够正常使用	1. 能；2. 否
M_1	字符型(CS)	力量调集方式	1. 支队调集；2. 总队调集；3. 跨区域调集
M_2	数值型(CN)	载水量	实际值

续表

元素位置	元素类型	元素名称	值
M_3	数值型(CN)	载泡沫量	实际值
M_4	数值型(CN)	人员数量	实际值
M_5	数值型(CN)	消防车数量	实际值
M_6	数值型(CN)	泡沫枪数量	实际值
M_7	数值型(CN)	泡沫炮数量	实际值
M_8	数值型(CN)	水炮数量	实际值
M_9	数值型(CN)	水枪数量	实际值
C_1	字符型(CS)	关阀断料	1. 是；2. 否
C_2	字符型(CS)	冷却抑爆	1. 是；2. 否
C_3	字符型(CS)	调集供电车	1. 是；2. 否
C_4	字符型(CS)	调集拖消两用船	1. 是；2. 否
L_1	字符型(CS)	处置策略	1. 先冷却，后灭火；2. 先灭火，后冷却；3. 边冷却，边灭火……
J_1	字符型(CS)	经验教训	水带冻住，现场停水……

2. 应用实例

实例：大连“7 · 16”中石油国际储运有限公司保税区油库火灾扑救战例情景。

油库总储量达 757.45 万立方米，火灾发生当天，大连市多云，温度 22～27℃，东南风 4～5 级。

10 万立方米地上式、原油外浮顶、金属储罐(T103＃罐)着火，储油量为1/3罐。在大火长时间的熏烤下，罐壁北侧上部受热变形，向内塌陷，致使罐内浮船挤压变形，加之燃烧液面处在浮船下方，且着火液面有 5 000 平方米之大。

2010 年 7 月 16 日 18 时 19 分，大连支队到场，首先控制着火罐及邻近罐。大面积流淌火直接威胁毗邻的 T102＃、T106＃油罐和邻近的南海储油区、液体化工原料仓储区及油火经过区域的油泵房、管线和阀组等设施。大连支队现场指挥部立即做出战斗部署。一是派出灭火攻坚组，在单位技术人员指导下，深入罐区关阀断料；二是利用 14 门车载水炮、3 门移动水炮对 T103＃罐和毗邻的 T106＃、T102＃罐及南海罐区的 T037＃、T042＃罐进行冷却抑爆。

参照表 6.10、表 6.11 和表 7.3，这一情景的情景矩阵中每一个特征向量的数字化重构结果如下：

$$\boldsymbol{T}_D=(1,\ 1,\ 1,\ 1,\ 4,\ 1,\ 3,\ 1,\ 1,\ 1)$$

$$\boldsymbol{T}_Z=(2,\ 5\,000,\ 3,\ 0,\ 0,\ 0,\ 0,\ 0,\ 0,\ 0)$$

$$\boldsymbol{T}_Q=(2,\ 5,\ 1,\ 1,\ 1,\ 1,\ 1,\ 1,\ 3,\ 0)$$

$$\boldsymbol{T}_M=(1,\ 0,\ 0,\ 0,\ 0,\ 0,\ 0,\ 0,\ 17,\ 0)$$

$$\boldsymbol{T}_C=(1,\ 1,\ 2,\ 2,\ 0,\ 0,\ 0,\ 0,\ 0,\ 0)$$

其他特征向量在该情景中未提及，可对向量元素其赋值为 0，由此，描述该情景的数字化情景矩阵可表达为

$$\mathbf{QJ}_g=\begin{pmatrix}1 & 1 & 1 & 1 & 4 & 1 & 3 & 1 & 1 & 1\\ 2 & 5\,000 & 3 & 0 & 0 & 0 & 0 & 0 & 0 & 0\\ 0 & 0 & 0 & 0 & 0 & 0 & 0 & 0 & 0 & 0\\ 2 & 5 & 1 & 1 & 1 & 1 & 1 & 1 & 3 & 0\\ 0 & 0 & 0 & 0 & 0 & 0 & 0 & 0 & 0 & 0\\ 0 & 0 & 0 & 0 & 0 & 0 & 0 & 0 & 0 & 0\\ 1 & 0 & 0 & 0 & 0 & 0 & 0 & 0 & 17 & 0\\ 1 & 1 & 2 & 2 & 0 & 0 & 0 & 0 & 0 & 0\\ 0 & 0 & 0 & 0 & 0 & 0 & 0 & 0 & 0 & 0\\ 0 & 0 & 0 & 0 & 0 & 0 & 0 & 0 & 0 & 0\end{pmatrix}$$

7.3　综合案例辅助决策知识库的构建

基于案例的“情景-应对”辅助决策系统，是一种在传统知识推理系统基础上，增加了案例推理部分，其知识库的构建是与推理机制密切相关的支持系统，主要包括常数库、算法库、规则库、案例库、情景库，如图 7.5 所示。

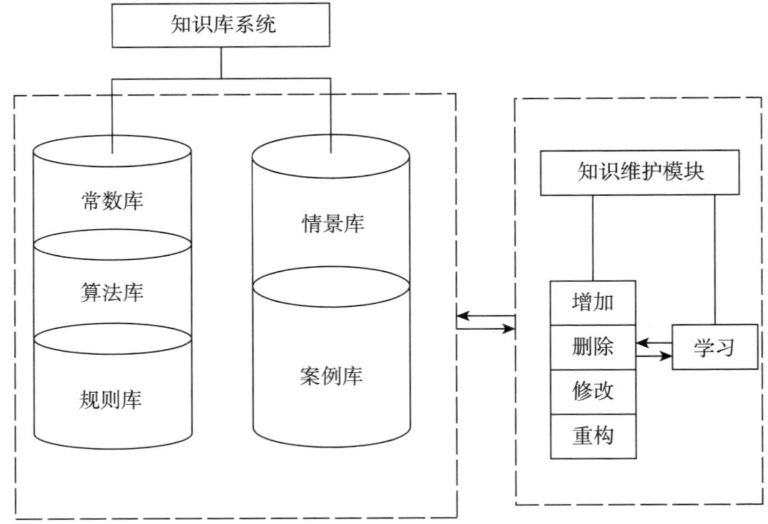

图 7.5　知识库构成图

7.3.1　常数驱动推理与常数库构建

灾害现场，有些基本的决策结果，装在指挥员的脑海中。例如，一个 5 000 立方米的汽油罐发生敞开式燃烧，他首先要考虑应调集的力量，需要调集多少力量，他直接就会想到需要 7 吨泡沫液、8 支泡沫枪、4 个中队，根据指挥员的个人偏好，决定留多大的安全余量，这些数据已经固化在他的大脑中，不用计算直接可以得出结果。这些数据有的是经验数据，有的是理论数据，有的是白色知识和灰色知识的融合，一个指挥员大脑里的数据越多，他在指挥灭火救援时的办法越多，成功率越高。体现在决策系统中，其就是一个常数库，这个常数库往往集教科书、手册上的数据(表 7.4)及多位专家个人的数据于一体(表 7.5)，又远远超越一个指挥员所能积累和记忆的。当遇到类似情况时直接调用，大大简化了推理过程，有效提高了推理效率。数据驱动属于正向推理，即由几个关键数据(事实)，直接得到结果。不同的专家，对数据的取舍也不同，对表 7.4 中的数据，很多有经验的指挥员，只需要两个数据，即着火罐和邻近罐，着火罐冷却强度取 0.8 升/(米・秒)，邻近罐取 0.6 升/(米・秒)，大大简化了推理过程，也不会影响战术效果。表 7.5 的数据则是根据大部分专家的经验总结的，不同的专家会采用不同的数据。

表 7.4　可燃液体储罐的冷却强度(移动式水枪)

<table>
<tr><th colspan="3">储罐名称</th><th>供给范围</th><th>供水强度</th></tr>
<tr><td rowspan="4">着火罐</td><td colspan="2">固定顶立式罐(含保温罐)</td><td>罐周长</td><td>0.6 升/(秒・米)</td></tr>
<tr><td colspan="2">浮动顶(含保温罐)</td><td>罐周长</td><td>0.45 升/(秒・米)</td></tr>
<tr><td colspan="2">卧式罐</td><td>罐表面积</td><td>0.10 升/(秒・米²)</td></tr>
<tr><td colspan="2">地下立式罐、半地下和地下卧式罐</td><td>无覆土的表面积</td><td>0.10 升/(秒・米²)</td></tr>
<tr><td rowspan="4">邻近罐</td><td rowspan="2">固定顶立式罐</td><td>非保温罐</td><td rowspan="2">罐周长的一半</td><td>0.35 升/(秒・米)</td></tr>
<tr><td>保温罐</td><td>0.20 升/(秒・米)</td></tr>
<tr><td colspan="2">卧式罐</td><td>罐表面积的一半</td><td>0.10 升/(秒・米²)</td></tr>
<tr><td colspan="2">地下、半地下罐</td><td>无覆土表面一半</td><td>0.10 升/(秒・米²)</td></tr>
</table>

表 7.5　空气泡沫(混合液)供给强度(单位：升/(秒・米²))

火场条件	泡沫供给强度	泡沫混合液
容器内油品的闪点＜60℃	1.0	10
容器内油品的闪点≥60℃	0.8	8
地面油品	1.2	12

续表

火场条件	泡沫供给强度	泡沫混合液
库房桶装油品	1.5	15
水上流淌油品	2.0	2.0

7.3.2 算法库驱动推理与算法库构建

在灾害现场并非所有的问题都像上面问题那么简单，有的十分复杂，需要的计算量很大，这时则需要一个强大的算法库给予支持。例如，大连“7·16”中石油国际储运有限公司保税区油库油气管线爆炸火灾，引起大面积流淌火，并引燃10万立方米大型油罐，这种计算涉及的内容十分繁多，仅靠指挥员的经验和记忆是难以解决的。好在这些都属于白色知识，我们的教科书中有比较完善的计算方法，只要建立起一个算法库，并有一个好的驱动模型，问题也就迎刃而解了。

算法库就是将我们已知的算法全部存入知识库中，并建立好的调用驱动模式。一些常见的算法，如计算供水高度、计算供水距离、计算泵压的算法，分别如式(7.1)～式(7.3)所示。

$$H=\theta\times L_d\left[\frac{\sum_{i=1}^{n}(\gamma P_b)i-P_q-n_X P_d}{\theta\cdot L_d+P_d}\right] \tag{7.2}$$

其中，H 为消防车供水高度，米；θ 为铺设水带系数，垂直铺设为0.8，沿楼梯蜿蜒铺设为0.6；L_d 为单条水带长度，米；n 为串联供水的消防车台数；γ 为消防水泵扬程系数，一般取值0.8～1.0；P_b 为消防泵扬程，10^4 帕；P_q 为分水器或水枪进口压力，10^4 帕；P_d 为每条水带的压力损失，10^4 帕；n_X 为水平铺设水带数量。

$$L=\theta\times L_d\left[\frac{\sum_{i=1}^{n}(\gamma P_b)i-P_q-H_{1-2}}{P_d}\right] \tag{7.3}$$

其中，L 为消防车供水距离，米；θ 为铺设水带系数，视地形情况可取0.7～0.9；L_d 为单条水带长度，米；n 为串联供水的消防车台数；γ 为消防水泵扬程系数，一般取值0.8～1.0；P_b 为消防泵扬程，10^4 帕；P_q 为分水器或水枪进口压力，10^4 帕；P_d 为每条水带的压力损失，10^4 帕；H_{1-2} 为水泵出口与水枪或分水器的高度差，米。

$$P_b=P_q+nP_d+H_{1-2} \tag{7.4}$$

其中，P_b 为消防泵泵压，10^4 帕；P_q 为分水器或水枪进口压力，10^4 帕；P_d 为每条水带的压力损失，10^4 帕；H_{1-2} 为水泵出口与水枪或分水器的高度差，米；

n 为铺设水带数量。

计算泡沫液用量的算法见式(7.5)。

$$Q=\alpha Aqt \tag{7.5}$$

其中，Q 为泡沫液用量，升；α 为泡沫液混合比；A 为燃烧面积，平方米；q 为泡沫混合液供给强度，升/(分钟·米^2)，如表 7.5 所示；t 为灭火时间，分钟。

7.3.3　规则驱动与规则库构建

如果上述两种方法能解决所有的问题固然更好，遗憾的是灭火救援指挥与战术是一个复杂的决策过程，离不开指挥员非凡的经验和卓越的智慧。这些知识往往是灰色的，很难用科学的语言表达，而这些经验恰恰是最宝贵的知识。幸运的是我们有知识工程师，将这些知识不断挖掘，并用计算机能理解的语言表述，这就是规则。例如，一组四个油罐中有两个油罐发生敞开式燃烧，力量不足时，先冷却哪一个油罐呢？有经验的指挥员一眼就能看出，这就是经验，其是制胜的法宝。这可以用规则的形式加以表述。

RULE2-2-11

IF (1 组汽油罐发生火灾，其中有敞开燃烧的)条件 1

(下风方向有未燃的汽油罐，距离在 1.5 倍直径内)条件 2

THEN(先冷却该罐)

RULE2-2-17

IF (石油化工装置或石油库爆炸火灾)大前提

(供电系统破坏，全面停电)小前提

THEN (调集应急供电车)

RULE2-2-19

IF (石油化工装置或石油库爆炸火灾)大前提

(大量油品外溢)小前提

THEN (调集混凝土搅拌车)

RULE2-2-22

IF (石油库油罐发生火灾)大前提

(有多个油罐受到热辐射)小前提

THEN (冷却防爆、防止沸喷)

基于规则库，可以采用正向推理的方法推理出决策方案，用逆向推理的方法推理出解决问题的答案。规则库在传统的辅助决策系统中，是最重要的部分，它代表知识库的水平，也直接影响决策水平。

在知识库中，规则知识的存储以数据表的形式存在，包括一系列的实例表和规则表，用于知识的推理。规则库包括索引字典库、规则前提库及规则结论库。索引字典库是用来存放规则库中的规则前提库、规则结论库的内容及其编码。其事实知识的存储方式如图 7.6 所示。规则前提库用来存放各规则对应的前提条件，规则名在表中是主键，是唯一的。使用标志，以避免规则重复激活。其规则前提知识的存储方式如图 7.7 所示。规则结论库用来存放各条规则的结果，表明规则与结论之间的对应关系。其规则结论知识的存储方式如图 7.8 所示。

索引字典库

字段名称	数据类型	说明
ID	自动编号	
事实代码	文本	主键，规则前提条件或规则结论代码
事实	文本	用自然语言表达规则前提或规则结论

图 7.6　索引字典库的事实知识存储

规则前提库

字段名称	数据类型	说明
ID	自动编号	
规则代码	文本	主键，其他表关联
前提代码	文本	规则前提的编码
匹配状态	是/否	规则是否被使用

图 7.7　规则前提库的前提知识判定规则表

规则结论库

字段名称	数据类型	说明
ID	自动编号	
规则代码	文本	主键，其他表关联
结论代码	文本	规则结论的编码
匹配状态	是/否	规则结论是否被使用

图 7.8　规则结论库的结论知识判定规则表

7.3.4　情景库的构建

本章的 7.1 节已经详细地描述了案例情景的分解与知识表达方法，经过数字化处理的情景，精简为一个矩阵，即一个情景可用一个矩阵来表达，而一个情景矩阵则可反映出一个生动的灾害或救援场景。

情景库是支撑“情景-应对”推理模式的核心数据库，是以情景矩阵为基本数据的存储容器，以历史战例中关键情景的数字化表示为依托，利用关系型数据库实现了情景的矩阵表示与存储，为当前情景矩阵与历史情景矩阵的数字化比对与推理，打下了坚实的基础，同类型的战例构成一个战例集。对某个战例集中的所有战例进行情景分解和表示，得到该战例集的情景矩阵集合，存储在情景库中，如前所述，一个情景可以用十个特征向量来表示，每一个数据表可以存储一个特征要素向量，用十个数据表就可以共同存储一个情景矩阵。情景库中的情景实际上是以向量表存储的。每个表可以设置一个标题、一个索引向量，通过标题和索引向量定位、查询情景。索引向量包括类型、编号、特征值等变量。类型用三个变量标注，即类、次类、小类、分级分类图，如图 6.9 所示。类的取值为突发事件类型，包括自然灾害、事故灾难、社会安全、公共卫生四类；次类取值包括洪水、火灾、地震、道路交通、空难；小类是指具体对象发生的灾害，如高层建筑火灾、油罐火灾等。类的定义为“类型—××”推理奠定基础。编号是根据情景类型划分的，如表示对象基本情况的情景编为“0-”、表示环境用“1-”、表示进程的用“2-”、表示灾变点的用“3-”……根据需要和偏好，可以自己定义编号。特征值是根据系统构建者的需要，随即定义的。定义检索向量的目的，就是快速定位所需情景。

7.3.5　综合案例库的构建

案例库主要包括基本情况、力量出动、战斗进程、处置时间、人员伤亡、经济损失、战斗评定等内容，配以文字、图片、视频、录音、动画、CAD 图纸、PPT 等数据文件进行内容的丰富，以便对情景推演的结果进行辅助支撑。

此前我们已经将一个案例分解为若干关键情景，构建了数字化情景库，而将同一案例的若干情景储存在一个案例名下，完成了案例的数字化重构。数字化案例与原来案例构成了综合案例库，每一个情景必要时都可以还原成文字、图像、视频，供指挥员参考；反之每一个案例也可以由对应的关键情景描述。

7.4　基于“情景-应对”的综合案例推理方法

7.4.1　基于数字化情景矩阵的推理模式

1. 传统方式的推理模式

对一个辅助决策系统而言，推理机是其核心部件。推理模式是否恰当，直接影响系统对知识的运用效率和系统推理结果的可靠性。在人工智能(特别是专家系统)领域，对推理机制的研究已经相当成熟，从理论上分为归纳推理、演绎推理。演绎推理是从条件到结论的思维过程，即从已知的一般性知识出发，推理出适合于某种个别情况的结论，它是一种由一般到个别的推理方法。最常用的演绎推理形式是三段论式，“大前提，小前提，结论”，对应的知识类型为规则型。从大量特殊事例出发，归纳出一般性结论的推理过程为归纳推理，它是一种由个别到一般的推理方法。归纳推理的基本思想是从已知事实中猜测某个结论，然后对该结论的正确性加以证明。

从实践上可分为正向推理、逆向推理，这也是推理机的搜索和控制策略。正向推理(框图参见图 7.9)是从已知事实出发，正向使用推理规则，它本质上是演绎推理方式。用已知事实与规则库的前提条件相匹配，逐条搜索规则，如果匹配，则该条规则可用。已知事实往往不止一条，这可能会涉及“大前提，小前提”，从而得出结论。有时大量已知事实会推出多条结论，形成一个当前事实相匹配的知识集，这些结论可能出现矛盾与冲突，需要按照冲突消解策略，进行处理。例如，油罐火灾扑救的三条规则：“先冷却，后灭火”；“边冷却，边灭火”；“只灭火，不冷却”。建筑火灾扑救的三条规则：“先救人，后灭火”；“边救人，边灭火”；“先灭火，再救人”。这些规则存在矛盾，可以通过输入更多的事实(条件)，才能消解；或者由人工直接干预消解。

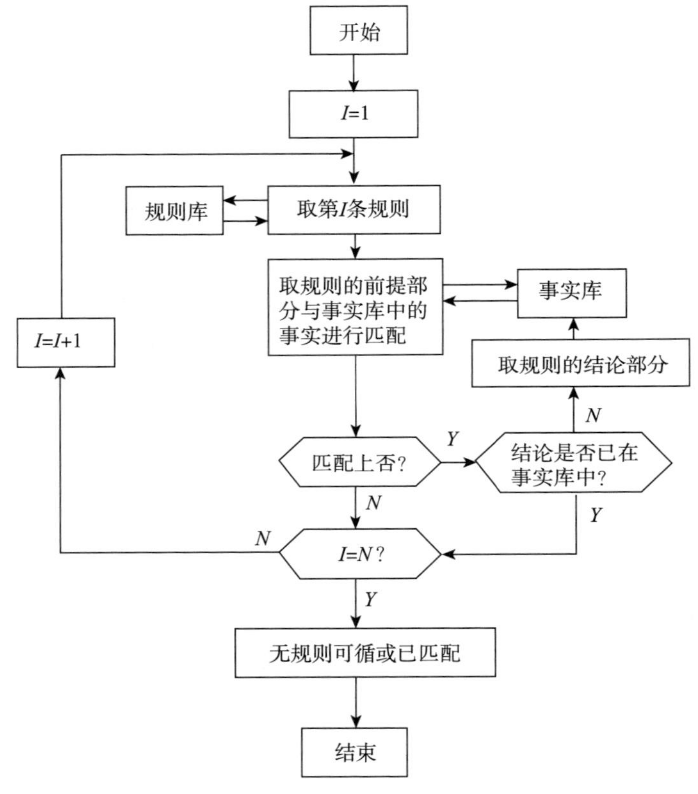

图 7.9 正向推理框图

逆向推理是先从一个主观臆想的结论开始，反向寻求事实依据。只要事实足够充分，规则足够多，必能找到可用的知识。反向推理是采用归纳推理的思想。当发生建筑火灾时，指挥员根据经验，决定采用先“先灭火，再救人”的战法，这是一个规则的结论部分，如果这条结论为真，必须有这样一组事实：①火势发生在底层，起火楼层以上被困人员比较多；②到场的消防力量不足，无法满足救人与灭火同时进行；③到场的消防力量能够控制并扑灭火灾，如果这组事实成立，则可采取这种战法。

从结论的可靠性可分为精确推理与不精确推理。事实上没有哪种推理的结论是绝对可靠的，不精确推理结论更符合实际。不精确推理的数学基础是模糊数学；而精确推理则是以模糊数学及概率论等数学方法为基础，专为研制专家系统而发展起来的理论。

在专家系统中，专家知识往往含有许多不确定性，这些不确定性广泛存在于命题和规则中，用普通的逻辑推理方法往往无法处理这些知识，也就无法从这些规则中推理出正确的结论。例如，下面的知识："乱用电炉，有引起火灾的危险。"这是一个大家都熟知和认可的知识，可以作为专家系统的一条规则。我们再来观察一下这条规则的运用，假如有这样的事实："火灾前曾使用过电炉"，采用普通的逻辑推理方法，结合这条规则，就会推出这样的结论："火灾由使用电炉引起。"这个结论显然太武断了，这里面可能性多大的概率问题，更适合不精确推理方式。

2. 基于案例的"情景-应对"的推理方式

案例推理已经成为研究热点，但是基于案例情景的推理方式却没有成熟的模型。一方面案例记录的信息不够完备，缺乏合适的情景知识表达方式。课题组经过数年攻关，对基于案例情景的知识表达取得突破，从而为案例推理奠定了基础，研发出基于案例情景的四种推理方式，即"类型-过程"驱动、"类型-问题"驱动、"类型-对策"驱动和"类型-教训"驱动。

(1)"类型-过程"驱动。"类型-过程"驱动是沿用正向推理的思路，按照灭火救援案例发展的进程，一步步推理出具体的指挥与战术方法。

针对某个对象出现某类灾情，即以情景矩阵中前两个行向量为主要匹配条件，与历史情景进行快速匹配比对，得出与现场情景类似的历史情景，根据现有的已知事实，如灾害类型，其赋值可以是自然灾害、事故灾难、社会安全事件等，也可以是具体的火灾、洪水、地震，更进一步的描述是 5 000 立方米的油罐火灾等，事实越是具体，情景矩阵的数据越充分，搜索的途径越少，匹配的案例相似度越高，当事实达到一定量的时候，案例的指向性就更鲜明。例如，描述一起油罐火灾，第一种情况，仅提供是油罐火灾，那么，按照"类型-过程"，可能寻找出案例库中所有的油罐火灾案例，如果信息进一步加大，规模为特别重大(或具体赋值)、油品为原油，所搜索的范围就会大大减少，所制订的方案也会更有针对性；继续增加信息，如起火点为输油管爆炸、地理位置为濒海。可能只有两个火灾案例选择，即黄岛油库火灾和大连"7·16"中石油国际储运有限公司保税区油库火灾。针对这个情景，可以推理出力量调集方案和第一到场力量部署方案。

具体过程是通过将当前情景中某类型描述的基本情况的特征要素向量与其所属数字化案例集中情景(历史情景)的对应特征要素向量进行匹配，依据历史情景中的处置方案(灭火救援力量调集、处置措施和策略)辅助指挥员决策的过程，驱动流程如图 7.10 所示的路径 1。

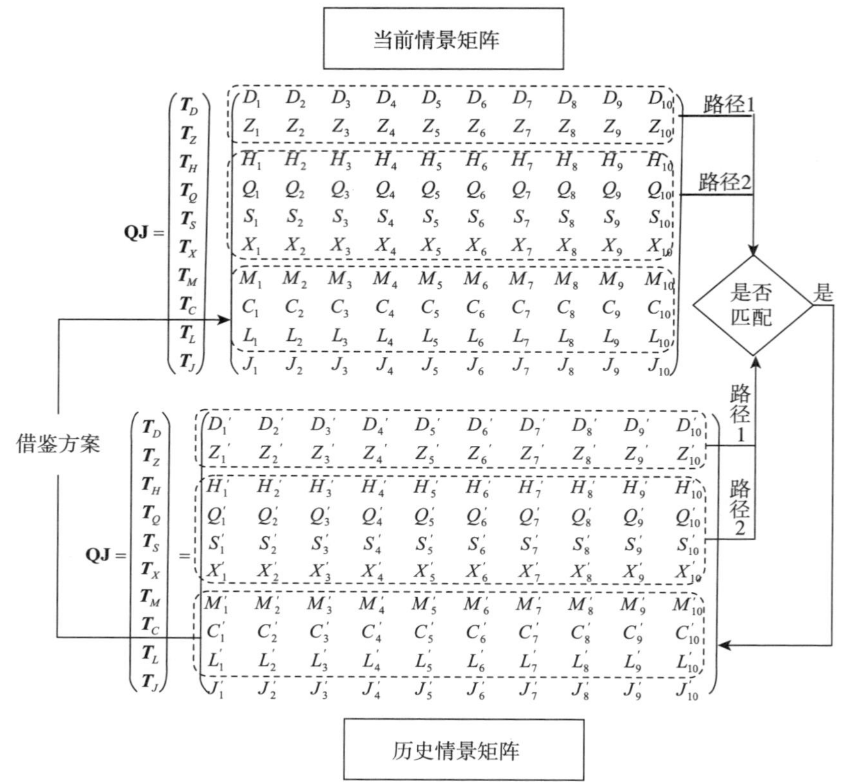

图 7.10 “类型-过程”驱动流程图

还可以以指挥员现场遭遇的不同地形、天气、水源、消防设施等条件为主要匹配对象(情景矩阵中 3～6 个行向量)，与历史情景库中对应的特征向量快速匹配比对，得出与现场情景类似的历史情景。从而得出相应的处置措施，即对应历史情景中的第 7～9 个行向量。其驱动流程如图 7.10 的路径 2 所示。

单路径驱动可能会得到多个相似历史情景，给指挥员决策带来困扰，影响指挥时效，因此，可以考虑多路径驱动同时进行，提高指挥效率。如果将图 7.10 中的路径 1 与路径 2 进行加和使用，双路合并，效果更佳。

(2)“类型-问题”驱动。在应急救援现场，对经验丰富的指挥员而言，大部分决策问题，并不需要过多参考以往经验，但是有时也不可避免地会遇上一些棘手问题，此时，参考以往案例是比较高效和可靠的。例如，大连“7 · 16”中石油国际储运有限公司保税区油库火灾扑救中，遇到了与 1989 年黄岛油库火灾相同的问题，就是大量原油流向近海，造成海域污染，如果说指挥员没有遇到过这样的问题，或者一时想不出好的办法，这时完全可以参考大连“7·16”的一些有效措施，用数学模型表示，就是“类型-问题”驱动方式。这种方式是沿用逆向推理的思想，以当前情景中某类型较为棘手的问题为重点匹配条件，与历史情景进行匹配，依据历史情景中的处置方案辅助指挥员决策。与传统逆向推理所不同的是，推理不是直接推理出结论，而是通过条件匹配找到相关案例的相应情景，根据相同案例，找到相应措施，“类型”的作用限定了案例的数量，提高了搜索效率，同时也保证了“对策”的可靠性。例如，某油罐区防护堤被炸毁，具体位置为矩阵中“H_2”，输出方案为对应第 7～9 行向量的应对措施，其驱动流程如图 7.11 所示。

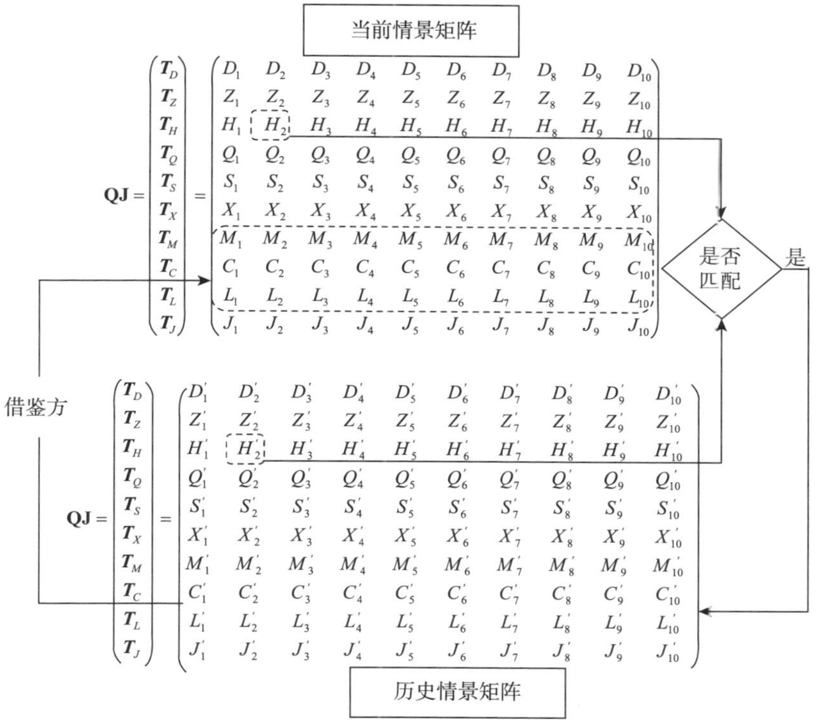

图 7.11　“类型-问题”驱动流程图

(3)“类型-对策”驱动。一场灾害事故的救援活动，大部分战术方法是通用的，一般指挥员也都能想到的，显示指挥水平的往往是几个关键对策，其会决定全局成败。特别是一场大的灾难，需要解决的问题很多，解决的方法也会有所不同，不是所有指挥员都能想到的。由于时间紧迫，如果全面参考案例，也不一定能发现关键对策。但是，用案例推理的方法，针对显示出来的这些对策提醒指挥员，哪是最好的办法，这就是“类型-对策”驱动方式。例如，消防部队参加特大地震灾害救援行动，调集力量时，需要携带的装备很多，而长途奔袭，运输能力又有限，指挥员不好取舍的前提下，参考汶川地震救援的经验，“携带雷达生命探测仪、海事卫星电话”等关键装备，这样关键对策，在救援中将会发挥巨大的效益。“类型-对策”驱动方式与“类型-问题”驱动是两个互逆的驱动过程。“类型-对策”驱动是将指挥员在当前情景中欲采取的措施(特征向量)作为主要匹配条件，在其所属的案例集情景中，匹配采用相同措施的相似历史情景，获得历史情景中该对策的适用环境，如解决的问题、取得的效果等信息，辅助指挥员衡量当前的决策方案是否正确。

(4)“类型-教训”驱动。在灭火救援活动中，成功的经验固然重要，失败的教训也是宝贵的财富。一场灾害的救援行动，不可能完全成功，指挥和战术的运用上总是难免存在一些瑕疵，这些瑕疵有时会导致最严重的后果，甚至在不同的地区重复出现同样的问题，造成沉痛教训。因此，对救援案例中的教学进行研究时，要时时提醒指挥员避免犯同样的错误，具有重要意义。“类型-教训”驱动正是基于这样的思想设计的。当遇到一场同样类型的灾害时，指挥员启动“类型-教训”推理模块，系统可以迅速找到相同案例，并显示曾经失败的教训。例如，扑救“底框架”建筑火灾时，只要指挥员愿意，可随时启动“类型-教训”模块，“类型”则将案例界定在衡阳“11・3”衡州大厦火灾建筑倒塌案例、“5・13”南昌万寿宫建筑火灾倒塌案例，而“教训”是衡阳案例造成 20 名消防员牺牲，这样指挥员立刻就会意识到问题的关键，做出避免消防员伤亡的战术安排。“类型-教训”推理是将当前情景中现场指挥员可以预期到的最坏结果作为主要匹配条件，与历史情景中的相似教训进行匹配，并以造成此类教训的情景条件和处理措施为参照，来比对当前可选择的应对措施，权衡利弊之后，力求以最佳的处置将不可避免地损失降低到最小。“两害相权，取其轻”是“类型-教训”驱动模式的精髓所在，此乃败战之计的思维范畴。其驱动流程如图 7.12 所示。

7.4.2　基于多库协调的混合推理方法

任何一种推理方式都有其局限性，最好是采用多种推理机制互补的方法。我们不妨模拟一个指挥员在灾害现场的思维方式，可以更好地设计推理模型。

混合推理的思路正是模拟灾害现场指挥员的思维过程。最简单的问题，调用数据驱动直接出答案(方案)；需要大量计算的问题，调用算法库；需要经验支持的，调用规则库；所有问题需要参考以往案例情景的，启用“四种驱动”模型。多库混合推理的另一个作用是冲突消解策略的范例。如果通过上述四种驱动模式，筛选出相匹配的历史情景矩阵与待匹配情景矩阵存在差异数据，即该元素在当前情景矩阵与历史情景矩阵中的取值不同，则可结合知识库提供的其他推理方式，

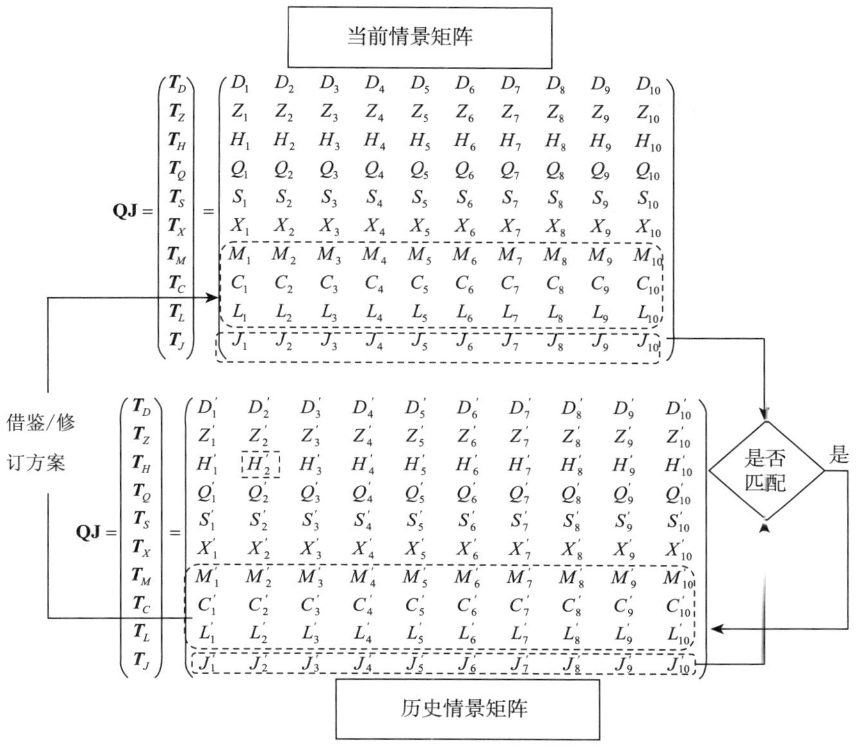

图 7.12 “类型-教训”驱动流程图

利用多库协调模块对差异数据进行处理，最终得到较为理想的处置方案。如果不存在差异数据，则可以将历史情景中的方案直接输出。知识库中规则库、数据库、算法库的构建分别可以实现基于规则、数据或算法的推理模式，多库协调可以将这些推理模式整合起来，形成混合推理模式。多库协调的混合推理模式可有效提高决策的准确性，其运行流程如图 7.13 所示。经过情景匹配，历史情景矩阵和当前情景矩阵中，有四个矩阵元素的取值不同，其中，元素 1 的差异可以利用算法库提供的基于算法的推理对方案进行改写；元素 2 和元素 3 的差异可以利用规则库提供的基于规则的推理对方案进行改写；元素 4 的差异可以利用常数库提供的基于数据的推理对方案进行改写，通过多库协调模块，整合上述推理结果，从而对历史情景中的方案进行修正，得出理想的决策方案。

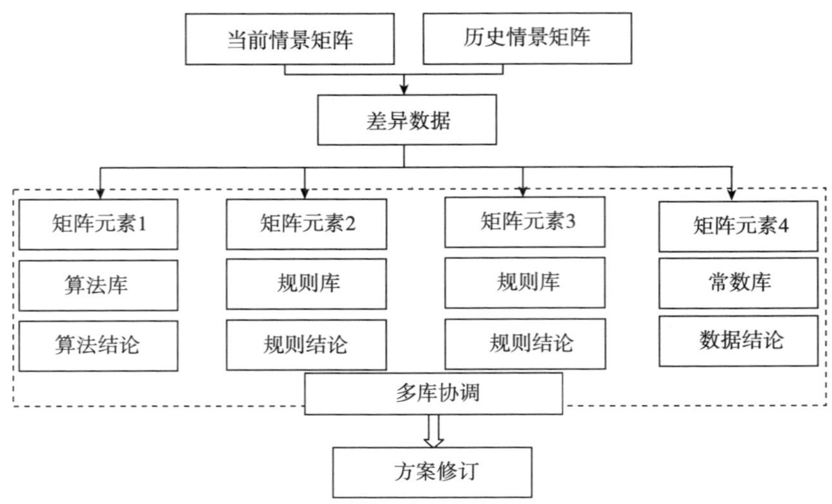

图 7.13　多库协调混合推理模式工作流程图

7.5　基于数字化情景矩阵的“情景–应对”型辅助决策平台的构建

7.5.1　辅助决策平台的功能模块设计

系统平台设计包括系统开发语言选择，平台的选择，数据库的选择，运行环境的软、硬件选择。

1. 系统开发语言选择

系统开发使用C＃语言，其主要是用于开发可以在.NET平台上运行的应用程序。C＃是C和C＋＋语言派生出来的简单的、现代的编程语言，其语言体系能够和.NET框架完美结合。C＃具有以下突出优点[1]。

(1)语法简洁。

(2)彻底的面向对象设计，具有面向对象语言应有的一切特性——封装、继承和多态。

(3)与Web紧密结合，支持绝大多数Web标准。

(4)可以消除开发过程中常见的语法错误，与Windows系统全面兼容。

(5)保证能够与其他语言开发的组件兼容，混合语言编程，协同作业[2]。

(6)使用频率逐年上升，而且发展势头良好，不会因编程语言过时而造成系统更新升级困难的问题。

2. 开发平台选择

该系统选择在 Microsoft Visual Studio 2010 环境下开发，它是微软公司配合.NET 战略推出的一套完整的开发工具箱，提供了在设计、开发、调试和部署 Web 应用程序中所需的工具，可以轻松生成 ASP.NET Web 应用程序，同时也是目前开发 C# 应用程序最好的工具。开发环境如图 7.14 所示。

图 7.14　Microsoft Visual Studio 2010 开发环境示意图

3. 数据库语言的选择

系统开发使用 Microsoft SQL Server 2008 数据库系统工具。SQL Server 是一个关系数据库管理系统，能够满足不同类型的数据库解决方案[3]。其突出优点如下。

(1)界面友好、容易学习，与 Windows 操作系统对接出色，如图 7.15 所示。

(2)安全性能高，提供数据库加密、设置安全默认值、增强许可控制及安全模式。

(3)设置专门管理员连接，让管理员通过操作诊断功能找到并且解决发现的问题。

(4)运用.Net 框架主机，开发人员使用相似的语言 Visul C#.Net，能够更加方便地创立数据库对象。

(5)与 Oracle 数据库比较，SQL Server 易用性高，不仅满足大部分用户的功能需求，而且有利于减少耗费成本。

(6)与 MySQL 数据库比较，SQL Server 在商业应用中技术优势更高，面对的用户更广。

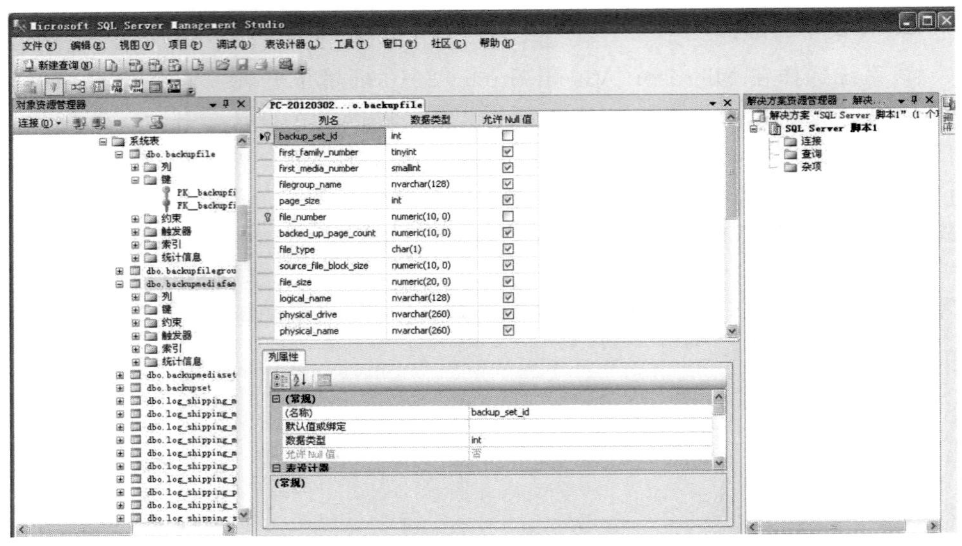

图 7.15　Microsoft SQL Server 2008 开发环境

4. 运行环境软、硬件要求

系统运行软、硬件要求如表 7.6 所示。

表 7.6　系统运行软、硬件要求一览表

软硬件	描述
处理器	600 兆赫以上处理器，建议使用 1 千兆赫兹处理器
内存	512 兆，建议使用 1 吉字节内存
可用硬盘空间	1 吉字节以上可用空间，建议 2 吉字节可用空间
CD-ROM 或 DVD-ROM 驱动器	无须使用
显示器	没有具体要求，看用户个人喜好，建议使用色彩鲜明的显示器
操作系统	Windows XP Service Pack2 或者更高版本

7.5.2　核心功能模块设计

系统功能是系统设计追求的主要目标，系统主要包含不同灾害类型的辅助决策推理、知识库维护、知识查询等功能。系统所包括的灾害类型如图 7.16 所示，即四大类突发事件，但主要是以自然灾害和事故灾难为主。推理模块包括基于“情景-应对”的案例推理和多库协调混合推理。模块之间调用关系明确、简单，每个模块可以单独理解、编程、调试、查错与修改。模块整体上具有较高的正确性、可理解性与可维护性。

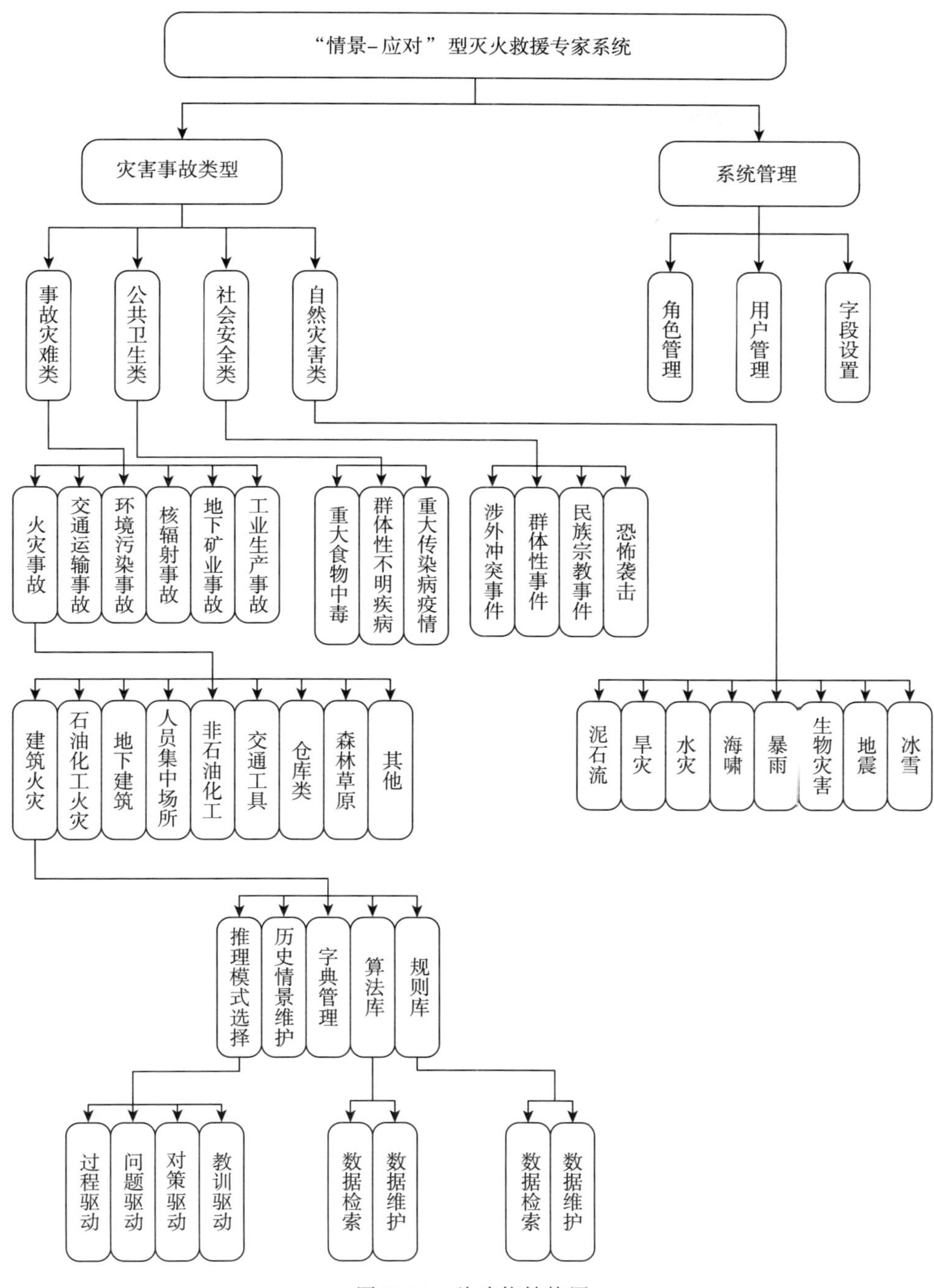
"情景-应对"型灭火救援专家系统
灾害事故类型
系统管理
事故灾难类
公共卫生类
社会安全类
自然灾害类
角色管理
用户管理
字段设置
火灾事故
交通运输事故
环境污染事故
核辐射事故
地下矿业事故
工业生产事故
重大食物中毒
群体性不明疾病
重大传染病疫情
涉外冲突事件
群体性事件
民族宗教事件
恐怖袭击
建筑火灾
石油化工火灾
地下建筑
人员集中场所
非石油化工
交通工具
仓库类
森林草原
其他
泥石流
旱灾
水灾
海啸
暴雨
生物灾害
地震
冰雪
推理模式选择
历史情景维护
字典管理
算法库
规则库
过程驱动
问题驱动
对策驱动
教训驱动
数据检索
数据维护
数据检索
数据维护

图 7.16　总功能结构图

1. 主界面模块设计

主界面是专家系统操作的主要平台，分为主界面和操作窗口两部分，设计本着简易、明了、美观的原则，总功能结构图如图 7.16 所示。

2. 用户管理模块

用户管理模块主要是管理员对用户提交和访问的信息进行添加、修改和删除，以及对用户账号和对应密码的更改功能，及时应对日后消防业务工作中的需求变化，信息的更新可以及时和用户进行交流，管理结构图如图 7.17 所示。

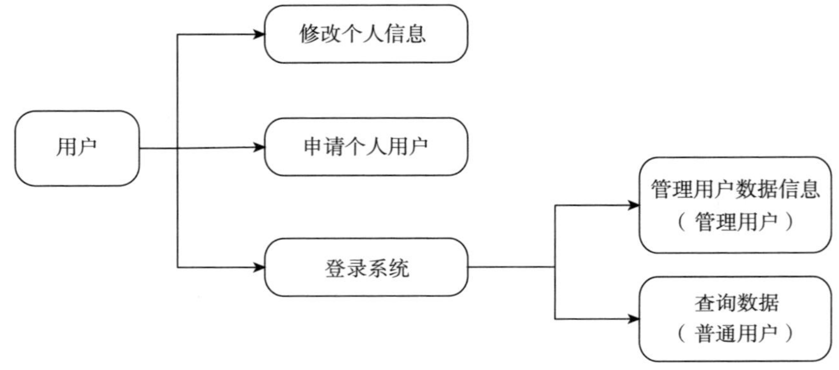

图 7.17 用户管理模块结构图

功能描述如表 7.7 所示。

表 7.7 用户管理模块功能描述一览表

需求描述	添加、删除、修改用户信息
用例名	用户登录
操作人员	管理员及普通用户
前提条件	系统已有管理员账户
触发成功	管理员进入系统维护数据库及使用系统功能、普通用户注册成功进入系统并使用系统功能
触发失败	无法进入系统
关联用例	系统主界面

3. 数据库管理模块

数据管理模块可以根据用户权限设置，管理员权限可以添加、删除、修改、导出及打印数据，普通用户不能对数据库进行更改，功能结构图如

图 7.18 所示。

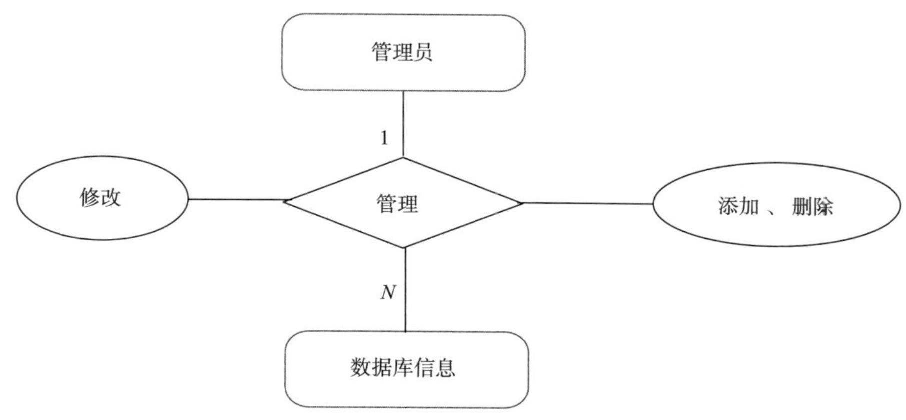

图 7.18　数据库管理模块用例图

功能描述如表 7.8 所示。

表 7.8　数据库管理模块功能描述一览表

需求描述	添加、删除、修改用户信息
用例名	数据库管理
操作人员	管理员
前提条件	系统已有管理员账户
触发成功	管理员进入系统维护数据库，能够添加、删除、修改数据库信息
触发失败	无法进入系统更改数据库信息
关联用例	系统主界面

4. 案例情景推理模块

案例情景推理模块是专家系统的核心功能模块，根据用户输入信息，调用后台数据，完成推理过程，由用户最终决定如何使用推理结果，功能结构图如图 7.19所示。

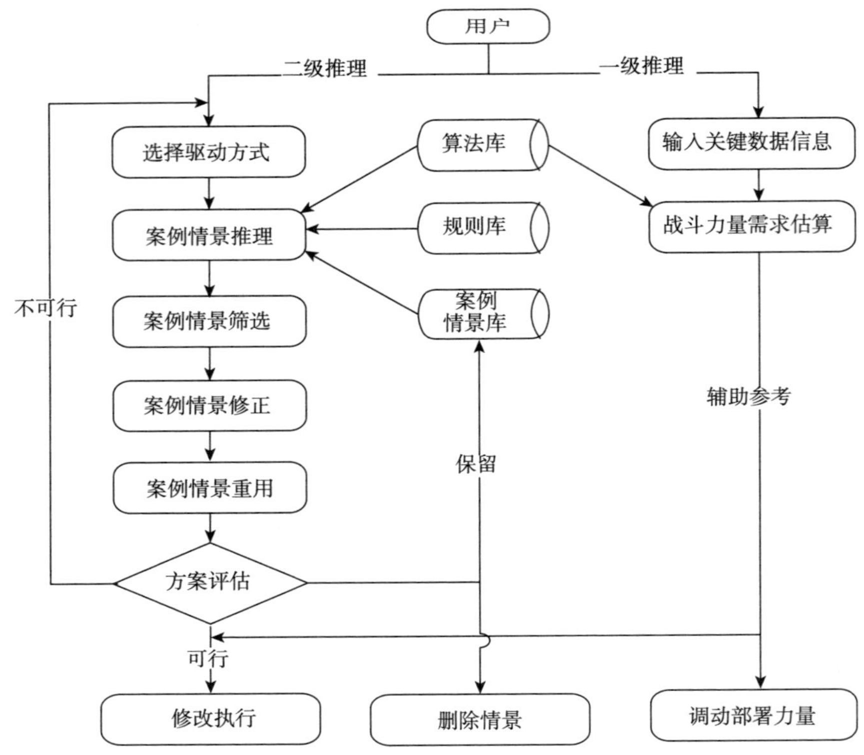

图 7.19　案例情景推理模块功能结构图

功能描述如表 7.9 所示。

表 7.9　案例情景推理模块功能描述一览表

需求描述	匹配相似案例情景、修改并打印
用例名	案例情景推理
操作人员	所有用户
前提条件	案例情景库、规则库、算法库等数据完备
触发成功	用户进入该功能模块进行相关操作：1. 选定驱动模式；2. 输入或者选定特征属性的数据；3. 选定推理结果之一查看；4. 根据当前情况，修改推理结果适用于现场灭火救援行动；5. 如有需要，打印文档
触发失败	无法获取推理结果，输入条件，重新推理
关联用例	运算查询模块、系统主界面

5. 运算查询模块

运算查询模块是嵌入在案例情景推理模块中用于多库协调的工具模块，也可以单独拿出来使用，根据用户的需求，输入前提条件，能够估算灭火救援现场所需数据和战术规则，功能结构图如图 7.20 所示。

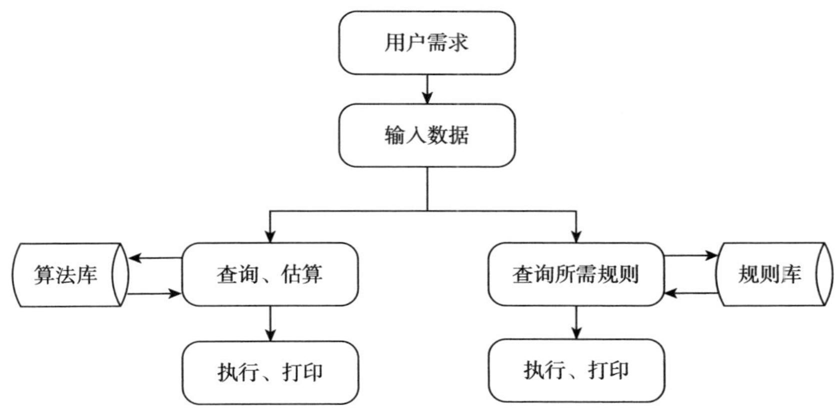

图 7.20　运算查询模块功能结构图

功能描述如表 7.10 所示。

表 7.10　运算查询模块功能描述一览表

需求描述	估算灭火救援现场所需数据以及查询常用数据和战术规则
用例名	数据估算和规则查询
操作人员	所有用户
前提条件	算法库和规则库数据完备
触发成功	用户进入该功能模块进行相关操作：1. 输入所要查询关键字或者估算所需数据；2. 根据查询内容或者估算数据选择所需结果；3. 如有需要，打印文档
触发失败	无法获取所需结果，修改输入条件，重新计算或搜索
关联用例	系统主界面

6. 地图标志模块

地图标志模块嵌入在案例情景推理模块中，输入目标案例的地址信息，可以通过地理信息系统平台，调出事故地点在地图上相关消防设施的标志，用户可以根据消防设施标志，模拟部署救援力量，从而快速有效调动兵力于救援现场主要方面，地图标志模块结构图如图 7.21 所示。

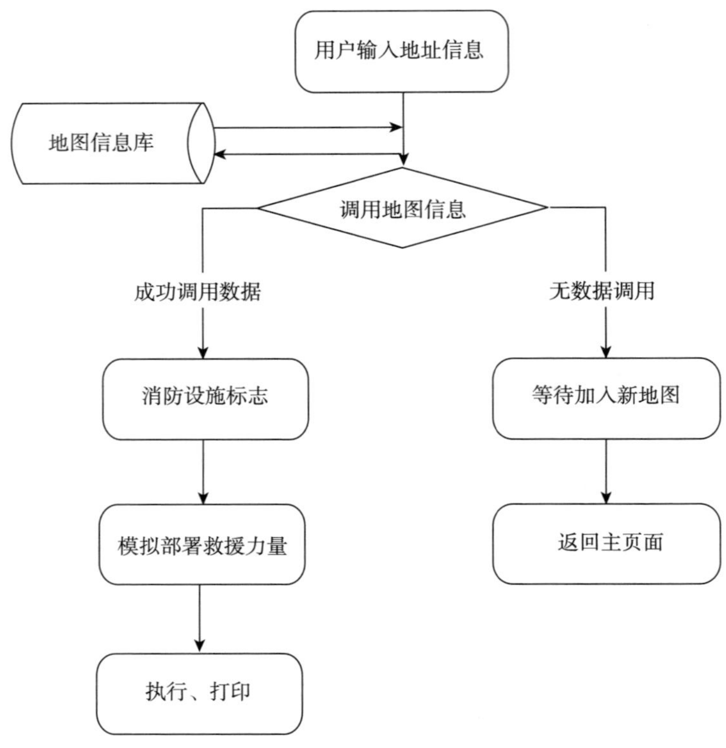

图 7.21　地图标志模块结构图

功能描述如表 7.11 所示。

表 7.11　地图标志模块功能描述一览表

需求描述	展示事故地点消防标志并能够模拟部署救援力量
用例名	地图标志与模拟部署
操作人员	所有用户
前提条件	已知事故地点且地图数据库信息完备
触发成功	用户进入该功能模块进行相关操作：1. 输入事故地点信息；2. 搜索带有消防设施标志的地图；3. 在地图上模拟部署救援力量；4. 如有需要，打印文档
触发失败	无法获取推理结果，输入条件，重新推理
关联用例	案例情景推理、系统主界面

7. 系统界面设计

为了使系统界面更加友好，符合用户输入习惯，研究人员设计登录界面沿用传统设计，如图 7.22 所示。

设计系统主界面，用二级菜单，更加直观地提供给用户选项，进入功能模块

图 7.22　系统登录界面

更加方便，如图 7.23 所示。

图 7.23　系统菜单栏

功能界面配色合理，用户可以清晰辨认控件分布，便于输入或者读取数据，如图 7.24 所示。

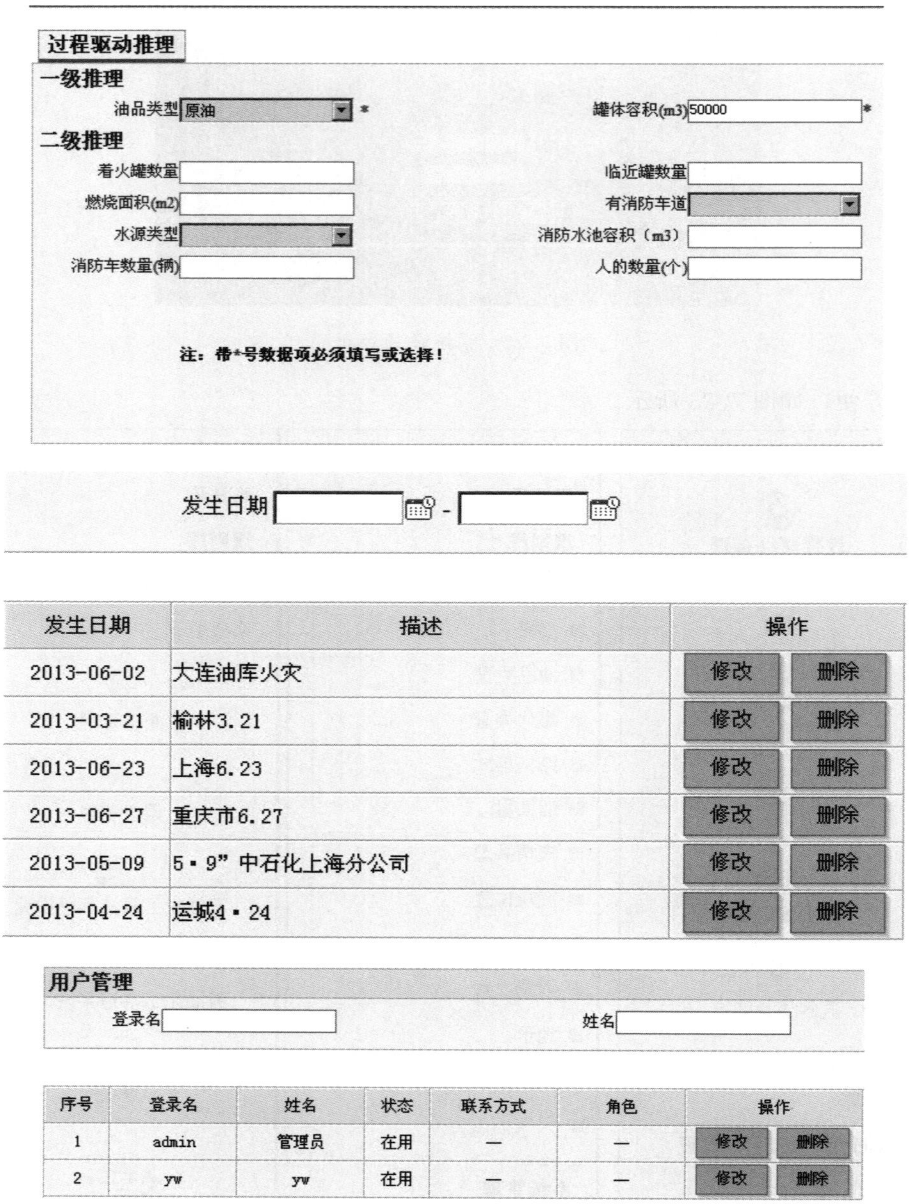

过程驱动推理

一级推理

油品类型 原油 *　　罐体容积(m3) 50000 *

二级推理

着火罐数量　　临近罐数量

燃烧面积(m2)　　有消防车道

水源类型　　消防水池容积（m3）

消防车数量(辆)　　人的数量(个)

注：带*号数据项必须填写或选择！

发生日期 -

发生日期	描述	操作	
2013-06-02	大连油库火灾	修改	删除
2013-03-21	榆林3.21	修改	删除
2013-06-23	上海6.23	修改	删除
2013-06-27	重庆市6.27	修改	删除
2013-05-09	5·9”中石化上海分公司	修改	删除
2013-04-24	运城4·24	修改	删除

用户管理

登录名　　姓名

序号	登录名	姓名	状态	联系方式	角色	操作	
1	admin	管理员	在用	—	—	修改	删除
2	yw	yw	在用	—	—	修改	删除

图 7.24　功能界面

8. 功能界面程序设计

“情景-应对”型灭火救援专家系统核心推理功能模块如图 7.25 所示。

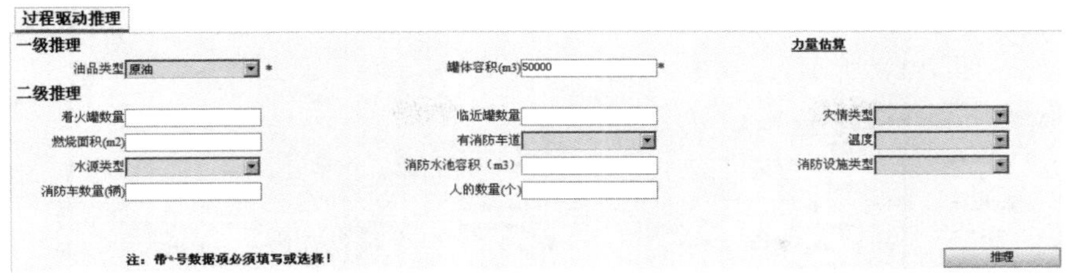

图 7.25　案例情景推理功能界面

实现此功能，后台程序代码涵盖了特征属性赋值和运算公式两个复杂的过程。

9. 输入和输出设计

1)输入设计

输入设计在保证输入数据正确性和满足输出需要的前提下，提高数据处理的效率和质量，做到输入方便简洁、迅速。输入设计主要包括输入方式选择、输入格式设计和数据校检。

输入方式选择键盘输入，输入后通过屏幕显示确认，使用较方便，主要适用于常规的、少量的数据输入。

为了减少错误率和便于操作人员输入，以对话方式输入数据或者选择下拉框内容。

输入数据的同时，计算机系统在后台与历史数据进行比较，拒绝读写与数据设计不符的数据内容，以对话框形式提醒用户，这样可以提高输入数据的正确性。

2)输出设计

系统的输出最终提供给用户，其是系统的目标。

输出方式主要以屏幕输出为主，根据用户对算法和规则知识数据的需要，通过计算或者查询以后，还可以通过导出到 Excel 表格或者打印成纸质表格两种方式实现对数据的输出。

输出案例情景描述数据，系统经过推理过程以后，将最匹配案例情景按照设计的情景矩阵形式标准，导出到 Excel 表格，修改后打印成纸质表格，用于目标案例情景处置方案中。

7.5.3　基于数字化情景矩阵的“情景-应对”推理过程应用实例

1.“类型-过程”驱动演示

在“类型-过程”驱动模式中，系统根据用户输入的案例情景数据进行推理，计算出目标案例情景与源案例情景之间的相似度，然后选择对象，显示出情景数据，可以参考其处置策略从而指导当前案例情景辅助决策。具体推理流程如图 7.26～图 7.28 所示。

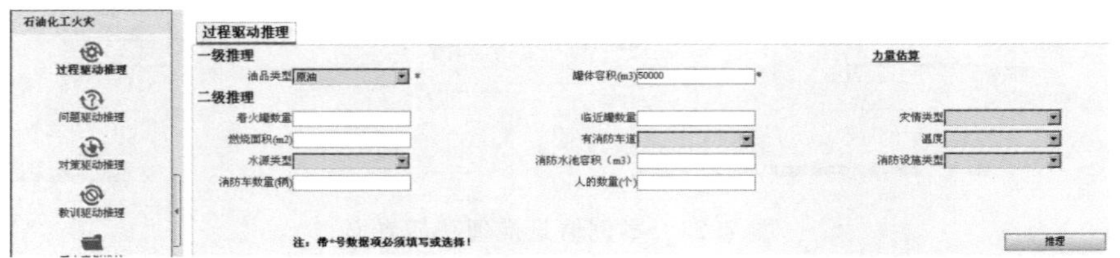

图 7.26　“类型-过程”驱动流程示意图(一)

				导出Excel
1	“5·9”中石化上海分公司	情景一	0.992756102232011	
2	“5·9”中石化上海分公司	情景二	0.992756102232011	
3	榆林“3·21”	情景一	0.9254406040589334	
4	榆林“3·21”	情景二	0.925446040589334	

图 7.27　“类型-过程”驱动流程示意图(二)

情景信息					
措施					
处置策略	对着火罐和相邻罐实施冷却				
教训					
案例	“5·9”中石化上海分公司	情景名称	情景一	情景描述	1 冷却抑爆
规模	特大	油品类型	原油	罐体类型	地上式金属
结构形式	内浮顶油罐	罐体容积(m^3)	5 000	储油量	满罐
着火罐数量	1	邻近罐数量	16	管道压力	0

图 7.28　“类型-过程”驱动流程示意图(三)

2.“类型-问题”驱动演示

当指挥员遇到现场难以解决的问题时，可启动“类型-问题”驱动模式，如“发生爆炸，造成全面停电，消防设施无法启动”等。在该模式中，系统根据用户输入具体问题的关键字信息，推理出案例情景数据中的相关内容，可以参考这些相关内容指导当前案例情景辅助决策。具体推理结果如图 7.29 所示。

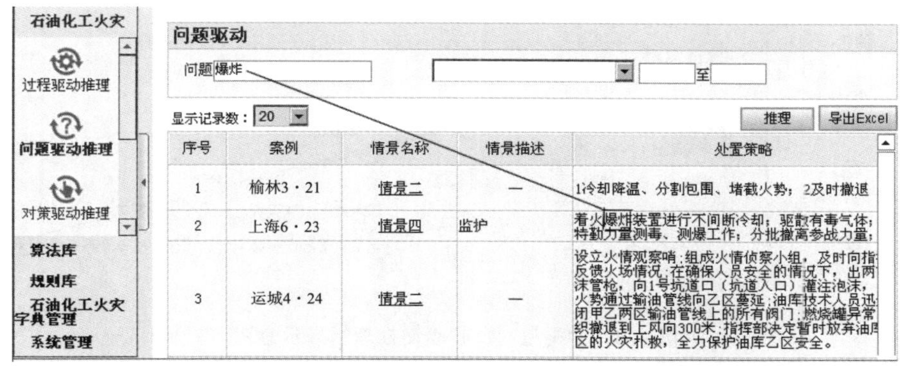

图 7.29　“类型-问题”驱动推理结果示意图

3.“类型-对策”驱动演示

在“类型-对策”驱动模式中，系统根据用户输入关键对策的信息，推理出案例情景处置策略中的相关内容，可以参考这些相关内容指导当前案例情景辅助决策。具体推理结果如图 7.30 所示。

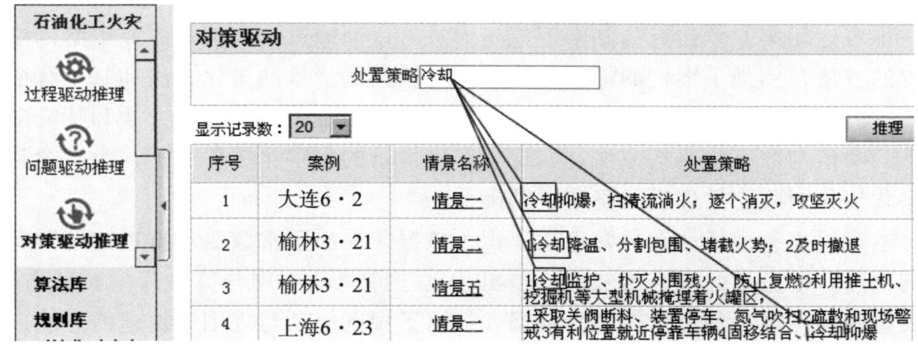

图 7.30　“类型-对策”驱动推理结果示意图

4.“类型-教训”驱动演示

指挥员在部署方案前后，均可启动“类型-教训”驱动模式，以防止以往教训重犯，如高层建筑火灾灭火救援中，消防员从窗口进入遇到轰然，造成坠落伤亡等。该模式中，系统根据用户输入可调用相似案例的相关教训内容，显示给用户，用户可以修改并借鉴这些信息指导当前灭火救援行动，从而避免产生不良后果。具体推理流程如图 7.31 所示。

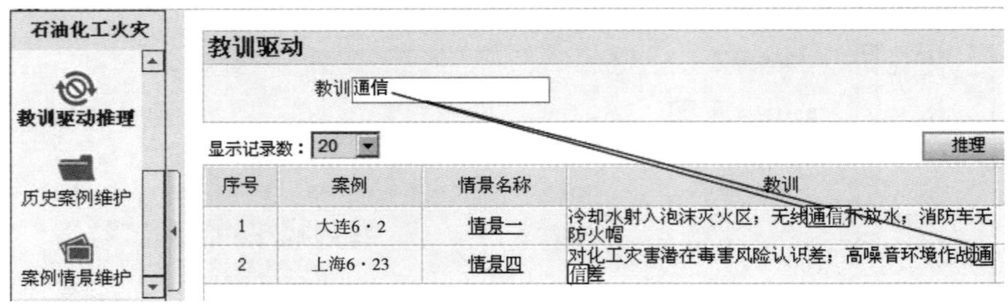

图 7.31 “类型-教训”驱动推理结果示意图

综上所述，基本实现了本章所设想的“情景-应对”型灭火救援辅助决策系统的功能设计，能够在灭火救援现场给予战斗指挥员相关的数据支持，达到辅助决策的目的。

7.6 本章小结

本章运用第 6 章研究的基本理论与方法，以油罐火灾为例，研究了案例情景分解的方法，实现了案例的情景化分解。利用案例情景的量化方法和基于特征要素表达的情景通用结构化模型，研究了情景特征向量矩阵的表达方法和特征向量矩阵的赋值与数字化重构方法，实现了案例情景的数字化矩阵表达，为后续基于数字化情景矩阵的推理模式奠定了基础。

本章以灾害现场已知的常识性知识为依据，提出了常数驱动推理与常数库构建的方法；以已知的算法为依据，提出了算法库驱动推理与算法库的构建方法；以灾害现场指挥员的经验知识为依据，提出了规则驱动与规则库构建的方法；以数字化情景矩阵为依据，提出了数字化情景库的构建方法；以数字化案例库及文字表述案例库为依据，提出了综合案例库的构建方法。

本章介绍了归纳推理、演绎推理、正向推理、逆向推理等传统的推理模式，针对突发事件案例的“情景-应对”模式，提出了“类型-过程”驱动、“类型-问题”驱动、“类型-对策”驱动和“类型-教训”驱动四种推理模式，在此基础上，模拟灾害现场指挥员的思维过程，研究了基于多库协调的混合推理方法。

本章运用上述情景知识表达和推理方法，构建了基于数字化情景矩阵的“情景-应对”型辅助决策系统平台，该平台基于情景数字化矩阵进行相似度计算，提高了计算速度和准确率，有效提升了案例的重用率。

参 考 文 献

[1] 王小科．C# 开发实战宝典．北京：清华大学出版社，2010.
[2] Schildt H. 新手学．付勇译．北京：清华大学出版社，2010.
[3] 陈迎春．一种基于面向对象的知识表示和推理机设计．西南交通大学硕士学位论文，2003.

第8章

三峡区域综合防洪应急协同决策及模拟

8.1 引言

本章以三峡区域综合防洪为背景，研究了应急响应决策过程模型，提出了基于HTN规划的应急响应决策方法，研究了集应对流程、决策方法和运行过程为一体的应急协同决策模拟关键技术，针对洪水调度会商、堤防险情处置及灾民物资转移安置三种应急决策过程，设计并实现了多部门参与的复杂应急决策过程的综合模拟。本章内容主要来源于国家自然科学基金委员会“非常规突发事件应急管理研究重大研究计划重点支持项目”(90924301)的相关研究工作[1]。

8.2 应急响应决策过程

应急响应是应急管理的主要阶段之一，而应急响应阶段的核心则是突发事件发生后，应急决策者如何快速有效地组织有关部门，调动各类资源，制订行动方案，开展有效应急处置措施。本节提出了应急响应决策过程模型，分析了应急响应决策过程特征，作为研究应急响应决策方法的基础和前提。

8.2.1 应急响应决策过程模型

应急响应是应对突发事件的关键，应急处置措施正确与否直接影响突发事件的演变，而应急响应决策是应急响应中的一个核心问题，贯穿整个应急响应过程，是一个动态的决策过程。应急响应决策过程模型需要考虑以下几个方面的特征。

(1)应急响应决策高度依赖应急情景，需要进行态势感知和信息处理。

(2)决策具有时限性，但在许多情况下，尤其是指挥层面的决策，由于涉及的部门和资源众多且方案质量关系重大，仍需要进行分析和计算。

(3)应急响应决策问题往往规模大、复杂度高，在决策过程中需要充分利用领域知识。

(4)应急态势的演化要求决策过程具有反馈机制，能够对行动方案进行快速调整。

基于以上分析，提出如图 8.1 所示的应急响应决策过程模型，主要包括感知应急态势、识别任务目标、制订行动方案和执行行动方案四个阶段。其一，在突发事件突然发生或出现某种征兆时，在有限的时间内收集处理有关环境、资源和事件现场等信息，分析和预测应急态势；其二，根据应急领域知识、相关案例和专家意见，明确决策问题与目标；其三，协调各应急组织成员的行动，制订人员救援、资源调度和险情处置等应急行动方案；其四，组织实施应急行动方案，跟踪检验执行效果，纠正应急响应决策的偏差，直到完成应急处置工作。

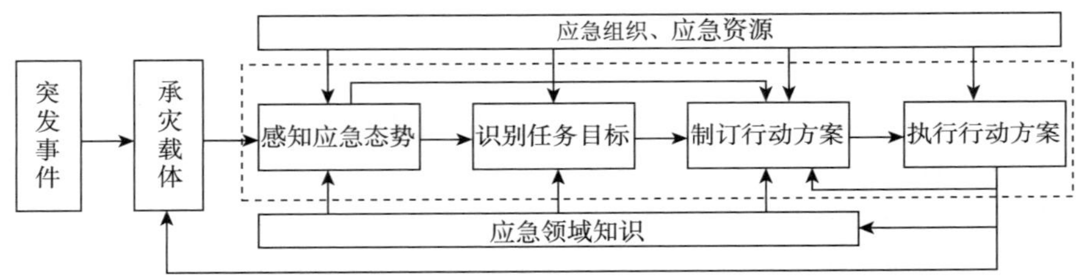

图 8.1　应急响应决策过程模型

(1)应急态势感知。应急响应决策过程开始于信息获取，搜集、整理、分析和预测突发事件、承灾载体、应急组织及资源等相关信息，包括突发事件的位置、程度、规模和复杂性，承灾载体的当前状态，应急组织及其所有资源的状态，以及态势发展的趋势。应急态势感知是开展应急响应决策工作的前提和基础。

(2)任务目标识别。应急决策实体根据应急态势和应急领域知识，在各自任务目标的基础上，通过协商形成应急组织认可的任务目标集合，确定任务目标的优先级。应急任务目标决定了应急组织的行动方向，引导应急行动方案的制订。应急任务目标识别过程中应当重点考虑应急响应的时限条件和资源的约束条件。

(3)行动方案制订。为了完成应急任务目标，根据应急态势、应急管理规章制度、标准化操作程序和专家经验知识等，应急决策实体制订能够落实到各应急执行实体的操作层面的行动方案，描述了各具体任务的执行单位、执行时间和资源等。由于应急响应决策具有时效性，一般来说希望能尽快得到一个可行的应急行动方案，但如果响应时间允许，更希望在可行方案的基础上能够获得更好的应急行动方案。

(4)行动方案执行。应急决策实体将制订的应急行动方案作为应急指令进行签署和发布，并监督应急执行实体执行相关应急行动。应急行动执行过程具有动态性和不确定性，需要对执行情况进行跟踪评估并反馈到应急决策实体。另外，应急行动方案的执行将作用于承灾载体，引起应急态势的变化，应急决策实体需要适时调整或重新制订应急行动方案。

应急响应决策过程模型总体上借鉴了西蒙的决策过程阶段划分的思路[2]，其中应急态势感知阶段获取决策所需依据的信息，对应于情报活动阶段；行动方案制订阶段对应于方案设计和抉择阶段；而行动方案监督执行阶段则对应于方案评价阶段。任务目标识别阶段则借鉴了 OODA Loop[3] 的研判阶段，根据应急态势确定应急任务目标。同时，模型强调应急领域知识的重要性，包括应急预案、应急管理规章制度、标准化操作程序、案例及经验等，借鉴了自然决策理论[4]中以知识和经验作为决策依据的思想。另外，模型关注突发事件和态势的演化及行动方案执行对应急态势的影响，与自然决策理论和战争领域的决策过程模型中高度情景依赖的特征相吻合。

应急行动方案制订是应急响应决策过程的核心环节。它涉及的应急组织众多、应急任务错综复杂、应急态势动态变化、资源种类繁多、应急领域知识不完备，且需要考虑时限性条件。因此，应急行动方案制订是一个典型的复杂非结构化决策问题。对于这类问题，无法完全采用数学建模和优化方法，主要原因如下。

(1)难以事先确定并描述每个具体的应急行动，无法建立数学模型。

(2)应急响应决策中往往存在信息缺失和传递失真的现象，导致难以获取模型所需的准确数据。

(3)应急态势的动态变化要求对数学模型进行适时调整，难以适应应急响应快速决策的需求。

另外，在应急管理实践中，应急预案、应急管理规章制度、标准化操作程序、案例及专家经验是应急行动方案制订的主要依据。因此，需要研究利用领域知识制订应急行动方案的方法，具体来说，以应急态势、任务目标和领域知识作为输入，考虑应急响应决策的特征和方案执行过程中的动态性及不确定性，生成具体的应急行动方案，如图 8.2 所示。

8.2.2　应急响应决策的特征

应急响应活动包括保障受影响区域的安全、疏散受威胁的人员、搜救伤者、为伤员提供应急医疗救助和为被疏散者提供住所等，在非常紧急的条件下，其决策涉及众多的人员、部门、设备、物资等的组织协调、资源调度等问题，而突发

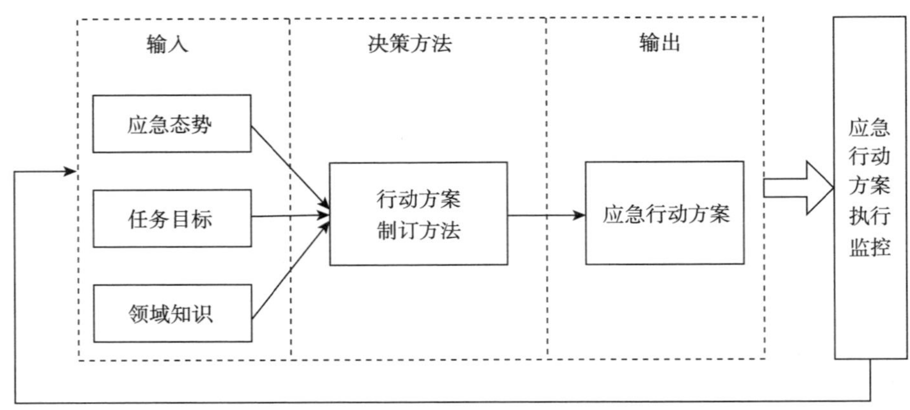

图 8.2　应急行动方案制订

事件具有的突发性、危害性、紧迫性、不确定性和复杂性等特征，决定了应急响应决策的特殊性。一般来说，应急响应决策具有协作性、动态性、时效性和层次性等特点。

(1)协作性。应急响应过程往往涉及多个利益相关主体，且缺乏合作经验的单位或部门，包括多个地区的政府部门、非政府组织和社会公众等。各单位的应急行动需要共享信息，协作配合，消解局部目标的冲突，这样，可以更加有效地完成应急任务目标、避免救援力量分布不合理、孤军奋战及资源浪费。另外，应急决策实体来自不同的领域，具有不同的知识背景，要实现决策实体间的协作需要对具有异构性的领域知识进行有效管理。

(2)动态性。应急态势涉及众多相互耦合的要素，突发事件发生发展和演变过程与应急行动执行过程共同导致应急态势的动态变化。同时，应急过程中的信息往往不确定、不准确或不可知。因此要求应急响应决策方法能够适应应急态势动态变化的情况。

(3)时效性。突发事件是突然发生和难以预料的，如未及时有效地对其实施干预和抑制，会造成严重甚至灾难性后果。应急响应决策具有强烈的时效性特征，应急决策工作的开展和应对方案的执行必须在有限时间内完成。因此，与传统的决策过程相比，更强调能够快速生成可行的行动方案。

(4)层次性。应急组织往往涉及从国家到地方的单位或部门，具有层次性特征。同时，应急行动方案的制订是根据抽象的应急任务目标形成具体可执行的应急行动方案，实际上是从宏观到微观逐渐细化，将任务目标逐步分解为具体可执行的行动。

8.2.3　三峡区域综合防洪应急协同决策问题

三峡工程是世界级特大型水利工程。三峡区域洪水的有效应对对三峡水库安全及周边地区的人民的生命财产安全具有重要意义。三峡水库可能会遭遇超设计标准洪水、工程隐患、地震灾害、地质灾害、水库溃坝等多种突发事件。这些突发事件会造成重大人员伤亡、特别重大财产损失或重大生态环境破坏等恶劣后果。遭遇突发事件时，三峡区域综合防洪应急决策涉及国家防汛抗旱总指挥部(以下简称国家防总)、长江防汛抗旱总指挥部(以下简称长江防总)、三峡葛洲坝梯级枢纽防汛指挥部(以下简称三峡总公司)及湖北省防汛抗旱总指挥部(以下简称湖北防总)等多个决策部门，主要关注洪水调度会商、堤防险情处置及分蓄洪区居民物资转移安置等决策问题。

1. 决策环境

三峡区域综合防洪应急决策所考虑的环境因素包括洪水运行和应急资源调度所涉及的环境区域，如图 8.3 所示。

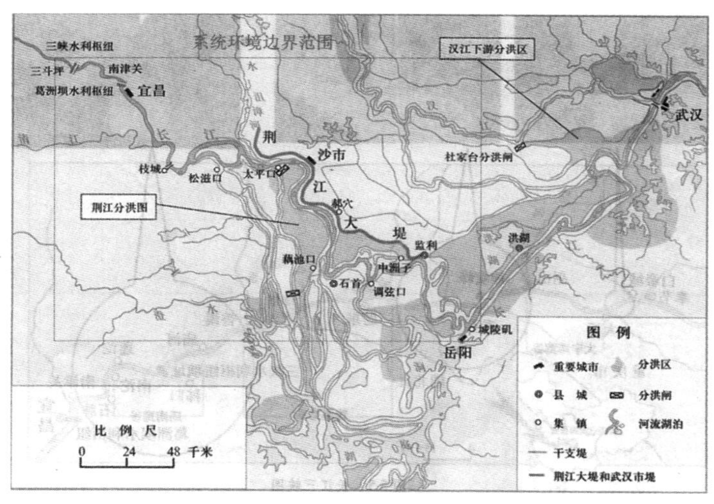

图 8.3　防洪应急响应环境边界示意图

环境边界由三峡大坝、三峡大坝至枝江口(枝城)长江干流、荆江河段(长江自枝城至城陵矶)长江干流，以及荆江分蓄洪区组成。该区域涉及湖北省和湖南省，具体包括湖北省宜昌市、荆州市，湖南省岳阳市等区域。其中，三峡大坝位于宜昌市三斗坪，在葛洲坝大坝坝址上游 38 千米处；荆江分蓄洪区包括荆江分洪区(荆州市公安县)、宛市扩大分洪区(荆州市公安县)、虎西备蓄区(荆州市荆州区弥市镇、荆州市松滋市宛市镇月堤村)和上、下人民大垸蓄滞洪区(荆州市石首市和荆州市监利县)。总蓄洪面积 1 358 平方千米，有效容积 71.6 亿立方米，现有人口 87.01 万人。

2. 突发事件

主要考虑突发洪水和堤防工程险情两类突发事件，详细描述如表 8.1 所示。

表 8.1　突发事件描述

突发事件	事件属性
洪水突发事件	洪水突发事件由洪水频率、洪水流量、洪水过程线等进行描述，考虑的洪水突发事件包括：① 三峡入库洪水；②由三峡下泄洪水及下游支流、汇流等形成的荆江河段洪水
堤防工程险情	包括管涌和溃口两类险情，描述参数主要包括险情产生的诱因、不同水位下产生险情的概率及具体描述参数

3. 决策问题

三峡区域综合防洪所涉及的决策问题众多而且复杂，本小节选取其中最为典型的三峡洪水调度、堤防工程险情处置和分蓄洪区疏散转移安置三类决策问题进行描述，如表 8.2 所示。

表 8.2　决策问题描述

决策问题	决策内容
三峡洪水调度	各决策实体根据三峡入库流量制定各自的洪水调度目标，对目标进行协商协调，形成最终的洪水调度方案，分为分蓄洪区洪水调度方案和三峡水库调度方案两类
堤防工程险情处置	根据堤防工程险情的属性，上级决策实体将应急任务下达给下级实体，并划拨抢险物资与抢险队伍，下级实体制订险情处置方案
分蓄洪区疏散转移安置	根据洪水调度的会商结果，启用分蓄洪区，通过多部门协作任务规划制订转移安置方案

8.3　基于 HTN 规划的应急响应决策方法

应急行动方案制订是一个典型的复杂非结构化决策问题，涉及众多的人员、部门、设备、物资等，无法完全采用数学建模和优化方法，而且需要充分利用应急领域知识作为方案制订的依据。在智能规划领域，HTN 规划基于分层分解思想进行动作推理，能够有效模拟决策者的认知过程，在任务分解的过程中能够很好地描述和利用领域知识，能够用以建模和求解大规模决策问题，这种思想与应急行动方案制订决策问题相一致，能够有效辅助应急管理人员根据复杂应急态势规划制订应急行动方案，开展应急响应工作。本节首先分析了 HTN 规划的特点及其在应急响应决策中的适用性，并在此基础上，提出了基于 HTN 规划的应急响应决策方法[1]。

8.3.1　HTN 规划在应急响应决策中的适用性

HTN 规划起源于 20 世纪 70 年代[5,6]，是一种应用最为广泛的智能规划方法。但人们直到 20 世纪 90 年代才对它有了充分的理论认识[7~10]，提出 HTN 规划的形式化模型，进行了复杂性分析，并证明了它的可靠性和完备性。

HTN 规划的主要思想是利用领域知识递归地将复杂抽象的任务进行逐层分解，直到可以通过执行规划动作就能完成原子任务为止，具有较高的规划效率。与经典规划类似，其系统状态用原子命题集合表示，原子动作对应于确定的状态转换。HTN 规划中设计了任务分解过程，其目标描述和规划过程均与经典规划有所区别。HTN 规划的目标不是要达到某一目标的状态集合，而是要完成某一任务集合，从而解决实际规划领域难以给出系统目标状态的问题。HTN 规划的输入不仅包含任务集合和操作符集合，还包含方法集合，其以“处方”(prescription)的形式描述如何将某一任务分解为更小的子任务。

HTN 规划体现了任务目标驱动的决策行为，能够实现问题领域过程性知识的建模，是一种用以解决大规模规划问题的有效技术。与经典规划相比，HTN 规划主要的优点在于其推理能力及其可以对领域知识进行有效表示，它能表示并求解多种非经典规划问题。HTN 规划借助方法集合来引导搜索，求解经典规划问题的速度比那些经典或类经典规划方法快好几个数量级，但其先决条件是需要领域专家给出合适的方法集合。

应急响应决策过程主要是指应急决策者基于当前态势，根据应急领域知识，识别应急任务目标，以此制订应急行动方案，并组织方案实施和监控。制订有效的应急行动方案是应急响应决策过程的核心环节。非结构化的应急领域知识是应急行动方案制订的主要依据，而 HTN 规划能够有效地描述和使用这些领域知识。另外，HTN 规划针对任务目标集合的分解过程体现了目标驱动的决策行为，符合应急响应决策的层次性特征。因此，利用 HTN 规划能够有效辅助应急决策人员面对复杂应急态势生成应急行动方案。

具体来说，基于 HTN 规划的应急响应决策方法的主要优势包括以下四个方面。

(1)HTN 规划具有较强的表达能力，能够对应急决策问题进行有效的知识建模和表示。

(2)HTN 规划求解过程具有目标导向的特征，将问题求解过程分解为确定目标的完成途径和选择实现目标的最佳方法两个相对独立的子过程，与决策者进行应急响应决策的思考过程具有相似性。

(3)HTN 规划过程生成的分层任务网络表达了目标与子目标之间的分解关系，提供了应急行动方案制订过程中涉及的决策点及其上下文信息，反映了具有层次性的应急响应决策过程。

(4)HTN 规划中使用了方法集合，可以利用方法模型描述应急领域的过程性知识，表达不同应急态势条件下完成给定任务目标的多种途径，将已有的经验和知识很好地表示和利用，提高规划的速度及应急响应决策的速度。

目前，HTN 规划已经被应用于应急决策领域。Asuncion 等基于时态 HTN 规划设计并开发了一种用于辅助应急指挥人员应对森林火灾的决策支持系统 SIADEX[11]。Muñoz-Avila 等将 HTN 规划和案例推理方法相结合，提出了一种基于案例的规划算法 SiN，作为决策支持系统 HICAP 的推理逻辑，用以支持应急管理人员制订海上应急疏散方案[12]。Biundo 和 Schattenberg 等将 HTN 规划与状态抽象技术相结合，设计了一种混合规划框架，用以辅助防汛应急管理人员制订防汛行动方案[13]。Wickler 等将 HTN 规划作为应急决策支持系统 I-X 的推理逻辑，将其应用于地震救灾过程[14]。Tecui 等基于 HTN 规划构建了应急决策支持系统 Disciple-VPT，能够有效支持应急响应中多个部门开展合作规划的过程，辅助应急管理人员制订应急行动方案，取得了较好的应用效果[15]。Nau 等研发的领域可配置的 HTN 规划器 SHOP(simple hierarchical ordered planner)和 SHOP2 也被广泛应用于应急疏散等应急响应决策问题[16]。

8.3.2 基于 HTN 规划的应急响应决策方法体系

应急行动方案制订决策问题，以应急态势、任务目标和领域知识作为输入，以具体的行动方案作为输出，图 8.4 描述了基于 HTN 的应急响应决策方法体系。该方法体系的各环节对应于应急响应过程中的各决策阶段，其核心是基于 HTN 的应急行动方案制订方法，态势信息、领域知识、任务目标是基于 HTN 的应急行动方案制订方法的输入，对所制订方案的执行情况的监控及反馈则体现了应急决策过程的高度动态性和不确定性的特征。

1. 应急领域知识管理

应急领域知识是生成科学有效的应急行动方案的依据，以规划领域文件(即 Domain 文件)的形式作为 HTN 规划器的输入，领域知识是否准确和完备会直接影响规划的质量和效率。但 Domain 文件需要用特定的规划描述语言表示，而应急管理者通常缺乏领域知识建模能力，无法将应急预案、规章制度、案例和经验知识等应急领域知识直接表示成 Domain 文件。解决这一问题的一种可行的思路是将应急领域知识表示成一种知识模型，再向 Domain 文件转换。然而，应急领域知识往往是异构且非结构化的，缺乏统一的术语进行描述，难以对其进行建模。因此，需要研究一种知识建模方法，能够消除异构知识间的理解障碍，实现知识共享。同时，需要研究将该知识模型转换为 Domain 文件的转换方法。

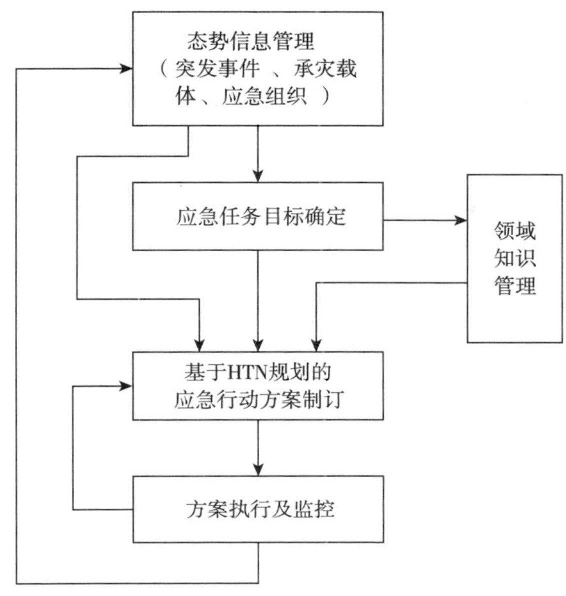

图 8.4　基于 HTN 的应急响应决策方法体系

2. 应急决策组织建模与应急目标制定

在应急响应决策过程中，识别应急目标是制订应急行动方案的前提。它是由分布在不同地理位置的多个单位根据局部动态变化的应急态势制定各自的目标并相互协作形成应急任务目标集合，其本质是一种组织决策。许多学者对应急决策组织开展了大量研究，主要集中在应急决策组织的结构、模式等方面的定性研究，但组织成员的决策行为及其交互方式决定了应急组织决策的效率，对应急决策组织进行建模并模拟其交互过程成了一个急需研究的问题。另外，有关应急目标的制定问题，大多是从定性的角度开展研究，其目标描述方法和目标处理方式相对简单，但应急目标不仅带时间窗而且具有时间约束和资源约束，不能采用拒绝采纳或放弃目标的简单处理方式，需要研究组织背景下考虑时间约束和资源约束的应急目标制定方法。

3. 基于 HTN 的应急任务规划

虽然 HTN 规划具有强大的规划能力，适用于解决复杂的规划问题。然而，应急领域的特殊性对其提出了新的要求。应急任务规划是在应急响应决策的特殊约束条件下，多个参与单位共同协作，快速制订应对方案，并根据动态变化的应急态势对方案进行实时调整，从而有效组织和实施突发事件的应急处置工作。因此，需要针对应急任务规划的领域特征，研究和解决以下几类关键问题[1]。

(1)在 HTN 规划问题的描述和规划过程中需要充分考虑时间和资源等约束

条件。应急响应决策中，应急任务间存在着依赖关系，并串行执行关系和同步关系等复杂时态特征。同时，方案制订过程和资源分配过程高度耦合，方案制订过程中选择不同的任务执行方式会产生不同的资源需求，资源因素又会影响应急决策者的决策行为。因此，需要在 HTN 规划过程中对时间和资源进行管理，考虑时间约束和资源的合理分配[17～19]。

(2)在现有的 HTN 规划快速产生可行解的基础上，需要对解的性能进行优化。在应急响应决策中，应急行动方案性能的好坏直接影响应急响应决策的效果。应急决策者通常不满足于获得一个可行的行动方案，而是希望得到性能更好的应急行动方案。而且，应急行动方案的评价还往往涉及多个性能指标。在应急任务规划中，需要研究如何根据多个性能指标评价应急行动方案，并将评价的结果应用于规划过程中，以搜索质量更好的应急行动方案[20]。

(3)应急响应决策往往涉及多个参与单位，由于难以做到信息完全共享，各单位基于局部应急态势制订行动方案，行动方案之间往往存在冲突。传统的 HTN 规划处理这类问题的主要思路是先生成局部行动方案，然后再按照协调机制消解局部行动方案间的冲突，最终形成全局行动方案。然而，这种方法很可能会以决策时间为代价，不符合应急环境下快速决策的要求。因此，需要在规划过程中同时考虑协作问题，研究 HTN 协作任务规划的新方法[21]。

(4)应急决策环境的动态性是应急响应决策过程的显著特征，现有的 HTN 规划往往假设规划过程中的任务目标保持不变，对系统的动态变化过程考虑甚少。应急决策环境的动态变化主要体现在新的任务目标的产生，以及随机因素导致的执行过程与规划方案的不一致。因此，需要充分考虑这些因素对规划方法的影响，研究动态决策环境下的 HTN 规划方法[22]。

8.4　应急协同决策过程模拟技术

在应急响应过程中，决策环境始终在迅速变化，往往无法预知。如何提高应急管理人员在复杂决策环境下的应对能力是应急管理的一个重要问题，而应急决策过程模拟是解决这一问题的有效手段。

8.4.1　基于分布式交互仿真技术的协同决策过程模拟

近年来，随着计算机仿真技术的不断发展，应急管理领域大量地运用各种计算机仿真技术，开发出不同类型的应急响应模拟系统，用于研究应急响应过程中的情景再现、态势推演、决策、评估和训练等问题。应急响应模拟系统主要分为集中式模拟和分布式模拟两大类。

集中式应急响应模拟系统主要针对特定突发事件的演化特征、环境变化特征及人员行为特征等，对突发事件演化过程及其影响进行模拟、分析和评估，主要应用于地震、恐怖袭击、危险品管理等领域。Takeuchi 等提出了一种地震模拟系统，集成了各种自然现象模拟器，并考虑了重大城市地震灾害中人的行为，用于精确分析和预测灾害过程[23]。Ren 等开发了一种基于虚拟现实的地铁站人员疏散模拟系统，用于人员疏散过程分析[24]。Shendarkar 等开发了一种基于虚拟现实的人群模拟系统，用于恐怖袭击突发事件的人群疏散管理[25]。

集中式应急响应模拟系统难以实现对多决策者参与的复杂应急协同决策过程进行模拟。随着分布式仿真技术的不断发展，应急领域中的模拟系统越来越多地采用这一技术，更好地模拟实际的应急响应过程，以支持应急响应过程训练和应急响应效果评估。Mendonça 等提出了一种基于游戏模拟的应急响应群决策支持系统，用于应急响应操作训练和评估[26]。Shao 和 Mclean 将仿真技术与游戏技术相结合，提出了一种分布式仿真训练原型系统，用于应急响应训练[27]。赵策和陈国友基于 HLA 框架，将多人在线游戏与分布式仿真系统相结合，定义了系统的交互机制，构建了综合应急模拟训练系统框架[28]。

现有的应急响应模拟系统主要对应急行动执行过程进行模拟，或是对突发事件演化过程本身进行模拟。然而，在应急响应过程中，决策过程和行动执行过程往往相互影响交叠，单一地模拟突发事件的演化过程、应急决策过程或行动执行过程，很难真实全面地反映出突发事件应急协同决策过程的特征。

三峡区域综合防洪应急决策过程涉及多个应急响应实体，分布式环境下各实体之间存在大量的信息交互。HLA 作为一种可重用性与互操作性高的分布式交互仿真标准，能够有效支持大规模分布式交互仿真，可为上述决策过程提供综合模拟环境。另外，三峡区域综合防洪应急决策问题涉及大量对象和行动，属于典型的复杂任务规划问题，HTN 规划技术逐层分解的思想及其对领域知识的表达能力能够有效地解决这类问题。8.4.2 小节主要介绍了模拟系统中 JSHOP2 的集成开发、OWL 本体知识建模和 HLA 分布式交互仿真技术等关键技术，以及系统开发的环境。

8.4.2　关键技术

1. JSHOP2 集成开发

1）JSHOP2 的实现流程

本章所研究的 HTN 规划方法是在开源的 HTN 规划器 SHOP2[29] 的基础上开发的。JSHOP2 是 SHOP2 的 Java 版本实现，是一个基于偏序任务分解的可配置的规划系统，按任务被执行的顺序进行规划。JSHOP2 的实现流程如图 8.5 所示，其具体实现包含以下三个阶段。

第一阶段。领域知识文本解析。按照设计的领域知识模型语法模板，利用自

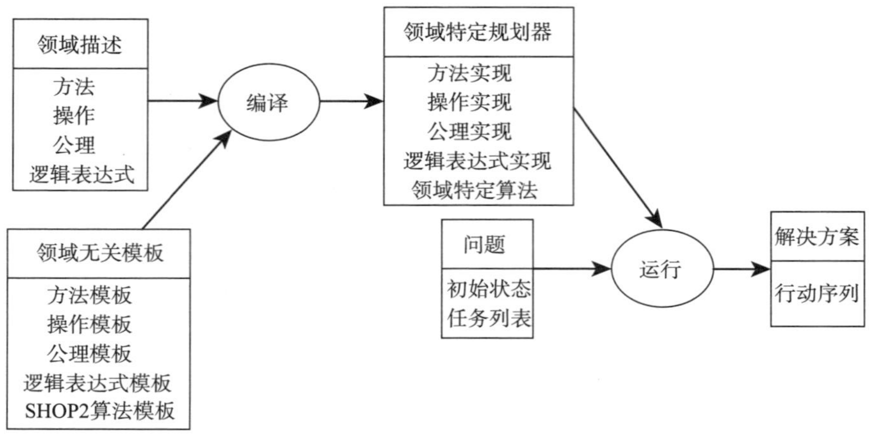

图 8.5　JSHOP2 实现流程

然语言识别器对一阶谓词描述的 JSHOP2 领域知识和规划问题进行解析、编译，生成对应的知识模型 Java 类。

第二阶段。规划问题文本解析。按照设计的问题模型语法模板，利用自然语言识别器将一阶谓词描述的 JSHOP2 问题模型编译为对应的规划问题 Java 类。

第三阶段，执行规划程序。根据生成的领域知识模型 Java 类与规划问题 Java类，自动调用规划算法生成行动方案。

JSHOP2 规划系统的输入包括规划领域知识文件和规划问题文件。规划领域知识模型由方法集合、操作符集合和公理集合组成，规划问题模型由用逻辑原子表示的初始状态和任务网络组成。上述组成元素都是用一阶谓词描述的，JSHOP2 有自己的语法形式，并吸收了很多规划领域定义语言(planning domain defination language，PDDL)的优点。

JSHOP2 采用语言识别工具 ANTLR(another tool for language recognition)。利用 ANTLR 中的自然语言识别器，将按 JSHOP2 语法定义的知识模型编译为自然语言识别文件 JSHOP2. g。

2)JSHOP2 的动态编译与加载

领域知识文件可由 OWL 本体知识管理模块生成，并可被编译成 Java 可执行的 . class 文件。系统利用 Java 的 Class. for Name(String)函数，将 . class 文件加载到系统。

根据规划问题文件模板和态势信息，系统动态构建规划问题文件。规划问题文件包括初始状态与任务网络的相关信息。应急态势变化后，系统需要动态编译和加载规划问题文件，才能调用 JSHOP2 的规划算法生成应急行动方案。

动态编译会涉及 InternalDomain 类和 AdvancedCompiler 类。前者包含函数

public void close(intvarsMaxSize)和 public void command To Code(LinkedList＜Vector＜Predicate＞＞ states，LinkedList＜TaskList＞ taskLists)，用于动态生成规则领域知识和规划问题对应的 Java 文件；后者包含主函数 public static void complie(String code，String name)和辅助函数 private static Simple Java File Object construct Testor(String code，String name)，动态编译生成的 Java 文件，得到相应的 Class 文件。动态加载会涉及 HTN Factory. class 文件。动态编译和加载的核心代码如图 8.6 所示。

```
Class clazz=Class. forName("temp. problem");
obj = clazz. newInstance();
Method method = clazz. get Method("getPlans", new Class[0]);
method. invoke(obj);
```

图 8.6　动态编译和加载的核心代码

2. 基于 OWL 的本体知识管理

OWL 本体知识管理提供友好的用户接口，使应急管理人员根据自身掌握的应急领域知识对本体进行修改、整合，并通过本体模型转换方法获得满足 JSHOP2 语法要求的领域知识文件。

OWL 本体知识管理子系统采用三层系统结构，分为本体层、逻辑层和界面层，如图 8.7 所示。本体层是基于 OWL 本体描述语言的本体知识库，以 OWL 文件的形式存储；界面层为应急管理人员提供良好的查看和编辑界面；逻辑层包括本体查看、本体编辑和本体转换三个子系统主要功能。

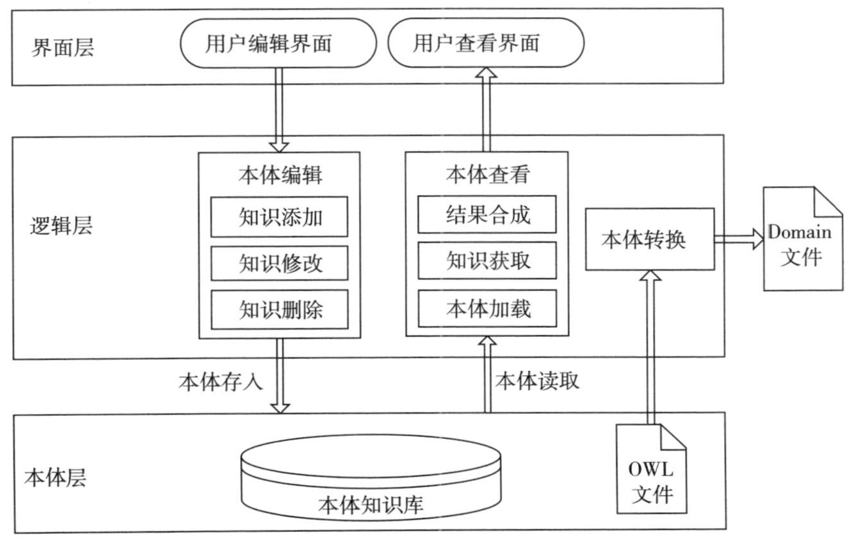

图 8.7　基于 OWL 的本体知识管理系统结构

(1)本体查看模块。本体查看通过本体加载、知识获取和结果合成，得到用户查询的结果，供用户查看界面呈现。具体来说，通过 protégé-API 加载 OWL 文件中的本体模型，获取本体中定义的所有类、属性和实例等，根据用户查询的内容对已获得的本体知识进行组合并呈现给用户。

(2)本体编辑模块。本体编辑对用户编辑界面进行添加、修改和删除操作进行处理并保存至本体模型。具体来说，根据用户编辑界面进行更新操作，通过 protégé-API 对本体模型中相应的类、属性和实例等进行添加、修改或删除。

(3)本体转换模块。本体转换模块将应急处置知识从 OWL 文件中解析出来，转换形成规划领域知识文件。具体来说，通过 protégé-API 获取 OWL 文件中的应急计划片段实例、前提条件实例、应急领域规则实例、执行方案实例和应急行动实例，分别转转成方法、前提条件、方法分支、分解子任务列表和操作，得到规划领域知识文件。

3. HLA 分布式交互仿真技术

HLA 是用于产生计算机模型或仿真系统的软件体系结构，HLA 的显著特点是通过运行支撑框架(run-time infrastructure，RTI)，提供通用的、相对独立的支撑服务程序，将仿真应用同底层的支撑环境分开，即将具体的仿真功能实现、仿真运行管理和底层通信传输三者分离，隐蔽了各自的实现细节，从而使各部分可以相对独立地进行开发，并能利用各自领域的先进技术。

在 HLA 中，将用于实现某一特定仿真目的的分布式仿真系统称为联邦(federation)，它是由联邦成员(federate)、联邦对象模型(Federation object model，FOM)、仿真对象模型(simulation object model，SOM)和 RTI 构成的集合。参与联邦的所有应用都称为联邦成员。FOM 中定义了参加联邦的所有对象类和交互类及它们的属性和参数信息。SOM 中定义了单个联邦对象的信息，包括对象、属性、交互和参数等。RTI 是一种通用的分布式交互仿真支撑软件，用于集成各种分布的联邦成员，在联邦运行时提供具有标准接口的服务。整个仿真过程称为联邦执行(federation execution)。模拟系统主要利用 HLA 的 RTI 技术实现数据交互和仿真时间同步两个主要功能。

1)数据交互

RTI 进行数据交互首先需要设计数据交互类，即确定各个联邦成员之间的数据流和控制流。各个联邦成员通过发布其他联邦成员所感兴趣的交互类，订购自己所需要的交互类，来实现联邦成员之间的信息交换。模拟系统采用单交互类的设计方法，并为联邦成员之间的信息交换提供了如表 8.3 所示的统一数据格式。这样，RTI 就不用关心联邦成员的具体数据内容，而只需要对统一的交互类进行订购和发布，即使有新的事件加入，也只需要把新的事件数据转换成统一的格式，不需要改动联邦成员数据交互的程序代码。因此，进一步提高了系统的通用性和可扩展性。

表 8.3　交互类参数信息

Interaction(交互类)	Parameter(参数)	DataType(数据类型)	Content(数据内容)
Communication	MessageId	String	消息编号
Communication	Message	String	消息内容
Communication	Sender	String	发送实体

2)时间同步

系统要求实体可以自由加入或自由退出，不影响仿真时间的推进。为此，采用了一种基于时间源的同步方法，以管理者实体为标准时间源，通过管理者实体发送的时间同步命令进行同步。每个联邦成员都有各自的仿真时间，而且各联邦成员使用时间管理服务的程度并不相同。下面是不同的联邦成员的时间管理机制，如表 8.4 所示。

表 8.4　联邦成员的时间管理机制

成员名称	成员类型	成员作用
一般仿真成员	时间调节的联邦成员，完全同步	时间推进需考虑其他联邦成员
管理者	时间调节但不受时间限制的联邦成员	群发发送时间参数，推进仿真时间
观察者	时间受限但不是时间调节的联邦成员	允许其他成员调节仿真时间

8.5　三峡区域综合防洪应急协同决策模拟系统实现

8.5.1　三峡区域综合防洪应急决策业务流程

三峡区域综合防洪应急协同决策的主体业务流程包括洪水调度会商、堤防险情处置和分蓄洪区转移安置。

1. 洪水调度会商

洪水调度会商业务体现了多部门应急协商过程，根据三峡洪水入库流量，参与洪水会商的各部门确定洪水调度目标，通过协商制订相应的调度方案，根据会商结果，进行三峡水库洪水调度或分蓄洪区洪水调度。具体流程如图 8.8 和图 8.9所示。

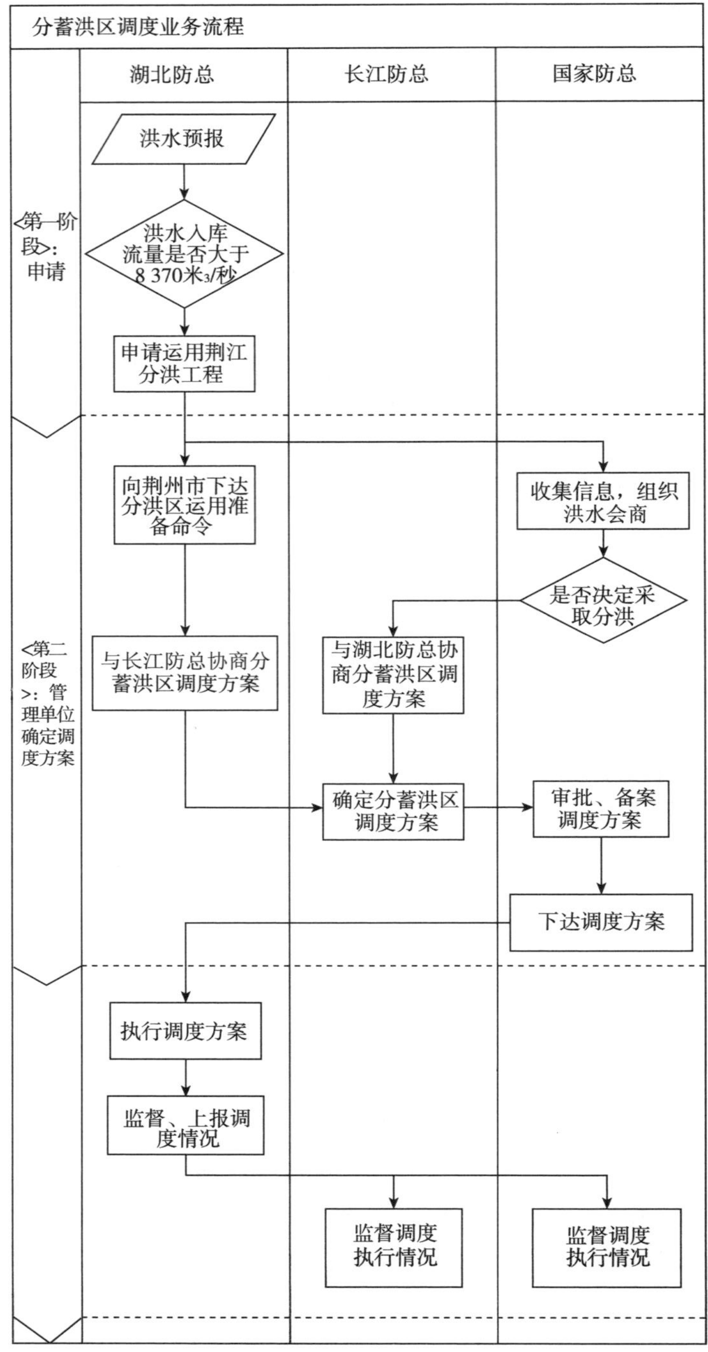

图 8.8　分蓄洪区洪水调度会商业务流程

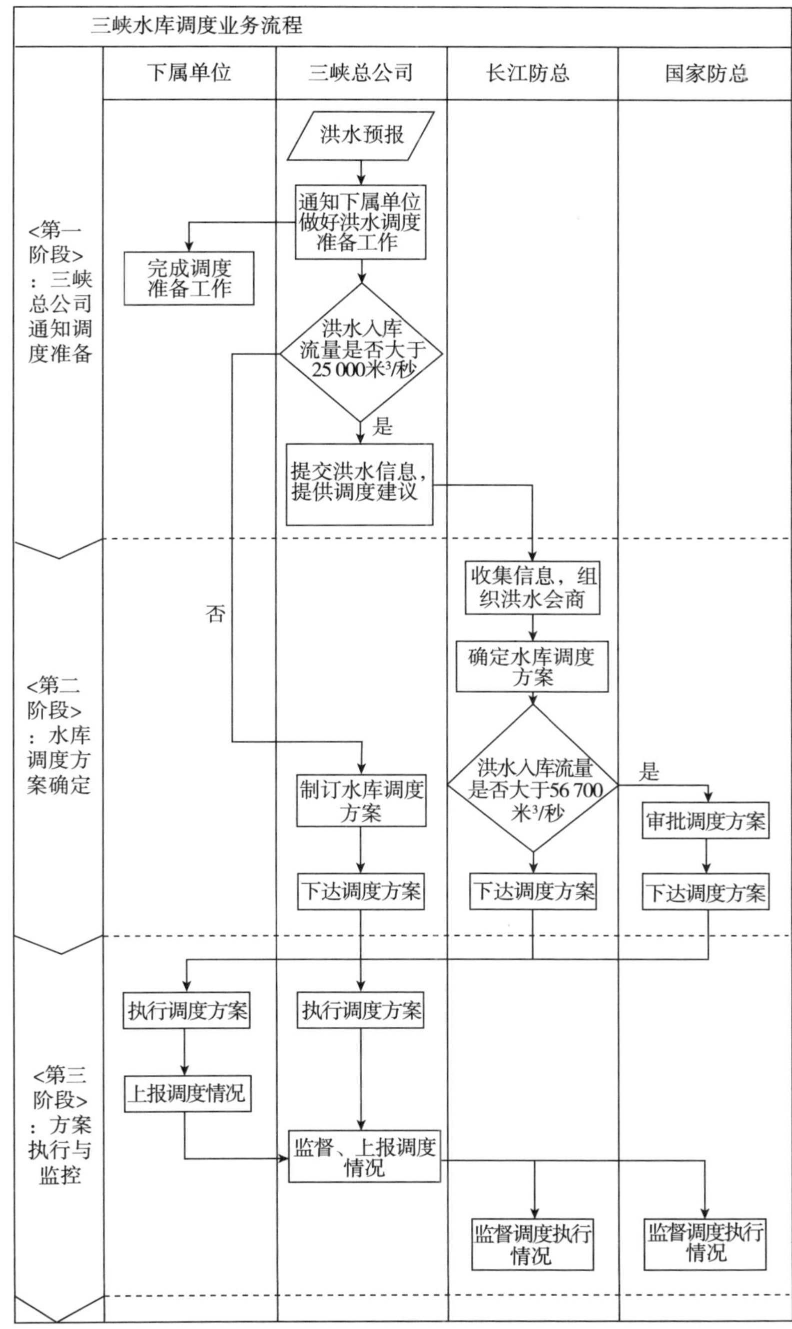

图 8.9　三峡水库洪水调度会商业务流程

2. 堤防险情处置

三峡洪水可能导致堤防险情突发事件的发生，上级部门根据险情成立现场指挥部，划拨应急物资和队伍，现场指挥部制订险情处置方案，并根据应急态势对行动方案进行动态调整。堤防险情处置的业务流程如图 8.10 所示。

3. 分蓄洪区转移安置

当三峡洪水入库流量达到 83 700 米^3/秒时，可能会启用分蓄洪区，这将直接触发分蓄洪区转移安置的决策过程。在现场指挥部的指挥下，转移安置部门、公安部门、交通运输部门和民政部门分别制订各自的应急行动方案，通过协调消除方案之间的冲突，并协作执行应急方案。分蓄洪区疏散转移安置的业务流程如图 8.11 所示。

8.5.2 系统总体结构

系统基于分布式事件调度与仿真控制框架设计了应急响应模型、决策模型和环境模型等仿真模型，提供了仿真方案管理、仿真过程管理和分析评估管理等辅助功能，其总体结构如图 8.12 所示。

1. 分布式事件调度与仿真控制框架

模拟系统选用由瑞典 PITCH 公司开发的 pRTI 作为仿真运行支撑平台，基于 HLA 的分布式事件调度与仿真控制提供了 RTI 接口和事件调度接口，实现了仿真模型运行控制和应急组织间的信息交互。

2. 仿真模型

(1)环境模型，主要提供各种外部环境和内部环境的计算机仿真模型，如水文模型、大坝模型、洪水模型和堤防模型等，态势子系统综合反映了各仿真模型间的关联及影响，并发布应急态势的实时信息。

(2)应急响应模型，主要用于各应急组织的决策过程和行动执行过程的仿真，包括各级应急指挥部门(如国家防总、长江防总、三峡总公司等)、现场指挥部、应急处置队伍等的决策、协调、指挥、处置等过程。

(3)决策模型，主要包括任务规划、协作规划、协商协调等决策模型。其中，应急任务规划是在 JSHOP2 的基础上结合三峡区域综合防洪背景实现的。

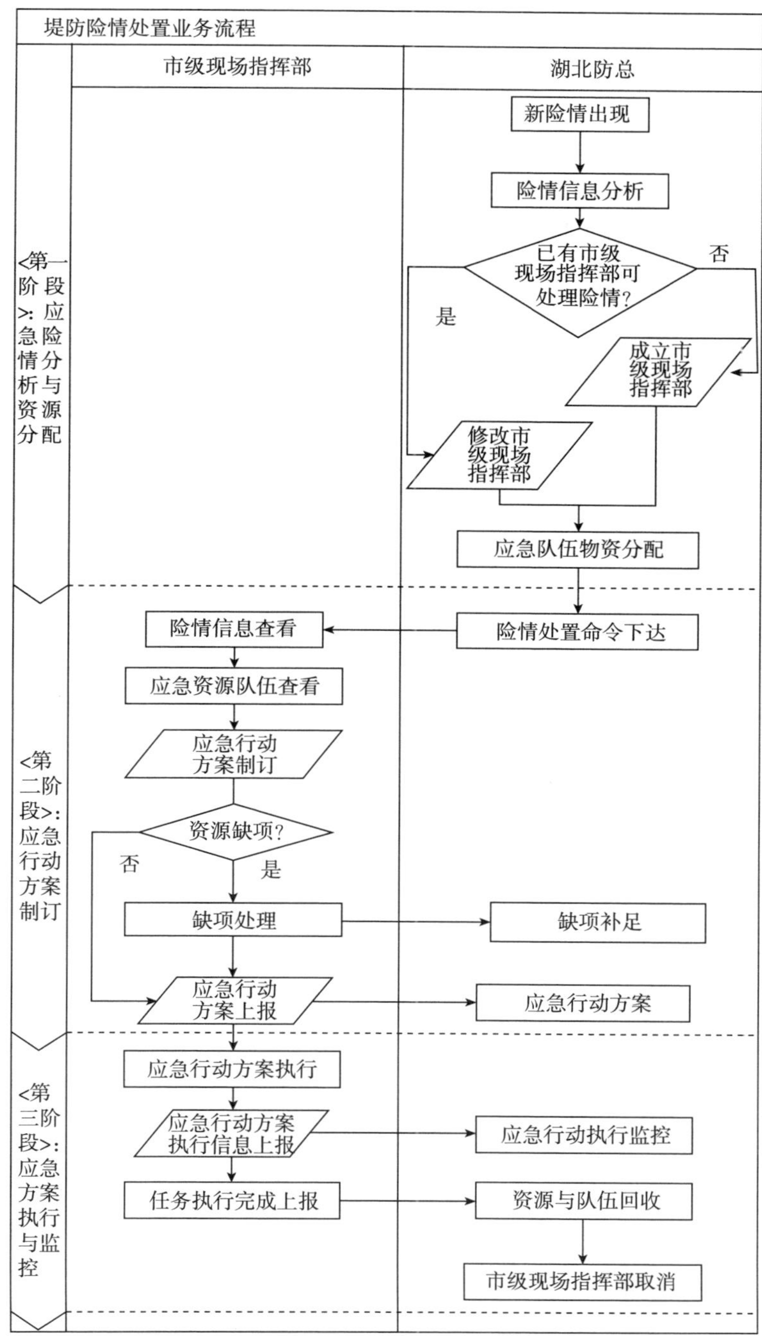

图 8.10　堤防险情处置业务流程

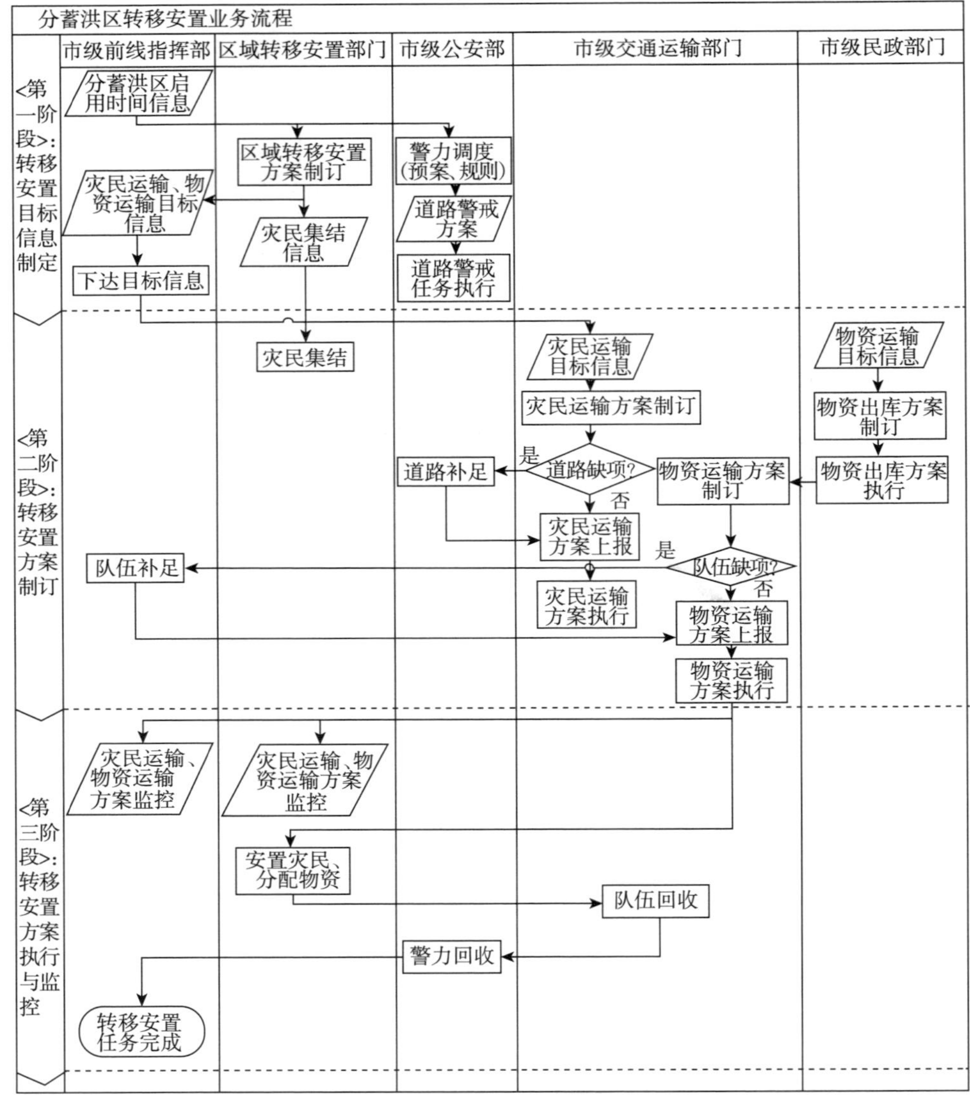

图 8.11 分蓄洪区转移安置业务流程

3. 辅助功能

(1)仿真方案管理，提供基础数据管理、方案管理、脚本管理等功能，实现仿真所需的基础数据信息的集成、仿真方案信息分类管理和仿真脚本的数据管理。

(2)分析评估管理，提供系统状态跟踪、信息集成、信息分类等功能。

(3)仿真过程管理，提供仿真系统管理、仿真日志管理、权限管理等功能。

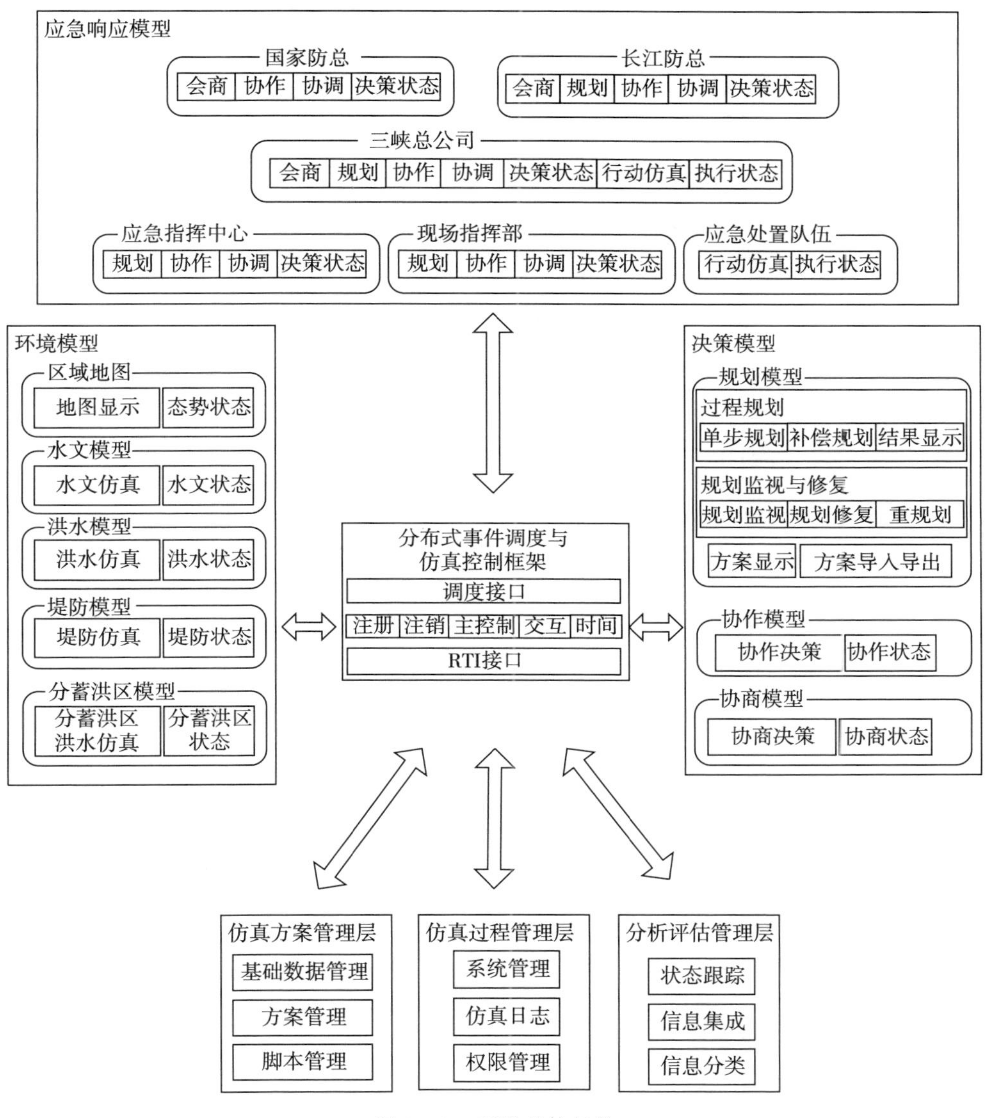

图 8.12　系统总体结构

8.5.3　系统开发环境

三峡区域综合防洪应急协同决策模拟系统的开发环境包括硬件环境和软件环境，具体信息如表 8.5 所示。

表 8.5　系统开发环境

硬件环境	通信服务器	Lenovo Window7 PC：CPU/Intel(R) Core(TM) 2 DUO、内存/2GB、硬盘/300GB
	数据库服务器	Lenovo Window7 PC：CPU/Intel(R) Core(TM) i3、内存/4GB、硬盘/500GB
	客户端	Lenovo Window7 PC：CPU/Intel(R) Core(TM) 2 DUO、内存/2GB、硬盘/300GB
软件环境	Sybase Power Designer 12	数据库模型建立
	Oracle10g	仿真数据持久化
	Eclipse 3.2	子系统功能实现
	Microsoft Visual Studio 2008	子系统功能实现
	ArcGIS Engine	态势地图显示
	pRTI13	分布式事件调度与仿真
	CVS	版本控制

8.5.4　系统功能

1. 系统总体功能

三峡区域综合防洪应急协同决策模拟系统主要由控制台、洪水会商、工程抢险、转移安置、态势信息管理五个子系统及通用功能模块组成。系统总体功能如图 8.13 所示。

1)控制台

控制台为洪水会商、工程抢险、转移安置和态势信息管理提供数据支持及仿真时间控制，其主要功能包括仿真方案管理和仿真时间管理。

(1)仿真方案管理包括仿真方案的添加、维护、删除与查询功能。仿真方案信息包括仿真方案编码、环境版本编码、仿真角色编码和险情基本信息等。

(2)仿真时间管理包括仿真用户登录管理和仿真时间同步管理。仿真用户登录到系统中或者退出系统，控制台可获知登录用户信息。在仿真进行过程中，无论仿真用户在哪个阶段进入系统，控制台都可以对仿真时间进行同步，保证仿真系统在统一的时间环境下运行。

2)洪水会商

洪水调度会商是多部门之间的洪水调度目标的协商过程，涉及国家防总、长江防总、湖北防总和三峡总公司等应急组织。其关键是经过会商消除各部门之间的目标冲突，形成一致的洪水调度目标。洪水调度会商子系统为相关应急组织提供会商平台，包括水情管理、会商管理、目标管理及方案管理四项主要功能。

(1)水情管理包括当前水情信息、洪水上报、水情发布三项功能。由态势信息管理子系统提供水情信息，监控异常水情，发现异常后进行洪水上报，警告相

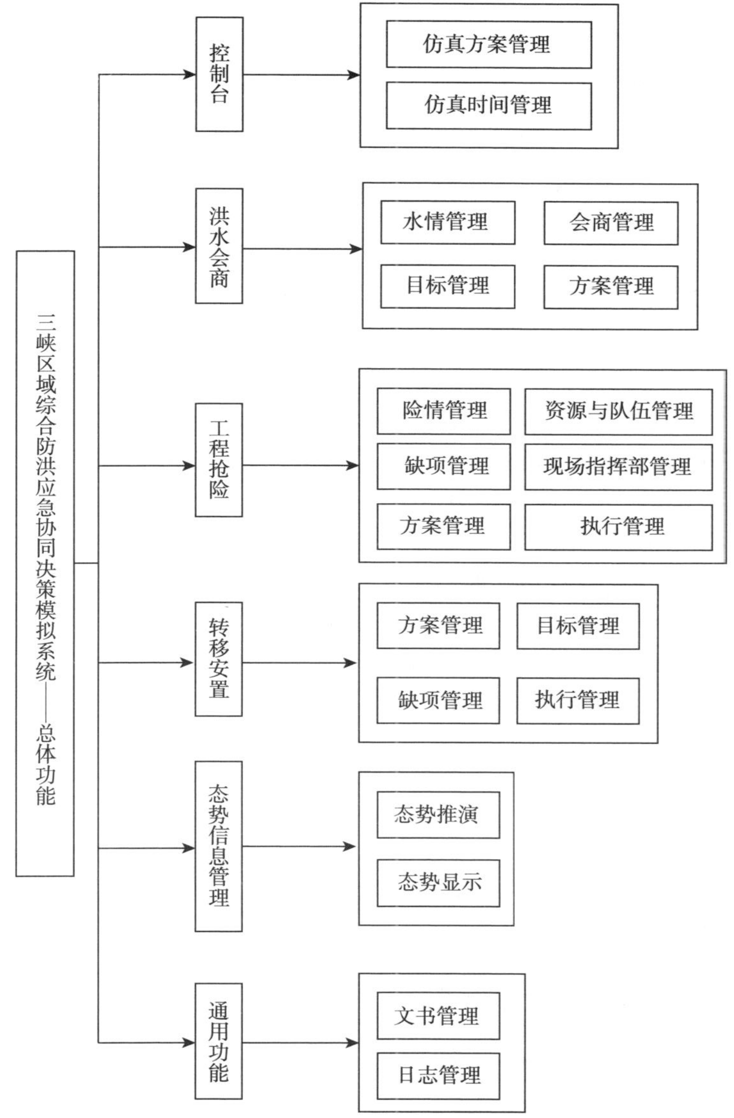

图 8.13　系统总体功能

关单位发起会商，并发布异常水情。

(2)会商管理包括用户管理、主题发布、目标会商、会商历史信息管理四项功能。会商管理可以控制会商的整个过程，监控应急组织实时状态、邀请会商、发布会商主题、进行目标会商，进而确定水库调度目标或分蓄洪区启用目标。

(3)目标管理包括水库调度目标管理、分蓄洪区启用目标管理和分蓄洪区泄洪目标管理三项功能，实现应急组织对会商后的目标和待处理目标的审批与下达等。

(4)方案管理包括水库调度方案管理和分蓄洪区泄洪方案管理等功能，支持应急组织根据已审批并下达的目标制订应急方案，实现行动方案的执行过程。

3)工程抢险

堤防险情处置的核心是基于 HTN 的应急行动方案制订与执行的一系列过程。在模拟系统中，利用 JSHOP2 实现了工程抢险应急领域知识和规划问题的建模，采用多时间轴预处理方法和缺项标志，分别解决了工程抢险的时态规划问题和资源缺项的识别问题，并能够处理因方案执行时间约束不满足或外部事件到达引起的应急行动方案调整或重规划问题。工程抢险子系统包括险情管理、资源与队伍管理、现场指挥部管理、缺项管理、行动方案管理与执行管理六项功能。

(1)险情管理主要是险情查询功能，即当由控制台发送险情信息后，应急组织可以在该部分查询包括险情类型、险情名称、险情危险等级、险情发生地点、险情影响区域等信息。

(2)资源与队伍管理包括查询、修改与删除三项功能。查询功能是对已有资源与队伍信息的浏览。修改功能是对已有资源与队伍的修正，避免资源与队伍过少引发险情处置不当或因资源与队伍过多造成的抢险浪费。删除功能是对已有资源与队伍的减少，保证相应资源处理相应等级的险情。

(3)现场指挥部管理包括查询、修改与删除三项功能。现场指挥部的基本信息包括所管辖的堤段范围、正在处理的险情信息及拥有的资源和队伍信息等。

(4)缺项管理包括物资缺项管理与队伍缺项管理。在资源缺项管理中，上级应急组织根据剩余可动员物资数量和队伍数量，对所缺物资和队伍进行补充。

(5)方案管理包括行动方案的查询、生成和处理三项功能。查询是对历史方案和正在执行方案的查看，其基本信息包括方案编号、制定时间及其具体内容。方案生成包括待处理险情的应急目标确定、可用资源确定及任务规划。根据应急目标与资源情况构建规划问题文件，与领域知识文件一起作为任务规划输入，进而生成应急行动方案。

(6)执行管理包括物资查询、队伍查询及任务执行监控三项功能。物资查询是对处理险情所消耗物资的信息查看，包括物资名称、计量单位、所属储备点名称、已消耗量和未消耗量等。队伍查询是对处理险情所需队伍的信息查看，包括队伍的名称、队伍执行行动的实际开始时间与完成时间、行动执行进度等。任务执行监控提供了出库方案、运输方案及抢险方案三种执行仿真模型，其监控信息包含方案原始信息、时间随机波动导致的方案调整信息及资源消耗信息等。

4)转移安置

分蓄洪区转移安置涉及现场指挥部、转移安置部门、公安部门、交通运输部门和民政部门等应急组织。转移安置的核心是基于 HTN 的多部门协作任务规划与方案执行。在模拟系统中，交通运输部门制订灾民运输和物资运输的应急行动方案，民政部门制订物资出库的应急行动方案。系统通过协作机制消解规划方案之间的冲突，各应急组织协作执行应急方案。转移安置子系统包括目标管理、方案管理、缺项管理和执行管理四项功能。

(1)目标管理包括灾民运输、物资出库和物资运输三项规划目标制定功能。灾民运输规划目标制定是根据分蓄洪区启用时间，确定运输任务计划起止时间、灾民运输数量和运输起止地点等。物资出库规划目标制定是根据安置点物资需求量，确定各类物资的出库量和出库任务计划起止时间等。物资运输规划目标制定是根据物资出库方案和安置点物资需求计划，确定物资运输任务起止地点、起止时间和物资运输量等。

(2)方案管理包括灾民集结方案、警戒方案、灾民运输方案、物资出库方案和物资运输方案五项方案管理功能，包括方案的制订、查询和修改等。灾民集结方案是根据应急预案，确定各受灾区域灾民集结地点和目标完成时间。警戒方案是根据路网情况设置警戒道路、警戒开始及结束时间，随着态势的变化可调整警戒方案。灾民运输方案、物资出库方案和物资运输方案的生成过程包括规划目标确定、可用资源确定和任务规划三个阶段。根据规划目标与资源情况构建规划问题文件，与领域知识文件一起作为任务规划的输入，进而生成应急行动方案。行动方案中包含队伍使用、物资消耗和缺项等信息。

(3)缺项管理提供了道路缺项管理和队伍缺项管理。在道路缺项管理中，公安部门根据当前的道路使用和空闲情况，增加一定数量的警戒道路路段，提高道路运输容量。在队伍缺项管理中，上级应急组织根据剩余可动员队伍数量，对队伍缺项数量进行补充。

(4)执行管理包括物资查询、队伍查询及任务执行监控三项功能。物资查询是方案执行所消耗物资的信息查看，包括物资名称、计量单位、所属储备点名称、已消耗量和未消耗量等。队伍查询是对执行方案队伍的实时信息查看，包括队伍的名称、队伍执行行动的实际开始时间与完成时间、行动执行进度等。任务执行监控提供了灾民运输方案、物资出库方案和物资运输方案三种执行仿真模型，其监控信息包含方案原始信息、时间随机波动导致的方案调整信息及资源消耗信息等。

5)态势信息管理

态势信息包括突发事件、环境变化、资源情况、组织活动及应急任务的执行情况等。突发事件的演变和环境的变化过程是由模拟系统模型运算得到的。而资源情况、组织活动及应急任务的执行情况等态势信息是由其他模块产生的。为了综合管理和演示态势信息，态势信息管理分为态势推演与态势显示两项功能。

(1)态势推演是根据当前态势和应急行动的执行效果，结合态势演化规律，推演未来的态势，包括水文态势推演和工程险情态势推演。水文态势是指三峡水库水位、入库流量、出库流量及枝城流量和沙市水位等在模拟过程中的演变情况，可通过水文推演模型得到。推演模型需要刻画各项水文信息之间的耦合关系，反映洪水调度会商的影响，模型结构如图 8.14 所示。工程险情态势是指险情的等级和类型在模拟过程中的演变情况，可通过险情演化模型得到。工程险情态势推演模型根据抢险任务的实时进度和目标进度计算险情等级参数，从而刻画抢险任务的执行情况对险情的影响。

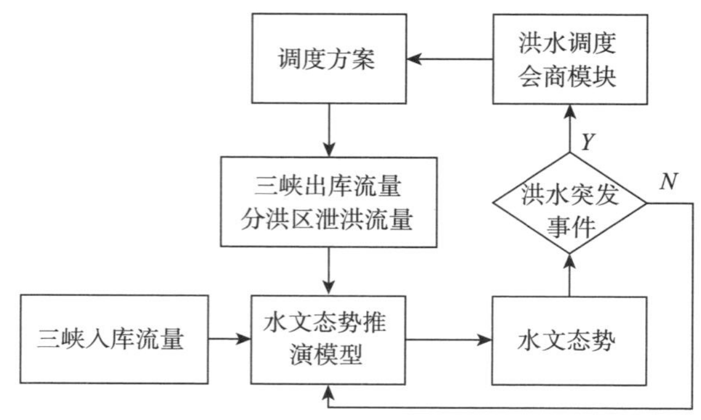

图 8.14　水文态势推演模型结构

(2)态势显示汇总并显示了系统所有模块的态势信息，包括突发事件、环境变化、资源情况、组织活动及应急任务的执行情况等，为应急决策人员提供一个全面了解应急态势的展示平台。态势信息可分为实时信息和历史信息，在地理信息系统环境下用可视化的方式进行展示。

突发事件态势包括洪水和堤防工程险情态势，可分为已结束和处置中的两类突发事件进行显示。环境态势包括水文、堤段、转移安置区域、集结点、安置点及运输道路等相关态势信息。资源态势包括物资和队伍态势，可按照资源的类别或类型进行分层显示。任务执行态势主要包括洪水调度方案、工程抢险方案和转移安置方案的执行情况，具体包括发电设备及孔闸的开启、物资出库、物资运输、工程抢险、灾民集结和灾民转移等方案执行情况及其物资消耗和队伍占用情况。组织态势是指各应急组织开展应急活动的情况。

2. 通用功能

通用功能提供了文书管理与日志管理两项功能，其中文书管理为各子系统之间的数据交互提供了统一的操作模板，而日志管理则为系统数据支撑平台数据库

Oracle 10 g 提供了数据备份等功能。

1)文书管理

系统提供了基于数据库的分布式文书作业管理系统，可实现文书快速自动生成，以及网络传输。文书作业管理功能内嵌在仿真演练实体子系统之中。系统的具体功能包括以下几点。

(1)文档模板(险情下达、现场指挥部成立、资源与队伍缺项、任务执行完毕等)管理，可以根据仿真需要增删文档模板，并保存在文档模板数据库中。

(2)系统生成文档时，可自动调出预定格式的文档模版，参演人员根据实际任务进行修改、完善文档，并通过网络发送给相关参演单位。同时可把文书保存在文档数据库服务器中，以供日后查阅、分析评价和审核。

(3)系统提供文书的网络传递功能，并提供仿真过程中文书的发送或接收日志。

2)日志管理

日志记录了仿真过程当中，所有应急实体之间发生的交互信息及自身发生的内部信息。通过日志可以监控仿真的大致流程，了解当前仿真发生的交互事件及内部事件的情况。

日志管理提供日志信息的分实体查询，了解应急实体发生的具体事件。此外，日志管理还提供了历史交互事件的重发功能，其包含了历史事件的全部信息，目的在于重现历史发生时的情况。

在仿真进行过程中，应急实体在进行正常事件发送与处理的同时，还要向控制台的日志管理模块发送各个事件的全部信息。控制台日志管理模块会记录下所有发送来的事件信息，并对信息进行整理。控制台日志管理模块在记录了全部的仿真事件信息后，对信息进行单位分类处理，并显示给系统监控用户，使其对仿真的流程有大概的了解，同时用户可以查询具体的仿真事件内容。

3. 各实体功能说明

在三峡区域综合防洪应急协同决策模拟系统中，应急实体扮演的角色不同，在功能配置上也存在着较大差别，具体信息如表 8.6 所示。

表 8.6 各实体功能说明

参与模块	单位名称	功能列表
控制台	控制台	仿真控制、文书管理，日志管理
洪水调度会商	国家防总	会商管理、目标管理、方案管理

续表

<table>
<tr><th>参与模块</th><th>单位名称</th><th>功能列表</th></tr>
<tr><td rowspan="2">洪水调度会商</td><td>长江防总</td><td>会商管理、目标管理、方案管理</td></tr>
<tr><td>三峡总公司</td><td>水情管理、会商管理、目标管理、方案管理</td></tr>
<tr><td>工程抢险</td><td rowspan="2">省级防汛抗旱总指挥部</td><td>险情管理、资源与队伍管理、现场指挥部管理、缺项管理</td></tr>
<tr><td>洪水调度会商</td><td>会商管理、目标管理、方案管理</td></tr>
<tr><td>工程抢险</td><td>市级现场指挥部</td><td>险情管理、资源与队伍管理、方案管理、执行管理、缺项管理</td></tr>
<tr><td rowspan="5">转移安置</td><td>市级前线分洪指挥部</td><td>目标管理、缺项管理、执行管理</td></tr>
<tr><td>区域转移安置部门</td><td>方案管理、执行管理</td></tr>
<tr><td>市级公安部门</td><td>方案管理、执行管理、缺项管理</td></tr>
<tr><td>市级交通运输部门</td><td>方案管理、执行管理、缺项管理</td></tr>
<tr><td>市级民政部门</td><td>方案管理、目标管理、执行管理</td></tr>
<tr><td>态势信息管理</td><td>态势</td><td>态势推演、态势显示</td></tr>
</table>

8.5.5 系统案例

本小节以堤防工程抢险为例，描述了决策过程模拟系统的具体实现。堤防工程抢险过程包括 HTN 任务规划、资源缺项处置及执行异常处置等主要环节。应急决策实体根据险情信息、资源配置信息，运用 HTN 规划方法，制订堤防工程抢险的应急行动方案。在方案制订过程中，如果出现物资与队伍等资源缺项情况，调用缺项处理模块进行缺项补足；在方案执行过程中，如果因执行时间的不确定或出现新险情导致方案不能顺利执行，需要对方案进行调整乃至对方案进行重规划。

本次仿真过程以湖北省公安县斗堤湖镇某次渗水险情为例，参与抢险的应急决策实体包括湖北防总和现场指挥部。为了保证该地区人员与财产的安全，需要进行堤防险情的处置，参与处置的队伍有仓储队伍、运输队伍及抢险队伍共十支，抢险所涉及的资源有渣石料、土工布、麻袋及土方共四种，分别存放在三个不同的储备点，每个应急组织在不同的储备点有不同的资源动员量。在进行堤防抢险任务规划之前，控制台提供应急环境、应急资源、应急角色等相关信息，堤防险情的处置仿真过程可分为两个阶段。

第一阶段：2011 年 7 月 28 日上午 9：00～2011 年 7 月 28 日上午 10：00。

控制台向湖北防总发送险情信息，如表 8.7 所示。湖北防总接收到险情并查询险情的相关信息，为了避免险情的扩大，决定成立现场指挥部，划拨一定的抢险物资与抢险队伍，并将该险情交由现场指挥部处理。现场指挥部成立信息如

表 8.8所示，该现场指挥部可动用的物资与队伍信息如表 8.9 所示。

表 8.7　堤防渗水险情信息

险情编码	险情名称	险情类型	发生堤段	险情等级	险情水位	发生时间
1	渗水-2-5	渗水	堤段 2	7	4.6 米	9：10

表 8.8　现场指挥部成立信息

现场指挥部名称	防守起点	防守终点	负责险情	更名启用时间
斗堤湖镇现场指挥部	堤段 1	堤段 3	渗水-101-3	10：10

表 8.9　现场指挥部可动用的物资与队伍信息

资源点	应急物资/单位	应急队伍/单位
储备点 1	渣石料 600 吨、土工布 1 200 平方米、麻袋 1 500 个、土方 1 000 吨	仓储队伍 3 支
储备点 2	渣石料 1 000 吨、土工布 1 000 平方米、麻袋 200 个	运输队伍 3 支、抢险队伍 3 支

第二阶段：2011 年 7 月 28 日上午 10：00～2011 年 8 月 3 日上午 10：00。

当仿真时间推进到 2011 年 7 月 28 日上午 10：10 时，市级现场指挥部更名成功。此时，斗堤湖镇现场指挥部开始处置险情，即进入方案管理模块。本次方案制订出现资源缺项，缺项信息如表 8.10 所示。

表 8.10　资源缺项信息

资源缺项名称	资源点缺少资源数量	截止时间
渣石料	储备点 2 缺少 145 吨	2011-08-05 14：00：00
土工布	储备点 3 缺少 90 平方米	2011-08-05 16：30：00
土方	储备点 2 缺少 60 吨	2011-08-05 14：00：00

湖北防总接收现场指挥部发送的资源缺项信息，根据当前所拥有的资源进行资源补足，并将补足的信息发送给现场指挥部。现场指挥部根据重新补给的信息，构建完整的抢险行动方案，包括抢险队伍行动方案、仓储队伍行动方案及运输队伍行动方案，其中运输队伍行动方案如图 8.15 所示。方案制订完成后系统进入监控执行阶段，如图 8.16 所示。

在执行过程中，运输 2 队不能在规定时间之内完成规定的任务，须对其进行任务重规划，如图 8.17 所示。点击确定按钮，进入方案管理功能模块，重规划的结果如图 8.18 所示。

图 8.15　现场指挥部生成运输行动方案

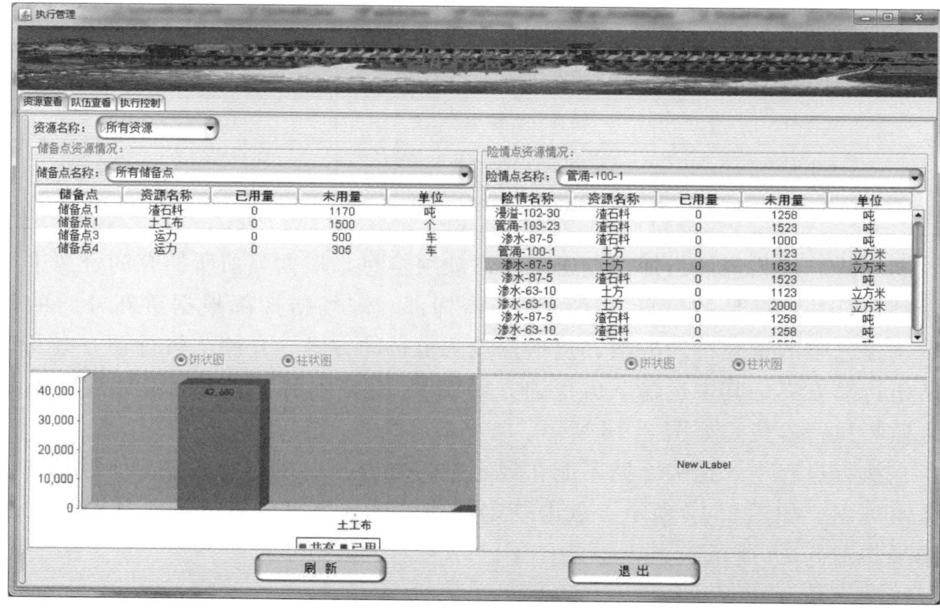

图 8.16　现场指挥部监控执行过程的资源消耗情况

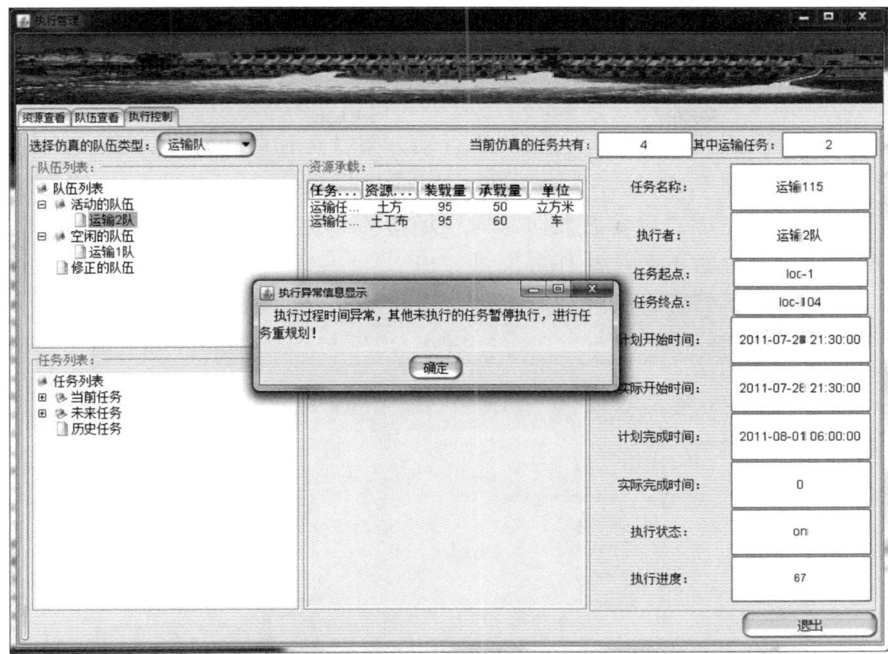

图 8.17　现场指挥部查询方案执行信息

图 8.18　重规划后的运输队伍行动方案

重规划以后，再次进入执行阶段。此时，控制台向现场指挥部发送一个新的险情，当前正在执行的任务继续执行，未开始执行的任务取消，进入外部事件到达引发的方案重规划阶段，如图 8.19 所示。再次重规划后，可得到应急行动方案，包括抢险队伍行动方案、仓储队伍行动方案及运输队伍行动方案，其中运输队伍行动方案如图 8.20 所示。方案制订完成立即进入方案的执行与监控阶段。当所有任务执行完成之后，湖北防总向现场指挥部发出资源回收指令，资源全部回收即表示本次堤防工程抢险任务圆满完成。

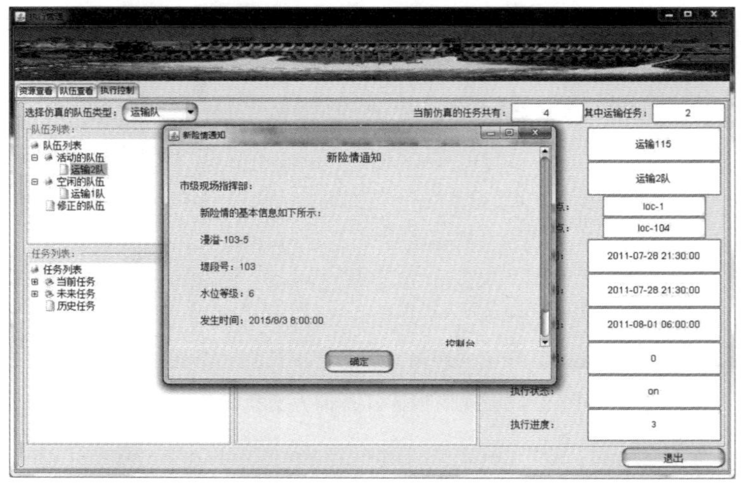

图 8.19　外部事件引发的方案重规划

图 8.20　再次重规划后的运输队伍行动方案

8.6 本章小结

应急响应是应对突发事件的关键，应急处置措施正确与否直接影响突发事件的演变。应急响应决策问题具有协作性、动态性、时效性和层次性等特点，是典型的非结构化问题，无法完全采用数学建模和优化方法，其决策还需要充分利用领域专家知识。因此，亟须提出符合突发事件特征的应急响应决策理论与方法，为应急管理实践提供决策支持的理论基础。本章研究了应急响应决策过程模型，并以此为基础提出了基于 HTN 规划的应急响应决策方法，研究了集应对流程、决策方法和运行过程为一体的应急协同决策模拟关键技术，针对三峡区域综合防洪，设计并实现了多部门参与的复杂应急决策过程的综合模拟。

参考文献

[1] 王红卫，祁超．基于层次任务网络规划的应急响应决策理论与方法．北京：科学出版社，2014.

[2] 西蒙 H A. 管理决策新科学．李柱流，汤俊澄译．北京：中国社会科学出版社，1982.

[3] Boyd J R. Destruction and creation. http://dnipogo.org/john-r-boyd/，1976-09-03.

[4] Klein G A. Naturalistic decision making. Human Factors，2008，50(3)：456-460.

[5] Sacerdoti E D. A structure for plans and behavior. Ph. D. Thesis，Stanford University，1975.

[6] Tate A. Generating project networks. Proceedings of the International Joint Conference on Artificial Intelligence，1977.

[7] Erol K，Hender J，Nau D S. Semantics for hierarchical task network planning. CS-TR-3239，UMIACS-TR-94-31，ISR-TR-95-9，University of Maryland，1994.

[8] Erol K，Hender J，Nau D S. A sound and complete procedure for hierarchical task network planning. In Proceedings of the Second International Conference on Artificial Intelligence Planning System，Chicago，1994.

[9] Yang Q. Formalizing planning knowledge for hierarchical planning. Computational Intelligence，1990，6：12-24.

[10] Kambhampati S. On the utility of systematicity understanding trade-offs between redundancy and commitment in partial-ordering planning. In Proceedings of the Thirteenth International Joint Conference on Artificial Intelligence，Chambery，1993.

[11] Asuncion M，Castillo L，Fdez-Olivares J. SIADEX：an integrated planning framework for crisis action planning. AI Communications，2005，18(4)：257-268.

[12] Muñoz-Avila H，Aha D W，Nau D，et al. SiN：integrating case-based reasoning with task decomposition. Proceeding of the Seventeenth International Joint Conference on Artificial Intelligence，Seattle，August，2001.

[13] Biundo S, Schattenberg B. From abstract crisis to concrete relief. A preliminary report on flexible integration on nonlinear and hierarchical planning. Proceedings of the 6th the European Conference on Planning, Spain, 2001.

[14] Wickler G, Potter S, Tate A. Using I-X process panels as intelligent to-do lists for agent coordination in personnel recovery. Proceedings of the 3rd International ISCRAM Conference, USA, 2006.

[15] Tecuci G, Boicu M, Marcu D, et al. Teaching virtual experts for multi-domain collaborative planning. Journal of Software, 2008, 3(3): 38-59.

[16] Nau D, Tsz-Chiu A, Okhtay I. SHOP2: an HTN planning system. Journal of Artificial Intelligence Research, 2003, 20(12): 379-404.

[17] Tang P, Wang H W, Qi C, et al. Anytime heuristic search in temporal HTN planning for developing incident action plans. AI Communications, 2012, 25: 321-342.

[18] Wang Z, Wang H W, Qi C, et al. A resource enhanced HTN planning approach for emergency decision-making. Applied Intelligence, 2013, 38(2): 226-238.

[19] 王喆，王红卫，祁超．考虑资源分配的 HTN 规划方法及其在应急决策中的应用．管理科学学报，2013，16(3)：53-60.

[20] 李明磊，王红卫，祁超，等．非常规突发事件应急决策方法研究．中国安全科学学报，2012，22(3)：158-163.

[21] Zhou C, Wang H W, Zhuo H H. A multi-agent coordinated planning approach for deadline required emergency response tasks. IET Control Theory and Applications, 2015, 9(3): 447-455.

[22] Tang P, Wang H W, Qi C. A new decision model for handling asynchronous incident objectives with priorities in emergency response. Journal of Computational Information Systems, 2011, 7(14): 5251-5258.

[23] Takeuchi I, Kakumoto S, Goto Y. Towards and integrated earthquake disaster simulation system. In Proceedings of the 1st International Workshop on Synthetic Simulation and Robotics to Mitigate Earthquake Disaster, 2003.

[24] Ren A, Chen C, Shi J, et al. Application of virtual reality technology to evacuation simulation in fire disaster. In Proceedings of the 2006 International Conference on Computer Graphics and Virtual Reality, 2006.

[25] Shendarkar A, Vasudevan K, Lee S, et al. Crowd simulation for emergency response using BDI agents based on immersive virtual reality. Simulation Modelling Practice and Theory, 2008, 16(9): 1415-1429.

[26] Mendonca D, Beroggi G E G, van Gent D, et al. Designing gaming simulations for the assessment of group decision support systems in emergency response. Safety Science, 2006, 44(6): 523-535.

[27] Shao G, McLean C R. Simulation prototypes for incident management training. In Proceedings of the Brooks Automation's 13th Annual Worldwide Symposium, Austin, 2006.

[28] 赵策，陈国友．引入 MMOG 技术的综合应急模拟训练系统框架．计算机应用，2006，26：284-286.

[29] Nau D，Au T C，Ilghami O，et al. SHOP2：an HTN planning system. Journal of Artificial Intelligence Research，2003，20：379-404.

第9章

复杂灾害应急决策

9.1 引言

近年来，随着社会结构的不断复杂化，自然灾害和社会公共安全事件的发生和发展愈发呈现出多灾耦合的特征，其演化过程具有明显的非线性特征，且往往伴随着大量的次生衍生事件。例如，地震灾害，除了其本身造成大量人员伤亡以外，由地震引发的山体滑坡、堰塞湖和环境破坏等次生衍生灾害也造成了大量道路损毁和人员紧急转移，多类型复杂灾害情景的耦合作用给应急管理造成了新的困难和挑战。具有这类特征的灾害可称为复杂灾害，也常称为非常规突发事件。所谓“非常规突发事件”是指前兆不充分，具有明显的复杂性特征和潜在的次生衍生危害，而且破坏性严重，采用常规管理方式难以有效应对的突发事件。

非常规突发事件具有不同于常规灾害的复杂性特征，为了尽可能避免决策失误，提高决策的科学性，需要依据灾害的当前情景，并利用相关的技术手段发现、挖掘灾害演化机理或规律，为应急决策提供支持。针对此类复杂灾害的应急管理及决策相关问题，基于“情景-应对”型决策模式的研究也有许多，如基于数据挖掘、案例推理、多智能体仿真等应急决策方法，这类方法应用于不同的复杂灾害情景具有差异性的优势。

9.2 复杂灾害情景特征与应对

9.2.1 复杂灾害基本概况

近年来，在世界范围内，具有极端破坏性的突发事件频发。例如，我国的

SARS、南方雨雪冰冻、汶川大地震等；国际上的美国“9·11”事件、印度洋地震海啸、美国卡特里娜飓风、日本地震海啸及引发核泄漏事故等。这些非常规突发事件一般具有损失巨大、小概率、不可预测、缺乏先验知识等特点，其发生发展很难预测，且往往伴随着大量的次生衍生灾害。比较典型的，如中国吉林吉化爆炸事件。2005 年 11 月 13 日，中石油吉林石化公司双苯厂因苯胺泄漏，处理不当发生爆炸，此为原生事件。随后发生严重次生事件，洗消后的污染水流入松花江，使松花江无法为周边地区提供生活用水，而这一信息又直接造成哈尔滨市社会恐慌。加之政府在事故处置的前期发布矛盾信息，社会谣言四起，衍生了大范围社会恐慌。同时，受污染的河水流入俄罗斯境内，又进一步引发了国际纠纷问题。这类复杂灾害具有明显的非常规特征，传统的应急决策与处置已经无法适应其特殊性，实际应急管理层面也缺乏成熟、有效的应对策略，非常规突发事件的应急决策已成为当今各国政府管理部门和研究领域面临的重大挑战。

9.2.2　复杂灾害情景特征

复杂灾害是一个极其复杂的巨系统，是一个原理平衡的“人-物-环境”的复杂系统，其发生必然引起相应的致灾因素、承灾载体和应急管理活动等众多主体的变化。因此，复杂灾害情景可以理解为多致灾因素、多承灾载体及多应对活动耦合作用的情境，是复杂灾害发生、发展演化的态势。由于复杂灾害往往伴生各类典型灾害，相比于常规灾害，复杂灾害具有其特殊性。

1. 多种灾害要素耦合并存

复杂灾害致灾因素的种类和作用机理纷繁复杂。灾害要素是可能导致突发事件发生的因素，一般具有物质、能量和信息三种形式[1]。与常规灾害相比，复杂灾害虽然也表现为自然灾害、公共卫生事件、事故灾害、社会安全事件等类型，但其演化过程中产生的多种物质、能量和信息三者耦合作用的强度更高，形式和机理更为复杂。尤其是随着社会信息传播方式的改变和应急管理中大量人的参与，信息这个要素在复杂灾害中出现的比重越来越大，成为灾害演化至关重要的影响因素。例如，前文提到的吉林石化事故，正是由于信息的不及时、不透明，引发了社会谣言，最终导致社会安全事件。多灾害要素并存耦合的局面在复杂灾害中长期存在。

复杂灾害的承灾载体纷繁复杂。由于复杂灾害致灾因素作用形式的复杂性，以及承灾载体自身的差异性，不同载体的破坏机理和规律变得更加难以琢磨。人们有时候会发现灾难、灾级相同或相似的情况下，而灾害程度却有较大差异，类似的灾害发生在不同的地方，作用于不同的承灾载体而最终的损害程度却大相径庭。承灾体的差异和破坏形式对灾害后果有着显著的影响。例如，日本地震引发的核泄漏事故，仅仅因为谣言就造成了中国部分城市发生了“抢盐”事件，而同样临近的韩国却未有此类事件发生。

2. 灾害情景因果关联

一个灾害情景产生的因素与结果是另一个灾害情景发生的原因，而这个灾害的发生又可以作为下一个灾害情景发生的条件和原因。此类关系在复杂灾害情景演化中随处可见。例如，“地震—滑坡”“干旱—植被死亡—环境破坏”等。其中典型的是2008年的南方冰冻灾害，由于大量降雪和长时间低温冰冻，公路、铁路被迫停运，而交通的瘫痪又引发了电煤供应受阻，电力供应下降，电力的不足又进一步阻碍了生命线系统的开通。其灾害链情景演化具有明显的因果关联性。这种关系也可以理解为灾害链，即由一种灾害引发出一系列的灾害，并在时空层面进行扩散，呈现链式有序结构的灾害传承效应[2]。这类灾害情景链式效应产生的本质就是情景间的因果关联作用。

3. 灾害情景易突变

复杂灾害演化的易突变性表现为灾害发生的突然性和灾害演化的不确定性两个方面。一方面，复杂灾害的发生虽然遵循事物发展量变到质变的一般规律，但这类事件往往发生频率极低，缺乏可利用的历史经验，其发生的形式、强度等都难以预料，具有极强的偶然性，因此也容易造成社会的广泛关注，而产生更深层次的影响；另一方面，复杂灾害是一类特殊的复杂系统，系统常态是物质、信息和能量动态平衡的阶段性表象[3]，而灾害是由于突变效用的作用和影响而失衡。这三者处在不断地耦合、交互及变化之中，演变的随机性很强，复杂灾害引发的衍生、次生灾害的演化规律也变得越发复杂。系统调整到平衡态的过程中，由于随机性的影响，突变点不断变化，灾害表现形式也变得复杂，如地震、疫情、舆情等。

9.2.3 复杂灾害应急管理及流程

应急管理是指可以预防或减少突发事件及其后果的各种人为干预手段。应急管理可以从减少灾害的发生、降低灾害后果的影响及增强承灾载体的抗灾能力两方面入手，通过施加适当的干预方式、力度和时机，抑制或阻止灾害发生，减弱灾害对承灾载体的破坏。

复杂灾害应急管理具有多阶段、多目标和多主体性。复杂灾害影响的时空范围广，应急管理需要根据灾害演化不同阶段的情景特征，采用多部门动态联动的应急机制，动态接受并完成应对处置的不同任务。复杂灾害演化情景紧密联系，且处于动态变化之中，在已有常规灾害应对的经验、知识积累的基础上，其应对还需要满足更高的要求。

1. 基本要求

首先是动态性。所谓“动态”是针对流程与情景关系而言的，强调应对流程须根据实际灾害情景的演化而动态调整，依据情景决定流程执行与否至关重要。

其次是兼容性。这是针对复杂灾害区别于单一灾害的多灾耦合特征而言的，意指应对流程在具备单一灾害应对能力的同时，还需具有兼容应对单灾之间相互作用后产生的新灾种的能力。

最后是时间紧迫性。复杂灾害造成的后果往往更为严重，应对流程若能在最短时间内生成并运作，能有效地控制情景的进一步恶化，减少灾害损失。

常规灾害的应对流程大都是针对某一类特定灾害或突发事件给出一般的应急管理流程，无法有效地兼容次生衍生灾害频发的复杂灾害应对过程。目前已有部分关于多灾耦合(或称多事件耦合)的应对流程方法的研究[4~6]，综合研究结果来看，结合灾害情景，快速、动态地生成应对实施流程，并且进行相应的集成，能有效地解决动态、兼容性和时间约束问题。

2. 应对流程构建与集成

应急决策流程可以定义为依据特定规则的一系列决策活动的有机组合，且流程内的活动之间相互关联、相互作用。应急决策流程的输入是决策情景信息、其他决策活动的决策结果和执行结果，经过应急决策流程中的活动执行后会转化为应急管理的相应输出，如输出相应的决策结果及该决策的实施结果。将应急活动按照是否具有决策职能分为应急决策活动和应急实施活动，实施活动将执行决策活动所制定出的决策。

在灾害发生之前，应急部门可以构建某些灾害或事件的应对实施流程，即在准备阶段就事先定义出所有的应对流程，对于单一灾害的应对而言，这样的流程具有一定的针对性，可以帮助应急决策者清楚这一类灾害的应对过程，指导应急工作的开展和实施。然而，复杂灾害的情景复杂度高，且随时间不断改变，不同情景的差异性大，这就对应对流程提出了更高的要求。若仅仅采用单一灾害处置方式的简单叠加，即提前定义出应对过程的一般性应对流程，将无法适应复杂灾害情景演化的态势突变与异常。

复杂灾害的应对流程必须依赖于情景演变而变化。从决策层面而言，决策者希望看到的是应对流程动态可变，能够基于具体的情景，动态实时地构建出合适的应对流程，提高应对效率。因此，基于情景动态构建并生成应对实施流程是解决复杂灾害流程应对问题的关键。尽管复杂灾害不同情景的应对实施流程不同，但是整个演化过程的应对流程依然存在相同的部分，如危化品火灾都存在着灭火和洗消流程，因此，如果能将流程中不随情景演变的相同部分单独提前进行定义，称为流程片段[7]，实际应用中，则可以根据情景需求重复调用、组合这些流程片段以生成应对流程。

构建并存储流程片段以后，需有机地集成这类流程片段，通过横纵向地分析、调整，避免流程片段之间的矛盾及局部流程片段误差对整体灾害应对处置效果的影响，最终形成复杂灾害应对的整体流程。利用基本应对流程片段构建应对流程，在一定程度上解决了复杂灾害应对的要求，但统一性不强，无法避免多个灾害事件应对流程之间可能会产生重复或冲突的现象，因此在生成整体应对流程时，需要首先考虑流程间层次关系带来的影响，对流程进行集成[8]。一方面，根据实际灾害情景，构建或选择部分对应的应对流程片段；另一方面，通过分析灾害应对决策活动间的层次关系，识别或找出具有优先级关系、冲突关系等的决策活动，根据不同的冲突消解策略，如基于数学模型的消解策略、基于人工智能和协调机制的冲突消解策略等[9]，预先调解可能发生的冲突，最后对应对流程进行合理的集成。

复杂灾害应对流程的研究还需要继续深入，上述有关复杂灾害应对流程的介绍，目的在于突出复杂灾害决策情景下，复杂灾害应对流程构建的一种基本思路和方法，为应急管理提供一定的参考支持。

9.3　复杂灾害应急决策方法

复杂灾害产生与演化过程的不确定性极强，特别是未来次生衍生灾害发生情况等都难以预测，传统的“预测-应对”决策范式已经难以适应。

在 10.1 节中已经讨论过复杂灾害应对与其情景之间的紧密联系，复杂灾害情景一直是决策的关键依据，采用基于“情景-应对”的决策范式更适宜其应急决策的需要。“情景-应对”的决策范式是决策主体对已经拥有的信息、知识、数据的经验提取与综合集成，再将经验信息纳入当前灾害事件具体的“情景”中加以考察与运用，依赖当前非常规突发事件的情景，对于出现什么样的事件“态势”、出现这些“态势”的可能性及这些“态势”造成的危害程度等进行社会心理认知，进而生成应对方案的决策方法[10]。基于“情景-应对”决策范式的应急决策方法很多，在实际复杂灾害应对过程中的各个层次、阶段都有着重要的应用。本节基于“情景-应对”介绍基于知识发现和仿真的两类复杂灾害应急决策方法，并结合大数据的思想，探索性的阐述复杂灾害应急决策的研究方向，并在后续 10.3 节和 10.4 节中，分别选择其中两种典型的方法，举例说明其具体应用过程。

9.3.1　复杂灾害应急决策特点

决策是依据客观条件在有限时间内做出符合主观要求的决定，复杂灾害应急决策必须通过分析应急决策问题本身的特点，提高对灾害事件及其应急决策机理的认识程度，将直接促进事件处理与控制的效果。应急决策一般具有以下几个基本特征。

(1)非程序化。按决策问题的性质，可将决策分为程序化决策和非程序化决策。复杂灾害决策问题是一类非程序化决策，所要解决问题的结构不良，无法用常规的程序和方法进行。灾害状态下，决策的事件、信息、备选方案、应急资源等都是极其有限的，决策者对信息的认识也只是局部理性，决策者需要在不损害合理性的前提下简化决策程序，依据自身的部分经验来做决策。因此，复杂灾害决策是一类非程序化决策。灾害发生以后，社会秩序破坏、心理失衡，社会秩序维护和稳定人心、紧急救援都依赖于权威机构和人物及时发布消息与公告，无法承受请示、报告、同意的等待时间，而贻误时机。例如，“9·11”事件，美国在受到袭击后的 45 分钟，总统布什就向美国和世界宣布，这是恐怖袭击事件，而纽约市长也在第一时间表态，公开事件信息，稳定人心。

(2)多主体性。复杂灾害具有高度复杂和不确定性，使灾害链演化牵涉范围广、持续时间长。因此灾害情景应对往往牵涉众多部门或单位，而多部门的协同合作就显得至关重要。且复杂灾害的具体应对，一般涉及多方面问题，需要综合多个领域的知识、经验和力量，因此需要来自不同学科、部门专家和各方力量的参与。如何实现多主体之间的协调统筹，是复杂灾害应急决策的关键之一。

(3)高风险性。风险是指与当事者不能遇见或控制某事物的某些因素，使事物的最终结果与当事者的期望产生较大背离，从而使当事者蒙受损失。复杂灾害不确定性高、危害大、演化过程复杂，导致复杂灾害应急决策时间紧迫，在有限的时间内，做出防止灾害进一步发展的决策，潜伏着很大的风险。不确定性越大则风险越大，决策者必须在决策的同时做好承担风险的思想和物质准备。

(4)资源的有限性。灾害情景下的有限性主要是指人力物力资源、时间资源和所需要的信息有限。外部限制条件是任何决策过程都必须考虑的问题，只是不同的决策问题对各类环境条件的重视程度不同。

(5)时间资源有限。复杂灾害突发性、高破坏性使决策者难以有更多的时间，时间紧迫性是决策全过程都无法避免的限制条件。从决策角度来说，决策时域越短，决策得到最优方案的可信度或可能性更低，而从应急角度来看，决策时域越短，则能更快解决或缓解当前灾害影响、减少损失，这是难以避免的矛盾。作为突发灾害应急决策，能在尽可能短的时间内找到能解决当前负面状态的方案，缓解、控制灾害的继续发展比花费很长时间找到最优解决方案更有意义。

(6)信息资源有限。复杂灾害的产生、发展及其影响都具有高度的不确定性，情景演化动态多变，人们缺乏相关的知识和经验。例如，SARS 的爆发，最初出现在广东时，由于无法探究病原，无法掌握其传播方式和控制渠道，因此疾病在半年时间内蔓延到全国大部分地区。

(7)物质资源有限。复杂灾害应对往往需要调动各方面的人力、物力和财力资源，统筹规划，最大限度地发挥资源作用，但复杂灾害应对是一个十分艰巨复杂的过程，与一般灾害相比，物资的需求量更大，即使预先准备充足，灾害演化过程中也可能出现一些意想不到的特定资源需求。这是复杂灾害应急决策必须考虑的问题。

综上所述，相比于传统决策，复杂灾害应急决策面临着更多特殊的要求，需要更多新的思想和方法做支撑，以适应复杂灾害严峻的决策环境。

9.3.2 基于知识发现的应急决策

数据与知识是降低决策过程不确定性的关键因素，在信息缺失或信息爆炸性增长的复杂灾害应急决策中更为显著。复杂灾害应急决策涉及多源信息、知识的分析、处理，从知识的获取、表示、存储、提取和量化的低级形式，到知识合并、推理、重组和创新的高级处理形式，通过挖掘有价值的信息、知识来支持决策的方法，可以应用到整个复杂灾害应急决策中。基于知识发现的应急决策方法也得到了许多应用。

所谓“知识发现”是泛指一类从大量数据或信息中提取有价值的、可信的、新奇的并能支持人类理解的模式的处理过程和方法，即从所有源数据中发掘有价值知识的过程。这类方法随着计算器和机器学习的发展而兴起，知识发现(knowledge discovery in database，KDD)的概念于 20 世纪 80 年代末被提出。相较于一般的数据挖掘，知识发现的概念具有更广泛的意义。数据挖掘一般可解释为是观察数据中的模式或模型的抽取，虽然数据挖掘是知识发现过程的核心，但它通常仅占知识发现的一部分(是 15%～25%）。因此从知识发现全过程而言，数据挖掘仅仅是整个知识发现过程的一个步骤，而数据挖掘在整个知识发现过程中的比重不是确定的，要依据具体的需求而定。

知识发现的方法在复杂灾害应急决策中有广泛应用，本小节基于算法的方法为例，从基于语义的应急案例表示和基于知识发现的案例推理方法两个方面入手，介绍知识发现技术在复杂灾害应急决策中的应用。

1. 案例推理

案例推理最初起源于认知科学的研究中，后逐渐应用于人工智能、管理工程等多个领域中。一个案例推理的循环过程通常包括案例检索(retrieve)、案例利用(reuse)、方案修正(retrieve)及案例维护(retain)，这四个步骤也被称为“4-REs”[11]。在利用案例推理的方法进行分析时，首先从现有的案例库检索出与待解决的案例类似的案例，其次比较现有案例与待解决案例之间的异同点，选择合适的方法将现有案例的解决方案进行再利用以解决现有问题；在获得相应的解决方案后，需要对其进行测试，在不断验证的过程中进一步修正以获得最佳的解决方案。在对于现有案例进行解决后，可以将其加入现有案例库，以便新的案例进行借鉴。

案例推理方法与规则推理[12]相比，具有很多优势。例如，在案例推理过程中利用的知识是既有案例，因此省去了分解和泛化案例经验来形成规则的过程。同时，由于利用的是过去的解答或求解方法，不需要对每个问题初始化分析，来寻找相应的解决方案。总体而言，基于案例的推理与基于规则的推理方法相比大大提高了效率。同时，案例推理是一种自学习的过程，在利用案例推理方法进行分析时，会不断加入新的案例，使案例库不断丰富，进一步提高了解决问题的能力。

在案例表达方面，利用本体方法[13]对案例进行描述也是近年来的一个热点，本体论起源于哲学，被用来表达知识和公认的语义，其在复杂关系模型构建中有非常出色的表现。Gruber给出了本体的流行定义和性质，即概念化、明确、形式化和共享[14]。Lau为解决案例检索中的“同义问题”提出了基于本体论的案例检索方法[15]。因为在大规模突发事件中存在非常多的实体和关系，如何表达这些灾害情景和灾害关系是地震应急处置研究中的一个重点。本体的基本元素是词汇和概念，这两者转而构成同质化的类和子类，然后各个类和概念之间加入了适合的关系后，形成了一个简单的本体。概念和类皆用来表达词汇本身，而关系则为词汇提供连接，并加入限制条件，使之与现实情况相符合。将本体方法和本体建模运用到地震应急处置案例库中，可以定义出案例库中的基本概念和基本关系，从而为地震案例信息的提取、表示和扩展提供辅助。

2. 情景推理

在现有数据库较为完善，可以顺利检索得到相似案例情况下的案例推理方法[16]是有效率的。但如果现有的案例库中未能包含足够的案例，案例推理方法就受到了很大的制约。这一点对于复杂的案例(如地震应急救援)而言尤其显著，当案例变得越来越复杂时，很难找到匹配度较高的案例进行再利用，因而案例推理方法在一定程度上存在着弊端。

将案例推理应用于非常规突发事件管理[17]，是公共安全应急管理中的重要课题。目前国内外对于利用案例推理对地震应急处置的研究相对较少，也不够成熟。一方面，地震应急处置案例的复杂性使利用现有方法很难对地震案例进行有效记录，难以建立完备的数据库。另一方面，案例数目少使在利用案例推理方法时，难以检索到较为相似的案例来提供决策支持，因此现有的对于案例推理的方法还需要进行改进。

研究认为，解决上述问题的根本途径在于将基于案例的推理转变为基于情景的推理，即由“案例推理”转变为“情景推理”，其原因有以下三方面。

(1)客观存在的案例间的差异性造成“相似”案例的数量极低，导致基于已有“相似”案例实现决策支持存在极大的困难。而相似情景则是较为普遍存在的，即使在完全不同类型的灾害事故中，一些“片段”也存在相似性，如地震之后的灾民安置与滑坡泥石流灾害后的灾民安置，在情景上具有高度的相似性。因此，相似情景的可获取性较相似案例的可获取性显然大幅度提高了。

(2)一般来说，情景的复杂性维度远远低于案例的复杂性维度，因而对情景的相似性度量将相对于案例的相似性度量来说更加简捷、方便和准确。

(3)实际应急过程中的决策制定与实施，通常都是针对某一特定“情景”的，案例由若干或者一批情景组合构成。在应急实践中，决策本质上是基于情景而不是基于案例的。

基于上述分析，研究提出了一种多维情景空间方法，该方法以“情景”为核心，以情景和情景推演作为决策支持的重要依据。该方法能有效地实现对情景、情景相似度、情景推演的量化描述，并实现决策支持。

3. 多维情景空间

1)情景空间建模

决策支持应基于“情景”这一概念出发，研究建立案例分析的“案例—情景—要素”三层架构模型。

首先以单个案例为对象，提取出案例中的典型、重要和关键情景；其次将情景拆分成最基本的要素信息；考虑要素信息在案例发展过程中的状态变化，以要素作为坐标轴、要素的状态变化作为坐标轴上的刻度值，建立多维坐标空间；最后将情景进行要素化表达，进而表示为该多维空间中的“点”。

情景的构建按照事件的发展过程，分为初始阶段、发展阶段、控制或失控阶段、后续阶段四类；要素则分为环境要素、灾情要素、承灾体要素三大类。

基于上述分析构建的“案例—情景—要素”三层架构，如图 9.1 所示。

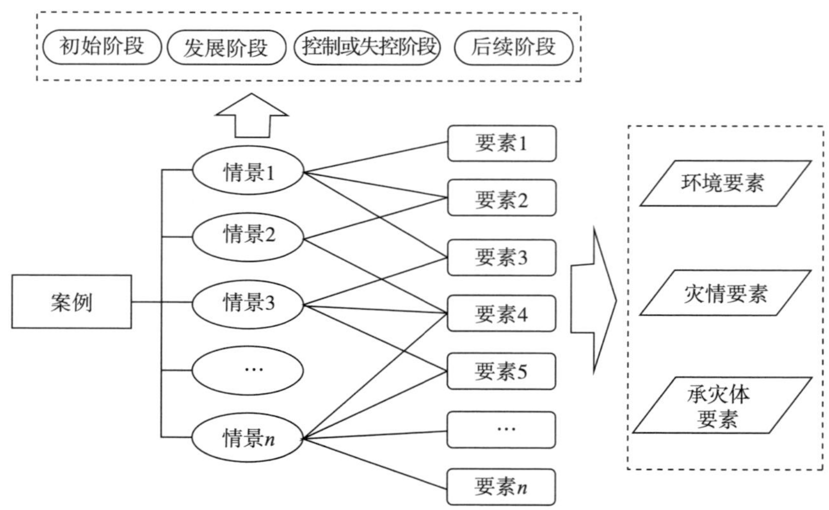

图 9.1 “案例—情景—要素”三层架构示意图

“案例—情景—要素”三层架构模型及相应构建的多维坐标空间具有以下特点。

(1)要素是案例中最基本的信息，不可再分且彼此独立。

(2)要素作为坐标轴具有方向性，坐标原点表示未发生灾情的原始状态，坐标轴正方向表示灾情趋于严重的方向。

(3)要素具有数值化定义，即在坐标轴上的取值点，表达了在灾情发展过程中要素状态的变化，这为相似性度量的量化分析奠定了基础。

(4)一套“坐标系”适用于一类案例。对于同一类型的突发事件，其涉及的基本要素在总体范围上是大致相同的，因此建立了一套坐标系后就可以用于分析该类型突发事件中的多个案例。

(5)“坐标系”的可拓展性。坐标系的构成及坐标轴的刻度不是固定不变的，而是可以随着案例分析的积累逐渐拓展的。当新的案例发生，出现了现有坐标系未能涵盖的要素或要素状态时，可随时拓展坐标系，而且这种拓展不影响已建案例和情景系统。

2)多维空间情景推演

非常规突发事件应对决策主体所面临的情景几乎随时变化。在非常规突发事件按照自身的发生、发展演化规律和由其诱导次生、衍生灾害的演化过程中，时刻受到来自外界的多种干预力量(人为主动干预、自然条件变化等)的作用，从而导致情景演化，即旧的情景消失和新的情景出现。采用“案例—情景—要素”三层架构模型对多个案例进行分解分析后，就可以建立以要素构成的多维空间，并将情景表达为多维空间中的“点”。对于同一类型的不同案例，都可以分解为若干情景，并建立情景间的推演关系。由于相同或相似情景可能出现在不同案例的不同阶段或不同演化关系中，当一批案例都按照上述方法进行情景拆解、表达在多维情景空间中，并建立其间的推演关系后，就构成了情景推演网络，如图 9.2 所示。

多维情景空间方法具有以下特点。

(1)情景由要素构成，不同的情景包含的要素不同，同时也存在要素的交叉和重复。当以要素为坐标轴构建情景空间时，情景即表达为多维情景空间中的“点”。

(2)情景可以包含一个要素，也可以包含多个要素。情景是决策的基本对象单位，这与实际问题中对策的制定是一致的，在实际应对决策中，每个决策都是根据具体的情景来构建的。

(3)不同的案例可能会包含相同的情景。即使完全不同的案例也有可能包含相同或者非常近似的情景，决策支持的实现是基于情景的而不是基于案例，大大增加了决策可参考的类似情景资源。

将案例推理思想运用到地震应急管理中，提取出历史案例中合理的信息和经

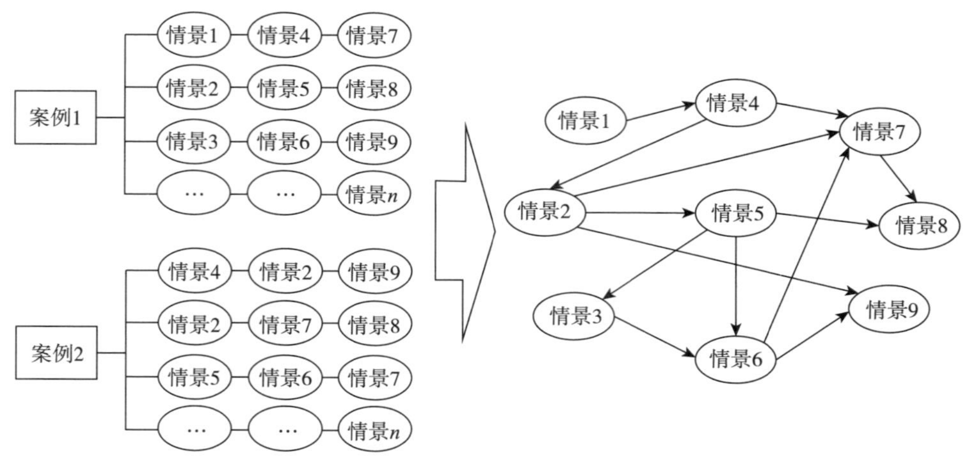

图 9.2　情景推演网络构成示意图

验知识，克服数据采集和处理困难，从灾害情景角度出发，运用本体方法和本体建模思想提出新的案例库设计思路，优化数据存储和检索匹配结构，提高案例推理过程的效率和准确性。建立地震灾害应急救援处置情景数据库，使情景数据涵盖地震救援过程的各个方面，达到对应急救援决策的全方位支持，使应急决策支持更具科学性和有效性。另外，在地震灾害发生前，组合数据库中的情景要素，预测地震灾害中可能发生的场景，达到推演模拟地震灾害决策处置过程的目的。

研究搜集历史案例，归纳分析历史地震应急处置案例和经验知识进行归纳分析。归纳出震后情景，将地震情景分为环境相关情景、灾害相关情景、承灾载体相关情景、救援相关情景四类。情景是动态变化的，因此情景的表达也是一种动态的表达，研究给出了情景发展演变的两种形式，即单一情景演变和复合情景演变，在此基础上，提出了情景演变图。另外，分析了情景之间的关联关系及决策主体的优先级顺序，为决策制定提供依据。

国外学者 Ensley 通过对飞行员在紧急状况下的决策研究发现对情景的知觉能力是影响决策有效性的重要因素，当前情景知觉的研究对象逐渐扩展到核电厂操作员、麻醉师、空中交通管制人员等[18]。国内学者姜卉和黄钧[19]研究证明了突发事件的实时决策是基于情景的，对情景的把握是决策者赖以决策的基础。近年来关于情景知觉的研究多聚焦于情景知觉的理论模型建立、测量与应用上，对情景本身刻画的研究较少。姜卉提出了情景维度及图形化表达方式，证明了情景的表达是一种动态的表达，会随着时间的推移而动态发展，这成了决策的依据。

研究在案例推理和多维情景空间方法的基础上，利用“案例—情景—要素”三层架构，阐述了情景、要素、原子措施及情景对策之间的作用关系及作用强度。

9.3.3　基于仿真的应急决策

1. 概述

对于大多数决策方法，评价函数的选取是一项十分重要的课题，它直接决定了决策结果的准确性。然而，复合灾害的情景极其复杂，系统不确定程度极高。无论是从成本上，还是从实际操作上，试图在真实世界中建立相同的灾害情景都是不现实的。因此，通过实验手段直接确定评价函数十分困难。此外，由于复合灾害具有非常规的特点，发生频率极低，对受灾地区而言，通常不存在或很少存在相似突发事件和应急决策的案例。没有足够的数据作为基础，便无法通过分析的手段研究评价函数。实验难、分析难的特点，使复合灾害应急决策很难使用传统的物理学、工程学和管理学的方法确定评价函数。因此，必须找到其他合理的替代方法，获取相关的各项数据，为推演和决策等工作提供数据支撑。

计算机仿真技术是提供这种支撑的一种有效方法，它具有执行效率高、安全性强、受环境约束小、空间和时间比例尺可变等诸多优点。只要能够建立合理的仿真模型，就可以建立对应情景的仿真系统，从而利用大量的虚拟实验获取数据，为应急决策提供实验平台和分析平台。因此，基于仿真的应急决策是复合灾害情景中一种十分重要的决策方法。

基于仿真的决策方法并不是应急决策领域中的新生事物，它被大量应用于日常生产中。传统的基于仿真的决策方法具有两个重要特点。第一，仿真通常被视为现实世界的替代物。由于日常生产每时每刻都在进行，制作一个足够真实的仿真系统是可行的，因此，决策系统可以充分信任仿真系统的结果。第二，决策的目标是使整体收益的期望最大。在日常生产中的决策通常是重复性决策。系统不必要求每次决策都有最大收益，只要使多次收益的期望值最大，得到的结果就是合理的。

然而，在应急条件下，上述两个特点均不能被满足。第一，由于系统的高度不确定性，一次仿真通常只能被视为现实世界的一个可能的发展方向，因此，决策方法不能完全信任仿真结果。第二，由于应急决策通常只在灾害情景中实施一次，收益期望最大的决策目标不再合理。决策方法必须考虑方案的容错能力，不能因为收益期望高而选择失败率高或失败损失极其严重的方案。因此，基于仿真的应急决策方法与传统的基于仿真决策方法有着本质的区别。

仿真主要有事故重现和未来预测两个作用，在进行应急决策之前，首先需要建立突发灾害事件的情景模型系统，若给定初始条件，一方面，可以利用仿真系统对突发事件发生的可能后果进行仿真，为应急处置提供参考依据；另一方面，基于“情景-应对”思想，利用仿真系统可以分析应急措施的可能实施效果。复合灾害场景同样给仿真系统提出了更高的要求。由于应急决策只实施一次的特点，为了保证决策方案有足够的容错能力，仿真系统不仅要能提供对未来的合理预测，还要尽可能全面地给出目标场景的可能发展方向。因此，对目标场景的多样性描述能力成为应急仿真系统的重要指标。

2. 基本步骤

基于仿真的复杂灾害事件，应急决策过程需要考虑六个方面的内容，主要包括灾害数据、信息收集、应急目标制定、备选方案生成与评估、在线实施与反馈、事件驱动的决策触发机制。

(1)灾害数据、信息收集。实时收集突发灾害事件当前时刻的状态信息，包括灾害事件的类型、强度、造成的影响、人员交通情况、事故损坏情况、规模及可支配的应急资源等全空间条件下的信息，并在灾害发展过程中实时更新。就灾害识别而言，由于灾害事件影响范围大，突发灾害事件发生后会在不同地方造成不同类型的“破坏”，需要识别每个“破坏”的类型，并确定其影响的局部空间范围，数据和信息支持至关重要。

大数据作为一类现代数据处理技术，在复杂灾害应急决策中具有重要的应用价值[20]。现代社会复杂灾害不确定性高，涉及社会多个层次和系统，影响范围广，因此应急决策必须具备自适应海量实时信息的能力，即决策系统必须具备快速获取、过滤、分析和挖掘海量数据的能力。复杂灾害会在不同层面产生大量的实时信息数据，如通信数据、交通数据、舆情数据等，通过物联网监测监控系统、万维媒体和现场调查可以收集获取这些实时数据，经过大数据分析手段的数据过滤、整合、挖掘，为仿真系统提供初始数据，实现灾害重构和预测，为应急提供实时的决策支持。

区别于传统数据处理手段，大数据支持是复杂灾害应急决策的迫切需求。首先，大数据处理能力的提升使数据收集可以深入更微观的层面，而这类数据具有比统计学数据更精细、准确的系统描述能力。其次，非常规突发事件数据总量大、价值密度低且多源异构。例如，传感器数据、互联网数据、通信数据等，而就互联网数据而言，其包含总量在PB级以上的文本、图片、视频等多种结构的数据，且其中存在大量错误或虚假无用信息，常规数据分析技术无法处理[21]。最后，由于非常规突发事件机理未知，利用大数据寻找数据间的相关性，可以有效支持应急决策。因此，无论从灾害数据的本质特征或是大数据的功能特性出发，大数据的方法在当代复杂灾害应急管理中都具有不可或缺的优势。

(2)应急目标制定。根据当前局部事件的状态和整体应急目标的要求，应急决策者制定出需要完成的应急目标。该应急目标是基于整体应急任务要求，针对局部“破坏”事件有限时域范围内的决策。

从决策的基本要素来看，应急目标制定，即是应急决策准则的选择，为后续备选方案的评价比较提供边界条件。传统的决策理论和方法在选择决策准则时普遍追求最优或次优，这在工业控制和经济领域是可行的，对突发灾害这类复杂系统而言，由于资源限制和决策时限要求，寻找最优、次优方案极其困难。因此，在复杂决策方法中，应急目标制定，即决策准则的选择是寻找一个“非劣方案”，换言之，即利用尽可能少的应急资源和时间，得到一个能够基本解决当前“破坏”事件或阻止当前负面状态变坏的应急方案。

(3)备选方案生成与评估。收集、过滤后的当前事件状态的信息，可以输入仿真系统进行状态初始化。若已有既定方案，则将方案作为控制措施输入，仿真预测方案实施后有限时域内的可能后果；若无既定方案，则利用仿真系统随机均匀地自动生成部分应急方案，并仿真预测实施不同方案后有限时域内的可能后果。根据应急目标制定的决策准则，对比分析、评价各方案的可能效果，若有符合决策准则的可行方案，则挑选出其中性能较优的方案；反之，则对方案进行调整，重复上述步骤。

(4)在线实施与反馈。实施可行的应急方案，并对其实施过程和效果进行在线监控，由于过程中不确定性大，可能发生其他事故，或者在过程中整体态势发生变化，或方案执行效果偏离预期，造成当前方案执行被迫停止，则将当前状态信息反馈至仿真系统，系统重新开始新的决策过程。

(5)事件驱动的决策触发机制。根据目前的危机识别结果，确定灾害事件类型、强度、规模、复杂性和影响范围，若该局部事件的后果等级超出阈值，则触发后续的应急决策过程；当然，即使该事件的后果等级并没有超出阈值，决策者也可以在态势评估时采取决策干预，认为决定该事件是否触发后续应急决策过程。

一般来说，对决策系统而言，可以有基于事件和基于状态两种决策触发方式，但就复杂灾害而言，前者更有优势。一方面，复杂灾害虽然是一个马尔科夫复杂系统，系统状态演变具有马尔科夫性，然而系统状态量却极其庞大，应用中难以存储和处理。另一方面，一个事件可以定义为一组系统关键状态转化的集合，是对系统状态转移的集结，通过当前事件表征未来相邻状态的部分关键信息，为决策提供依据和支持，因此，基于事件的决策触发更具优势。

9.3.4　双层应急决策框架

本节将首先讨论应急决策辅助仿真系统的架构设计，其次以大规模交通疏散为例进行详细的论述。

从决策类型来考虑，灾害情景下的决策过程是一次性决策，系统演化结果不确定，符合不确定决策的特点。从决策时间来考虑，应急决策可以分为离线决策和在线决策。离线决策在灾害发生前进行，以制订预案和演练为目的；在线决策在灾害发生时进行，以实时应急管理为目的。

基于仿真不能被完全信任的前提，可以使用如图 9.3 所示的双层应急决策框架进行辅助决策[22]。该框架可以同时满足离线和在线的决策需求。总体上，该框架分为决策系统和验证系统两部分。其中决策系统负责从所有的备选方案中挑选出最合适的策略，而验证系统则负责检验最终输出策略的执行效果。

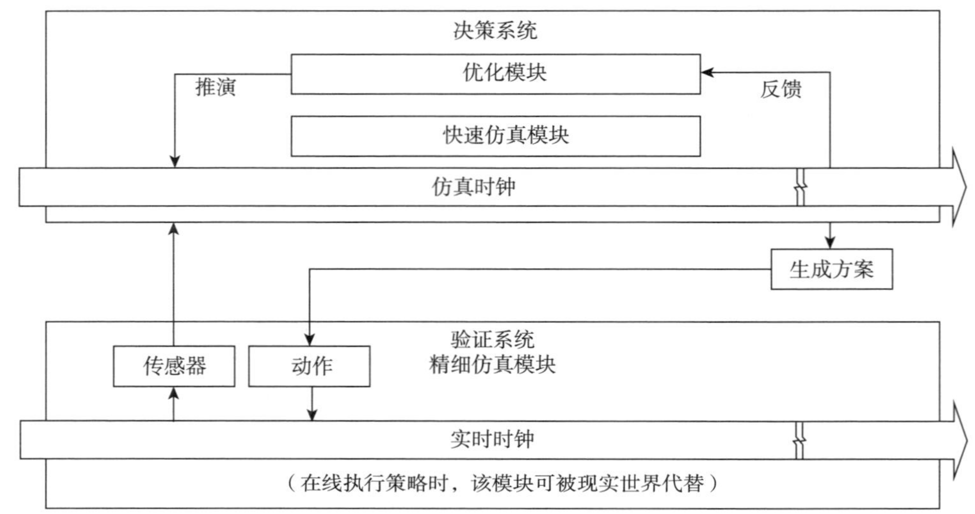

图 9.3 双层应急决策框架

在离线决策过程中，验证系统由精细仿真模块承担。该模块负责模拟真实的灾害情景，并评估确定决策的执行效果。它具有如下特点：①实时性。在决策过程中以实时速率进行仿真，不可回溯。②非完全受控。仿真环境处于不完全受控状态，决策可以向仿真系统部署，但决策效果不一定与预期完全一致。③非完全透明。在仿真环境中预先布置有虚拟的传感器作为仿真信息发布设备。在仿真过程中，只有这些预先设置的信息源能够提供仿真环境实时信息。换言之，精细仿真模块只能输出定制的局部信息，而非全局信息。上述三点特征也是真实灾害场景的重要特征。因此，当需要执行在线决策时，只需要将验证系统的精细仿真模块替换为实际的灾害场景即可，框架的运行逻辑可以保持不变。

相对而言，决策系统中的快速仿真模块可以提供尽可能全面的情景预测，辅助优化模块挑选出合适的策略。它具有如下特点：①多次快速仿真。在决策过程中以尽量小的时间成本执行尽可能多的仿真任务。②多样性。在多次仿真任务中，能够提供多样化的预测结果。

系统运行时，验证系统首先启动。精细仿真模块生成虚拟的灾害环境，并通过虚拟传感器将局部信息交给决策系统。决策系统随之启动快速仿真模块，利用局部信息还原可能的初始情景，并进行多次快速仿真。优化模块遍历所有备选方案在各种初始情景下的表现，找到最合适的方案并将其输出给验证系统。验证系统接收到决策后立即部署，并执行不可回溯的精细仿真。在精细仿真运行过程中，决策系统将利用虚拟传感器监测方案的执行情况是否与预期相一致。一旦验证系统的仿真结果严重偏离预期，决策系统将再次启动，在当前的情景下，再次寻找合适的策略并输出给验证系统。以此类推，直至验证系统的精细仿真执行完毕。

基于仿真决策有其独特的优势，本章9.5节将以大规模疏散为例，阐述基于仿真的应急决策在复杂灾害管理中的应用。

9.3.5　其他应急决策方法

1. 平行应急管理决策

从系统的角度来看，复杂灾害过程是一个具有强不确定性的复杂巨系统，它具有复杂系统不可分和不可知的特征。首先，复杂灾害情景演变无法通过局部灾害信息的独立分析而完全确定；其次，受到资源和认识的局限，复杂灾害情景演变也不可能事先在大范围内完全预测。因此，针对复杂灾害的系统特征，采用复杂系统理念和方法解决应急决策问题，是近年来应急决策新的研究热点之一。尤其是结合计算机的计算优势和多智能体仿真技术，从复杂系统角度来研究复杂灾害情景，优势明显，是“情景-应对”决策范式的典型。目前已经开发的决策支持系统，已逐步应用到灾害应急决策中，其思想被广泛接受。本小节以平行系统控制(parallel control)为例，来阐述基于复杂系统的应急决策模式。

平行系统控制是由中科院王飞跃教授提出的[23]，所谓平行系统控制是指将实际问题向虚拟空间拓展后，通过虚实互动来解决问题的控制方法。该方法以ACP理念为指导，实现人工社会、计算实验和平行执行的有机组合[24]。其核心思想为针对复杂系统，构造其实际系统与人工系统并行互动的平行系统，目标是使实际系统趋向人工系统，而非人工系统逼近实际系统，进而借助人工系统使复杂问题简单化，以此实现复杂系统的控制与管理。简言之，即根据实时的人工系统仿真结果控制系统朝着预期的情景发展，这正好契合了灾害应急管理“情景-应对”的决策范式，因此，将平行控制引入应急管理意义重大[25]。灾害事件动态仿真与计算试验的底层框架包括以下三部分(图9.4)。

(1)人工社会。灾害事件的影响因素十分复杂，灾害情景设计的主体对象庞大，单纯的数学模型无法对灾害中的主体对象进行整体建模。因此，需要采用情景建模的方式来整体研究灾害事件中的各种对象，在一个标准的、开放的计算环境下，基于灾害主体对象的各种模型库、知识库、方法库和场景库，利用多智能体仿真技术构建与真实灾害情景相对应的虚拟的人工社会。

(2)计算实验。科学的知识和经验主要是通过以往的历史案例或同一条件下

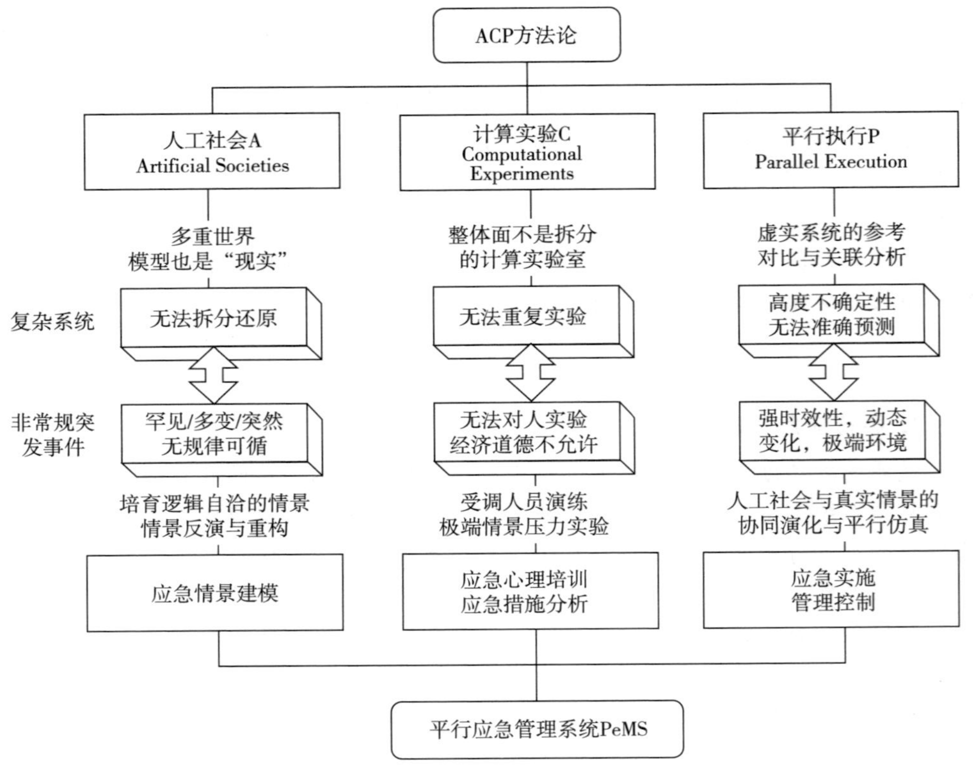

图 9.4 基于平行控制的应急决策框架

的重复实验而获得的，由于复杂灾害罕见而且缺乏规律性，又容易受到人为作用的影响，加之社会和道德层面的限制，复杂灾害无法进行重复实验。因此，采用仿真技术，构建虚拟人工社会，在虚拟世界中进行实验，则突破了无法通过现实实验获取经验知识的局限。拥有针对复杂灾害的人工社会之后，则可以将灾害链演变、人的行为和社会行为引入计算机仿真，将计算机作为实验平台，进行计算实验，通过不断的“实验”来分析复杂灾害系统行为，评估其可能的后果。

(3)平行执行。将实际灾害情景与人工社会仿真并举，利用两者的虚实互动，以平行执行方式对灾害系统的运行进行有效的控制和管理。所谓平行执行，即利用现代的物联网、万维网和现场人员、设备进行数据采集、整理、分析和聚合，实现对灾害演化的动态监测，并将处理后的数据信息无缝集成到人工社会，使人工社会与真实灾害事件演化处于并行状态，协同演化。利用人工社会仿真预测的功能，实现未来一段时间内灾害情景的“透视”，掌握并预测灾害演化的动态过程，实现应急决策响应的动态优化。

复杂灾害发生后，往往处于极端环境中，尤其是灾害应对前期，任何小的处置措施都有可能产生巨大影响。而利用基于平行系统的应急仿真平台，把信息、心理、仿真、决策融为一体，通过信息同化使虚实系统的状态平行化，实时进行情景推演仿真，实现有限时域的情景预测，并以此评估不同阶段的应急响应方案的效果，优化、完善情景响应措施，为应急决策提供支持。

2. 复杂网络

对某些特殊的复杂灾害而言，其系统中存在着许多蕴涵规律性的网络关系，如网络舆情事件、信息传播等，这类复杂灾害具有特殊的复杂网络演化动力学特征，采用复杂网络的方法进行研究，可以深入灾害的机理层面，发现灾害的演化规律，指导应急决策。

复杂网络演化是指网络的节点和链接随时间的新生、消亡和演变的描述，也是指网络结构的形成、更新和变化的过程与机制。近年来，复杂网络上的蔓延动力学研究成为热点，如网络中病毒在计算机网络上的蔓延、随机或特定去除某些关键节点或边产生整个网络拓扑结构的网络演化、谣言在社会中的扩散及传染病在人群中的流行等。

德国学者 Buzna 等[26]在灾害网络演化动力学方面做了大量工作，并利用复杂网络的中心性及关键节点理论建立了灾害蔓延的动力学模型，给出了当网络上某些关键节点或边去除后网络拓扑结构的演化，然后提出灾害预防的措施方法。他所做的工作促进了人们对灾害演化的认识，并为以后利用网络探索灾害演化提供了相关的基础。清华大学翁文国等[27]也针对关键生命线系统，如电网、供水网、供气网、交通网、通信网等的一些共性特征，建立了一个普适性的灾害蔓延动力学模型。该模型考虑网络结点的自修复功能，灾害蔓延机制和内部随机噪声，并研究自修复因子、延迟时间因子和噪声强度三个重要特征参数对三种网络(随机网络、无标度网络和小世界网络)结点修复率和崩溃结点数的影响。另外，欧阳敏等[28]也利用具有冗余系统的无标度网络对灾害演化进行了相关研究。但是上述模型没有对由某一重大灾害所引发的次生灾害群组成的灾害系统进行系统的研究。德国学者 Buzna 等[29]建立的灾害蔓延动力学模型充分利用了复杂网络研究复杂系统的优越性，但是在灾害演化行为的演化动力学方面有所欠缺。

复杂灾害发生的频率越来越高，而且巨灾的发生常常伴随着一个庞大的次生灾害群。因此，掌握重大灾害所引发的次生灾害群组成的灾害系统的演化特征与控制方式，不仅可为以后的相关灾害的防灾减灾措施提供一定的理论基础，还可为灾害救援方案的选取起到一定的促进作用，从而最大可能地减少灾害发生时人员的伤亡和财产的损失。

源灾害事件一旦发生，常常利用灾害演化系统之间相互依存、相互制约的关系，产生连锁效应，实现由一种灾害引发出一系列灾害，从一个地域空间扩散到另一个更广阔的地域空间的一种呈网络状定向有序结构的巨灾传承效应。利用复杂网络对这项系统工程进行建模，研究这些巨灾系统的共性特征，即建立一个普适性的灾害演化系统动力学模型。例如，灾害演化系统可以被看做由 n 个节点和相应的定向连接边组成的定向复杂网络，每个节点都代表着灾害演化系统中的某一特定的灾害事件，而相应的定向连接边表示某一灾害事件诱发另一衍生灾害的演化行为。灾害节点衍生另一灾害节点的演化行为在具体的演化过程中可能发生，也可能不发生，演化的可能性是由演化连接边概率所决定的。因此，依据复杂网络建模的基本规则，就可以建立某些复杂灾害的动力学演化模型，分析灾害演化机理，从而为分析、决策提供支持。

复杂网络是一类特殊的复杂系统，由于复杂网络在灾害动力学研究中具有独特的定量化分析优势，现已在部分复杂灾害的应急管理中得到应用。同时复杂网络作为一类基本建模方法，可以很容易地结合仿真、情景推演等技术，这类方法将在以后得到更为深入的研究与应用。

9.4　地震灾害情景推演实例

9.4.1　地震灾害情景分类

多维情景空间方法[30]表明要素来源于灾害情景，是案例最基本的信息，即灾害情景由要素组成。以要素作为坐标轴，要素的状态变化作为坐标轴上的刻度值，建立多维坐标空间，然后将情景进行要素化表达，进而表示为该多维空间中的“点”。

每一要素均对应着一个原子措施，原子措施的执行依赖于救援相关部门的行动，情景对策则是各个要素对应的原子措施的复合。同一情景包含的要素的原子措施之间可能出现冗余、冲突甚至矛盾的情况，因此情景对策并不是原子措施的简单叠加，情景对策的得出需要对原子措施进行调整[31]。

研究地震应急处置过程发现影响应急决策制定及决策有效性的因素非常多，地震相关情景往往形成复杂的情景网络[32]，若将情景网络整体作为研究对象将十分困难，因此研究将地震相关情景分为四类，即环境相关情景、灾害相关情景、承灾载体相关情景和救援相关情景。环境相关情景包括自然环境情景和人文环境情景，这类环境相关情景存在于各个地震案例中，十分常见，如“大风扬尘”“语言沟通困难”等自然、人文情景；灾害相关情景着重描述灾情本身，如“火灾频繁发生”“泥石流”等；承灾载体相关情景通常与关键设备设施等载体相关联，如“灾区医院满负荷运转”“水电站水渠垮塌”等，这一类情景侧重刻画设施设备的运行状态。救援相关情景侧重表达有关救援行动的信息，如“灾区缺乏大型吊装设备”“缺乏灾区测绘资料”等。基于上述分析构建的“案例—情景—要素”三层架构[33]如图 9.5 所示。

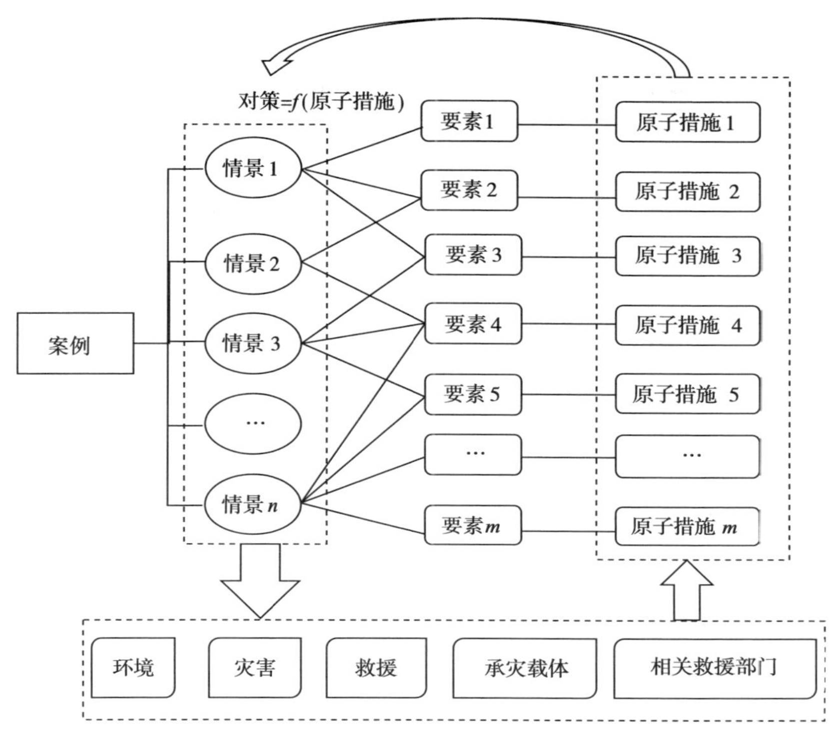

图 9.5　“案例—情景—要素”结构图

原子措施、要素与情景对策之间的复合函数关系表示为

$$\text{solution}=f(\text{measure})=g(\text{element}) \tag{9.1}$$

(1)solution：对应于情景的整体解决方案，用 sol_1，sol_2，sol_3，…表示。

(2)element：要素，用 E_1，E_2，E_3，…表示。

(3)measure：对应于要素的原子措施，用 M_1，M_2，M_3，…表示。

(4)scenario：情景，用 S_1，S_2，S_3，…表示。

前文对情景的解决方案与各要素及要素对应的原子措施之间的关系进行了阐述，下面用集合的方法来举例阐述对未知情景进行决策支持的过程。

如图 9.6 所示，数据库中现有两个情景，即 S_1 和 S_2，其包含的要素如下：

$$S_1=\{E_1, E_2, E_3, E_4, E_5, E_{10}, E_{11}\} \tag{9.2}$$

$$S_2=\{E_1, E_2, E_3, E_6, E_7, E_{12}, E_{13}\} \tag{9.3}$$

待解决的情景为 S_0，其包含的要素如下：

$$S_0=\{E_1, E_4, E_5, E_6, E_7, E_{14}, E_{15}, E_{16}\} \tag{9.4}$$

其中，案例库中点的全集为 S，其包含的要素如下：

$$S=\{E_1, E_2, E_3, E_4, E_5, E_6, E_7, E_8, E_9, E_{10}, E_{11}, E_{12}, E_{13}, E_{14}, E_{15}\} \tag{9.5}$$

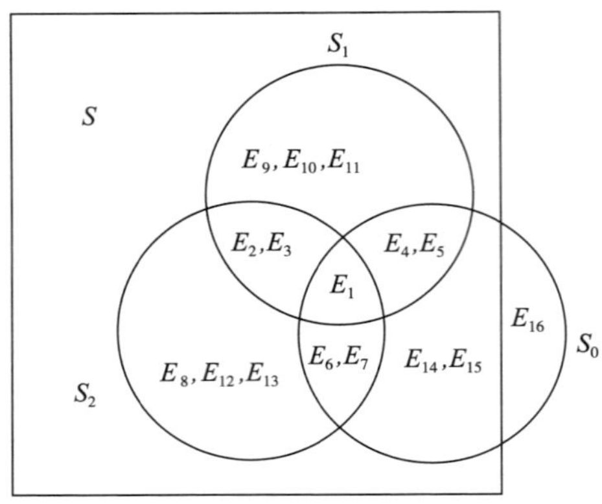

图 9.6　情景要素组成文氏图

对于案例库中已有的对应项的各个要素，从数据库中匹配得到其对应的原子措施，而对于不包含在数据库中的要素(E_{16})，需要利用其他途径，如查阅书籍或咨询专家等方法来找出其对应的原子措施。对各个原子措施的整合而言，其过程较为复杂。从理论上而言，当各个要素的坐标轴定义得非常详细，各个要素的坐标轴之间彼此独立时，可以认为各情景的交集(并集、差集)的解决方案分别为各情景对应的解决方案的交集(并集、差集)。在实际过程中，很难对要素坐标轴进行完全详细的定义，各个要素坐标轴之间总会存在着优先顺序或者是冲突的情况，因此，在很多情况下需要通过人工的方法来进行判断[34]。

9.4.2　地震灾害情景演变

考虑要素信息在灾害情景发展过程中是动态变化的，因此由要素组成的灾害情景也是动态变化的。情景作为突发事件发生、发展与演化过程中的一个个片段，其发展过程中必定存在关联，本小节从要素的角度出发，探究情景演化过程，将情景演变分为单一情景演变和复合情景演变两种类型。n 个情景和 m 个要素组成的集合 S，E 可表示为

$$S=\{S_1,\ S_2,\ S_3,\ \cdots,\ S_n\} \tag{9.6}$$

$$E=\{E_1,\ E_2,\ E_3,\ \cdots,\ E_m\} \tag{9.7}$$

一个要素对应一个坐标轴，假设坐标轴上有 1，2，3，…，j，…，k，…个取值点，不同的取值象征着不同的要素状态，若要素 E_1 存在 j 个取值点，那么要素 E_1 可表示为

$$E_1=\{E_{11},\ E_{12},\ E_{13},\ \cdots,\ E_{1j}\} \tag{9.8}$$

类似地，要素集合 E 可以表示为

$$E=\{[E_{11},\ E_{12},\ \cdots,\ E_{1j}],\ [E_{21},\ E_{22},\ \cdots,\ E_{2k}],\ \cdots,\ [E_{f1},\ E_{f2},\ \cdots,\ E_{fy}],\ \cdots,\ [E_{m1},\ E_{m2},\ \cdots,\ E_{mz}]\} \tag{9.9}$$

要素的发展引起相关情景的发展演变，因此情景集合可以表达为

$$S=\{[S_{11}, S_{12}, \cdots, S_{1j}], [S_{21}, S_{22}, \cdots, S_{2k}], \cdots, [S_{f1}, S_{f2}, \cdots, S_{fy}], \cdots, [S_{n1}, S_{n2}, \cdots, S_{nz}]\} \tag{9.10}$$

情景演变是情景在时间和空间上的变化，单一情景演变是指情景本身的严重程度减轻或者加重，情景本质并不发生变化。例如，在地震现场可能出现通信时断时续这一情景，余震的发生可能使通信完全中断，若抢修人员抢修及时通信即可恢复。情景在“时断时续”“完全中断”“部分恢复”“完全恢复”这几类状态中变化，通信畅通程度这一情景状态没有发生本质变化，即情景在 S_{i1}，S_{i2}，…，S_{ij}，…，S_{im} 这 m 类情景中发生变化，如图 9.7 所示。

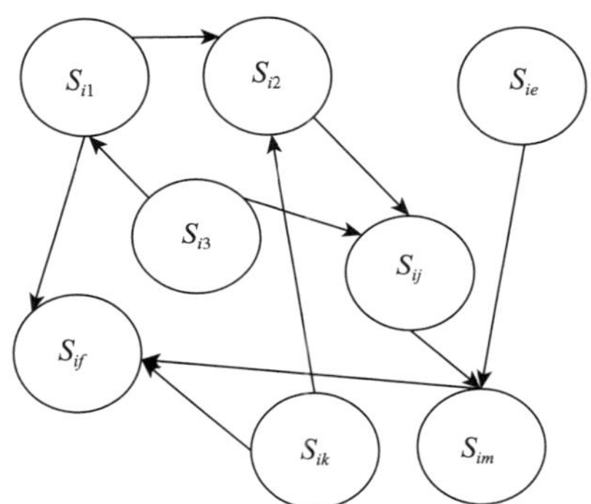

图 9.7　单一情景演变示意图

复合情景演变是指不同情景出现在不同阶段或不同的演化关系中，是不同情景之间的相互影响关系[35]。例如，山体滑坡引起道路损毁、道路损毁引起交通堵塞、交通堵塞引起伤员转移困难等。这一系列演变涉及的是不同性质的情景，即情景在 S_1，S_2，…，S_k，…，S_n，n 类情景中发展演变，复合情景之间情景演变网络如图 9.8 所示。

时间和空间上的情景演变是单一情景演变和复合情景演变的结合，情景是一个个片段，即多维空间中的“点”，情景的演变图如图 9.9 所示。

一组离散的情景片段组成了情景演变图，每一个情景片段都显示出了情景自身的演变过程。需要指出的是，要素坐标值的变化会引起关联情景的变化，任何一个要素的状态变化都可能引起情景状态的突变，在地震灾害背景下，涉及的灾害情景和要素众多，因此情景演变关系复杂且敏感。

9.4.3　基于情景树的应急决策

若针对每个情景进行应急决策，决策过程将会变得十分困难，因此研究试图寻找某些关键情景或关键决策点进行决策[36]。从事件树的角度来看，这些关键

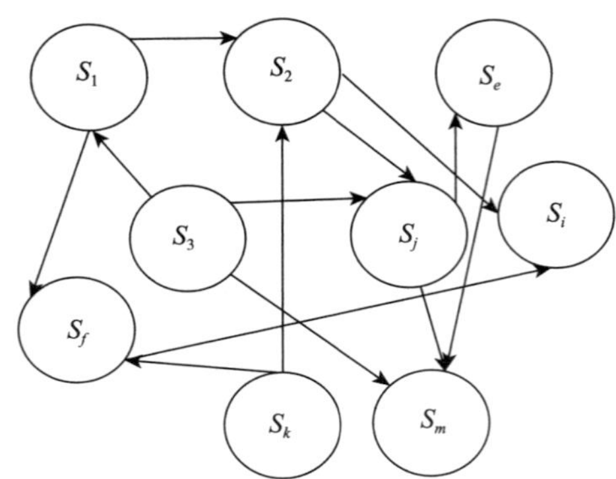

图 9.8　复合情景演变示意图

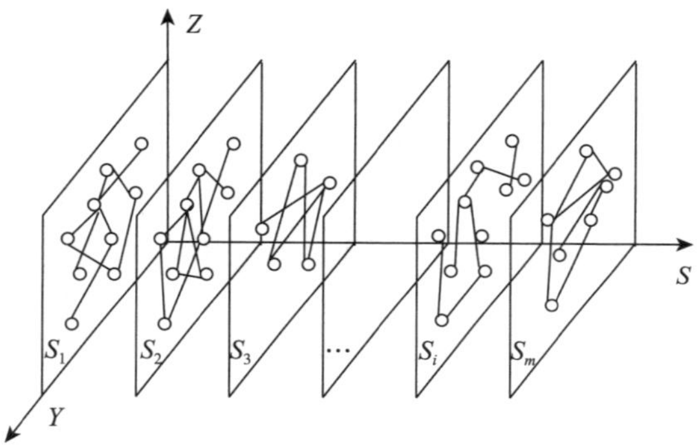

图 9.9　情景演变图

情景处于事件树的上层或关键位置，基于上层事件做出的决策能够抑制后续灾害事件的发生，从而提高应急处置的效率。为明确决策主体的主次关系，研究建立情景树如图 9.10 所示。

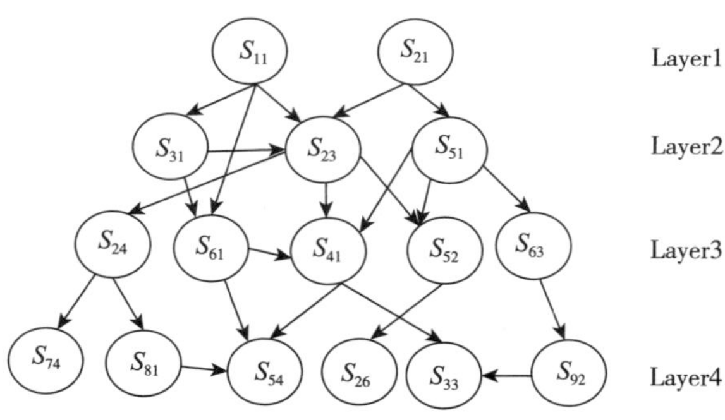

图 9.10　情景树示意图

一级情景，即根情景，是灾害现场存在的情景，根情景能够引起后续情景的演变，因此做应急处置时，抑制上层情景的发生比抑制下层情景的发生更重要，情景演变到一定程度会到达情景终点而不再演变，如情景 S_{92}。根情景 S_{11} 可能引起第二层情景 S_{31} 的发生，情景 S_{31} 能引起情景 S_{24}、S_{61}、S_{23} 的发生，情景 S_{31} 的输入输出可表示为坐标点(1，3)，同样的，情景 S_{23} 的输入输出可表示为(3，2)。比较情景 S_{31} 和 S_{23} 的输入发现 $3>1$，即情景 S_{23} 比 S_{31} 更容易发生，因此情景的输入左坐标点表征着情景的初始敏感性[37]，左坐标点值越大，表示情景越敏感，情景的发生越难控制。右坐标点越大表征着情景的输出越多，越能引起其他情景的发生，因此控制这类情景的发生能提高决策的效率，避免情景的发展演化。从减少情景发生数目的角度来看，在同样的决策条件下，控制情景 S_{31} 的发生比控制情景 S_{23} 更加有效。9.4.4 小节将结合地震应急处置的相关实例，阐述情景发展演化关系。

9.4.4　玉树地震情景构建与推演

在地震应急处置过程中，网络和媒体对应急救援的信息发布应及时且全面，本小节将新闻作为地震情景的一个重要来源。为解决新闻获取时的格式不一致、冗余、冲突等问题，利用 python 编程提取网页新闻和图片。提取有关玉树地震的 5 000 余条新闻，根据灾害情景的四种分类方式，从新闻中提取出四类相关情景，如表 9.1 所示。

表 9.1　情景分类示意图

灾害有关情景	要素	要素坐标点	要素取值	原子措施
缺乏第一手资料	救援一手资料完整度	完善，缺乏	0，1	先遣部队进入灾区了解需求
测绘资料缺乏	测绘资料完整度	完善，缺乏	0，1	无人机低空作业，获取数字影像；派遣科技人员处理传输遥感数据
通信状态不稳定	通信状态	稳定，不稳定，中断	0，1，2	设置欠费不停机；通过军方无线短波联系；救援部队携带海事卫星电话
伤者情绪不稳定	伤员情绪稳定度	稳定，不稳定	0，1	派出心理医生和精神科专家；提供心理援助和心理关怀材料；制定灾后补助政策

表 9.1 中显示了部分灾害有关情景、要素、要素坐标点及要素取值、原子措施要素坐标点的数值化，为案例推理及情景推演奠定基础。环境及承灾载体相关情景的表达方法与表 9.1 相似。选取地震中的一部分情景，进行情景关联关系及作用力研究，情景网络图如图 9.11 所示。

图 9.11 直观显示了情景之间的关联关系，其情景演变关系比较复杂，形成

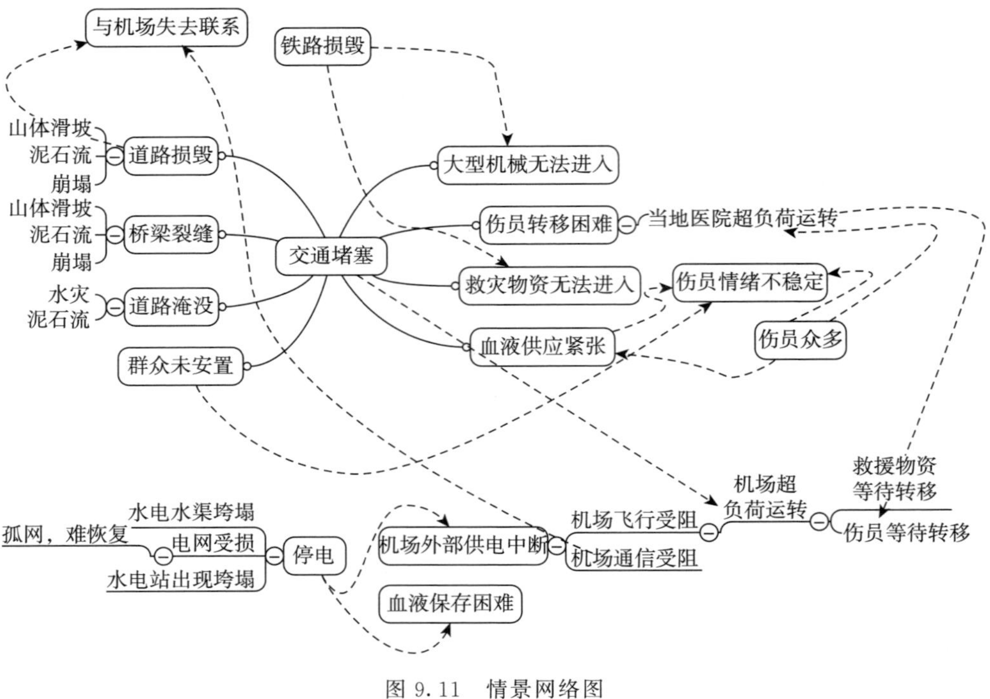

图 9.11　情景网络图

了情景网络图。其中有几个关键情景，如交通堵塞、道路损毁、停电等，这几个情景都能引起多个情景的发生，且这几个情景的自身演变能够控制，而类似山体滑坡、泥石流等自然灾害情景的演变不可控程度更高。图 9.11 并未显示情景之间的层级关系，选取情景网络图的一部分，(图 9.12)基于情景树视图，绘制地震情景层级关系图，体现出了决策主体的优先级顺序。根情景为自然灾害情景，此类情景的可控性较低，作为二级情景的道路损毁、桥梁裂缝等决策优先顺序较高，对这类情景的处置决定着后续情景发展演变的可控性，若对二级情景处置不恰当，极易引起三级情景交通堵塞情景的发生，交通堵塞作为敏感情景，容易触发且情景输出较多，容易引起相关一系列情景的发生发展。若交通堵塞得到了及时有效的处理，相关联的救灾物资无法进入、伤员转移困难等情景就能得到解决。关键节点处置得当，对整个灾害现状的缓解有着不可估量的影响，同样，若关键情景得不到正确的处置，其负影响能通过相关情景呈现出来，造成灾情的恶化。地震情景的层级关系图显示了关键情景和决策主体的优先顺序，其为决策者制定决策提供了很好的参考。

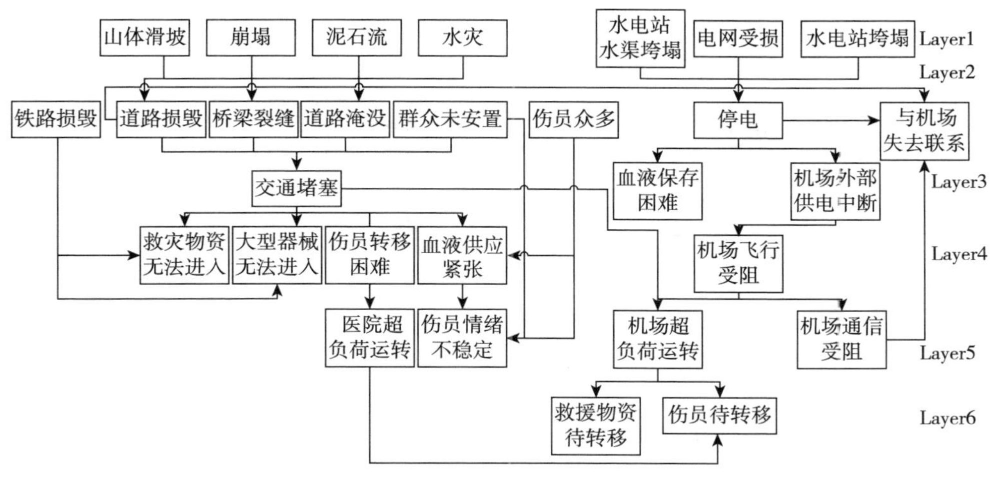

图 9.12　地震情景层级关系图

9.5　交通疏散应急决策实例

9.5.1　交通疏散仿真系统

利用双层仿真应急决策框架，可以进行一般的应急决策。然而对于不同的具体问题，一项重要的挑战性课题是如何保证仿真系统能够提供多样化的预测结果。在涉及人类行为的决策中，这一课题体现的尤为明显。

大规模交通疏散是城市公共安全的重要课题，也是典型的适合采用基于仿真决策方法的领域之一。在大规模的复合灾害情景下，通常要考虑疏散问题。例如，2008 年中国汶川地震后，唐家山地区形成堰塞湖，绵阳市抗震救灾指挥部针对可能发生的溃坝情况，将 20 万余人撤离到安全区域。又如，2011 年日本地震海啸引发福岛第一核电站的泄漏事故，方圆 20 千米内约 21 万人被疏散。本小节以大规模交通疏散为例，介绍仿真系统的构建方法。

大规模交通疏散的主要仿真对象是疏散人群和车辆。它们具有智能、自治性和社会性，是运动和行为模式非常复杂的个体。除疏散者外，场景中还有参与紧急疏散的管理人员。在紧急时刻，他们将前往重要的交叉路口，为决策者提供疏散的细节信息，并为疏散者提供疏散建议。最后，疏散系统中还存在着各式各样的实体。交通信号灯在常态下提供道路交通信号，是维持道路秩序的重要工具。信息中心，如各城市的交通广播无线电台，可以大范围地发布各种与疏散者有关的信息。在紧急状态下，突然挡住道路的电线杆或树木，也具有动态的特征。

由于人类个体行为具有高度多样性，相关的疏散模型研究十分广泛。以机动车为例，驾驶员行为具有群体多样性和内部多样性，模型研究涉及了驾驶行为、择路行为、环境交互影响、仿真软件、应急预案验证等若干领域。

机动车在道路上的移动规则被称为驾驶行为。跟车模型是其中非常重要的一类模型。它在连续空间内描述了机动车在道路上如何跟随另一辆车的过程，如 Gipps 模型[38]和 Newell 模型[39]。一篇综述文献[40]对 2000 年以前的跟车模型和标定工作做了总结。Panwai 和 Dia 对一些跟车模型进行了比较评价[41]。在多车道的仿真中，跟车模型经常与换道模型共用，如 MOBIL[42]。在离散空间上可以使用元胞自动机描述机动车的运动，如 Nagel-Schreckenberg 模型[43]。这类基于规则的模型适合于刻画复杂场景中的机动车行为，如交通路口[44]或混合交通流[45]。

择路行为描述了驾驶员在希望到达某地时会采取哪一条路线。Dia 等提出了 Belief-desire-intention 的主体架构，描述了实时信息下驾驶员是否会放弃习惯性路线而选择其他路线[46]。Tawfik 等对驾驶员对不同道路参数的感知强度和选路决策的多样性进行了实验研究[47]。此外，一些研究在大数据领域对驾驶路线进行统计分析，如 Yuan 等使用出租车行驶轨迹的历史数据进行驾驶路线建议，效果显著[48]。

交通环境和驾驶者心理的交互影响是驾驶员内部多样性的重要部分。这种影响模式和很多因素相关，如文化和地域。Parker 等对芬兰、英国和荷兰的驾驶者进行了问卷调研，考察自私或鲁莽的驾驶行为会在多大程度上激怒他们，从而产生激进驾驶行为[49]。Kaysi 和 Abbany 以一个 U 形路口为场景建模分析了激进驾驶行为对交通环境产生的影响[50]。

一些驾驶员行为模型已被制作为仿真软件，如 VISSIM/VISUM[51,52]、TRANSIMS[53]、CORSIM[54]、MATSim[55]、Paramics[56]等，成为进行交通预测、评价和预计疏散时间的有效工具，很多疏散策略的研究基于这些仿真软件进行。例如，Edara 等使用 VISSIM 对美国弗吉尼亚州的飓风疏散预案进行了评价[57]。Lammel 等使用 MATSim 对印度尼西亚巴东的海啸灾害中的交通疏散过程进行了仿真研究[58]。Tu 等使用 Paramics 对荷兰阿尔默勒的疏散预案进行了分析，指出仿真参数的变化对疏散策略验证的影响[59]。

上述的驾驶员行为模型涉及范围广泛，不同模型的差异性显著。将这些模型结合起来，能够最大限度地对驾驶行为多样性进行描述。多主体技术是一种很好的描述方法。为描述个体差异性，仿真系统中的疏散个体被视为主体，并在其内部存储一组参数。这组参数可被分为静态属性和动态属性两类。

静态属性是一个主体的基本属性，在仿真过程中不会改变。它代表了驾驶员的群体多样性。它包括：①车身属性，如车长、车宽和轴距等；②驾驶限制，如最大速度、最大加速度和刹车能力等；③驾驶员属性，如性别、年龄、驾龄等。

动态属性记录了主体在运动过程中可能产生变化的信息。它代表了驾驶员的内部多样性。它包括：①行驶状态，如当前的位置、速度、加速度等；②心理状态，如 Parker 等在步行者疏散模型中提出的急躁度[60]。

基于实际的疏散行为，可以对疏散行为的流程做出如下假设，并总结为图 9.13的疏散者运动流程。

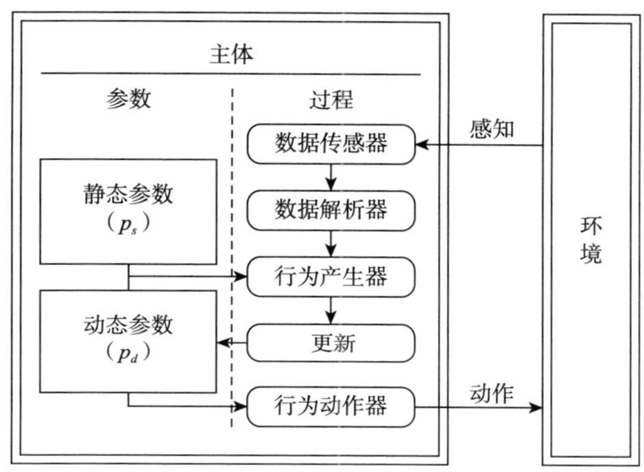

图 9.13　基于主体的疏散动作流程图

(1)疏散者获得道路上各种各样的信息。

(2)有意识的或无意识的，疏散者将这些信息中重要的部分提取出来。例如，驾驶员发现他正在接近前面的车辆。

(3)根据被提取出来的信息，结合其自身的状态，做出一个运动决定。例如，减速或超车。

(4)疏散者根据这个决定进行动作。

(5)疏散者在仿真环境中改变行为。

多主体技术为个体差异性的描述提供了框架支撑。然而为了更好地对疏散行为的多样性进行描述，图 9.13 中的行为产生器需要被详细定义。一种决策—博弈—个体—变换(decision-game-individual-transform，DGIT)的多样性仿真模块化框架可以完成这项任务[61]。该框架由四个顺序进行的活动构成，其中四个活动被分别称为决策活动、博弈活动、个体活动和变换活动，如图 9.14 所示。

这四个活动依次解答了如下四个一般性问题。

(1)决策活动：在当前状态下，目的地是哪里？

(2)博弈活动：如果到达这个目的地，需要选择哪一种行为模式？

(3)个体活动：在这种行为模式下，应该做什么操作？

(4)变换活动：这种操作会如何改变状态？

图 9.14 DGIT 多样性仿真模块化框架

DGIT 致力于将不同视角、不同颗粒度下的异构模型结合起来，使它们能在统一的框架内正常运作，从而使仿真系统有能力刻画驾驶行为多样性。同时，在保证整体逻辑连贯性的前提下，DGIT 尽量使每个模块具有明确的物理意义。大部分现有模型，包括但不限于疏散优化控制模型、择路模型、攻击性驾驶行为模型、跟车模型、元胞自动机模型，都可以相对独立地嵌入 DGIT 的不同活动中进行耦合运算。此外，该模型框架的适用范围不限于机动车，涉及人类行为的活动都可以采用这个框架进行。本小节仅以机动车为例进行说明。

1. 决策活动

决策活动描述了仿真对象确定出行目标的决策行为。在交通疏散场景中，虽然避难场所是所有机动车的最终目的地，但它不一定是唯一的目的地。这不仅是因为避难场所的数量通常大于一。在某些情况下，疏散者由于其社会角色而必须在避难前处理其他事务，如一些人需要回家带上无行动能力的老人、伤病者、幼儿或重要的财产。

在实际应用中，不同的决策方法可以表现不同的疏散场景。图 9.15 展示了该模块的几个典型使用案例。若不考虑外部决策干预，由驾驶员自行决定避难与否及避难目的地，疏散过程可以视为是无计划的自愿疏散；若完全不考虑内部因素，而指定一个外部决策，则可以表现强制疏散的场景；若对上述两个结果做加权平均，则可以制作建议疏散的场景。如果驾驶员在初始状态下不进行疏散，由他们自行发现环境中的危险并决定是否疏散，则可以进行无通知的疏散仿真。

2. 博弈活动

博弈活动描述了当机动车出行目标明确时，在沿途期望做出的抉择，如择路方案和焦躁或温和的驾驶方案。与决策活动的关注点不同，博弈活动关注的是那些局部的、有限选项的决定，且这些选择不会对吸引因子产生影响。

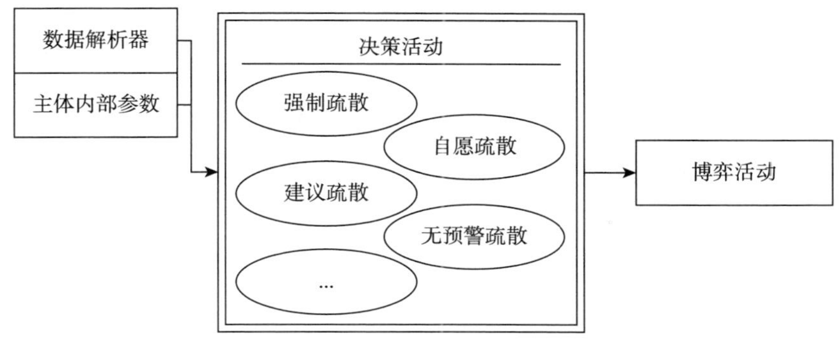

图 9.15　决策活动流程图及应用示例

通常情况下，机动车并不是每个时间步都需要做选择，如择路行为只在机动车到达特定的路口时才会发生。这些需要做选择的外部触发条件被定义为事件(Event)。

$$\text{Event}=\begin{cases}0, & \text{Event 未发生}\\ 1, & \text{Event 发生}\end{cases} \tag{9.11}$$

当某个事件 i 被触发时，驾驶员需要在有限的备选方案中选择一个，每个方案 j 有预先定义的方法 $\text{Profit}_{i,j}$ 计算它的收益。如果约定事件数为 n，事件的备选方案数至多为 m，则可以定义收益矩阵 $\boldsymbol{P}$：

$$\boldsymbol{P}=(\text{Profit}_{i,j})_{n\times m} \tag{9.12}$$

在被触发事件的所有备选方案中，驾驶员将选择其中收益最大的方案，并执行对应的措施：

$$z=\max_{p}\text{Profit}_{i,p}, \quad \text{s. t. Event}_i=1 \tag{9.13}$$

在博弈活动中，可以设计心理驱动的收益矩阵，从而对疏散过程中的特殊现象进行描述。例如，设计超速和闯红灯的收益函数，可以描述逃生中急躁和恐慌的驾驶员。又如，将交通规则已经失效的路口设定为事件的触发源，观察其他机动车加入交通违章的群体，实现从众效应的仿真。模块的流程图和范例如图 9.16 所示。

3. 个体活动

个体活动描述了驾驶员在特定的行为模式中能够进行的操作，如跟随前车、超车、在路口等待、向某路口转向等。为了有能力处理博弈活动带来的行为多样性，个体活动必须具备在多种模型之间切换的能力。

博弈活动中采用的不同措施可以改变驾驶员采用的操作。现有的大量驾驶模型都可以作为个体活动的具体化模型。例如，跟随前车的操作对应跟车模型、超车对应换道模型、在路口等待对应排队模型等。图 9.17 给出了一些典型范例。

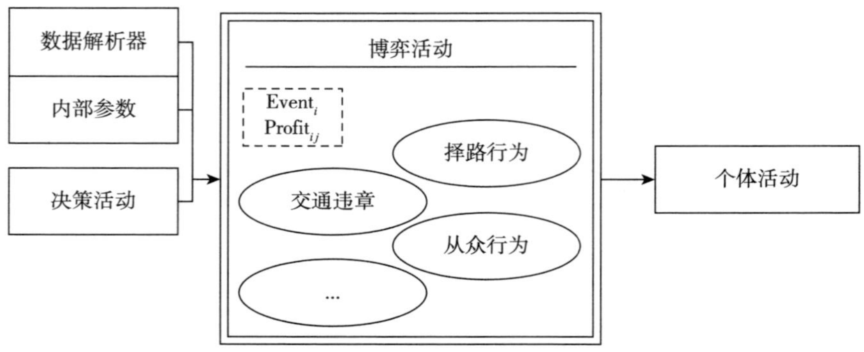

图 9.16　博弈活动流程图及应用示例

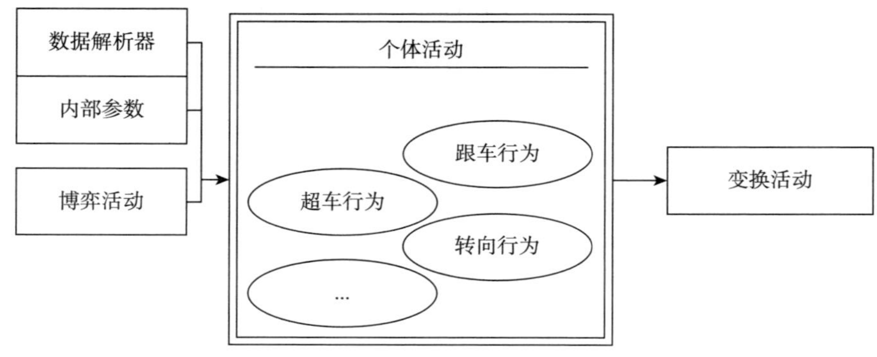

图 9.17　个体活动应用示例

4. 变换活动

变换活动描述了驾驶员的操作带来的效果。换言之，它描述了主体能够进行哪些基本运动，以及每种运动将如何改变主体在环境中的状态。

变换活动能够将不同模型带来的异构数据结果进行一般化表示。对于不同的个体活动，变换活动的填充模型可以大相径庭。对于连续性方程，如跟车模型，变换活动可以填充为加速、减速、保持速度等，而对于基于网格的方法，如元胞自动机模型，则应填充向某方向移动若干格子的动作。图 9.18 是该模块的功能示意图和典型范例。

DGIT 模型框架完成了驾驶行为产生器的工作流程，其中各活动的关系汇总于图 9.19，模块功能汇总于表 9.2。使用该框架，可以在不同的场景、主体、时间、模型形式之间任意耦合，达到多样化行为模型的目的。因此，它可以用来描述驾驶行为多样性，以获得更加复杂和多样化的仿真结果。

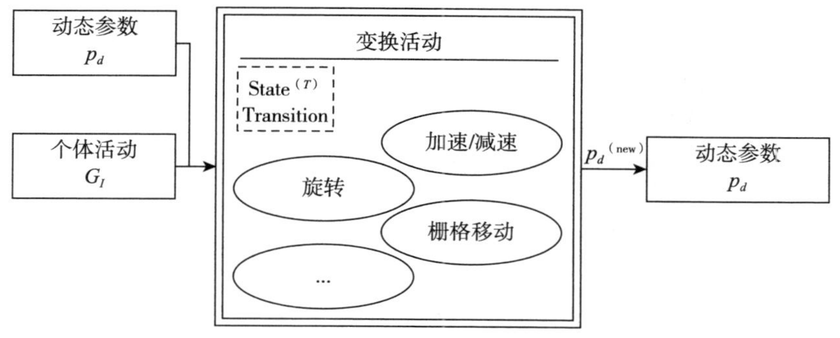

图 9.18　变换活动应用示例

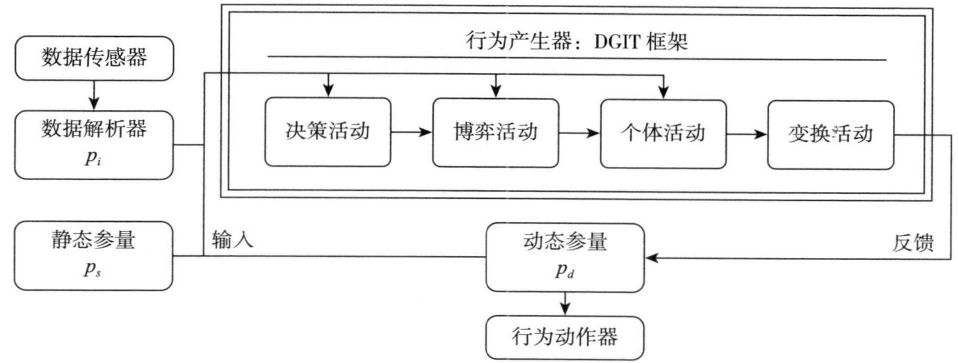

图 9.19　包含 DGIT 仿真框架的驾驶行为流程活动关系图

表 9.2　DGIT 仿真框架各活动功能一览表

活动	功能	关注点
决策活动	选择出行目标	场景多样性
博弈活动	选择行为模式	选择多样性
个体活动	执行操作规则	模型多样性
变换活动	应用变换函数	数据多样性

使用 DGIT 仿真框架和多主体技术，清华大学设计研发了软件“城市区域紧急疏散仿真系统”。软件针对突发事件中大规模交通疏散情景设计，能够在城市规模下进行机动车疏散行为仿真。利用计算机仿真技术，该软件能够在虚拟的城市区域场景中构建并模拟大规模人员的疏散行为，并实现如图 9.20 所示的实时三维显示和数据记录。用户可以直观地观察疏散场景中发生的各种现象，并利用软件获取分析数据。经过测试，软件可以在普通个人计算机上流畅地完成 80 平方千米 150 万人的疏散仿真任务，相当于一个中等大小的城市规模。

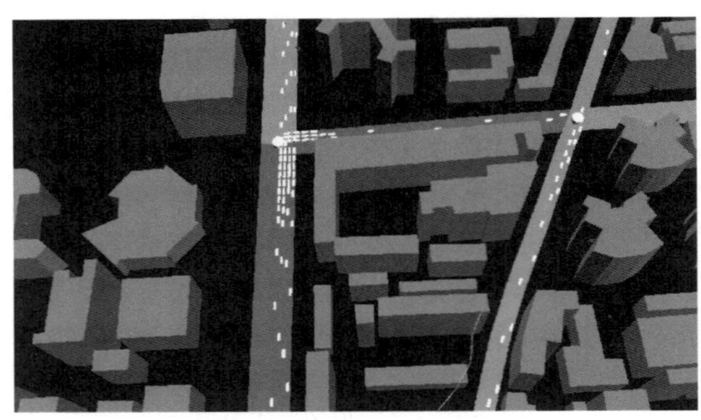

图 9.20 “城市区域紧急疏散仿真系统”三维展示图

9.5.2 应急仿真自适应方法

为了实现多样性的模型表达，仿真系统不仅需要在框架上实现多样性表达，还需要从现实世界中获取驾驶行为多样性的相关知识。由于复合灾害的应急情景难以直接进行实验研究，这些知识往往在常态下间接获取。以大规模交通疏散为例，由于常态下存在大量的交通信息，仿真系统需要在常态下实时运行，使用自适应方法对道路上的机动车行为进行捕获和学习，并识别机动车产生的常态和非常态行为。在应急状态下，仿真系统应能够快速识别交通系统中常态行为和非常态行为的比例变化，改变仿真参数，从而实现应急仿真的合理性和准确性。

在 DGIT 框架的基础上，提出了 CCAR 方法。这是一种可以在常态和应急态下进行切换的自适应方法。该方法分为四个步骤，即捕获(capture)、标定(calibration)、分析(analysis)和场景重构(refactor)。在交通系统中，利用实时动态的视频数据可以捕获多样性驾驶行为，为仿真系统提供模型表达。

在捕获步骤中，从摄像头传来的实时视频数据被解析为车辆行为数据。在标定步骤中，这些数据集被汇总并拟合为概率密度分布，这一分布可以描述驾驶行为多样性的统计规律。在分析步骤中，根据现有的交通仿真模型，系统可以分析不同驾驶行为所对应的行为模式，以及它们在不同时间段所占的比例。在仿真系统中，这些行为模式将被汇总到博弈活动中，仿真系统中的机动车将根据自身的状态和收益函数选择使用哪种被观察到的驾驶行为。同时，每种行为模式所对应的具体现象将置于个体活动中，供仿真主体执行。最后，在场景重构步骤中，系统将根据应急状态下的实际场景调整仿真系统中各种行为模式出现的比例，从而实现常态和应急态的仿真模式切换。由于所有的步骤均从实验数据中直接得到，重构的过程并不会创造新的驾驶行为。这保证了仿真系统生成的每个驾驶行为都是有实际意义的。

综上所述，通过 CCAR 方法，结合 DGIT 框架提供的驾驶行为多样性仿真功能，系统能够依据实时海量数据推测现实交通系统中驾驶行为多样性的不同模式及其统计规律。这些信息被存放在数据库中，并被验证系统调用。通过布置多样的重构模式，系统能够带来多样的疏散情景预测，为决策评价提供更多的依据。

9.5.3　决策系统设计与应用

利用城市交通应急疏散仿真平台，可以设计大规模的疏散仿真实验并提供决策辅助信息。实验包括路网空间建模、人员信息初始化、不同疏散仿真模型的设计、常态下不同时段各街区的人口分布统计和紧急状态下的疏散仿真结果分析。

实验使用的地图是北京市测绘局提供的 2005 年城市规划数据的一部分。地理信息系统地图，如图 9.21 所示。

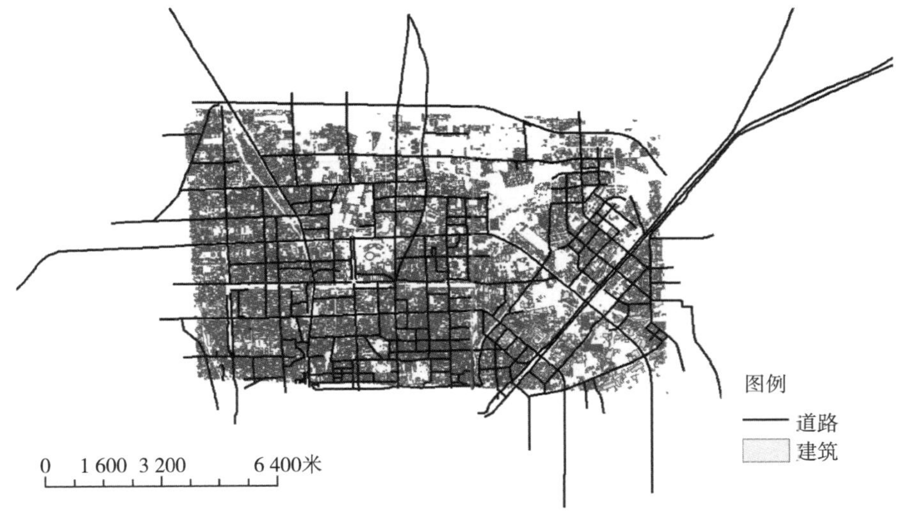

图 9.21　实验原始地理信息系统地图

该地图占地面积约 80 平方千米，分为道路和建筑两部分。经过 Arc GIS 的简单分析后，共拥有路网节点 454 处、路段 616 条、建筑 22 477 栋。地图道路总长度为 364.8 千米，建筑总占地面积为 24.45 平方千米。

地图的街区按街道的结构进行划分，共分为 811 个街区。其中大部分街区的占地面积在 25 000 平方米以内，极少量街区由于内部建筑分散而导致面积较大。这对于北京市的街区结构而言是相对合理的。街区划分后，被随机赋予了不同的类型。划分后的地理信息系统地图参见图 9.22。

根据全国第六次人口普查的数据，地图所涉及的行政区域及人口密度表格如表 9.3 所示。按该表估算，实验地图区域的人口大约有 102 万人。

图 9.22　划分街区后的地理信息系统地图

表 9.3　北京市部分行政区域人口密度表

属性	常住人口/人	面积/平方千米	人口密度/(人/平方千米)
西城区	1 243 000	50.7	24 517
东城区	919 000	41.84	21 965
海淀区	3 281 000	426	7 702
朝阳区	3 545 000	470.8	7 530

本小节针对机动车单一类型智能体，共设计出三种经典的运动行为模型，分别为最短路径模型、贪婪模型和道路吸引模型。

三种模型的变换模块是统一的。机动车拥有沿道路前进、停止、在节点转向三种变换单元。由于实验地图缺失车道的精细结构设计，模型的运动层不涉及车道概念。

模型的决策模块也是统一的。所有智能体在常态下，以 90%的概率按表 9.4 的时间-状态规则为目标运动。其中 19：00 至 22：00 间人们有两种选择方式。在紧急状态下，则全部向地图西侧节点疏散，如图 9.23 所示。

表 9.4　智能体常态时间-状态规则表

开始时间	结束时间	街区类型	优先级	备注
23：00	(次日)7：00	住宅区	2	家
9：00	17：00	任意街区	1	工作场所
19：00	22：00	商业区/其他	2	娱乐场所
19：00	22：00	住宅区	2	家

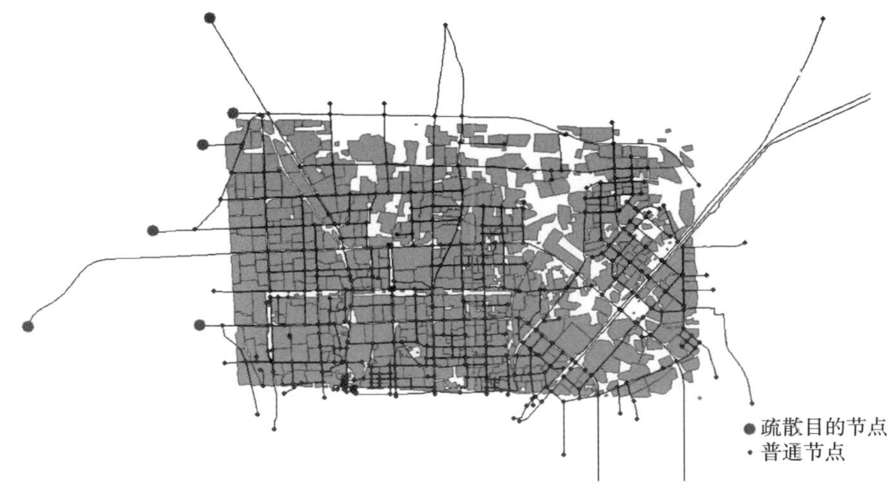

图 9.23　紧急状态疏散目的地示意图

在博弈行为中，择路行为有如下三种刻画方式。

(1)最短路径模型。在机动车选择目的地后，将按最短路径移动到目的地，不考虑道路堵塞状况。这是一种全局的贪婪模型，使用它将导致一片区域内所有目标一致的智能体都会采取几乎相同的路径到达目的地。

(2)贪婪模型。在贪婪模型中，机动车选择目的地后按以下三条规则行驶：①在每一个节点处判断哪一个方向离目标最近，然后转移到那个方向的道路上。②如果它按照这种方式走到了一条死路，它会选择掉头行驶。③智能体不会重复选择它已经尝试过的道路。

(3)道路吸引模型。在道路吸引模型中，机动车选择目的地后，在每一个节点处根据道路吸引函数来确定下一个行驶路段，道路吸引函数定义如下：

$$C_i = f(R_{i,\mathrm{AT}},\ R_{i,\mathrm{N}}) \tag{9.14}$$

其中，C_i 为路段的吸引值；$R_{i,\mathrm{N}}$ 为路段 i 的最大容纳车辆数；$R_{i,\mathrm{AT}}$ 为路段对智能体的吸引权重。吸引权重的定义如下：

$$R_{i,\mathrm{AT}} = D_{i,a} + R_{i,L} \tag{9.15}$$

其中，$D_{i,a}$ 为道路远端与目的地的距离；$R_{i,L}$ 为该路段的实际长度。

道路吸引函数的图像如图 9.24 所示。

智能体根据该函数确定可选路段 i 中的吸引值 C，以概率 $P_{\mathrm{Agent},\ i} = C_i / \sum\limits_{k\in I} C_k$ 转移到路段 R_i。这是一种概率性的节点选择方式，它综合考虑了目的地的远近和道路的拥挤情况。但它仍然部分沿袭了贪婪策略，因此，在局部拓扑性质较差的节点附近，它也会造成一定程度的拥堵。

常态仿真实验如下。平台对该区域的 102 万居民进行了虚拟时间为 24 小时

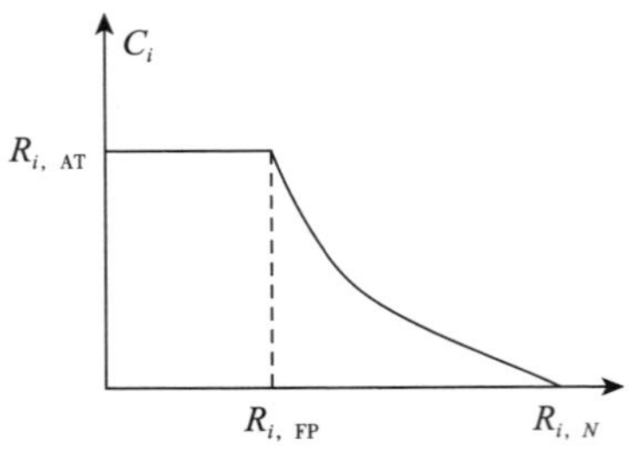

图 9.24　道路吸引函数图像

的仿真，并分别在 3：00、8：00、15：00 和 21：00 这四个时刻进行了街区人数的详细抽样统计。仿真采用 10 倍速进行，即现实的 1 秒等于仿真时间的 10 秒。计算抽样统计和存储结果的时间，仿真历时约 3 小时完成，得到街区统计数据如图 9.25 所示。

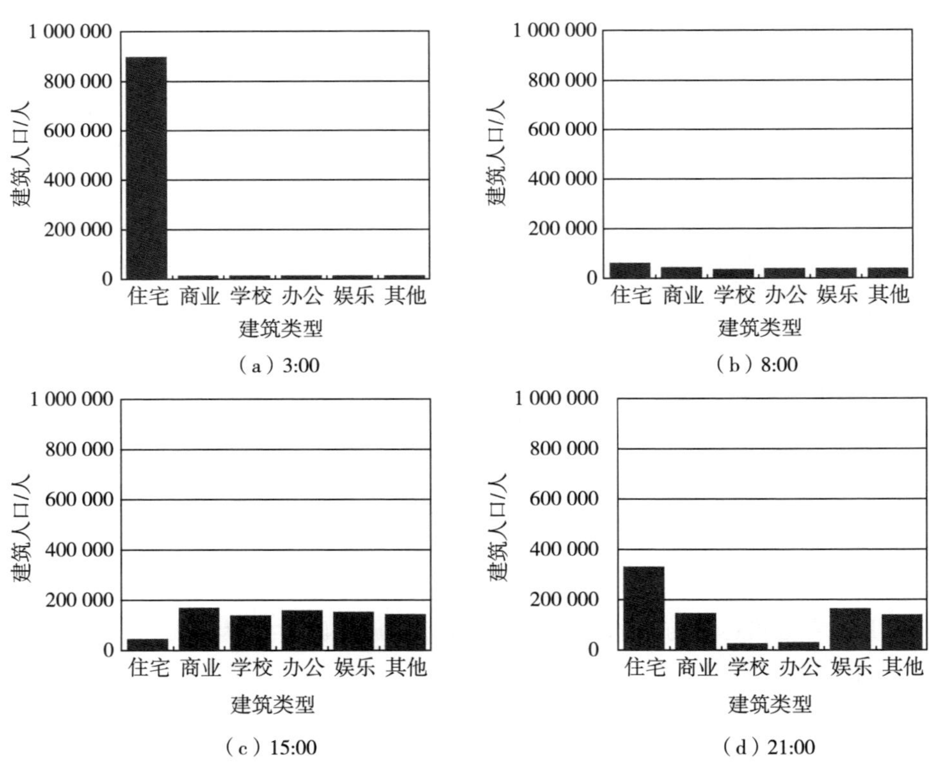

图 9.25　不同时段街区人数统计图

3：00 的建筑人口总数为 949 731 人；8：00 的建筑人口总数为 231 108 人；

15：00 的建筑人口总数为 780 995 人；21：00 的建筑人口总数为 738 328 人

从图 9.26 中可以看到，凌晨 3：00，智能体都集中在住宅区内，下午 15：00大都分散在各种不同类型的非住宅区内，晚上 21：00 则在住宅、商业、娱乐和其他四种类型的街区中出现。值得注意的是，在上午 8：00，绝大多数智能体都没有出现在街区中。这是由于在时间-状态规则中，这个时间段在两个状态之间，智能体大都在路网上向新的目的地行驶。这对应了现实生活中的早高峰现象。

街区人数随时间的分布图参见图 9.26。以这些分布图作为疏散的初始状态，无疑会使仿真的效果更加逼真。

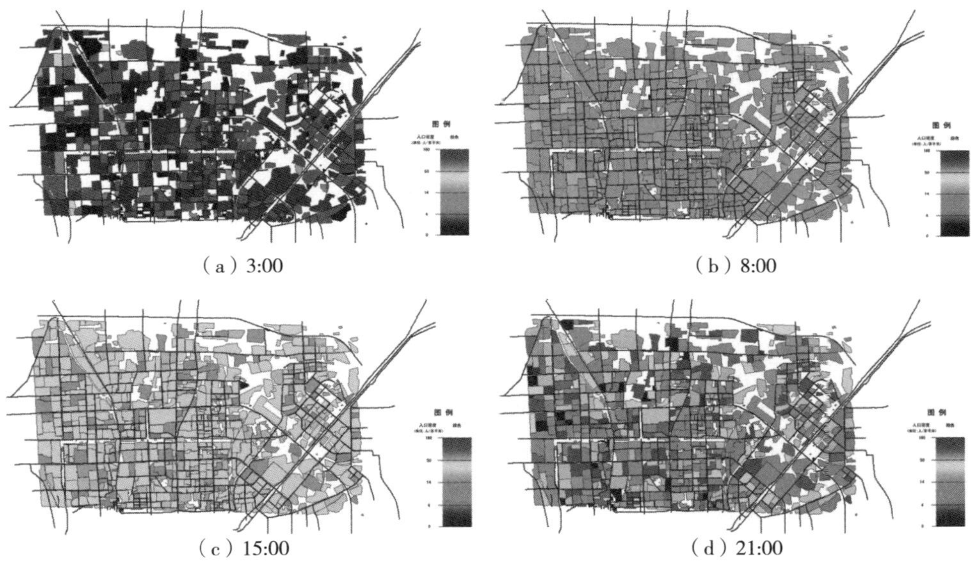

(a) 3:00　(b) 8:00

(c) 15:00　(d) 21:00

图 9.26　街区人数分布图

参考文献

[1] 范维澄，刘奕．城市公共安全体系架构分析．城市管理与科技，2009，(5)：38-41.

[2] 陈兴民．自然灾害链式特征探论．西南师范大学学报（人文社会科学版），1998，(2)：122-125.

[3] 姚清林．自然灾害链的场效机理与区链观．气象与减灾研究，2007，30(3)：31-36.

[4] 陈刚，谢科范，刘嘉，等．非常规突发事件情景演化机理及集群决策模式研究．武汉理工大学学报(社会科学版)，2011，(4)：458-462.

[5] 刘霞，严晓．突发事件应急决策生成机理：环节、要素及序列加工．上海行政学院学报，2011，(4)：37-43.

[6] 朱珠．多事件耦合情景下应急决策流程集成方法研究．大连理工大学硕士学位论

文，2013.
[7] 刘娇. 非常规突发事件决策流程构建方法研究. 大连理工大学硕士学位论文，2013.
[8] 薛慧芳. 非常规突发事件应对实施活动及流程生成研究. 大连理工大学博士学位论文，2012.
[9] 徐选华，周声海，汪业凤，等. 非常规突发事件应急决策冲突消解协调方法. 控制与决策，2013，28(8)：1138-1144.
[10] 舒其林. 非常规突发事件的情景演变及“情景-应对”决策方案生成. 中国科学技术大学学报，2012，42(11)：936-941.
[11] Aamodt A，Plaza E. Case-based reasoning：foundational issues，methodological variations，and system approaches. AI communications，1994，7(1)：39-59.
[12] Kurbalija V，Ivanovic M，Budimac Z. Case-based reasoning framework for generating wide-range decision support systems. Artificial Intelligence and Pattern Recognition，2008，38(3)：273-279.
[13] Chen Y，Chen Y，Su Y，et al. Ontology-based distributed case-based reasoning in virtual enterprises. International Journal of Software Engineering and Knowledge Engineering，2009，19(8)：1039-1082.
[14] Gruder T R. A translation approach to portable ontology specifications. Knowledge Acquisition，1993，5(2)：199-220.
[15] Lau A，Tsui E，Lee W B. An ontology-based similarity measurement for problem-based case reasoning. Expert Systems with Applications，2009，36(3)：6574-6579.
[16] Guo Y，Peng Y，Hu J. Research on high creative application of case-based reasoning system on engineering design. Computers in Industry，2013，64(1)：90-103.
[17] 祝江斌，王超. 我国重大突发事件的政府预警管理模式研究. 武汉理工大学学报(社会科学版)，2007，4：425-429.
[18] Endsley M R. Situation awareness in aviation systems//Garland D J，Wise J A，Hopkin V D. Handbook of Aviation Human Factors. Mahwah：Erlbaum，1999.
[19] 姜卉，黄钧. 罕见重大突发事件应急实时决策中的情景演变. 华中科技大学学报(社会科学版)，2009，(1)：104-108.
[20] 李国杰. 大数据研究的科学价值. 中国计算机学会通讯，2012，8(9)：8-15.
[21] Sawant N，Shah H. Big Data Application Architecture Q & A. Berkeley：Apress，2013.
[22] Yuan S C，Ma Y F，Liu Y，et al. An urban traffic evacuation model with decision-making capability. Proceedings of the 10th International ISCRAM Conference，Baden-Baden，Germany，2013.
[23] Wang F Y. Parallel system methods for management and control of complex systems. Control and Decision，2004，5：1.
[24] 王飞跃. 平行控制：数据驱动的计算控制方法. 自动化学报，2013，39(4)：293-302.
[25] 王飞跃，邱晓刚，曾大军，等. 基于平行系统的非常规突发事件计算实验平台研究. 复杂系统与复杂性科学，2011，7(4)：1-10.

[26] Buzna L, Peters K, Ammosor A, et al. Etlicient response to cascacling disaster spreading. Physical Deveiw E, 2007, 75(5): 056107.

[27] 翁文国，倪顺江，申世飞，等．复杂网络上灾害蔓延动力学研究．物理学报，2007，56(4)：1938-1943.

[28] 欧阳敏，费奇，余明晖．基于复杂网络的灾害蔓延模型评价及改进．物理学报，2008，57(11)：6763-6770.

[29] Buzna L, Peters K, Helbing D. Modelling the dynamics of disaster spreading in networks. Physica A: Statistical Mechanics and its Applications, 2006, 363(1): 132-140.

[30] Liu Y, Feng Y L, Zhang H, et al. Study on multi-dimensional scenario-space method for case-based reasoning. The 10th International Conference on Cybernetics and Information Technologies, Systems and Applications, Orlando, Florida, USA, 2013.

[31] Ke J. Emergency rescue & T. based on the overall dominance reasoning case decision. Systems Engineering, 2008, 26 (9): 15-20.

[32] 姜卉．应急实时决策中的情景表达及情景间关系研究．电子科技大学学报(社会科学版)，2012，1：48-52.

[33] Feng Y L, Zhong S B, Liu Y, et al. Similarity assessment method for CBR in a multi-dimensional scenario space system. 2013 International Conference on Information Technology and Computer Application Engineering, Hong Kong, China, 2013.

[34] Hristidis V, Chen S C, Li T, et al. Survey of data management and analysis in disaster situations. Journal of Systems and Software, 2010, 83(10): 1701-1714.

[35] Klien E, Lutz M, Kuhn W. Ontology-based discovery of geographic information services-an application in disaster management. Computers, Environment and Urban Systems, 2006, 30 (1): 102-123.

[36] Klann M. Tactical Navigation Support for Firefighters: The Life Net Ad-Hoc Sensor-Network and Wearable System. Berlin, Heidelberg: Springer, 2009.

[37] Xu M, Duan L Y, Xu C S, et al. A fusion scheme of visual and auditory modalities for event detection in sports video. Proceedings of the 2003 International Conference on Multimedia and Expo, 2003.

[38] Gipps P G. A behavioural car-following model for computer simulation. Transportation Research Part B: Methodological, 1981, 15(2): 105-111.

[39] Newell G F. A simplified car-following theory: a lower order model. Transportation Research Part B: Methodological, 2002, 36(3): 195-205.

[40] Brackstone M, McDonald M. Car-following: a historical review. Transportation Research Part F: Traffic Psychology and Behaviour, 1999, 2(4): 181-196.

[41] Panwai S, Dia H. Comparative evaluation of microscopic car-following behavior. Intelligent Transportation Systems, IEEE Transactions on, 2005, 6(3): 314-325.

[42] Kesting A, Treiber M, Helbing D. General lane-changing model MOBIL for car-following models. Transportation Research Record: Journal of the Transportation Research Board,

2007，1999(1)：86-94.

[43] Nagel K，Schreckenberg M. A cellular automaton model for freeway traffic. Journal de Physique I，1992，2(12)：2221-2229.

[44] Vasic J，Ruskin H J. Cellular automata simulation of traffic including cars and bicycles. Physica A：Statistical Mechanics and Its Applications，2012，391(8)：2720-2729.

[45] Helbing D，Farkas I J，Molnar P，et al. Simulation of pedestrian crowds in normal and evacuation situations. Pedestrian and evacuation dynamics，2002，21：21-58.

[46] Dia H. An agent-based approach to modelling driver route choice behaviour under the influence of real-time information. Transportation Research Part C：Emerging Technologies，2002，10(5)：331-349.

[47] Tawfik A M，Rakha H A，Miller S D. Driver route choice behavior：experiences，perceptions，and choices. Intelligent Vehicles Symposium (IV)，IEEE，2010.

[48] Yuan J，Zheng Y，Zhang C，et al. T-drive：driving directions based on taxi trajectories. In Proceedings of the 18th SIGSPATIAL International Conference on Advances in Geographic Information Systems ACM，2012.

[49] Parker D，Lajunen T，Summala H. Anger and aggression among drivers in three European countries. Accident Analysis & Prevention，2002，34(2)：229-235.

[50] Kaysi I A，Abbany A S. Modeling aggressive driver behavior at unsignalized intersections. Accident Analysis & Prevention，2007，39(4)：671-678.

[51] Fellendorf M，Vortisch P. Microscopic traffic flow simulator VISSIM. In Fundamentals of Traffic Simulation，2010.

[52] Fellendorf M. VISSIM：a microscopic simulation tool to evaluate actuated signal control including bus priority. In 64th Institute of Transportation Engineers Annual Meeting，1994.

[53] Smith L，Beckman R，Baggerly K. Transims：transportation analysis and simulation system. Los Alamos National Laboratory，New Mexico(United States)，1995.

[54] Halati A，Lieu H，Walker S. CORSIM-corridor traffic simulation model. In Traffic Congestion and Traffic Safety in the 21st Century：Challenges，Innovations，and Opportunities，1997.

[55] Balmer M，Rieser M，Meister K，et al. MATSim-T：architecture and simulation times. Multi-Agent Systems for Traffic and Transportation Engineering，2009，3(1)：57-78.

[56] Cameron G D，Duncan G I. PARAMICS -Parallel microscopic simulation of road traffic. The Journal of Supercomputing，1996，10(1)：25-53.

[57] Edara P K，Sharma S，McGhee C. Simulation analysis of the hampton roads hurricane evacuation traffic control plan. In Transportation Research Board 88th Annual Meeting (No. 09-1319)，2009.

[58] Lämmel G，Grether D，Nagel K. The representation and implementation of time-dependent inundation in large-scale microscopic evacuation simulations. Transportation Research Part C：Emerging Technologies，2010，18(1)：84-98.

[59] Tu H，Tamminga G，Drolenga H，et al. Evacuation plan of the city of almere：simulating

the impact of driving behavior on evacuation clearance time. Procedia Engineering，2010，3：67-75.

[60] Parker D，Lajunen T，Summala H. Anger and aggression among drivers in three European countries. Accident Analysis & Prevention，2002，34(2)：229-235.

[61] 苑盛成，刘奕，王刚桥，等．基于多主体的交通疏散仿真驾驶行为元模型架构研究．第26届中国控制与决策会议，2013.

第 10 章

网络舆情事件的决策要素分析与推演系统设计

10.1 引言

自 2003 年 SARS 事件之后，大众对“突发事件”这个词已经不再陌生。我们打开电脑，屏幕上弹出的迷你窗口里经常可以看到各类突发事件的新闻，刷新微博屏幕都是网友对新闻的回复和评论，登录微信朋友圈发现周围的朋友都在转发和讨论刚刚发生的事件。互联网从最初帮助我们搜索知识的工具逐渐变成智能的信息推送者，我们不用搜索就知道别人在关注什么，不用提问就知道大家对这个问题怎么看。铺天盖地的信息让人应接不暇，拿出手机看时间的短短几秒钟也会有新的信息推送过来，每次看完新闻习惯性地翻看网友的评论，还来不及思考自己的看法，就忍不住去评判网友的观点。每个人在不断接收信息的同时也在生产信息，正如一位专家所说，社交网络和移动互联网的普及已经使新闻生产从专业化生产走向了社会化大生产。

这种社会化大生产的方式虽然促进了信息的共享和传播，但在一定程度上降低了“新闻”的质量。一方面，对新闻工作者来说，竞争者的增多使“抢头条”变得更加困难，很多新闻工作者为了打造吸引读者眼球的新闻不惜违背行业规则，宣传报道一些不实消息或者夸大事实真相，对民众产生误导。另一方面，对于普通民众来说，大部分人虽被赋予了记者和新闻评论人的角色，但却很难秉承新闻工作者客观公正的原则，发表的观点和意见往往具有强烈的个人情感倾向。很多时候当我们阅读信息时，感觉接收到的不是信息，而是消极的情绪。在这种情况下，围绕事件的信息流、意见流和情感流往往错综复杂，网民的群体反应倾向可以在很短的时间内表现出显著性，进而形成网络舆情。

网络舆情与突发事件有着密切的联系。网民的群体反应倾向是网民个体“刺激—反应”行为的累积，而突发事件本身含有的刺激性信息更容易激发个人的关注，进而作用于群体的探讨交流过程，影响群体的意见、态度和情绪。网络舆情所表现出的群体反应倾向反过来又会作用于突发事件的发展演化，对突发事件的处置决策产生影响。从根本上看，网络舆情反映的是突发事件中的信息沟通态势，既包括信息发布方和信息接收方的沟通，也包括发布方、接收方与第三方信息传播媒介的沟通。因此，突发事件网络舆情应对的核心内容是信息沟通与决策。本章 10.2 节首先分析了新媒体环境下的网络舆情，并通过分析网络舆情的特点提出网络舆情应对过程中可能面临的挑战。本章 10.3 节对网络舆情发展演化的主要作用力进行了分析，包括政府、媒体、公众在网络舆情发展过程中的积极作用和消极作用。10.4 节在以上分析的基础上，提出了基于“情景-应对”的网络舆情应对决策思路，从多源信息情景构建、基于驱动力分析的情景分析和推演、“情景-应对”型决策流程和搭建政务微平台促进决策四个方面进行了阐述。10.5 节对本章内容进行了总结。

10.2　新媒体环境下的网络舆情

10.2.1　舆情与网络舆情

目前国内对“舆情”的定义已经形成了比较一致的观点，舆情是指在一定的社会空间内公众关于各种现象、事件和问题表达的信念、情感、态度、意见和情绪表现的总和[1]。在传统的社会学理论中，舆情是民意的一种综合反映，现代社会学理论根据当前舆情所表现出的强烈的政治作用力特点，认为其并不是民意规律的简单概括，而是民众所持有的社会政治态度的综合体现[2]。民众的社会政治态度既包括对国家治理和公共管理的看法、意见和态度，也包括对社会环境特别是与个人利益息息相关的社会事物的看法、意见和态度。简言之，舆情反映的是民众对执政者提出的改善个人或群体生活质量或生活环境的诉求和意愿[3]。因此，执政者和民众之间的有效沟通是舆情疏导和应对的关键。

近年来，移动互联网和以社交媒体为代表的新媒体的快速发展彻底改变了传统媒体格局和信息传播模式。媒体格局由纸媒主导逐渐转变为网媒主导，传统媒体在数字化和网络化的道路上寻找新的发展契机，以抵抗网络媒体强大的市场竞争力。传统媒体的升级换代使信息传播模式从传统的人际传播和组织传播转向大众传播，普通民众借助社交媒体分享信息、发表意见并开展讨论，不仅加快了信息的传播速度，也提高了不同阶层的互动性，使群体意见可以在短时间内聚集、扩散和蔓延。在这样的背景下，以互联网为载体的网络舆情成为当前社会舆情的主要表现形式，其主体是庞大的网民群体，客体是一些易引发公众关注的社会现象、热点问题和突发事件。网络舆情的发展传播是客体作用于主体并互动演化的过程，常见的发展演化模式如图 10.1 所示。网络舆情在发展演化过程中伴随着高速的信息流通和不确定性，极易引发公共沟通危机，如果不能适时有效地进行疏导，不仅会给事件本身的应急处置带来很大困难，也会对公共关系造成恶劣影响，损害政府的公信力。

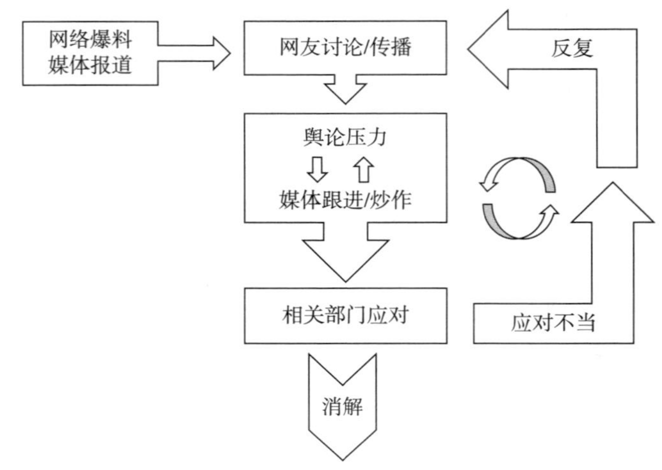

图 10.1　网络舆情的发展演化模式

10.2.2　新媒体环境下的两大舆论场

新华社前总编辑南振中曾提出媒体环境中“两个舆论场”的概念，即由党报、国家通讯社、国家电视台组成的体制内舆论场(也被称为官方舆论场)，以及由都市报、互联网和传统口口相传模式构成的民间舆论场[4]。从严格意义上来讲，都市报及大部分以互联网为依托的大众媒体也属于体制内媒体，遵从党管部门的宣传原则，受政府互联网主观部门的管理节制。从互联网上常见的敏感词现象和“删帖行为”可以看出，大众媒体的发言资质受到宣传部门的严格控制。因此，当前民间舆论场的主体是各种自媒体，包括各种形式的网络互动社区和社交网站，如博客、BBS(bulletin board system)论坛、人人网、QQ 群、微博及目前风头最盛的微信。虽然党管部门可以通过网络运营方对网民发布的信息进行过滤和删除，但却无法控制其表达意愿和言论方向。

随着传统媒体数字化和网络化的发展，互联网成为两大舆论场争夺话语权的主要战场，随之引发的网络舆情及其强大的爆发力和影响力也受到越来越多的关注。网络舆情发展过程中，体制内舆论场的矛盾集中在官方媒体和半官方大众媒体之间的新闻博弈，体制内媒体承担着信息发布的主要责任，以中央电视台为代表的官方媒体通常代表来自政府的声音，新闻独立性和客观性经常受到民众的质疑，以新浪、网易为代表的大众网络媒体的表现更亲民一些，更多的代表了民众的利益。民间舆论场的矛盾主要集中于对官方舆论的评判，社交媒体的普及大大提高了民众的参与度，民间舆论场的规模和影响力日益扩大，经常与体制内舆论场形成针锋相对的局面，给网络舆情的有效引导带来很大挑战。

有研究者把网络舆情的形成与发展看做两大舆论场争夺话语权的过程[5]。“两个舆论场重叠的部分越大，舆论引导的针对性和有效性越强；两个舆论场重叠的部分越小，舆论引导的针对性和有效性就越弱。如果两个舆论场根本不能重叠，主流媒体就有丧失舆论影响力的危险。”南振中的这些话从整体上概括了当前舆情引导所面临的问题和挑战，即如何打通两个舆论场，使政府和民众之间建立起良好的沟通对话，尽可能地减少对立和争辩。

目前，打通两个舆论场的困难主要来自以下几个方面。

第一，政府和民众之间的信任危机。民众对政府的不信任由来已久，很大程度上缘于政府严格的新闻审查制度和网上言论控制。当突发事件发生，特别是有政府人员涉及时，民众倾向于怀疑政府隐瞒信息、控制媒体、保护体制利益等。此外，民众与政府在社会管理、体制绩效和突发事件应对上的分歧也促使更多人选择站在官方舆论场的对立面。民间舆论场日益扩大的影响力也给政府带来了诸多顾虑，如 2009 年的邓玉娇案中。之后的河北大学交通肇事案(“我爸是李刚”事件)、药家鑫故意杀人案等事件让政府进一步意识到“群体发声”的巨大作用力，甚至将民间舆论场看做一种威胁，以“聚众闹事”的心态看待民众正常的诉求表达。

第二，两个舆论场内信息传播模式的差异。官方舆论场的信息传播仍旧延续着传统的层级传播模式，上级机构向下级机构传达精神和指示，下级机构向上级机构汇报情况等待决策。对于大部分官方媒体来说，说什么、怎么说、何时发布、如何发布等都要遵循特定的流程。而民间舆论场早已是多方互动的信息传播模式，网民间的信息分享和意见交流不受空间和社会地位的限制。当官方媒体依靠原有的传媒网络调查真相、挖掘事实时，网民群体很可能已经通过强大的社交网络发动集体智慧抢了头条。双方信息传播模式的差异对争夺话语权产生了重要影响，民间舆论场势头迅猛，官方媒体常常处于被动的地位。

第三，官方媒体在角色调整中的滞后性。官方媒体虽然声称坚持客观独立的新闻立场，但却常常表现出明显的政治倾向性，在宣传党和政府的阳光形象时表现非常积极，面对贪污腐败等体制问题时却讳莫如深。例如，中央电视台每年举办的“3·15”晚会上曝光的消费问题主要是针对外企和民企，很少涉及国企特别是大型国企，不免被贴上“代表政府利益”的标签，引起民众的不满。互联网的发展增强了大众媒体和自媒体的影响力，官方媒体的话语权受到挑战，应该及时进行角色调整参与大众讨论，而不是继续“自说自话”，妄图控制言论方向。

10.2.3 网络舆情的主要诱因

网络舆情的发展演化在物理空间内表现为事件的发展变化，在社会空间内则表现为意见和情感的变化，其诱发原因涉及来自心理、管理、信息传播等诸多领域的因素。在微观层面，网络舆情的发生演化可以用心理学中的群体行为规律来解释。群体心理理论中把群体定义为两个或两个以上的人为了达到共同目标以一定方式联系在一起进行活动的人群[6]。群体的一个显著特点是，不论构成群体的个人在思想、性格、生活方式等方面如何不同，成为群体后他们的个性特点不再明显而变得与集体心理趋同，由于彼此在思想和情感上的模仿与感染，经常在行为上表现出丧失理性和责任感，甚至是冲动的攻击行为[7]。网络舆情中的群体心理行为经常有以下几个方面的表现，即借机发泄、逆反心理、英雄情结(伸张正义)、从众心理、趋从意见领袖、法不责众等。群体中的个人希望有更多的力量加入，期望尽可能地扩大个人的影响力(表现欲)和群体的影响力，以实现群体目标。虽然舆情事件中网民经常表现得不够理智，容易相信一些未被证实的信息，容易被他人的消极情绪感染，但从深层次的心理诱因来看，这种不理智也具有合理性，多数人是因为价值观或者道德诉求长期受到压制，渴望表达的一种表现。新加坡南洋理工大学和中国社会科学院的一项最新研究指出[8]，网民参与网络群体性行为(即网络舆情事件)的深层次诱因主要有正义驱使和忍耐超限，其中正义驱使对引发网络舆情的作用力更大。例如，近几年处于舆论风口浪尖的城管暴力执法问题和官员欺侮平民问题，问题的背后是公众对执法部门的不信任和对公正执法长期得不到保证的失望与不满。

在宏观层面，网络舆情的发生来自于体制内舆论场和民间舆论场的意见冲突和沟通不畅。在多数由突发事件引发的网络舆情事件中，危机的触发点主要有以下几种，第一种是针对突发事件本身的质疑和拷问，如事故灾难发生的原因是什么，是否是人为因素导致等。第二种是针对政府处置情况及背后管理问题的不满，如政府的救援行动不积极，信息发布不够公开透明，为保护形象操纵媒体、处置中涉及腐败等。第三种是针对媒体报道的不当行为，如官方媒体为维护政府形象不公布事实真相，媒体在采访受害者及家属时没有表现出足够的同情心，信息发布混乱、不断纠正错误等。第四种是民众内部意见的矛盾激化，如网民中各种意见群体展开激烈讨论甚至恶语相对，普通民众对名人、专家等意见领袖的质疑和声讨等。

10.2.4 网络舆情的特点和应对面临的挑战

与传统媒体舆论和口头舆论相比，网络舆情主要表现出以下几个方面的特点。

(1)突发性。引发网络舆情通常是与人们生活息息相关的话题，一个热点事件加上一种情绪化的意见，可以在短时间内引起广泛关注，网民通过社交媒体随时随地发表意见和评论，个体意见可以迅速汇聚起来形成群体意见，网民间的互动使群体意见的声势不断推动，网络舆情的形成和爆发往往非常迅速，在短时间内形成强大的舆论攻势。

(2)信息不确定性。网络舆情中信息的不确定性主要来源于话题的多元性。随着互联网开放性和互动性的增强，网民发表意见的渠道越来越畅通，网络舆情的话题极为宽泛，涉及政治、经济、社会、文化、军事、外交等各个方面，参与主体来自于社会各个阶层各个领域，信息的爆炸式增长使不确定性显著提高，一方面曝光信息(话题)本身可能是未经证实的信息，另一方面是信息在传播过程中经过网民的加工、意译，内容在程度上有夸张、歪曲等，使信息的真实性大打折扣。

(3)情绪化现象严重。网络舆情中，有真实的民意反映，也有网络推手策划的虚假信息和造谣诽谤。受各种主客观因素的影响，网络舆论在发展过程中常常表现出缺乏理性的一面，以年轻人为主的网民群体比较感性化和情绪化，网上经常出现一些谩骂和过激言论，情绪化现象严重。有些人甚至把互联网作为发泄情绪的场所，大肆渲染消极、情绪化的氛围，煽动更多网民的响应，最终将网络舆论推向恶性舆情。

(4)受众范围广。网络舆情通常涉及公众关心的社会民生、社会治安、社会公正等方面的问题，容易吸引来自社会各个阶层的关注，受众范围广。另外，移动互联网和社交网络的发展使网民数量和网民的上网时间大大增加，极大地扩大了网络舆情的受众范围，给政府监管带来很大压力。

(5)传播速度快。传统媒体向数字化、网络化发展，网络媒体成为新闻传播的主要载体，一个网络舆情事件可以在极短时间内被上千家媒体转载，而社交媒体的发展又使信息以惊人的速度在普通网民间传播。大众传播与传统的人际传播、组织传播实现对接，大大加快了信息的传播速度，使群体意见可以在极短的时间内聚集、扩散和蔓延。

网络舆情的以上特点给政府部门的应对决策带来了很多困难和挑战。首先，网络舆情传播的开放性、隐蔽性和任意性等特点，使信息流、意见流、情感流呈现出复杂的交织状态，海量信息处理面临的困难增加了关键信息的识别难度。其次，网络舆情的发声主体众多，各发声主体(政府、媒体、公众和意见领袖)的作用力难以进行定量评估，难以掌握事件的整体态势。再次，社交网络和即时通信的发展拓展了意见的表达空间，各种利益诉求被放大，敏感问题增多，给舆情发展趋势预测和演化规律判断带来很大困难。最后，网络舆情的决策任务分散，给应对主体的协调联动造成很大困难。

10.3　网络舆情发展演化的主要作用力

10.3.1　信息发布的多方博弈

网络舆情的触发点是社会热点话题或公共突发事件，发酵载体是互联网，其发生发展始终围绕着“信息”二字。不论是对热点话题还是突发事件，网民的关注点通常围绕着涉事方和政府，包括涉事双方的矛盾冲突(政府也可能是涉事一方)，涉事方与政府管理部门的矛盾冲突和政府内部的矛盾冲突。例如，“三鹿毒奶粉”事件中的直接涉事方是三鹿企业和受害婴儿家庭，政府在处理双方冲突的过程中既是间接肇事者(政府需承担监管不力的责任)，也是调查事故、主持公道的执法者。如果将事件发展看做一场博弈过程，事件本身的博弈方主要是涉事双方和政府部门。当事件曝光引发网络上的热议后，物理空间的博弈发展成一场信息博弈，媒体、公众和意见领袖作为新的博弈方加入进来(图 10.2)，使事件发展产生更多的不确定性，网络舆情的发展演化也更加复杂。

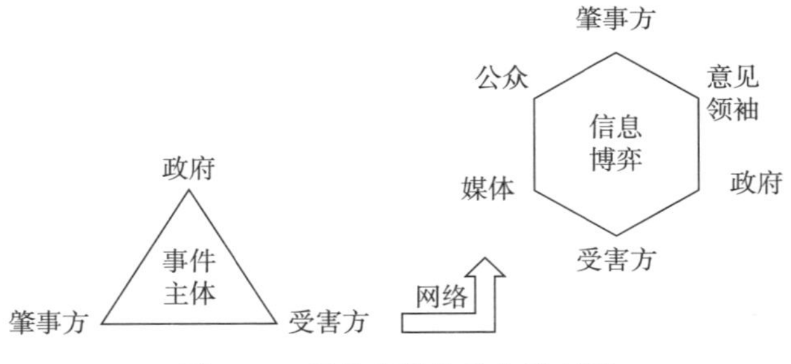

图 10.2　网络舆情的信息博弈图

10.3.2　政府作用力

官民冲突、警民冲突等问题常常是网络舆情事件的导火索，政府的决策应对行为对网络舆情的发展演化具有至关重要的影响，积极的干预行为有助于网络舆情的疏导和化解，消极的干预行为则可进一步推动网络舆情的升级和恶化。近几年发生的大部分网络舆情事件，政府的消极作用大于积极作用，总体来看，政府的消极作用主要表现在以下几个方面：①信息公开不及时；②政府公信度低；③回应言论不当；④偏袒掩护责任方；⑤控制媒体发声；等等。下文通过具体的案例分析重大网络舆情事件中政府的消极作用力。

【案例 1】“7 · 23”温州动车事故[9]。

2011 年 7 月 23 日晚上 8 点 30 分左右，北京南站开往福州的 D301 次动车运行至甬温线永嘉站至温州南间的双屿路段，与前行的杭州站开往福州南站的D3115 次动车发生追尾事故，后车四节车厢从高架桥上坠下，事故造成 40 人死亡，约 200 人受伤[①]。事故的第一条消息(事故发生 4 分钟后)由车厢内的一名乘客通过微博发出。事故发生 13 分钟后，网名为“羊圈圈羊”的网友发出第一条求助微博，微博的转发量在短时间内突破 10 万次，动车追尾的消息开始在微博上蔓延开来，各大媒体迅速奔赴事故现场，通过网络平台跟进事故进展。事故发生 2 小时后，电台播出温州血库告急的消息，在新浪微博上发布献血号召，1 000 余名温州市民看到消息后深夜前往温州血库中心排队献血。当晚，事故发生地的政府联合周边地区的救援力量，全力投入搜救幸存者，同时，上海铁路局有关领导被撤职。

7 月 24 日清晨，胡锦涛和温家宝对事故救援做出“全力救援”的指示，副总理张德江率有关部门负责同志赶赴温州，指导事故救援、善后处理和事故调查工作。之后铁道部就事故原因给出了初步解释：D3115 列车因受雷击失去动力停车，被后车 D301 列车撞上。媒体转发铁道部的“雷击”解释，这个“牵强”的事故原因迅速在微博上引起热议，大量网友对此提出了质疑，结合中央电视台在事故报道中的不积极表现，网友开始质疑政府操纵媒体，试图掩盖事故真相。上海铁路局领导被撤职的通报也进一步使公众相信事故并非自然原因所致。面对公众的质疑，铁道部或政府救援部门并未给出进一步的回应。24 日上午，微博上出现一则消息称，政府救援人员在事故发生 8 小时后就宣布列车残骸内无生命体征存在，已停止搜救并就地掩埋车体，以便尽快恢复通车。救援人员掩埋车体的照片在网上疯传，引发公众的强烈不满。24 日下午 17 时 15 分，当微博疯传救援已停止的消息时，一名两岁半的女孩小伊伊获救，成为事故的最后一位幸存者。小伊伊的获救将网友对救援力度的质疑推向高潮。铁道部在强大的舆论攻势下，于 24 日晚召开了新闻发布会，在汇报事故原因和救援进展时，发言人王勇平用“我只能说是生命的奇迹”和“至于你信不信，反正我是信了”来回应记者关于小伊伊获救和掩埋车头的提问，其发言态度一经播出，在公众中引发轩然大波，网民通过社交媒体对铁道部进行疯狂的言语攻击和谩骂，整个舆论环境开始失控。直到 25 日清晨 7 点，事故现场清理完毕，甬温线恢复通车，但网络上关于动车事故的讨论依然在升温。25 日下午，铁道部通过媒体再次对事故原因做出回应，表示事故原因调查可能需要至少两个月的时间，此刻的重心是安置遇难者和家属，并提出向每名遇难者家属初步提供 50 万元的补偿，希望他们同意掩埋遇难者尸体。遇难者家属和公众依然不满铁道部的回应，呼吁尽快公布事实真相，截至

① http://baike.baidu.com/link? url =-NtIYmMwk _ Qk2gYdXnWkWTTaE55aqMyiX _ mTQIy8-3yybFyneoHslET79e08Q4 _ SutBxtpuGLYHvvijqRwtcMq。

27 日晚，只有一个遇难者家庭接受了赔偿。28 日温家宝前往温州慰问遇难者家属和受伤乘客，承诺政府将对事故原因进行彻查，网络舆情至此出现回落趋势。“7 • 23”动车事故的事件发展如图 10.3 所示。

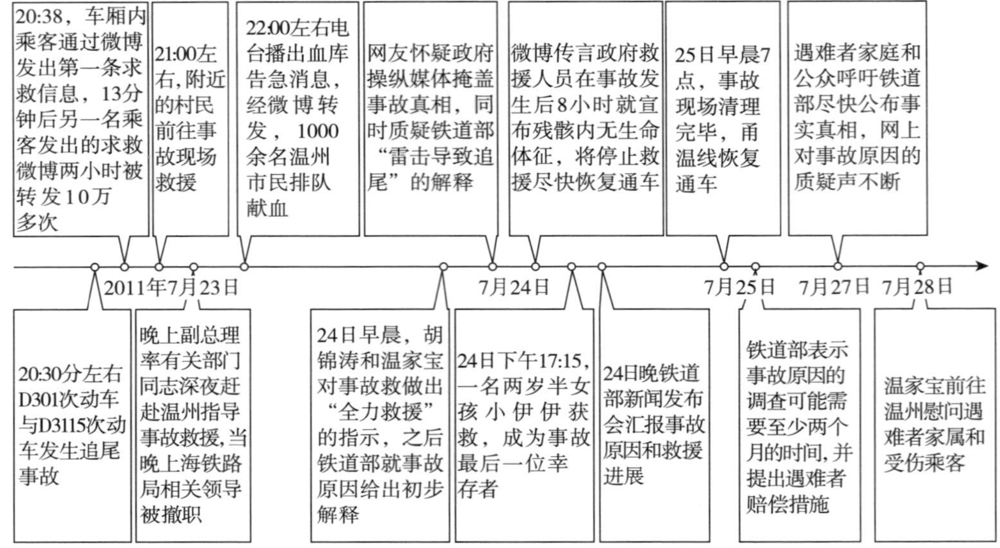

图 10.3　7 • 23 动车事件时间轴图

“7 • 23”温州动车事故之后，不论是承担主要应对职责的铁道部，还是协助救援的公安、武警、消防和中央指挥部门都进行了深刻的反思。这次事故的处置让很多人想到 2008 年 4 月 28 日发生的胶济铁路列车相撞事故。胶济铁路事故造成 72 人死亡，416 人受伤，其事故后果远远超过了此次温州动车事故。铁道部在处置胶济铁路事故的过程中也采用了掩埋报废车体的措施，且胶济铁路在事故后不到 22 小时就恢复了通车，而温州动车事故是在救援 35 小时后才恢复通车。相似的事故，相似的处理措施，为什么温州动车事故会比胶州事故引起更多的公众关注，引发更加广泛而激烈的质疑呢？其中一个显著的原因是微博的出现。从以上的案例介绍中可以看出，微博在此次事故的信息传达中发挥了主要作用。事故的第一条信息和第一条救助信息都是通过新浪微博发出的，对于铁道部回应的质疑和拷问也都是在微博平台上进行发展蔓延的。从几次铁道部的回应引发的巨大舆论风波可以看出，政府显然对这种新媒体的爆发力和影响力没有足够的了解，沟通应对上缺乏经验，于是在整个事故处置中一直处于被动的状态。其中最突出的一个问题就是信息公开不及时，不论是对事故进展的播报还是对事故原因的追查，都没有及时向公众发布信息。例如，事故发生的初始阶段，多家大众媒体都已经开设专栏进行事故跟踪报道时，官方媒体却迟迟没有动静，中央电视台在事故发生 2 小时后才开始介入报道，引发了网友的各种猜疑。而中央电视台及其主管宣传部门并未就公众猜疑做出解释，在事故原因追查上也没有表现出如同大众媒体的积极性。铁道部在第一次对事故经过和原因做回应时，不停强调"雷击"和"暴雨"造成事故的可能性，而丝毫没有谈及运行系统或运作管理上可能存在的问题。铁道部很早就了解到撞车列车信号系统失灵的情况，但没有及时向公众披露，直到面对公众质疑不得不回应时才透露前车通信系统失灵的问题。此外，在事故救援中，政府在把悬挂在高架桥上的车辆残骸推到地面，或者掩埋车厢时并未及时通报救援进展。例如，媒体或网民曝出的"事故发生 8 小时后称车厢内无生命体征的消息"并非完全属实，政府相关人员并未在第一时间做出澄清，引起了网上大范围的公众质疑和声讨。因为铁道部及相关救援部门在事故发生初期，信息发布的不及时，所以造成了媒体和公众的大量疑问。铁道部在 24 日晚的新闻发布会上，发言人王勇平面对媒体的诸多提问明显没有做好准备，以至于说出"至于你信不信，反正我是信了"的不当言论。王勇平在发布会之后抱怨媒体的提问过于咄咄逼人，实际上媒体的多数提问都是来自微博平台网民的意见。如果铁道部的宣传部门能及时识别网上的公众诉求，搜集网民的问题和质疑点，并提前做好准备，发布会上的闹剧可能就不会上演，铁道部也不会处于如此被动的局面。因此，及时识别公众质疑、做到信息公开、回应民众诉求，可以有效地减轻政府在网络舆情应对中的消极作用力。

【案例 2】曾成杰被执行死刑事件[10]。

2013 年 7 月 12 日晚上 22 时左右，曾成杰之女曾珊在微博发文，"今天上午我爸爸已经被执行死刑了，注射死亡。我们连他的最后一面也没见到！一句遗言也没有！现在政府都没通知我们！——曾珊泣血"。这则微博发布后，引发大量网友对法院冷血无情的谴责。长沙市中级人民法院 13 日 17 时 20 分在其新浪官方微博对事件做出第一次回应时称，"法律没有明文规定，对犯人执行死刑时，犯人必须跟亲人见面"。这则微博在几十分钟后被删除，但却成了舆情的导火索。13 日 18 时 56 分，长沙市中级人民法院第二次做出回应："7 月 12 日上午，长沙市中级人民法院在对罪犯曾成杰执行死刑前验明正身时，法官告知其有权会见亲属，但罪犯曾成杰并没有提出此要求，在其遗言中也没有提出。"此回应依旧没有消除公众的愤怒。13 日 20 时，长沙市中级人民法院做出第三次回应："今天由于微博管理人员对刑事法律学习钻研不够，想当然办事，面对网上舆论不淡定，导致发出了一条错误信息并在领导发现后删除。我们对一线工作人员提出了严厉的批评。特此向网友和公众道歉。今后工作中我们将要求编发信息的人员加强学习，不再犯类似错误。欢迎继续监督。" 曾成杰执行死亡事件的发展如图 10.4 所示。

事件中涉及的回应单位主要是长沙市中级人民法院，在三次面向媒体的回应中都出现了不同程度的不当做法，对舆情发展造成了极其负面的影响。长沙市中

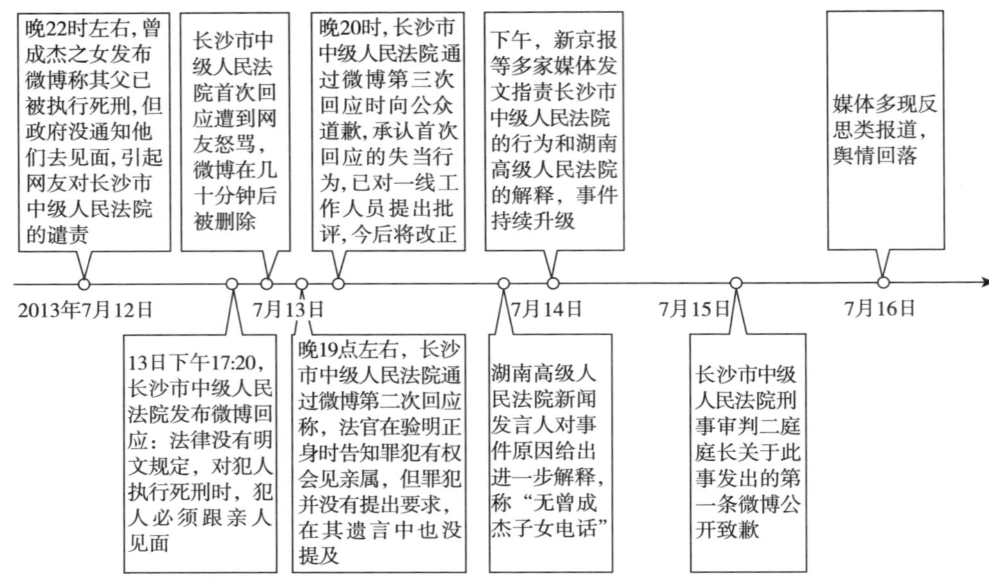

图 10.4 曾成杰执行死亡事件时间轴图

级人民法院的第一次回应：“法律没有明文规定，对犯人执行死刑时，犯人必须跟亲人见面。”虽然从回应时间来看体现了及时性要求，但从回应内容来看并没有表现出任何想要调查的努力。这种回应方式，表现出急于收场，且有推脱之嫌，极易造成舆情负面情绪的激增。事实上，这则微博在几十分钟后被回应单位删除，也可见回应单位意识到了这种不当回应的影响。长沙市中级人民法院第二次回应表现出回应方已经对该事件做了一定调查，并及时主动地将事件细节的调查结果公布于众。然而，回应方企图用“罪犯没有提出要求”为没有通知家属的做法提供合理性说明，又是一次急于推脱的做法。尤其是在第一次回应遭到社会舆论批评之后，再次以推脱之词来回应，负面效应更大。而且作为回应单位的上级主管部门，湖南省高级人民法院在回应曾成杰被秘密执行死刑的质疑时以“无曾成杰子女电话”为由，对长沙市中级人民法院在事件中的不当回应给予合理性肯定，造成了社会舆论的极大反弹。在舆情压力之下，回应单位才意识到此前两次回应的不当。在第三次回应中，一改此前的不当方式，采取了一种诚恳、积极的态度面向社会舆论，最终平息了社会舆论。

【案例 3】湖南临武瓜农死亡事件[11]。

2013 年 7 月 17 日上午，网友爆料称，湖南临武县一对夫妻摆摊卖西瓜遇到城管，丈夫被城管暴力执法打死，妻子被打住院。当天上午，临武县城管局办公室工作人员回应称执法三大队不属于临武县城管局，而属于当地城市管理行政执法局。下午 5 点开始，多家媒体报道转载此事《湖南临武城管被曝打死瓜农用秤砣砸头》的报道引来大量网民的关注，事件升温。17 日下午，临武县官方通报称，县城市管理行政执法局工作人员在执法过程中与村民邓正加发生争执，邓正加突然倒地死亡。18 日早晨 5 时，记者通过微博记录了临武警方的抢尸经过。关于抢尸的报道在从 18 日上午开始引发大量网民的关注后，微博讨论达到高潮。18 日下午，临武县委县政府举行新闻发布会对死者表示沉重哀悼，称已控制涉事城管人员，并否认"用秤砣砸邓正加"。微博上关于邓正加的死因依然议论纷纷，多数网民质疑临武县委的回应。19 日，临武县常务副县长针对"抢尸"回应称，警察并非抢尸，而是协助家属运送尸体，且此举得到了大部分家属的同意。当天下午，邓正加尸体下葬，认证为"瓜农邓正加女儿"的微博表示感谢政府妥善处理，此微博在网上引起极大争议。20 日，临武警方以涉嫌故意伤害罪，对涉及瓜农邓正加死亡事件的廖卫昌、袁城等 6 名城管工作人员实施刑事拘留。20 日下午，临武县召开常委会决定免去城市管理行政执法局局长和分管执法的党组副书记的职务。官方媒体对于事件的报道也倾向于质疑临武县官方，中央电视台在报道中追问"临武瓜农死亡事件"四大真相。21 日，网友对于城管暴力执法的谴责依然在持续。22 日多家媒体报道《湖南临武不幸身亡瓜农家属获赔 89.7 万元》。23 日，邓正加女儿给法制晚报记者打电话澄清"感谢政府"微博是被人操纵，法制晚报刊登文章《瓜农女儿："感谢"微博被操纵》，事件再起波澜。30 日，郴州市公安局法医根据尸体检验结论认为，邓正加系外力作用诱发脑部畸形血管破裂出血死亡，邓正加家属表示不接受验尸结果。31 日，公安部门表示将综合尸检意见查清此事，还受害人及其家属公道。临武瓜农死亡事件的发展如图 10.5 所示。

湖南临武瓜农死亡事件中涉及的事故回应单位包括临武县城管局、临武县委县政府、临武县公安局(临武警方)、郴州市公安局(临武县公安局上级单位)。对于事故的第一条回应来自临武县城管局，当记者与临武县城管局办公室工作人员联系了解事故经过时，对方回复称该执法队不属于临武县城管局，而属于当地城市管理行政执法局。此回应具有很大的"撇清责任"之嫌。之后，临武县政府官方通报称，县城市管理行政执法局工作人员在执法过程中与村民邓某发生争执，邓某突然倒地死亡。此时多家媒体已经发布了"邓某被执法人员用秤砣砸头"的报道，且有目击者作证，官方通报中的"突然倒地死亡"的解释十分牵强，明显是在偏袒掩护暴力执法的城管人员。事件发生后的第二天，临武警方介入，警方并未对外通告是否已逮捕涉案的城管人员，而是前去"协助死者家属处理事故"。《新京报》记者目睹警方与死者家属"抢尸"的经过，并曝出在采访中遭到殴打。这两个事件成为舆情发展过程中最突出的两件事，引发了民众对警方试图毁灭证据的质疑和对官方偏袒城管的不满。直到 18 日下午，临武县政府依然否认涉事城管人员"用秤砣砸死者"，在回应临武警方"抢尸"事件时，竟做出"警察协助家属运

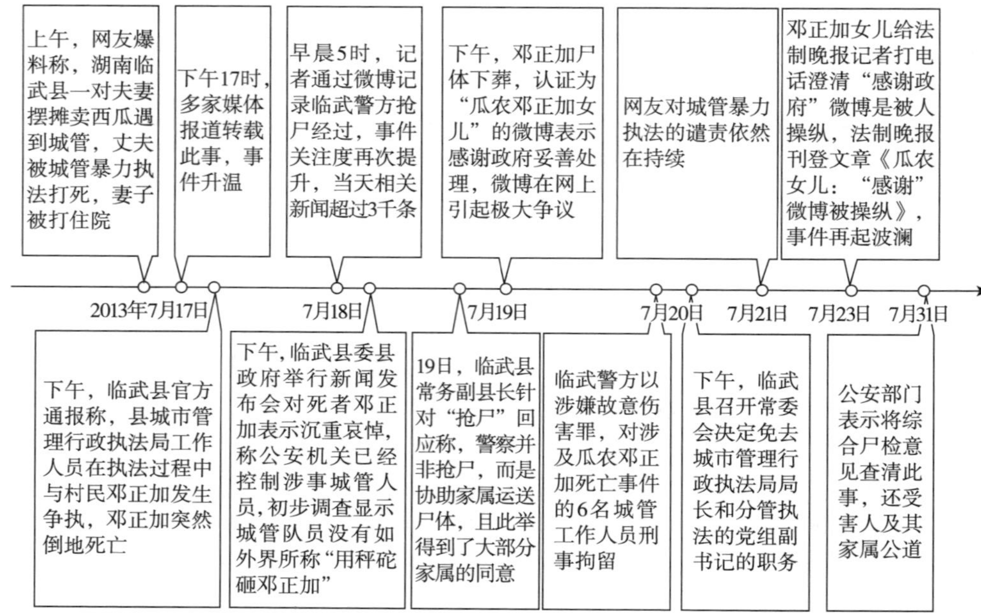

图 10.5　湖南临武瓜农死亡事件时间轴图

送尸体”的滑稽解释，遭到大量网友的调侃和吐槽。临武官方在舆情的发展的初始阶段没有及时做出适当回应，一直试图偏袒涉案的城管人员，甚至在舆情发展的高潮期还做出了错误的“政府公关举措”，试图通过受害人家属之口掩盖其应对失当的行为，引来更大的争议。直到 20 日，临武警方才对几名涉案人员实施刑事拘留，临武县委才对城市管理行政执法局的相关人员做出处理决定，这几项举措并未扭转其公信力遭受质疑的局面，也没能改善公众的消极态度。

与政府在网络舆情应对中的消极作用力相对应，政府的积极作用主要表现在信息公开、回应适当、协同应对等多个方面，具体来看包括以下五个方面：①促进信息共享和沟通；②态度坦诚争取民众理解；③积极回应民众诉求；④及时进行责任切割；⑤多方协调共同应对。

【案例 4】四川会理使用 Photoshop 工具修图事件[12]。

2011 年 6 月 26 日 17 时，天涯社区网友发布的一张使用 Photoshop 工具修图痕迹严重的官员视察图转载到微博后被疯传。图片来自会理县人民政府公共信息网上一条题为“会理县高标准建设通乡路”的新闻中，配图中是人为使用 Photoshop 工具修图将领导放到了公路上面。约 20 时，事件在网上热议后，该图片在网站上被删除。21 时，官方承认了使用 Photoshop 工具修图，并称经过初步调查已对涉事人员进行了严肃处理。27 日，记者采访“四川会理政府网使用合成照”事件遭拒，会理县政府的网站无法打开。27 日晚 18 时 30 分，会理县政府开通新浪微博致歉，并公布了图片原图，照片发布者也做出声明表示歉意。28 日，随着事件在微博上的传播，网民发起以三位县长为模板的使用 Photoshop 工具修图大赛，网友争相调侃，事件的关注度再次提升。28 日 18 时 55 分，当事人开设微博幽默回应使用 Photoshop 工具修图大赛，“感谢全国热心网友，让会理县领导有机会在短短的时间内免费‘周游世界’，‘旅行’归来后，领导已回到正常的工作轨道，也希望网友把关注的焦点，转移到会理这座古城上来”。29 日 13 时 50 分，“四川省会理县政府”再发微博，并附上了会理县一组美丽的照片。图 10.6 显示了四川会理使用 Photoshop 工具修图事件的发展过程。

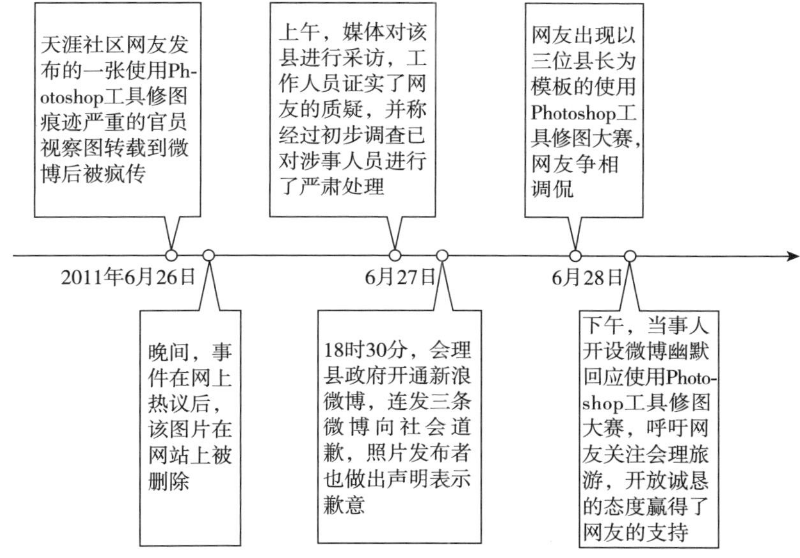

图 10.6　四川会理使用 Photoshop 工具修图事件时间轴图

四川会理使用 Photoshop 工具修图事件是政府网络舆情应对中的一个成功案例，应对成功主要源于会理县政府的坦诚态度。事件曝光的第一时间，会理政府及时承认照片确实是使用 Photoshop 工具修图的，并回应已对涉事人员进行了严肃处理。第二天，当网络舆论升温时，会理政府在新浪微博平台开通账号，公布了图片原图，照片发布者也做出声明道歉。28 日，当网民发起“PS 大赛”并争相调侃时，照片发布者开通微博幽默回应使用 Photoshop 工具修图大赛，并借机宣传会理古城的优美景点。整个舆情发展过程中，照片发布者及会理政府开放诚恳的态度赢得了网友的支持。

【案例 5】北京“7 · 21”暴雨[13]。

2012 年 7 月 21 日，北京市发生特大暴雨，全市平均降水量 170 毫米，强降雨一直持续到 22 日凌晨，引发房山等地区山洪和泥石流灾害。7 月 21 日晚，网上出现求助微博称房山区有小学生被困，110 打不通。北京市消防局官方微博在第一时间回应求助的网友，并微博通报已紧急组成 50 人的攻坚组，冒雨前往学校救援。晚 10 点左右，微博上不断出现求助信息，网络媒体和众多娱乐明星加入爱心转发队伍，协助扩散求救信息。很多网友通过微博自发组织前往受灾地区救援。与此同时，北京市政府新闻办公室通过微博更新事故伤亡信息。7 月 22 日雨停后，有网友反映因涉水熄火车辆被贴罚单，北京市常务副市长即刻表示，突发灾害降临情况下处罚是不正确的，当日所贴罚单将作废。随后，北京市交管部门正式发布通告“对 22 日协管员擅自粘贴的违法告知单不予录入”，并对擅自贴条的协管员严肃处理、调离工作岗位。22 日上午，网上出现对北京排水系统质量的质疑和对死亡人数的不实传言，北京市政府新闻办公室对此及时通报称，截至当晚 17 时北京境内共发现因暴雨死亡 37 人。7 月 23 日，微搏流传房山一家敬老院受灾 200 余名老人伤亡。房山区民政局及时核实，并通过微博发布通告称敬老院老人伤亡数为 0，并全部处于安全地带。23 日上午，针对网民对暴雨预警不及时的质疑，北京市气象局做出解释，称由于基站数量有限，暴雨预警短信难以做到全面覆盖，手机预警信息发送尚有技术障碍。7 月 24 日，针对网民关于暴雨死亡人数的疑问，北京市政府新闻办公室表示绝不会隐瞒死伤数字，之所以现在有更新滞后，是因为有些遗体还需要辨认。7 月 25 日晚，北京市政府新闻办公室召开第二次通报会，公布受灾人口和经济损失，但对于市民关心的因灾死亡人数发布会未做更新。7 月 26 日晚，北京市防汛抗旱指挥部召开新闻发布会，公布死亡人数为 77 人。图 10.7 显示了“7 · 21”暴雨事件中的关键事件脉络。

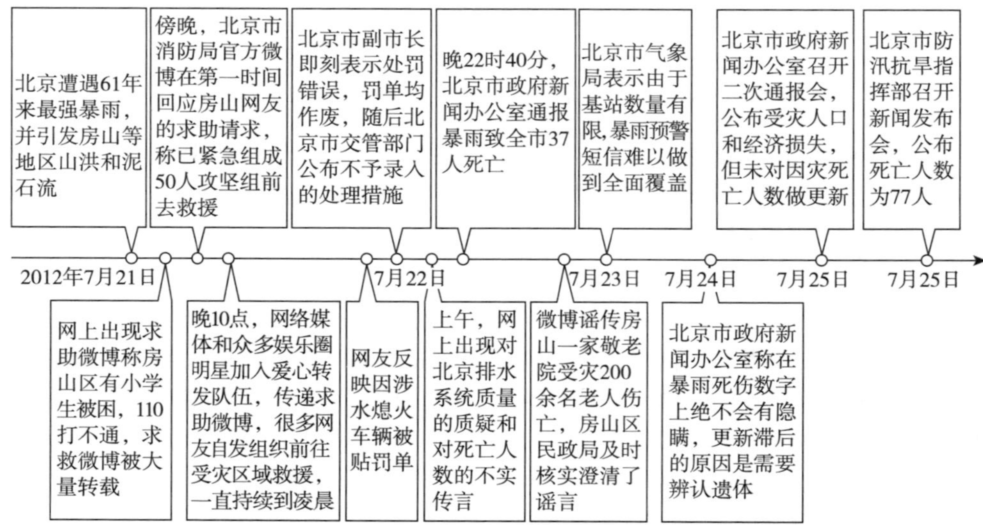

图 10.7 北京 7 · 21 暴雨事件时间轴图

在暴雨持续近24小时内，北京市新闻办公室、北京市消防局、平安北京、交通北京、北京气象局及周边区县(特别是房山区政府)的政务微博联合互动，持续不断地发送雨情信息、救援信息和事件进展。北京市新闻办公室通过微博更新雨情信息和灾害后果，并在暴雨过后的数天时间里积极回应公众的各项疑问，对于未能及时公布的信息及时做出了解释，赢得了公众的信任。北京市消防局积极关注并回应网民在微博上传递的救助信息，及时向网民公布救援进展，并对前往现场参与救援的网民表示感谢。北京气象局、平安北京、交通北京等也积极展开与网民的互动，回应质疑的同时，为公众的出行提供有用的信息。此次网络舆情应对最大亮点在于政府部门使用微博平台发布信息并与公众互动，不仅在线上形成多方协调共同合作的态势，也大大推动了线下救援工作的有序进行。

10.3.3　媒体作用力

媒体一方面承担着信息发布的主要责任，另一方面是政府和民众沟通中的主要协调方，媒体的信息和意见对舆论的走向有非常重要的影响。人民网舆情监测室从2013年的热点舆情中，梳理不同类型的微博在事件曝光、发酵、升级和舆情处置中的覆盖面和活跃度，以是否成功实现议程设置或使舆情发生重要转折，得出结论：普通网友的话语权约占13%、“意见领袖”约占24%、政务微博约占21%、而媒体微博约占42%[14]。这项研究揭示，专业媒体对于舆论的走向，负有相当重要的责任。媒体在网络舆情发展演化中产生的消极作用主要体现在为了抢头条或吸引读者眼球发布未经证实的信息、夸大事实、渲染悲情，对事件煽风点火等。特别是渲染悲情的情况在现今的新闻报道中屡见不鲜，事故灾难后的“××不哭”“××挺住”几乎成为报道的通用模式，虽然是以传播温情为出发点，但却常常适得其反，产生了大量负面的作用。

【案例6】甘肃初中生发帖被刑拘事件[15]。

2013年9月12日，甘肃张家川回族自治县张川镇人民西路一家KTV歌厅从业人员高某非正常死亡。9月14日中午，16岁初中生杨某在其微博、QQ空间等网络平台发布高某死亡真相，称警方不作为与群众发生争执，并在办案中殴打死者家属，号召群众去游行抗议警方做法。消息发出后，高某系他杀的言论开始在网络上大量传播。14日下午，数十人聚集在案发现场呼喊口号，引来数百名群众围观，以致现场一度混乱、堵塞交通。15日，杨某继续在其微博和QQ空间发布不实信息，称KTV负责人是法院副院长，引发公众猜疑。17日，杨某被警方以涉嫌寻衅滋事拘留。18日，张家川回族自治县公安局发布官方消息通告高某命案，明确死者是高空坠落导致颅脑损伤死亡，同时提到对该案中利用网络平台虚构事实，扰乱公共秩序的违法人员给予治安处罚，对1名情节严重发帖转载500次以上的犯罪嫌疑人依法刑事拘留。19日，大量媒体报道此事，《京华时报》刊登文章《甘肃一初中生发帖涉嫌造谣被刑拘》，之后被多家媒体转载，引其舆论高度关注。9月20日，张家川回族自治县公安局对杨某涉嫌寻衅滋事一案进行情况说明："在高某死因未确定的情况下，杨某于2013年9月14日中午在其微博、QQ空间发布所谓高某死亡真相误导群众，造谣发布'警察与群众争执，殴打死者家属''凶手警察早知道了''看来必须得游行了'等虚假信息煽动游行，导致高某系他杀的言论大量传播。"21日，两名律师前往甘肃欲为杨某做无罪辩护，成为媒体新的关注点。22日，经甘肃省公安厅和天水市公安局联合工作组对张家川县杨某涉嫌寻衅滋事案调查核实，鉴于杨某系未成年人及归案后的悔罪表现，决定撤销刑事案件，依照《中华人民共和国治安管理处罚法》，对其行政拘留7日。杨某在23日凌晨获释，当日媒体曝出张家川公安局长曾行贿的报道，张家川回族自治县政府在25日凌晨回应公安局长被停职与初中生案无关。图10.8是甘肃初中生被刑拘事件的时间轴图。

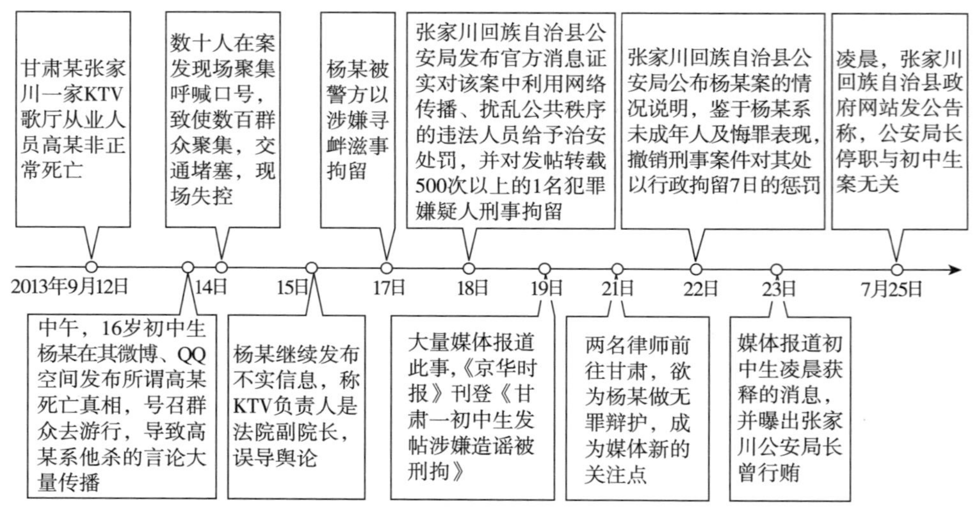

图10.8 甘肃初中生发帖被刑拘事件时间轴图

甘肃初中生发帖事件是最高法公布"诽谤信息转发500次可追究刑事责任"通告后的第一起网络违法事件，媒体和公众对这项法规的合理性在看法上存在很大争议，因此甘肃张家川事件一出便引起了高度关注。媒体最初对事件进行报道时为了吸引读者眼球，将关注点放在"初中生"、"刑拘"和"500次"上面，在两名律师前往甘肃对杨某进行法律援助时，媒体对律师前往甘肃的细节做了大量报道，使事件进一步升级。与此相对应的，媒体对事件的起因及张家川公安局对杨某案的情况说明的报道则少很多，且报道过程中表现出比较明显的情感倾向(同情刑拘少年，质疑最高法解释被滥用)。其中，人民网发表的文章《初中生发帖造谣被拘，专家呼吁尽快解除对其强制措施》被大量媒体转载，由此也可以看出多数媒体对事件的态度。在媒体报道的影响下，杨某案在微博上引发网民热议，网络舆情不断升级。此次网络舆情事件反映出媒体对网民舆论走向的巨大影响力，避开最高法的解释是否合理不谈，媒体在事件报道中表现出的主观态度是推动网络舆情恶性发展的主要原因。客观、公正、不掺杂个人情感是媒体报道的基本原则，特别是在敏感问题的报道上更应该恪守客观的原则，如此才能更好地引导公众理性思考，防止网络舆情事件的扩大和升级。

因此，媒体在网络舆情发展演化中的积极作用主要表现在向民众传达真实的信息和客观的意见态度，引导民众理性思考，促进政府和民众间的良性沟通和互动。厦门城管被泼硫酸事件中的媒体报道就是一个很好的典型。

【案例7】厦门城管被泼硫酸事件[16]。

2009年10月，邵某擅自在厦门市同安区新民镇柑岭村非法占地建设一座仓库。2013年5月23日，同安区城市管理行政执法局先后对其下发行政处罚书、强制执行催告书及限期搬迁通知书，要求其自行拆除，但邵某拒不履行。2013年10月16日上午，厦门市同安区城管人员执行违建强制拆除工作时，邵某拿出一瓶含有硫酸的矿灯电池补充液，从侧面向城管执法人员泼洒。16日下午17时20分，网友“xao小箱”发表微博称：“今天早晨，厦门市同安区3名城管人员被泼了硫酸，在第三医院就诊。”17日上午，又有网友爆料称，“16日厦门市同安区城市管理行政执法局在参与国土部门的统一联合执法过程中，被人泼硫酸，导致18名城管队员受伤”。10月17日下午，厦门市同安区城市管理行政执法局综合科陈科长回应证实，此事造成19名城管队员不同程度的烧伤，其中18人入院治疗。18日上午，多家媒体报道此事，引发网上热议，且网民中出现大量“城管活该被泼硫酸”的偏激言论，微博讨论迅速升温。18日下午，厦门市警方公布调查结果，两名犯罪嫌疑人被同安警方当场抓获，现以涉嫌妨害公务罪被警方采取刑事强制措施。18日晚，中央电视台新闻频道的《晚间新闻》栏目对厦门城管被泼硫酸的新闻予以播报。19日，《京华时报》刊登文章《泼伤19名城管，厦门父子被控制》，《环球时报》发表《朝城管“泼硫酸”是犯罪，无正义可言》，多家媒体对“泼硫酸”行为进行谴责。10月20日，网民开始谴责“泼硫酸”的极端行为，同时也呼吁城管人员改变嚣张跋扈的执法行为，网络舆情开始回落。10月22日，福建省厦门市同安区检察院以涉嫌故意伤害罪将邵某批捕。厦门城管被泼硫酸事件的发展如图10.9所示。

在网络环境中正确引导舆论导向是突发事件应急处理中的重点和难点。尤其是在全社会对城管暴力执法现象普遍持负面情绪的环境下，要对城管事件引起的网络舆情进行正面引导，难度是很大的。在案例中，微博爆料后很快就在网上形成了“城管活该被泼硫酸”的偏激言论。仅仅两天后，中央电视台新闻频道、《京华时报》和《环球时报》等媒体在很早的阶段就开始介入，通过多篇报道，将泼硫

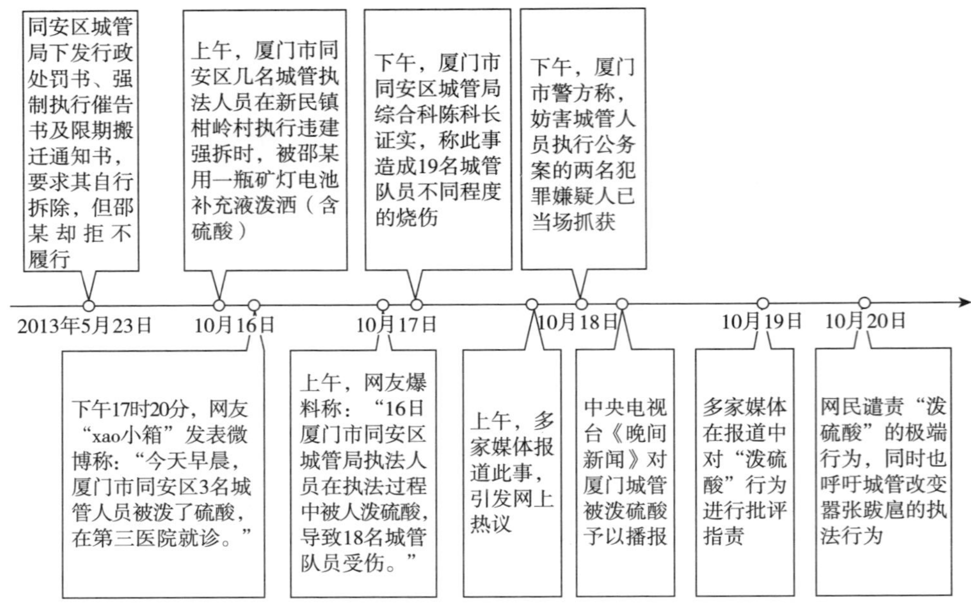

图 10.9　厦门城管被泼硫酸事件时间轴图

酸行为和城管暴力执法话题做了切割，引导公众客观看待泼硫酸事件。正是因为这次媒体较早地介入了舆论引导，网上的过激言论很快就得到了平息，客观理性的评价逐渐浮现。

10.3.4　公众作用力

来自公众的海量信息和群体意见已经成为与政府和官方媒体争夺话语权最厉害的武器，使民间舆论场获得了远比官方舆论场多得多的受众和支持者，在网络舆情事件的发展演化中常常表现出推波助澜的作用。公众的消极作用力主要表现在信息的失真和意见的失当。网民对看到的信息很少查实，目前也没有完善的纠错机制。因为人人都可以发言，难以保证这些意见都是经过深思熟虑郑重的言论。这种情况下，微博有时就成了过去的"大字报"，网络言论就成了"网络谣言"。另外由于进入门槛低和生产技艺要求不高，人人都可参与，所以各种信息不经甄别就满世界流传，各种观点、意见、评论和看法不用审查、研究、掂量就自由表达与发表，造成恶性网络舆情的传播。

【案例 8】李天一事件[17]。

2013 年 2 月 22 日，网友爆料称海淀公安分局 21 晚以涉嫌轮奸刑事拘留一名年轻男子，并暗指该人为李双江之子李天一。22 日下午，北京警方证实，李双江之子李冠丰(原名李天一)目前已被刑拘，事件迅速引发网友热议。3 月 7

日，中央电视台新闻中心官方微博发布了一条消息，称李天一因涉嫌强奸罪被检察机关批捕。之后微博传言李天一被取保候审，李家提出巨额赔偿与受害方达成和解。案件从侦查到起诉再到审判引发了公众长达 10 个月的高度关注。案件侦查阶段，网民的质疑主要包括李某是否为未成年人，李天一案被退回补充侦查是否另有隐情，警方是否被李家买通，等等。7 月 8 日，北京市海淀区人民检察院依法对李天一等涉嫌强奸一案向海淀区人民法院提起公诉。公诉前期，北京警方在通报李案侦查进展时避谈轮奸，而将案件描述为“轮流发生性关系”，引发公众强烈不满，公众质疑案件定性是否太轻。起诉阶段公众的质疑和谴责主要有以下几个方面：①李方辩护律师关于“强奸陪酒女危害小”的言论；②李方辩护律师关于“受害人主动促成性交易”的言论；③再次退回警方补充侦查是否另有隐情；④其他涉案人是否有同样显赫的家庭背景。8 月 28 日，李案在海淀法院正式开庭审理，面对巨大的公众压力，李某母亲向法院提出公开审理的申请，但因涉及多名未成年人的隐私和受害人隐私，申请被驳回。9 月 26 日，北京市海淀区法院一审判决李某有期徒刑十年。图 10.10 列出了事件从事发阶段到案件侦查阶段、起诉和审判阶段的公众质疑点和舆情聚焦点。

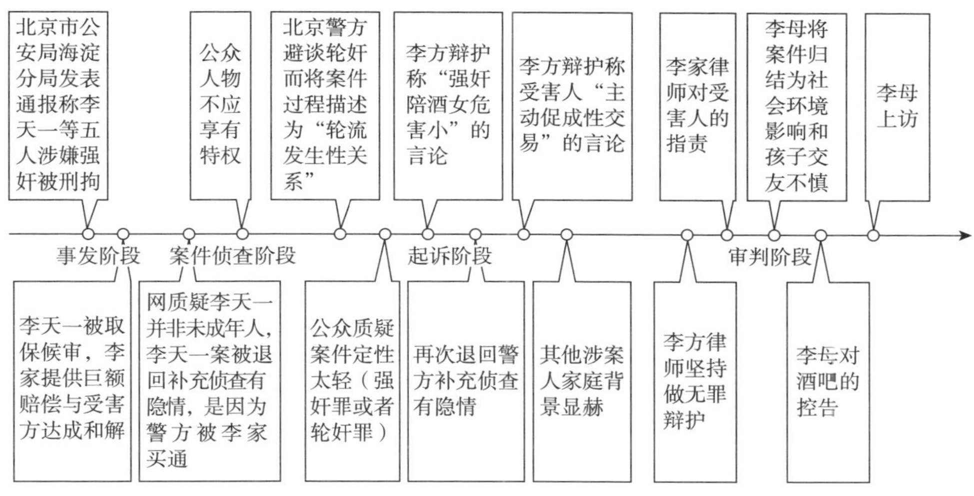

图 10.10 李天一案的公众质疑点和舆情聚焦点示意图

从公众对网络舆情的作用力来看，李天一案与 2010 年的药家鑫案有很多相似之处，事件所引发的公众关注将案件推向全民审判的局面，且其中都围绕着公众对“特权阶级”的抵制和声讨，事件所产生的巨大舆论给执法部门和法律部门带来了空前的压力。药家鑫案后很多人反思在审判过程中法律是否被民意绑架，从而演变为一场道德审判。李天一案之后同样的问题再次被提到，虽然事件处置过程中法律部门顶住民意压力，对案件做出了公正判决，但是案件在处理过程中始终没能做好对未成年人和受害人的隐私保护，这一问题的出现主要源于公众对案件细节的刨根究底和穷追不舍。特别是在审判前期，网上不断曝出受害者信息和四名涉事未成年人的信息，甚至有疑似作案视频流出。从事发阶段开始，网络上到处是对几名涉事少年及家属的谩骂，包括相关律师的个人信息及家庭信息都被网友通过人肉搜索公布在网上。公众造成的舆论压力进一步激化了原告和被告之间的矛盾，双方及代表律师为了得到舆论支持曝光了许多在法律规定范围之外的涉事人员信息，特别是受害人的隐私。总之，在李天一案中，公众过度使用了自媒体赋予他们的表达权利，对网络舆情的发展产生了非常消极的作用，公众的舆论攻势给案件审理带来了极大的压力，对未成年人和受害者的隐私保护造成了非常恶劣的影响。

公众的积极作用力主要表现为在救灾第一时间提供关键信息，揭露社会不公现象促进社会监督，提高弱势群体的发声力量促进社会救助等。

【案例 9】延安城管暴力执法事件[18]。

2013 年 5 月 31 日下午，延安城管队员在执法过程中与商户发生撕扯现象，商户称有城管执法人员双脚跳起猛跺倒地商户。6 月 3 日，一段名为“实拍：延安城管暴力执法双脚跳起暴踩男子头部”的视频在网上引起广泛关注，多家网络媒体报道转载。6 月 4 日，延安市城管局发布消息，多名城管队长和执法人员已被停职接受调查。6 月 5 日上午，事件引发大量网民的关注，微博讨论达到高潮。当日，延安市城管局回应称，网友上传的视频中黄衣女子及双脚跳起踩踏商户男子均为无正式编制人员。“临时工”说辞引发网民的不满，网民谴责城管局使用“老套路”推卸责任。6 月 5 日，网友继续曝出延安城管的奢华办公大楼，而且有 30 层高，再次掀起网络上对延安城管局的关注。6 月 5 日 18 时，延安市政府召开新闻发布会，解雇涉事的六名协管员，暴力踩人者景鼎文被刑事拘留。约 20 时 30 分中国经济新闻网做出《警方介入延安城管暴力执法事件》的报道。6 月 6 日，市民继续曝出延安市城管局局长的豪华座驾，配车超过部级领导配车。人民网陕西频道发布《延安市城管局长被指拥豪华公车超部长级》的报道。6 月 7 日，延安市城管局纪委书记回应称是中石油长庆油田公司赠送给城管局使用，并非配车。当天，延安市城管局局长向被打商贩鞠躬致歉，并承诺城管局承担其全部医疗费。7 日晚间，一则被踩商户的公开信在网上流传，信中称对处理结果非常满意，公开信引起网友质疑。6 月 12 日，延安被踩商户回应称公开信是在城管局专人陪护下写的，不是心里话。6 月 13 日，事件在《焦点访谈》栏目播出，再次引发舆论关注。13 日晚，被踩头商户刘国峰澄清致歉信是自己和城管局协商的结果，请一名实习律师代写，由自己亲自注册 ID 发布的，并非是政府公关。6 月 14 日，延安城管局称将彻查公开信一事，严肃处理此次事件并做好善后工作。延安城管暴力执法事件的发展如图 10.11 所示。

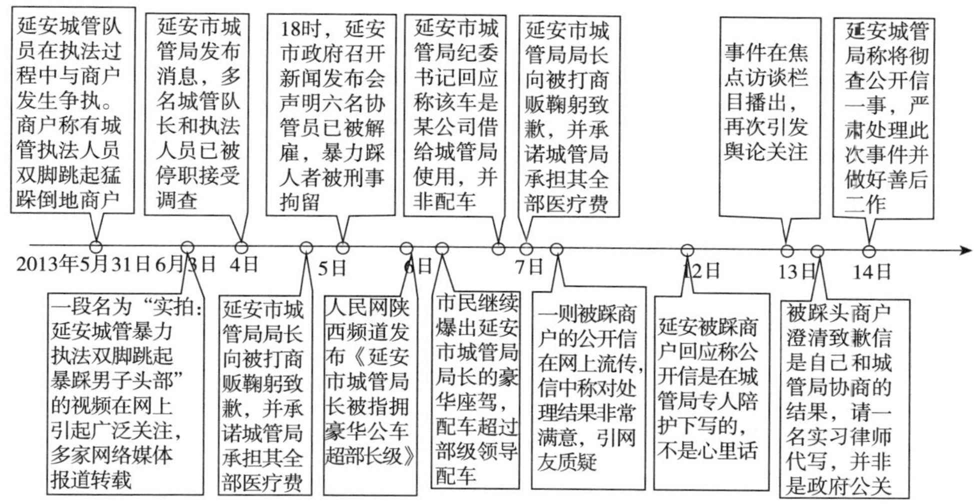

图 10.11　厦门城管被泼硫酸事件时间轴图

在延安城管暴力执法事件中，城管暴踩商户引发社会舆论的集中关注，接连曝出延安城管人员的违规行为，让社会对政府部门的监督得以强化。公众在网络舆情的发展中不断推动社会监督与纠错反馈，形成了比较积极的影响，主要体现在以下三个方面。

(1)第一次监督作用体现在对肇事工作人员的及时处理。事件引发公众关注之后，延安市城管局很快发布消息称多名城管队长和执法人员已被停职接受调查。到 6 月 5 日晚，延安市政府召开新闻发布会证实六名涉事协管员已被解雇，暴力踩人者景鼎文被刑事拘留。

(2)第二次监督作用体现在，舆论压力让延安城管对违规办公楼和公务车配备做出交代。在延安城管不当回应之后，公众给予了更加猛烈的批评，对延安城管在其他方面的不当作为也予以曝光。当延安市城管局回应解释涉事城管均为无正式编制人员后，“临时工”说辞引发网民的不满，网民谴责城管局使用“老套路”推卸责任。网友继续曝出延安城管的奢华办公大楼，而且有 30 层高，由此掀起网络上对于延安城管局在超标办公楼话题上的关注。6 月 6 日，市民继续曝出延安市城管局局长的豪华座驾，配车超过部级领导。民众在网络上的监督意见再一次对延安城管局形成了压力。官方媒体也对延安城管局发起舆论监督，人民网陕西频道发布《延安市城管局长被指拥豪华公车超部长级》的报道。在舆论作用下，延安市城管局纪委书记向公众做出解释，回应网友曝光的车辆并非配车，而是由某公司赠送。

(3)第三次监督作用体现在舆论压力让存疑公开信得到进一步证实。6 月 7 日在网上流传的“对处理结果感到满意”的公开信引发了网友质疑，促使延安城管局对事件做进一步调查。

10.4 基于“情景-应对”的网络舆情应对决策思路

10.4.1 基于多源信息的情景构建

前面章节已对“情景-应对”方法的理论和方法进行了详细介绍，本小节进行简单的回顾。“情景”一词的出现可追溯到 20 世纪 60 年代，最初被定义为，“对未来情形以及能使事态由初始状态向未来状态发展的一系列事实描述”[19]。情景分析法的思路是通过构建情景，描述和分析事物发展的多种可能性、动态性和系统性，进而建立可描述事件未来发展态势的方法或模型。近几年，情景分析法已经被越来越多地应用到突发事件中，特别是非常规突发事件的应急决策中。非常规突发事件的“情景”是指决策主体正在面对的突发事件当前的状态和发展趋势[20]，情景随着事件的发生发展及人为干扰因素的影响呈动态变化，对当前时刻情景的全面把握和对下一时刻情景的准确预测可以帮助决策主体更好地进行决策应对。

通过构建情景来描述网络舆情事件的发生发展，有助于整合不同来源的碎片化信息，使决策者快速识别事件的关键点，从而更准确地判断事件的整体态势和发展趋势。情景构建的基础是信息的收集、分析和整合，这一过程通常被称为“情景感知”。情景感知的对象既包括来自物理空间的信息，如地理信息、传感信息等来自物理中心、终端、平台及连接它们的网络所形成的数据，也包括社会空间的信息，如来自传统媒体、互联网(如论坛、博客、新闻网站、社交网站等)、监控设备等与公共安全相关的反映个人或群体行为活动的数据。

在情景感知的基础上，通过对来自众多信息源的结构化数据与非结构化数据进行集成与融合，提取关键信息要素构建情景。情景要素包括时间、空间、人物、事件特征、对象状态等，这些要素在物理空间和社会空间内分别有其属性特征和演化规律，生成情景时要充分考虑来自两方面的关键信息要素，并寻找不同关键要素间的相互作用规律。目前的研究中情景生成的方法有很多，常用的有事件序列分析、回溯法、不确定分析、交互影响分析、水平扫描法等，不论采用哪种方法，情景生成的关键始终是识别关键情景要素和分析各要素间的相互影响规律，尽可能准确地描述事件当前态势的同时，为之后的情景推演奠定基础。

网络舆情事件的情景要素提取主要关注时空信息、舆论主体、事件态势、意见情感表达、决策应对。表 10.1 列出了情景要素的详细内容及情景构建的基本思路。

表 10.1　网络舆情事件情景要素

时间：××××年××月××日至 ××××年××月××日(发生期→发酵期→发展期→高潮期→反复期→回落期)地点：××省××市

情景特征	涉事方(个人或机构)	政府监管部门	媒体	意见领袖	网民
事件态势	事件过程	政府关注度	媒体参与度	意见领袖参与度	网民参与度
	影响范围	信息公开程度	媒体报道频率		意见领袖参与度
意见情感表达	回应行为	回应行为	媒体意见	意见领袖意见	意见诉求
	—	政府公信度	—	—	网民情绪
决策应对	决策处置行为	决策处置行为	—	—	对事件处置的满意程度
	配合调查情况	危机处理力度	—	—	对政府处置的回应行为

10.4.2　基于驱动力分析的情景分析和推演

本章第 10.3 节关于网络舆情作用力的分析表明，政府、媒体、公众、涉事单位等舆情主体的态度、意见和行为决定了网络舆情的发展演化。而网络舆情通常是由突发事件引起，网络舆情的升级扩大又会进一步引发公共关系危机，如图 10.12 所示。网络舆情的情景演化主要受到来自政府、媒体和公众(包括意见领袖)正向驱动力和负向驱动力的交互作用。结合上文所构建的情景要素，情景分析和推演的正负驱动力主要包括以下几方面内容：①政府方面，考虑是否能准备评估网络舆情的态势，是否能对网络舆情做出快速回应，是否能做到信息公开、透明，是否能及时满足公众的诉求。②媒体方面，媒体是否能进行正面报道。③公众方面，意见领袖是否持有积极态度，是否信任政府、媒体发布的信息，是否支持政府的应对决策。这几项内容主要是从决策者的角度出发而设定的，如图 10.12 中正负驱动力前两条强调的是对舆情信息的评估，即政府监管部门是否能够在尽可能短的时间内评估所获得信息的可靠性，并做出回应，表明态度。第三、四条强调的是信息发布，即在事件的进一步调查和跟进中，政府是否能够保证信息公开、透明，且及时响应公众诉求，满足公众期望。第五条强调的是政府与媒体之间的沟通，特别是与大众媒体之间的沟通，不随意操纵媒体控制言论。最后三条强调的是政府与公众之间的沟通，即政府监管部门的决策是否能够获得公众中的意见领袖和普通公众的支持与信任。

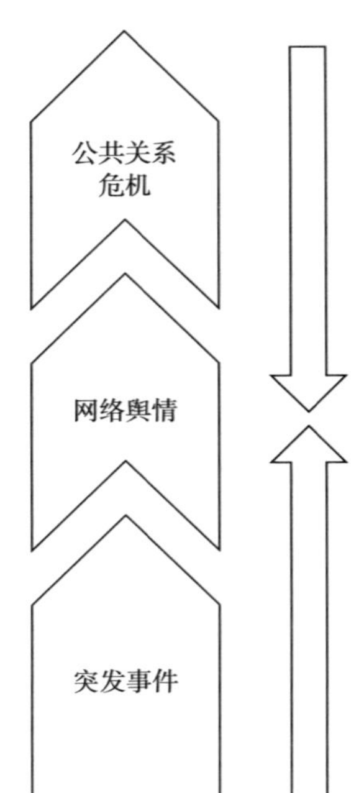

舆情应对正向驱动力：

- 政府能准确评估网络舆情的态势
- 政府对网络舆情做出快速回应
- 政府发布的信息公开、透明
- 政府满足公众的诉求
- 媒体的正面报道
- 意见领袖持有积极态度（如专家肯定）
- 公众信任政府、媒体发布的信息
- 公众支持政府的应对决策

舆情应对负向驱动力：

- 政府缺乏态势评估能力
- 政府对网络舆情反应迟缓
- 政府发布信息不公开、不透明
- 政府忽视/不能识别公众诉求
- 媒体的负面报道
- 意见领袖持有消极态度
- 公众不信任政府、媒体发布的信息
- 公众质疑政府的决策能力

图 10.12　基于驱动力分析的情景推演

10.4.3　“情景-应对”型决策流程

网络舆情的应对和引导是一项复杂而艰巨的任务，政府监管部门在监管决策过程中既受到自身能力的约束和限制，也受到来自媒体、意见领袖和公众的作用力。自身能力方面，如是否能准确评估网络舆情的态势，是否能对网络舆情做出快速回应，是否能保证信息的公开、透明，是否能满足公众的诉求；等等。来自外界的作用力包括媒体是否支持政府的决策并给出正面报道；意见领袖是否持有积极态度；公众是否信任政府和媒体发布的消息；公众是否支持政府的决策；等等。

近几年，传统以“命令—服从”为指向的行政模式逐渐向广泛吸收公众参与的“回应型”模式发展，能否及时回应并满足消费者和公众的诉求，成为网络舆情疏导的一项重要衡量指标。因此，新的决策流程应注重公众网上行为的分析预测，快速识别公众诉求，制定有效的回应机制，促进广泛的公众参与和社会监督。

通过情景构建和分析推演，决策者对事件的当前态势和未来发展趋势有了更全面的把握，根据态势需求和现存问题制定应对策略的同时，还需要考虑决策任务的优先级、决策实施方案、承担部门、决策管理流程等内容。前文已经提到，当前应急决策流程的突出问题表现在政府自上而下的单向决策，缺乏来自底层的信息传递及政府和公众的双向互动，决策和应对流程上缺少了利益相关者的参与和互动环节。“情景-应对”决策模式下，政府和公众的行为均作为情景构建的一部分，实际应对中根据公众行为的发展演化对决策进行评估并适时调整。图 10.13 展示了“情景-应对”型决策流程的框架设计。

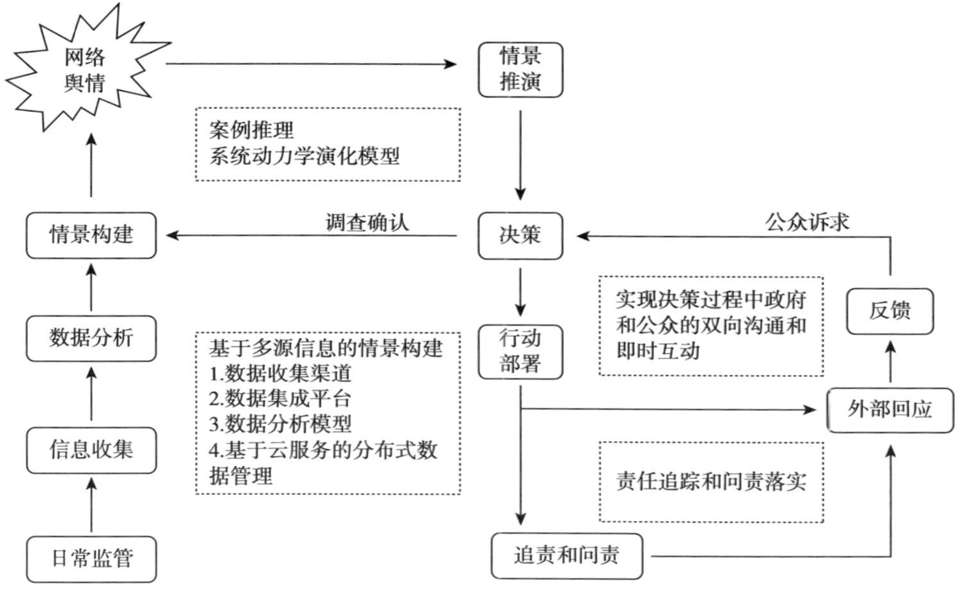

图 10.13　“情景-应对”型决策流程的框架设计图

10.4.4　搭建政务微平台促进决策执行

电子政务在我国的兴起和发展已有 20 多年的历史，为政府决策机制优化所创设的环境主要包括电子政务网络平台、政府门户网站、政府数据中心和电子政务应用系统[21]。近年来，随着新媒体和社交网络的快速发展，电子政务紧跟时代潮流，积极加入微博、微信等社交网络平台，开辟了网络问政执政的新局面。根据人民网舆情监测室发布的《2013 年新浪政务微博报告》①，截止到 2013 年 10 月底，新浪平台上的政务微博有 100 151 个，其中机构微博有 66 830 个、公职人员微博 33 321 个、相比 2012 年同期增长 4 万余个。

通过政务微博、微信向公众传递信息可以有效解决官方网站关注度低、传播信息不及时的问题，同时也可以促进政府监管部门与公众的即时互动，对网络舆情的疏导和应对有重要作用。目前，我国的政务微平台建设主要涵盖较高行政级别的政务微博，地方政府参与的微平台较少，而网络舆情爆发有很强的地域性，公众在网络舆情中所反映出的诉求通常贴近自身生活，当有突发事件发生且引起

① http://yuqing.people.com.cn/n/2013/1226/c210118-23952286.html。

网络热议时，公众首先期待来自直接负责部门的回应和追责。因此，当前的政务微平台应加强底层建设，鼓励指导较低行政级别的政府部门加入微平台。另外，目前已开通的政务微博依然是“各自为政”的局面，相互间缺乏联系沟通，横向联络和纵向联络均比较弱，信息发布没有实现有效整合。因此政务微平台的搭建要与网络舆情的实际应对结合起来，从而更好地服务于当前的网络舆情应对决策机制和流程。

10.5 本章小结

随着新媒体的发展和移动互联网的普及，互联网上的热点话题层出不穷，信息的传播速度大大加快，公众对热点事件的关注度可以在几小时甚至几分钟内就出现显著提升，进而引发难以控制的网络舆情。网络舆情在宏观层面表现为官方和民间两大舆论场间的意见冲突和沟通不畅，在微观层面反映了群体行为中个体间的相互作用和影响。网络舆情的导火索通常是公众和官方的利益冲突。对普通公众来说，网络舆情的爆发一方面源于价值观或者道德诉求受到长期压制而渴望表达，另一方面则是对政府或官方公信力的怀疑和不满。对政府来说，网络舆情的爆发主要是源于政府与民众的沟通问题，一方面政府在新媒体环境下缺乏识别公众诉求的经验，另一方面政府尚未和公众建立起良好的沟通互动机制。

网络舆情在发生发展过程中表现出很高的突发性和信息不确定性，此外还表现出情绪化现象严重、受众范围广、传播速度快等特点，给关键信息识别和事件态势预测带来极大的挑战。网络舆情在应对过程中通常表现为政府、民众、媒体、涉事方、意见领袖间的一场信息博弈，各方在信息发布和信息传播过程中产生的作用力决定了网络舆情的整体走向。本章第 10.3 节通过九个案例详细阐述了政府、公众和媒体在网络舆情发展演化过程中可能产生的作用力，包括消极作用和积极作用。政府的消极作用主要表现在信息公开不及时、政府公信度低、回应言论不当、偏袒掩护责任方、控制媒体发声等。积极作用表现在促进信息共享和沟通、以态度坦诚争取民众理解、积极回应民众诉求、及时进行责任切割、促进多方协调应对等。媒体的消极作用主要体现在为吸引读者眼球发布未经证实的信息、夸大事实、渲染悲情、对事件煽风点火等。积极作用则体现在向民众传达真实的信息和客观的意见态度，引导民众理性思考，促进政府和民众间的良性沟通与互动。公众的消极作用主要表现在信息的失真和意见的失当；积极作用主要表现为在救灾第一时间提供关键信息，揭露社会不公现象，促进社会监督，提高弱势群体的发声力量促进社会救助等方面。

在基于以上分析的基础上，本章第 10.4 节提出了基于“情景-应对”的网络舆情应对决策思路，包括多源信息情景构建、基于驱动力分析的情景分析和推演及

"情景-应对"型决策流程设计三方面内容。"情景-应对"思路下，通过收集整合互联网上不同来源的碎片化信息，提取其中的关键要素构建网络舆情事件的情景，在此基础上定义网络舆情发展的正向驱动力和负向驱动力(包括政府、媒体和公众等作用力)作为情景分析和推演的基础，根据正负驱动力的变化和相互作用描述事件的发展态势，及时识别公众的信息诉求和情感诉求，预测公众的网上行为，制定回应策略，并通过公众反馈对决策进行评估和调整。决策流程设计强调政府和公众的双向沟通与互动，实际操作中可通过搭建多部门联合的政务微平台(政务微博、政务微信等)来促进决策的落实。政务微平台的建设应鼓励较低级别的政府部门开通微博和微信，并制定统一的平台管理和信息发布机制。

网络舆情的决策应对是一个复杂的过程，不同事件产生的情景不一样，事件发展过程中情景的分析和推演也有许多的不确定性，决策的时间紧迫性比一般的突发事件要高很多，因此实际应对中需要根据舆情在发展过程中出现的新情况不断做调整和改进，但不论有哪些新情况出现，决策的制定应始终围绕新信息及其可能产生的影响来做判断，同时日常管理中需要不断提高和完善信息发布机制和公众交流机制，尽最大能力保证政府和公众的双向沟通和及时互动，争取公众的信任，为网络舆情的疏导奠定基础。

参考文献

[1] 人民网舆情监测室．如何应对网络舆情：网络舆情分析师手册．北京：新华出版社，2011.

[2] 王来华．舆情变动规律初论．学术交流，2005，(12)：155-159.

[3] 余才忠，熊峰，陈慧芳．舆情民意与司法公正——网络环境下司法舆情的特点及应对．法制与社会：旬刊，2011，(12)：120-121.

[4] 支庭荣．集合传播权与谦抑性原则——解析社会化媒体时代的"两个舆论场"．西北师大学报(社会科学版)，2014，(2)：31-36.

[5] 刘聪歌．央视"东莞黄流"报道中两个舆论场的对峙与融合．河南工业大学学报(社会科学版)，2014，(2)：115-118.

[6] 李纲，陈璟浩．网络舆情突发事件参与者群体构成及行为的实证研究．信息资源管理学报，2012，2(1)：42-49，25.

[7] 于建嵘．社会泄愤事件中群体心理研究．北京行政学院学报，2009，1：1-5.

[8] Qiu L，Lin H，Chiu C，et al. Online collective behaviors in China：dimensions and motivations. Analyses of Social Issues and Public Policy，2014，15(1)：44-68.

[9] 新浪网．"温州动车追尾脱轨事故"专题．http://news.sina.com.cn/z/hzdccg2011/，2014-11-06.

[10] 人民网舆情频道．曾成杰被执行死刑事件舆情分析．http://yuqing.people.com.cn/n/

2013/0723/c210118-22290986.html，2014-11-20.

[11] 人民网舆情频道．湖南临武瓜农死亡事件舆情分析．http://yuqing.people.com.cn/n/2013/0726/c210118-22340892.html，2014-11-20.

[12] 人民网舆情频道．四川会理 PS 事件舆情研究．http://www.people.com.cn/GB/209043/212786/15108205.html，2014-11-25.

[13] 林韵诗．“北京 7·21 特大暴雨”专题．http://china.caixin.com/2012/bjby/，2012-08-16.

[14] 人民网舆情监测室．指尖上的“政”能量：如何运营政务微博与微信．北京：人民日报出版社，2013.

[15] 人民网舆情频道．甘肃初中生发帖被刑拘事件舆情分析．http://yuqing.people.com.cn/n/2013/1018/c210118-23252209.html，2014-10-30.

[16] 人民网舆情频道．厦门城管被泼硫酸事件舆情分析．http://yuqing.people.com.cn/n/2013/1028/c210118-23352309.html，2014-11-25.

[17] 中国舆情案例库．李天一轮奸案舆情分析．http://yuqing.china.com.cn/2013-09/06/content_6281751_5.htm，2014-04-20.

[18] 人民网舆情频道．朱明刚：延安城管暴力执法事件舆情分析．http://yuqing.people.com.cn/n/2013/0614/c210118-21842642.html，2014-11-25.

[19] 李仕明，张志英，刘樑，等．非常规突发事件情景概念研究．电子科技大学学报(社会科学版)，2014(1)：1-5.

[20] 袁晓芳．基于情景分析与 CBR 的非常规突发事件应急决策关键技术研究．西安科技大学博士学位论文，2011.

[21] 张洋．电子政务环境下政府决策机制优化研究．重庆大学硕士学位论文，2009.

第11章

群体性突发事件的舆情分析与辅助决策方法

11.1 引言

群体性突发事件是指突然发生，由多人参与，以满足某种需要为目的，使用扩大事态、加剧冲突、滥施暴力等手段，扰乱、破坏或直接威胁社会秩序，危害公共安全，应予立即处置的事件。决策主体与社会参与主体在经济、社会或者政治上存在着意见、利益的不一致，在群体性突发事件的决策处置过程中，往往容易因政府和社会公众的立场冲突、群体社会需求与政府决策干预的不一致而造成矛盾升级，引发大规模的群体社会危机。群体性突发事件的决策处置一直是各级政府应急工作的重点和难点。

当前，随着我国政治、经济的转型和社会网络等新媒体社会工具的应用，网络媒体推波助澜下的社会利益、矛盾冲突问题更加尖锐，群体性社会冲突事件的数量逐年增长。在社会矛盾和网络舆情的耦合作用下，当前的群体性突发事件从诱因、表现形式、传播速度、传播范围、参与主体以及对社会的影响模式都在发生着极大的改变，单纯依靠原有处置传统性突发事件的行政、强制决策方法，有时候不但不能有效处置群体性突发事件，反而经常会起到相反的作月，使事件更加恶化、矛盾更加尖锐。急需结合当前的时代特点，寻找更适合当前时代特点的群体冲突化解和处置新方法，实现新媒体时代的应急辅助决策技术与方法创新。

从网络舆情角度认识和把握群体性突发事件的发展及其演化，是一个快速提取事件参与者的利益诉求，合理化解冲突的有效视角和契机。因此，本章的内容将基于网络舆情对群体性突发事件的作用机理研究，分析和探讨群体性突发事件的网络舆情特征以及网络舆情分析基础上的集体认同生成原理和群体极化行为，建立科学合理的舆情辅助决策方法与流程，为科学、有效防范与化解群体性事件提供辅助决策。应用上本章将辅以昆明长水机场群体聚集事件的案例分析进行具体阐述。

11.2 群体性突发事件的特点与应急决策需求

11.2.1 群体性突发事件的特点

当前，随着我国政治、经济的转型，人口、资源、环境等发展不平衡造成的社会矛盾日益严重，社会群体冲突事件逐年增长。群体性突发事件已成为困扰各级党委、政府的严重的社会问题。深入研究群体性突发事件的发生演化机理，针对事件特征提出有效方案，妥善处理和化解群体性突发事件，一直是学界和业界的研究热点。

在群体性突发事件的研究上，至今尚未得到统一定义，有人认为“群体性突发事件”是社会群体为实现既定的目标而从事的活动及其表现，如集体冲击党政机关驻地，拦截交通工具，罢工、罢课、罢市以及违反规定的集会、游行、集体上访等活动[1]，有人认为“群体性突发事件”是由部分公众参与并形成有一定组织目的的集体上访、集会、阻塞交通、围堵党政机关、静坐请愿、聚众闹事等群体行为，并对政府管理和社会造成影响的行为[2]。这些观点有的是从群体性突发事件的目的性出发，侧重其对社会的影响力，有的是从其表达形式出发，侧重其在社会治安事件的作用与特性。本书认为，群体性突发事件是指突然发生，由多人参与，以满足某种需要为目的，使用扩大事态、加剧冲突、滥施暴力等手段，扰乱、破坏或直接威胁社会秩序，危害公共安全，应予立即处置的事件。它一般具有以下四个特点。

1)群体性

群体性是将群体性事件是区别于个体冲突或个体矛盾的最主要的特征[3]。群体性突发事件是具有特定共同利益的群体为维护自身利益不受损害而采取的集体行为，事件中必有众多引发者和参与者，其中有事件相关者也有事件无关者，且其行为主体已经构成了群体。群体性事件大都涉及某个群体的切身利益，这共同的利益将这个群体的成员维系在一起。

2)诉求具有一定的合理性，即利益性

利益性是群体性突发事件发生的目的。对于群体性突发事件来说，事件一般是特定群体维护自身利益、表达自身诉求的一种方式，具有维权的性质。大多数群体性突发事件的参与者提出的诉求也具有一定的合理性，也不完全都是无理由的，只是常常采取了不合法的行为方式。例如，农民参与该事件主要是要求基层政府和官员补偿自己受损的利益或者是提议要求实现村民自治；工人抗争主要是以企业管理者为对象，主要以维护自己的经济权利和企业管理事务为内容；农民工则多数是要求老板发放拖欠自己的工资；下岗工人则是不满足于生活的现状，强烈要求再上岗工作等。

3)情绪性

情绪性是群体性突发事件的群体的心理特征。情绪性既表现为个体和群体自身的相互作用，也表现为个体和个体、个体和群体的相互作用。由于这种相互作用和相互渲染，参与人员的非理性因素逐渐滋长，在特定社会环境的刺激下，人们的非理性的情绪会激烈地宣泄出来，导致行为失控，这是群体性突发事件产生的心理原因[4]。

4)社会危害性

群体性突发事件有其合理性的一面，但其给社会带来的巨大危害性不容忽视，主要表现在下面几个方面：①由于参与人数多，必定会对国家的法制秩序、社会治安秩序、交通秩序产生冲击和破坏，影响社会安定，扰乱社会有序的工作、生产和生活秩序；②少数群众由于不能控制自己的激动情绪，做出肆意顶撞机关工作人员的冲动行为，扰乱正常的办公秩序；③一些群体性事件中参与者会堵塞公路、铁路等交通要道，给整个国家的交通运输造成严重的损失；④某些群体性事件参与者很有可能会控制不了自己的情绪而产生偏激的行为，造成严重的人员伤亡。如果这些群体性事件得不到及时的处置，长此以往，会动摇政府在人民中的威信，进而不利于整个国家的安定与繁荣。

11.2.2　新媒体时代的群体性突发事件新特征

现代社会，随着互联网、物联网、大数据等技术的变革和使用，各种新媒体逐渐成了人们了解信息、交流信息的重要工具。人们交流联系和发泄情绪的传播方式、传播途径发生了巨大的变化，新的媒体环境下的群体性突发事件发生和演化形式也逐渐在发生改变。

在新社会媒体环境下，网络技术的发展以及微博、论坛、博客、facebook、手机网络等的应用使得网民的数量大幅度的增加。通过在线互动、情绪抒发等方式表达对事件的观点、看法正在成为人们的一种日常手段。公众不仅是信息的接收者，更是信息的传播者，冲突事件更易通过网络迅速传播，产生“范本”效应、“蝴蝶”效应，影响社会稳定。社会公众的心理情绪，特别是通过网络所表达的群体性的情绪、态度、意见与要求等形成的网络舆情，对社会的影响面和影响力越来越大，对事故的处置造成巨大影响。例如，针对某一社会现象、事件，任何网民都可以通过微博或者论坛发帖等方式来发表自己的看法，或者根据自己的喜好进行评论、转载、回帖、跟帖等。在这种影响作用下，当前的群体性突发事件与传统群体性突发事件相比，无论从诱因、表现形式，还是参与主体、影响范围等都有了新的改变。新媒体时代，新的突发事件具有了一些与传统突发事件不同的新的特征。

改变一：诱因更简单、燃点更低。因偶发事件和不确定性因素引发的较大规模群体性事件呈日益增多的趋势，诱因简单，燃点降低。

改变二：表现形式更多变。不再像传统群体性突发事件那样，呈现简单的暴力冲突的表现形式，新媒体环境下的突发事件呈现各种各样的表现形式。

改变三：参与主体多样化。事件参与人员众多，成分复杂，动机多样，特别是"非直接利益相关者"广泛参与到群体性事件中来。

改变四：易突变。新媒体环境下，民众的关注点、形式均易发生突变，表现出了很强的动态变化性。

改变五：影响更广。事件发生后往往引起连锁反应，极易挖掘出一些衍生的事件，蔓延极其迅速，波及面广，难以控制。

这些冲突事件的发生和我国现阶段的社会发展和社会矛盾不无关系。同时，现代社会新的信息技术媒体工具，如各种论坛、社交网络的运用更加重了这种冲突事件的复杂性。

11.2.3　新媒体时代的群体性突发事件应急决策需求

群体性突发事件的决策处置一直是各级政府的难点，当前，群体性突发事件新的特性给政府的应急决策带来的挑战是也是空前的，对政府在冲突应对以及事件管理的方式、方法和及时性、科学性上都提出了要求。在当前信息技术快速发展的条件下，单纯依靠原有的处置传统性突发事件的行政决策干预和强制决策方法，不但不能有效处置群体性突发事件，反而经常会起到相反的作用，使得民众更加不满，事件的影响更加扩大。

对于我国当前的应急管理决策方法来说，对群体性突发事件的处置一般多采用直接行政干预或者避、闪、躲等措施，通过行政强制或者其他方法将事件影响控制在一定范围内，以减少事件的影响。这种决策处置方式在社会态势相对平稳、社会关系相对简单时期，曾对维持社会稳定发挥了重要的作用。但在当前社会矛盾凸显和激化的信息社会，基于民众强烈的自主意识，这种具有强烈的强政府色彩的应急决策方式更容易激起公众的激愤，使得社会矛盾更加复杂化，具有很大的局限性。

(1)手段单一。当前的群体性冲突事件处理、化解方式仍然侧重于行政干预与行政强制。直接强制性行政手段的强制，更容易造成民意愈积愈深，民众长期的利益诉求得不到表达，直接行政干预更容易激起公众情绪的反感，激化事态、造成恶劣的社会后果。

(2)低效率。群体性事件的发生诱因是深层次社会矛盾与政治治理内在裂痕的反映。其虽是抗争行为，但仅避、闪、躲或者简单的行政干预很难解决问题。现有的决策处置方式在应对群体性事件时仍处于较低效率。

当前社会复杂演化环境下的群体性突发事件，急需结合新媒体时代应急管理的决策需求，根据新媒体时代信息技术的发展进行丰富和创新。面对新媒体的迅猛发展，如何认识和使用新媒体，将新媒体运用纳入政府危机管理，并运用新媒体处理日常工作事务，已成为政府管理中的时新课题，也是考验党和政府执政能力的时代要求。

对群体性突发事件的网络舆情来说，在线媒体工具为群体性突发事件的有效决策干预提供了可行的工具。虽然新媒体为群体性事件带来了新的复杂性，但它也是一把双刃剑，在加大了危机爆发的频率和破坏力的同时，也方便了信息的传播，为新的危机处理方式的提供了契机。总体来说，按照交流沟通来说，新媒体环境下政府要想做好群体性突发事件的决策处置需要注意以下几点。

1)注重新媒体工具的作用

新媒体是一种信息传播工具，站在政府管控角度，互联网无疑也为政府与民众的交流互动和良好沟通提供更为有效的渠道。在当前信息共享的时代，网络舆情因网民持续不断地关注某种信息而出现群体认知趋同，政府可以通过信息发布，实时、合理引导信息流向，不断提高舆情的引导能力；通过建立健全信息发布和网络回应机制，发挥网络媒体优势，形成网络干预和网络问政新机制。

2)及时公开信息，加强信息沟通

新媒体技术大大提高了政府信息运转的速度、效率和准确性。对群体性事件决策处置来说，事件的发生往往会造成社会的紧张情绪，公众迫切希望了解事情的真相，此时，政府及时公开信息显得尤为重要。新时期的政府有效处置应该使政务流程建立在信息网络通道和信息平台上，使政务流程发生从技术性变化到实质性变化的变革，从而使新媒体更好地为政府危机管理服务。

3)加强舆情监测

新媒体下的舆情信息为应急处置部门提供了决策依据，也为预防此类群体性突发事件的发生和有效化解冲突提供了契机。网络舆情是民众的观点和情绪在网络上反映而形成的。新媒体完全能够利用自身的技术优势，在短时间内收集这些舆情，为政府危机管理提供信息服务。政府在分析风险舆情的基础上，借助新媒体实现风险的预警，力争将风险化解在潜伏阶段，不让其演变成重大危机。对政府来说，加强对网络舆情的监测和预警制机制的建设，有利于政府准确把握形势，及时掌握受众的观点和行动措施，以便采取适当的危机沟通策略。

通过新媒体工具的应用，将可以为群体性突发事件的决策处置提供一个新的视角。

11.3　舆情分析辅助决策对群体性突发事件的影响和作用

11.3.1　舆情分析辅助决策研究现状

由于信息社会推波助澜下的社会冲突增加，近年来群体性突发事件发生频率和影响规模增大，目前针对群体性突发事件的舆情分析与应急决策问题正逐渐成为国内外应急管理领域的热点和前沿问题。从学术研究角度，当前国内外理论界和实际工作部门对这一问题的研究有的从新媒体环境下的冲突性突发事件的机理入手，探讨群体性冲突的演化机理和内在规律，有的则强调通过行政手段、组织治理，从冲突的处置决策入手，探讨应对舆论信息的各类突发事件处置原则与策略，另外还有专门针对舆情管理的突发事件应急决策和处置的研究。具体表现在以下几个方面。

1)新媒体环境下的群体性突发事件发生、演化机理研究

在对当前复杂社会网络引发的突发事件频发问题的研究上，由于新媒体支持的信息扩散与社会嵌入使突发事件演化具有新的特征，国内外学者普遍认为，新的互联网环境使冲突具有更高的不确定性、突发性和非常规性。西宝等指出当前许多冲突事件的形成，本质上是在“基础设施网络—社会网络—治理网络”之上的一个复杂贯穿过程。Quarantelli 等对互联网引发的新的突发事件特征进行了分析，并对新旧突发事件进行了启发式的论述，以“跨系统的社会断裂”和“社会放大性突发事件”来进行标记。Boin 认为在线环境下的突发事件的显著特征就是其日益增强的跨边界、跨时间、传播速度快、危害巨大以及传统响应体系难以有效应对等本质。Lu 等提出运用 Markov 转换模型的方法对传染病疫情网络数据进行抽取，进而研究未来事件在线网络化蔓延机理。国内的曾大军等根据 Web 舆情的特征，分别从内容和行为两个方面分析实现对 Web 舆情和事件新传播和演化规律的识别。刘鲁等针对我国突发事件的网络新闻报道，研究事件通过网络传播和扩散规律。周湘艳从传播学角度分析了网络群体传播行为。Gao 等从一些网站抽取数据定性分析网民舆论的情感倾向，计算网民情感倾向对公众舆论分布及趋势的影响。Xu 和 Liu 运用“易感—感染—易感”模型研究在线社会网络环境下通过新媒体手段事件谣言扩散的不同信息扩散动力学网络结构的信息网络传播机制。

2)网络舆情分析对群体性突发事件的作用

舆情是社会舆论的表现形式，网络舆情传播及其处置措施对事件发展起着越来越重要的作用。群体性突发事件因群体矛盾激发引起，经过参与者之间相互影响而传播，群体性突发事件的舆情管理是当前研究的前沿与热点。国内外许多学

者对在线环境下的事件演化规律监测作用进行了研究。例如，张一文、方滨兴等基于综合的异质网络，研究了在线社会网络环境下网络舆情的作用机制与相关技术，分析了非常规突发事件网络舆情的影响因素、驱动因素，构建了舆情态势控制动力学模型[5,6]。邱小刚等则认为通过舆情的信息采集可为预测预警、综合研判、应急决策响应提供技术支持[7]。黄丽华和姜晓宁则认为互联网的发展影响了政府决策政策的制定[8]。文卫勇等通过对网络舆情在突发性群体事件中的放大镜、加速器以及助燃器作用的探讨来阐述网络舆情对群体性事件的作用机理[9]。Hughes 和 Palen 从社会化媒体在应急管理中的角色出发，分析了舆情对应急处置的关键作用[10]，方娟以厦门“PX”事件为例分析探讨了网络舆情对网络群体性事件的行政决策的影响[11]。Merchant 等对舆情在应急决策中的作用进行了评估[12]。

3)群体性突发事件的舆情管理与应急决策研究

舆情管理是当前政府治理的主要关注点。纵观国内外学术界对群体性突发事件的舆情管理的研究现状，根据研究角度的不同可以从网络舆情传播心理分析、网络舆情的传播变动规律、网络舆情的特点、成因及对策、网络舆情的决策支持等方面来讨论。例如，在舆情分析辅助决策研究上，王来华、刘毅认为随着互联网对公众生活的影响深入，实时监控舆情是政府危机管理的需要，也代表着政府治理范式的转变[13,14]。钱爱兵建立了基于主题的网络舆情分析模型[15]。彭博对网络群体性事件的规律分析和防范策略进行了分析[16]。李鸣提出了突发事件网络舆情治理中的全生命周期的政府决策流程，并将政府的舆情治理行为分成直接治理和间接治理[17]。段爱勤分析和探讨了政府危机管理中的信息公开的问题[18]，DeCamp 认为利益冲突和心理的不公平性导致了冲突，政府在危机治理上要注重社会舆论的引导[19]。Klofstad 等分析了社交网络中的冲突对政治行为的影响，认为政府危机治理应该关注不同意见分歧[20]。

上述研究都是对新环境下的冲突性突发事件的发生、演化机理及当前群体性事件的舆情管理与应急决策角度的研究，从以上的研究中可以看出：当前网络群体性事件的研究切入点，已经从传统传播学、法学等角度，转向从网络群体性事件舆情出发进而进行辅助决策，这一全新的研究视角已经获得了广泛的关注和认可，对我们研究和探讨新媒体环境下的群体性突发事件的发生机理，提出有效预防和应对该类事件的决策干预措施都具有积极的意义。

11.3.2　网络舆情分析对群体性突发事件辅助决策的重要性

通过上面的分析，我们可以看到，网络舆情对于群体性突发事件的决策干预十分重要，为群体性突发事件应急决策处置提供了新的切入点和契机。网络新媒体工具的应用一方面大大增加了群体性突发事件决策处置的复杂性，另一方面也为群体性突发事件应急决策处置提供了新的方法和契机。概括来说，根据群体性突发事件网络舆情的生存、发展周期和群体性突发事件的决策干预需求，网络舆情分析对群体性突发事件辅助决策的作用主要表现为网络舆情在群体性突发事件发生、发展中的引导作用和对群体性突发事件决策处置的监督、监控作用。

1)网络舆情在群体性突发事件发生、发展中的引导作用

一般来说，群体性突发事件都是由于某种矛盾或冲突引发的，社会矛盾是群体不满和突发性群体事件产生的诱因和根源。网络舆情在其中扮演的角色便是通过传播与反馈信息来扩散和传染群体的心理，推动突发事件的发展演化。因此，通过网络舆情来传播和反馈正确而有效的实时信息，就能在突发事件的发展演化过程中起到引导作用，甚至可能在事件发轫之初就将事件有效控制。

在某种意义上说，社会舆情可以看做社会矛盾的一种显性表现。通过网络舆情分析，基于网络在线翔实数据资源的提取，就可以实时监测、把握某一事件发生、发展的演变过程中的社会群体集体认知，从舆情分析角度把握事件脉络，从引导角度化解群体性突发事件。这也是当前处理群体性突发事件的一个全新视角和方法。

2)网络舆情对群体性突发事件决策处置的监督、监视作用

信息时代，利用新的信息媒体工具，通过网络舆情来审视、引导我国群体性突发事件的发展、演化将对我国现阶段在新的政治、经济与媒体环境下保持社会持续稳定、健康发展十分重要。相比传统媒体网络舆情具有一定的瞭望和监视作用，通过网络舆情可以更及时、更直接地了解和发现群众的需求和群众的心理状态，为预警和防范社会矛盾激化提供可靠的信息支持。通多舆情监督、防控可以有效控制事态发展，维持正常的社会稳定。因此，对我国政府的应急决策来说，政治体制、社会体制改革转型与经济发展不同步带来的社会矛盾短期内仍然存在，社会利益结构与视角多元化带来的群体性事件依然高发，如何利用网络技术的可控性和政府管理层的引导，趋利避害，建立起突发性群体事件的网络舆情监控、处理机制就显得十分重要。

11.4　群体性突发事件的舆情作用系统分析

群体性突发事件是一种由群体冲突引起的事件，影响群体性突发事件的主要因素有社会矛盾、群体利益、政府行为、信息传播和反馈的渠道、心理作用等。社会网络作用下的群体性突发事件的演化极其复杂，是舆情交织群体心理相互作用的结果，群体性突发事件的有效决策，必须先对群体性突发事件事态发展以及演化过程的舆情作用关系进行梳理，从而探究舆情所体现的事件演化特征和发展规律，以做出有针对性的决策，为合理防范和化解群体性突发事件提供有力

依据。

11.4.1　群体性突发事件的冲突演化过程分析

在转型时期的中国社会，大量看似偶然的群体事件背后，都有着深刻的集体认同逻辑。心理学认为，集体认同是诱发集群行为的导火索。对于群体性突发事件，当事件由小规模上升为大规模行动时，其实也是一个从个体到集体认同的过程。Verta Taylor 曾提出“边界、意识与对话”的分析框架，指出边界概念用来指称那些在反抗群体和占主导地位的群体之间建立起差异来的社会的、心理的和物理的结构；意识包含了在反抗群体力争界定和实现自己利益的过程中形成的解释框架；而对话则包括了处于从属地位的群体用来反抗并重构现有统治体系的符号和日常行动。对于群体性突发事件来说，其集体认同生成路径也遵循着一种“边界标记—集体共意—行动仪式”的结构模式(图 11.1)。

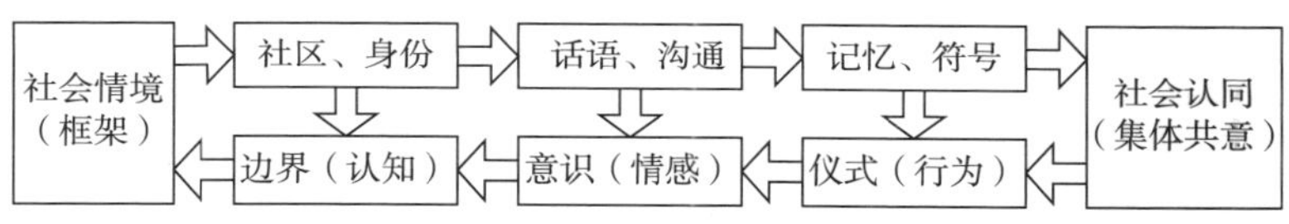

图 11.1　“边界标记—集体共意—行动仪式”的集体认同生成结构模式

在这一框架中，“边界—意识—仪式”分别经由“身份—话语—符号”加工而成，并分别作为“认知—情感—行为”层次形成群体事件中集体认同的主要结构。其中，边界标记是群体事件认同的建构基础：在群体事件中，边界标记作为集体认同的建构基础，其促成事件参与者对群体共同性的更深认识，并架构了内群成员和外群成员的互动，而相同的地域空间、相似的生活经验和集体记忆以及共同的社会态度成为认同边界构成的基础条件。特别是近年来在大量的土地拆迁、外来移民、警民冲突类群体事件中，受社会分配不公、贫富分化加剧、公共权力异化、社会排斥等结构性因素影响，使一些无直接利益相关群体特别是低收入群体和社会弱势群体由于相似的生活经验和集体记忆形成“地域—身份—命运—道义”组合共同体，由此引发较为强烈的集体情感唤醒，进而形成共同的群体社会态度和情绪倾向，为构建群体的边界标记提供了重要条件。集体共意是群体事件中集体行动的解释框架：当社会问题被人们感知并赋予其意义时才会成为问题，许多原本可以被看做严重的社会问题的客观状况，从来没有能够成为公众讨论的话题，甚至没有被人们所察觉。行动仪式是群体事件中的集体认同符号：行动仪式和情境作为一种象征性符号表达的形式则为行动者框架建构提供了重要载体，这种通过互动仪式而转化成的长期的“情感能量”，使行动者可以在互动参与中通过标志群体身份的图腾感受到共同的成员身份，在维持和强化群体社会认同的同时也让行动参与者得以宣泄自己的情绪。而在集体认同的建构过程中，社会情境既是认同建构的结构性基础，又是认同发展的重要动力。

当前，这种“边界标记—集体共意—行动仪式”的集体认同生成路径也可以从个体认知及个体行为到群体结合来解释见图 11.2。

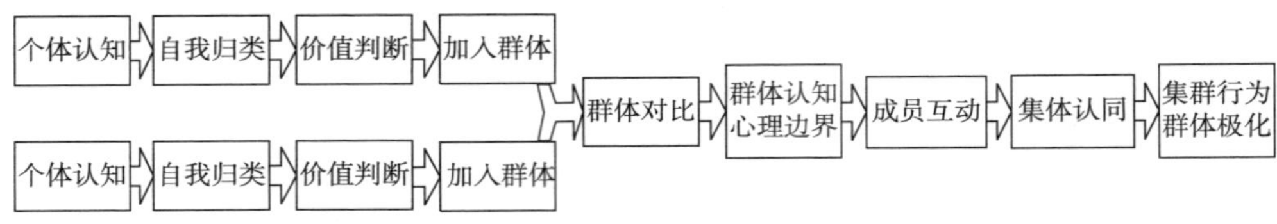

图 11.2 个体和群体结合的集体认同生成路径

个体认知是群体中的个体成员参照一定的标准进行自我评价与自我分类，并从认知上了解自己的心理诉求的过程。当成员了解自己的心理诉求、实现自我认知后，就会根据现有情况把自己和其他行为体进行归类；在群体性突发事件中，一部分个体根据自我价值的判断和自我认知基础加入某一相同价值取向的群体中，当很多相同价值取向的个体加入这一群体中后就形成了群体极化，导致了群体冲突的爆发。在信息社会的显性表现上，群体性突发事件的发生、发展过程也可以认为是一个“潜在舆情—社团集聚—行为”这样一个逐步升级的演化全过程中。对舆情管理来说，当冲突产生时，群体性突发事件处于潜在阶段，由于社会矛盾带来的不满情绪尚未突破人们忍受的临界点，没有表达出来，但是这种不满情绪可以在社会舆情中体现，当这些社会舆情受到群体利益或其他偶然因素的刺激时，则会使舆情群体社会化而引起冲突爆发，因此，对群体性突发事件的管理完全可以通过舆情体现的个体、群体心理认知来及时监测和实时化解。

从上面群体性突发事件中的集体认同的生成路径出发，政府应通过阻断集体认同的产生，进而消解聚集群体可能产生的集群行动或是群体极化，从而达到终结集体行动的目的。

1)微观层面：改变个体认知

群体认同的形成是基于大量个体认知一致性造成的，因此在以群体行为姿态出现的集群行为中，存在着大量的个体化现象，不能忽略聚集群体中微观个体的影响。微观层面应对策略的重点在于通过疏导公共话语沟通和监控公共空间仪式表征以阻断群体行动参与者的个体认知一致性带来的集体共意，特别是通过改变场景、选派代表谈话(尤其要注重对舆论领袖的引导作用)、个别接触等隔离聚集的群体行动参与者特别是“非直接利益者”，使其处于相对分散状态进而有效控制情绪渲染，引导事件回归理性轨道。

2)宏观层面：改变群体认知

一种群体一旦形成之后，群体认知和群体情感对群体内进程发挥着重要作用，其主要体现在通过群体情感的动力机制来维持群体的类别化特征，以及整合净化内群的社会功能。通过增加社会流动、社会竞争和社会创造来增加群体边界的可渗透性、群体地位的合理性以及差异的稳定性，从而维持和提高不同地位群体成员的自我激励和信仰体系，改变其社会认知与社会预期，有效减少群体“弱势心理”在社会中的大量蔓延，消解群体行动参与者特别是潜在行动者的群体愤怒和群体效能，从而达到终结集体行动的目的。

当然，从另外的角度看，应急决策也可以遵循两条脉络：在纵向维度上厘清社会认同形成过程中的一系列复杂的心理活动，即强调集体认同的过程研究，尤其是范畴化和心理比较过程的研究；从横向维度上，则要探求集体认同所要指向的目标以及认同所要达成的一致性内容成分，即注重集体认同的结构研究，特别是自我植根于其中的系统特征和自我结构本身的研究。

11.4.2　群体性突发事件的舆情作用“三角形”模型

从上面的分析可以看出，由于人员心理是诱发集群行为的基础要素，在信息社会剖析群体事件中认同建构的主要情境因素，揭示聚集者参与集体行动的内在心理轨迹，进而考察群体性突发事件的发生、演进，就需要对其舆情的作用系统进行分析。

根据公共安全三角形理论，任何突发事件的发生、演化都离不开突发事件本身、承灾载体和政府应急管理的相互作用。因此，从群体性突发事件本身、承灾载体和政府应急管理主体角度，可以将群体性突发事件的作用系统看成政府、网民、聚集群体三个实体对象和社会心理、舆情两个作用主体相互交织、耦合作用的结果，如图 11.3 所示。

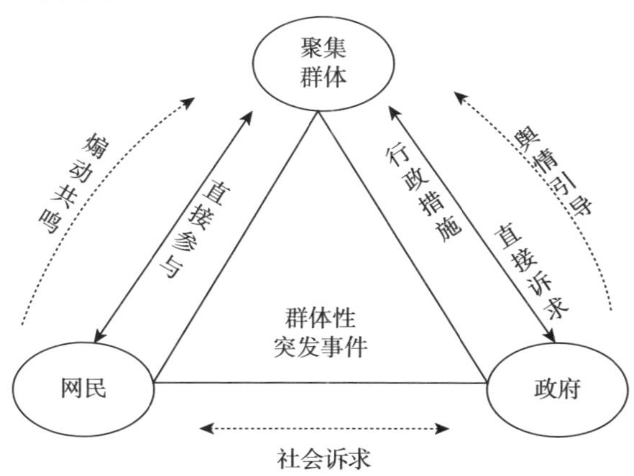

图 11.3　群体性突发事件的舆情作用系统

图 11.3 中实线表示直接措施，虚线表示网络舆情的作用。群体性突发事件的舆情系统包括政府、聚集群体、网民之间的相互行动与信息的交流演化。

其中，聚集群体和网民是群体性事件的参与者。聚集群体是事件中与政府对立的直接利益相关者。在群体性突发事件的发生过程中，聚集群体一方面通过自己的行动表达自己的利益诉求，另一方面，聚集群体的思维和行为方式又受网民和政府的干预。当政府行动满足聚集群体的利益需求时，聚集群体有可能停止行动并减轻自己的舆论呼喊；当政府行动不能满足他们的利益需求，同时网民群体为其共鸣呐喊时，聚集群体又可能采取暴力行动进行反攻。而网民是群体性突发事件中的集体共情者，他们一般通过参与网络互动来发表个人见解，议论和评价聚集群体或者政府的活动，表达自己的情绪、态度和意见。网民关于群体性突发事件的讨论通常体现三个方面的需求：一是发泄性需求，直接利益相关者因自己利益的得失而选择通过互联网来发泄自己的情绪，而利益无关者通过互联网来发泄自己对此事的看法和态度；二是交流性需求，网络媒体提供了一个网民交流的公共场所，大量意见和观点通过网络媒体汇集、交换和传播；三是参与性需求，网民通过网络媒体发表自己的观点，实现作为一个社会成员的权利和义务。

政府则是群体性突发事件的决策者，是群体国家政权机构中的行政机关，在此也可特指引导、控制网络舆情，处理突发事件的应急管理相关政府部门。在群体性突发事件的应急决策中，政府一方面需要解决现实民众冲突，另一方面也要利用以互联网为代表的新兴媒体的社会影响力来了解民情，并充分顺达民意，适时引导社会舆论导向。

在群体性突发事件的动态发展中，对于起关键作用的社会心理和信息流来说，社会心理代表群体性突发事件本身。群体性突发事件的诱因可能是偶发诱因，也可能是长期积累的内部矛盾，这些不同的诱因会在社会心理有所反映，并通过信息交流和群体心理交互使群体聚集起来。通常，在群体性突发事件中大部分参与者其心理主要表现为如下：其一，借机发泄心理；其二，逆反心理；其三，表现欲和英雄情结；其四，盲目从众心理；其五，法不责众心理。但这些一般也交杂着社会阶层分化、政府管理缺位、合理的利益表达渠道不畅或者敌对势力等问题因素来推动事件的发展。信息流则是这些矛盾沟通的显性表现，群体性突发事件通过舆情信息的流动来实现突发事件中各主体的相互作用的表达。信息流在整个群体性突发事件演化结构中通过信息的传播和反馈产生作用影响事态发展。

11.4.3　群体性突发事件的舆情动态演化机理

对群体性突发事件来说，最具有影响力的主要因素是信息的传播与反馈和群体心理的作用，这两个主要影响因素之间既相互关联又相互促进，信息的传播与反馈推动着群体心理的形成和发展，而群体心理是信息传播与反馈的温床。对群体性突发事件的舆情管理来说，我们要基于舆情演化进行进一步深入的分析。

群体性突发事件演化是各种因素和指标交互作用的结果，是一个非线性的复杂大系统。应用系统分析的方法，对群体性突发事件演化机理的三角形模型分析研究，从系统角度分析其演化系统，建立系统动力学模型如下，见图 11.4。

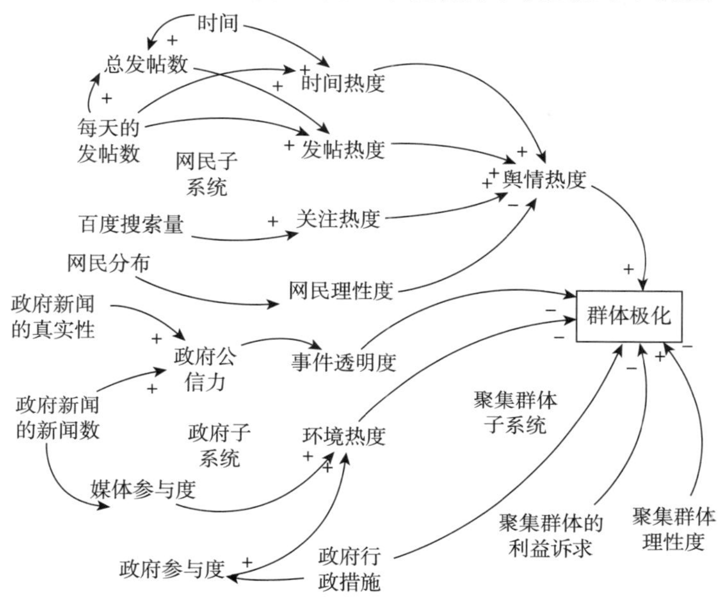

图 11.4　群体性突发事件的动态演化过程

在群体性突发事件发展演化过程中，从其舆情作用的三个实体对象来看，群体性突发事件的舆情作用是政府、聚集群体、网民相互博弈作用的结果，该系统可以划分成三个子系统，政府子系统、聚集群体子系统、网民子系统。政府子系统的作用力主要通过其突发事件过程中的参与度来表达，具体表现在政府行政措施的实施、政府媒体的参与度、政府新闻的发布量及其真实性等几个方面，与聚集群体极化直接相关的就是事件透明度、环境热度以及政府行政措施的实施。所谓事件透明度就是用来衡量政府和媒体新闻报道内容的真实性，事件透明度与政府、媒体的公信力有很大关系，当政府、媒体的公信力较强的时候，新闻报道内容就较真实，其透明度就较高。而环境热度指的是政府及传统媒体对突发事件的关注度，用传统媒体、网络媒体还有政府对突发事件发布的新闻数来度量。聚集群体子系统的作用力主要通过其群体行为来表达，这里主要探讨的是群体极化行为，它受政府子系统、网民子系统以及聚集群体自身的利益以及聚集群体理性度的影响。网民子系统的作用力主要通过舆情来表达，其作用力的大小用舆情热度来度量。在舆情演化的过程中，舆情热度是舆情的多维度交叉耦合作用的结果，网络舆情热度的指标主要表现在时间维度、数量维度、显著维度、集中维度等方面。

从舆情作用系统的动态演化中，我们可以看出，在突发事件的舆情决策上，政府要密切关注网民的情绪表达、社会诉求和聚集群体的社会情绪，意识到政府对聚集群体的行政措施选择和对网民的舆情引导受聚集群体的直接诉求和网民的情绪及其诉求表达的双重驱动，舆情和行政措施干预的耦合作用对事态发展具有推动作用。应急管理措施的采取要从其关键路径入手，如密切监视网民参与群体的参与程度和舆情热度，以防止群体极化的产生等，以有效控制事态的发展。

11.5 基于舆情分析的群体性突发事件的辅助决策方法

上文我们探讨了群体性突发事件的舆情作用系统和动态演化过程，下面我们将基于其分析的关键路径对群体性突发事件的舆情辅助决策和方法进行分析。

11.5.1 群体性突发事件的舆情辅助决策建构原理

由于群体性突发事件是群体心理、政府管理决策及网络舆情三者交叉耦合的结果，社会矛盾心理是群体性突发事件产生的根源，政府行为选择则决定着突发性群体事件的发展路径，舆情的传播和反馈又作用于事件的发展演变进程。这三者的作用关系给我们的应急决策造成了困难的同时也提供了切入点。在应急决策中，可以通过对互联网环境下针对特定突发事件的网络转帖、博客、微博等新媒体工具舆情数据的收集和舆情信息的提取，总结舆情特征并进行群体心理情绪分析，从而获取群体的心理诉求及情绪特征，针对这些心理诉求和情绪特征，政府就可以采取相应的措施，包括对聚集群体的行政措施以及针对网络舆情的舆情干预，来满足公众的心理需求，从而实现对群体性突发事件的有效化解。群体性突发事件的舆情辅助决策建构原理见图 11.5。

当然，在这个辅助决策的实现过程中，也存在诸多困难，如对事件舆情特征的提取，包括事件所处的社会环境、参与主体的群体心理特征、事件态势以及关键情景转折点等，面对鱼龙混杂的互联网信息，政府管理人员在收集有关群体性事件的信息时，要深入思考，正确判断，充分深入地了解民心民意。另外，也还要考虑决策方法的科学性，包括信息引导、决策时机、内容方式等。在舆情工作人员在做出重大决策前，必须开展深入调查和研究，深刻领会其中的内在运行机理，在调查和研究中不断完善群体性事件的网络舆情预警机制。面对群众最关心，与群众利益联系最精密的事情一定要做到反映问题要快、了解的内容要全面，要做到科学决策和执行。

11.5.2 群体性突发事件的舆情辅助决策路径

具体来说，根据前面群体性突发事件的舆情系统的分析及其辅助决策原理的

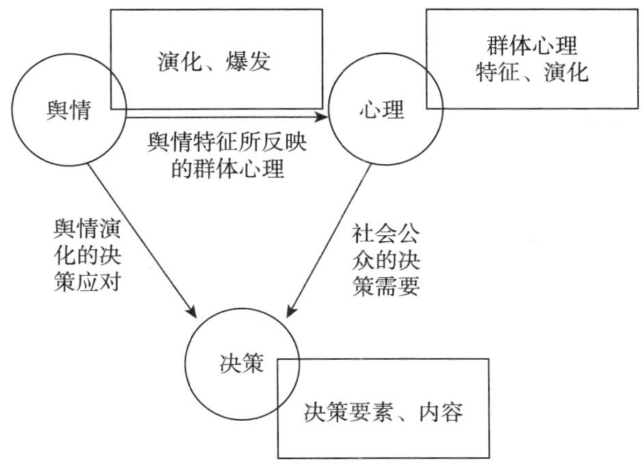

图 11.5　群体性突发事件的舆情辅助决策建构原理

研究，我们可以将群体性突发事件的舆情辅助决策过程与方法总结如下，见图 11.6。

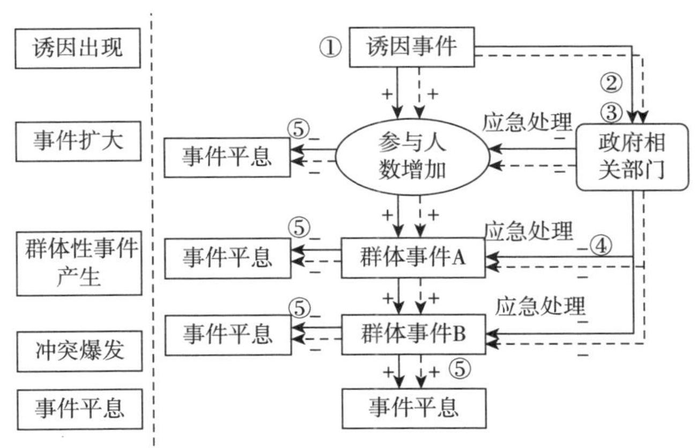

图 11.6　群体性突发事件的舆情辅助决策建构路径

———→代表信息的传播与反馈；- - - - - - →代表群体心理的扩散与传播；
＋ 代表对群体性突发事件的推动作用；－ 代表对群体性突发事件的平息作用

①：舆情信息源探测(路径一)。群体性突发事件的产生需要点火物质，诱因事件就是群体性突发事件的导火线。诱因事件可能是偶然事件也可能是矛盾积累到一定程度由一部分利益相关群体蓄意策划导致，其目的无非只有一个——利益诉求。网络舆情的放大镜和助燃器作用，加剧了社会矛盾的激化，在群体利益驱使下，提高了诱因事件的发生概率。值得注意的是，诱因事件可以是网络事件，与传统媒体相比，网络媒体更具大众性、自由性、隐匿性、个性化性和情绪化，任何人都可通过网络表达自身的认知、态度和情感。因此，网络很自然成为一部

分人实现某种利益和目的的首选表达工具。

②：传播渠道监测(路径二)。诱发事件产生后，信息会通过传媒工具传到其他群体，并通过传媒工具反馈信息。信息的传播与反馈伴随着群体心理的扩散与传染，并且诱因事件只有通过心理作用才可进一步发展成为群体事件。心理作用包括个人心理作用和群体心理作用。个人心理作用包括个人信仰习俗、知识结构和固有成见等。群体心理作用包括从众心理、暗示模仿、情绪感染、法不责众等。不仅在这一阶段，群体心理的扩散与传染贯穿着整个突发性群体事件进程。所谓矛盾升级的过程既是信息传播和反馈的过程，也是群众心理得到共鸣和耦合的过程。在网络舆情的放大镜和加速器的作用下，矛盾升级的速度和强度将加速。

③：舆情内容引导(路径三)。在所有传媒工具中，网络是传播和反馈速度最快的传播媒介，加之网络舆情的即时性、非理性、隐匿性以及情绪化，很容易形成误解和歪曲事实的信息和舆情，加上部分人群的蓄意挑事，群体性事件就一触即发。因此，这对政府部门的危机管理提出更高要求。

④：冲突爆发阶段(路径四)。若政府有关部门未做出及时有效的处理和引导，在信息高速传播，群体心理进一步扩散和传染的情况下，参与群众成倍增加，此时局势难以控制，有关部门稍有不慎就可能处理不当，群体事件 A 就有可能引发群体事件 B 和 C，且不受时间和地区的限制，到达全面冲突的爆发阶段。

⑤：事件平息阶段(路径五)。危机事件也有其生命周期，在相关部分适当采取安抚处理措施，群众不满情绪得以宣泄或利益诉求得到满足后，聚众群体开始瓦解，事态得以平息。在多元化的信息时代，人们对于“头条”“热点”“焦点”的关注面越来越广，关注时间却越来越短。

11.5.3　案例应用——昆明长水机场“1·4”事件的舆情分析与辅助决策方法

1. 案例背景

2013 年 1 月 3 日，正值元旦假期回流小高峰，一场大雾笼罩了刚刚投入使用半年的昆明长水机场，使长水机场的数百架次航班被迫取消。在随后的 3～4 日，受此次航班延误的影响，昆明长水机场共计滞留旅客约达 7 500 名。这些滞留的旅客积聚在候机大厅，占领值机柜台、示威游行……昆明机场工作人员罢工、机场航班系统瘫痪，昆明长水机场内一片混乱。

事件发生和大致时间发展进程如下。

2013 年 1 月 3 日 10 时左右，昆明境内出现大雾天气。昆明机场的盲导系统装置为最低能见度 800 米，而当时的大雾能见度低于 300 米，飞机不能正常起降。昆明机场的航班开始延滞，机场未取消航班。

1 月 3 日下午 15 时左右，机场持续大雾无好转，昆明机场通过官方微博发布了航班延误消息。下午 17 点半，昆明机场累计延误航班达 130 架次。晚 20 点 30 分左右，大雾还未好转，此时机场已经滞留约 7 500 名旅客。机场方面召开紧急会议，决定所有航班取消。同时，昆明市政府召开政府应急会议，启动应急预案，安排旅客到酒店住宿休息。

1 月 4 日凌晨，大雾消散。4 日 6 时左右，长水机场运行指挥部收到当日运行航班计划，开始安排航班。因 3 日航班延误长水机场只有 4 架飞机，长水机场采取的补班措施中 4 日全天计划航班达到 940 架次(昆明机场最多乘载 700 架次)。4 日白天，补班航班的增多，加大了机场的服务压力，航班的变更、停机位等的短缺使昆明机场大量的补班飞机不能准确备降。在候机厅内，昆明长水机场有 120 架航班调整了登机口，140 架航班没有显示更新记录信息。而与此同时，从 3 日开始，昆明机场滞留的乘客都等候在候机厅等待自己的飞机。由于旅客暴增，昆明长水机场候机厅的热水、饮食都不能有效供应。机场的显示屏因 3 日航班延滞都不能正确显示航班信息。旅客焦急的情绪积聚，开始围攻辱骂工作人员、自发组织游行示威并时有打砸抢等过激举动发生，整个机场陷入混乱状态。

从 4 日补班开始，至 1 月 5 日下午 18 点 6 分，最后一个补班航班才安排飞行完毕，事件结束。

2. 案例舆情系统分析

在案例中，以“昆明长水机场”“昆明机场事件”等关键词选取了新浪微博 2013 年 1 月 3 日至 5 日相关昆明机场的数据 36 500 条，以及各个官方媒介的事件新闻报道若干条，对以上昆明机场事件的原因进行分析如下。

1)事件群体社会心理分析

通过对昆明机场大雾事件时间节点中的网络舆情进行分析，在这些舆情内容中，航班、瘫痪、滞留、延误、起飞、服务、寒冷和吃饭喝水等词频在所有的微博中分别占了 19.4%、19.2%、18.2%、13.8%、5.1%、4.4%、3.3% 和 2.1%。若将微博的内容视为乘客群体心理的有效表达的话，结合对昆明机场事件的案例过程对比可以看出昆明机场事件中乘客的心理需求主要集中在对飞机延误的飞行需求(航班、瘫痪、滞留、延误和起飞等词)和等待过程中的机场服务能力需求(服务、寒冷和吃饭喝水等词)上。如果将昆明机场应急处置看做一个系统的话，我们也可以从机场乘客的需求(乘客的飞行需求、乘客的心理情绪满意度等)和机场运作处置能力(机场运力、机场服务能力、应急处置能力等)二者的平衡关系演化来进行分析。

2)事件决策处置方法分析

在昆明机场的运作系统里，机场的日常运作处置能力和乘客的需求之间存在着一种相互作用关系，在正常状态下，机场的运作处置能力和乘客的需求之间相对平衡，机场可以正常运转。而在非常态下，这种平衡将被打破，机场、航空公司、民航局、政府应急部门等就要试图采取各种应急措施以维持或恢复这种平衡。

在 2013 年 1 月 3 日事件发生初期，恶劣天气出现，昆明机场的盲导系统受限，机场的运作处置能力大大降低时，机场运力已经不能满足乘客的飞行需求，乘客群体开始积聚。如图 11.7 所示，机场的飞机起降率主要受客观天气、机场硬件技术水平、机场软件管理水平等因素影响，大雾天气的客观因素使飞机的起降率降低，机场的运力减少。而乘客进出率方面，由于没有收到天气预警，乘客数量并没有太大变化，机场运力不能有效匹配旅客飞行需求，机场内的乘客滞留人数增加。

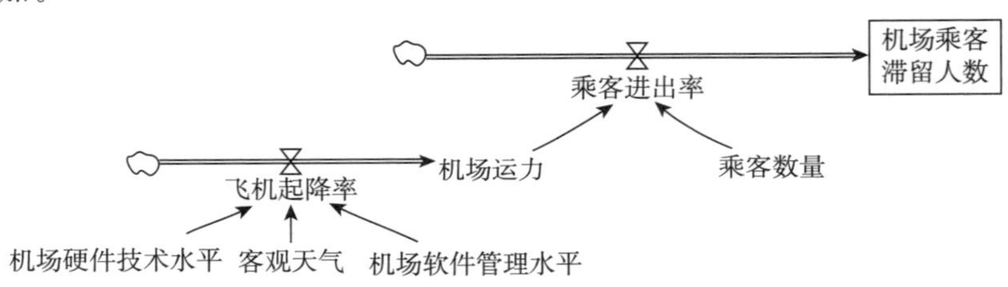

图 11.7　昆明长水机场航班滞留冲突事件中机场运作能力图

此阶段，提高机场运力和减少乘客数量都是合理控制乘客积聚的有效措施。对机场来说，长期情况下可以通过改进技术和提高管理水平等提升运作效率，而在突发事件情况下，由于受软硬件能力提升的速度和难度限制，机场运力的瞬间恢复存在极大的困难。在不减少机场利润情况下，对乘客的进出数量进行合理的控制、做出早期的预防和准备则是相对合理的措施。在此次事件中应急措施主要表现为实时的气象预警与对滞留旅客数量进行预测预防、做好航班长期延误的各种需求准备，并将情况及时告知旅客。当然，这种准备可以体现在日常的预案准备以及完善预案的完备性上。

3)冲突升级阶段

昆明机场从旅客滞留到旅客冲突爆发直至机场系统瘫痪，其事件演化归根结底在于机场的服务能力不能有效地满足乘客的服务需求，机场的运行中出现了恶性循环作用(如图 11.8 所示)。当旅客到达机场后，旅客并没有对自己旅行的等待时间做出充分预期，在漫无目的地等待过程中，机场的服务设施，如信息指示、广播以及机场服务人员不能有效告知旅客出行信息，机场的服务水平，如热水、盒饭等满足不了旅客需求，乘客的满意度降低，乘客开始维权、投诉。而机场针对旅客的要求与活动没有实时、有效地进行解决，导致了乘客开始使用武力发泄并攻击地勤人员等活动。同时，乘客长期的过激举动影响了机场工作人员、服务人员的工作水平，如昆明机场事件中的乘客占领值机柜台、服务人员罢工等使机场的信息不能有效传达、服务能力更加低下，整个机场的工作系统更加瘫痪，机场混乱时间进一步拉长。

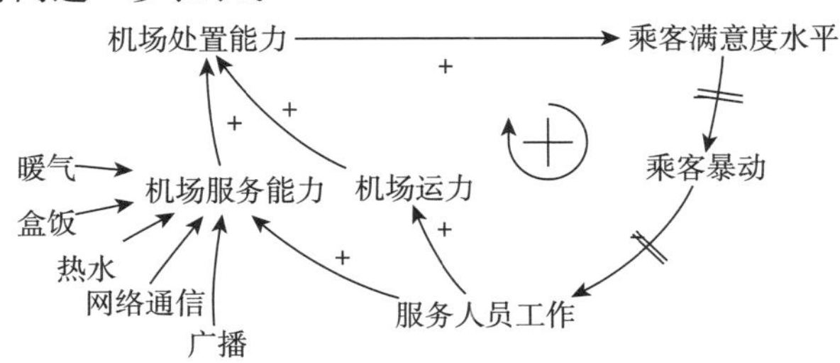

图 11.8　昆明长水机场航班滞留冲突事件中冲突激化循环图

在此阶段，关注滞留乘客的群体需求并结合群体需求进行实时、有针对性的需求满足和服务提供是比较合理、有效的化解冲突的措施。具体来说，当冲突发生时，机场方面应该及时分析冲突发生原因，在了解乘客需求的基础上采取各种疏解矛盾冲突的措施。同时，由于群体冲突的集聚爆发性，乘客从情绪积聚到爆发有一个过渡时期，机场方面应该抓住有限的时机对乘客进行心理疏导、采取能够分散旅客焦急情绪的方法以避免冲突。从长远角度来看，提高机场的服务水平，以机场的服务为根本，做好各种基础工作，如提高机场工作人员能力、提高机场服务设施等，将是提高旅客满意度、防止此类事件发生的有效措施。

4)整体过程分析

总体来说，在此次昆明机场事件中，旅客服务需求和机场处置能力二者之间是一个从平衡到平衡被打破再到逐渐恢复平衡的处置过程。在 2013 年 1 月 3 日大雾前，昆明机场处于运作平衡态，机场的处置能力能够满足乘客的基本需求。在 1 月 3 日，当大雾事件引起航班滞留、机场乘客大量积聚时，机场不仅在运力上，而且在服务能力上都不能满足旅客的需求，机场的运作能力和旅客的需求平衡被打破，事态进入了非常态。而在这种非常态下，机场的服务能力和乘客的满意度之间也存在着相互作用：机场的服务能力低下使旅客不满意，旅客不满意后攻击机场服务人员，暴力冲突等过激行为对服务人员的服务情绪产生影响，旅客占领机场值机柜台等使机场工作信息无法正常传达，从而导致机场服务水平更加低下，旅客的不满意程度更加加重，事件进入了恶性循环。如果将事件的运转作为系统的话，此次事件的解决则归功于 1 月 4 日天气转好后相关部门的介入，外力注入带来的运力提升和服务能力提高对乘客需求的满足，当然这也是一个使机场运力和服务水平逐渐恢复平衡的过程。

此次事件的客观原因是长水机场出现大雾，昆明机场的盲导系统在此天气条件下不能运行，机场航班开始延滞。此时，由于影响事件发生的客观天气因素不能立刻转好，事态的发展主要转向了由天气造成航班延滞引起的旅客聚集问题处置上，旅客群体滞留事件演化成为影响整个事态发展的主体因素。同时，在旅客群体滞留事件的处置中，乘客群体的规模积聚性、主体集中性、易于激化性等特征往往是此类事件冲突升级、酿成群体社会事件的重要原因。天气原因造成的航班延误事件发生场所的特定性，给处在同一延误情景下的滞留主体一个相对集中的空间，大规模的乘客容易因共同的目的诉求而形成一个临时性的群体，在事件发生过程中一哄而上、出现盲从现象，最终导致暴力冲突等现象的发生。航班滞留事件发生后，停留在候机厅的乘客群体心理需求成了事件决策处置的关键考虑因素。当然，日常社会环境下的社会矛盾也是促使事件转化的重要原因。群体社会心理受社会环境影响并对群体社会行为具有支配与导向作用，社会心理失衡和冲突也是此类事件是最重要的动因。各种原因的耦合作用才导致了机场内的混乱局面发生。

昆明机场事件是一个典型的旅客滞留群体事件，从以上的案例事实并结合事件相关的实际调研，对此次昆明长水机场航班滞留冲突过程进行因果分析，总结此次事件的发生、发展的影响因素主要表现在五个方面，即机场服务设施因素、相关决策措施因素、乘客群体心理因素、社会因素和客观因素(图 11.9)。

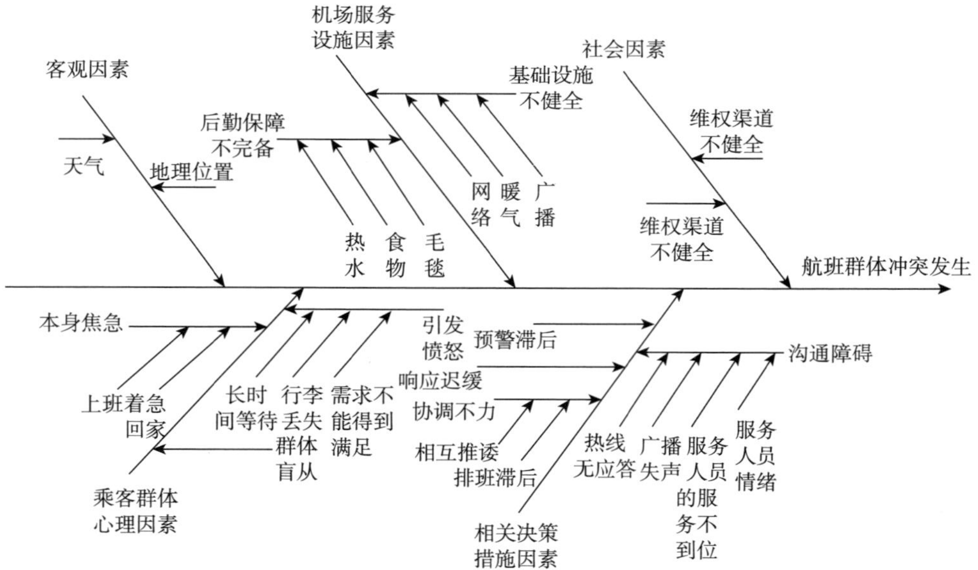

图 11.9　昆明长水机场航班滞留冲突事件鱼骨图

(1)客观因素：客观因素包括天气变化、机场地理位置等。航空运输不等同于其他交通运输方式，它所受到的客观因素影响较多，由于客观因素造成的航班延误在航班延误中也占有很大比重。一般情况下，在航班滞留事件中，恶劣天气都是此类事件的始发因素，也是具有不可抗力的外力因素。在本次事件中，客观环境因素是此次事件发生的原因，也是此次航班滞留群体性社会冲突的整体开始。

(2)机场服务设施因素：机场服务设施因素包括机场的软、硬件基础设施和各种后勤服务等。在航班滞留群体事件中，当航班滞留引起旅客大规模聚集后，往往会对机场的各种设施和服务造成巨大压力，机场基础设施的不到位和服务的不完善常常会加速机场和旅客间的冲突，催化事件的升级发展。在此次昆明机场事件中，近万名旅客在滞留在昆明长水机场长达 2 天多的等待过程中，候机厅的食物、热水、保暖设施不能有效供应，旅客的出行信息不能准确传达，当旅客提出服务请求时，相关的请求不能得到有关部门的及时、合理答复，机场和各航空公司的服务缺失导致了此次事件中的旅客群体不满意，从而致使群体维权和冲突的爆发。

(3)相关决策处置因素：云南省气象台发布大雾预警的条件是要有三个或以上地区出现能见度低于 500 米的大雾，昆明机场出现大雾而云南其他地区并没有出现，昆明气象台未做出气象预警的决策处置。同时，昆明机场相关方面在大雾引起航班延滞后，根据民航局的气象判断通知，认为大雾可能会很快消散，没有对早期的航班延误进行充分的预估，也没有与乘客及时沟通信息，导致大量乘客源源不断地赶往机场，候机厅的旅客也没有及时调整行程，昆明机场和各个航空公司的相关责任部门并没有对聚集在机场的大量焦急等待的乘客进行安排与疏散。大雾引起飞机起降率降低后，机场及相关方预测预警、应急准备的不足使大量旅客停留在了机场。机场和各航空公司的应急响应处置也同样不力，当旅客向有关部门提出需求时，相关的请求没有得到及时、合理的答复，事件也没有得到很好的沟通解决。混乱的机场服务和旅客的各种不满意情绪耦合积聚，造成了昆明机场的混乱局面。

(4)乘客群体心理因素：社会心理是社会环境与社会行为之间的中介过程，是由社会环境诱因引发并对社会行为具有支配与导向作用的心理活动。群体性冲突事件的发生受多种因素的制约，但从本质上看，在这些心理动因中，社会心理失衡和冲突是最重要的动因。随着我国社会民主政治的进步，旅客维权意识也渐渐增强。航班延误时旅客通过各种渠道维护自身的权益已经是常见现象。但在航空业发展内部，航空公司的处理却不能和旅客的群体需求有效匹配，在航班延误处置时往往会忽略乘客的知情权和选择权等。

(5)社会因素：社会因素主要是针对航班延误的法律、法制环境等。由于航空运输是一种特殊运输方式，它不能像公路等其他运输方式那样准确按时间进行，航班延误的具体时间限制一直未有明确的立法，且补偿标准不统一，各个航空公司和机场也未建立明确的延误快速处理机制。社会因素的作用往往会使航班延误时乘客的合法权益不能有效维护，进而容易引起乘客的不满意情绪膨胀而造成群体危机。在此次事件中，也是由于旅客的投诉无人理会才引发了旅客抢占值机柜台等冲突。

3. 案例决策启示

从事件的整体系统视角来看，我们也可以对影响此次昆明机场事件中的应急处置有效性的原因进行分析，将影响此次事件的原因进行归类。从对乘客需求和机场处置能力的影响上看，我们可以看出，影响这次事件的原因大致有以下四类，当然，这些方面也是我们以后提高应急管理水平的突破点：①技术方面，即相关机场应急设施的技术水平，如盲降系统、信息实时广播系统等。②服务设施方面，即相关机场服务设施，如应急物品的供应、食物、热水、暖气、网络等的有效提供等。③管理处置方面，即机场相关部门的预测预警、指挥决策、应急响应、协调联动水平，机场工作人员素质、机场应急预案完备性等。④社会环境方面，即公正、廉明的维权渠道，公平正义的社会环境等。

根据以上对昆明长水机场事件案例的原因、过程分析以及结合近些年的旅客滞留事件处置经验，我们总结得到在此类旅客滞留群体突发事件中，提高应急管理的预防准备、沟通响应、协调联动等能力的措施主要表现在以下几个方面。

1)经济性和科学性相结合

从旅客滞留到群体危机的爆发往往是各种细微矛盾叠加的结果，如天气异常后本身就会引发交通延滞，而在日常的交通运作管理中，广播信息通知、提供餐食和住宿的条件、标准延误理赔等服务不到位都容易引起群众的不满意情绪，从而在一系列的因素交织作用下引起群体性事件。对社会预防来说，在相关的实践中，各个部门不要只考虑省钱、经济，也要考虑顾客体验、顾客情绪等，应该在日常工作中防微杜渐、做好充分的应急准备，防止任何可以激化矛盾的事件发生。

2)实施精益化管理

旅客滞留事件的累积积聚和过程滞后性往往容易使相关部门的应急工作信息迟缓、处置滞后。事件的逐步累积对相关部门的预防准备工作提出了要求，要求相关部门实施精益化管理，形成全过程高质量、精益化的处置链。对事态进行实时评估，可以准确掌握事态的发展，使事件在发轫之初就能够得到有效化解。因此，此类事件的应急处置要从根源上做好预测预防，实时做好事态评估、充分预估事件可能造成的后果，以充分的计划安排将事件发生的可能性扼杀在萌芽状态，杜绝事件的发生。

3)各航空公司的有机联动

旅客滞留事件涉及多个参与主体，在其应急过程中，旅客疏散、疏导需要各个相关部门的共同协作、共同努力，通过建立统一协调的联动机制，避免因信息不畅、沟通不利、配合不畅而出现处置不当问题。例如，昆明机场事件中参与主体有民航局、机场、各航空公司、旅客、地方应急管理部门等，当大雾发生后，机场收到民航局的气象预报后决定航班停运，但未通告旅客，而酿成旅客滞留事件，有些部门还以不是自己的责任范围来推脱，以致事件处置滞后，扩大了事件的影响。

4)注重新媒体工具的应用

在群体性旅客滞留事件中，冲突的爆发往往是因为旅客的抱怨与不满的情绪积聚。旅客一般都是因为工作学习或其他生活目的才搭乘交通工具，因为天气原因耽误了旅客的行程，也使他们变得心情焦虑。旅客焦躁的心情具有反常规性、不安定与不稳定性等特征。同时，滞留的旅客群体一般规模较大，主体成分复杂、情绪激动，在事态发展过程中，一旦有人牵头，他们的行为就很容易情绪化，出现盲从现象、群体助长效应从而涌现过激行为，甚至叠加上日常的社会矛盾而引发暴动。在旅客滞留事件的处置过程中，旅客主体的心理情绪对应急处置的信息发布、心理干预等都提出了较高要求。因此，加强沟通，做好旅客的心理疏导和服务解释工作，实时沟通、坚持信息公开，是防止事件再扩大的保证，对事态的评估将为后续工作的迅速、有序开展提供指导[2]。要求相关应急处置部门能够实时向乘客公布行程信息或以其他的娱乐、服务等方式提高乘客的满意度以转移旅客的焦虑情绪。另外，新媒体，如大数据背景下的舆情信息也为应急处置部门提供了决策依据，从而为预防此类群体性突发事件的发生和有效化解冲突提供了契机。

11.6　本章小结

在新媒体环境下，面对群体性突发事件频发的态势以及缺乏有效的决策处置方法的现状，本章在充分挖掘新媒体环境下的舆情的价值的基础上，尝试对群体性突发事件的舆情辅助决策分析原理与方法进行了分析。内容主要体现在以下几个方面。

(1)深入分析了当前环境下网络舆情对群体性突发事件决策干预的重要性及影响，以及总结当前通过网络舆情进行辅助决策的研究和应用现状。

(2)从群体性突发事件的舆情作用的复杂系统的分析入手，运用系统动力学的方法探讨群体性突发事件舆情动态演化过程。

(3)对群体性突发事件的群体心理集体认同的生成、舆情辅助决策路径等进行探讨。

(4)将前面分析的理论运用到实际案例——昆明长水机场群体聚集事件中，并进行具体阐述。

参 考 文 献

[1] 倪洋军．有感于一位公安局长的“群体事件观”. http://cpc. people. com. cn/index. html，2009-08-07.

[2] 中国行政管理学会课题组．勿以对抗思维理解网络事件．长江商报，2009-06-03.

[3] 刘锦涛．群体性事件的本质特征，成因与防治对策初探．吉林公安高等专科学校学报，2008，23(2)：59-62.

[4] 刘莉．社会转型期群体性突发事件成因及对策研究．中国人民大学硕士学位论文，2008.

[5] 张一文，齐佳音，马君，等．网络舆情与非常规突发事件作用机制——基于系统动力学建模分析．情报杂志，2010，(9)：1-6.

[6] 张一文，齐佳音，方滨兴，等．非常规突发事件网络舆情热度评价指标体系构建．情报杂志，2010，29(11)：71-75.

[7] 邱晓刚，樊宗臣，陈彬，等．非常规突发事件应急管理仿真的需求与挑战．系统仿真技术，2011，7(3)：169-176.

[8] 黄丽华，姜晓宁．互联网影响公共政策制定的初步分析．哈尔滨工业大学学报(社会科学版)，2008，10(1)：39-41.

[9] 文卫勇，胡嘉，徐锋．突发性群体事件演化过程中的网络舆情因素分析．南昌大学学报(人文社会科学版)，2012，43(2)：55-59.

[10] Hughes A L，Palen L. The evolving role of the public information officer：an examination of social media in emergency management. Journal of Homeland Security and Emergency Management，2012，9(1)：630-644.

[11] 方娟．网络群体性事件中网络舆情对行政决策的影响研究——以厦门“PX”事件为例．电子科技大学硕士学位论文，2010.

[12] Merchant R M，Elmer S，Lurie N. Integrating social media into emergency-preparedness efforts. New England Journal of Medicine，2011，365(8)：289-291.

[13] 王来华．论网络舆情与舆论的转换及其影响．天津社会科学，2008，(4)：66-69.

[14] 刘毅．略论网络舆情的概念、特点、表达与传播．理论界，2007，(1)：11-12.

[15] 钱爱兵．基于主题的网络舆情分析模型及其实现．情报分析与研究，2008，163(4)：49-53.

[16] 彭博．网络群体性事件的规律分析和防范策略研究．上海交通大学硕士学位论文，2008.

[17] 李鸣．突发事件网络舆情治理中的政府决策：过程与机制．青海社会科学，2014，(2)：94-99.

[18] 段爱勤．论政府危机管理中的信息公开问题．理论界，2009，(3)：48-49.

[19] Decamp M. Social media guidance，conflicts of interest，and health inequalities. Lancet，

2012，(4)：472-473.

[20] Klofstad C A，Edward S A，McClurg S D. Disagreeing about disagreement：how conflict in social networks affects political behavior. American Journal of Political Science，2012，(57)：120-134.

第 12 章

大数据与治理背景下的应急管理决策创新

12.1 引言

管理学家西蒙(Herbert A. Simon)认为，决策贯穿管理的全过程，管理就是决策。决策在管理中占据了核心基础地位。而突发事件的应急管理本质上是一个应急组织对外部复杂多变的灾害环境进行多主体、多层级、多阶段、多目标的动态优化决策的问题。与常态决策相比，应急决策的这一本质特性需要应急组织对外部动态变化的灾害环境做出高度灵敏的反应，对组织内部各要素的协同性提出了更高的要求。

运用系统管理理论对应急决策系统进行分析，可从整体论和系统要素关系论的角度，考察应急决策系统各要素在应对突发事件时的职能问题、关系问题和协同问题，有助于使各个系统和相关部门的相互联系网络更清楚，更好地与外部灾害环境实时互动，实现各阶段的应急目标，提高管理决策效率。

基于此，本章基于应急决策主体功能的维度，将应急决策系统细分为信息系统、中枢系统和咨询系统三个子系统，进而从系统分析角度，对三大子统进行组织结构、权责职能等内部要素的分析，在此基础上对子系统之间的协作关系、系统与外部灾害环境之间的互动联系情况进行分析，把应急决策系统与外部灾害环境作为一个相互联系的动态过程和有机整体，从静态的应急决策组织结构到动态的应急管理决策过程进行研究，探讨传统应急决策模式的转型和应急决策系统的优化路径。

12.2 传统应急决策系统与管理模式的现实困境

12.2.1 数据源的多元性挑战传统应急管理自上而下的金字塔决策模式

随着中国进入改革的深水区，各类突发事件呈现出复杂多发、影响面广的特点，并且不论我们是否愿意，这一特征在大数据的时代背景下，正全方位考验着传统应急管理的决策理念、思维、方法、技术，以及应急决策的系统、体制与流程。

大数据时代，智能终端、“可穿戴式”计算设备、社交媒体、移动互联网、各种科学数据库、检测监控系统、传感器网络等爆炸性增长，数据从简单的处理对象开始转变为一种基础性资源[1]。特别是微博的到来引领了“自媒体”时代。甚至出现了这样的一种说法：当你的粉丝超过 100，你就像一本内刊；超过 1 000，你就是个布告栏；超过 1 万，你就是一本杂志；超过 10 万，你就成了一份都市报；如果超过 1 个亿，那你就是中央电视台了。“自媒体”的出现，极大地增加了突发事件应急决策数据源的多元性和复杂性，对应急数据的获取、清洗和分析提出了高要求。

另外，与传统较为封闭层级化的应急决策信息传递路径不同，大数据背景下，由于数据源分散多元，信息传递不受权力核心自上而下的控制，不再依赖金字塔式的层级组织和严格流程，不再依赖信息的层层汇集、收敛的方式，而是同时具有自下而上、多级分散等传播路径。传播路径的转变，使以往层级制的决策组织结构的灵敏性和高效性受到挑战[2]。传统的应急管理体制与组织结构急需向更加灵活化、扁平化的形态转型，提高应急的时效性和科学性。

以 2012 年北京“7 · 21”特大暴雨事件为例，面对特殊的自然灾害，不仅需要有气象数据，更需要有地貌数据、地下管线数据、交通流量数据、事态发展的舆情数据等。灵敏高效的应急决策系统要求我们能够及时提取、分析这些数据类型多样、数据结构复杂、数据规模庞大、传播迅速的大数据[3]。同时，大数据技术催生的“自媒体”的流行，让越来越多的公民成为突发事件的利益相关者，挑战着传统应急决策系统的封闭性。在“7 · 21”事件中，关于北京灾情的图片，仅在新浪网上 3 个小时之内就达到了 100 万张。每个人都成了大数据的第一来源，这意味着，当某项灾难发生时，除承灾者外，越来越多的人将以这种“自媒体”的形式成为应急管理的利益相关者。在大数据和多元利益主体的相互作用下，传统封闭式的应急决策系统面临着极大考验，决策者不得不考虑除承灾者外诸多利益相关者的压力和诉求，以及来自多元利益相关者的信息数据。

12.2.2 多元主体与多维目标挑战传统应急决策体制与组织结构

应急决策是应急管理的核心环节。与常规决策相比，应急决策是一种非常规决策，需要在紧急突发状态和高度不确定的情景中，在有限的时间、信息、资源、人力等约束条件下，权衡应急管理的多重目标，做出非常规、非程序化的决策，并根据事态适时演变情况和约束条件的变化情况，快速响应，分阶段地进行实时决策。可以说，应急决策是一个多主体、多阶段、多层级的适应性动态演进过程[4]。应急决策的这种非常规性、紧急性、有限性、实时性和动态性对应急决策的系统、体制、机制与流程提出了全新的要求。

1. 复杂多元的应急主体要求创建高效协同的决策机制和敏捷灵活的决策体制

相对于常规决策主体而言，非常规突发事件因其影响范围广、涉及主管部门多、响应层级多变等因素，应急决策主体更为复杂多元。在应急决策的敏捷响应要求下，应急主体范围扩大使应急主体之间既需要有科学民主的决策协同机制，也需要有高效集中的决策体制和敏捷灵活的决策流程。

2. 多阶段多维动态的应急目标要求构建扁平化应急决策组织结构

应急管理本质上是一个复杂得多目标优化问题[5]。与常规决策相对确定的决策环境不同，由于非常规突发事件具有复杂多变的演化规律，因此应急决策目标会在不同阶段动态变化，具有阶段性重点[6]，在时间序列上需要进行轻重缓急的抉择。例如，突发事件前以监测预防为主，突发事件时以伤员救援为主，减少财产损失为辅，在突发事件处置结束后转入恢复重建的决策目标。由于非常规突发事件的发生、发展过程异常快速，事态复杂多变，应急决策目标动态多维，这就需要灵活扁平的应急决策组织结构对突发事件实时反应，动态调整决策。

3. 有限的应急资源要求应急决策系统进行优化设计

常规决策中，时间、信息、人力、资金、物资等资源相对可知可控，根据约束条件的不同，可形成多个替代方案进行抉择，但在应急决策中，时间、信息高度有限，人、财、物等资源也受空间、时间的高度制约，因此应急决策的质量和效率很大程度上取决于应急信息系统的完备和顺畅情况、咨询系统的专业和辅助情况、中枢系统的科学判断和抉择情况，以及三大决策子系统间的互动运转情况。因此，科学合理的应急决策系统的优化设计对有限的应急决策资源的效用最大化具有关键作用。

12.2.3 传统应急决策系统与新技术发展存在融合性障碍

2003 年抗击“SARS”以来，我国高度重视应急科技能力的提升，首次将“公共安全科技问题研究”列入了《国家中长期科学和技术发展规划纲要(2006—2020

年)》；国务院《“十一五”期间国家突发公共事件应急体系建设规划》《国家综合减灾“十一五”规划》《国家公共安全科技发展“十二五”专项规划》等发展规划，对国家突发事件预警信息发布系统、应急平台体系、应急管理基础理论、关键技术等研究提供了大力支持，从国家和整体层面上对公共安全和应急决策的关键技术问题开展了系统性科技攻关，十多年来应急决策的理论与技术取得了重大突破和发展，为应急决策的科学化、高效化提供了重要的技术保障。

然而，从近几年的突发事件应急决策的现实情况来看，和应急决策理论与技术的发展步伐不相一致的是，由于受到传统应急决策体制、机制的制约，应急决策在实践应用层面与技术系统结合仍不够紧密，应急决策体制、机制仍创新不足，难以适应新的技术系统发展需求和应急决策科学化的顺利推进。一方面，由于应急决策的非常规性，应急决策需要遵循快速、协同、动态和满意的原则，如何科学地应用相关决策技术，创新应急决策系统、体制、机制和流程成为关键。另一方面，目前应急决策技术在数据集成、融合、共享，案例分析与集成，模型构建与推演，个体与群体心理反应和行为规律等核心应急技术等方面取得了显著进展，为提高应急决策科学化水平提供了坚实基础。然而，应急决策系统、体制、机制在新技术的衔接和应用方面还存有诸多问题，阻碍了应急决策的科学化进程。

1. 信息技术发展与应急决策体制机制存有鸿沟

作为应急决策基础的信息数据，对应急决策质量具有关键作用。应急信息数据因其数据种类多样、分布广泛、实时变动等特征，需要对其进行跨行业、跨部门、跨层次的数据融合、集成和共享，以供决策终端分析判断应急态势、制订应急决策方案。在技术上，现已基本实现基于动态配置，面向跨行业、跨部门、多层次的应急组织，针对海量、异构的信息，实现实时收集、快速处理、精确分析和有效共享，基本形成了应对突发事件的关键信息处理理论和技术体系。然而，在现有条块分割、属地官僚导向的应急决策体制机制下，进行应急数据信息的整合、集成、融合和共享还远未能实现。各行业、部门和各层次应急组织“信息孤岛”的现象仍然存在，数据信息的不完备、不顺畅在一定程度上影响了应急决策效率和效果。

2. 分析预测技术在应急决策流程中应用不足

一方面，分析预测技术介入应急管理环节较晚。在传统应急决策体制和流程下，决策主体和相应的应急技术多在突发事件爆发后介入，注重事中、事后的决策，而对事前基于数据挖掘、数据分析的突发事件预测信息较为忽视，这使一些本可以避免或减轻灾害程度的应急决策不能及时做出。例如，2004 年印度洋地震海啸就凸显了预测预警系统的缺乏、地震海啸科学预测不足等问题。

另一方面，分析预测技术在突发事件处置阶段应用不足。目前，我国在处置突发事件阶段，决策一般依照应急预案展开处置工作。但现阶段预案多偏向原则性和指导性，针对性和可操作性较弱。通过案例统计分析技术可以推理突发事件演化及其应对的规律，针对性、参考性和可操作性往往较强，且可对突发事件的演变和应对规律形成较为清晰的分析结果，给应急处置者提供经验、方法和程序等的借鉴，给突发事件应急处置带来一定的启示和先机。此外，在研判突发事件演化规律、制订突发事件处置方案的决策过程中，运用模型库进行科学辅助决策的程度还不高。而目前在模型库构建方面，特别是单一灾种的模型库已经较为成熟，通过数据和模型构建，可以快速模拟突发事件演化的范围、制订科学合理的救援方案。

3. 应急决策技术在应急决策系统的嵌入性障碍

首先，条块分割、职能导向的应急决策组织结构在一定程度上不利于应急技术在应急决策信息系统、咨询系统和中枢系统中的集成与融合。虽然《国家公共安全科技发展"十二五"专项规划》指出，"行业科技水平取得大幅提升。科技部会同公安部、交通运输部、卫生部、质检总局、安全监管总局等部门，组织实施了科技强警示范城市建设、道路交通安全科技行动，大力加强了食品安全、矿山安全、危化品安全和防灾减灾等方面的技术研发，通过科技的带动和引领，促进了相关行业技术水平的提升"。但是，各行业间应急数据、应急技术的共享、集成与融合水平仍然滞后。另外，日趋专业化的应急决策也对应急决策者，特别是基层应急决策者的能力提出了巨大考验。应急人才队伍的建设在一定程度上影响着应急决策技术在应急决策系统的应用情况。

12.2.4 公共安全治理体系对应急管理决策创新提出迫切要求

党的十八届三中全会提出了"推进国家治理体系和治理能力现代化"的宏大战略目标。作为行政管理体系和治理体系重要组成部分的应急管理体系，面临着重要的战略转型机遇。特别是 2014 年 1 月 24 日，中共中央政治局召开会议，研究决定了中央国家安全委员会设置；4 月 15 日，中央国家安全委员会正式运行，习近平在中央国家安全委员会第一次会议上指出，"当前我国国家安全内涵和外延比历史上任何时候都要丰富，时空领域比历史上任何时候都要宽广，内外因素比历史上任何时候都要复杂，必须坚持总体国家安全观，以人民安全为宗旨，以政治安全为根本，以经济安全为基础，以军事、文化、社会安全为保障，以促进国际安全为依托，走出一条中国特色国家安全道路"。要"既重视外部安全，又重视内部安全；既重视国土安全，又重视国民安全；既重视传统安全，又重视非传统安全；既重视发展问题，又重视安全问题；既重视自身安全，又重视共同安全"。并首次提出了"构建集政治安全、国土安全、军事安全、经济安全、文化安全、社会安全、科技安全、信息安全、生态安全、资源安全、核安全等于一体的国家安全体系”。

此次中央国家安全委员会的设立、总体国家安全观和国家安全体系的提出，是在把握国内外安全形势新特点、新趋势的基础上，对国家安全提出的全方位的要求。建立集中统一、高效权威的国家安全体制，也是对此前安全和应急领域“九龙治水”、职责交叉重叠、重大问题一事一议一定，跨部门、跨领域、跨系统的重大安全事件缺乏有力统筹协调和决策的积极回应。

在国家安全体系和治理体系的整体战略部署下，传统应急体系、应急决策需要回答以下四大问题。

(1)如何回应国家安全的整体部署，对应急决策的功能进行新的调整与定位的问题。从历史经验和发展趋势来看，世界上大多数国家的国家安全委员会的设立和国家安全体系的完善，主要来自两方面的驱动，一方面是国内外安全威胁的变化和国家安全事务的增长，主要体现为从传统的国防向综合安全和非传统安全的拓展。应对国内安全问题是部分国家建立和改组国家安全委员会的重要驱动因素。另一方面，主权国家面临的安全威胁的多元化、复杂化和国家安全行为主题多元化带来的国家安全治理的统筹协调压力和专业化、职能化需求[7]。与此相应，国家安全治理体系的功能定位主要围绕危机管理和战略规划两大核心功能。在这两大核心功能下，传统应急决策重事后、轻事前、战略性应急决策不足的功能结构性问题急需调整；经验驱动型决策方式急需注入专业科学的内涵。

(2)如何在全新的公共安全治理体系中整合、优化应急管理和应急决策的体制机制问题。作为安全问题“决策、咨询、协调”最高机构的中央国家安全委员会提出了“集中统一、科学谋划、统分结合、协调行动、精干高效的原则”，在这一总原则下，必然将涉及政府各职能部门之间日常安全工作和应急管理工作的重新梳理整合与预层设计[8]，社会与市场中公共安全治理、应急管理相关的手段与工具也将进一步整合到新的公共安全治理体系当中。在新的公共安全治理体系中，相应的应急管理和应急决策体制机制必然面临进一步整合、优化。

(3)如何结合公共安全新的治理技术进行应急管理、决策流程的再造，提高应急管理、决策现代化能力的问题。应急技术和大数据技术的发展，使应急管理与决策的理念、关键环节发生了质的变化。数据挖掘和分析预测技术在应急管理和决策的各个环节发生着越来越重要的作用，应急决策正从“经验驱动”向“数据驱动”转型；在技术支持下，应急决策正努力实现关口前移；而作为公共安全综合决策重要支撑的应急平台体系，其跨学科、跨领域的复杂基础科学问题和集成方法的研究，对适应我国国家安全新形势新任务、推进国家安全体系和应急能力现代化具有重要意义，应急平台体系的发展及充分应用，必然要求对传统应急管理和决策流程进行再造[9]。

(4)如何在公共安全治理体系下对应急决策资源进行系统整合的问题。传统应急管理体制下，应急信息资源、人力资源、财物资源等较为分散，应急资源受部门利益的影响，不利于系统整合统筹，影响应急决策的质量和效率。如何在新的公共安全治理体系下对应急资源进行系统整合，是应急决策需要解决的重大问题。

12.3 应急管理决策系统及其优化

12.3.1 应急决策系统的构成与互动机理

应急管理决策体制是一个有机系统，主要由应急决策的中枢系统(central system)、决策信息系统(information system)、决策咨询系统(advisory system)三个子系统构成。从系统角度理解，应急管理决策体制是应急管理决策各个子系统的构成、职能和相互关系总和的制度化设计。科学、民主、合理的应急管理决策体制是建立在决策中枢系统、信息系统、咨询系统三大子系统组成合理、运行有效的基础上的，如图 12.1 所示。应急决策信息子系统是应急管理决策系统的基础系统，所有来自外部环境和决策系统内部的决策信息都依赖于信息子系统的收集和处理及时、完备、准确信息的能力；应急决策中枢子系统是应急管理决策的核心系统，如果没有中枢系统，各类应急信息汇集处理后无法确立决策目标，不能形成进一步的应急方案，决策也无人进行决断，各类应急工作缺乏领导指挥，无法开展；应急决策咨询子系统则是应急管理决策的智囊系统，对提高决策的民主科学性和决策质量起着关键作用，如果没有咨询系统，中枢系统的决策者也无法借助“外脑”来增加决策的智慧和提高决策的质量；同时，合理科学的咨询系统也为政府核心权力以外人员的应急决策的民主参与建立了一种有效的制度化机制。

1. 应急决策中枢子系统

所谓应急决策中枢系统，也称为应急决策指挥中心，是领导、组织整个决策活动和最终抉择应急方案的领导核心。应急决策中枢子系统在应急管理决策系统中处于领导与指挥的核心地位，另外两个子系统处于服务从属地位，听从决策枢纽系统的领导和指挥。应急决策中枢子系统是应急管理过程中唯一的最高领导和指挥中心，具有最高决策权，以避免紧急状态下“多头”领导、“多头”决策、“多头”指挥造成的失误、推诿扯皮和低效[10]。与最高决策权相对应的是，应急决策中枢子系统对应急管理负有全面责任的系统，对决策成败负有最终责任。

应急管理决策中枢子系统贯穿预防与应急准备、监测与预警、应急处置与救援、事后恢复与重建整个应急管理流程的全过程；涉及自然灾害、事故灾难、公

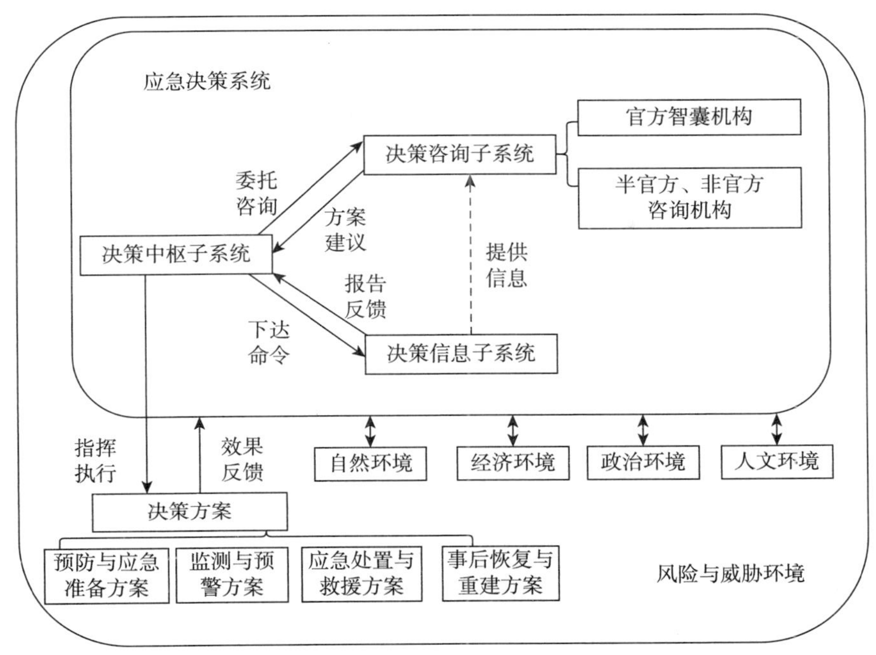

图 12.1　应急决策系统的构成及作用机理

共卫生事件和社会安全事件等领域的全灾种；决策对象、责任体系面向全社会；其职能主要包括以下五大方面。

(1)组织领导整个应急决策过程。由于应急决策需要面对这种全过程、全灾种、全社会的特性，以及决策中枢系统多部门、多目标、多任务的复杂性，应急决策中枢子系统的首要职能就是有效组织领导整个应急决策过程，做好系统内部及其与信息子系统、咨询子系统的组织协调工作。

(2)调查研究，确立不同应急管理阶段的决策议题。不同应急阶段的应急决策议题差异显著，在预防阶段，决策中枢系统需要调查研究各类突发事件的环境，对所辖范围内的自然、政治、经济、文化环境的风险因素进行分析评估，侦测公共安全隐患，制定战略规划，部署预防工作，做好掌握、控制、清除危险源和威胁的各类应急决策工作；在预防与应急准备阶段，研究突发事件可能爆发的方式、规模、影响，进行编制应急预案、应急演练、应急队伍建设和培训、宣教动员、应对保障等方面的决策；在监测与预警环节，进行监测监控、信息评判、确立事件预警等级、发布信息和采取预警措施等决策；在应急处置与救援阶段，进行先期处置、信息报告、现场指挥、社会动员与信息发布等决策；在最后的事后恢复与重建阶段，进行善后恢复、救助补偿、调查评估、规划重建等决策。

(3)确定不同环节的决策目标。应急管理决策的总体目标是防灾减灾，但具体在不同的应急阶段，目标对象、目标内容和目标优先级是一个不断变化、实时调整的动态过程。各阶段应急目标的准确确立也是信息系统、咨询系统工作重点确立的过程；是应急管理的价值观、原则等的直接体现；直接决定了决策方向、方案选择等环节。

(4)选择决策方案。这是应急决策中枢子系统的关键职能，与信息子系统和咨询子系统联系最为密切的部分。一方面，根据信息系统提供的信息研判、制订和评估包括咨询系统提供的各方案，选择最为满意的方案；另一方面，可与咨询系统共同分析论证各方案，确保方案决策的科学性。与其他两个子系统最大的不同之处在于，只有中枢子系统具有决策方案的最终选择权。

(5)监督决策执行效果。一项成功的应急决策只有正确的应急决策目标和方案的确立是不够的，决策的执行效果对决策的成败同样起着关键性作用。因此，中枢子系统还必须检查和监督决策的执行情况。一是为了保证中枢子系统做出的决策在执行过程中不被耽误或扭曲，使决策执行效果尽可能达到预定目标，缩小偏差；二是通过监督决策执行效果并进行实时反馈，可实时修正应急决策方案，进行追踪决策、动态决策。这也是由应急管理决策的动态性、阶段性决定的。

2. 应急决策信息子系统

应急决策信息子系统是应急决策系统的基础子系统，是基于人-机系统，从事件环境中为应急决策中枢子系统挖掘、收集、清洗、分析和传输有价值、准确、及时信息的信息服务机构。它是基于某种公共安全事件，由多种信息源产生的互相联系、互相制约的各种信息及其传播渠道所形成的有机整体。

与应急中枢子系统相同的是，信息子系统贯穿于应急管理预防与应急准备、检测与预警、应急处置与救援、事后恢复与重建的全过程；涉及公共安全领域的全灾种；信息收集对象面向全社会。信息的完备清晰是决定决策质量的关键因素，而信息是否完备、清晰和准确主要取决于信息源和信息数据是否能够充分掌握及能否准确及时地传递这两大方面。针对这两大问题，应急信息子系统的职能主要包括：①决策信息的挖掘与收集。现代应急信息具有信息源复杂异构、多元庞杂、分布广泛、实时变动等特征，需要从不同行业、部门和层次挖掘和收集有决策参考价值的信息，供决策中枢子系统分析判断应急态势、制订应急决策方案。有效信息及时准确的挖掘收集是充分掌握应急决策信息源信息数据的前提，在很大程度上是及时高效应急决策的基础。②信息的处理与分析。针对海量、异构的信息，实现实时收集、快速处理、融合集成、精确分析是使信息实现价值化的过程，为应急方案的制订提供科学准确的基础条件。③信息的传播与发布。信息的传播渠道是否通畅决定了前期挖掘、收集、处理的应急决策信息是否能被及时准确地传达给中枢子系统。传播渠道的通畅程度受到信息传播的纵向层级、横向集成及通信条件三方面因素的影响。信息传递的损耗率和效率与纵向层级的多少为反比关系。在应急决策过程中，如缺乏相关制度的约束，下级对上级存在对突发事件信息瞒报和不实报告的倾向，会直接影响决策的正误；同时，应急信息来自不同行业、组织和部门，不同部门往往在信息的上传、集成和共享时考虑各自的部门利益，因此横向信息的集成要求决策中枢子系统提供强有力的指挥协调保障；此外，突发事件发生时通信设备容易受到破坏，造成信息传递的延滞，影响中枢子系统及时做出应急方案。信息的及时发布则对安抚承灾者和社会情绪、遏制谣言，控制突发事件舆情发展态势具有关键作用，是中枢子系统与外界互动沟通的重要途径。采用电视、广播、短信、微博、微信等适当媒体，运用新闻发布会等多种发布制度已成为现代应急信息发布的主要形式。

信息子系统是应急决策系统中的“神经系统”，通过以上三大职能，在收集、处理信息的及时性和准确性，提供制订方案的依据、进行方案比较和选优，监督、控制决策执行情况等方面发挥着关键作用。

3. 应急决策咨询子系统

应急决策咨询子系统是指为应急决策提供咨询服务的组织系统。根据公共安全事件的问题和中枢子系统的需求，咨询子系统接受咨询并提出适宜建议和解决方案。咨询子系统的组织机构大致可分为两大类型：第一类是由官方直接领导和控制的官方智囊机构，专门负责对应急中枢子系统的问题进行研究，并提出建议；第二类是为官方服务但不直接受官方领导和控制，组织形式相对独立的非官方机构。此外，还有一些半官方的咨询机构。

在应急决策过程中，咨询子系统的主要职责是从信息子系统和中枢子系统获取应急事件信息，为中枢子系统提供建议，支持辅助中枢子系统在不同应急管理阶段做出科学决策。咨询机构不仅可以保证其科学性和可靠性，而且也为实现应急决策的优化提供了可能。发挥咨询系统在应急决策系统中的作用，对于反对决策过程中的主观主义和家长式的独裁作风也具有重要意义。其功能主要体现在：①辅助应急决策者对突发事件问题做出客观专业的判断。咨询子系统因不隶属于突发事件涉及的相关部门，不涉及特殊利益关系，其具备的专业知识和研究的相对独立性可以辅助决策者做出更为客观、科学的判断。②参与处置和专业咨询，帮助决策者提供更全面准确的决策信息和多元的决策方案。咨询机构因常年专注于专业信息和数据的收集和研究，能够为决策者提供更为多元的调查数据信息，结合国际前沿的专业知识，为应急中枢子系统的决策提供更多更好的备选方案。这里需要强调的是，咨询子系统只能为中枢子系统的决策者提供备选方案而决不能代替决策者选择方案，决策者也不能照搬照抄咨询系统的方案。这是因为咨询机构的方案一般是理想状态下的客观科学推理的结果，并且较少考虑决策者的地位、经验和具体环境等因素；但在具体的突发事件中，决策者面临更多模糊不确定的情况和更多现实约束条件，需要考虑更多的问题因素，需要决策者从实际情况出发，参考咨询机构方案，最终做出科学、可靠、合理的决策。③理论研究与人员培训，为决策者提供专业的科技支撑、理论前沿，培训应急管理人才队伍等。

12.3.2 应急决策系统的特征与问题

历史上的应急决策主要针对的是各种灾难及部分准备和预防工作，如防洪治水、应对战争等。而世界范围内形成系统的、制度规范的现代应急决策则是从近几十年来成立专门政府机构、出台法律法规和工作制度开始的。在 20 世纪 50 年代前，应急决策针对的主要是单项灾害，而决策主体是政府临时性机构，遵循"一事一议"的专案决策模式，中枢系统在决策系统中占据绝对地位，咨询系统基本还未形成。20 世纪 50 年代到 90 年代，随着突发事件日益复杂多样，发生频率和造成的危害不断增强，应急决策开始转向综合性，一些国家成立了专门的应急管理机构，制定了规范的应急基本法律体系，应急中枢子系统、信息子系统、咨询子系统三大子系统构成了相对稳定的应急决策系统，信息子系统、咨询子系统两大决策辅助支持子系统在应急决策中发挥越来越重要的作用。进入 21 世纪，随着应急管理体系内涵的不断拓展及应急理论和技术的发展，应急决策系统随之不断丰富，社会、市场、民众等多元力量越来越多地渗入应急决策中。

在我国，自古以来就积累了大量应急管理决策的思想理念和方略计策，对现今的应急管理决策仍有重要借鉴意义。新中国成立后，我国逐步建立了以部门为主的应急管理模式，在这一模式下，应急决策也呈现出以单灾种为主要内容，以职能部门决策为主的特点。信息系统尤其是在信息有效集成、共享和传播发布等方面较为薄弱；咨询系统迟迟未形成制度化的体制。2003 年以后，以抗击"SARS"为机遇，我国应急系统、体制、机制进行了全面的反思和建设。以 2006 年、2007 年出台的《国家突发公共事件总体应急预案》《中华人民共和国突发事件应对法》等法律法规为标志，我国逐步建成了以"一案三制"为核心内容(即制订修订应急预案，建立健全应急体制、机制和法制)的应急体系建设，建立了"统一领导、综合协调、分类管理、分级负责、属地管理为主"的应急管理体制，基本形成了"统一指挥、功能齐全、反应灵敏、运转高效的应急机制"。同时，还建立了涵盖中央与地方两个层面，上下统一、层级分明、职责明确的应急管理机构。在此背景下，基本形成了较为稳定的应急决策系统。

1. 应急管理决策系统相对封闭的强政府性

系统的封闭程度和政府的主导力度，在一定意义上对决策的效率和控制力具有重要影响。自 2003 年以来，中国政府在汶川地震、冰雪灾害等多次重大突发事件的应急管理中，体现了政府强力主导下的相对封闭决策系统所产生的高效决策指挥能力、动员能力和救援处置能力。在这一应急决策系统结构中，中枢子系统、信息子系统和咨询子系统均由政府占据绝对主导地位，社会力量和市场力量较少介入决策系统的视野中。

然而，随着突发事件日趋频发和复杂，公民、社会组织和市场力量在突发事件中对自决力和参与力的诉求日益加强，政府在突发事件中"无限政府、无限责任"的相对封闭、强政府性的应急管理决策系统受到极大挑战。在 2013 年 4 月 21 日的芦山 7.0 级地震中，四川蓝天救援队等民间志愿组织迅速介入灾后救援，用热情和生命在救灾中发挥了积极作用。但与专业救援组织相比，也有许多怀有满腔热血、专业性差、难以组织的零散志愿大军给相对封闭、强政府性的应急决策系统带了巨大冲击，扰乱了政府的救援秩序，"志愿失灵"理论在芦山地震中得到了验证：一是信息不对称造成的自发盲目性。灾害发生后，大批来自四川和全国其他各地的热心志愿者的第一反应是联想到了五年前的汶川特大地震，主观判断灾情十分严重，纷纷赶赴灾区，产生"志愿者多到给人一种与灾民一样多的错觉"[11]。除了信息误判造成的志愿者数量供过于求的怪状，还发生志愿者不了解灾区真实需求的问题。大多志愿者自发带去了矿泉水和方便面，但发现灾民缺的不是食物而是帐篷；在救援力量部署方面，芦山县城志愿者拥挤，而山区的灾区却救援力量薄弱。二是专业性不足产生的供求不匹配现象。四川省山地救援总队的工作人员反映有的志愿者，"一点户外经验都没有，穿着裙子、皮鞋就来灾区，有些人来兜一圈，主要内容就是自拍发微博"。其中一个志愿者被村民骂了出来，村民骂他："请你走，你知道我们要什么吗？你什么都不带，来干什么？"在龙门乡，上千名志愿者不是被劝走就是被骂走。三是志愿者的组织松散性造成传统自上而下的封闭链式应急管理组织模式失灵。震后大量自发救援的社会车辆涌向芦山，由于传统决策系统的相对封闭性，未及时对来自政府系统外的社会志愿者车辆做出疏导决策，雅安、荥经等方向通往芦山的道路无一例外都出现了严重的拥堵[12]，直接导致生命通道不畅，救护车、消防车、军车与运送救灾设备的专业车辆迟迟难以抵达。更悲剧的是一辆载着 17 名战士的军车在驶往芦山途中因为避让社会车辆爆胎翻车，2 名战士牺牲。由此可见，现代科学高效的应急决策系统亟须考虑多元决策主体的参与。

2. 应急管理决策子系统的"金字塔"层级性

基于中国政治体制和行政体制的基础，应急管理决策各子系统在纵向上的运行充分体现了金字塔式的层级结构特性。按照《中华人民共和国宪法》、《中华人民共和国国务院组织法》和《中华人民共和国地方各级人民代表大会和地方各级人民政府组织法》的有关规定，中国实行中央统一领导，地方分级负责的国务院、省、市、县、乡(镇)人民政府五级政府管理体制。在这一制度基础上，结合突发事件爆发的四个等级，应急决策子系统体现了这种自上而下、逐级领导、分级负责的四级金字塔决策系统的权责结构(图 12.2)。

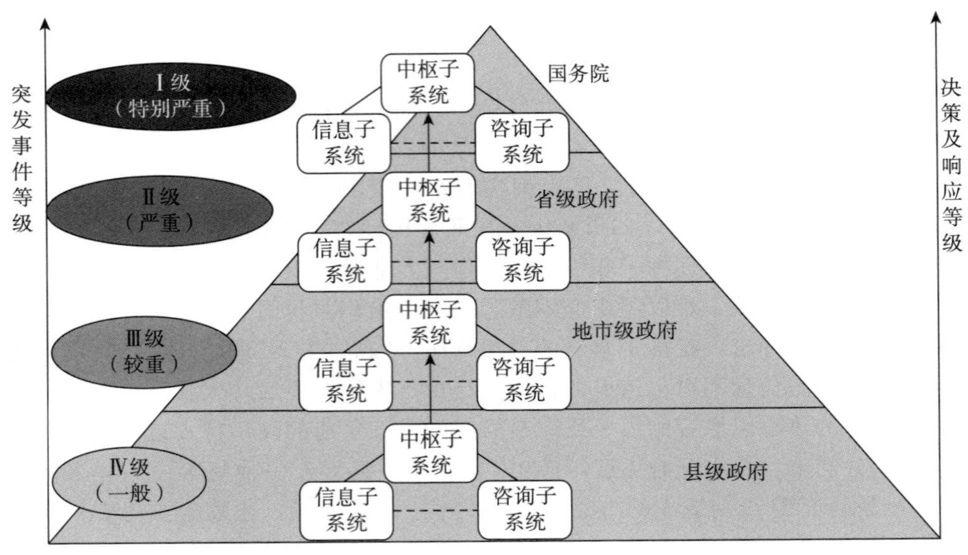

图 12.2　中国应急决策系统的金字塔式层级结构图

一般情况下，按照“分级负责、属地管理”的原则，突发事件发生时，中枢子系统、信息子系统、咨询子系统中职能部门相关专家以本地、本级政府为决策主体对突发事件进行反应。当事态超出本级政府决策和控制能力时，属地政府向上级政府汇报，本级中枢系统移交决策权。

(1)纵向层级性。这种金字塔式的层级结构具有两面性：一方面，各级中枢系统的集权性有利于对突发事件进行及时决策指挥和现场处置，避免事态扩大和恶化。另一方面，不同层级间决策系统沟通的唯一通道依赖于各级中枢系统自下而上的汇报，信息纵向层级的畅通度取决于本级中枢子系统。《中华人民共和国突发事件应对法》第 39 条明确规定，“地方各级人民政府应当按照国家有关规定向上级人民政府报送突发事件信息。县级以上人民政府有关主管部门应当向本级人民政府相关部门通报突发事件信息。专业机构、监测网点和信息报告员应当及时向所在地人民政府及其有关主管部门报告突发事件信息”。可见，各层级之间突发事件决策信息是否传达、传达什么，均由本级中枢系统决定，各级信息系统间无法直接互通。

虽然《中华人民共和国突发事件应对法》中对突发事件信息及时准确的报告、越级报告等方面进行了规定，如“有关单位和人员报送、报告突发事件信息，应当做到及时、客观、真实，不得迟报、谎报、瞒报、漏报”“突发事件发生后，发生地县级人民政府应当立即采取措施控制事态发展，组织开展应急救援和处置工作，并立即向上一级人民政府报告，必要时可以越级上报”“对即将发生或者已经发生的社会安全事件，县级以上地方各级人民政府及其有关主管部门应当按照规定向上一级人民政府及其有关主管部门报告，必要时可以越级上报”“认为可能发生重大或者特别重大突发事件的，应当立即向上级人民政府报告，并向上级人民政府有关部门、当地驻军和可能受到危害的毗邻或者相关地区的人民政府通报”。但在执行过程中，特别是在事故灾难和社会安全类突发事件中，受行政问责体制和晋升体制等的影响，再加上安全生产事故中易滋生的官商勾结因素，使本级中枢系统的政府官员为保障自身利益，易倾向于瞒报、谎报、迟报。以 2008 年最高人民检察院介入调查的 14 起特别重大生产安全事故为例，其中就有 4 起是瞒报、谎报案件。而在 2006 年的“5 · 18”特大透水事故中，矿主的哥哥当时是乡人大干部，主管煤炭工作，做了矿主的“保护伞”，纵容矿主违反安全生产规定，穿层越界、超能力、超定员、超强度违法生产，打通废弃矿井的采空区，造成透水事故，56 人被困井下。这起事故性质恶劣，损失惨重，恶意瞒报，引起了全社会的高度关注。

(2)横向职能分割性。应急决策中枢系统由多个横向专业职能部门构成，专司应急决策的通信保障、交通运输、抢险救灾、医疗救援等环节的指挥工作。然而，横向职能的分割性在保证应急决策指挥专业性的同时，在应急决策协作方面往往会存在沟通或协调障碍，影响应急工作的顺利展开。在庐山地震中，高速收费站在灾后三小时才取消收费，反应迟钝，造成救灾生命线的拥堵，大量专业救灾车辆、设备和物资难以及时抵达灾区。因此，应急中枢子系统亟须建立相应的决策指挥协作机制，实现对灾情的全方位掌控和及时准确的指挥。

3. 应急响应通道的单一性

中枢子系统除担任上述“金字塔”中各级中枢子系统之间“自下而上”的突发事件纵向信息报送通道外，还承担着决策系统“自上而下”的方案执行下达通道。决策方案通过这一通道下达至各政府相关部门后，执行作用于爆发突发事件的公共安全环境。

与相对封闭的强政府性特点相一致，应急决策系统与公共安全环境之间通道的单一性保证了决策信息传达的通畅，以及强有力的决策执行力和控制力。然而与此同时，这种单一性不能有效回应当今发展迅猛、诉求强烈的多元决策主体。

(1)受灾者个体。对受灾个体而言，在突发事件发生时，自救、互救和待救三种应急救援方式中，最为及时有效的方式是自救和互救。在灾害发生时，大多数受灾个体会综合个人受灾情况、应急知识、行为习惯、社会群体影响和求生意愿等因素进行应急自决策。这些因素也成为影响受灾个体是否听从中枢子系统决策的要素。

(2)社会慈善组织。随着社会组织的发育和成熟，在突发事件发生后越来越多的社会慈善组织正积极主动介入应急准备、应急救援、灾后恢复与重建等应急管理环节的决策和执行中，其发挥着重要作用。

(3)新闻媒体。以智能移动终端为代表的新兴媒体，促进了“自媒体”的迅猛发展。任何公民、组织都可以通过微信、微博等途径自行发布新闻。这种“多对多”的网状传播方式打破了传统媒体“一对多”的自上而下的模式，使传统受中枢子系统单一渠道控制的新闻媒体产生了更多的对灾害信息发布的决策权。

(4)市场力量。在突发事件日益高发、频发、复杂化的态势下，传统“全能政府”的应急处置方式在应急成本、政府管理能力等方面暴露出越来越多的问题，难以为继。与此同时，商业保险公司、救援装备公司、培训公司等市场力量在降低应急成本、提供灵活优质应急服务等方面为政府善治提供了有效的途径。

(5)社会个体。在新兴媒体的催化下，公民社会发育迅猛，公民参与社会事务的意识日益增强。这使在突发事件发生时，作为非受灾者的其他社会个体演变为突发事件的间接利益相关者，关注、评论、监督甚至直接参与事件的救援等应急管理环节。社会个体的参与虽在一定程度上可对应急处置发挥积极作用，但若没有及时恰当的沟通、协调与组织，会对通信、救援等工作造成灾难。

12.3.3　大数据背景下应急决策系统的优化

从历史经验来看，三大应急决策子系统在不同时期的构成、权重和互动机理不一，直接决定了应急管理和决策的模式、特点和效果。在不同时期根据安全形势需求和技术发展特点，在系统宏观层面适时调整优化应急管理决策子系统，对提高应急决策质量具有重要意义。基于上述对应急决策系统现状与特点的分析，可以看出在大数据时代背景下，强政府性、层级性、分割性和单一性的决策系统面临着严峻挑战，战略转型刻不容缓。

1. 构建面向大数据和开源信息的开放式信息系统

传统的政府应急决策信息系统掌握了大量的社会安全环境和突发事件数据，但这些数据大多零散分布在不同地域、不同级别、不同政府部门手中，未整合为完备实时的信息数据系统。作为应急决策的基础性系统，封闭、单一、多级的信息系统与海量、多元、异构的大数据时代难以相适应，并发挥其应有的职能。大数据背景下，构建面向大数据和开源信息的开放式整体信息系统，是优化应急决策系统的必要前提。

1)整合政府外部信息系统

大数据时代信息的开源特性使应急决策的信息来源更为开放多元、丰富及时。传统政府应急决策信息系统主要以相对单一、封闭的方式依靠政府职能部门收集、分析、处理信息，这种自下而上、事后获知的信息处理方式在一定程度上使信息产生习惯性滞后效应，难以预测，不利于及时科学的应急决策。而大数据技术让企业、社会组织、普通公众发展成为重要信息源，甚至具备了精湛先进的数据挖掘清洗、分析处理、应用储存等能力。

企业作为掌握大量数据信息资源和专业分析技术的组织，在应急决策信息来源中日益扮演越来越重要的角色。以著名的 2009 年谷歌成功预测甲型 H1N1 流感事件为例，谷歌工程师们在甲型 H1N1 流感爆发几周前就在《自然》杂志上发表文章称谷歌根据汇总的网上检索词条数据的搜索日志，把 5 000 万条美国人最频繁搜索的词条和美国疾控中心在 2003～2008 年季节性流感传播时期的数据进行比较，通过大数据模型处理后，其预测与官方数据的相关性高达 97%。谷歌比政府疾控中心提前了一两周的时间，及时、精确地预测出了流感的爆发地点。而在传统政府信息系统下，政府要在流感爆发数周后才能获取同样的信息，这无疑大大延误了应急决策的时机。

而社会公众则在众多突发事件中发挥着重要现场信息源的作用。在地震等灾害发生时，受到恶劣灾害环境的制约，政府相应职能部门难以获得受灾者、受灾环境等具体准确的救援数据，需要依赖当地社会、公众给予及时的信息。2010 年 8 月 7 日晚，甘南藏族自治州舟曲县发生特大泥石流，交通受阻，外界难以及时了解当地的具体情况。8 月 8 日事发地大学生王凯以“Kayne”为名发的微博成了网友甚至媒体了解灾情的重要信息源。仅 8 月 9 日一天，他就发了 100 多条关于灾区情况的微博，在网上被迅速转发传播，部分图片被各大网站转载。被媒体评价为“一个人的通讯社”。

正如未来学家托夫勒在《第三次浪潮》中所言：“沉重的决策担子，最后将不得不通过较广泛的民主参政来分担解决。”[13] 打破单一封闭的信息系统，拓展、整合、发挥政府信息系统外部信息资源优势，是大数据背景下优化政府应急决策信息系统的必要选择。对此，政府信息系统可通过委托授权(合同承包、特许经营、补助、凭单、法令委托)等形式与相关企业合作；通过组织动员、合作协调等形式与社会公众共建完善信息系统。具体可依据不同信息源掌控者的专业程度、相关程度及与政府合作程度的不同，按不同的合作方式进行合作，共建多源开放式的应急决策信息系统。

2)优化政府内部信息系统

如 12.3.2 小节所述，与传统较为封闭层级化的应急决策信息传递路径不同，大数据背景下，由于数据源分散多元的特性，信息传递不受权力核心“金字塔式”自上而下、层层传递的控制，而是同时具有自下而上、多级分散等传播路径。与此同时，传统“金字塔式”的信息系统传递通道要求信息的纵向传递需经由各级中枢子系统的商议中转，这种多节点、冗长的信息传递通道容易产生信息的失真及延误，甚至发生瞒报、谎报等事件，影响应急决策的有效性。

基于此，大数据背景下信息传播路径的转变使以往层级制的决策组织结构的灵敏性和高效性受到挑战。传统的应急决策信息子系统急需向更加灵活化、扁平化的形态转型，打破层级限制，建立大数据信息共享系统，减少信息的传递节点，构筑通畅、扁平化的信息传递系统。在现有体制内，具体而言可赋予各级信息子系统更多自主权，使其具备同时向本级中枢子系统和上级信息子系统传递信息的权力，打通各级信息子系统的流通渠道，如图 12.3 所示。

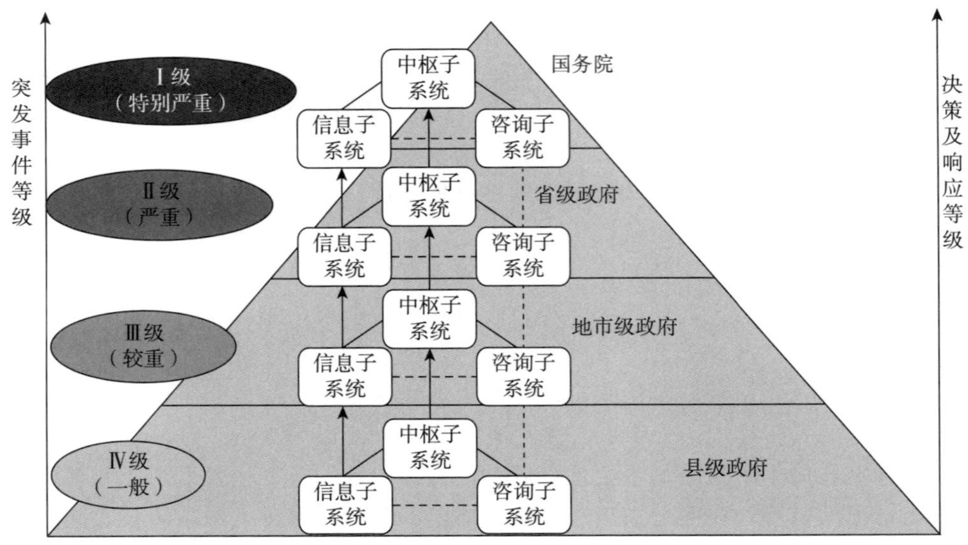

图 12.3　各层级应急决策信息系统的优化

综上所述，通过整合政府应急决策外部信息子系统和优化内部信息子系统两条途径，在大数据背景下政府与全社会共建多源开放式信息系统，实现信息系统的来源渠道、处理方式、传播方式、获取方式、影响方式和应用方式的全面转型和优化。具体如表 12.1 所示。

表 12.1　传统应急决策信息系统的转型

信息系统转型途径	传统应急决策信息系统	大数据下应急决策信息系统
信息来源渠道	政府相关职能部门	政府部门、企业、社会
信息处理方式	经验导向、定性分析	数据导向、量化分析
信息传播方式	自下而上：跨部门、逐级报告 自上而下：逐级下达	多数据源实时汇总：扁平式共享 多渠道发布：实时依法发布
信息获取方式	行政命令	行政命令与合作
信息影响方式	滞后、碎片、模糊	及时、整体、透明
信息应用方式	着重于事发后的应急处置决策	应急管理全过程

2. 构建权责完备的专业咨询系统

如上文所述，咨询子系统的主要职责是为中枢子系统提供建议，支持辅助中枢子系统在不同应急管理阶段做出科学决策。2005 年，我国总体预案已经将专家组纳入了我国突发事件应急组织体系的一部分，“国务院和各应急管理机构建立各类专业人才库，可以根据实际需要聘请有关专家组成专家组，为应急管理提供决策建议，必要时参加突发公共事件的应急处置工作”。2006 年开始，我国各级政府自上而下在各级政府办公厅(室)下属的应急管理办公室设置各级应急管理专家咨询委员会，内设自然灾害、事故灾害、公共卫生事件、社会安全事件和应急综合管理等小组；政府职能部门也开始成立了部门内应急管理咨询委员会或专家小组，并制定相应管理制度，如环境保护部环境应急专家组、国家安全生产应急专家组等。我国应急决策咨询系统正以各种信息为基础，以事件评估、预案的动态调整、资源的动态优化调度、救援处置方案等问题为对象，提供相应的决策依据；同时，也为相关领域法律法规等的完善提供建议。

然而，由于起步不久，现有的应急咨询系统仍存在一些问题：①应急决策咨询机构整体发展滞后。根据美国宾夕法尼亚大学发布的《2013 年全球智库发展报告》，近年来虽然中国智库发展迅猛，截至 2013 年 8 月，中国智库数量居世界第二位(426 个)，仅次于美国(1 828 个)。然而，在最佳国防和国家安全智库排名中，中国仅有中国国防大学、中国现代国际关系学院两家上榜，分别排名第 36 位、50 位(共 65 位)，而美国共 21 家上榜，占 32.3%，并排名雄踞榜单第一、二名[14]。可见，中国在安全领域智库发展上与其还具有一定差距。②咨询机构的权责完备性及独立性不足。我国目前应急决策咨询机构的职责主要集中在应急处置方案、政策法规的意见和建议权，必要时对突发事件的调查评估权，培训及学术交流的教学科研权三大方面。这与发达国家应急咨询机构的权责相比，还不够完备。例如，美国政府应急咨询机构职责还包括了“问责与建设性批判”的重要功能，除了具备常规咨询功能外，兼具问责批判之责[15,16]。这在很大程度上赋予了应急决策咨询机构相应的独立性，以使咨询机构不至于沦落为“政府的论证工具”，丧失公信力。③咨询系统构成的代表性及专业性有待加强。政府咨询系统构成代表性很大程度上直接影响了咨询机构的专业性。目前主要包括政府内部咨询机构，以及以高等院校科研院所为主的外部咨询机构两类。而这两者在对突发事件应急决策的专业性方面具有一定的先天缺陷。政府内部咨询机构包括党政政策研究室多半是领导的秘书班子，根本满足不了应急决策咨询的功能；而高等院校、科研院所及其他民间的决策研究机构尚不发达，从事与应急决策有关研究的人员较少，远远不能满足应急决策咨询的需要[17]。特别在大数据时代，虽然我国各大城市的应急联动系统已经建立和运用，但大多还停留在信息传递的功能上，如何加强咨询机构的代表性，将专业的互联网技术、信息技术公司也纳入咨询系统，对数据价值给予充分发掘、分析和利用，对真正发挥应急决策咨询系统的专业性具有重要意义。此外，与美国相比，我国咨询机构基本没有社区、下级政府、私营部门、弱势群体的代表，这在某种程度上也会影响咨询建议的代表性和专业性。

基于此，在大数据背景下我国急需从系统化、制度化、专业化三个层面，以代表全面、平战结合、权责合理三条途径构建权责完备的专业咨询系统：①代表全面的咨询系统专家结构。咨询系统专家代表的全面性体现在三方面：一是突发事件可能涉及的全领域、全过程、全技术的专家代表，应包括政府相关部门、国有企事业单位、科研咨询机构、技术支持企业、社会慈善组织等；二是突发事件可能涉及的特殊相关者，如社区、村委会、下级政府、残疾人团体、特殊需求等群体；三是基于知识、年龄、性别、气质结构等方面考虑决策咨询系统结构代表性，以优化决策成果。②平战结合的咨询工作制度规范。针对目前咨询系统专家组“重战时应急调配，轻日常研究管理”的现象，可借鉴美国等经验，通过对不同类型专家(如划分间歇性全职、兼职等专家类型)的工作方式(加强会议频率和代表性、评审研究课题、专项合作等形式)、工作时长、工作成果等方面进一步规范、细化和落实，加强组织专家组的日常研究和政策建议等工作，使咨询重视常态化。③权责合理的功能定位。针对咨询机构日常运作管理方面的研究建议职能及对政府应急决策工作的监督批评职能还存在“缺位”现象，应进一步增强咨询机构的独立性，在决策法制建设、决策执行及监督等方面赋予咨询机构更多的调查研究权及监督批评权，发挥咨询系统对优化决策的应有职责与功能。

3. 构建平战结合、协作高效的应急决策中枢系统

如前所述，传统自上而下的应急决策中枢系统的纵向层级性和横向职能分割性在应急管理的日常管理工作中可以发挥统一领导、分工专业等优势作用，但在突发事件爆发时，容易产生信息沟通不畅、流程僵化、协作困难、执行低效等问题。特别是在大数据背景下，传统的信息上传、命令下达的应急决策模式面临严峻挑战。

对此，在紧急状态下，需迅速构建多部门参加、快速协调行动、适应于紧急情况下高效协调资源统一应对的决策中枢系统。将日常状态下直线职能结构式的应急中枢系统迅速重构为分布式扁平化的矩阵式快速指挥中枢系统。例如，在汶川地震时成立的国务院抗震救灾总指挥部迅速组建抢险救灾组、群众生活组、地震监测组、卫生防疫组、宣传组、生产恢复组、基础设施保障和灾后重建组、水利组与社会治安组九个小组，加强统一指挥和综合协调，确保抗震救灾工作的顺利开展。此外，各职能部门内部也需根据专业和需求情况组建战时工作组，构建平战结合、灵活高效的应急决策工作子系统。以中国疾病预防控制中心(Chinese Center for Disease Control and Prevention，CDC)为例，在未启动应急响应时，各所(处)根据部门职责加强卫生应急能力相关建设，做好卫生应急准备工作及一般事件的常态应对；卫生应急中心加强中心层面卫生应急准备工作，开展培训和演练，为各业务所(处)应急准备和突发事件应对工作提供必要的支持。当启动

一、二级应急响应时，各所(处)在优先保证中心突发事件卫生应急响应需要的同时，合理配置业务力量，努力保证重要业务工作的正常运转。启动应急响应时，中国疾病预防控制中心成立应急作业领导小组，设立应急作业总指挥，下设专业技术协调官与应急管理协调官，专业技术协调官负责协调指挥风险评估组、流病组和实验组；应急管理协调官负责协调指挥综合协调组、计划评估组、财务与保障组、风险沟通组，共同领导现场队伍。

通过构建平战结合、协作高效的应急决策中枢系统，可综合性地适应多灾种、叠加灾害的威胁，实现决策目标的可测量性、可操作性，实现信息能够及时通报给所有相关人员，建立标准化的、范围可调的、精细化的、适合各个级别的决策指挥架构，实现有效的资源整合与协作。

12.4　治理能力现代化背景下应急管理决策模式的创新

灾害发展的过程是物理空间、信息空间和行为空间的耦合过程。三大空间彼此的交互影响决定了灾害发展演化的方向和程度。政府应急决策系统需要根据物理、信息和行为空间的情景数据进行感知、分析、推演和决策。而在大数据背景下，多元异构、海量复杂的三大空间数据正全方位考验着传统“经验导向型”应急决策模式的科学性、灵活性与敏捷度。在优化应急决策子系统的基础上，传统应急决策模式的治理结构和治理能力需进一步回应如下两个问题：①在大数据和治理体系与治理能力现代化背景下如何转变单一响应型应急决策系统，以回应诉求强烈的多元决策主体？②如何在应急决策治理结构和流程等关键问题上创新应急决策模式，使之从经验驱动型决策向数据驱动型决策的科学决策模式转型？

12.4.1　单一响应型决策系统向多元互动响应型决策系统转变

2003 年以来，中国应急管理形成的“统一领导、分级负责、条块结合、属地管理”的应急管理体制反映了我国自上而下、“集中力量办大事”的强政府型、相对封闭的单一型应急决策系统。这一决策系统在 2008 年汶川地震等大型灾难事故中表现出了极高的效率和极强的应对能力。然而，单一响应型应急决策系统由于其自身能力与资源的限制而往往导致决策失效或供给不足[18]。

(1)大数据多元异构、复杂庞大的特性挑战着政府不同部门的利益相关者跨部门、跨领域的协调联动应急决策机制。

(2)大数据技术催生了“自媒体”的流行、促进了公民社会的成长和治理理念的深入，越来越多的公民作为各类灾害事故的利益相关者，扮演决策的数据源、传播者、执行者和评论监督者的角色。在大数据和多元利益主体的相互作用下，传统相对封闭的、自上而下的、强政府型的应急决策模式面临着极大考验，决策者不得不考虑除承灾者外诸多利益相关者的压力和诉求。

(3)大数据技术为社会慈善组织、市场企业、保险公司、新闻媒体提供了参与应急决策不同环节的信息数据，使其成为重要利益相关者，在应急准备、决策咨询、技术支持、应急救援、灾后重建等方面发挥着重要作用。

党的十八届三中全会提出了“推进国家治理体系和治理能力现代化”的战略目标。作为治理体系重要组成部分的应急管理决策体系面临着重要战略转型机遇。特别是 2014 年 4 月 15 日习近平提出了总体国家安全观和国家安全体系，对此前安全和应急领域政府不同部门利益相关者“九龙治水”、职责交叉重叠、重大问题一事一议一定，跨部门、跨领域、跨系统的重大安全事件缺乏有力统筹协调和决策做出了积极回应。现代化的治理能力和治理体系正是针对这些问题和大数据下的新形势、新战略，对决策的权威主体、性质、来源、权力运行向度和作用范围等方面做出的全新要求。

基于此，在大数据和治理现代化大背景下，通过分析非常规突发事件利益相关者，对传统单一响应型的应急管理决策模式进行反思与重塑，构建多元互动响应型决策系统是对现代化治理体系和治理能力的回应，在适时应对外部灾害环境、防灾减灾、降低应急成本、提高应急效率、完善现代化公共安全治理体系等方面发挥积极效用。具体可从决策信息来源、决策方案依据、决策方案执行主体、决策方案的执行方式、决策监督与反馈、决策系统与外部环境的互动六条途径进行转型(表 12.2)。

表 12.2 单一响应型向多元响应型应急决策系统模式的转型

转型途径	单一响应型	多元响应型
决策信息来源	政府相关职能部门	政府部门、企业、社会
决策方案依据	主要基于政府部门及相关领导的个人经验的定性判断	来自政府、企业、社会智囊团等专业机构基于数据的量化分析结论，辅以经验判断
决策方案执行主体	以政府相关职能部门为主	政府、企业、慈善组织等利益相关者
决策方案的执行方式	行政命令	行政命令、组织动员、合作
决策监督与反馈	渠道单一、弱、滞后	多渠道、及时、透明、有力
决策系统与外部环境的互动	着重于事发后的应急处置	在预防准备、监测预警、应急救援、恢复重建的各阶段都与外部环境有密切互动

在多元互动方式上，政府应急决策者可按照不同种类利益相关者的相关程度、专业程度构建不同的合作关系和合作形式。例如，通过委托授权(合同承包、特许经营、补助、凭单、法令委托)等形式与相关企业合作；通过组织动员、合作、协调等形式与社会公众共建完善信息系统。具体可依据不同信息源掌控者的专业程度、相关程度及与政府合作程度的不同，按不同合作方式进行合作，共建

多源开放式的应急决策信息系统(图 12.4)。

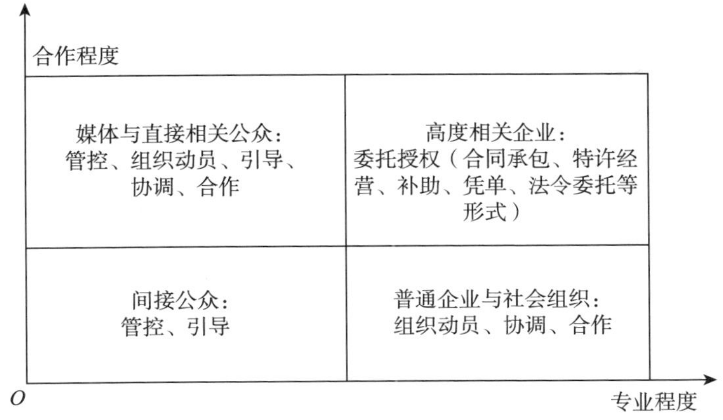

合作程度 ↑		
	媒体与直接相关公众： 管控、组织动员、引导、协调、合作	高度相关企业： 委托授权（合同承包、特许经营、补助、凭单、法令委托等形式）
	间接公众： 管控、引导	普通企业与社会组织： 组织动员、协调、合作
O		专业程度 →

图 12.4　政府与社会共建多源开放式系统途径

12.4.2　经验导向型决策向科学导向型决策转变

1. 构建灵活扁平、权责清晰的应急决策组织结构

在现行应急管理体制下，我国非常规突发事件应急响应过程中存在组织成员职责不明、关系不顺，难以实现快速联动和协同配合的问题[19]，因此需要考虑的一个核心问题是如何平衡“统一领导”与“分级负责、条块结合、属地管理”之间的组织结构关系。一方面，如果在组织领导体系上过于强调中央的统一领导指挥职责，则容易使地方政府过度依赖上级政府援助，同时贻误应急处置的黄金时间。因此需分类建立不同权责的应急决策组织结构，强调地方尤其是第一响应者的先期反应能力。例如，在地方的中央企业、事业单位发生公共危机，应该建立以地方政府为主的负责应急管理处置、中央部门予以支持、援助的组织协调体制。也就是说，危机状态下，地方政府及应急管理机构对公共危机实施管理，对危机处理负主要责任，必要时可以接管中央单位的应急管理权[20]。

但另一方面，新时期非常规突发事件的跨地域、跨部门、灾种叠加、衍生等新特征，使传统“分级负责、条块结合、属地管理”的“金字塔”式应急决策组织结构难以快速有效响应，并进行信息采集、收集、处理及资源的整合，同时易产生地方政府瞒报、谎报灾难实情等人为问题。因此，需要对应急决策的组织结构进行优化，以构建面向大数据和开源信息的开放式整体应急决策系统。

对此，可考虑增强各层级政府的应急管理常设机构的横向独立性和纵向统一性，由各级政府直属的组织结构关系调整为由国务院应急管理办公室垂直管理的组织结构。垂直管理的非行政区划性、垂直性和相对独立性的特点有利于应急决策信息、资源的共享、处理、整合与优化，一定程度上避免“金字塔”层级性的滞后性和协调效率问题，促进传统的应急管理体制与组织结构向更加灵活化、扁平化的形态转型，提高应急的时效性和科学性。

2. 构建数据驱动型的应急决策流程

应急决策流程包括了态势研判、演化预测、方案设计、方案评估、方案抉择、实施反馈六大阶段(图 12.5)。在大数据和治理现代化背景下，将大数据分析方法应用到应急决策流程的各个环节，能够在动态的决策过程中有效辅助研判态势，确定决策目标和制订方案，简化决策执行和监督，完善决策反馈和评估。

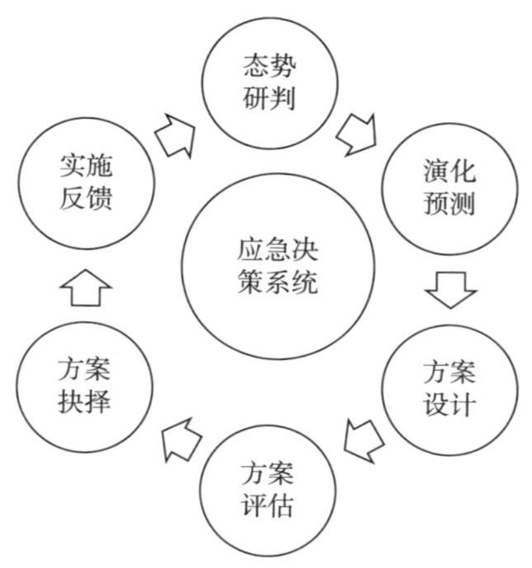

图 12.5　应急决策流程

在态势研判和演化预测环节，应急决策系统通过广泛、实时地挖掘、收集来自政府、企业、社交网络、各类调查的大数据，从系统、整体的角度分析独立事件之间的相关性，筛选和过滤不相关数据，及时发现突发事件的苗头，从而及时准确地预测和识别突发事件，分析原因和制约条件，从而评估定性并确定突发事件决策目标。大数据能创新性地将表面看似毫无关联的数据联系起来发现背后的关联性，通过大数据预测模型对突发事件决策目标进行科学预测，以达到科学确定决策目标，提高决策目标预见性和自觉性的目的[21]。

在方案设计和实施反馈等环节，在无时无处不在的传感器设备、智能终端、社交网络的大数据环境中，全面打通物理空间、信息空间和行为空间数据，利用大数据的实时性和交互性，通过深度、全面分析、处理，精准、个性化地利用大数据，建立应急决策方案的追踪和监测制度，对决策执行情况进行动态反馈，为决策者提供进一步的态势研判和演化预测的科学依据，进行动态决策，有效提高应急决策的准确性和效率。

12.5　本章小结

大数据背景下，应急决策数据呈现出多源、庞大、复杂、传播迅速等新特点，传统“经验驱动型”和“金字塔控制型”的应急决策模式的科学性、及时性和有效性受到巨大冲击；非常规决策的多主体、多目标、多阶段、实时动态等新特性要求对应急决策系统进行优化设计；而应急技术的新进展和新时期公共安全治理体系对传统应急决策模式的转型提出了迫切需求。

本章基于应急决策主体功能的维度，将应急决策系统细分为信息子系统、中枢子系统和咨询子系统三个子系统，进而从系统分析角度，对三大子统进行组织结构、权责职能等内部要素的分析，在此基础上对子系统之间的协作关系、系统与外部灾害环境之间的互动联系情况进行分析，把应急决策系统与外部灾害环境作为一个相互联系的动态过程和有机整体，从静态的应急决策组织结构到动态的应急管理决策过程进行研究，探讨传统应急决策模式的转型和应急决策系统的优化路径。

首先本章对传统应急决策系统的特征进行了分析，提出传统应急决策的三大特征，即应急管理决策系统相对封闭的强政府性；应急管理决策子系统的纵向“金字塔”层级性；应急响应通道的单一性。根据这些特征，本章提出如下结论：①从历史经验来看，三大应急决策子系统在不同时期的构成、权重和互动机理不一，直接决定了应急管理和决策的模式、特点和效果。在不同时期根据安全形势需求和技术发展特点，在系统宏观层面适时调整优化应急管理决策子系统，对提高应急决策的质量具有重要意义。②从大数据背景下的应急决策系统的构成来看，一方面，需整合政府外部信息资源，优化政府内部信息系统，构建面向大数据和开源信息的开放式信息系统；另一方面，从系统化、制度化、专业化三个层面，以代表全面、平战结合、权责合理三条途径构建权责完备的专业咨询系统。③在大数据和治理现代化大背景下，由单一响应型决策系统向多元互动响应型决策系统转变。通过分析非常规突发事件利益相关者，对传统单一响应型的应急管理决策模式进行反思与重塑，构建多元互动响应型决策系统是对现代化治理体系和治理能力的回应，在适时应对外部灾害环境、防灾减灾、降低应急成本、提高应急效率、完善现代化公共安全治理体系等方面发挥积极效用。具体可从决策信息来源、决策方案依据、决策方案执行主体、决策方案的执行方式、决策监督与反馈、决策系统与外部环境互动六条途径进行转型。在多元互动方式上，政府应急决策者可按照不同种类利益相关者的相关程度、专业程度构建不同的合作关系和合作形式。④经验导向型决策向科学导向型决策转变。在静态组织结构层面，通过构建灵活扁平、权责清晰的应急决策组织结构。将由各级政府直属的应急管理组织结构关系调整为由国务院应急管理办公室垂直管理的组织结构，增强各层级政府的应急管理常设机构的横向独立性和纵向统一性；同时，在动态流程层面，构建数据驱动型的应急决策流程，从而为传统应急决策模式的创新和转型提供新的路径。

参考文献

[1] 孟小峰，慈祥．大数据管理：概念、技术与挑战．计算机研究与发展，2013，(1)：146-169.

[2] Shindelar S. Big data and the government agency. Public Manager，2014，43(1)：52-56.

[3] Snijders C，Matzat U，Reips U D. “Big data”：big gaps of knowledge in the field of internet. International Journal of Internet Science，2012，7：1-5.

[4] 钟开斌．信息与应急决策：一个解释框架．中国行政管理，2013，(8)：106-111.

[5] Tufekci S，Wallace W A. The emerging area of emergency management and engineering. IEEE Transactions on Engineering Management，1998，45(2)：102-105.

[6] 刘霞，严晓．非常规突发事件动态应急群决策："情景—权变"范式．四川行政学院学报，2010，4：5-8.

[7] 张骥．世界主要国家国家安全委员会．北京：时事出版社，2014.

[8] 薛澜，刘冰．应急管理体系新挑战及其顶层设计．国家行政学院学报，2013，(1)：10-14，129.

[9] 李丹阳．大数据时代的中国应急管理体制改革．华南师范大学学报(社会科学版)，2013，6：106-111.

[10] 韩传峰，王兴广，孔静静．非常规突发事件应急决策系统动态作用机理．软科学，2009，(8)：50-53.

[11] 杨江．从汶川到雅安我们进步了吗．新民周刊，2013，(16)：25-29.

[12] 法制与社会编辑部．来自雅安地震的六个追问．法治与社会，2013，(6)：8-9.

[13] 托夫勒 A. 第三次浪潮．黄明坚译．北京：生活·读书·新知三联书店，1983.

[14] 宾夕法尼亚大学智库与公民社会计划国际关系项目组．2013 年全球智库发展报告．http://www.1think.com.cn/ViewArticle/Attach_T15A15505.html，2014-01-22.

[15] Bennett G K. National advisory Council's Annual Report 2008. http://www.fema.gov/pdf/about/nac/annual_08.pdf，2008.

[16] 梁贤艳，吴淑娴．中美政府应急咨询机构比较研究．武汉理工大学学报(社会科学版)，2010，(2)：162-166.

[17] 胡象明．公共部门决策的理论与方法．第二版．北京：高等教育出版社，2007.

[18] 刘霞，向良云．网络治理结构——我国公共危机决策系统的现实选择．社会科学，2005，(4)：34-39.

[19] 刘丹，王红卫，祁超，等．非常规突发事件应急指挥组织结构研究．中国安全科学学报，

2011，21(7)：163-170.

[20] 闪淳昌，薛澜．应急管理概论——理论与实践．北京：高等教育出版社，2012.

[21] 张倩．大数据在突发事件政府决策中的应用．东北农业大学学报(社会科学版)，2013，(6)：73-79.